창비신서 · 156

# 한국 근대민족운동과 의열단

김영범 지음

창작과비평사
1997

# 책 머 리 에

이 책은 저자의 박사학위 논문(「의열단의 민족운동에 관한 사회사적 연구」, 1994. 2)을 많은 부분 고치고 다듬어서 펴내는 것이다. 세부 구성에서부터 장·절의 제목, 어휘와 서술, 논지와 거증(擧證)에 이르기까지 모두 손을 본 결과, 전면 개고한 것이나 다름없이 되었다. 이왕 책으로 낼 거라면 일찍 내는 편이 나았을 것이고 출판사 쪽에서도 진작에 출간 의사를 밝혀주었는데, 보완할 시간을 찾으면서 미루다 보니 오래 뜸을 들인 격이 되고 말았다. 이런 저런 사정으로 늦어진 수정·보완 작업도 원래는 한달 정도를 예정했는데, 실제로는 작년 여름과 가을의 몇달을 꼬박 바쳐야 했다. 모두가 저자의 불민함 탓이다. 그래도 성심으로 임했다고 자부하는 그 작업을 통해 논지를 더 명료하게 세우고, 학위논문 제출 이후에 접하게 된 새로운 연구성과를 다수 반영시킬 수 있었으니 퍽 다행이라 여긴다.

의열단(義烈團)이 무심결에 '의혈단'으로 읽히고 필기되고 식자되는 경우를 자주 보았다. 의로움의 추구와 혈기를, 또는 의로운 일과 피흘림을 곧잘 연결지어 생각하는 일반적인 사유구조와 상상력이 그런 오독·오기·오식을 낳았을 것이다. 이것이 오인으로까지 번지면 곤란하지만, 그 자체만으로는 크게 잘못되었다고 하기 어렵다.

이 단체가 활동했던 시기가 일제 강점기였다는 사실까지 알게 되면, 사람들은 그 '의로운 일'이 항일독립투쟁이었음을 쉽게 짐작할 것이다. 그 다음에는, 명칭으로 보면 독립군은 아닌 것 같으니 아마도 암살폭파 단체였나보다고 추리하는 데서 멈출 수도 있고, 아니면 '어떻게 피를 흘렸나 또는 피흘리게 했나'를 자세히 알아보려 할 수도 있다. 어느쪽을 택하든 자유이지만, 후자 편에 서고픈 이들에게로 이 책은 다가간다.

그러나 이 책은 단순한 역사서 또는 이야기책으로 씌어지지는 않았다. 의열단이 테러리즘에 가까운(형태로만 그렇지 정신에서는 '의'를 추구했으므로 테러리즘 자체는 아니었다) 폭력투쟁(그 강도까지 감안하여 저자는 '폭렬투쟁'이라고 따로 이름짓는다)을 전개한 것은 사실이나, 그 활동이 폭렬투쟁으로만 채워졌거나 그것만을 지향했던 것은 결코 아니다. 그 '폭렬성'도 역사적 맥락에 견주어져 해석되고 이해되어야 하지, 그 자체로 찬양 또는 추장(推獎)될 것은 아니라고 봐야 한다. 그렇다면 어떤 활동을 어떤 식으로 전개했다는 말인가? 어떤 맥락에서 폭렬투쟁이 추구 또는 전개되었는가? 그것이 아닌 나머지 부분은 무엇이었으며, 그 변환이나 병행은 왜, 어떤 맥락에서 가능했는가?

이 '맥락'들에 대한 탐색과 분석의 시도가 이 책을 사회학적 관점에서 보는 역사, 즉 사회사로, 독립투쟁의 사회사로, 좀더 넓게는 민족운동의 사회사로 밀어가는 추동력이 되고 있다. 쉽게 말하면, 의열단은 '의혈단'인 면도 있었지만 '의혈단'인 것만은 아니었다. 폭렬투쟁('의열투쟁'이라는 용어가 있지만 너무 가치고정적이다) 단체인 것만은 아니었으며, 그 이상의 것을 추구하고 성취한 단체였다. 바로 이 '그 이상의 것'을 포함시켜 말할 때, 의열단은 '지상에서 영원으로' 비상한다. 그 전체 조직생애사는 혁명단체와 혁명당으로, 16년 활동사의 기저 이념은 민족혁명론으로, 그 사상 기조는 진보적 지향의 민족주의로 수렴되었던 것이다. 이런 조직·이념·사상 구조에 의해 의열단은 식민지 한국의 대표적인 민족혁명운동 단체로 자기 위치를 확립시켜갔다.

민족혁명이란 민족독립을 달성하여 국민국가를 건설하며 민족사회를 근대 체제로 변혁시킨다는 의미를 담고 있었다. 따라서 그것은 단재(丹齋) 신채호

(申采浩)가 갈파했던 '고유의 조선'적 근대성의 전유로 지향된 것이었다. 그리고 민족혁명운동은 민족운동의 근대적 구조요 핵심적 실체를 이루었다. 의열단의 민족혁명운동이 '근대'('근대 시기의 것'이라기보다 '근대성 지향적'이라는 의미로) 민족운동의 범주로 포섭된 것은 그러한 의미에서였고, 다시 그것은 1920,30년대 시기 전체 민족운동의 성장과 맞물리면서 서로 '맥락'과 '계기'의 관계를 이루었다. 이것이 이 책의 제목을 '한국 근대민족운동과 의열단'이라 붙인 이유이다.

따라서 이 책은 '의열단 연구'이면서도 그것으로 멈추지 않는다. 저자가 부담스럽게 느낄 정도로 책 면수가 많아진 것은 그런 욕망의 정확한 반영이다. 저자의 민족운동 연구 이력이 짧고 역량도 부족하므로 그것은 사실 과욕이었을 수 있다. 그 당연한 결과로, 앞서 나온 이 분야의 논저들과 연구성과를 이 책이 뛰어넘었다고 감히 자부할 수도 없거니와, 뛰어넘기를 기대하지도 않는다. 다만 무언가 좀 다른 관점과 다른 생각으로 다른 얘기를 해보고 싶었고, 의열단 연구의 측면에서도 의거사 위주나 김원봉(金元鳳) 중심의 연구가 아닌 사회학적 집단연구, 조직연구로 수행할 것을 목표로 삼았다. 그리고 민족주의와 사회주의의 관계, 식민지 민족운동에서의 국제주의의 의미와 기능/역기능, 민족전선통일운동(민족유일당운동과 통일대당결성운동)의 경과와 결말, 사회운동의 한 유형으로서 민족운동에 개입하는 인간적 요소와 심리학적 변수 등에 대해서도 나름대로 꼼꼼하게 살피고 새로운 해석, 새로운 의미부여를 시도했다.

그런 의욕과 희망이 실제의 분석과 논의로 문면에 어느정도 반영되었다면 그것으로 족하다. '다른' 얘기라고 하는 것도 나름대로는 근거를 가지고 해보려고 널리 자료를 모으고 충실하게 분석해본다고는 했으나(번잡한 각주도 그래서 따라붙었고, 책으로 내면서도 거의 빼지 않고 두었다), 유치한 객설의 수준에 머물고 만 것은 아닌지 두렵다.

　저자는 의열단이 거두었던 성공과 승리만큼이나 실패와 좌절을, 약진과 상승의 기세만큼이나 난항과 고투를, 단원들의 열정과 투지만큼이나 고뇌와 비애의 정서를, 이상주의적 목표만큼이나 현실착근적 전술을, 행보상의 관념적 급진성만큼이나 실리적 계산성을, 대동단결의 의지만큼이나 분열갈등의 행태를 정직하게, 전폭적으로 그려냄으로써 서술의 균형을 기하고자 노력했다. 비단 의열단에 대해서만 아니라 다른 민족운동 단체들과 전체 민족운동의 행로에 대해서도 그것은 마찬가지였다. 그것이 사회사적 관점의, 그리고 실사구시적 접근의 장처(長處)요 강점이 되며, 장기적인 견지에서 민족운동 연구의 진경을 열어보일 수 있는 방법이 된다고 생각했다. 그런 생각이 얼마만큼 실효를 거두었는지는 독자 제현의 엄정한 판단에 맡기겠거니와, 건설적인 비판과 질정이 있기를 기대한다.

　아무쪼록 이 책이 풍문과 억설 속에서 부당하게 잊혀진 존재가 되고 만 의열단과 그 민족운동, 나아가서는 냉전적 이분법과 흑백논리로 재단되고 채색되어온 좌익 민족운동 일반에 대한 새로운 조명과 공정한 평가에 조금이라도 도움이 되었으면 하는 바람이다. 그래야만 궁극적으로는 한국 근대사의 총량과 전체상, 그 문화적 기반의 정수까지 파악해내면서 통일시대의 민족이념 구축에 기여할 수 있을 것이고, '격정시대'를 슬기롭게 헤쳐나갈 지혜도 얻게 될 것이다.

　우연찮게 의열단을 만나게 된 것이 벌써 10년 전의 일이다. 저자 나름으로는 분단의식의 극복을 겨냥하면서 시작한 의열단 연구와 근대 민족운동 공부에 이제 한 매듭을 지을 때가 된 것 같다. 유명·무명의 모든 의열단원과 민족혁명운동자들이 역사의 큰 별이 되어 민족의 전도를 밝게 비춰줄 것을 기원한다. 이제 다시 새 출발점에 선 마음으로 더욱 정진할 것이다.

　살아오는 동안, 공부하는 동안, 실로 많은 분들에게 은덕을 입었고 물심으로 신세를 졌으니, 여기 감사의 뜻을 밝히고자 한다. 우선, 학부 때부터 줄곧 지도교수로서 편달해주신 신용하 선생님께 깊이 감사드린다. 선생님은 저자가 민족운동 공부를 하게 된 직접적인 계기를 만들어주셨고 그후로도 늘 권계해주셨으며 이 책의 출간까지 배려해주셨는데, 이렇게 늦어졌으니 죄송할 따름이다. 스스로 경계하고 분발하여 두터운 은혜와 큰 가르침에 보은하도록 노력할 것이다.

학위논문의 심사를 맡아주신 김채윤 조동걸 김진균 임현진 선생님께도 충심으로 감사드린다. 네 분 선생님은 엄정한 교시와 자상한 조언으로 저자를 일깨워주시고 편벽됨에서 벗어나게 해주셨다. 대책 없는 만학도이던 시절 고영복 최홍기 선생님께서 베풀어주신 깊은 배려에 감사드린다. 언제나 열린 마음으로 크게 포용해주시고 지적 자극을 주셨던 한상진 선생님의 훈도를 잊지 못할 것이다. 깊이 감사드린다. 또한 여러모로 필자를 배려하고 아껴주신 김일철 김경동 한상복 권태환 홍두승 선생님께도 감사드린다.

한균자 이병혁 전성우 교수님이 주셨던 변함없는 관심과 도움에 감사드린다. 저자가 안정된 연구환경을 누릴 수 있도록 해주신 대구대학교 사회학과의 여러 교수님들께 감사드린다. 고락을 같이했던 한국독립운동사연구소 동료 연구원들과의 지적·인간적 교유의 추억을 잊을 수 없다. 정윤형 현기영 현길언 선생님과 강창일 장원석 선배교수의 지속적인 격려와 조언에 큰 힘을 얻어왔다. 이름을 다 적지는 못하지만 여러 선후배와 친우, 동학들의 유·무언의 격려와 독려에 감사한다. 저자가 활용할 수 있었던 모든 자료의 기록자와 발굴자·편찬자, 그리고 의열단 연구의 길을 먼저 닦아놓은 국내외 선학들께도 감사드린다.

부모님과 조모님은 한결같은 신뢰로 저자를 지켜보아주셨다. 어찌 한두 마디 감사의 말로 그 깊은 사랑에 보답이 될까마는, 한없는 사은의 마음을 여기 표해두고자 한다. 장모님의 두터운 배려에도 깊이 감사드린다. 통일의 날을 못 보고 지난해에 유명을 달리하신 장인어른께 마땅히 이 책을 바쳐야 하리라. 생전에 자주 문병 못 드린 회한을 가눌 길 없다. 심지 굳게 어려움을 이겨내준 아내에게 진실로 고마움을 전한다. 이 책으로 마음의 빚을 다소라도 덜 수 있다면 다행이겠다. 이제는 아빠를 이해하고 용납해주는 수한·규한에게 고맙고 미안한 마음 거두기 어렵다. 사정이 나아질 것도 같지 않으니, 어쩌랴 두 아들아.

수익이 전혀 없을 이 책을 출간하는 부담을 마다하지 않으신 창작과비평사의 편집위원님들과 고세현 편집국장님, 그리고 번거로운 실무작업에 성의와 노고를 아끼지 않은 편집부 여러분께도 깊은 감사를 드린다.

1997년 10월 23일

김영범 삼가 적음

차 례

12

# 제 1 장

# 서  설

## 제1절  한국 근대 사회사와 민족문제

19세기 후반 이래 지금까지 한국사회 최대의 역사적 과제는 민족문제의
해결이었다.1) 민족문제2)가 전세계적인 현상으로 확산되고 민족운동3)이 심
대한 의미를 띠게 된 것은 제국주의 열강의 식민지 쟁탈전이 가속화하고 있
던 19세기 중엽부터였다. 원래는 '해방'과 '자유'의 기치 아래 선발 자본주의

---

1) 이러한 인식은 신용하,『한국현대사와 민족문제』, 문학과지성사 1990에서 가장 극명하
   게, 가장 강력한 언명으로 표출되고 있다. 그밖에 송건호·강만길 편,『한국민족주의론
   I』, 창작과비평사 1982; 송건호·강만길 편,『한국민족주의론 II』, 창작과비평사 1983;
   박현채·정창렬 편,『한국민족주의론 III』, 창작과비평사 1985; 조동걸,『한국근대사의
   시련과 반성』, 지식산업사 1989; 서중석,『한국 근·현대의 민족문제 연구』,지식산업사
   1989 등에도 그러한 인식이 짙게 투영되어 있음을 본다.
2) 민족문제는 공동체적 삶의 단위로서의 개별 민족의 자립과 통일, 성장이 침해·훼손·억
   압받을 때 발생한다. 자기형성 과정을 거쳐서 하나의 역사적 실체로 자리잡게 된 민족
   은 단일 주권국가를 정치적 대표체로 하여 대외적 독립성을 누림과 동시에 사회적 통
   합과 발전을 기하면서 영구존속하려는 욕구를 갖는데, 이 욕구의 발현이 억압되거나 그
   것의 충족이 저해되는 상황이 민족문제를 낳는 것이다. 민족문제는 특히 복수 민족간의
   관계에서 어느 일방의 존재 자체가 부인되거나 말살의 위협을 받을 때 가장 첨예하게
   제기된다.
3) 민족문제의 해결을 위한 민족성원 집단의 주체적인 노력이 지속적으로 경주되는 것이
   민족운동인데, 근대민족의 경우에는 민족간 관계에서 민족독립운동·민족해방운동·민
   족자주화운동으로, 민족 내부로는 민족통일 및 민족국가건설 운동과 대개 '근대화'로
   통칭되어온 사회발전·국민통합 운동으로 전개되는 것이 통례이다.

국가들에서 국민통합의 원동력이요 포용적 이념으로 기능했던 서구 민족주의가 이 무렵부터는 사회진화론의 우승열패나 약육강식 논리와 결합하여 제국주의국가들의 약소민족(국가) 침탈을 뒷받침하는 '배타적' 이데올로기로 변질되어갔다. 그렇게 변질된 서구 민족주의는 곧잘 '세계주의'를 차용하여 자기정체를 호도하거나 정당화하려 했다.

서구 국민국가 및 민족주의의 이러한 동태는 인접 동유럽 지역 다민족국가들 내부의 종속민족들의 각성, 이어서 아시아·아프리카 지역의 피침략 약소국 국민들의 민족적 자각과 민족운동의 기운을 급격히 고조시키는 역설적 결과를 낳았다. 그리하여 서구 민족주의가 대외팽창적이고 침략적이며 제국주의적인 성격을 짙게 띠어가는 데 비례하여, 비서구 지역 식민지와 종속국의 민족주의는 필연적으로 자기보존적이고 저항적이며 해방적 이념의 성격을 지니게 되었다. 한국의 근대 민족운동과 민족주의도 이러한 세계사적 맥락에서 발흥한 것이었다.

돌이켜보면 개항 이후 대한제국 말기까지의 한국민족운동의 큰 흐름4)은 두 가지의 역사적 과제에 대응하는 성격의 것이었다. 그 하나는 제국주의 열강의 침략 위협과 국권침탈에 맞서는 독립유지와 국권회복의 과제였고, 다른 하나는 자주적 근대화 및 근대국가 형성이라는 민족사회 발전의 과제였다. 다시 말해 근대 한국의 민족문제는 이 양대 과제가 마치 동전의 양면처럼 결합되어 제기된 것이었고, 민족운동 역시 크게 보면 두 가지 내용과 형태의 운동이 마치 톱니바퀴처럼 엇물리며 상호 추진력을 이루는 방향으로 구조화

---

4) 1876년의 강제 개항을 전후하여 일본과 구미 열강의 문호개방 압력이 가중되는 가운데 조선왕조의 집권층 및 재야 유림층은 '위정척사' 논리에 입각한 구체제 강화로 대처하려고 한 반면, 개화사상을 포지하고 있던 일부 양반층과 중인층은 근대체제의 수립을 통한 '부국강병'으로써만 외세의 위협을 물리치고 국권을 수호할 수 있다고 믿었다. 그리하여 위정척사운동이 조선에서의 전근대적 민족운동의 마지막 매듭에 해당했다면 초기 개화운동은 부르즈와변혁운동의 시발점이요 근대적 민족운동의 효시를 이루었는데, 후자의 논리와 계보는 도시지식인 및 신흥시민층 중심의 독립협회와 만민공동회운동으로 계승되었다. 또한 구체제 타파와 '척왜양(斥倭洋)'의 기치를 함께 내걸었던 빈농층 중심의 동학농민운동은 1894년에 농민전쟁 형태의 혁명운동으로 폭발함으로써 근대적 민족운동의 전투적인 흐름을 선도하게 되었다. 20세기 초두에는 러일전쟁에서의 승리로 미·영 양대국의 양해를 얻게 된 일본이 '보호'의 미명 아래 국권 침탈의 행보를 노골화하자 한국민족의 각계각층 성원들은 반일 의병투쟁과 애국계몽운동이라는 형태로 맹렬히 구국운동을 전개하였다.

해간 것이다. 그러나 결과적으로 이 시기의 민족운동은 제국주의시대의 강대
한 외압을 이겨내지 못했다. 그리하여 국토는 일제의 완전식민지로 강점되고
민족사회의 자주적 근대화, 진정한 의미의 근대화는 중도 좌절되고 말았다.
자연히 민족문제의 해결은 미완의 숙제로서 다음 시기의 민족운동으로 그 과
업이 넘겨지게 되었다.

일제 식민지통치기에 한국민족은 독립과 자유의 회복, 근대국가의 건설을
위해 국내외 각지에서 줄기차게 투쟁하였다. 장기간의 항전, 전면적 투쟁 양
상은 전세계 식민지 민족운동의 역사에서 유례를 찾기 어려울 정도였다. 그
과정의 주요 마디를 들자면, 3·1운동과 6·10만세운동, 국내의 각종 비밀
결사투쟁과 노농대중 및 학생투쟁, 한·중 국경지대에서의 유격전투쟁과 만
주 및 시베리아 일원에서의 무장투쟁, 중국 관내(關內)를 본거지로 한 의열투
쟁과 군사·정당활동, 미주지역 중심의 외교활동과 독립군 지원활동 등 지역
으로나 내용으로나 실로 광범위한 것이었다. 태평양전쟁의 막바지에 한국독
립운동의 해외 지도부는 대일결전을 직접 수행하여 민족해방을 쟁취하고자
하였다. 그러나 실행 직전에 일본이 연합국에 항복함으로써 1945년의 해방
은 민족투쟁에 의한 자력해방이 아니라 강대국의 대일승전의 부수적 소득인
양 되고 말았으며, 급기야는 '해방'이 민족문제의 새로운 결절점이 되는 결과
가 빚어졌다.

한반도를 분할 점령한 미·소 양군은 완전독립과 통일국가 건설을 향한 한
국민족의 의지를 외면하고 억압하면서 자국의 세계체제 재편 전략을 관철시
키기에 급급하였다. 양대 강국의 패권주의 정책이 한반도를 자본주의진영과
공산주의진영 대립의 전초기지로 만들어가는 가운데 외세에 의부(依附)하는
좌우익 극단세력의 책략까지 겹쳐, 통일은 멀어지고 국토분단과 민족분단의
상태만 굳어져갔다. 이것은 패전이 확실시되자 한국 민족지도자들의 분열을
획책하고 한반도 통일국가의 성립을 저지함으로써 권토중래를 꿈꾸었던 일
제의 의도에 완전히 부합하는 결과였다. 그후 한국전쟁의 상흔과 함께 더욱
고착되어간 분단체제는 민족이산의 고통을 안겨주는 데 그치지 않고 사회발
전의 경로를 결정적으로 왜곡시킴으로써, 반세기의 한국현대사에서 최대의
질곡으로 작용했다.

이처럼 근현대 한국의 사회사는 민족문제의 해결이 중심적 과제가 되어

민족의 자주성 확립과 근대성 정착을 위한 투쟁으로 점철된 역사였다. 19세기 후반 이후 한국인들의 집합적 의지와 열망도 민족공동체의 유지·회복과 민족적 삶의 기반 강화에 초점이 맞춰져왔다. 그렇다면 한국의 사회과학 특히 사회학이 진정 '역사적 사회과학'이 되기 위한 출발점도 근현대의 민족문제와 민족운동과 민족주의의 전개사를 총체적이고 장기동태적인 시각으로 구명하고 그 결과를 종합하여 이론화하는데서 잡아야 할 것이다.

그럼에도 이 부면에 관한 사회학적 연구는 기대만큼 활성화되지 못했고, 그나마의 관심과 논의도 해방 이후 시기의 특정 문제로만 편중되는 한계를 보였다. 해방 직후의 민족문제 재구조화 경위와 미군정기의 통일국가 건설운동, 1960년대 초 이후의 민족자주화운동 및 분단체제 해소운동의 부침 또는 성패의 경과가 주로 다루어졌을 뿐, 일제 강점기의 민족문제와 민족운동은 19세기 후반의 근대화 변혁운동만큼도 조명을 받지 못한 채 거의 사각지대로 방치되어왔다.

그 결과로 일제 강점기의 민족운동에 대한 인식은 해묵은 통념——민족운동의 과정이나 내부구조 모두 지연·정파·노선의 문제를 축으로 한 파벌싸움과 좌우익 두 진영간의 대립과 상쟁을 특징으로 하고 있었다는 통념——의 수준을 별로 벗어나지 못한 채 정체되어 있다. 그러한 통념은 해방 후 민족분단의 원인과 책임도 민족 내부의 뿌리깊은 파쟁에서 찾을 수밖에 없다는 무조건적 자책론과 그에 짝하는 비과학적 주체전능론으로 쉽게 빠져들게 만든다.

그러나 그러한 인식과 논리에서는, 민족운동전선 내부에 분파주의적 풍조와 파쟁 경향이 존재했던 만큼이나 그것을 극복하고 하나로 합류해가는 움직임도 지속되고 있었음이 간과되고 있다. 그것은 또한 단편적 사실들과 그 외현적 의미에만 주목하고 부분적이고 일시적인 경향과 그 표층적 의미에만 집착한 결과이다. 전체적이고 거시적인 시각으로 내면의 심층적 기류를 포착하고자 하면 그와는 전혀 다른 인식에 이를 수도 있는 것이다.

일제 강점기의 민족운동에 대해서도 정밀한 실증적 고찰과 더불어 그 구조의 검출과 발전 동태의 구명에 주력하는 사회사적 연구가 필요하다고 보는 것은 바로 그러한 견지에서이다. 일제하 민족운동의 역사적 의의를 재조명하고 그 현재적 의미를 추출해봄은 물론, 한국 근현대사의 경험이 적절히 투영

되는 민족사회학과 역사사회학의 이론 구성을 위해서도 그 작업은 절실히 요청된다.[5]

## 제2절  식민지 민족운동과 민족주의의 이론

일제 강점기의 민족운동은 '일제타도'와 '민족독립'만으로 그 의미가 완결되는 것은 아니었다. 그것은 19세기 후반에 시작되어 8·15 해방 이후로까지 이어진 근대적 통일민족국가 형성운동의 중간 마디요, 앞뒤 시기 민족운동의 연결고리를 이룬 것이었다. 근 1세기 동안 지속된 근대국가 형성운동의 흐름을 크게 세 시기로 나눌 때 제2기에 해당하면서, 그 운동의 최종 성과물이 될 국가체제의 기둥을 세워간 과정이었다.

그 연속성의 맥락에서, 식민지시기의 민족운동은 앞 시기의 민족운동으로부터 무엇을 계승하여 어떻게 발전시키고 변용시켰는가, 다음 시기로 넘겨준 인적 자산과 사상적·정신적 유산은 무엇이었는가의 문제를 검토할 필요가 있다. 그렇다면 그 조직과 이념이[6] 어떻게 재구성되었고 어떻게 변화 발전해 갔는가 하는 것이 식민지시기 민족운동 연구의 중심주제가 될 것이다. 그로부터 식민지체제 타파를 위한 민족적 역량의 편제 및 배치문제, 신국가 건설의 사상적 좌표와 주도세력의 설정문제도 같이 고구될 수 있다. 그와 더불어, 식민지시기의 민족운동 과정에 나타난 '좌우대립'의 진정한 원인과 근본적

---

5) 민족주의운동의 성공을 위해서는 기본적 이념 정립이 선행되어야 하는데, 이념 정립은 적절한 민족주의 이론의 구성을 요하며, 민족주의 이론의 구성은 민족과 민족주의에 대한 경험적 연구를 필수 요건으로 한다는 지적(박상태, 「한국사회과학에서의 민족주의 연구」, 『동아연구』 제21집, 1990, 158면)도 이와 유관하다. 한국사회학에서의 민족사회학 정립의 문제제기와 시론적인 방향설정은 박명규, 「민족사회학」, 한국사회학회 편, 『21세기의 한국사회학』, 문학과지성사 1994에서 행해진 바 있다.
6) 민족운동의 '이념'은 민족문제의 발생 원인과 현재적 구조에 대한 인식에서 출발하여 민족문제 해결의 방안, 즉 민족운동의 장·단기적 목표와 전략·전술까지 포괄하는 개념이 된다. 특히 민족해방운동의 경우에는 해방 후의 민족사회 재구성 및 신국가 건설의 구상으로서 사회·정치사상적 측면을 주로 가리키는 개념이 된다. 여기서는 두 가지 의미를 겸해서 쓴다.

쟁점은 무엇이었는가, 그 대립은 어떻게 해결되었는가, 아니면 끝내 해결을 못 보고 영구불화의 방향으로 치달았는가 하는 것도 반드시 구명해보아야 할 문제이다.

이러한 문제의식을 좇아 그간의 연구성과를 일별해보면, 1980년대 후반 이후로 대폭 증가한 신진 연구자들의 가세에 힘입어 다수의 운동조직과 단체들의 존재와 활동상이 지역별·부문별로 새롭게 구명되면서, 운동 주체와 조직, 방략과 노선, 이념 등, 여러 측면에서의 계열화 현상과 다변성이 재인식되고 구체적으로 해명되어왔음을 식별할 수 있다. 그러나 그러한 이면에는 단지 계열화 또는 분화의 징표였을 현상들까지도 굳이 대립과 갈등, 분열의 프리즘을 통해서만 보려고 한 나머지, 상호보족적이거나 통합지향적인 움직임들을 간과 또는 경시하는 경향도 상존하고 있음을 부인할 수 없다.

그것은 무엇보다도 연구시각 자체가 이분법적 논리와 정태적 관점에 얽매인 탓이라 생각된다. 민족주의와 사회주의를 병치시켜놓은 위에 좌우 양극화의 논리를 대입시켜서, 민족주의는 의당 '우익' 진영이 전유(專有)했던 이념이라 보고 '민족주의는 곧 우익'이라는 등식을 별 의심 없이 고집해온 것이 그 전형적인 사례이다. 그리하여 일제 강점기의 민족운동전선은 민족주의 또는 우익과 사회주의 또는 좌익의 양대 계열로 구성 또는 분점되고 있었다고 하는 것이 일반적인 인식이요 통설로 되어왔다.

근래 들어 그와같은 단순 이분법에 부분적으로 이의를 제기하는 방향에서 민족주의 계열 내부의 사상적·정치적 분화상을 지적하고 그것을 부르즈와민족주의 우파와 좌파, 진보적 민족주의 세 부분으로 나누어 보는 견해가 제시되었다.[7] 여기서 '우파' 범주의 실체는 자치론과 실력양성론을 주창했던 '민족개량주의' 세력이고, '좌파' 범주의 실체는 절대독립 노선의 '비타협적 민족주의'[8] 세력이며, 진보적 민족주의는 여운형 홍명희 허헌 김원봉 등으로 대

---

7) 박찬승, 『한국근대정치사상사연구』, 역사비평사 1992; 박찬승, 「항일운동기 부르주아민족주의 세력의 신국가 건설구상」, 『대동문화연구』 제27집, 1992; 박찬승, 「1920년대 중반~1930년대 초 민족주의좌파의 신간회운동론」, 『한국사연구』 80, 1993. 또한 김인식도 安在鴻의 '좌익민족주의' 개념을 빌려 타협/비타협을 기준으로 민족주의의 좌익과 우익을 구분한다(김인식, 「식민지시기 안재홍의 좌익민족주의운동론」, 『백산학보』 제43호, 1994).

8) 박찬승은 '부르즈와민족주의 좌파'에 안재홍 등 신간회 시절의 조선일보 계열, 천도교

표되는 제3의 세력범주였던 것으로 설명된다.

이러한 분류법은 민족주의 계열 내부에 '진보적' 부분이 있었음을 사실로 인정하여, '민족주의는 보수 우익과 동격'이라는 통념을 허물어뜨리는 효과를 낳는다는 점에서 의미있는 시도에 속한다. 여기서 '진보적'이라고 하는 것은 정통 사회주의자의 길을 걸은 것은 아니었지만 사회주의운동에 친화성을 보였거나 사회주의이념에 대한 지향성이 강했던 민족운동자 분파를 염두에 둔 것이다. 민족주의와 사회주의 중간 어디쯤에 서 있던 존재, 또는 민족주의자이면서 사회주의자이고자 했던 존재를 표상하는 용어일 수도 있다. 그럼에도 그 내포하는 바가 더 명료하고 한정적인 '사회주의적'이라는 용어 대신에 굳이 '진보적'이라는 관형어를 쓴 것은 '민족주의 대 사회주의'라는 일반화된 개념도식이, 그러니까 민족주의와 사회주의는 원래 대위적이고 배제적인 관계에 서기 때문에 용어법상으로도 결합이 불가하다는 고정관념이 암암리에 작용했기 때문이 아닌가 한다.

그러나 식민지사회에서 민족운동의 근간을 이루게 되는 반제투쟁의 이념은 반자본주의를 경유하여 사회주의를 지향할 가능성이 높고, 또한 식민지사회에서 사회주의운동은 계급투쟁이 아닌 민족투쟁을 당면과업으로 하여 우선은 민족운동의 형식으로 전개되는 것이 일반적이다.[9] 이러한 점을 고려할 때, 식민지사회에서 민족주의와 사회주의의 관계는 상호긍정의 방향으로 형성될 뿐 아니라 교합하게 될 가능성도 충분히 있음을 놓칠 수가 없다.

실제로 일제 강점하의 한국에서도 민족운동과 사회주의운동은 그리 먼 거리에 있지 않았다. 양자는 반제-반일의 민족독립·민족해방 투쟁에서 공동대오를 이루고 공동전선을 형성하면서 조직상의 결합을 추구하기도 하였다. 그 과정에 사회주의운동 진영 안에도 민족중심적 사고를 견지함으로써 '민족적 사회주의자'의 면모를 짙게 내보인 부분이 나타남과 동시에, '민족(주의) 진영' 소속으로 파악되는 인물들 가운데도 사회주의 이념을 승인하고 신국가의 체제를 그러한 방향에서 구상함으로써 '사회주의적 민족주의자'의 면모를 내

---

구파, 임시정부의 金九 계열 및 趙素昻 계열을 포함시키고, 그들을 '비타협적 민족주의 세력'으로 지칭했다. 이들은 중소자본가 계급과 소농·수공업자 등 소부르즈와 계급의 입장을 대변하면서 중소지주의 입장도 고려하는 태도를 지녔던 것으로 파악된다(박찬승, 「항일운동기 부르주아민족주의 세력의 신국가 건설구상」, 199면, 203면).

9) 진덕규, 「식민지시대의 민족주의에 대하여」, 『한국사학』 11집, 1990, 208~11면 참조.

보인 경우가 적지 않게 있었다.[10]

그리하여 식민지시기의 반제 민족운동전선 내부에는 분명 민족주의와 사회주의의 혼혈 성분이 존재했음을 인정해야 하며, 그 부분이 민족운동전선의 한 축을, 말하자면 좌익전선을 이루었다고 보아야 한다. 그 대칭점에 자유공화주의 이념을 따르는 순수 민족주의자 집단이 병립해 있었는데, 그들이 민족운동전선의 다른 한 축, 다시 말해 우익전선을 이루었으며, 그중에서도 절대반공 민족지상주의 노선을 고수한 운동자 부분이 극우파에 해당했다고 할 것이다.[11] 반면 당시에 '최우익'으로 지칭되기도 했던 민족개량주의는 민족문제 해결의 방향을 '반제'가 아닌 '숭제(崇帝)' '선제(羨帝)'의 종속/편입/동화에서 찾았다는 점에서, 본원적 의미의 민족운동에도 민족주의에도 포함시키기가 어렵다.

이러한 구도 속에서 민족운동과 사회주의운동의 협동전선 결성(넓은 의미의 좌우합작)과 민족운동전선 내 좌우익 진영간의 합작(좁은 의미의 좌우합작)이 1920년대 말에서 1930년대 초 사이의 대결 국면을 제외하고는 1920년대 중반 이후로 줄기차게 추구되었고, 마침내 1940년대에는 임시정부 자체가 좌우합작의 통일전선체가 되기에 이른다.[12] 이 과정에서 순수 민족주의진

10) 일찍이 趙芝薰은 식민지시기의 한국민족운동에 '민족적 사회주의' 또는 '사회주의적 민족주의'의 색조가 짙었음을 다음과 같이 지적한 바 있다. "일제의 식민지에서의 해방이라는 근본명제는 … 우리의 민족주의에 사회주의적 경향을 자극해왔던 것이다. 그러므로 한국의 민족운동은 민족적 사회주의, 사회주의적 민족주의의 색조가 진작부터 짙었고, 이러한 상호 영향의 요소 때문에 해방 전까지의 공산주의 운동은 민족해방운동사에서 제외될 수가 없는 것이다"(조지훈, 「한국민족운동사」, 고려대학교 민족문화연구소 편, 『한국문화사대계 Ⅰ』, 1964, 737~38면).

11) 한가지 유의할 점은, 민족운동 좌우익 진영 각각의 구체적인 구성 내역은 고정되어 있었던 것이 아니라 개별 인물이나 조직의 동향이 달라짐에 따라 시기별로 변화를 보였다는 것이다.

12) 일제 강점기 민족운동에서의 좌우합작 또는 통일전선 형성에 관해서는 강만길, 「독립운동 과정의 민족국가 건설론」, 송건호·강만길 편, 앞의『한국민족주의론 Ⅰ』; 강만길, 「한국 근대민족주의의 전개과정」,『한국민족운동사론』, 한길사 1985; 안준섭, 「대한민국임시정부하의 후기 좌우합작」,『한국의 근대국가 형성과 민족문제』한국사회사연구회논문집 제1집, 문학과지성사 1986; 신용하, 「8·15해방 전후 한국인의 역사의식」, 동아일보사 편,『현대사를 어떻게 볼 것인가·1』, 1987; 조동걸, 「한국민족주의의 역사적 특질」,『한국민족주의의 성립과 독립운동사 연구』, 지식산업사 1989 등에서 선구적인 논의가 이루어졌다. 이에 대해, 일제하에서의 좌우합작은 통일전선론의 일환으로 제시

영과 정통 사회주의운동진영 간의 부단한 대화의 가교요 상보적 관계 형성의
매개체 역할을 가장 적극적으로 가장 의미 깊게 수행한 주체는 민족운동의
좌익진영, 구체적으로 말하면 민족주의와 사회주의 이념을 공유했던 '진보적'
민족주의자 부분이었다.

그러므로 일제 강점기의 민족운동과 사회주의운동 간의 관계의 성격을 반
목과 갈등으로만 일원화시켜 보는 인식틀이 이제는 유효하지 않음은 물론,
민족주의와 사회주의 이념의 관계에서도 상반과 대립만이 아닌 융합과 보완
이[13] 이루어지고 있었음을 인식하고, 그 실제의 과정과 양상을 정확히 구명
할 필요가 있다.

이로부터 한걸음 더 나아가면, 식민지 상황에서 민족주의는 사회주의와 동
위 수준의 이념이었다기보다 오히려 그것의 일정 부분을 자기발전의 한 계기
로 포섭하게 되는 상위 개념이지 않았는가 하는 문제제기도 가능해진다. 거
기에서 민족주의의 실제적인 대립항을 이루는 것은 사회주의가 아닌 다른 어
떤 것이게 되고, 그에 따라 민족주의 자체의 외연 및 분화상을 포함한 전체
이념지형을 종래와는 매우 다른 방식으로 그려볼 수 있게 된다.[14]

---

되어 좌파나 우파 모두 전술적 방편으로 좌우합작을 고려했기 때문에 좌우통합의 이데
올로기는 존재하지 않았으며 좌우합작의 기초는 대단히 취약했다는 주장(권희영, 「일
제하의 민족운동과 그 사상」, 한국정신문화연구원 철학종교연구실 편, 『한국사상사대계
6: 근대편』, 1993, 43~47면)도 근래에 제기된 바 있다.

13) 민족주의와 사회주의의 관계를 이분법적 통념에서 벗어나 통일적으로 파악하려 한 시
도는 일제시대에도 있었다. 예컨대 신간회의 초대 회장이었던 李商在가 "민족주의는
사회주의의 근원이며, 사회주의는 민족주의의 본류"(『조선일보』, 1928년 1월 4일자 사
설)라고 압축적으로 표현한 경우가 그것이다. 심지어는 일제 관헌당국마저도 민족주의
와 사회주의를 대립되는 것으로만 보지는 않아서 "근래 조선청년의 사상을 지배하고
또 지배할 두 개의 사조는 민족주의사상과 공산주의사상인바, 이 두 개의 사상은 늘
'합류 혹은 교착'하여 종종의 청년학생의 운동에 나타나 있다"고 분석한 적이 있다(서
중석, 「일제시대 사회주의자들의 민족관과 계급관: 1920년대를 중심으로」, 박현채·정창
렬 편, 앞의 『한국민족주의론 Ⅲ』, 272면).

14) 이러한 문제의식의 단초는 일제 강점기의 민족주의운동과 공산주의운동의 근본적인
차이점은 그 운동주체가 포지했던 사상이나 이념의 차원보다는 민족문제를 어떠한 방
향에서 해결코자 했는가를 기준으로 해서 찾아야 한다는 견해(조동걸, 「"일제시대의 한
국민족주의와 소련사회주의"(金敬泰)에 대한 논평」, 『한국사학』 12, 1991, 270~71면;
조동걸, 「1930년대 국내독립운동」, 『한국민족주의의 발전과 독립운동사연구』, 지식산업
사 1993, 307~11면)로부터 얻어진다.

그러한 인식 구도에 따르면 사회주의는 자유주의와 함께 사회사상이자 건국이념이다. 만일 사회주의자가 제국주의 타도와 민족국가 건설의 민족혁명15)을 민족문제 해결의 실천적 방략으로 삼고16) 그것을 계급혁명의 실행보다 중시했다면 그는 '사회주의적 민족주의자'로 규정될 수 있다. 그것은 자유주의자가 완전독립과 절대독립을 전망하면서 민족혁명을 추구했을 때 '자유주의적 민족주의자'로 규정되는 것과 같은 논리이다. 두 경우 모두 이념적 기반은 '혁명적 민족주의' 또는 '좌익민족주의'에 두어지면서 사회사상의 면에서만 두 가지의 하위범주로 분화했다고 보는 것이다.

반면에 프롤레타리아 국제주의 원칙하의 계급혁명과 계급해방의 완수에서만 민족문제 해결의 길을 찾은 급진사회주의자(공산주의자)나, 제국주의를 타도 대상이기는커녕 선망의 대상으로 삼아 그것에 예속된 상태에서의 자치권 획득과 근대화지상주의 노선에 매몰된 민족개량주의자(자유주의 우파)는 민족주의 범주에 포함시킬 수가 없었다. 전자가 '사회주의적 국제주의자'였다면, 후자는 '자유주의적 국제주의자'와 동격의 위치에 있었다고 말할 수 있다.17)

---

15) '민족혁명'의 일반적인 의미는 식민지·종속국 민족이 혁명적 방식으로 대외적 자립화와 대내적 쇄신을 기하는 것으로, 민족독립과 사회변혁의 동시적 성취를 가리킨다. 그것은 민족운동의 최고 목표요 가치개념이지 않을 수 없다.

16) 사회주의자들이 '민족혁명'이라는 용어와 그 개념에 익숙해지게 된 것은 1920년 7월의 코민테른 제2차 대회에서 레닌의 「민족·식민지문제에 관한 테제」가 제출, 채택되면서부터였다. 자세한 경위는 편집부 편, 『코민테른자료 선집 3』, 동녘 1989, 35~43면, 223~24면을 볼 것.

17) 순수 이념적 차원에서 자유주의적 국제주의가 초국경·초국적·무조국의 '세계시민주의(cosmopolitanism)'를 이상으로 내세우고, 사회주의적 국제주의가 공산주의 세계혁명을 위한 프롤레타리아의 국제적 연대를 표방한다는 것은 두말할 필요도 없다. 그러나 실제의 역사 과정에서 전자는 제국주의·식민주의의 외피, 또는 그에 대한 굴복이나 타협의 허울로, 후자 역시 '쏘비에뜨애국민족주의'로 변질되어 강대국중심주의와 그 국가이익 추구의 합리화 명분으로 악용되는 일이 다반사였다(Horace B. Davis, *Toward a Marxist Theory of Nationalism*, 전용헌 역, 『마르크스주의와 민족주의』, 박영사 1985, 21~26면). 그래서 국제주의는 식민지·종속국의 민족주의와 대립항을 이루거나 긴장과 마찰을 빚기 십상이었다.

이러한 딜레마를 의식하고서 프롤레타리아 국제주의를 민족주의와 조화시키려는 시도가 전자에 대한 새로운 해석을 낳기도 했는데, 카우쯔끼(K. Kautsky)의 경우가 그러했다. 그는 원래, "민족의 주권이 아니라 민족의 자치만이 … 민족의 분화가 아니라 동화가, 민족문화에로의 접근이 아니라 점점 더 세계문화와 동의어가 되고 있는 유럽문화로의 접근이 사회주의적 발전의 목표이다"라고 하여, 프롤레타리아 국제주의를 공식적

  요컨대 식민지시대의 민족주의는 기본적으로 민족문제에 대한 민족사회 내부로부터의 자기인식 및 대응의 한 양식이고, 그런 의미에서 그것과 직접적으로 길항작용을 하는 것은 사회주의라기보다는 좌익 국제주의이다. 식민지 상황에서 생성 또는 수용되는 사회주의는 기본적으로 장래의 사회체제와 국가형태에 관한 사회-정치사상의 한 갈래로서, 그 의미에서는 자유주의와 대비시키는 것이 적절하다. 그리고 사회주의와 자유주의의 중간 접점에 무정부주의가 위치하는 것으로 보아야 할 것이다.

  그리하여 민족주의와 국제주의, 자유주의와 사회주의라는 두 개념쌍을 교차시킴에 의해 민족주의와 사회주의의 교합 가능성에 대한 이론적 근거를 얻을 수가 있다.[18] 또한 거기서 더 나아가, 실천적으로는 식민지 민족문제 해결의 세 가지 전략유형 및 네 가지 이념노선과 그 각각의 담지세력을 가려낼 수 있게 된다. 그 가운데 민족혁명 전략과 정확히 대응하면서 그 이념적 추동력으로 기능하는 것이 민족주의 노선인데, 그 하위범주로 분화해나오는 자유주의적 민족주의(또는 민족적 자유주의)와 사회주의적 민족주의(또는 민족적 사회주의)는 신국가의 체제 구상 및 그 건설 방안의 상위성에도 불구하고 적어도 반제투쟁의 과정에서는 민족혁명론을 매개고리로 하여 연합전선을 형성할 가능성이 매우 높은 것이다.[19]

---

으로 지지하고 있었다. 그러나 민족적 유대의 강력함을 결코 무시할 수 없음을 간파한 그는 프롤레타리아 국제주의를 재해석하여, 그것은 독립적 조국의 존재를 전제로 하며 ('프롤레타리아 애국주의') 그 본질이 '무민족성'에 있는 것이 아니라 '민족들의 자유와 평등'에 있고, 국제간의 평화적 연대, 모든 민족들의 문화적 번영과 복지의 향상을 목표한다고 언명하였다(박호성, 『사회주의와 민족주의』, 까치 1989, 191~93면).

18) 이와는 다소 다른 맥락에서이기는 하나, 맑스주의자인 레기 드브레(R. Debray)도 사회주의운동을 위해서는 민족주의를 배제시키는 것이 불가능하며 사회주의는 민족적 내지 민족주의적 색채를 띠는 것이 불가피하다는 점을 명확히 한 바 있다. 그는 민족의 역사적 존재형식은 비고정적이나 그 본질은 생산양식의 변천에도 불구하고 불변한다는 관점에서, '국제적인 것'이 일종의 실효성 없는 '상부구조'를 형성하면서 '역사의 장에서 재빨리 사라질' 운명에 있는 반면에 민족은 결코 상부구조가 아니며 언어와 문화처럼 '진정한 하부구조'를 이룬다고 보았다. 역사적 경험에 비추어보더라도, 사회주의의 승리는 민족해방이나 민족적 일체감의 옹호를 위한 투쟁 즉 민족주의와의 동맹 없이는 생각할 수도 없다고 했다(앤터니 스미드[Anthony D. Smith], 「마르크스주의와 민족문제: 레기 드브레이와의 인터뷰」, 임지현 엮음, 『민족문제와 마르크스주의자들』, 흐겨레 1986, 313면; 박호성, 앞의 책, 11면).

19) 민족해방의 달성을 직접적인 목표요 당면과제로 삼음과 동시에 사회변혁의 방향을 反

이 관계를 잠정적으로 도식화해 보면 아래와 같이 된다.

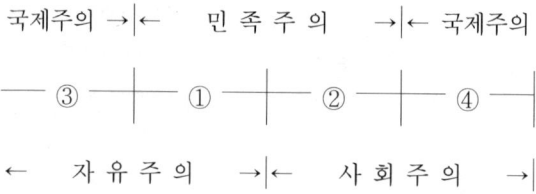

① 자유주의적 민족주의: 민족혁명 노선
② 사회주의적 민족주의: 민족혁명 노선
③ 자유주의적 국제주의: 민족개량주의 노선
④ 사회주의적 국제주의: 계급혁명 노선

위의 그림에 내포되어 있는 세 층위의 의미를 한 문장으로 압축해서 표현하면 다음과 같이 된다. '식민지 민족운동의 중심적 이념은 민족주의이고 그것이 일부는 자유주의와, 일부는 사회주의와 결합[20]한 상태에서 민족혁명이

봉건 부르즈와적 변혁 이상의 非자본주의적 발전에서 찾는 입장을 민족혁명운동의 좌익노선으로 위치시킬 수 있다. 이에 반해 민족문제를 계급문제에 부수되는 하위 차원의 것으로 상정하고 민족문제도 계급혁명에 의해 해결될 수 있다고 보는 입장은 민족혁명 노선을 벗어난 공산주의혁명 노선에 속한다. 이러한 개념틀에 의거하면, 일제하의 민족주의운동만 아니라, '반제·반봉건 부르즈와민주주의혁명'의 기치를 내걸었던 이른바 '사회주의운동'진영의 적지 않은 부분이 민족혁명운동 범주에 포함되는 것이었다고 볼 수 있다. 그렇다면 종래 '비타협적 민족주의'진영 또는 '민족주의 좌파'로 통칭되어온 운동자들은 민족혁명운동의 우익전선을 형성했던 것이고, '사회주의 독립운동(민족운동)' 진영으로 지칭되어온 운동자 집단이 민족혁명운동의 좌익전선을 형성했던 것으로 보아야 한다.

20) 민족주의와 사회주의의 결합이 가능할 뿐만 아니라 바람직하기까지 한 것으로 보는 견해는 일찍이 Horace B. Davis, *Nationalism and Socialism: Marxist and Labor Theories of Nationalism to 1917*, New York 1967과, 高島善哉, 『民族と階級』, 日本評論社, 1970에서 제시된 바 있다. 민족주의를 '주변부의 보상반응'으로, 즉 자본주의의 불균등 발전 상황에서 선진자본주의의 침투를 거부하는 저발전 민족들의 방어 이데올로기로 파악한 맑스주의 저술가 네이언(Tom Nairn, "Modern Janus," *New Left Review*, no.94, 1975; 「자본주의 세계체제와 민족문제」, 임지현 엮음, 앞의 책, 252~91면) 역시

추구된다.' 결국 자유주의적 방식으로든 사회주의적 방식으로든 민족공동체
를 단위로 하는 자립적 삶의 토대를 근대국가의 형태로 새롭게 구축한다는
태도의 총체가 민족주의로 집약되는 것이라 할 수 있다.

식민지 한국에 있어서 민족주의는 민족의 완전독립과 민족사회의 근대적
변혁에 목표를 두는 민족혁명론과 짝을 이루어, 전자는 후자의 이론적 근거
가 되고 후자는 전자의 실천적 지표가 되었다. 따라서 일제 강점기의 한국민
족주의는 민족개량주의나 복벽주의(復辟主義)와는 확연히 구별되는 이념일
수밖에 없었다.

민족혁명론은 원래 3·1 운동 직후에 제국주의 타도와 완전독립 달성을 중
심목표로 하여 제기된 것이었다.[21] 그런데 그 노선의 담지자인 혁명적 민족
주의 세력이 점차로 자유공화주의와 사회주의, 그리고 무정부주의 계열로 분
화해감에 따라, 민족혁명은 민족독립의 달성만 아니라 사회변혁(반봉건 민주
주의적 변혁과 국민적 통합 구조의 사회체제 형성)의 완수라는 의미까지 내포하
게 된다. 그리하여 사회체제의 변혁이 민족독립에 버금가는 혹은 동시적으로
수행되어야 할 과제로 부각되는 것과 더불어, 민족혁명운동도 독립운동과 사
회운동의 성격을 겸비하고서 전개되기 시작한 것이다.[22]

민족주의와 사회주의의 결합을 사실 차원에서 받아들였다. 이 관계 속에서 민족주의는
미숙한 계급의식보다 '무한히 우월한' 동원 수단이 됨으로써, 세계경제의 불균등 발전
이 지속되는 한 사회주의는 민족주의의 하급 동맹자로 머물 수밖에 없다고 그는 보았
다(Tom Nairn, "Das Elend des Internationalismus," *Kurabuch* 57, 1979; 박호성, 앞의
책, 10~11면).

21) 1919년 말경부터 집필하여 1920년 12월 상해의 維新社에서 출간한 『韓國獨立運動之血
史』에서 朴殷植은 갑신정변, 갑오농민전쟁, 3·1 운동을 모두 '혁명' 또는 '혁명운동'으로
서술하여 높이 평가하였다. 이는 박은식 나름의 민족혁명사관이 전개된 것이라 하겠는
데(신용하, 『박은식의 사회사상 연구』, 서울대학교출판부 1982, 287면), 그 무렵에 막 제
기되고 있던 민족혁명론이 일정 부분 영향을 미친 것이라고도 볼 수 있다.

22) 민족혁명운동이 반드시 식민지 상태에서만 발생하고 전개되는 것은 아니다. 이를테면
1894년의 제2차 갑오농민전쟁은 반제·반침략의 민족전쟁과 반중세·반봉건의 농민혁명
운동이 통합된 것으로, 그것 역시 일종의 민족혁명운동이었다(신용하, 『동학과 갑오농
민전쟁 연구』, 일조각 1993, 363면, 392면 참조). 그런가 하면 1955년에 출범한 제3세계
비동맹 연대 노선의 반둥(Bandung)회의 30년을 결산하면서 제3세계의 민족부르즈와적
발전 기획은 실패했다는 진단을 내리고, 가능한 최선의 발전 대안으로 '민중적 프로젝
트'를 제시한 아민(S. Amin)의 견해도 실은 민족혁명운동의 재발동을 제창한 것으로
볼 수 있다. 민중적 프로젝트의 실현을 위해서는 민족해방과 사회변혁운동이 필수적이

이러한 추세를 인상 깊은 필치로 가장 명확하게 표현해준 것이 신채호(申采浩)의 「조선혁명선언(朝鮮革命宣言)」이었는데,23) 그로부터 사상적 감화를 받고 거기서 제시된 이념지향의 실천을 위하여 제나름의 방식으로 혁명운동을 전개한 이들이야말로 전형적인 민족주의자들이면서 민족운동의 본류를 이루었다. 그뒤를 이어 1930년대에도 여러 민족주의 정당·단체들의 강령들에서 그들이 추구하는 목표는 의연히 민족혁명임이 명시되고 있었다. 그리하여 민족혁명론과 그 실천전략은 서로 사상계열을 달리하는 운동세력간의 연합전선 형성과 조직융합의 으뜸가는 매개고리 역할을 하게 되었다. 1920년대 중반 이후로 전개된 국내의 신간회운동이나 해외의 민족유일당운동과 같은 '민족통일전선' 형성운동은 요컨대 민족혁명전선 내부의 사상적·정치적 입장의 분기를 재통합하려는 시도인 것이었다. 다시 말해 '전선통일'이란 민족혁명전선으로의 대오 결집, 또는 그 전선 내부의 조직통일을 의미하는 것이었다.

결국 일제 강점기 한국의 민족운동과 민족주의는 상이한 사상계열을 아우르는 가운데 민족혁명론을 공통분모로 한 다변적 전략·전술의 개발과 각종 형태의 운동조직의 건설을 통하여 발전해갔을 것이라는 연구가설을 세울 수가 있다. 이에 따라 민족혁명론의 이론화 및 내실화 과정과 민족혁명운동의 구체적인 실행 사례들을 운동조직·단체·세력별로 고찰해가면서 그 결과를 비교하고 종합하는 것이 근대 민족운동에 관한 사회사적 연구의 실질적인 과제를 이룰 것이다. 그러한 작업이야말로 자기 민족의 역사적 경험에 바탕을 둔 사회학적 민족운동론과 민족주의론 정립의 초석을 놓는 일이 될 것이다.

---

라고 그는 주장했다(S. Amin, "Bandung—Thirty Years Late," Mimeo., 1985, 10~11 면; 임현진, 『제3세계 연구: 종속, 발전 및 민주화』, 서울대학교출판부 1993, 9면).

23) 신채호는 1923년 1월에 작성한 「조선혁명선언」에서 '혁명'이 아니고서는 '강도 일본'을 구축(驅逐)하여 민족의 해방과 독립을 쟁취할 방법이 없다고 보고, 독립운동을 민중직접혁명('민중이 주체가 되어 민중 자기 자신을 위하여 하는 직접의 혁명')의 성격을 띤 민족혁명운동으로 파악하였다. 적어도 이때부터 민족혁명론이 신채호의 민족독립운동론의 특징점을 이루게 된 것이다(신용하, 「신채호의 민족독립운동론의 특징」, 『단재신채호선생 순국50주년 추모논총: 신채호의 사상과 민족독립운동』, 형설출판사 1986, 289~96면).

## 제3절 연구대상과 방법의 문제

### 1. 연구대상으로서 의열단운동

앞에서 나름대로 설정해본 연구시각과 연구과제를 전제로 글쓴이는 의열단의 민족운동을 구체적인 대상으로 삼아 사례연구를 행하고자 한다. 의열단은 1919년에 창립되어 중국 관내에 본거를 두고서 국내와 만주, 일본지역까지를 주무대로 하여 민족운동을 전개하다 1935년 민족혁명당이 결성될 때에 주동단체로 참여하면서 자진 해체한 비밀결사였는데, 그 조직생애사와 운동이념 및 운동행로를 집중적으로 검토, 분석코자 하는 것이다.

의열단을 연구대상으로 삼은 가장 큰 이유는, 이 단체야말로 일관되게 민족혁명 노선을 추구하면서 식민지시대의 민족운동사에 뚜렷한 발자취를 남긴 대표적인 민족혁명운동 단체였기 때문이다. 또한 의열단과 그 계보를 따라 성립한 후속 조직들은 1930,40년대의 해외 독립운동전선에서 임시정부 및 그 보위세력과 비견될 만큼의 위세를 과시하면서 민족운동 좌익진영의 핵심 조직체를 이루었기 때문이기도 하다. 그럼에도 의열단의 민족운동에 관해서는 연구가 부진하여 단편적인 사실들만이 알려지거나 논급되어왔을 뿐, 그 활동이나 조직 실상은 제대로 구명되지 못했다는 점도 아울러 고려되었다.

의열단은 1920,30년대의 수다한 민족운동 단체들 가운데 임시정부를 제외하고는 그 활동 기간이 가장 길었던 단체이다. 그 기간 동안 의열단은 일제 식민지지배를 전면 거부하는 투쟁을 통하여 시기별로 독특한 운동노선과 행동모델을 구현해냈다. 흔히 '의열투쟁'으로 일컬어진 소집단 폭렬투쟁(暴烈鬪爭, '테러투쟁')을 비롯하여, 정규 군사조직에 의한 무력항쟁, 노농대중 조직화에 기초한 민중총봉기 및 유격전 등을 그때그때 시의적절하게 기획하고 시도했던 의열단의 운동행로는 기본적으로 민중혁명 방식의 민족혁명을 지향한 것으로, 전체 민족운동의 발전 경로에도 뚜렷한 형적을 남겼다. 다른 한편으로 의열단은 민족전선 통일운동에 적극 참여하고 주도하기도 하여, 해외지역 최초의 민족통일전선 정당으로 민족혁명당이 창립되는 데 중심적인 역할을 수행하였다.

이렇듯 의열단운동의 진폭과 경로는 식민지시기 민족운동사의 중심적 궤적과 대부분 일치했으며, 1920,30년대의 대표적인 민족운동 단체로 손꼽히기에 모자람이 없었다. 그런 까닭에 의열단이 겪었던 성취와 좌절, 고투(苦鬪)와 약진의 경험들을 전체 민족운동의 역정과 긴밀하게 연결지어 고찰할 수가 있다. 또한 의열단의 조직성장 추이와 그것이 전체 민족운동전선의 조직역량 확충 및 그 세력판도 변화에 미친 영향을 탐색해보는 것도 의미있는 작업이 될 것이다.

원래 전투적 독립운동으로 시작되었던 의열단운동은 「조선혁명선언」의 발포를 계기로 하여 무정부주의적 민중직접혁명 이념이 짙게 가미된 혁명적 민족주의로 무장하게 되었고, 1920년대 후반에는 다시 사회주의 이념을 부분적으로 흡수함으로써 반봉건 민주변혁의 사상을 보강하였다. 그 결과 의열단은 점차 좌경단체의 성격이 짙어짐과 아울러 민족운동전선 좌익진영의 중추적 단체로 자리잡아갔다. 이러한 이념적 변화상과 그 기저의 동인은 그 자체로도 자세히 구명하고 검토해볼 만한 문제이거니와, 식민지시기 민족운동 이념의 구조와 발전양식, 민족주의와 사회주의의 관계를 논의하는데 있어서도 유익한 준거점이 되어줄 것이다.


## 2. 선행연구 검토

의열단운동에 관한 연구가 다소간 활성화의 기미를 보이기 시작한 것은 1980년대 말부터였다. 독립운동사 연구의 시야 확대와 시각 재조정의 노력, 관련된 문헌자료의 발굴과 공개 및 영인간행, 관계인사들의 증언 또는 회고 자료의 수집과 공간(公刊) 등, 주·객관적 연구여건의 호전에 힘입은 것이었다. 그 이전의 연구와 논의는[24] 주로 1920년대 전반기의 활동을 거사사(擧事

────────────

24) 김창수, 「민족운동으로서의 의열단 활동」, 동아일보사 편, 『3·1 운동 50주년 기념논집』, 1969; 김창수, 「1920년대 민족운동의 일양상: 민족운동으로서의 의열단의 활동 補遺」, 『아세아학보』 제12집, 1976; 독립운동사편찬위원회, 『독립운동사 제7권: 의열투쟁

史)의 수준에서 정리한 것이거나 인물사의 맥락에서 김원봉의 사상과 활동을 중심에 놓은 것들이어서 의열단운동의 전모에 관한 심도있는 고찰과 분석적 논의가 미흡했다. 이에 반해 1980년대 말부터는 1920년대 중반 이후의 운동 행로까지도 다각도로 구명하려는 시도가 나오기 시작했다.

우선 의열단이 1920년대 후반에 '사회주의적 단체'로 변모해갔음이 논증25)되었고, 1920년대 중·후반 의열단의 노선정비 과정과 1930년대의 간부학교 운영을 김원봉의 항일운동 역정과 관련지어 고찰한 일련의 논고들26)이 나왔다. 또한 의열단운동의 전사(全史)를 '상해시기(전기)'와 '후기'로 대별하여 전기의 활동은 진보적 민족주의 노선의 확립에, 후기의 활동은 국내 대중운동의 전개에 초점을 맞추어 고찰한 결과27)가 발표되었다. 글쓴이도 1930년대 전반기의 청년투사 양성운동과 그 성과를 분석적으로 점검한 외에, 창립기와 전기 국면의 활동 및 노선 추이를 재검토하고 몇가지 새로운 해석을 제시한 바 있다.28)

이들 논고는 각각 관심의 초점을 달리하고 주제를 특정화하면서도 결과적

사』, 1979, 312~21면, 352~79면, 445~65면, 515~45면; 오장환, 「의열단사상에 관한 연구: 사상적 경향과 변천을 중심으로(1919~1929)」, 건국대학교 대학원 석사학위논문, 1982; 노경채, 「김원봉의 독립운동과 그 사상」, 『백산학보』 제30·31 합호, 1985; 박성수, 「의열단 연구」, 『논문집 2』, 한국정신문화연구원 대학원 1987; 김창수, 「의열단의 창립과 투쟁」, 국사편찬위원회 편, 『한민족독립운동사 4』, 1988; 梶村秀樹, 「義烈團と金元鳳」, 『季刊 三千里』 21號, 1980; 鹿嶋節子, 「金元鳳の思想と行動」, むくげの會 編, 『朝鮮1930年代研究』, 東京: 三一書房 1982.

25) 강만길, 「조선민족혁명당 성립의 배경」, 『한국사연구』 61·62 합호, 1988.

26) 한상도, 「김원봉의 조선혁명군사정치간부학교 운영(1932~35)과 그 입교생」, 『한국학보』 제57집, 1989; 한상도, 「김원봉의 생애와 항일역정」, 『국사관논총』 제18집, 1990; 한상도, 「1920년대 의열단의 노선 재정비 과정: 김원봉의 활동을 중심으로」, 윤병석 외, 『독립운동사의 제문제』, 범우사 1992; 한상도, 『한국독립운동과 중국군관학교』, 문학과지성사 1994, 제4·5장.

27) 염인호, 「후기 의열단의 국내 대중운동(1926~1935)」, 『이원순교수 정년기념 역사학논총』, 교학사 1991; 염인호, 「상해시기 의열단(1922~1925)의 활동과 노선: 진보적 민족주의 노선의 성립」, 『택와 허선도선생 정년기념 한국사학논총』, 일조각 1992.

28) 김영범, 「1930년대 의열단의 항일청년투사 양성에 관한 연구」, 『한국독립운동사연구』 제3집, 1989; 「의열단의 창립과 초기 노선에 대하여」, 『한국학보』 제69집, 1992; 「1920년대 전반기 의열단의 민족운동과 노선 추이」, 『한국의 민족문제와 일본제국주의』, 한국사회사연구회논문집 제34집, 문학과지성사 1992. 이 세 논문의 논지와 서술내용은 상당 정도 수정·보완되어 본서의 해당 부분에 편입되었다.

으로 보면 상호보완적인 작업이 됨으로써, 개별적 사실들간의 전후 연관이 어느정도 밝혀지고 그간의 연구공백이 상당 부분 메워지게 되었다. 그러나 어떤 통일된 관점이 공유 또는 전제된 것은 아니었기 때문에 그들 연구의 결과가 직접적으로 유기적인 연결을 맺기는 어려웠으며, 시기별로 이념·조직· 활동 노선과 상황대처 방식 등에서 나타나는 유사점과 차이점, 연속성과 불연속성이 체계적으로 검토되거나 조리있게 해명되지는 못했다.

그런 중에도 가용한 1·2차 자료를 적절히 활용하여 김원봉의 일생과 민족운동가로서의 행보를 자세히 추적하여 구명해놓은 『김원봉연구』는[29] 그가 지도했던 의열단(계) 조직의 활동상도 균형있게 조명함으로써 의열단운동의 전모에 한층 가까이 다가선 연구성과가 되었다. 특히 이 저작에서는 김원봉과 의열단의 사상과 행적을 '일관된 하나의 틀을 갖고서 체계화해야 한다'는 문제의식 아래 '진보적 민족주의'가 그 '틀'로 삼아진 점이 주목된다. 그리하여 이 저작은 김원봉과 의열단에 관한 단일 논구로는 가장 포괄적인 논의를 담은 것임과 동시에 의열단운동의 이념적 기반을 해명하고자 한 중요한 시도였다고 평가된다. 그와 반면에 『김원봉연구』에서는 의열단이 김원봉과 일신동체(一身同體)였고 의열단의 활동은 '김원봉 개인의 지도력에 의해 좌우되었다'는 관점에 지배됨으로써, 의열단운동을 김원봉 중심으로만 고찰해온 종래의 연구경향과 그 한계를 뛰어넘지 못하였다.

'의열단연구'는 김원봉의 탁월한 지도력과 폭넓은 활동상을 부각시키는 것에 못지않게, 그가 끊임없이 직면해야 했던 집단구조적·상황적 제약과 그것이 단의 노선과 활동의 여러 부면에 미친 영향도 동등한 비중으로 다루어야 하며, 전·후기를 통틀어 의열단 내부의 조직정형은 그리 단순치 않았음에 유념해야 한다고 본다. 나아가 의열단운동은 어디까지나 조직체 수준의 집단적 운동이었고 의열단의 행로는 집단의지와 상황변수의 상호작용의 산물이었다는 관점을 취할 필요가 있다. 다시 말해 의열단연구는 '김원봉연구'의 차원을 넘어서 사회학적 집단연구로, 민족운동조직 연구로 수행될 필요가 있는 것이다. 그러한 관점에서 의열단의 조직기반, 내부 조직구성, 여타 운동조직들과 맺었던 다변적 관계망의 실상과 의미, 각 시기의 상황변화에 대한 대응양식의 특징, 노선 조정(또는 변환)의 배경과 경과 등이 종합적으로 고구되어야

29) 염인호, 『김원봉연구: 의열단, 민족혁명당 40년사』, 창작과비평사 1993.

할 것이다.

의열단이 전기부터 후기까지 '일관되게' 진보적 민족주의 노선을 걸었다는 것도 나름대로 의미있는 규정이기는 하나, 그것을 사회주의와 전혀 다른 이념지향이고 노선인 것으로 상정해버리는 것은 문제라고 본다. 그러한 인식구도에서는 후기 의열단의 운동이념 및 노선상의 새로운 징후들을 제대로 설명해낼 길이 없게 된다. 그 징후들은 사회주의자와의 연합을 위한 '민족주의자=김원봉≠사회주의자'의 전술 차원의 태도변화였다고 간단히 해석해버리기보다는, 후기 의열단은 전기와는 구별되는 독특한 이념적 위상과 조직체제를 구현하고 있었음을 인정한 위에서 의식적으로 민족주의와 사회주의를 융합시키고자 한 노력이 부분적인 결실을 맺은 것으로 풀이하는 것이 타당할 것이다. 전·후기에 걸친 이념적 '일관성'에만 집착하기보다는, 민족주의와 사회주의의 관계에 대한 새로운 해석틀과 함께 그 입론의 근거를 모색해보는 것이 보다 생산적인 논의로 나아가는 길이 되지 않겠는가 한다.


## 3. 연구시각과 연구방법

의열단운동이 전개된 사회구조적 조건은 엄혹하고도 주밀한 통제기제를 갖춘 식민지 직접통치 체제였고, 주요한 상황적 맥락은 3·1 운동 직후부터 1930년대 중반까지 사이에 벌어진 동아시아 정치정세의 격변이었다. 이러한 배경에서 의열단운동은 중국지역에 근거를 둔 민족독립운동의 한 구성인자이면서, 민족적 삶의 새로운 구조를 창출해낼 것을 목표로 체제변혁을 도모하는 집단적 행동양식의 하나로 성립, 전개되었다. 그러므로 의열단운동을 고찰함에 있어서는 위와 같은 사회구조적 조건과 상황적 맥락에 대한 주체적 대응의 측면을 분석의 초점으로 삼은 위에 민족운동의 전체 흐름과의 유기적 연결점을 포착해낼 것이 요청된다.

그런 한편으로 의열단운동의 진전 가능성과 한계를 실질적으로 조건지운 기본틀은 민족운동전선 내부 각 운동세력의 포치 형세와 그 동향이었다. 그를 배후지로 삼아 의열단은 인적·재정적·이데올로기적 자원을 동원하고 또한 공급받기도 한 것이다. 따라서 의열단의 운동 전략과 전술은 일제의 식민

34

지통치 정책과 통제기제에 대해서만이 아니라 민족운동전선의 각 구성요소들에 대해서도 합목적적 대응을 시기별로 변화시키면서 구체화한 것이라고 볼 수 있다. 또한 의열단 조직의 발전도 주변 운동세력 및 조직들과의 다변적인 협력·경쟁의 상호작용 속에서 추동되고 가속화된 측면이 컸던 것으로 보아야 한다.

이러한 관점에서 저자는 주변 환경요소 내지 입지조건에 대한 의열단의 반응 양식, 그 요소나 조건의 구체적인 구성부분들과의 상호작용 양식, 그리고 그러한 대응과 상호작용이 낳은 결과들에 주목하면서, 특히 조직연계망과 자원동원의 문제를 중시하고자 한다.[30] 그를 위해서는 임시정부와 반(反)임정 노선의 민족운동자 집단, 고려공산당과 조선공산당 각 계파, 무정부주의 운동자 집단, 중국 관내 및 만주지역의 민족주의 정당조직체들과 무장투쟁단체들, 국내 비밀결사 및 각종의 대중조직 등, 민족운동 좌우익 전선의 주요 조직·단체들과 의열단이 맺게 되었던 관계의 폭과 깊이와 성격을 두루 점검해보아야 할 것이다.

의열단운동을 고찰함에 있어서는 그것이 민족독립운동의 한 구성인자였을 뿐만 아니라 동아시아 반제운동의 일익을 담당하기도 했다는 사실에 주목해보아야 한다. 1920년대의 세계정세는 제1차 세계대전의 종전과 더불어 성립한 국제연맹 체제 속에서 호각지세를 보이게 된 영·프·미·일 4대 강국을 중심으로 제국주의적 정치·경제 질서가 강화되어가고 있는 특징을 보이고 있었다. 이들 4대국의 이해관계가 얽히게 된 초미의 관심 지역은 중국대륙을 중심으로 한 동아시아와 인도차이나였는데, 그러한 이유에서도 1920년대 중반의 중국 국민혁명운동은 이 시기 반제 민족운동의 상징처럼 되어 전세계의 이목을 집중시키기에 충분했다. 그런데 중국혁명의 전개와 그 정세 추이는

---

30) 이 문제는 사회학에서 개발된 사회운동 이론들 가운데서도 자원동원이론(resource--mobilization theory)에 비추어 가장 잘 설명될 수 있다. 이 이론의 핵심은 사회운동의 태동 혹은 운동주체의 형성을 구조적 모순이나 사회문제의 자연발생적 산물이 아니라 정치적 기회의 도래와 연대적 조직행위의 의식적 결과로 본다는 것이다. 여기서 조직행위는 이데올로기와 정당성, 구체적 조직체, 지도자와 추종자, 재정, 시설과 장비(무기), 사회적 연결망 등의 자원을 획득하고 통제('동원')하여 조직역량을 강화함으로써 가능해지는 것이라 한다. 자원동원이론의 관점에서는 동원할 수 있는 자원의 규모가 집합적·조직적 행위의 영향력과 세력을 규정하고 그 확대를 가져오는 기본 요인이 되는 것이다.

1920년대 중·후반 중국지역에서의 한국독립운동을 고무하고 상호 연계성을 증진시키면서 여러모로 심대한 영향을 미쳤다.

두 나라 혁명운동의 연계는 다수의 한인 운동자들이 중국혁명운동에 참가하고 그 주도세력과의 연대를 구축하는 것으로써 표출되었는데, 특히 의열단이 중국혁명운동에 직접 참가한 한인 운동자층을 대표하는 위치에 서게 되었다. 또한 1931년의 만주사변 발발 이후 한중대일공동전선이 형성됨에 있어서도 의열단은 가장 기민한 움직임을 보이면서 주도적인 역할을 담당하였다. 이러한 점에서 이 시기의 동아시아 정세 및 중국의 정치정세 추이에 대한 의열단의 인식과 판단, 한국독립운동에 대한 열강 각국, 중국 혁명세력, 코민테른 또는 소련의 태도와 정책 그리고 반제-반일 공동전선 형성의 논리와 전략 등이 의열단운동의 진전 추이를 더욱 잘 이해하기 위한 고찰 대상이요 논점이 된다.

의열단운동의 전개를 조건지운 매개변수로서의 정세와 상황 요인들은 그 구체적인 조합 내역이 시기별로 다양하게 변하였을 뿐만 아니라, 각각이 미친 영향력의 강도와 비중을 작량해내는 것도 매우 어렵다. 따라서 특정의 변수를 축으로 한 엄밀한 인과분석보다는 변수들 사이의 인과관계의 경로와 방향을 열어놓은 채로 시간적 변이와 발전 동태를 주시하면서 사안별로 해석적 설명을 가하는 것이 더 유효적절한 방법이 되겠다. 또한 의열단운동의 다면적인 실상과 그 역동적인 변화의 맥락 및 진폭을 충분히 묘파해내면서도 논의의 중복을 피하기 위해서는 특정 논점별 분석보다 시간적 경과를 좇아가는 분석방법을 취하는 것이 더 나을 것이다.

이상의 이유로 본서에서는 조직구조와 이념특질, 운동노선을 각각 독립된 주제로 내세워 논의하지 않고, 그것들이 구성·재구성되어간 추이를 일정한 시간단락별로 상호 관련지으며 고찰한 결과를 제시하기로 한다. 시간단락은 크게 1920년대 전반기, 1920년대 후반기, 1930년대 전반기의 세 부분으로 잠정 구획한다. 이는 의열단운동사가 전기(항일 폭렬투쟁기: 1919~25), 중기(혁명전선 정비기: 1926~29), 후기(혁명운동 본격화기: 1930~35)의 세 국면으로 구분될 수 있다는 연구결과로 구체화될 것이다. 그리하여 전기 부분은 제2장과 제3장에서, 중기 부분은 제4장과 제5장에서, 후기 부분은 제6장과 제7장에서 각각 나누어 논의할 것이다.

논의의 진행 과정에서는 그때그때 적절한 수준으로 해석적 방법도 구사하려 한다. 어떤 시점, 어떤 상황에서 의열단 또는 그 성원들이 특정한 방향의 진로나 행동을 취했을 때, 그것을 외부적 요인에만 준거하여 설명하는 것 이상으로 행위주체의 내면적 동기와 상호주관적 의미를 추체험하고 그에 근거해서 해석해보는 것이다.[31] 모든 경우, 모든 사안에 이 방법을 적용할 수는 없고 또 그럴 필요도 없겠지만, 설명을 위한 자료가 불충분하거나 객관적 요인만으로 설명해내기가 어려운 경우에는 이 방법을 적절히 활용하는 것이 바람직할 것으로 보인다. 그러나 지나친 감정이입과 섣부른 억측을 스스로 경계하면서 행동의 직접적인 정황배경만 아니라 뒤의 시점의 관련 행위진로까지 꼼꼼히 살펴 신중한 판단을 내리도록 주의를 기울일 것이다.

---

31) 앤터니 스미스도 사회학적 민족주의 이론의 한 요건으로 '내적 접근' '내적 설명'을 들었다. 그것은 막스 베버의 이해사회학적 해석틀에 기대어, 민족공동체 성원 혹은 민족운동 참여자들이 자신들의 소속감과 행위에 부여하는 의미를 연구자가 탐색하고 분석해내는 것을 말한다(앤터니 스미스, 「민족주의와 고전사회학이론」, 임지현 엮음, 앞의 책, 26면, 37면, 42면).

제1부
# 1920년대 전반기의 의열단운동과 그 사상

제 2 장

## 의열단운동의 출범

### 제1절   의열단의 창단

의열단은 1919년 11월 10일, 중국 동북지방(만주) 길림성(吉林省)의 길림 성내(城內)에서 창립되었다. '정의로운 일을 맹렬히 실행'하자는 취지에서 조직 명칭이 그렇게 지어졌고, 그 취지는 "조선의 독립과 세계의 평등을 위하여 신명을 희생한다"고 공약 제2조로 부연되었다.[1]

의열단이 어떠한 배경에서 누구에 의해 어떤 경로로 창립되었는가의 문제는 3·1 운동 이후 시기의 한국독립운동에서 '의열투쟁' 방략이 확립되어간 과정을 정확히 이해하는 일과 직결된다. 의열단이 창립 직후부터 전개해간 항일투쟁의 독특한 양식은 곧이어 한국독립운동의 주요 방략 가운데 하나로 인정받아, 그로부터 의열투쟁이라는 용어도 자연스럽게 정착해갔기 때문이다. 그러나 위의 문제는 아직까지 제대로 구명되지 못했으며, 그리 수월하게 해명될 문제도 아니다. 관련자료가 워낙 빈약하거니와, 그나마 창단 관계자의 회고성 구술을 문자화했거나 일제 관헌의 첩보 및 재판 기록으로 현전하는 단편적 자료들도 내용이 엇갈리고 신빙성에 의심이 가는 부분이 많기 때문이다. 그렇다고 이 문제를 마냥 미해결의 것으로 방치해둘 수만도 없다.

의열단사 자체로 관심의 범위를 국한시키더라도 창단 배경 및 경위의 문제는 소홀히 넘겨버릴 수가 없다. 이와 관련하여 제기될 수 있는 중요한 논

---

1) 朴泰遠, 『약산과 의열단』, 백양당 1947, 27면, 29면 참조.

점은, 의열단 활동이 본격화하기 시작한 1920년대 초부터 1935년 자진 해단 시까지 시종 단장으로서의 명성과 위광을 누렸던 김원봉(金元鳳)이 창단 과정에서도 구상 및 발의에서부터 인원 규합 등의 실무적 준비와 조직체 결성까지의 모든 일을 도맡아 주도했는가, 아니면 다른 어떤 인물이나 집단이 이 과정에 관여했는가, 만일 관여했다면 어떤 이유에서 얼마만큼 그러했는가 등이다. 이는 박태원의 『약산과 의열단』의 서술에 근거해서 제조·유포·수용되어온 통설을 재검토해보아야 한다는 문제제기와도 통한다.

입수 가능한 모든 자료를 검토해보는 중에 얻게 되는 중간 결론은, 의열단의 창립 과정은 구상과 발의와 기획 그리고 그 기획의 실행과 부수적 실무준비라는 두 차원 또는 두 단계로 나누어 고찰해야 한다는 것이다. 여기서 제2단계의 진행 주역이 김원봉이었다는 것은 거의 확실하나, 앞 단계의 과정들까지 그가 주도했다고 말하기는 어려움을 발견하게 된다. 바꿔 말하면, 창단 기획자 겸 추진 주역은 따로 있었다는 것이다. 이에 대한 해명의 실마리는 의열단 창단의 현장이 된 길림의 역사지리적 위치, 특히 1919년 당시 국외지역에서의 한국독립운동의 추이와 관련해서 그곳이 지녔던 의미, 그곳을 본거지로 삼고 있던 일단의 망명 독립운동자들의 동향 등을 유심히 살펴봄으로써 얻을 수 있다.

길림은 만주지방의 한복판, 송화강(松花江) 상류에 위치해 있으면서, 동·북만주 또는 북간도와 연해주 쪽, 남만주 또는 서간도와 중국관내 쪽 두 방향으로의 갈림길을 이루는 교통 요지요 유서 깊은 성곽도시였다. 그래서였는지 길림은 국외 독립운동 기지의 구축을 목표로 일찍이 1906년경부터 특히 서간도 지방에의 정착을 염두에 두고 고국을 떠난 인사들[2]의 중간기착지 겸 연락 거점이 되어왔고, 1910년대 후반에 이르러서는 망명 지사들의 집결지이자 국외 독립운동의 주요 근거지 가운데 하나로 부상하고 있었다. 그러던 중, 제1차 세계대전의 종결과 함께 국제정세가 일변하고 세계개조론이 제기되는 속에서 본격적인 독립운동 전개의 기운이 한껏 고조되기 시작한 1919년 초에, 길림에 재류하고 있는 망명 지사들은 바로 그곳에서 새로이 운동의

---

2) 이들의 망명과 이주경로, 망명 후 활동에 대해서는 尹炳奭, 「1910년대 서북간도 한인단체의 민족운동」, 『국외 한인사회와 민족운동』, 일조각 1990, 23~27면, 33~44면을 볼 것.

대오를 조직화하고 무장투쟁을 전개하는 데 목표를 둔 준비작업에 착수하게
되었다.

그 최초의 계기는 1919년 1월 20일경, 중국의 상해에서 독립운동의 지도
자로 활약하고 있던 신규식(申圭植)이 봉천(奉天, 지금의 장춘長春) 인근의 중
국인 개척농장을 경영하고 있던 정원택(鄭元澤)에게 한 통의 비밀서신을 보
낸 데서 주어졌다. 서신 내용은 아래와 같이, "상해·미주·국내의 독립운동자
들이 긴밀히 연락하여 다방면으로 독립운동을 추진중이므로 빨리 길림으로
가서 서·북간도의 동지들에게 연락하여 대기하도록 하고 일이 벌어지면 즉
시 호응하라"는 요지의 것이었다.

방금 구주전란(歐洲戰亂)이 종식되고 미(美) 대통령 윌슨이 민족자결을 제
창하며 파리에 평화회를 개최하니 약소민족의 궐기할 시기라. 상해에 주류
(住留)하는 동지들이 미주(美洲)의 동지와 국내 유지를 연락하여 독립운동을
적극 추진하며 일면으로 파리에 특사를 발송 중인데, 서간(西間)과 북간(北
間)에 기밀을 연락치 못하였으니 군(君)이 길림에 속거(速去)하여 남파(南坡)
와 상의하여 서·북간에 동지를 연락하고 각 방면을 주선하여 대기응변(待機
應變)하기를 갈망하노니⋯⋯3)

이에 정원택은 이튿날 바로 길림으로 가서, 신규식이 언급한 남파 박찬익
(朴贊翊) 외에 여준(呂準) 조소앙(趙素昻) 정안립(鄭安立) 김좌진(金佐鎭) 황
상규(黃尙奎) 박관해(朴觀海) 정운해(鄭雲海) 송재일(宋在日) 손일민(孫一民)
등의 여러 인사를 만나 신규식의 전갈 내용을 알렸다. 약 한달 뒤에는 서간
도의 망명객인 성낙신(成樂信) 김문삼(金文三) 등도 연락을 받고 와 합류하
였다. 이들은 조만간 국내외 각처에서 대대적인 항일독립투쟁의 봉화를 올리
고자 하는 계획이 수립되어 비밀리에 추진되고 있다는 것을 감지하고 숙의
를 거듭한 결과, 거기에 호응할 태세를 갖추고 향후 만주와 노령 일대에서의
독립운동 활성화를 길림지역의 운동자들이 선도해가자는 것에 합의를 보았
다. 그리하여 우선 사정이 닿는 대로 찬조금을 내어 활동 자금을 마련하는

---

3) 鄭元澤 저, 洪淳鈺 역, 『志山外遊日誌』, 탐구당 1983, 172면. 정원택이 이 편지를 받은
  것은 음력으로 1918년 12월 20일이었다고 하는데, 양력으로는 1919년 1월 21일이다.

한편, 2월 27일(음력 정월 27일)에는 길림 재류의 운동자들만으로 대한독립의
군부(大韓獨立義軍府, 이하 '의군부')를 결성하여 정령(正領) 여준, 부령(副領)
조소앙, 총무 겸 외무 박찬익, 군무 김좌진, 서무 정원택, 선전 겸 연락 정운
해, 재무 황상규 등으로 부서를 정하고 직임을 분담하였다.[4]

　그 직후에 이들은 국내에서의 3·1 운동 발발 소식과 함께 상해에서는 임
시정부의 수립이 준비되고 있다는 것을 통지받았다. 이에 뒤질세라 의군부는
국외 각지의 유수한 독립운동자 39인이 연명 발포하는 형식의 「대한독립선
언서」를 작성하여[5] 3월 11일에 서·북간도 노령(露領) 구미 각국 북경 상해
국내 일본 등지로 우송하였다. 이어서 김좌진을 노령으로 보내 군마와 무기
약간을 구입하도록 하고, 상해 연락대표로 조소앙을, 서·북간도 및 노령지역
연락원으로 성낙신과 김문삼을, 국내 자금 모집원으로 정운해를 특파하는
등[6]의 활발한 움직임을 보이기 시작했다.

　그런데 바로 이 무렵 3월 초순에 멀리 남경(南京)으로부터 홍안의 한 청년
이 길림을 찾아왔는데, 다름아닌 김원봉이었다. 이에 앞서 김원봉은 친구였
던 김약수(金若水) 이여성(李如星)과 함께 1918년 9월에 고국을 떠나 남경의
금릉(金陵)대학에서 수학중이었다. 그러나 세계대전의 종전에 따른 국제정세
의 변화를 주시하던 이들 세 사람은 독립운동에 투신하리라는 심중의 결의를
실행에 옮길 때는 바로 지금이라고 판단하고 감연히 학업을 중단하였다. 그
러고는 서간도로 가서 김약수가 출국시에 휴대했던 거액의 자금으로 농토를
매입하여 군대양성 목적의 둔전을 경영한다는 계획을 세우고, 김약수가 먼저
남경을 떠나 1월 말경에 길림에 도착하여 여장을 풀었다. 그러나 농토 매입
이 생각했던 만큼 쉽지가 않은 데다 중앙학교 은사인 박중화(朴重華)로부터
귀국을 요청하는 연락까지 받게 된 김약수는 가지고 있던 돈의 절반인 1만원

---

4) 같은 책, 173~182면 참조.
5) 이 선언서의 원본은 현재 독립기념관에 소장되어 있다. 그 내용과 연명 발기자 39인의
　신상에 관해서는 朴永錫, 「대한독립선언서 연구」, 『산운사학』 제3집, 1989 참조. 한편
　이 선언서의 발표시점에 관해서 대립되는 두 견해가 제출되어 있는데, '1919년 2월 초
　순'설(趙恒來, 「대한독립선언서 발표시기의 경위」, 『수촌 박영석교수 화갑기념 한민족
　독립운동사논총』, 탐구당 1992)과 '1919년 3월 중순'설(宋友惠, 「'대한독립선언서'(세칭
　'무오독립선언서')의 실체: 발표시기의 규명과 내용분석」, 『역사비평』 창간호, 1988)이
　그것이다. 여기서는 후자의 견해를 취한다.
6) 정원택, 앞의 책, 183~84면 참조.

의 거금을 의군부의 발기인이 될 인사들에게 기부하고는 둔전 경영 계획을 포기하고 2월 26일에 귀국길에 올랐다. 아마도 김약수로부터 귀국 의사를 통지받았을 김원봉은 부랴부랴 남경을 출발하여 길림으로 향했는데, 도중에 산동성 제남(濟南)에서 국내에서 3·1운동이 발발했다는 소식을 듣게 되었다. 김원봉은 봉천에서 김약수를 만나 그가 향후의 행로 지표를 자기와는 다르게 설정하고 있다는 것을 확인하게 되자 작별을 고한 뒤, 발걸음을 그대로 길림으로 옮겨 이윽고 3월 초순에 다다른 것이었다.[7]

요는 김원봉의 이러저러한 행적 자체보다 그나 김약수가 남경을 떠날 때에 정한 최종 행선지가 길림이었다는 점이 흥미로운 것이다. 왜 그들은 하필 길림으로 가려 했으며, 더욱이 김원봉은 절친한 사이이던 김약수와 헤어지면서까지 길림행을 고집했을까? 그 이유는 당시 길림에 체류하고 있던 망명운동자 가운데 황상규 손일민 김좌진 등과 김원봉과의 사이에 맺어져 있던 특별한 연고 관계에서 찾을 수 있을 듯하다. 앞의 두 사람과 김원봉은 모두 경남 밀양 출신의 친지나 선후배 사이었으며, 김좌진도 일차 대면한 바 있는 선배 운동자로서, 모두 믿고 의지할 수 있는 인물들이었기 때문이다.

황상규는 김원봉의 여덟 살 위의 고모부로, 소년 시절부터 그에게 많은 감화를 주었던 이로 회고된다.[8] 또한 김원봉에게 "해외로 나가서 독립운동에 참가하라"고 권유하고 '약산(若山)'이라는 아호를 지어준 장본인이기도 했다.[9] 어쩌면 친지나 선배 이상의 정신적 후견인과도 같은 존재였을 것이다. 그러던 황상규는 1913년에 결성된 비밀결사 광복단(光復團)의 13인 단원 중 1인으로 활동했고,[10] 1915년 7월에 광복단의 확대조직으로 대한광복회가 결성될 때도 발기인으로 참여하여[11] 항일운동을 전개하다 광복회 조직이 일제 군경의 추적을 받으며 파괴되기 시작하자 1918년에 중국으로 탈출하였다.[12]

---

7) 이상은 박태원, 앞의 책, 15~21면과 정원택, 앞의 책, 177~82면에 의거함.
8) 박태원, 앞의 책, 21면 참조.
9) 金學俊 편, 『혁명가들의 항일회상』, 민음사 1988, 83면, 金星淑의 회고담 참조.
10) 독립운동사편찬위원회, 『독립운동사 제7권: 의열투쟁사』, 1979, 344면; 趙東杰, 「대한광복회의 결성과 그 선행조직: 풍기광복단과 조선국권회복단」, 『한국민족주의의 성립과 독립운동사연구』, 지식산업사 1989, 263면의 주 7 참조.
11) 조동걸, 앞의 글, 271면.
12) 황상규의 생애와 활동 이력에 관해서는 독립운동사편찬위원회, 앞의 책, 316면; 密陽郡, 『미리벌의 얼』, 1983, 183면; 국가보훈처 편, 『독립유공자 공훈록』 제8권, 1991, 269

손일민도 일찍이 1912년에 만주로 망명하여,[13] 국외 광복회의 안동(安東)
지회 회원을 거쳐 1915년에는 길림지회를 조직하여 비밀리에 국내와 연락하
며 활동하고 있었다.[14] 김좌진은 국내 광복회 회원으로 활약하다 일제 경찰
이 검거령을 내리자 1917년에 국외로 탈출하였는데, 망명 후에는 광복회의
주만(駐滿) 부사령(副司令)으로서 독립군 양성에 주력하고 있었다.[15] 손일민
과 김좌진은 김원봉이 중국 천진(天津)의 독일계 중학교에 유학중이던 1917
년 여름에 방학을 맞아 일시 귀국하던 길에 안동현에서 상면한 적도 있었
다.[16] 이러한 점들을 고려해볼 때, 김원봉이 길림으로 향발했던 데는 위와 같
은 개인적 연고와 그에 부수되고 있었을지 모를 연락과 지시, 김원봉 자신의
입장에서 보면 이왕이면 지면도 있고 신뢰하는 선배 운동자들의 대열에 합류
해서 같이 활동하며 웅지를 펴겠다는 의도가 가장 크게 작용했던 것으로 추
리된다.

어떻든 김원봉이 길림에 도착한 후에도 국내에서는 독립만세 시위운동의
기세가 날로 확대되고 있었고, 국외 한인사회도 보조를 같이하여 만주와 노
령지역에서도 선언서 및 포고문 발표와 시위운동이 격렬하게 전개되었다. 이
처럼 국내외를 막론하고 민족독립에의 지극한 열망이 거족적인 행동으로 표
출되고 있던 와중인 4월 13일에는 상해에서 대한민국 임시의정원이 조직되
고 임시정부가 수립되었다. 이와 때를 같이하여 의군부는 조선독립군정사(朝
鮮獨立軍政司, 별칭은 길림군정사, 이하 '군정사')로 명칭을 바꿈으로써 순수 군
사기관임을 표방함과 아울러, 이상룡(李相龍) 유동열(柳東悅) 조성환(曹成煥)
이장녕(李章寧) 등 재만 한인독립운동의 중견 지도자와 군사전략가들을 영입
하여 조직을 확대개편하였다.[17] 군정사의 군사 부문은 독판(督辦) 직위의 유
동열이 주재하고,[18] 재정의 실무책임은 회계과장인 황상규가 맡았다.[19]

~70면 등이 참고된다.

13) 밀양군, 앞의 책, 172면.
14) 독립운동사편찬위원회, 『독립운동사 자료집 제10집: 독립군전투사 자료집』, 1976, 1109
　면; 姜德相 편, 『현대사자료 25: 조선 (1)』, 1968, 45면 참조. 그는 길림에서 국내 광복회
　의 蔡基中 등과 연락을 취하면서 활동하였으며(박영석, 앞의 글, 19면), 1919년 3월 당
　시는 독립의군부의 중앙위원이었다(박태원, 앞의 책, 21면).
15) 조동걸, 앞의 글, 270면.
16) 박태원, 앞의 책, 12면.
17) 朴炡, 『만주한인민족운동사연구』, 일조각 1991, 98면 참조.

의군부가 군정사로 개편된 것은 대일항쟁을 비무장 만세시위 이상의 전투적 형태로, 조직적 무장투쟁의 형태로 발전시켜 전개하는 것이 시급하다는 인식을 반영한 것이었다. 또한 길림의 독립운동자들이 그와같은 결의를 굳히고 재확인하는 의미도 담고 있었다. 그러나 당시 서·북간도 일대에 성립해 있던 대개의 독립운동 단체와 마찬가지로, 군정사도 당장에 대일 군사행동을 개시할 만한 역량을 갖추고 있지는 못하였다. 인적 자원은 어느정도 확보되었다고 하겠으나,[20] 그들을 무장시킬 준비, 즉 무기와 장비와 자금은 거의 마련해놓지 못한 형편이었다.[21] 군비·군자 확보를 우선적인 과업으로 삼아 진력한다 해도 조만간 여건이 호전되리라는 확실한 전망이 서는 것도 아니었다. 이 무렵 김원봉이 "무력항쟁을 위한 군대 양성이란, 적어도 오늘에 있어서는, 현실과 너무나 몰(沒)교섭인 한 개 망상일 뿐"[22]이라고 단언하게 되었던 것도 실로 그러한 사정을 목도하고 실감한 것에서 나온 솔직한 반응이었다고 하겠다.

그리하여 대규모의 조직적 무력항쟁을 당장에 실행한다는 것이 거의 불가능한 것으로 판단이 섰다면, 군정사의 간부진으로서는 대안적 투쟁 방책을 모색하고 검토해보았을 개연성이 매우 높다. 아울러, 3·1 운동이 기폭제가 된 국내 민중의 항일투쟁의 열기를 어떻게 하면 지속적으로 추동시킬 수 있을지, 군정사 자신은 거기에 어떤 식으로 기여할 것인지에 대한 논의도 있었을 것으로 생각된다. 민중의 독립 열망과 투쟁의지는 유감없이 발휘되고 생생하게 확인되는 바였지만 국내 항일운동 조직은 일제의 탄압으로 남김없이 파괴되고 다수의 지도적 성원들은 해외로 망명해 있다는 것을 생각하면 당연

---

18) 「조선민족운동연감」 1919년 8월 5일조, 金正明 편, 『조선독립운동』 제2권, 202면.
19) 박태원, 앞의 책, 35면.
20) 일제 관헌의 첩보자료에 의하면, 1920년 4월경 길림군정사의 대원 규모는 600~700명 정도였는데(국회도서관 편, 『한국민족운동사료: 3·1 운동편 其三』, 1978, 580면), 이 규모는 다른 단체들과 비교해 결코 적지 않은 숫자였다.
21) 일제 관헌의 정보보고에 의하면, 1919년 12월 24일에 길림군정사의 간부회의 석상에서 군정사의 유지 경비 및 무기조달방법에 관한 논의가 있었는데, 무기는 노령 니꼴리스끄(Nikol'sk)의 동지들로부터 나누어받기로 약속되어 있으나 경비는 기부금·보조금 등에 의한 조달이 거의 불가능하므로 비상수단을 강구할 수밖에 없다는 결론을 내리고, 상해임시정부의 官章을 위조하기로 했다고 한다. 김정명 편, 앞의 책, 897면.
22) 박태원, 앞의 책, 23면.

히 그러한 논의가 뒤따랐을 성싶어 보이는 것이다.

아마도 거기서 군정사의 간부진이나 일부 뜻을 같이한 인사들은 일종의 결사대적 조직을 편성하여 국내의 적 기관과 요인을 직접 타격하여 제거하자는 방안을 제기하지 않았을까 추리해본다. 그것은 적은 인원, 적은 비용, 적은 희생으로 빠르고 큰 효과를 내리라고 기대될 수 있던 점에서, 군정사가 처해 있던 불리한 여건을 벌충해줄 최선의 방안일 수 있었기 때문이다. 또한 그 방안이야말로 3·1 운동 이전 시기에 과감무쌍한 '의협투쟁(義俠鬪爭)'을 실행했던 국내 광복회 운동의 경험을 되살리면서 그 맥을 발전적으로 계승하는 것이 될 수 있었다. 따라서 만일 이 방안이 제기되었다면 김좌진 황상규 등의 광복회 계통 인사들이 발론 내지는 추장했을 가능성이 높다.

이 무렵 군정사에는 주황(周況)이라는 중국인 폭탄제조 기술자가 와 있었는데, 이 역시 눈여겨볼 부분이다. 호남성(湖南省) 출신으로 손문(孫文)의 휘하에 있던[23] 그를 "고빙(顧聘)하여 길림으로 이른" 이는 김동삼(金東三)이었다고 한다.[24] 그런데 손문과 신규식 사이의 오랜 친교 관계, 신규식과 재만 독립운동자들(특히 길림의 박찬익)과의 긴밀한 연락 관계에 비추어보면, 주황의 길림행은 아마도 그러한 계선을 따른 초빙이며 특파가 아니었을까 추측된다. 군정사 대표로 임시정부에 파견되어 간 조소앙과 정원택이 4월 중·하순경 상해 공동조계 내에 폭탄제조 학습소를 비밀리에 개설하고 중국인 기술사를 초빙했다 하거니와,[25] 이 사실 역시 주황의 길림행과, 또한 군정사에서 있었을 개연성이 높아 보이는 위와같은 논의와도 연관이 있는 것으로 보아야 할 것이다.

대체로 이러한 정황과 배경에서 군정사는 폭탄이라는 새로운 무기를 활용하여 국내 대일항쟁을 고무하고 추동한다는 방안을 채택하고, 대일거사의 실행을 전담할 결사적 조직체를 결성하기로 했을 것으로 여겨진다. 말하자면 국외에서는 군대조직에 의한 군사작전, 국내에서는 결사대에 의한 투탄(投彈)거사라는 양방면의 대일항쟁을 전개해간다는 전술 구도가 세워진 것이라

---

23) 국회도서관 편,『한국민족운동사료: 중국편』, 1976, 484면.
24) 박태원, 앞의 책, 24면.
25) 정원택, 앞의 책, 195~96면(己未 3월 19일조 및 3월 21일조) 참조. 이 '기술사'가 다름 아닌 주황이었을 개연성도 배제할 수 없다.

할 만하다. 그리고 이에 따라 군정사의 간부진들도 적절히 역할분담을 했을 것으로 보인다.[26] 그후의 진행경과와 여러 간접적 증거들로 미루어보면, 황상규 등 군정사의 몇몇 간부진이 새 조직체의 구성원 충원과 결성과정을 책임지고 지휘하며 자금과 무기를 지원하기로 하는 한편, 그들의 지도 아래 인원규합과 훈련 등의 실무적 준비작업을 수행해갈 실행요원으로 김원봉이 지명된 것으로 추정된다. 겸하여 김원봉은 조직체가 결성되고 난 후의 지휘자로 내정되기도 한 것으로 보인다.

'무력항쟁을 위한 군대 양성'을 '망상'으로 치부했던 김원봉이 군대 양성의 중추기관이던 서간도의 신흥무관학교(新興武官學校)[27]로 주황을 대동하여 찾아갔다[28]는 사실은 이러한 맥락과 분리해서는 이해하기 어려운 부분이다. 바꿔 말하면, 김원봉의 신흥무관학교행은 군사지식을 습득하고 독립군 사관이 되려는 목적이라기보다는 결사조직체에 참여할 동지를 얻을 목적으로, 황

---

26) 이와 관련해서는 8월경에 조성환과 김좌진, 이장녕 등이 무장투쟁을 위한 인적 기초가 더 잘 갖추어져 있다고 할 수 있던 북간도의 왕청현(汪淸縣)으로 이동해가서 大韓(獨立)軍政會를 조직한 사실을 지적하고자 한다. 대한군정회는 大韓正義團과 통합하여 大韓軍政府로 개편된 뒤인 12월에 임시정부 예하 군사기관으로 승인받고 大韓軍政署(통칭 북로군정서)로 개명하였다(신용하, 「대한(북로)군정서 독립군의 연구」, 『한국독립운동사연구』 제2집, 1988, 205~207면; 박환, 앞의 책, 97~99면). 김좌진을 사령관으로 한 대한군정서군은 이듬해 10월 청산리 독립전쟁의 주역이 되어 대승을 거두었는데, 이는 길림군정사에서의 역할분담에 따른 김좌진의 북간도행이 드디어 결실을 본 것이라 할 만하다. 그렇다고 해서 김좌진이 군대조직에 의한 무장투쟁만을 유일·최선의 방책으로 여겼던 것은 아니다. 북간도로 간 후에도 그는 독자적으로 암살이나 투탄거사를 추진하여 실행을 시도한 사례가 여럿 있다. 일례로, 1919년 12월에 김좌진은 대한군정서원 金東淳을 국내로 밀파하면서 광복단 시절의 옛 동지인 金相玉과 접촉하도록 지시했는바, 김동순은 입국하여 김상옥을 만나고 군정서로 귀환하였다. 다시 김좌진의 지시를 받고 1920년 4월에 재입국한 김동순은 김상옥 및 그의 여러 동지들과 함께 暗殺團을 조직하고, 8월의 미국 의원단 내한시에 사이또오(齋藤)총독을 암살할 계획으로 거사를 준비하였다. 그러나 이 계획은 일경의 예비검속으로 인하여 거사 예정일 하루 전에 실행이 좌절되고 말았다. 독립운동사편찬위원회, 『독립운동사 자료집 제11집: 의열투쟁사 자료집』, 1976, 106~110면; 독립운동사편찬위원회, 『독립운동사 제7권』, 360~62면 참조.

27) 신흥무관학교의 전신은 1911년에 柳河縣 三源堡에 설립된 신흥강습소로 거슬러올라간다. 신흥강습소는 1913년에 通化縣 哈泥河로 이전하여 신흥중학으로 개칭하였는데, 3·1운동 후 입교 희망자가 급증하자 유하현 孤山子의 河東에 교사를 신축하고 1919년 5월 3일에 신흥무관학교로 개명하여 개교식을 가졌다.

28) 박태원, 앞의 책, 24면.

상규 등의 지시에 따른 것이라고 보아야 할 것이다. 소수정예의 비밀결사를
발족시키는 데 있어 무관학교 생도는 가장 믿을 만한 충원기반이었을 텐데,
특히 신흥무관학교는 군정사나 그에 소속된 광복회 계열 인사들과는 구연
(舊緣)이 깊었던 것이다.29) 실제로 김원봉이 신흥무관학교에 가서 한 일은
주황에게 폭탄제조법을 배운 것과 동향 친우를 포함한 몇명의 생도를 동지
로 규합한 것 두 가지였다. 새 동지는 이종암(李鍾岩) 이성우(李成宇) 서상락
(徐相洛) 강세우(姜世宇) 김옥(金玉, 金相潤) 한봉근(韓鳳根) 한봉인(韓鳳仁)
신철휴(申喆休) 8명이었다.30)

6월에 이들은 비밀결사를 조직하여 '급격한 직접행동'을 취할 것에 대한
의견일치를 보았다.31) 그리고 7월에 김원봉과 이종암은 상해로 가서 임시정
부의 별동대로 일컬어지던 구국모험단 단원들과 합숙하면서32) 약 3개월에

29) 신흥무관학교는 신민회의 독립전쟁 전략에 따라 개척된 독립군 기지의 하나였는데(신
   용하, 「신민회의 독립군기지 창건운동」, 『한국근대민족운동사연구』, 일조각 1988, 156~
   59면), 신민회의 해체 이후로는 광복회의 독립군 양성기지처럼 되어 그와 밀접한 관계
   를 맺고 있었다(조동걸, 「대한광복회 연구」, 앞의 책, 290면, 312면). 그래서 진작부터
   광복회는 비밀리에 국내의 뜻있는 청년들을 선발하여 만주로 망명토록 해서 신흥학교
   에 입학시켜왔다(윤병석, 「망명울분, 국경 넘어 '항일기지'」, 한국일보사 편, 『재발굴 한
   국독립운동사 Ⅰ』, 1987, 36면). 망명 전에 육영사업을 벌인 바 있는 황상규가 이 일에
   상당 부분 관여했으리라는 것은 짐작이 가고도 남는 일이며, 실제로 그가 1919년 6월에
   길림으로 망명해온 李壽澤에게 신흥무관학교 입학을 권유했다는 기록도 보인다(宋相
   燾, 『騎驢隨筆』, 탐구당 1971, 281면). 또한 군정사 요인인 여준은 신흥중학의 제2대 교
   장을 지낸 바 있다.
30) 독립운동사편찬위원회, 『독립운동사 자료집 제11집』, 662면: 李鍾範, 『의열단 副將 이
   종암전』, 광복회 1970(이하 『이종암전』), 56~58면, 65면 참조. 이들 대부분은 개명 후의
   신흥무관학교 2기생에 해당하였다.
31) 독립운동사편찬위원회, 『독립운동사 자료집 제11집』, 662면.
32) 救國冒險團은 1919년 6월에 약 40명의 인원으로 상해에서 조직되었는데, "炸彈으로 구
   국의 책임을 부담함을 목적으로" 하고 "목적을 달하기 위하여 희생을 不顧"한다고 團
   則에 명시하고 있었다(「구국모험단 단칙」, 국사편찬위원회, 『한국독립운동사 三』, 1970,
   350면). 즉 폭탄 제조 및 사용법을 습득하여 국내 각지의 관공서를 파괴하고 요인을 암
   살할 것을 목적으로 하는 단체였다. 그를 위하여 영국인과 廣東人을 교사로 초빙하여
   단원들에게 폭탄제조법을 교육하였는데, 1차는 1919년 6월부터 8월까지 3개월간 20명
   에 대하여, 2차는 7월부터 9월까지 3개월간 8명에 대하여 실시하였다. 초대 단장은 呂
   運亨이었으나 얼마 뒤에 사임하고 金聲根이 후임자가 되었다(국회도서관 편, 『한국민
   족운동사료: 중국편』, 162면; 독립운동사편찬위원회, 『독립운동사 자료집 제9집: 임시정
   부사 자료집』, 1975, 631면).

걸쳐 폭탄 제조법과 조작법을 배우고, 10월에 길림으로 귀환하였다.[33] 앞서
뜻을 모았던 동지들이 이들의 귀환과 때를 같이하여 전원 길림에 집결하였
고, 여름에서 가을 사이에 길림으로 망명해온 곽재기(郭在驥)와 윤세주(尹世
胄) 윤치형(尹致衡)이 이들과 합류하였다. 곽재기는 1909년에 결성된 비밀결
사 대동청년단(大東靑年團)의 단원으로 국내에서 활동하다가[34] 1919년 7월
에 망명하여 소년단의 길림지부장을 맡고 있었고,[35] 윤세주와 윤치형은 밀양
의 3·1 만세시위를 주도한 후 피신중에 궐석재판에서 실형이 선고되자 탈출
망명한 것이었다.[36]

  이들 10여 명의 청년들은 길림성(城) 파호문(巴虎門) 밖 반씨(潘氏)의 집
을 세내어[37] 거처 겸 연락처로 이용하면서 합동으로 폭탄제조법을 교습하였
는데, 황상규가 이들과 자주 접촉하면서 조언하고 격려하였다.[38] 이윽고 11
월 9일, 그동안의 준비상황을 점검하고 조직운영 방침과 당면 활동방향을 밤
을 세워 논의한 끝에, 이튿날인 11월 10일 의열단은 정식으로 발족하기에 이
르렀다.

  이상의 고찰에 의거하여 의열단의 창단, 특히 그 배경 및 경위에 관하여
새로 확인된 사실이나 얻게 되는 시사점들은 무엇인가?

  무엇보다도 의열단의 창립에는 3·1 운동 이후 조선독립군정사 조직을 중

---

33) 경상북도 경찰부, 『고등경찰요사』(이하 『고등경찰요사』), 1934, 97면; 독립운동사편찬
    위원회, 『독립운동사 자료집 제11집』, 392면, 407면.
34) 독립운동사편찬위원회, 『독립운동사 제7권』, 313면; 權大雄, 「대동청년단 연구」, 『수촌
    박영석교수화갑기념 한민족독립운동사논총』, 탐구당 1992, 235면 참조.
35) 상해에 본부를 둔 소년단은 투탄암살의 방법으로 독립을 달성함에 목표를 둔 비밀결
    사였다. 곽재기가 지휘하던 이 길림소년단은 1919년 11월경, 여준 지휘하의 길림의 급
    진단과 합병할 계획인 것으로 일제 관헌의 정보보고에는 기록되어 있는데(김정명 편,
    앞의 책, 889면), 이는 곽재기의 의열단 참여를 그렇게 파악한 것일 수도 있다.
36) 박태원, 앞의 책, 35면; 한홍구, 「태항산에 묻힌 혁명가 윤세주(石正)」, 『역사비평』 창
    간호, 1988, 238면.
37) 의열단의 발상처가 될 반씨의 집은 '華盛旅館'이라는 屋號를 갖고 있었던 듯한데(『독
    립유공자공훈록』 제8권, 168면 참조), 길림군정사의 위치도 '吉林城 내 牛馬行 華盛東'
    (吳世昌, 「재만한인의 항일독립운동사연구」, 성균관대학교 박사학위논문, 1988, 97면),
    또는 '길림성 虎門 밖'(김정명 편, 앞의 책, 897면)이었다 한다. 여기서도 군정사와 의열
    단 창단과의 깊은 관련을 짐작해볼 수 있다.
38) 『이종암전』, 62면.

심으로 한 길림지역 독립운동자들의 상황타개 의지와 실효성있는 운동방향에 대한 나름의 모색 및 구상이 직접 동인으로 작용하였다는 점이 강조되어야 한다. 원래 그들은 신민회가 정립한 독립전쟁 전략에 따라 독립군 조직과 함께 대규모의 무력항쟁을 추구하였지만, 제반 여건상 그 당장의 실행은 거의 불가능하다는 것을 인정할 수밖에 없었다. 이에 그들은 군사행동 노선을 포기하지 않으면서도 보다 실행이 용이한 대안적 방책을 모색하였다. 그 결과 그들은 소수 인원으로 기동성을 발휘하면서 큰 효과를 낼 수 있을 급진적 방식의 항일투쟁, 특정의 적 기관과 요인에 대해 투탄공격을 함으로써 일제 식민지 통치에 타격을 가하는 방식의 투쟁을 추진하기로 합의하였다. 의열단은 바로 이러한 결의와 계획을 과감하게 실천해갈 정예의 비밀결사이자 군정사 방계의 단위조직체로 결성된 것이라고 보아야 한다.

아울러 독립운동의 무대가 국외로 편중되어 자칫 국내 민중과 유리되는 것을 방지하고 민중의 항일독립의지를 지속적으로 고양시키는 방향에서, 일제의 식민지 통치 기관에 정면으로 맞서는 국내 투쟁의 연속성을 담보하고자 한 망명 운동가들의 원려(遠慮)와 포석도 의열단이 창립되는 배경적 동인의 하나가 되었다고 할 것이다. 요컨대 국외 독립군 기지에 기반을 둔 독립전쟁 수행의 부대(附帶) 전술로서 과감한 국내 결사(決死)투쟁을 추동시켜가고자 한 재(在)길림 독립운동자들의 전략 구상을 배경으로 하여 의열단이 창립되었던 것으로 이해된다.

이러한 맥락에서, 의열단 창단에 대한 황상규 등의 관여는 단순히 개인적 연고에 따른 우연적 계기에 의해서가 아니라, 집단적 의사결정이 투영된 계획적 추진 과정의 일환으로 이루어졌음이 분명해진다. 아울러 조직체 결성의 추진 책임자는 황상규였으며, 김원봉은 그의 지휘에 따른 실무 요원의 역할을 수행했다고 보는 것이 타당하다. 재길림 독립운동자 집단 내지 조선독립군정사가 의열단 탄생의 산실이었다면, 황상규는 산파 역을, 김원봉은 그의 조수 역을 맡았던 것이라고 말할 수도 있다.

## 제2절   최초 조직구성과 그 특질

초기 의열단의 조직 특질은 창단시에 단원들 스스로 정한 10개조의 맹약인 '공약 10조'에 잘 나타나 있다. 공약 10조는 다음과 같다.[39]

1. 천하의 정의의 사(事)를 맹렬히 실행하기로 함.
2. 조선의 독립과 세계의 평등을 위하여 신명을 희생하기로 함.
3. 충의(忠義)의 기백과 희생의 정신이 확고한 자라야 단원이 됨.
4. 단의(團義)에 선(先)히 하고, 단원의 의(義)에 급(急)히 함.
5. 의백(義伯) 1인을 선출하여 단체를 대표함.
6. 하시하지(何時何地)에서나 매월 1차씩 사정을 보고함.
7. 하시하지에서나 초회(招會)에 필응(必應)함.
8. 피사(被死)치 아니하여 단의(團義)에 진(盡)함.[40]
9. 1이 9를 위하여 9가 1을 위하여 헌신함.
10. 단의에 반배(返背)한 자를 처살함.

여기서 제1조는 창단의 취지를, 제2조는 단 차원의 궁극적인 운동목표와 이념을 간명하게 표현한 것이다. 나머지 8개조는 단원의 자격과 책임, 의무 등을 규정한 것으로, 엄격한 단체 기율의 준수와 강렬한 집체주의 기풍의 진작이 요구되고 있다. 아울러 '맹렬' '희생' '진(盡)' '헌신' 등의 용어는 결사(決死) 행동의 의지를 천명한 것으로, 의열단의 조직 성격이 대적(對敵) 폭렬투쟁(暴烈鬪爭)을 목표로 한 비밀결사였음을 분명히 확인할 수 있다.

그런데도 대표자 1인의 선출을 명기한 것말고는 조직체계에 관한 세부적인 규정이 달리 없다. 이는 워낙 소수 인원으로 출범한 탓이기도 하겠지만,

---

39) 박태원, 앞의 책, 27면.
40) 박태원은 이 조항이 "수명을 온전히 마치자는 관념을 타파하려는" 뜻을 담은 것이라고 설명했는데, 그렇다면 '被死(죽임을 당함)'는 '避死(죽음을 피함)'의 誤植이었다고 보아야 할 것이다. 공약 10조의 앞뒤 문맥을 꼼꼼히 따져보더라도 '避死'가 옳은 표기였을 것으로 보인다.

조직원간의 상호관계를 군사적 명령과 복종의 관계보다는 수평적 연대와 형제애적 신뢰 관계로 설정하고 있었기 때문이기도 할 것이다. 그것은 대표자의 명칭을 결의자(結義者)들의 맏이라는 뜻의 '의백'이라 붙인 데서도 여실히 드러난다. 단원들은 말하자면 준(準)혈연적 운명공동체 의식이 관통하는 형제애적 관계로 결속하고자[41] 했던 것이다. 그러면서도 '보고'받고 '모이자고 부르는[招會]' 주체가 될 의백 1인의 공적인 권위와 지도력은 암암리에 절대적인 것으로 승인하였던 듯하다.

그러나 막상 최초 조직성원, 다른 말로 하면 창립단원의 숫자가 얼마였고 그 면면은 어떻게 구성되었던가를 확인하려면 상당한 난점과 혼란을 겪게 된다. 주요 관련자료마다 인원도, 그 인원을 묶은 범주의 명칭도, 명단은 더더욱 상이하게 제시하고들 있기 때문이다. 조직원이었던 것으로 보이는 인물들 개개인을 추적해보면 조직 참여의 시점과 참여의 성격이 모호한 경우가 더러 있어, 어디까지가 창립단원이고 어디부터가 아닌지를 획정하기도 여간 어렵지 않다.

그러나 어떻든 이 문제에 관해서만큼은 김원봉의 술회에 토대한 『약산과 의열단』을 현재로서는 가장 신빙성있는 전거로 받아들일 수밖에 없다. 거기에 기록된 바를 따르면, 창립단원[42]은 13명이었고 그 명단은 다음과 같다. 강세우 곽경(郭敬, 곽재기) 김상윤 김원봉 배동선(裵東宣) 서상락 신철휴 윤세주 이성우 이종암 한봉근 한봉인 외 1명.[43]

---

41) 뒤에 가서 서술될 내용이기도 하지만, 창립단원의 거의 반에 해당하는 인원이 밀양 읍내 출신이었고 그 대부분은 밀양의 同和學校 동창이거나 선후배 사이였으며, 그중에는 죽마고우이거나 친형제인 경우도 있었다. 이런 점이 단원들을 '형제애적' 관계로 단단히 결속시키는 기초 조건이 되어주었을 것이다.

42) '창립단원'이라는 용어의 의미가 무엇인지 애매해 보일 수도 있는데, 엄격히 말하면 단을 정식으로 발족시킨 창립일의 최종 결성모임(이하, '창단회합'으로 통일해서 표기함)에 참석한 단원으로 그 범위를 한정시킴이 옳을 것이다. 그러나 창단회합에 참석한 인원과 명단 자체가 불명확하기 때문에 그런 의미로 쓰기가 어려워진다. 더욱이 창단회합에는 불참했더라도 창단준비 과정에 적극 참여한 인물, 아니면 창단 직후에 입단했거나 단원에 준하는 역할을 수행하여 단과 불가분의 관계를 맺었던 인물들도 더러 있는데, 이런 경우를 어떻게 처리해야 할지도 문제이다. 그래서 여기서는 창립단원의 의미를 일단은 느슨하게 잡아놓고서, 창단을 전후하여 단과 관련을 맺었던 인물 모두를 폭넓게 추적하고 검토함으로써 이 문제에 접근해보도록 하겠다.

43) 박태원, 앞의 책, 26면. 단 원래의 순서를 무시하고 가나다 순으로 재배열하였다. 이들

여기서 가장 먼저 떠오르는 의문은 '외 1명'으로 표기한 인물이 과연 누구였으며, 익명 처리한 이유는 무엇이었던가 하는 점이다.[44] 나아가 다른 여러 자료들에서 창립단원의 명단이 이와 다르게 기술[45]되고 있는 원인은 무엇인지, 위의 12인말고도 그 행적을 좇아 더듬어볼 때 창립단원의 범주에 포함시

---

은 전원 창단회합에 참석한 것으로 되어 있다. 蔡根植,『무장독립운동비사』, 공보처 1949, 180면과, 洪永道 編,『한국독립운동사』, 애국동지원호회 1956, 361~62면에 제시된 '초창기의 13명 단원' 명단도『약산과 의열단』에 의거한 것인 듯하다. 다만 13명 중 익명으로 처리된 이가 2명이고 윤세주의 이름이 빠져 있는 점이 다르다. 위의『한국독립운동사』, 251면에는 황상규가 '의열단 조직자'의 일원이었던 것으로 되어 있다.

44) 앞의『무장독립운동비사』나『한국독립운동사』만 아니라, 金承學이 편술한『한국독립사』, 독립문화사 1966, 412면에서도 '초창기의 13명 단원' 명단이 제시되는 가운데 1명은 익명 처리되고 있다. 명기된 12명 가운데는 '김상윤'의 誤記이거나 아니면 그의 異名이었을지도 모를 '金相淵'과, 윤세주 대신에 윤치형이 들어가 있음이『약산과 의열단』에 나열된 명단과 다른 점이다. 윤세주는 1920년 일경에 피검되었을 때, 창단회합에는 신병으로 참석하지 못하였으나 단원임은 분명하다고 진술하였다(독립운동사편찬위원회,『독립운동사 자료집 제11집』, 669~70면). 위의 세 권의 2차 자료들에서 그의 이름이 일관되게 빠져 있는 것은 실제로 창단회합에 불참했기 때문일 수도 있지만, 다른 한 편으로는 그가 1940년대 초에 華北朝鮮獨立同盟과 朝鮮義勇軍에 가담했기 때문을 저자나 편자들이 의식했기 때문일 수도 있다고 생각한다.

45) 앞에서 언급한 자료들은 제외하고 이러한 경우를 예거하면 다음과 같다(명단은 가나다 순).

①『고등경찰요사』97면: 창단을 위해 '누차 회합협의'한 인물로 강세우 곽재기 權俊 金玉(본명 김상윤) 김원봉 서상락 梁健浩(본명 이종암) 尹小龍(본명 윤세주) 이성우 한봉근의 10인을 들고 있다.『약산과 의열단』과 대조해보면 배동선과 신철휴, 한봉인을 빼고 권준을 집어넣은 점이 다르다.

② 金承學·金國堡,『한국독립사』, 증보판, 독립동지회 1983, 236면: '의열단 조직자'로 강세우 곽재기 김상연 김원봉 徐永潤 신철휴 윤소룡 윤치형 李洛俊 이성우 이종암 황상규의 12명을 들고 있다. 서상락의 異名이 '徐永林'이었던 데서(『고등경찰요사』, 102면) '서영윤'이란 서상락을 가리킴인 듯하다. 그렇다면 배동선과 한봉근, 한봉인 3인을 빼고, 그 자리에 윤치형과 이낙준, 황상규를 집어넣은 것이다.

③ 독립운동사편찬위원회,『독립운동사 제7권』, 312면: 의열단 '결성'자로 강세우 곽재기 김원봉 金台熙 裵重世 서상락 신철휴 윤소룡 윤치형 이낙준 이성우 이종암 황상규의 13인을 들고 있다. 김상윤 배동선 한봉근 한봉인 4인의 이름을 뺀 대신, 김태희(이명 金奇得) 배중세 윤치형 이낙준 황상규의 5인을 창립단원으로 포함시킨 것이다.

④『이종암전』, 65~66면: 창단회합자 12명의 명단은『약산과 의열단』의 것과 일치하나, 윤치형과 황상규를 '부득이한 사정으로 회합에 참석하지 못한 창단 동지'로 들고 있다. 그밖에 배중세 이낙준 李炳喆 李壽澤 등이 창단 무렵 국내외를 왕래하면서 '志氣相通'했음을 부기하고 있다.

킬 만한 인물들이 더러 있음은 어떻게 해명해야 할지도 문제이다. 그런가 하면 위의 12인 가운데도 실은 단원이 아니었을지도 모르는 인물이 있다. 따라서 이에 대한 세심한 검토가 필요한데, 이하는 자료가 허용하는 한에서의 검토 결과이다.

① 윤치형: 비밀결사 일합사(一合社)[46]의 핵심 회원으로 활동한 바 있는 그는 밀양의 만세시위를 주도한 후 윤세주와 함께 7월경에 길림으로 망명했다. 창단회합에 참석했는지의 여부는 불분명하나, 창립단원이었다거나 적어도 단 활동에 초기부터 적극 참여했다는 서술을 여러 곳에서 볼 수 있다.[47]

② 이수택(이명 이일몽): '광복단의 일원'[48]이었다고 하는 그는 6월에 박중화의 권유로 길림으로 가서 황상규를 만나고 의열단 조직에 참여하였다.[49] 1920년 여름에 의열단이 제1차 국내거사를 추진할 때는 중간지휘자 겸 행동대원 역할을 맡아 활약하였다.[50]

③ 이낙준: 1919년 당시 29세의 농민이던[51] 그는 안동현에서 독립운동자의 거주증명과 여행증명을 받아내고 숙소를 주선해주는 연락기관의 역할을 맡고 있었다고 한다.[52] 이로 미루어볼 때 그는 국외 광복회의 안동현 지회원이 아니었을까 한다. 창단 예비모임격인 10월의 길림 회집에 참석하여 창단의 당위성을 역설한 바 있으며, 의열단이 제1차 국내거사를 추진할 때는 중국에 있던 김원봉과 국내 단원들 사이에 연락과 중계 임무를 수행하였다.[53]

---

46) 일합사는 1910년 경술국치를 전후하여 安廓 李覺 황상규 윤치형 金大池 등 20세 전후의 밀양지방 청년들이 망국의 비애를 통감하고 국권회복에 청춘을 바치겠다는 비장한 결의로써 친목단체로 위장하여 결성한 항일투쟁 단체였다. 그 명칭은 "청춘의 일편단심을 합한다"는 뜻을 담고 지은 것이었다. 밀양군, 앞의 책, 167면, 176면; 박태원, 앞의 책, 11면.

47) 주 45 참조. 제1차 국내거사 추진사건의 재판기록에는 윤치형이 창단 직후 李一夢(본명 이수택)으로부터 단의 활동계획에 대한 설명을 듣고 그에 찬동하는 한편, 거사 실행에 필요한 자금 1천원을 조달 제공할 것을 서약하고 제1차 거사추진에 참여한 것으로 되어 있다(독립운동사편찬위원회, 『독립운동사 자료집 제11집』, 663면, 670면).

48) 국가보훈처, 『독립유공자 공훈록』 제8권, 217면.

49) 송상도, 앞의 책, 281면 참조.

50) 독립운동사편찬위원회, 『독립운동사 자료집 제11집』, 663~70면 참조.

51) 『고등경찰요사』, 199면 참조.

52) 독립운동사편찬위원회, 『독립운동사 자료집 제11집』, 670면.

53) 같은 책, 662면, 670면 참조.

④ 배중세: 조선국권회복단(朝鮮國權恢復團)[54] 마산(馬山)지부원 겸 대동청년단원[55]이던 그는 1919년 4월 창원(昌原)의 만세시위를 주도한 후 일경의 검거를 피해 만주로 탈출하던 도중에 윤치형과 윤세주를 만나 길림으로 같이 갔다고 한다.[56] 창립단원 중 1인으로 거명되는 '배동선'은 배중세의 별명이었다고[57] 하는데, 이는 배중세가 창립 때부터 단원이었다는 것을 방증한다.[58] 제1차 국내거사를 추진할 때는 폭탄 은닉과 연락 임무를 수행하였다.

⑤ 권준: 의열단이 창단되기 직전에는 신흥무관학교에 재학했으며,[59] 창단협의에 참여했다는 기록이 보인다.[60] 제1차 국내거사를 추진할 때 참여한 흔적은 전혀 나타나지 않는데, 그가 실제로 단원이었다면 아마도 중국에 잔류하여 김원봉과 행동을 같이하고 있었는지도 모른다. 그의 지위가 단원으로 확인되는 최초의 문서는 1922년 4월에 작성된 일제 정보보고서[61]이다.

⑥ 한봉인: 한봉근의 아우이기도 한 그는 비밀결사의 조직이 발론되던 1919년 5월경에 김원봉으로부터 창단 자금의 국내 모금을 부탁받고 귀국[62]한 후 밀양 향리에 계속 머무르고 있었다. 그러므로 길림 현지에서의 창단 준비과정이나 창단회합에 참석했을 리 만무하며, 제1차 국내거사 추진에 참여한 흔적도 나타나지 않는다. 단원으로서의 활동은 1925년의 '경북의열단사

---

54) 『고등경찰요사』, 185면 참조. 조선국권회복단은 독립군 지원을 주목적으로 1913년 1월 대구 일원의 중산 지식층 인사들이 결성한 비밀결사였다(姜英心, 「조선국권회복단의 결성과 활동」, 『한국독립운동사연구』 제4집, 1990).

55) 권대웅, 「대동청년단 연구」, 254면. 조선국권회복단이 대동청년단의 표면단체였다는 견해도 제출되어 있다(권대웅, 「조선국권회복단 연구」, 『영남대 민족문화논총』 제9호, 1988).

56) 밀양군, 앞의 책, 171면.

57) 독립운동사편찬위원회, 『독립운동사 제7권』, 533면; 밀양군, 앞의 책, 171면.

58) 『이종암전』, 65면에는 배동선이 창단회합에 참석하였음은 사실이나 '농민 참관인'으로 그러했다고 서술되어 있다. 아마도 그는 망명 초기에는 길림의 운동자집단에 바로 합류하지 않고 따로 농사를 짓고 있든지 하다가 의열단 창단 추진자들의 요청을 받고서야 뒤늦게 참여하게 된 것인지도 모르겠다.

59) 박환, 앞의 책, 349면, 351면 참조.

60) 『고등경찰요사』, 97면.

61) 「田中 육군대장 살해미수 및 조선총독부에 폭탄투척사건의 신문조서 발췌에 관해 1922년 4월 5일자로 在上海 총영사가 외무대신에 보고한 요지」, 국회도서관 편, 『한국민족운동사료: 중국편』, 383면 참조.

62) 『동아일보』, 1926년 11월 11일자.

건' 때 가서야 비로소, 그것도 미미한 것으로 나타난다.[63] 그가 창립단원의 반열에 세워진 것은 김원봉과의 각별한 정리(情理)[64]와 함께 일종의 특파단원 대우를 받아서였던 것 같다.

⑦ 김태희: 대동청년단원이었던 그는 1920년 3월에 상해에서 김원봉과 상면하고 입단하여 제1차 국내거사 추진에 참여하였다.[65]

⑧ 이병철: 안동현에서 상해와 국내 간 연락교통의 주무를 맡고 있던 그는 제1차 국내거사를 추진할 때 폭탄 운송의 중계에 기여한 바 컸다.[66] 그가 의열단과 관계를 맺은 것은 이 역할을 맡으면서부터였던 듯하다.

그러면 이러한 검토의 결과가 말해주는 바는 무엇인가?

일단은 『약산과 의열단』에서 기명 제시된 12명 외에도 황상규 윤치형 이수택 이낙준 권준 등 적어도 5명 정도를 창립단원의 범위에 더 포함시켜볼 수 있다는 것이다. 익명의 1인이 권준이었다치더라도 4명을 더한 17명이 창립단원이었다고 말할 근거가 생기는 것이다.

그러나 여러 자료들이 한결같이 의열단의 결성에 참여한 초창기 '단원' 숫자를 13명[67] 또는 그 이하로 제시하고 있음을 간과해서는 안될 것이다. 이 점을 무시해버릴 수 없다면 의열단의 창립단원은 13명이었다는 김원봉의 회고는 그것대로 존중되어야 하며, 실제로 13명이었을 것이라는 판단이 강하게 든다. 그렇게 판단하는 까닭은 '단원'의 지위를 『약산과 의열단』에서 제시된 바와 같이 12,3명의 특정인들로 국한시킨다는 암암리의 합의가 있었을 것으로 추측되기 때문이다. 황상규 윤치형 이수택 이낙준 등이 단 조직과 깊은 관련을 맺고 단 활동에 직접 가담한 것은 '단원'의 지위 보유 여하와 관계없는[68] 일종의 측면지원이 아니었을까 하는 것이다. 그들이 정식으로 입단했다면 연령[69]과 경험, 이력의 면에서 보더라도 분명 단 조직의 중심으로 진입하

---

63) 독립운동사편찬위원회, 『독립운동사 자료집 제11집』, 385면 참조.

64) 이에 관한 구체적인 내용은 박태원, 앞의 책, 12면 참조.

65) 독립운동사편찬위원회, 『독립운동사 자료집 제11집』, 663면 참조.

66) 같은 책, 663~64면, 670면 참조.

67) '13'이란 숫자는 광복단 발기인의 숫자이기도 했던 점이 흥미로우며, 어떤 상징적 의미를 띤 것처럼 여겨진다.

68) '밀양폭탄사건'의 재판기록에 보면, 신철휴의 조서 중에 황상규가 단원이 아니라는 진술이 들어 있다고 한다. 독립운동사편찬위원회, 『독립운동사 자료집 제11집』, 669면 참조.

여 구심적 존재가 되었을 것이다. 그러나 그들은 적어도 10개 항의 '공약'이 준용되는 단의 공식적인 조직틀로부터는 한발짝 떨어져 위치한 채, 후견인이나 조력자의 역할을 주로 담당했던 것으로 생각된다.

그러면 왜 '단원' 구성을 일정 범위의 인물들로 일부러 제한했을까?

그것은 의열단의 조직 특질로 미루어볼 때, 구성원들의 연령이나 항렬 면에서의 동질성과 동위성, 조직 응집성을 증강시킨다는 의도, 그리고 '의백'으로 호칭되는 단장(김원봉)의 지휘통솔력을 보장해준다는 배려가 동시에 작용해서였을 것으로 해석된다. 위의 네 사람 모두 마치 약속이나 한 듯 창단회합에 불참했던 것도 이런 맥락에서 그 의미가 이해될 수 있다고 본다.

원래 조직 결성이 추진되기 시작했을 때부터 김원봉이 새 조직체의 지휘자로 내정된 것이었다면, 그 의미는 김원봉이라는 특정인의 지위를 보장해준다는 차원이 아닌 다른 곳에서 찾아야 한다. 그것은 신생 조직체를 김원봉연배의 신진 청년층만으로 구성함으로써, 그야말로 '기백'(공약 제3조)있게 용진감투하는 분위기 또는 진로를 처음부터 확립해내려는 것이었다고 할 만하다. 창단회합에서는 애초의 포석대로 김원봉이 의백으로 '선거에 의하여 추대'[70]되고 곽재기가 부단장[71]의 지위에 피임되어 간이 지휘체계가 세워졌다.[72] 그리고 곧바로 국내 적기관을 습격 강타하려는 최초의 거사계획이 이들의 추진력에 의하여 실행에 옮겨지기 시작했다. 이때 황상규 등의 후견자 그룹도 전면에 나서서 국내에서의 실행준비 과정에 직접 가담하여 인원배치와 자금조달 및 연락 등의 임무를 맡아 수행하였던 것이다.[73]

이상의 다소 번잡하게 보이는 논의를 요약해서 말하자면, 의열단의 창립시 단원 구성은 20대 초·중반 연령대의 13명 청년으로 이루어졌고, 그보다 약

---

69) 황상규는 1890년생, 윤치형은 1893년생, 이수택은 1891년생이었고, 이낙준도 이미 29세여서, 상대적으로 웃연배에 속하였다.

70) 박태원, 앞의 책, 26면.

71) 독립운동사편찬위원회, 『독립운동사 자료집 제11집』, 669면 참조.

72) 단원들이 황상규를 형처럼 섬겨('兄事之'하여) 창단회합에서 의백으로 추대하고 부단장은 이종암으로 정했다는 『이종암전』(72~73면)의 서술은 다른 방증 논거를 찾을 수 없어서 현재로서는 사실이었던 것으로 믿기가 어렵다.

73) 제1차 국내거사 추진시에 황상규는 국내팀을 진두지휘하다시피 해서 '밀양폭탄사건의 주역'(류자명, 『나의 회억』, 瀋陽: 遼寧人民出版社 1984, 64면)으로 일컬어지기도 한다.

간 위 연령대의 4~5명 가량의 후견인·조력자 그룹이 외곽을 감싼 형국이었다는 것이다. 그러나 후자 그룹의 성원들도 창단에는 처음부터 깊이 관여했으며, 단이 비밀결사 조직체의 형태를 갖추고 활동을 개시하자 거기에 적극 가담했다. 그들이 '단원' 범주로부터 짐짓 배제된 것은 새로운 운동방식을 지향하는 신생 조직체로서의 단의 성격을 좀더 분명히 하기 위한 방법상의 고려에서였을 뿐이다. 그러므로 '단원'이냐 '비단원'이냐 하는 형식론적 구분에 구애될 것 없이 그들도 의열단 창립기의 조직원의 일원이었다고 간주해도 무방한 것이다. 실로 창립단원의 명단에서 한두 명이 익명으로 처리된 것은 이 복잡미묘한 사정을 함축하는 의도적 공백이었거나(『약산과 의열단』의 경우), 국외(局外) 관찰자가 겪을 수밖에 없었던 혼란의 반영이었을(여타 자료들의 경우) 뿐인 것이다. 넓은 의미에서의 창립기 조직원의 신상을 일목요연하게 제시해보면 다음 면의 표 1과 같다.[74]

여기서 나타나듯이, 의열단의 최초 조직구성은 신흥무관학교 졸업생이 주축이 되었고, 국내외의 비밀결사 활동에 가담했거나 3·1 운동 당시 지방의 만세시위를 주도했던 경력의 망명 청년들이 가세한 형상이었다. 이는 항일투쟁의 신참자와 경력자가, 어떤 의미에서는 독립운동의 활성화에 기여할 참신한 의기와 경험적 지혜가 혼융·결합한 모범적 사례일 수 있었다.

창립단원들의 계층적·생활사적 배경은 자료의 부족으로 인하여 제대로 구명되지는 않으나, 더러 중인 가문 출신이 있긴 하지만 대부분은 소농 또는 소작농 집안의 빈한한 생활환경에 놓여 있었던 것으로 판단된다. 그러면서도 거의 대부분이 소학교 이상의 교육과정을 마쳤으며, 입단 전의 직업은 학생 점원 농사원 은행원 교사 등 다양하였다.[75] 그러나 전체적으로는 일제 식민

---

74) 표 작성에 참고한 주요 자료는 다음과 같다: 『약산과 의열단』; 『고등경찰요사』; 『기려수필』; 『이종암전』; 『독립운동사 자료집』 제11집; 『조선독립운동』 제2권; 『독립운동사 제7권』; 『미리벌의 얼』; 『독립유공자 공훈록』 제5권·제8권.

75) 단원들의 대강의 계층적·교육적 지위를 단편적으로나마 추려보면 다음과 같다.
① 김원봉은 아버지 대까지 내려온 중인[衙前] 가문 출신으로, 부친은 약간의 토지를 남에게 소작주고 있었다(金在明, 「의열단과 김원봉」, 『월간경향』 1987년 11월호, 500면);
② 곽재기는 청주의 淸南學校 교사 경력을 가지고 있었다(『독립운동사 제7권』, 313면);
③ 김상윤은 소학교를 졸업하고 집안의 농사일을 돕고 있었다고 한다(『미리벌의 얼』, 165면);
④ 배중세는 망명 전에 점원이었다(『미리벌의 얼』, 171면);

지 지배체제가 고착되어갈수록 그 억압과 수탈의 기제 속에서 민족은 총체적 부자유와 궁핍화의 명운에 처하게 될 것임을 경험적으로 실감하던 세대였다고 할 것이다.

<표 1> 의열단의 창립기 조직원

| 연번 | 성 명 | 이 명 | 생 년 | 출 신 지 | 주 요 이 력 |
|---|---|---|---|---|---|
| 1 | 김원봉 | 若山(호) | 1898 | 경남 밀양 | 신흥무관학교 수학 |
| 2 | 곽재기 | 郭 敬 | 1893 | 충북 청주 | 대동청년단원, 길림소년단원 |
| 3 | 강세우 | | 1901 | 함남 삼수 | 신흥무관학교 수학 |
| 4 | 권 준 | 權重煥 | 1895 | 경북 상주 | 신흥무관학교 수학 |
| 5 | 김상윤 | 金玉, 金鈺 | 1897 | 경남 밀양 | 신흥무관학교 수학 |
| 6 | 배중세 | 裵東宣 | 1893 | 경남 창원 | 대동청년단, 조선국권회복단 |
| 7 | 서상락 | | 1893 | 경북 달성 | 신흥무관학교 (교관?) |
| 8 | 신철휴 | 申愚童 | 1898 | 경북 고령 | 신흥무관학교 수학 |
| 9 | 윤세주 | 尹小龍 | 1901 | 경남 밀양 | 밀양 만세시위 주도 |
| 10 | 이성우 | | 1899 | 경남 밀양? | 신흥무관학교 수학 |
| 11 | 이종암 | 梁建浩 | 1896 | 경북 달성 | 신흥무관학교 수학 |
| 12 | 한봉근 | | 1894 | 경남 밀양 | 신흥무관학교 수학 |
| 13 | 한봉인 | | 1898(?) | 경남 밀양 | 신흥무관학교 |
| ① | 이낙준 | 安鍾默 | 1891(?) | 함남 단천 | 광복회 안동지회원(?) |
| ② | 이수택 | 李一夢 | 1891 | 경북 칠곡 | 광복단원 |
| ③ | 윤치형 | | 1893 | 경남 밀양 | 일합사, 밀양 만세시위 주도 |
| ④ | 황상규 | 白民(호) | 1890 | 경남 밀양 | 광복단원, 대한광복회원 |

⑤ 윤세주는 밀양의 동화학교와 서울의 오성중학에서 수학하였다(金若山, 「石正同志略史」, 『앞길』 제32기, 1943);

⑥ 이성우는 길림성 東寧縣이 주소지이던 점에서(『기려수필』, 202면; 『독립운동사 자료집』 제11집, 660면) 만주로 이주한 농민 집안 출신이었던 듯하다;

⑦ 이종암은 중인[胥吏] 집안의 빈한한 가정 출신으로, 대구농림학교를 중퇴하고 은행원으로 재직한 바 있다(『이종암전』, 29~41면);

⑧ 한봉인은 망명 전에 점원이었다(『약산과 의열단』, 12면).

## 제3절  초기 운동노선의 정립과 그 성격

의열단의 창단은 과거의 운동 경험을 밀도있게 흡수하는 가운데 이루어졌다. 이 점은 조직구성만이 아니라 활동목표 면에서 더 잘 확인된다. 이런 시각에서 의열단의 독특한 운동노선과 투쟁방침이 정립된 배경과 계기를 살펴보고자 한다.

창단 준비단계에서부터 폭탄의 제조와 사용법에 대한 교습이 예비단원들의 우선적인 과업으로 수행된 것은 의열단의 활동방향이 처음부터 확고하게 잡혀 있었다는 것을 의미한다. 그 방향은 창단시에 일곱 부류의 암살대상[76]과 다섯 가지의 파괴대상[77]을 결정, 제시하는 것으로 집약되어 표출된다. 즉 암살과 파괴라는 두 가지 양식의 직접행동에 의하여 일제 식민지 통치의 근간을 제거해나간다는 것이었다.

이러한 방향으로 활동목표가 신속하게 확정된 것은, 의열단의 결성이 재길림 독립운동자 집단의 항일전략 구상의 테두리 내에서 이루어진 일이었기 때문이다. 그러면서도 그같은 목표가 창립단원들에게 즉각 수용된 것은 그들이 성장과정에서 보고 들었던바, 1910년대 항일운동의 어떤 특징적 측면으로부터 받은 깊은 인상이 그들의 뇌리에 뚜렷이 아로새겨져 있었음에서이다. 그리고 이 두 가지 요소가 상호견인하며 융합한 바로 그 지점에 대한광복회, 특히 그 국내조직의 항일투쟁의 역사적 자취가 생생하게 재현되고 있었다고 할 만하다.

대한광복회의 성립과 활동은 크게 보아 신민회의 국권회복운동의 계승과 발전이라는 역사적 맥락 속에 위치한 것이었는데, 이 맥락을 이해하기 위해서는 1910년대 초를 전후한 시기의 민족운동의 위상을 간략히 살펴볼 필요가 있다.

---

76) 암살대상은 다음과 같았다. ① 조선총독 이하 고관  ② 군부 수뇌 ③ 대만총독 ④ 賣國賊 ⑤ 친일파 巨頭 ⑥ 敵探 ⑦ 반민족적 土豪劣紳(『약산과 의열단』, 27~28면).

77) 파괴대상은 다음과 같았다. ① 조선총독부 ② 동양척식회사 ③ 매일신보사 ④ 각 경찰서 ⑤ 기타 왜적 중요기관(같은 책, 28면).

1876년의 '강화도 수교조약'으로 조선침략의 교두보를 마련한 일제는 청일전쟁에서의 승리와 동학농민혁명군 진압, 러일전쟁에서의 승리와 '을사보호조약'의 강제체결 등을 통한 정지작업을 마치자 1910년에 '합방'의 미명하에 대한제국 정부를 해체하고 한반도를 강점하여 조선을 완전 식민지화하였다. 식민지 직접통치 방식을 취한 일제는 조선총독부를 설치하여 면리 단위까지 통할하는 식민지 행정체계를 확립하고, 조선군사령부가 지휘하는 헌병경찰이 주민의 일상생활을 엄혹하게 통제하는 한편 일체의 저항적 움직임을 단속하였다. 나아가 식민지 수탈체제의 기반 확보를 위하여 동양척식회사와 조선은행을 설립하고 토지조사사업을 강행하였을 뿐 아니라, 민족교육과 언론계몽활동을 탄압함으로써 민족문화의 말살까지 꾀해나갔다. 이리하여 식민지 무단통치하에서 한반도 전체가 마치 거대한 하나의 감옥처럼 되고 한국 민중은 노예의 처지로 전락하고 있었다.

그러나 이러한 속에서도 식민지 지배를 거부하고 국권회복과 민족독립을 기하고자 하는 지식인과 일반 민중의 투쟁 움직임이 소생하여, 한국의 근대 민족운동은 새로운 단계로 전이하고 있었다. 즉 '척왜양(斥倭洋)'의 구호를 내걸었던 19세기 말의 반침략운동과 한말 국권회복운동의 단계를 넘어선 민족독립투쟁의 단계로 접어들게 되었던 것이다.

반식민지 상태하의 1905~10년 사이에 전개된 국권회복운동에 있어서 가장 중심적인 위치에서 결정적인 영향력을 행사했던 단체가 1907년 4월에 결성된 비밀결사 신민회였다. 만민공동회의 세력 계보와 1902년에 결성되었던 개혁당의 조직 계보를 이은 신민회는 국권회복을 위한 실력양성이라는 목표 하에 애국계몽운동을 전개하여, 교육과 언론계몽을 비롯한 출판, 실업, 청년운동 등의 여러 부문에서 괄목할 만한 성과를 내었다. 그러나 가장 두드러지고도 획기적인 활동은, 종래의 민족운동의 양대 흐름이던 계몽운동과 의병운동의 방략을 지양·종합하여 발전시킨 독립전쟁 전략을 채택[78]하고 1910년

---

78) 신민회가 수립한 '독립전쟁' 전략의 골자는, 만주의 국경 부근에 新韓民村을 건설하고 무관학교를 설립하여 독립군기지를 창건해서 강력한 독립군을 양성해가다가, 일본제국주의의 팽창정책으로 인하여 중일·러일·미일전쟁이 일어날 때를 최적의 기회로 포착하여 독립전쟁을 일으키고 국내 각계각층의 민중과 단체가 일거에 봉기하도록 함으로써, 민족의 실력으로 일제를 구축하고 마침내 독립을 달성한다는 것이었다. 신용하, 「신민회의 창건과 그 국권회복운동」, 『한국민족독립운동사연구』, 을유문화사 1985, 104~

말부터 주요 간부와 회원들을 국외로 망명시켜 전개한 독립군기지 창건운동이었다.[79] 이 운동의 성과로 서간도의 신흥무관학교, 북간도의 동림무관학교, 북만주의 밀산무관학교 등이 독립군기지의 핵심체로 속속 건립되었으며, 그것은 3·1운동 이후 만주 각처에서 폭발적으로 일어난 독립군투쟁의 기반이자 모체가 되었다.

그러나 신민회의 국내조직은 일제가 조작해낸 '안악사건' '양기탁(梁起鐸) 등의 보안법위반사건' '105인 사건' 등으로 전국의 애국지사 8,900명이 잇따라 검거되는 와중에 기능이 마비되어, 1911년 가을에 사실상 해체되고 말았다. 이에 노령으로 망명해 있던 신채호(申采浩)와 이동휘(李東輝) 등 신민회의 일부 간부들이 윤세복(尹世復) 등 대종교(大倧教) 계열 인사들과 합작하여 블라지보스또끄에서 1912년에 결성한 단체가 광복회였다.[80] 이어서 1년 뒤인 1913년에는 중국을 왕래하며 은밀한 활동을 벌이던 채기중(蔡基中) 이관구(李觀求) 등이 귀국하여[81] 경상북도 풍기(豊基)를 근거지로 광복단을 결성하였는데, 그것이 1915년에 이르러 조선국권회복단의 박상진(朴尙鎭) 등 전투적 지향의 인사들과 제휴하여 조직확대를 한 결과, 국내의 대한광복회 조직이 결성되었다.[82]

---

105 참조.
79) 신용하, 「신민회의 독립군기지 창건운동」, 『한국근대민족운동사연구』, 일조각 1986 참조.
80) 강덕상 편, 『현대사자료 25: 조선 1』, 45면; 신용하, 「신채호의 광복회 통고문과 고시문」, 『한국학보』 제32집, 1983 참조. 광복회는 무관학교와 소·중학교를 설립하고, 애국사상과 반일의식을 고취하면서 군사훈련을 병행하여 무장투쟁을 위한 인재 양성에 주력하였다 한다(리종현, 『근대조선력사』, 일송정 1988, 재간본, 290~91면). 그리고 이동휘는 중국의 延吉縣 龍井 明東村에 광복회 북간도지회를 설치하였다(金邦, 「이동휘 연구」, 『국사관논총』 제18집, 1990, 70면).
81) 강덕상 편, 앞의 책, 57면; 신용하, 「대한광복회」, 한국일보사 편, 『재발굴 한국독립운동사 Ⅲ』, 1989, 51면.
82) 조동걸, 「대한광복회의 결성과 그 선행조직: 풍기광복단과 조선국권회복단」 참조. 한편 조동걸은 '1912년 노령에서의 광복회 결성'설이 일제 지방경찰의 첩보보고(이를 조동걸은 '謀知한 바'로 표현하고 있고 인용한 자료에도 그렇게 되어 있음이 확인되나, '謀知'는 원자료를 활자화하는 과정에서 발생한, '謀知'의 誤植이 아닐까 한다)만을 근거로 한 것이어서 믿기 어려우며, 국내의 광복단이나 대한광복회의 本體 조직이 따로 있던 것은 아니라는 견해를 피력하였다(조동걸, 「대한광복회 연구」, 279면). 그러나 대한광복회 총사령 박상진이 '광복회'라는 명칭은 중국에서 부쳐왔기에 쓰게 된 것이었다고

광복단이 무기 구입과 군자금 모금을 활동목표로 삼고 독립군을 지원하는 단체였다면, 국내의 대한광복회는 의병운동의 기질과 전통을 이은 무장조직 그 자체였다. 그러면서도 공화주의 혁명이념을 실천하고자 하여 독특한 행동지침[83]을 갖추고 있던 근대적 혁명결사이기도 하였다.[84] 강령에도 나타나 있듯이 대한광복회의 운동노선은 독립전쟁 전략을 기본으로 하고 '의협투쟁'[85] 전술을 배합한 것이었다. 좀더 구체적으로 말하면, 국외 기지에서 독립군을 양성하고 무기를 비축하여 무장이 갖춰지는 대로 일제 섬멸전을 결행하여 독립을 쟁취할 것을 목표로 하되, 국내에서는 일인 고관과 한인 민족반역자를 처단함으로써 일제 식민지 통치의 인적 기초를 공략, 격파해가는 방법을 취한다는 것이었다.

군자금 조달과 무기 구입은 의연금(義捐金) 형식을 빌린 지주·부호층의 협조와 지원을 절대적으로 요하였으나 이들의 철저한 외면으로 이 계획의 실행은 곧 난관에 부딪치고 말았다. 이에 국내 광복회는 조직망이 전국으로 확산되고 있던 1917년부터 의연금에 비협조적인 친일 부호를 처단하는 의협투쟁 쪽으로 활동방향을 집중시켜갔다. 그러나 이로 말미암아 1918년 봄부터 국내 광복회는 일제 군경에 그 조직이 포착되어 추적을 받고 마침내 완전히 파괴되고 말았다.

---

진술한(독립운동사편찬위원회, 『독립운동사 자료집 제11집』, 689면) 사실도 있고 보면, 국외의 선행조직이 존재했을 가능성을 배제할 수만은 없다.

83) 1917년에 박상진은 金漢鍾 등 광복회원에게 다음과 같이 말하였다 한다. "세계 각국에 혁명이 일어나고 있으니, 조선에도 혁명을 할 수 있다. 이것을 하기 위해서는 첫째 비밀, 둘째 암살, 셋째 폭동, 넷째 명령의 네 가지를 지켜야만 한다"(독립운동사편찬위원회, 앞의 책, 688면).

84) 국내 대한광복회의 조직·이념·활동은 조동걸의 「대한광복회 연구」에서 상세히 구명된 바 있으므로, 이 부분의 서술도 주로 거기에 의거한다.

85) 白巖 朴殷植은 1920년 상해의 維新社에서 비밀 출간한 『韓國獨立運動之血史』의 上篇 제13장을 「세계를 진동시킨 의협의 聲聞」으로 제목을 붙이고, 그 서두에 "의협이란 것은 강자를 억압하고 약자를 진작시켜 公理를 유지하는 데 제일의 맹장이다"라고 규정한 뒤, 한말 이후의 대표적인 항일의협투쟁의 사례로 張仁煥 田明雲 安重根 李在明 金貞益 安明根 姜燦九 등 '烈士'들의 거사를 들어 상세히 설명하였다(南晩星 역, 『한국독립운동지혈사』 상, 서문당 1976, 65~73면). 여기서 대한광복회의 활동노선을 '의협투쟁'으로 지칭하는 것은 조동걸이 「대한광복회 연구」에서 그렇게 규정한 선례를 따른 것이다.

비록 단명한 조직으로 끝나고는 말았으나 국내외 광복회의 운동전략과 행동노선은 3·1운동 이후 독립운동의 전략 및 노선 설정에 있어서 주요 참조틀로 기능하였다. 신민회를 원류로 하는 독립전쟁 전략이 광복회를 통하여 그대로 전승되었고, 그것이 다시 재만 독립군기지를 중심으로 역량 증강에 진력하고 있던 망명지사 집단의 독립운동 노선의 골간을 이루게 된 것이다. 한편 국내 광복회가 발굴 혹은 개발해내어 그 실효성을 시험해본 것이라 할 수 있을 의협투쟁 방법도 더욱 발전시켜 유효한 전술로 정착시켜볼 만한 성질의 것이었다. 식민지 통치의 핵심 기관을 파괴하고 그 요인과 반민족 분자들을 처단하는 방향의 투쟁은 대규모의 전쟁과 혁명을 예비해가는, 독립운동의 다른 한쪽 날개가 될 것이었다. 그리고 이 한쪽 날개를 키우고 지켜내는 역할이 바로 의열단에게 맡겨진 것이었다.

가시적 성과가 큰 것은 아니었다고 할지라도 이 의협투쟁 활동에 의하여 국내 광복회는 그 성가(聲價)를 높이게 되었으며, 그만큼 깊은 인상을 대중들에게 심어놓았다. 특히 의열단의 창립단원 다수는 국내 광복회 조직의 본거지이면서 그 대담무쌍한 투쟁방식이 널리 입에 오르내리던 영남지방 출신이었다. 그런 만큼 그들은 광복회의 존재와 활약상을 진작부터 잘 알고 있었고, 어떤 경우에는 선망까지 하고 있었다.[86] 그뿐 아니라 광복회와 의열단과는 인적 계보상의 연맥(連脈)도 부분적으로 확인된다.[87] 따라서 광복회가 구현하고 있던 만큼의 강렬한 투쟁 정서가 암암리에 이 신생 조직체에 유입되었을 가능성은 지극히 높으며, 그 결과 광복회의 활동상이야말로 초기 의열단이 설정한 암살파괴 노선의 역사적 모델로 기능했다고 보아 거의 틀림없을 것이다.[88]

요컨대 대일 즉시결전의 요건이 현실적으로 충족되고 있지 못한 상황이므

---

86) 단적인 예로 이종암의 경우를 들 수 있는데, 그는 광복회원과 조선국권회복단원들의 행동에서 깊은 감명을 받고 그들과 개인적으로 접촉하고자 애쓴 적이 있다(『이종암전』, 47면).

87) 국내 광복회 관련자로는 황상규과 윤치형, 이수택을, 국외 광복회 관련자로는 이낙준과 이병철을 꼽을 수 있다.

88) 대한광복회가 의협투쟁의 측면에서 의열단의 선구적 조직이 됨은 조동걸, 「대한광복회 연구」, 302면과, 조동걸, 「1910년대 독립운동의 변천과 특성」, 『한국민족주의의 성립과 독립운동사 연구』, 376면에서도 언급되었다.

로 마땅히 차선적 대안을 강구해야만 한다는 상황적 요구와, 초기 조직원들에게 공유되고 있던 체험적 정서라는 두 요소가 어우러진 가운데 광복회의 운동 전통이 의열단으로 전승되었다고 말할 수 있는 것이다.

그러나 의열단의 투쟁노선과 방법이 광복회가 채택했던 것과 같은 의협투쟁 방법을 아무런 가감없이 그대로 복사한 것은 아니었다. 이와 관련해서는, 김원봉이 광복회에 대해 품고 있던 양의적(兩義的) 감정의 이면(裏面)을 먼저 분석해보는 것이 유익할 것이다.

『약산과 의열단』에는 광복회에 관해 연이어 두 군데[89]서 언급되고 있다. 광복회가 채택해서 구사한 것과 같은 투쟁방법이 과연 조국광복의 유효적절한 방략이 될 수 있겠는지 1916년경에 회의를 품은 적이 있다는 부분[90]과 1917년에 '광복회 회원'인 김좌진과 손일민을 상면한 적이 있음을 술회하는 부분이 그것이다. 이는 김원봉도 소싯적부터 광복회의 존재와 활동상을 익히 알고 있었음은 물론, 30년 후 회고 당시까지도 광복회라는 존재가 의식의 심층부에 자리잡고 있었음을 말해준다. 그리고 군대 조직을 꿈꾸다가 막상 길림으로 가보고서는 실정이 그렇지 못함을 알고 암살파괴운동으로 선회했다는 별도의 회고 부분[91]은, 결국 광복회의 투쟁방략을 수용·계승하는 쪽으로 선택하게 되는 정황을 하나의 축도(縮圖)로 보여주는 것이다.

그런데도 광복회가 채택한 것과 같은 투쟁방법에 회의를 품은 적이 있다는 그의 회고가 일면의 진실을 담은 것이라고 본다면, 다른 각도에서 그 의미를 해석해볼 수가 있다. 광복회가 결국 단명한 조직으로 끝나고 만 것은 바로 그 활동방식의 한계에 말미암은 것이라는 나름의 비판적 인식을 나중에 가서나마 우회적으로 표현한 것일 수 있다는 것이다.

의열단의 활동사에서 '의열투쟁기'라고 이름할 수 있던 1920년대 전반기

---

89) 박태원, 앞의 책, 11~12면.
90) 그 회의는 다음과 같이 표현되고 있다. "몇명의 탐관오리와 土豪劣紳을 암살하는 것쯤으로는 도저히 조국의 해방을 바랄 수 없다." "강력한 武力으로서만 비로소 조선은 강도일본의 羈絆을 벗어나서 자주독립국가가 될 수 있다." 그러나 이 진술은 당해 시점으로부터 30년 후에 이미 '장군'의 聲望을 한껏 누리고 있던 인물의 것이었음도 참작해서 읽어야 할 것이다.
91) 박태원, 앞의 책, 23면 참조. 이 부분은 "마침내 폭력혁명을 계획하기에 이르렀다"고 되어 있으나, 실제 지칭하는 내용은 암살파괴운동이다.

의 행동양식을 검토해보면,[92] 이른바 '칠가살(七可殺)'의 대상으로 규정해놓고서도 '반민족적 토호열신(土豪劣紳)'을 처살한 사례는 전혀 확인되지 않는다. 그저 독립운동 자금을 징수하기 위하여 부호층을 위협하는 정도였다. 이는 광복회의 의협투쟁이 이들 층에 집중됨으로 해서 오히려 조직과 운동의 토착 기반을 획득하지 못하고 끝내는 혹심한 탄압을 받아 와해되고 만 점을 염두에 둔 결과일 수 있다. 즉 운동의 장기적 전망 아래 조직체의 수명을 보전하는 것도 중요한 일일 터인데, 광복회처럼 응징 일변도의 행동만으로는 바람직한 성과를 얻기 힘들다는 교훈을 끌어낸 김원봉의 정치적 감각을 반영한 것일 수 있었던 것이다.

이런 점에서 광복회는 의열단의, 특히 김원봉의 반면교사(反面敎師) 역할을 한 측면도 있었다고 하겠다. 또한 바로 거기서 광복회의 투쟁방법과 의열단의 투쟁방법 간의 차이점을 가려내는 단서를 잡을 수 있다고 본다. 즉 의열단은 '암살'만이 아닌 '파괴'를, 또 동족 내의 부호보다는 식민지 통치정책 수행의 중추요 심장부인 총독부와 총독을 직접 겨냥한 계획적 의거를 꾀해간 것이었다.

나아가 의열단이 '7가살'과 '5파괴'를 명시적으로 규정한 것은 가시적인 투쟁대상의 범위를 확대시킴과 아울러 구체화·세분화·체계화하고 있었음도 보여준다. 광복회 강령[93]에서처럼 단순히 '일인 고관'과 '한인 반역자'라고 하는 막연한 규정에서 나아가, 총독정치의 우두머리 및 하수인 모두('조선총독 이하 고관' '군부 수뇌')와 친일반역자 집단 모두('매국적' '친일파 거두' '적탐' '반민족적 토호열신')를 세분해 구체적으로 열거하면서 '가살'의 대상으로 따로 규정한 점, 이와 병행하여 식민지 지배의 핵심기관(정치기관으로서의 조선총독부, 수탈기구로서의 동양척식회사, 선전기관으로서의 매일신보사, 폭압기구로서의 각 경찰서)을 '파괴'하는 것으로 나아가야 한다는 인식을 가졌던 점은 확실히 진일보한 측면이었다.

요컨대 의열단의 투쟁방법은 광복회의 의협투쟁 정신을 계승하면서 그 방법상의 한계를 극복하고 실천적 목표를 한 단계 위로 끌어올린 발전적 방략이고 노선이었다.[94] 그러나 암살과 파괴의 대상을 체계적으로 규정하고는 있

92) 이에 관한 자세한 고찰은 제3장에서 이루어질 것이다.
93) 대한광복회의 강령 7개항은 조동걸, 앞의 「대한광복회 연구」, 291면에 옮겨 적혀 있다.

었지만, 왜 하필 그런 방법의 투쟁이어야 하는가, 그 진정한 효과와 의의는 무엇이겠는가 등에 대한 논리적 정당화는 거의 시도되고 있지 않았다. 그러한 정당화는 창단 3년 뒤인 1923년 1월에 가서 신채호의 손으로 작성되는 「조선혁명선언」을 통해서 비로소 이루어진다. 거기서 의열단식의 투쟁방법은 민중혁명으로서의 민족혁명의 견인차 역할을 맡는 것으로 자리매김되고,[95] 그후 '의열투쟁 방략'이라는 이름 아래 독자적인 지위와 의의를 지닌 것으로 평가받기에 이른다.

물론 광복회식의 투쟁방법과 전술 양식이 전적으로 의열단으로만 전승되었다고 할 수는 없다. 의열단과 비슷한 시기에 성립하여 활약한 다수의 비밀 결사와 무장투쟁 단체들, 이를테면 광복군 총영, 천마산대(天摩山隊), 광복단 결사대, 통의부(統義府) 등으로도 전승되거나 일부 변용된 형태로 흡수되었다. 동시에 재만 광복회와 길림군정사 계열 인사들을 통해서는 임시정부의 독립운동 방책의 일부분으로도 흡수 채택되었다. 그러나 투쟁의 강도와 활동 실적으로 볼 때, 가장 강렬하면서도 가장 지속적인 효과는 다름아닌 의열단이 내게 된다.


## 제4절   소   결

민족운동사에서 명멸해간 수많은 단체와 조직체 대부분이 그러하듯이, 의열단의 경우에도 그 출범의 경위와 경과가 처음부터 확연히 드러나지는 않는다. 전모를 그대로 보여주는 자료가 없기 때문이다. 그래서 어떤 부분에서는 역사적 상상력을 동원한 추론의 개입도 불가피하다. 단편적이긴 하나 그런대로 대강의 모습을 그려볼 수 있게 하는 자료와 관련 연구성과들을 토대로 의열단의 창립 배경과 경위, 최초 조직의 구성 내역과 특질, 초기 운동노선의

---

94) 그러면서도 미리 통고문이나 고시문을 보내놓고 군자금을 조달하는 방식이라든지, 곡물상을 거점으로 삼는 방식과 같은 기술적 측면은 그 장점을 살려 거의 그대로 수용하고 있었다.

95) 이에 관해서는 제3장 제3절에서 상세히 논의할 것이다.

설정 배경과 성격을 재구성해본 것이 이 장의 내용이었다. 다소간 우회와 굴절도 거쳐야 했던 탐사의 결과를 요약하는 것으로 마무리를 짓고자 한다.

무엇보다도 의열단은 어느 한 개인의 충동적 의욕이나 구상에 따라 우연적이거나 돌출적으로 창립된 것은 아니라는 점이 강조되어야 한다. 3·1 운동으로써 확인되고 고양되기도 한 민족 성원들의 독립의지를 원경(遠景)으로 하고서, 바야흐로 독립전쟁을 본격적으로 추동하고자 했던 재만 독립운동자 집단이 국외운동과 짝할 국내투쟁의 방향과 구체적 방안을 모색하던 속에서, 조선독립군정사를 중심으로 한 길림지역 망명인사들의 의사가 일정하게 결집된 결과로 의열단의 창립은 추진되었다. 그것은 '육탄혈전'을 앞장서 수행하여 시범을 보여갈 선도(先導) 조직으로 구상된 것이었다. 아울러 거기에는, 여러 물적 조건의 불비(不備)로 인하여 대규모 무력투쟁을 즉시 결행하기가 어렵다면 그를 대신할 차선의 방책이라도 신속하게 강구해야 한다는 당위론과 현실적 고려가 동시에 개재해 있기도 하였다. 이리하여, 중견부터 신진 소장층까지 골고루 어우러져 있던 재길림 독립운동자들의 집합의지와 순발력 있는 실천역량이 의열단 창단의 기저 동인이 되었던 것이다.

의열단의 최초 조직원은 김원봉을 우두머리로 한 13명의 창립단원과 황상규 등 4명 가량의 후견·조력자로 구분하는 것이 적절하다. 단원의 대부분은 영남지방의 빈한한 농민 가정에 태어나 소학교 이상의 교육을 받은 20대 초반 청년층이었고, 신흥무관학교 졸업생을 주축으로 하되 국내외 비밀결사 활동과 3·1 운동 참여 경력을 가진 망명 청년들이 가세한 형상을 보이는 것이 조직구성상의 특징이었다. 이는 항일투쟁의 신참자와 경력자, 투쟁의지와 경험적 지혜의 밀도있는 결합을 보여주는 것이었으며, 단원들은 준혈연적 운명공동체 의식이 관통하는 결의형제의 관계로 결속하고 있었다.

의열단의 이념적 그리고 활동상의 준거는 신민회의 후신조직으로 볼 수 있는 비밀결사 대한광복회로부터 취해졌다. 3·1 운동 직전까지 전개되었던 대한광복회의 과감한 의협투쟁상이 의열단의 초기 조직원들에게 미친 정서적 감염의 효과도 컸지만, 광복회 회원이던 황상규와 김좌진 등이 창단 발의자요 조직기초 제공자가 되어 인적 매개고리의 역할을 수행한 것으로 추정된다. 그리하여 광복회의 의협투쟁 방략은 의열단의 최초 노선 설정에 직접적이고도 강력한 영향을 미치게 되었고, 의열단은 기본적으로 광복회의 투쟁정

신과 방략을 전승받은 결사체가 되었다. 그렇다고 해서 의열단이 광복회의
투쟁방식을 답습하기만 한 것은 아니었다. 운동지형의 변화를 반영하여 그
한계를 극복하고자 하였으며, 투쟁목표와 대상을 광역화·구체화·체계화함
으로써 운동의 질적 고양을 꾀하였다. 요컨대 광복회 노선의 '발전적' 계승이
이루어진 것이며, 그것은 새로이 '의열투쟁' 노선으로 자리매김되기에 이르렀
다.

   이처럼 의열단은 창립배경이나 조직구성, 조직목표와 운동노선의 어느모
로 보든 대한광복회의 활동으로써 집약되고 대표되던 1910년대 항일투쟁의
역사적 경험과 전통을 발전적으로 계승하여 내재화한 단체였다. 의열단의 창
단은 신민회로부터 발원하는 1910년대 민족독립운동의 주류가 3·1 운동 이
후에도 여전히 계승 발전되고 있던 맥락에서 하나의 상징적 결절점(結節點)
이 되고 있었다.

제 3 장

# 1920년대 전반기의 항일투쟁과
# 이념·조직 발전

　창단 직후부터 의열단은 일제 식민지 통치기관의 파괴와 그 요인암살 활
동을 기획하여 1920년 여름 이래 수차에 걸쳐 대규모의 국내거사를 시도하
는 등 본격적인 '암살파괴운동'을 전개해간다. 그러나 내외의 제반 조건의 변
화와 더불어 1924년경부터는 암살파괴운동(의열투쟁)의 실효성과 의의에 대
한 재검토가 불가피하게 되고, 그에 따른 자기 성찰의 결과는 운동노선의 변
환으로 나타나게 된다. 하지만 이러한 일련의 과정은 무의미한 시행착오를
범한 것에 그치기보다는 오히려 다음 시기 활동의 내실을 기하도록 하는 경
험칙을 여러모로 제공해준다. 이러한 점에서 1920년대 전반기 의열단의 항
일투쟁상과 부수적 활동들에서 나타나는 특징점, 조직구조와 운동이념의 변
천 추이를 정밀하게 고찰해볼 필요가 있다.[1]
　의열단이 암살파괴운동 노선에 기초하여 일제 식민지 통치기구와 정면으

---

1) 1920년대 전반기 의열단의 활동과 노선 전이에 관한 선행연구로는 다음의 것들이 있다.
　염인호, 「상해시기 의열단(1922~1925)의 활동과 노선」, 『택와허선도선생정년기념 한국
　사학논총』, 일조각 1992; 한상도, 「1920년대 의열단의 노선 재정비 과정: 김원봉의 활동
　을 중심으로」, 『하석김창수교수화갑기념논총 한국민족독립운동사의 제문제』, 범우사
　1992; 김영범, 「1920년대 전반기 의열단의 민족운동과 노선 추이」, 『한국의 민족문제와
　일본제국주의』, 한국사회사연구회논문집 제34집, 문학과지성사 1992. 맨 뒤의 졸고는
　발표 당시의 미숙한 관점으로 인하여 잘못 보았거나 논의가 미진한 부분과 함께 불필
　요하게 장황한 부분도 더러 있었다. 여기에서 그러한 오류를 모두 바로잡고자 한다.

로 대결해간 경로와 구체적인 투쟁상은 이미 여러 곳에 소개되면서 어느정 도 정리가 이루어졌다고[2] 본다. 그러므로 여기서는 거사의 사례들을 하나씩 자세히 고찰하는 작업은 피하고, 다만 거사 추진과 실행의 경과를 간략히 서술하는 것으로 그칠 것이다. 그 대신 그것들의 실행을 가능하게 했던, 그러면서 성공 또는 실패로 귀결되게 했던 전후 연관과 구조적·상황적 요인들을 폭넓게 탐색하고자 한다.

이는 이 시기에 의열단운동의 '장(場)'은 어떻게 짜여지고 있었는지, 의열단 자체는 그 장 속에서 어떻게 움직여갔으며 어떻게 활용하고 변화시키거나 재구성해가려 했고 얼마만큼 그 의도가 충족되었는지를 살피고자 하는 의도에서이다. 말하자면 의열단운동과 제반 환경요소와의 역동적인 상호작용에 주목함으로써 의열단운동의 약진과 굴절, 신축과 소장(消長)의 계기 및 원인변수들을 전면적이고도 구체적으로 파악해내고자 하는 것이다. 그럼으로써 개별 거사사례 위주의 기존 논의들이 미처 짚어내지 못했거나 미해결로 남겨두었던 문제들에 대해 얼마간의 해명도 가능해질 것으로 본다.

이러한 접근방법에 기초하여 본장에서는 전기 의열단이 조직 성장의 이념적·물질적 기초를 어떻게 확보해갔으며, 주변의 운동세력 및 조직체들과는 어떤 관계망을 형성했거나 형성하려 했던가에 특히 유의하고자 한다. 이를 통하여 조직·이념·활동 면에서의 접근과 침투, 수렴 및 영향의 양상이 밝혀진다면, 결과적으로 그러한 관계들은 의열단운동의 기반 강화와 내실 확보에 어떻게 얼마만큼 기여했는지도 따져볼 수 있을 것이다.

1920년대 전반기의 의열단 활동에서는 폭탄거사의 개시(1920), 「조선혁명선언」의 발포(1923), 사회주의 계열 단원의 이탈과 노선공방(1924)이 주요 계기들을 이룬다. 이에 따라 의열단운동의 전기 국면은 다시 창립기(1919), 초기 기반 구축기(1920~22), 고양기(1923), 노선 조정기(1924~25)로 나눠볼

---

2) 朴泰遠, 『약산과 의열단』, 백양당 1947; 金昌洙, 「민족운동으로서의 의열단 활동」, 동아 일보사 편, 『3·1 운동 50주년 기념논문집』, 1969; 김창수, 「1920년대 민족운동의 일 양상: 민족운동으로서의 의열단의 활동 補遺」, 『아세아학보』 제12집, 1976; 독립운동사편 찬위원회, 『독립운동사 제7권: 의열투쟁사』, 1979; 송건호, 『의열단』, 창작과비평사 1985; 朴成壽, 「의열단 연구」, 『한국학대학원 논문집』 2, 1987; 김창수, 「의열단의 창립 과 투쟁」, 국사편찬위원회 편, 『한민족독립운동사』 4, 1988; 김창수, 『항일 의열투쟁사』, 독립기념관 한국독립운동사연구소, 1991.

수 있다. 창립기의 이모저모는 제2장에서 거의 다 다룬 것과 다름없으므로, 이 장에서는 1920년 이후 시기를 한 부분씩 살펴나가도록 하겠다. 1절과 2절에서는 초기 기반 구축기를, 3절에서는 고양기를, 4절에서는 노선 조정기를 살펴보게 될 것이다.


## 제1절 초기 항일 폭력투쟁


### 1. 폭력투쟁의 개시와 초기 거사들

의열단원들은 일제 타도와 조국 광복을 위해서라면 기꺼이 '의로운 피'[3]를 흘리려 한 열혈아들이었다. 일제 식민지 통치의 근간을 하나씩 제거하는 것이 당면 행동목표였고, 폭탄이나 총기 등을 사용한 파괴와 암살이 구체적 행동방법이었다. 식민지 지배의 정치기관과 수탈기구, 선전기관, 폭압기구들을 남김없이 파괴하고 식민지 통치기구의 수뇌와 요인과 민족반역자 부류를 계속해서 암살 응징함으로써, 마침내 일제가 식민지 경영을 스스로 포기하지 않을 수 없게끔 하자는 전략이었다. 일제가 식민지 지배를 끝내 포기하지 않더라도 의열단의 폭렬투쟁이 대중을 각성시켜 대대적인 항일폭동을 격발할 수 있을 것이고, 그로써 마침내는 일제를 타도하게 되리라고 기대하였다. 이 것이 '의열투쟁 방략'으로 불리는 의열단의 폭력투쟁 노선[4]의 골자였다.

---

3) 1922년에 상해 공동조계 공무국 경무처 당국자들이 의열단을 'Rightous Blood Society'로 표기한 바 있다. 국사편찬위원회 편, 『한국독립운동사 자료 20: 임정편 V』, 1991, 242면 참조.
4) 일찍이 조지훈은 3·1 운동 이후에 나타난 의·열사 또는 俠士의 결사적 대일투쟁을 '폭력 공포투쟁'이라 일컫고, 그 목적은 다음의 네 가지였음을 지적하였다. 첫째 일제의 간담을 서늘케 하여 민족의 意氣를 보이고, 둘째 민족의식을 경각시키며, 셋째 일본의 통치에 불복함을 세계에 밝히고, 넷째 투쟁의 강화로 일제의 식민통치를 불가능하게, 즉 그들이 식민통치를 포기하게 하려는 것이다. 趙芝薰, 「한국민족운동사」, 고려대학교 민족문화연구소 편, 『한국문화사대계 I』, 1964, 674면. 이 논문은 1993년 나남출판사에서 같은 표제의 단행본으로 복간하였다.

의열단의 과감한 '직접행동' 방침은 창단과 동시에 수립한 국내거사 계획
에 의하여 즉시 실천에 옮겨졌다. 조선총독부, 동양척식회사, 조선은행, 매일
신보사 등을 투탄 폭파하고 총독 이하 조선총독부 요인들을 저격 암살하기
로 하여, 단원 전원의 참여리에 그 준비작업에 착수하였다. 먼저 상해로 가
서 구입한 폭약과 탄피로 폭탄 세 개를 만들어 4월 중순에 안동현을 거쳐 밀
양의 김병환(金鉼煥)에게 밀송하였으며, 5월 하순에도 폭탄 13개와 권총 2
정, 탄환 100발을 역시 안동현을 거쳐 진영의 배중세에게 밀송하였다. 그리
고 김원봉 강세우 권준을 제외한5) 단원 10명과 황상규 윤치형이 국내로 잠
입하여 각각 무기의 관리와 운반, 연락, 자금조달, 거사 당일의 폭탄투척과
저격 등으로 임무를 분담하고, 서울 부산 마산 밀양을 분산적 거점으로 삼아
현지 답사를 해가면서 준비에 임하였다.

그러나 이러한 움직임은 밀정의 제보로 곧 경기도 경찰부에 탐지되었다.
그 결과, 1차로 밀송된 폭탄은 수령 직후 압수되고 말았고, 단원들과 국내
협력자들은 일경의 탐문 추적을 받던 끝에 거사 예정일을 얼마 안 남겨둔 6
월 하순에 그중 20명이 검거되고 말았다. 그로써 의열단의 '제1차 암살파괴
계획'은 중도 실패하고만 것이다.6) 다만 요행으로 검거망을 벗어난 김상윤
서상락 한봉근 3명이 중국으로 탈출하여 김원봉과 합류할 수 있었고, 이종암
과 이수택은 국내에 남아 잠행하며 대체거사를 위한 준비를 해나갔다. 피검
자 가운데는 2년 이상 8년까지의 실형을 선고받은 인원만도 10명에 이르렀
는데, 출옥 후에 단으로 복귀하게 된 단원은 윤세주가 유일하였다.

의열단은 제1차 계획이 실패한 원인으로 무기를 국내에서 구하지 못하고
국외로부터 반입해야 했던 점과, 자금이 부족했던 점 두 가지 때문인 것으로
자체 분석하였다.7) 아무리 철저히 위장했다 할지라도 무기를 반입하는 사실

5) 김원봉은 입국하지 않고 중국에 잔류하여 상해와 북경을 오가며 후방 지원, 거사 추진
상황의 전반적 점검과 총지휘를 하였다. 아마도 그는 거사 후에 재탈출해올 단원들의
피신처 마련 등 부수적 문제들의 처리와 거사 사실의 선전 등을 위해서 중국에 잔류하
기로 사전에 약정되어 있었던 듯하다.
6) '밀양폭탄사건'으로 통칭되는 이 최초의 거사계획의 자세한 전말에 관해서는 독립운동
사 편찬위원회,『독립운동사 자료집 제11집: 의열투쟁사 자료집』, 1976, 660~73면; 조
선총독부 경상북도 경찰부,『고등경찰요사』, 1934(이하『고등경찰요사』), 197~99면;
박태원, 앞의 책,.32~42면 참조.
7) 박태원, 앞의 책, 41~42면 참조.

이 운송과정에서 일경의 경계망에 탐지된 것과, 격문 인쇄비용 등 소요자금을 제때 마련하지 못하여 거사 실행이 지연되는 바람에 단원들의 신분과 행적이 노출된 것을 지적한 분석이었다. 무기 구득에 관한 문제는 단 조직의 국내거점 확보문제와 직결된 것이었고, 충분한 자금 확보의 문제는 활동의 지속성과 광역성을 담보해줄 선결 요건의 하나이기도 했다. 그런데도 이 두 문제는 그리 쉽게 해결되지가 않아 그후에도 의열단의 운신을 가장 크게 제약하는 요인으로 작용하였다.

제1차 거사계획에 참여했던 이수택과 이종암은 검거망을 벗어나 잠행하면서 그 해 12월 27일 신입단원 최수봉(崔壽鳳)에 의해 수행된 밀양경찰서 투탄거사를 지휘하여 성공시켰다.8) 밀양 출신의 노동자이던 최수봉은 친구인 김상윤의 권유로 입단한 후, 이종암에게서 전해받은 수제폭탄 두 개를 경찰서 청사에 던져 건물 일부를 파손시켰다.9)

최수봉의 거사에 앞서 의열단이 처음으로 성공시킨 투탄공격 거사는 1920년 9월 14일에 단원 박재혁(朴載赫)이 부산경찰서장을 폭살한 일이었다. 부산 출신으로 싱가포르 소재의 남양무역회사의 직원이던 박재혁은 김원봉의 부름을 받고 상해로 가서 그의 지시를 받은 뒤 8월에 상해를 출발하였다. 일본의 나가사끼를 경유하여 부산에 도착한 그는 고서적상(古書籍商)으로 위장하고 부산서를 찾아 들어가 서장 하시모또(橋本秀平)의 면전에서 폭탄을 터뜨렸다. 그 결과 경찰서 건물이 대파되고 하시모또는 병원으로 이송되던 중에 절명하였다.10)

박재혁의 거사가 있고 난 뒤 의열단은 잠정적으로 북경에 본거를 정하였다.11) 단원 확충을 통한 조직강화 작업이 진척을 보고 있던 1921년 9월 중

---

8) 이종암은 그후 서울을 무대로 활동하다가 1921년 12월에 북경으로 귀환하였고, 이수택은 1924년 2월에 경상북도 경찰부에 피체되었다. 박태원, 앞의 책, 40면 참조.

9) 투탄 직후 체포된 최수봉은 사형을 선고받고 1921년 7월에 형이 집행되었다. 최수봉의 거사 경과에 관해서는 독립운동사편찬위원회, 『독립운동사 자료집 제11집』, 656~60면; 독립운동사편찬위원회, 『독립운동사 제7권』, 319~20면을 볼 것.

10) 중상을 입고 현장에서 체포된 박재혁은 사형을 선고받고 옥중 단식투쟁을 하다가 1921년 5월에 사망하였다. 거사의 전후 경과와 일제측의 조처에 관해서는, 독립운동사편찬위원회, 『독립운동사 자료집 제11집』, 616~21면; 姜德相 편, 『現代史資料 27: 朝鮮 三』, 東京: みすず書房 1970, 506~507면 참고.

11) 『고등경찰요사』, 97면, 100면 참조.

순, 의열단은 기계노동자 출신의 신입단원 김익상(金益相)을 단신으로 입국
시켜 조선총독부 청사에 대한 투탄공격 거사를 감행하게끔 하였다. 폭탄의
위력이 약했던 바람에 폭파 효과는 별로 크지 못하였으나, 총독부 청사 내로
유유히 잠입해서 폭탄 세 발을 던지고는 일경의 경계망과 추적을 따돌리고
북경으로 무사귀환한 김익상의 대담무쌍한 활약12) 덕분에 의열단의 성가는
한층 높아졌다.

그로부터 6개월 후인 1922년 3월 28일, 의열단은 일제 군부의 거물이고
해외팽창정책 추진자로 이름 높던 육군 대장 타나까 기이찌(田中義一)13)를
암살하기 위한 투탄·저격 거사를 상해의 황포탄(黃浦灘) 부두에서 감행하
였다. 실행요원은 김익상과 오성륜(吳成崙), 이종암 3인이었다. 그러나 운이
없게도 타나까를 명중시키지 못한 채 김익상과 오성륜이 체포되고 말았으
며,14) 현장에 있던 미국인과 영국인, 중국인들 가운데 사상자가 발생하였다.
이 때문에 상해 거주 외국인들 사이에서 의열단에 대한 여론이 악화되었고,
일본 총영사관의 압력에 굴복한 공동조계와 프랑스조계 경찰 당국이 한인
독립운동자의 '불온행동', 특히 총기류 휴대와 사용에 대한 단속강화의 방침
을 공포하기에 이르렀다. 주중(駐中) 미국대사관의 공사(公使)도 "조선인 독
립당이 목적을 달하기 위하여 공산주의자의 행함과 같은 잔혹한 수단으로
나옴은 미국은 물론 세계 어느 나라든지 찬성치 아니하는 바다"라며 이 조
치를 거들었다.15) 심지어 임시정부의 일부 인사들조차 의열단의 암살파괴운
동을 '공포수단'에 의지한 '과격주의'의 소치라고 공공연히 비난하였다.16) 이
에 의열단은 자기 노선의 정당성에 대한 논리적 석명의 필요성을 절감하게
되었고, 그것이 1년 뒤에 '의열단선언'으로서의 「조선혁명선언」이 나오게 되
는 한 배경을 이루었다.

---

12) 박태원, 앞의 책, 55~74면에 그 경과가 상세히 묘사되어 있다.
13) 타나까는 일제의 해외 영토확장 계획의 지도적 이론가로, 당시 밀명을 띠고 필리핀에
    갔다가 돌아오는 길에 상해에 들른 것이었다. 이 사건 이후 그는 육군대신을 역임하고
    예편한 다음 1927년에는 총리대신이 되어 대륙침략 정책을 총지휘하였다.
14) 김익상은 나가사끼(長崎)로 이송되어 사형을 선고받았는데 감형되어 20년을 복역하였
    다. 오성륜은 상해 일본총영사관 유치장을 교묘히 탈출하여 소련으로 건너갔다가 1926
    년 의열단에 복귀하였다.
15) 국회도서관 편, 『한국민족운동사료: 중국편』, 1976, 381면 참조.
16) 『동아일보』 1922년 4월 7일자 참조.

## 2. 국내 모금계획의 추진과 좌절

1922년 6월경 의열단에서는 임시정부 재무총장 이시영(李始榮)과 협의하여, 임정의 재정 보조와 국외 독립운동 지원을 위한 자금을 국내에서 모금할 계획을 세웠다. 그 방안은 폭탄거사와 유인물 살포→일경의 경계망 교란→부호들로부터 '의연금' 징수의 수순을 밟는다는 것이었다.[17] 제1차 국내거사의 실패를 거울삼은 의열단 간부진은 반입될 폭탄을 안전하게 보관했다가 실행요원에게 책임지고 전달해줄 국내의 적임자로 김한(金翰)을 선정하고, 단원 남정각(南廷珏)과 류자명(柳子明)을 서울로 밀파하여 그로부터 협조 승낙을 얻어냈다.[18] 김한은 초기 임정의 서무국장으로 재직[19]하다가 1920년 2월경에 귀국[20]하여 서울청년회(1921. 1)와 무산자동지회(1922. 1), 무산자동맹회(1922. 3)의 결성을 주도하고[21] 독자적 입지에서 항일운동의 기반 조성에 전념하고 있던, 당시 청년·사상운동계의 거두였다. 그가 의열단의 폭탄거사 계획에 협력하기로 한 것은 이미 전부터 의열단과 상당한 정도로 기맥을 통하고 있었기 때문[22]일 것이다.

한편 폭탄 투척과 의연금 징수의 실행자로는 김상옥과 안홍한(安弘翰)이 선발되었다. 진작에 광복단과 대한광복회 계열의 항일운동에 참여한 이력을 가지고 있던 김상옥은 1920년 봄에 암살단이라는 이름의 지하단체를 조직[23]하여, 8월로 예정된 미국 의원단의 내한방문시에 사이또오(齊藤實)총독

---

17) 독립운동사편찬위원회, 『독립운동사 자료집 제11집』, 777면, 780면 참조.
18) 같은 책, 762~63면; 류자명, 『나의 회억』, 瀋陽: 遼寧人民出版社 1984, 79면 참조.
19) 독립운동사편찬위원회, 『독립운동사 자료집 제11집』, 777면; 『동아일보』 1923년 5월 13일자.
20) 도산기념사업회 편, 『안도산전서』 중, 범양사 출판부 1990, 233면 참조.
21) 金俊燁·金昌順, 『한국공산주의운동사』 제2권, 청계연구소 1986, 32~36면, 44면, 112면.
22) 임시정부 재직 시절 김한은 김원봉과 특별한 친분관계에 있었으며(김상옥·나석주열사 기념사업회, 『김상옥·나석주열사 항일실록』, 삼정당 1986, 111면), 귀국시 김원봉과 상의하여 의열단의 국내 아지트 운영책임을 맡고 들어와 비밀 지하공작을 폈다는 기록이 있다(독립운동사편찬위원회, 『독립운동사 제7권』, 363면). 또 밀양폭탄사건 후 탈출 기회를 노리며 서울에 은신중이던 이종암도 김한을 만난 적이 있었다(류자명, 앞의 책, 62면).

을 암살할 계획을 세우고 광복단 결사대24)와의 합작으로 이를 추진한 바 있다. 그러나 거사 직전 일경의 예비검속으로 탄로가 나 실행하지 못하고 상해로 탈출하였다. 상해에서 이시영 김구(金九) 조소앙 등과 함께 재거사 방안을 논의하고 의열단에 가입한 그는 1922년 11월 중순에 김원봉으로부터 권총과 실탄, 살포용 격문을 수령하고 서울로 잠입하였다. 폭탄은 김원봉이 별도의 경로로 김한에게 보내면, 김상옥이 그를 건네 받아 거사하기로 약정되었다.25)

그러나 거사용 폭탄을 안동현까지 운반해놓았던 의열단 본부측은, "김한이 일경에 매수되어 그 주구 노릇을 한다"는 소문이 들려오자 폭탄의 국내반입 시도를 중지시키고 말았다.26) 그런 줄 모르고 폭탄이 전달되어오기만을 기다리며 김상옥이 서울역 인근 삼판통(三坂通, 지금의 후암동)의 매부 집에 계속 은신하고 있던 차에, 1923년 1월 12일 누군가가 종로경찰서에 폭탄을 던진 사건이 일어났다. 수사에 나선 경기도 경찰부는 김상옥의 입국 사실을 탐지하고, 그를 '범인'으로 지목27)하여 행적을 추적하였다. 1월 17일 새벽, 은신처를 포위해오는 경찰대에 선제 총격을 가하여 순사부장 타무라(田

23) 암살단에 관해서는 독립운동사편찬위원회, 『독립운동사 자료집 제11집』, 106~110면; 『독립운동사 제7권』, 360~62면 참조.

24) 광복단 결사대는 광복단 단원이던 韓焄이 대한광복회 조직이 파괴되기 시작하던 1918년에 중국으로 망명한 후, 임시정부가 수립되자 옛 동지들을 규합하여 조직한 비밀결사였다(독립운동사편찬위원회, 『독립운동사 제7권』, 342면).

25) 김상옥·나석주열사 기념사업회, 앞의 책, 92~114면; 독립운동사편찬위원회, 『독립운동사 자료집 제11집』, 777면 참조.

26) 김상옥·나석주열사 기념사업회, 앞의 책, 128면.

27) 김상옥이 종로경찰서 투탄거사의 실행자였다는 기록이나 서술은 당시의 신문기사, 관헌문서, 후대의 관계논저 들에 두루 나타난다. 예컨대 『동아일보』 1922년 3월 15일자 호외; 국회도서관 편, 앞의 책, 488면; 조선총독부 경무국, 『고등경찰관계연표』, 1929, 119면; 蔡根植, 『무장독립운동비사』, 184면; 독립운동사편찬위원회, 『독립운동사 제7권』, 357면 등이 그것이다. 그리고 이것이 현재 통설로 되고 있다.

異說로는 (1) '무명지사' 金相煥(또는 金應煥) 실행설(柳光烈, 「기자 반세기의 회고 (11): 일어나는 물산장려운동―민족혼을 일깨운 김상옥의 痛死」, 『사상계』 146호, 1965년 5월, 254면; 「잃어버린 36년: 의열단 ③」, 『중앙일보』 1983년 10월 17일자, 劉錫鉉 회고), (2) 맹호단원 이강연과 羅某 실행설(宋相燾, 『騎驢隨筆』, 탐구당 1971, 284면; 독립운동사편찬위원회, 『독립운동사 자료집 제11집』, 770면), (3) 상해파 고려공산당원 李漢虎 실행설(독립운동사편찬위원회, 『독립운동사 자료집 제11집』, 771면) 등이 있다.

村)를 즉사시키고 탈출한 김상옥은 동지 이혜수(李惠受)의 효제동(孝悌洞) 집에 몸을 숨겼지만 이 역시 일경에 탐지되고 말았다. 1월 22일 새벽, 은신처를 포위한 수백명의 무장경찰대와 맞서 단신으로 총격전을 벌인 김상옥은 최후의 일발로 자결 순국하였고, 김한과 안홍한을 제외한 관련자 전원은 그 직후 검거되었다. 이리하여 독립운동 자금모금을 위한 국내 폭탄거사 계획은 결국 좌절되고 말았다.

김한에 대한 의열단의 오해[28]와 거사계획의 중도 포기가 빚어진 원인은 무엇이었는가? 여러 각도에서 탐색해볼 수 있겠으나, 결정적 원인은 김한과 류자명이 경기도 경찰부 소속 경부(警部) 김태석(金泰錫)의 정체를 오판하여 그와 접촉했던 사실에서 찾아야 할 듯하다.

류자명이 의열단에 가입한 것은 1922년 봄 천진에서였고, 입단 후 통신연락과 선전 업무를 담당하였다.[29] 그런데 국내활동 시절 그는 동창생인 김정석(金晶錫)을 통하여 그의 형인 김태석을 알게 되었고, 그를 다시 김한에게 소개시켜주어 서로 '비밀리에 연계'를 가지고 있었다고 한다. 류자명은 김태석에 대해 '독립투사들과 비밀관계'를 가지고 있었으며 그들을 도와주던 인물로 60년이 지난 뒤에도 회억할 만큼[30] 그를 절대적으로 신뢰하고 있었다. 그러나 김태석은 임시정부가 '7가살'을 공포하면서 그 세번째 범주인 '창귀(倀鬼, 고등정탐 혹은 형사)'의 전형으로 지목했을 만큼,[31] 실상은 독립운동자를 탄압하는 데 앞장을 선 반민족 부일배(附日輩)였다. 그는 1919년 9월 2일 남대문정거장(지금의 서울역)에서 부임 길의 사이또오총독이 탄 마차에 폭탄

28) 김한이 이 사건으로 7년이나 복역한 점과 출옥 후에도 계속해서 항일독립운동에 투신한 점으로 보면, 그가 일경에 매수되었거나 밀정으로 일했을 가능성은 극히 희박하다.

29) 국내에서 김한의 지도를 받으면서 사상운동과 집필활동에 종사하던 류자명은 1921년 4월경에 북경으로 망명하여 신채호·李會榮 등과 기거를 같이하며 활동하다가 그해 겨울에 영어학습차 천진으로 갔다. 김한과의 연락통로를 찾던 김원봉과 이종암이 상해에서 그를 찾아왔던 것이다(류자명, 앞의 책, 57~63면). 다만 류자명이 자신의 망명 시점을 1922년 4월로(같은 책, 57면), 천진행 시점을 1923년 겨울로(같은 책, 60면), 의열단 가입 시점을 1924년 봄으로(같은 책, 62면) 술회한 것은 여러 관련 사실들에 비추어볼 때 명백한 착오이다. 鄭華岩, 『어느 아나키스트의 몸으로 쓴 근세사』, 자유문고 1992, 32면에 의하면, 류자명이 이회영의 집에 기거했던 때는 1923년 가을이 아니라 1921년 가을이었다.

30) 류자명, 앞의 책, 82~83면 참조.

31) 상해판 『독립신문』 제43호(1920년 2월 5일자) 참조.

을 던져 그를 혼비백산 달아나게 했던 강우규(姜宇奎)를 추적 검거하는 데
수훈을 세웠고, '밀양폭탄사건' 때는 서울에서 거사 준비중이던 이성우와 신
철휴 등 의열단원 5명을 추적 검거[32]한 장본인이며, '황포탄사건' 때는 김익
상이 체포되자 상해로 출장을 와 전년 9월의 총독부 투탄공격 건을 심문한
자[33]이기도 하였다.

이 점을 놓고 보면, 1922년의 국내 모금계획이 좌절된 것은 결국 류자명
또는 그와 김한이 함께 범했다고 볼 수 있을 선의의 기밀누설 탓이었다고 할
만하다. 거사의 성공을 도모하는 뜻에서 그들은 김태석에게 거사 계획을 귀
띔하고 협조를 당부했을 터인데, 김태석이 즉각 이 정보를 상부에 보고함으
로써 일제 경찰 당국은 김한과 의열단의 동향을 주시하고 있었으리라는 것
이다. 김상옥이 극비리에 입경(入京)한 사실이 일경에 탐지되고 있었던 점,
김상옥이 아무런 증거도 진술도 남기지 않고 자결했는데도 김한 등이 즉시
검거된 점, 이런 점들도 위와 같은 추리의 강력한 방증이 될 것이다.


## 제2절  초기 활동의 주요 연계망


### 1. 상해임시정부 및 반임정 북경그룹과의 관계

의열단이 창립시부터 해체시까지 가장 오래도록──항상 우호적이지만은
않고 긴장과 갈등도 있었지만[34]──관계를 유지했던 대상은 대한민국임시
정부였다. 두 주체 모두 1919년 3·1 운동 발발의 토양 위에 성립하여 조국
광복을 위해 분투했다는 점과, 의열단의 본거지와 주 활동무대가 임시정부
소재지인 상해 중심의 중국 본토였다는 점에서 양자의 관계는 필연적이고도

---

32) 이종범, 『의열단 副將 이종암전』, 광복회 1970(이하 『이종암전』), 88면; 독립운동사편
   찬위원회, 『독립운동사』, 제7권, 315면.
33) 박태원, 앞의 책, 90면.
34) 이에 관해서는 제7장의 제2·3절에서 후술할 것이다.

숙명적이었다고 할 만하다. 다만 한가지 전제되어야 할 것은, 임시정부는 다양한 세력의 결집체인 정치기관이었던 반면에, 의열단은 그의 한 구성인자로 포섭될 수준의 하위 조직체였다는 점이다. 그런 의미에서 임시정부의 존재는 의열단운동의 주요 환경요소의 하나였다고 할 수 있다. 이 절에서는 일단 1922년경까지로 국한시켜, 의열단과 임시정부 간의 관계의 기원과 양식 그리고 그 성격의 변화를 살피고자 한다.

1919년 4월 상해임시정부의 수립과 그 초기 운영을 주도한 세력은 빠리강화회의의 결과에 대한, 또는 전후 식민지문제 처리에 있어 윌슨의 민족자결론의 효력에 대한 낙관적 전망을 배경으로, 외교방책에 의한 주권회복이라는 의미에서의 '외교론'을 독립운동의 전일적 노선으로 삼고 있다시피 하였다. 그러나 일본이 엄연히 승전국 대열에 끼여 있는 이상 미국과 영국, 프랑스 등의 열강이 일본의 이익과 의사에 반하여 한국의 독립을 보증해주지 않을 것임을 통찰한 일부 인사들은 외교론에 큰 기대를 걸거나 거기에 안주하지 않고 3·1 운동의 정신을 체화한 '육탄혈전' 방식의 독립운동을 처음부터 선호하고 추진하려 하였다. 만주와 노령지역에서의 활동 경험에 의해서, 다수의 독립운동단체들이 어려운 여건을 딛고서도 무장투쟁의 준비를 진행시키고 있음을 잘 알고 있던 인사들은 더욱 그러했다.

예컨대 임시정부 수립 직후인 4월 20일경에 이동녕(李東寧) 이시영 조소앙 등이 "급증하는 망명 청년들의 예기(銳氣)를 수렴하여 한곳으로 응집"시키고자 공동조계 내에 폭탄제조 학습소 겸 권술(拳術) 수련소를 비밀리에 설치하고 청년들을 선발하여 훈련시킨 사실,[35] 6월에 약 40명의 청년으로 "폭탄을 터뜨림으로써 구국의 책임을 부담함을 목적"으로 하는 구국모험단이 결성되어 폭탄제조법의 강습을 실시한 사실[36] 등이 그러한 움직임을 예증한다. 의열단의 창립 자체도 실은 임시정부 일각에서의 이러한 움직임과 그 실행자층의 성향, 그리고 그들과 만주 또는 길림 현지의 운동자 집단과의 긴밀한 연락관계를 배경으로 추진되었던 것이다.[37]

---

35) 鄭元澤 저, 洪淳鈺 역, 『志山外遊日誌』, 탐구당 1983, 195~96면 참조.
36) 국회도서관 편, 앞의 책, 162면; 독립운동사편찬위원회, 『독립운동사 자료집 제9집: 임시정부사 자료집』, 1975, 631면 참조.
37) 이는 제2장 제1절에서 상론한 바와 같다.

상해임시정부는 1919년 9월에 노령의 대한국민의회를 포섭하고 국내 한 성정부의 법통을 흡수하여 일체화함으로써 통합정부가 되었다.[38] 그 결과, 무장독립운동 노선을 강력히 주창하던 이동휘(李東輝) 등 노령 국민의회 세력의 발언권과 영향력이 유입됨으로써 외교론 일색이다시피 하던 임시정부의 독립운동 노선은 적지 않은 변화를 겪게 되었다. 여기에는 빠리강화회의의 실망스런 결과를 통해서도 드러나는 바, '독립청원'적 외교론의 한계에 대한 자각도 한몫 하였다. 그리하여 독립전쟁이야말로 일제 격멸과 완전독립 성취를 위한 최상위의 방략이 된다는 것에 암암리에 합의가 이루어지는 한편, 드디어 전쟁의 기회를 맞고 거기서 최후의 승리를 거둘 수 있을 만큼 민족역량이 갖춰질 때까지를 '준비'의 단계로 설정하여, 이 준비단계에는 외교방책을 포함한 복합적 전술로 일제의 식민지 통치에 대항해갈 것을 임시정부 독립운동 노선의 표준으로 삼게 되었다. 임시정부가 국내 만주 노령 미주 일본 등 각지로부터 집결해온 단체와 세력들의 연합정부이다 보니 빚어진바, 그들이 각기 주창하고 지지하던 상이한 독립운동 노선간의 갈등을 마무리짓고 일정한 타협을 이루는 효과도 노렸던 것이라 할 수 있다.

이러한 맥락 속에서 의열단은 공식 창단되기 이전부터 임시정부 일부 요인들의 고무와 격려를 받았으며, 향후의 활동방향과 방법에 대한 암묵적 승인 이상의 명시적인 지침 제시와 무기 공급의 약속까지도 있었던 것으로 보인다. 이는 창단 전 길림에서 김원봉이 예비단원들에게 한 다음과 같은 말로부터도 어느정도 유추가 가능하다.

상해임시정부 안창호(安昌浩)가 명(命)한 대로 길림의 동지들은 그(임시정부 또는 안창호의—인용자) 폭탄제조기를 가져와야 하고, 박용만(朴容萬)과 안창호 등의 요구에 응해 그 폭탄을 송부해야 한다. 시방 우리가 목적을 실행코자 한다면, 한달 이내로 폭탄을 휴대하고 모두가 국내로 들어가서 파괴·암살을 해야만 한다.[39]

---

38) 李康勳, 『대한민국임시정부사』, 서문당 1975, 40면.
39) "依上海假政府安昌浩所命, 吉林當持來其爆彈製造器, 應朴容萬·安昌浩等之要求, 當送付其爆彈, 吾人方欲實行目的則, 以一個月, 携爆彈皆入朝鮮, 當破壞暗殺." 송상도, 앞의 책, 281면.

위의 인용문은 당시 임정 업무의 사실상 총괄자이던 안창호가 의열단의
조직이 준비되고 있음을 숙지하고 있던 가운데 초창기부터 의열단의 활동을
고무하고 지원하려 했다는 데 대한 간접적 증거가 된다. 제1차 국내거사를
준비하기 위해 상해로 간 김원봉 등에게 안창호가 거액의 탄피제조기를 기
증40)했다는 사실에서도, 비폭력 온건 노선만을 고집했던 것으로 알려져온
그가 오히려 폭력투쟁을 장려하고 후원했던 편모가 엿보인다.41) 그러면서도
그는 단독적이고 분산적인 행동을 지양하고 조직적 공동행동을 통하여 적기
(適機)에 최대의 효과를 낸다는 원칙에서, 임시정부 군무 당국의 통일적 지
휘하에 치밀한 계획을 세워 움직일 것을 늘상 강조하곤 하였다.42)

한편 임시정부가 1920년 2월에 '7가살' 대상을 정식으로 규정하고 공포한
것43)은 일제와 반민족분자에 대한 폭력적 투쟁의 당위성과 의지를 정부 차

---

40)『이종암전』, 80면.

41) 광복단 결사대의 한훈이 1920년 3월에 사이또오총독 암살거사를 위하여 입국할 때도
  사전에 안창호와 이동휘, 이시영 등과 협의했는데, 그 결과 그는 권총 40정, 탄환 3천발,
  폭탄 10개를 제공받았다고 한다(김상옥·나석주열사 기념사업회, 앞의 책, 69면).

42) 이는 안창호 일기의 다음과 같은 서술들에서도 예증된다. "金藥(若—인용자)山君이 來
  訪하매 炸彈使用을 單獨的으로 紀律업시 使用치 말고 軍事當局에 隷屬하야 實力을 漸
  蓄하엿다가 相當한 時에 大擧하기를 注意하라 하다"(도산기념사업회 편, 앞의 책, 308
  면, 1920년 5월 9일자 일기); "金若山君이 來訪曰 自己가 從速入國하노라 함으로 余(안
  창호—인용자)曰 如斯히 部分的으로 冒險을 行動치 말고 그 冒險行動하는 最高機關에
  聯絡하야 適應時機에 大大的으로 行動하기를 企望하는 뜻으로 길게 說明 … "(같은 책,
  315면, 1920년 5월 14일자 일기). 이에 대하여 김원봉은 "말씀이야 옳기에 탄복할 따름
  이나 자기와 동지의 사정이 그를 허락지 않는다"고 답한 것으로 되어 있다.

43)『독립신문』제43호(1920년 2월 5일자), 1면.
  7가살 대상은 다음이 같이 규정되었다.
  ① 敵魁: 총독, 정무총감, 한국독립을 강경히 반대하는 유력 일인, 한국독립운동 및
    그 지도자를 誹毀하는 정치가·학자·신문기자·종교가 등 불령일인, 우리 동포
    를 학대해 온 일인 헌병·경관 등.
  ② 賣國賊: 한국독립을 반대하고 적의 국기 아래 있기를 주장하는 흉적들(李完用 宋
    秉畯 閔元植 鮮于鐏 柳一宣 협성구락부 등).
  ③ 倀鬼: 고등정탐 혹은 형사로서 독립운동의 비밀을 적에게 밀고하거나 지사를 체
    포하며 동포를 구타하는 추류들(鮮于甲 金泰錫 金極 등).
  ④ 친일 부호: 특히 독립운동에 헌금키를 누차 권유하되 듣지 않거나, 헌금을 권유하
    는 지사를 밀고한 자(예: 용천의 崔哥, 철원의 高哥).
  ⑤ 적의 관리된 자: 퇴직권유 3차 이상이되 뉘우칠 줄 모르는 자, 독립운동을 비방하
    고 낮추어 말하는 자, 국민의 애국심과 용기를 떨어뜨리는 자, 동포를 압박하는 자.

원에서 강력히 천명한 것이다. 아울러 1920년 5월에 공포된 것으로 보이는
임시정부의 '시정방침'에서는, 청년 '감사대(敢死隊)' 및 '작탄대(炸彈隊)'를
조직 편성하고 그들의 '작탄 사용'에 의하여 '적괴 및 창귀 격살'과 '영조물
파괴'를 단행하는 것을 "개전의 준비가 완료되기까지 일본의 통치를 절대 거
절하고 완전독립의 의지를 표시하기 위한" 다각적 방법들 가운데 하나로 들
고 있었다.[44]

요컨대 1920년으로 접어들면서부터 임시정부 또는 그 요인들은 전문 실
행조직에 의한 폭탄거사를 독립전쟁 준비단계에서의 매우 유효한[45] '대적'
방책으로 인정하고 그 실천 의지를 공개적으로 언명했을 뿐 아니라, 최소한
외교 방책과 병행해서라도 작탄투쟁을 추진해가려 했음이 분명히 확인된다.
구국모험단이나 의열단은 그러한 작탄투쟁의 실행을 전담할 행동대에 해당
하였다. 의열단원들이 최초 거사를 준비하면서 먼저 임시정부를 찾아가 협의
했던 것은 이러한 배경에서였으며, 그만큼 임시정부에 대하여 강한 귀속의식
과 함께 친화감을 느끼며 긴밀한 연계 아래 움직였던 것이다.

그러나 1920년 가을, 의열단이 북경에 본거를 정하고 반(反)임정 노선[46]
을 취하는 그곳의 독립운동자 그룹에 가담하기 시작하면서부터 임시정부와
의 관계에도 변화가 생기게 되었다. 임시정부의 수뇌부 일부가 여전히 외교
론·준비론 노선에 대한 미련을 버리지 못하고 그 효력에 집착하는 데다 파
쟁의 양태까지 보이자 이에 실망하고 불만을 품게 된 일단의 전투적 운동자
들과, 국제연맹이 조선을 위임통치해줄 것을 미국 대통령 윌슨에게 청원한

---

⑥ 불량배: 애국 의연금 횡령자.

⑦ 모반자: 변절자, 비밀누설자, 신의배반자.

이로써 보면, 의열단의 7가살이 주로 일제 식민지 통치기구의 수뇌부 중심으로 규정
되었음에 비하여, 임시정부의 그것은 보다 더 포괄적인 범위에 걸쳐 있으며 암살의 대
상을 직위와 인명을 들어 구체적으로 摘示했다는 특색을 보인다.

44) 「大韓民國臨時政府施政方針公表の件」, 김정명 편, 『조선독립운동』 제2권, 東京: 原書
房 1967, 115~16면 참조.

45) 일제 관헌 당국이 대한민국임시정부의 시정방침에서 제시된 여러 방책들 가운데 '작
탄 사용'과 '감사대'의 행위를 '가장 악랄과격한 가해행위'라고 매도한 것(조선총독부 경
무국, 「大正10年4月上海在住不逞鮮人ノ狀況」, 金正柱 편, 『조선통치사료』 제8권, 東京:
韓國史料研究所 1971, 368면)도 이와 연관이 깊다고 하겠다.

46) 이 노선의 성립 배경과 출현 경위에 관해서는 신용하, 『신채호의 사회사상 연구』, 한
길사 1984, 40~47면 참조.

일이 있는 이승만(李承晩)이 통합정부의 대통령으로 선출된 것에 격분하여 그의 행태와 노선을 규탄하고 임정과의 결별을 선언한 신채호와 박용만 등 반이승만·반임정 노선의 운동자들은, 1920년 봄부터 북경에 집결하여 9월에 군사통일촉성회(軍事統一促成會)를 발기하였다.[47] 제1차 국내거사 실패 후 재결합한 몇명의 창립단원들과 함께 김원봉이 상해가 아닌 북경에다 단의 본거를 정한 것은 분명 이에 자극받았거나 이와 연관된 일이었다. 상해 재류 단원들의 후견인 격이던 김대지(金大池)[48]와, 김원봉과 친분이 깊던 장건상(張建相)과 신숙(申肅) 등이 모두 상해를 떠나 북경으로 가면서 같이 행동할 것을 권고했을 가능성도 높지만, 단원들 자신도 북경그룹의 반이승만·반임정론과 전면적 무장투쟁 노선에 공감하는 바가 컸을 것이다.

이리하여 의열단은 북경그룹의 일원으로 자연스럽게 편입되기에 이르렀고, 김원봉은 1921년 4월 북경 군사통일주비회(軍事統一籌備會)의 개최에 즈음하여 신채호가 기초한 이승만 성토문의 54인 서명자 중 1인으로 동참하였다.[49] 뿐만 아니라 이들 서명자 가운데 김재희(金在喜) 송호(宋虎) 오성륜(吳成崙) 최용덕(崔用德) 정인교(鄭寅敎) 등이 속속 의열단에 가입하여 참모진을 형성한 것에서도, 의열단의 진로가 어떤 방향으로 잡히게 될지를 넉넉히 예견할 수 있었다.

그렇다고 해서 의열단이 임시정부의 성립 명분과 그 실체를 부정하고 임시정부와의 관계를 단절하려고 하는 등의 극단적 입장을 취했던 것은 물론 아니다. 그와 반대로 김원봉은 여전히 상해의 임정 요인들과 통교하고 관계

---

47) 「조선민족운동연감」 1921년 5월조, 김정명 편, 앞의 책, 275~76면; 申肅, 『나의 一生』, 일신사 1963, 61면.

48) 1891년 밀양 태생인 김대지는 일합사와 광복단 조직에 참여하여 활동하다 3·1 운동 직전에 만주로 망명하였다. 그후 김동삼 이시영 조소앙 등과 함께 상해로 내려가 임시정부 수립에 참여하여 임시의정원 의원과 국무원 내무위원으로 선임되어 활약하기도 하였으나, 임정 내부의 파쟁과 분열상에 실망한 나머지 북경으로 가서 신채호와 박용만 등과 행동을 같이하였다(姜大敏, 「일봉 김대지의 항일독립운동」, 『부대사학』 제19집, 1995, 565~75면). 김대지는 이미 상해 체류 시기에 고향 후배인 김원봉을 여러모로 지도-조언해주기 시작한 것으로 보이며, 의열단의 團章도 그가 고안해준 것이라 한다(국회도서관 편, 앞의 책, 490면).

49) 「성토문」, 단재신채호선생기념사업회 편, 『개정판 단재신채호전집』 별집, 형설출판사 1977, 87~90면 참조.

를 유지했다고 보는 것이 사실에 가까운 관찰이다. 그럼에도 그후로는 임시
정부와 의열단과의 관계에서 예전과 같은 긴밀성은 더이상 찾기 힘들게 되
었고, 사안에 따른 협의나 지원의 사례만을 드문드문 확인할 수 있을 뿐이
다.

의열단과 임시정부와의 사이에 벌어진 틈은 1922년 3월의 황포탄 거사시
에 임시정부가 공식적으로 취한 태도에서도 어느정도 드러났다. 비록 실패하
기는 했으나 이 거사를 두고 일반 독립운동자들은 "이는 장거(壯擧)로서, 우
리의 독립사상을 세계에 인식시키는데 족하다"고 칭찬하였다.[50] 그러나 임
시정부는 미·영·중국인의 사상자 발생이 외교문제화하는 것만을 염려해서
인지 "이번 폭탄사건과 임시정부는 하등의 관계가 없으므로 그들(의열단―
인용자)의 행동에 절대 책임을 지지 않는다"는 성명을 내는 등[51] 엄호는커녕
뒤로 물러앉는 태도를 보였다. 심지어 일부 정부원 가운데는 "조선독립은 과
격주의를 채용하며 공포수단을 취하여 달할 것이 아니다. … 그들은 과격주
의자이므로 임시정부와는 관계가 없다"고 하면서,[52] 의열단의 행동이 마치
과격주의와 단순 테러리즘의 산물인 것처럼 규정하고 임시정부와의 관계를
아예 부인까지 한 경우도 있었다.

임시정부가 이러한 태도를 취한 데는[53] 임시정부의 공금을 착복했다고 하
여 비난받고 있던[54] 상해파 고려공산당으로부터 의열단이 자금을 지원받았
다는 사실과 함께, 북경그룹에 속하여 철저히 반임정 노선으로 전향해버렸다
는 판단이 상당 정도 작용했을 것이다. 그러나 어쨌든 의열단으로서는 임시
정부의 '작탄투쟁' 노선 표방과 그의 실천의지 또는 실천강도와의 괴리를 심

50) 국회도서관 편, 앞의 책, 291면.
51) 같은 책, 381면.
52) 『동아일보』 1922년 4월 7일자 참조.
53) 그러나 일제 사법당국이 김익상에 대하여 사형 판결을 확정짓자 임시정부 외무총장
    조소앙은 부당한 量刑을 따지는 항의문을 일본 외무성에 발송하여, 설사 김익상을 사형
    에 처하더라도 이후에 무수한 김익상이 나타날 것이라고 경고하였다(독립운동사편찬위
    원회, 『독립운동사 제7권』, 356면). 이 항의문 발송이 전적으로 조소앙 개인의 의사에
    따른 것인지 아니면 임시정부의 공식 결정에 의한 것인지는 확인되지 않으나, 어떻든
    임시정부 전체가 황포탄 거사 또는 의열단 활동 일반에 대하여 부정적으로만 인식하고
    있던 것은 아님을 알 수 있다.
54) 이에 관해서는 아래의 제2항에서 따로 서술할 것임.

하게 느낄 수밖에 없었다. 또한 자기들의 행동이 독립운동진영 내에서 항상 지지와 환영을 받는 것만은 아님을 피부로 느끼게 되었다. 다음 절에서 상술하겠지만, 의열단이 암살파괴운동의 정당성과 이념적 논거를 북경그룹으로부터, 구체적으로 말하면 신채호가 집필한 「조선혁명선언」을 통하여 제공받게 되는 것은 이러한 배경에서이기도 하였다.

## 2. 상해파 및 이르꾸쯔끄파 고려공산당과의 관계

### 1) 상해파 고려공산당과의 제휴

의열단이 임시정부의 국무총리인 이동휘가 이끄는 상해파 고려공산당 세력과 제휴하여 합작 관계를 맺게 된 것은 1921년 하반기 이후, 이른바 '레닌자금'을 매개로 한 것으로 보인다.

1919년 9월에 한인사회당 중심의 휘하 세력을 이끌고 상해로 와서 임시정부 국무총리로 취임한[55] 이동휘는 러시아 혁명정부의 지원을 얻어 독립운동을 전개하고자 하여 레닌정부와의 외교교섭 및 재정원조 요청을 추진하였다. 임시정부 국무회의에서는 그의 의견을 받아들여 외교원 3인의 러시아 특파를 의결하였다. 그러나 이동휘는 국무회의의 결정사항을 무시하고 한인사회당원인 한형권(韓馨權)만을 1920년 4월[56]에 밀사로 파견하였다.

한형권은 모스끄바에서 레닌을 만나 200만루블의 독립운동자금의 지원을 약속받고, 1차로 60만루블을 수령하여 그중 40만루블 김립(金立)과 박진순(朴鎭淳)에게 넘겨 상해로 보냈는데, 이 돈이 도착한 때는 1920년 12월이었다.[57] 그러나 이동휘는 이와같은 사실을 숨긴 채 그 돈을 자파 세력의 선전과 운동자금으로 전용(專用)하였다. 그러다가 심복인 김립이 그중의 상당액을 유용하는 바람에 분란이 발생했으며, 이로 인해 상해의 한인 공산주의자

---

55) 金邦, 「이동휘 연구」, 『국사관논총』 제18집, 1990, 58~76면 참조.
56) 박찬승, 「1910년대 말~1920년대 여운형의 민족해방운동론」, 『역사와 현실』 제6호, 1991, 75면.
57) 申奎浩, 「對臨政 '레닌'자금사건의 전말」, 『월간중앙』 1976년 8월호, 188면.

단은 이동휘계의 상해파와 반(反)이동휘계의 이르꾸쯔끄파로 분열하고 만다.

1921년 5월 23일 상해 프랑스조계에서 개최된 상해파 고려공산당 창당대회에서는 김철수(金錣洙)가 재무 책임자로 선출되어, 김립으로부터 인계받은 잔여 자금 15만원(元)의 관리와 운용을 주관하게 되었다. 그런데 그의 회고에 따르면, 당시 상해에서 이 돈을 받아쓰지 않은 사람은 이시영말고는 없었을 정도로 많은 사람들에게 지출되었는데, 가장 많은 액수는 김원봉에게 지급되었다고 한다.[58]

이것이 사실이라면 그 이유는 무엇이며 어떤 의미가 담겨져 있는 것일까? 상해파 고려공산당이 의열단의 전투적 노선과 항일투쟁 성과를 높이 평가하여 그 지속적인 활동을 장려한다는 의미로 준 단순한 격려금이었는가? 또는 보다 적극적으로 의열단을 자기 당의 행동대로 전환시켜 육성하거나, 최소한 확실한 지지세력으로 삼고자 했던 것일까? 아니면, 지원 자금을 매개로 단지 양 단체의 제휴나 합작만을 꾀했던 것인가?

정확하게 어느쪽 의도에서였는지를 가늠하기는 힘들지만, '가장 많은' 액수가 의열단에게 지급되었다는 사실에는 단순한 격려나 지원 이상의 고려나 기대가 개재했을 것임이 강력히 시사된다. 이미 1921년 5월의 창당대회를 준비하는 과정에서부터 그 당사자들은 의열단원들을 끌어들이려고 시도했던 것으로 보인다. 상해파에 대하여 비판적인 입장에 서 있던 한 공산주의자는 코민테른에 제출한 비밀보고서에서 "조선에는 '의열단'이 있는데 이 당은 음모적으로 조직된 것으로 민족주의 사상의 이데올로그다. 김립은 예상되는 고려공산당 대회를 위해 이 당을 이용하려 하고 있다"는 비난을 가했다고 한다.[59] 또한 일제 경찰당국에서도 "김원봉은 1921년 말경 드디어 공산당과 결탁"[60]했다거나, "의열단이 노국(露國) 공산당으로부터 자금의 공급을 받아

58) 김준엽·김창순, 『한국공산주의운동사』 제1권, 청계연구소 1986, 192면; 이균영, 「김철수연구」, 『역사비평』, 1988년 겨울호, 249~54면. 그러나 한인사회당에서 고려공산당으로 이관된 15만위안에 대한 1922년(자료에는 1921년으로 되어 있으나 1922년의 착오임이 분명하다) 4월 20일 현재의 결산개요서(조선총독부 경무국, 「大正11年朝鮮治安狀況: 國外」, 김정주 편, 『조선통치사료』 제7권, 192~93면)에는 의열단이 지급처로 명기되어 있지 않다. 아마도 의열단에 지급된 액수는 상해 당본부의 사업비 2만3백위안에 포함된 것으로 추정된다.
59) 林京錫, 「고려공산당 연구」, 성균관대학교 대학원 박사학위논문, 1993, 273면.
60) 국회도서관 편, 앞의 책, 423면.

… 한국을 적화하는 동시에 독립운동을 야기시키려는 일대 음모사건을 계획"하고 있다고 보고한 바 있다.[61] 뿐만 아니라 1922년에는 윤자영(尹滋英)과 김지섭(金祉燮) 등을 필두로 상해파 공산당원이 의열단에 가입하기 시작하였다. 이런 사실들로 미루어 보면 이 무렵부터 의열단 조직과 활동에 상해파 공산당의 입김이 유·무형으로 스며들었을 가능성이 매우 높다.

그러나 두 단체의 관계가 일방적 회로의 영향력 행사나 위계적 성격의 것이었다고 단정지을 근거는 없다. 오히려 인원 교류야말로 양 단체가 동등한 지위에서 기존의 조직틀과 운동노선을 존중해주는 것을 전제로, 다만 활동상의 긴밀한 제휴나 합작만을 통하여 유대를 다져나가기로 합의했음을 상징적으로 드러내는 행위였을 수 있다.

더욱이 공산주의 이념을 적극 수용했다는 확실한 증거가 나타나지 않는 이상, 공산당으로부터 자금을 받았다는 사실만을 들어 의열단이 '적화' 노선으로 선회했다고 단언하기는 곤란하다. 비록 '공산당'의 기치를 내걸고 있기는 했으나 이동휘를 위시한 상해파의 지도부는 강렬한 민족주의적 성향의 소유자들이어서, 그들의 당면 목표를 조국독립에 두고 있었다는 점을 상기할 필요가 있다. 그들이 러시아 혁명정부와 동맹을 맺으려 한 것은[62] 쏘비에뜨 러시아가 식민지 민족해방투쟁의 가장 믿음직한 원군이라는 것을 자임했고 또 실제로 그러할 것이라고 확신했기 때문이었다.[63] 마찬가지로 의열단이 고려공산당과 합작이나 제휴를 하였다면 그 역시 의열단 나름으로 조국독립투쟁의 인적·재정적 자원을 확보하려는 절실한 욕구의 소산인 측면이 가장 컸다고 보는 것이 타당하다.[64]

---

61) 같은 책, 422면; 『고등경찰요사』, 217면.

62) 모스끄바로 파견된 한형권이 1920년 7월에 레닌정부와 遠東革命軍 편성에 관한 비밀협정을 체결하였음은 이미 여러 곳에서 구명되고 논의된 바 있다. 같은 해 늦여름에 박용만이 모스끄바에서 임시정부 외무총장의 직함으로 쏘비에뜨정부와 비밀조약을 맺었다는 주장도 제기된 바 있다(方善桂,「박용만 평전」,『재미한인의 독립운동』, 한림대학교 출판부 1989, 114~15면).

63) 스칼라피노·이정식 저, 한홍구 역,『한국공산주의운동사 1』, 돌베개 1986, 76면; 이균영, 앞의 글, 264면 참조.

64) 공산주의자였다기보다는 "마르크스주의를 자신의 방식대로 소화하여 조선에 적용시켜보려 한 '진보적 민족주의자'였다"(박찬승, 앞의 글, 94면, 100면)고 평가받는 여운형의 경우, "나는 조선독립을 열망하고 있었으므로 독립운동을 원조하는 자라면 그 누구

1922년 6월 1일자로 조선공산당(상해파 고려공산당을 말한다)이 코민테른에 제출한 보고서에 따르면, 1921년 3월부터 1922년 4월까지 1년 동안의 당 중앙본부의 사업성적 네 가지 가운데 하나가 "민족혁명운동의 각 단체를 후원하여 그 혁명사업을 촉진"한 것이었다. 그리고 그 '각 단체'로는 북경의 군사통일회와 '모험단(상해와 북경에서 김원봉 및 李鏞班 등의 손에 의해 조직된 결사단체)'을 들었다.65) 고려공산당에서는 의열단을 군사통일회와 비견되는 위치의 '민족혁명' 운동단체로 보고 있었던 것이다.

1922년 가을, '레닌자금'의 잔여분 20만루블(26만원)을 가지고 상해로 귀환한 한형권은 그 가운데 4만 6천7백원을 의열단의 운동자금으로 제공하였다.66) 이 거액의 자금은 그동안 의열단의 운신을 제약하는 주요인이 되어온 재정적 궁핍상태를 타개하는 데 큰 도움을 주었다. 의열단이 상해에 열두 군데의 비밀 폭탄제조소를 설치67)할 수 있게 된 것도 아마 이 자금 덕택이 아니었던가 추측된다. 어떻든 그후로는 폭탄의 자체 제조와 상비가 가능해짐으로써 자금사정 악화를 가중시켜오던 폭탄구입비 문제는 저절로 해결되어갔

---

와도 손잡을 생각이었는데, 공산당도 독립을 목적으로 하고 있다고 들었기에 입당하였다"고 고려공산당 입당 동기를 진술하였다(「呂運亨調書 二」, 김준엽·김창순 편, 『한국공산주의운동사: 자료편 I』, 고려대학교 아세아문제연구소 1979, 301면). 다른 이들은 고려공산당의 목적이 조선에서 공산제도를 실현하는 것이라고 생각했을지 모르나, 자기는 다만 조선을 일본제국으로부터 독립시킴을 목적으로 한 것으로 생각했다 하며(「呂運亨調書 三」, 같은 책, 426면), 그가 공산운동에 참여한 것도 조선독립의 편의상 출발했다는 것이다(「呂運亨調書 一」, 같은 책, 248면). 여운형의 이와같은 생각은 의열단과 고려공산당이 맺었던 관계의 성격을 설명해줄 유력한 논리로도 차용할 수 있다고 본다.

65) 조선총독부 경무국, 「大正11年朝鮮治安狀況: 國外」, 186~87면.

66) 한형권이 가져온 26만원의 사용내역이 『倍達公論』 제2호(1923. 10. 1)에 상세히 공개되어 있는데, 단체·기구에 지급된 것만 보면, 국민대표회의에 6만4천9백75원, 정부에 준다 하고 잃어버린 것 3만원, 정부유지운동비로 6천3백35원, 伸義團에 4천7백58원, 十人團에 2천3백50원, 상해민단에 5백원 등인 데 반해, 의열단에는 4만6천7백원이 지급되었다(趙撤行, 「국민대표회(1921~1923) 연구」, 『사총』 제44집, 1995, 156면). 일제 관헌 당국도 한형권이 의열단에 4만원을 지급한 것으로 諜知하고 있었다(국회도서관 편, 앞의 책, 442면, 444면, 486면; 독립운동사편찬위원회, 『독립운동사 자료집 제11집』, 138면).

67) 박태원, 앞의 책, 103면; Kim San & Nym Wales, *Song of Ariran: The Life Story of a Korean Rebel*(1941), 조우화 역, 『아리랑』, 동녘 1984(이하 『아리랑』), 84면.

다. 또한 외국인 전문기술자를 초빙하여 제조를 맡김[68]으로써 이전보다 성능과 위력이 훨씬 뛰어난 폭탄을 사용할 수도 있게 되었다.

그러나 한형권의 자금 제공은 조건 없는 증여가 아니라 반대급부의 요구를 수반한 것이었다. 그것은 임시정부의 존폐 문제 혹은 개조 여부를 주 의제로 한 국민대표회의가 1923년 1월에 개최됨에 즈음하여, 의열단도 대표를 파견하고 한형권이 속한 '창조파'에 가담할 것을 종용한 것이다. 신채호와 신숙 등의 북경그룹 지도자들도 기존의 임시정부를 해체하고 노령이나 만주에 무장투쟁을 적극 실천할 새로운 망명정부를 수립하기를 주장하는 창조파의 일원이었으므로 의열단이 취할 선택지가 어느 것일지는 명백한 듯이 보였다.

그러나 김원봉은 의외로 이러한 요구에 불응하여 아예 대표를 파견하지도 않고 중립을 선언하였다. 일제 관헌당국은 이 중립적 태도가 "현하 혁명시대에는 정부형식을 갖춘 기관을 조직할 필요가 없다"는 김대지의 충고를 따른 것으로 관측[69]하였으나, 단순히 그런 이유에서만은 아니었다. 그것은 의열단과 막역한 우의 관계에 있던 상해파 고려공산당의 지도부가 임시정부의 존치와 조직개편만을 주장하는 '개조파'의 입장을 취한 사실과 관련이 깊다. 그들의 입장은 임시정부가 민족혁명운동의 대표기관의 지위를 유지하면서 좌우연합의 통일전선체적 성격을 더욱 강화해가기를 기대하여 60만루블의 자금까지 지원한 레닌정부의 희망사항을 정확하게 반영한 것이기도 하였다.[70] 그렇지만 의열단이 상해파 고려공산당의 의사만을 고려하여 개조파의 반열에 선뜻 설 수 있는 입장은 아니었다. 따라서 이럴 때 가장 현명한 처사는 엄정중립을 표방하는 것일 수밖에 없었던 것이다.

결과적으로 이러한 처신은 의열단이 임시정부의 창조와 개조 문제를 둘러싼 심각한 갈등의 굴레에 속박되지 않으면서, 나중에 가서 그 갈등과 알력이 빚어내는 파국의 소용돌이에 휘말리는 사태도 스스로 예방할 수 있도록 해

---

68) 이 기술자의 이름과 국적은 자료마다 약간씩 달리 표기되고 있다. 박태원, 앞의 책, 93면에는 헝가리인 마자알; 정화암, 앞의 책, 60면에는 유태계 독일인 마첼(Machall); 『아리랑』, 95면에는 독일인 마르틴(Martin); 조선총독부 경무국, 「북경 在住 조선인의 최근 상황」(1923. 6), 독립운동사편찬위원회 편, 『독립운동사 자료집 제9집』, 950면과 『조선일보』 1923년 6월 9일자에는 러시아인으로 되어 있다.

69) 국회도서관 편, 앞의 책, 486면.

70) 「呂運亨調書 一」, 252~53면; 김준엽·김창순, 『한국공산주의운동사』 제1권, 382면.

주었다. 의열단은 이에 그치지 않고, 국민대표회의가 끝내 결렬되고 말아 독립운동전선의 분열과 쇠미에 대한 우려가 고조되자 사사로운 의견과 감정으로 분열하지 말고 오직 독립운동을 위하여 헌신하자면서 대동단결을 고창하는 취지의 「警告文」을 상해의 각 단체원들에게 배포[71]하는 의연함을 내보이기도 하였다. 이러한 일련의 과정을 통하여 의열단은 파쟁과 분열을 혐오하고 단결과 통일을 추구하는 지향을 일찌감치 체질화해갔으며, 또한 그 과정에의 성숙한 개입을 통하여 재중 독립운동계에서의 발언권도 조금씩 키워갈 수 있었던 것이다.

### 2) 이르꾸쯔끄파 고려공산당과의 합작과 제2차 국내 대거사 계획

1922년 하반기에 임시정부의 재정을 지원하기 위한 국내 모금계획을 추진하고 있었음과 거의 때를 같이해서, 의열단은 별도의 대규모 암살파괴 거사를 준비하고 있었다. 이번의 계획도 제1차 거사 추진 때와 마찬가지로 조선총독부, 동양척식회사, 조선은행, 경성우편국, 경성전기회사, 주요 간선철도 등의 기관 및 시설물과, 총독, 정무총감, 경무국장 등 총독부 요인을 겨냥한 것이었다.[72] 따라서 '밀양폭탄사건'에 이은 제2차 국내 적기관 및 요인 총공격 계획을 세운 셈이었다.

그런데 이 계획은 입안에서 실행 준비에 이르기까지 이르꾸쯔끄파 고려공산당원과 그 계열 출신 단원들이 주역을 맡은 것이 이채로운 점이었다. 고려공산당원이면서 단의 고문이던 장건상은 1922년 5월경에 거사 계획을 발안하고 김원봉과 함께 총지휘를 맡았고, 고려공산당원이면서 단원이던 김시현(金始顯)[73]은 장건상과 함께 거사 계획을 논의하고 행동대장 역을 맡았으며,

---

71) 『조선일보』 1923년 6월 27일자 참조.
72) 박태원, 앞의 책, 94면.
73) 김시현은 3·1 운동 때 헌병대에 체포되었다가 탈출하여 만주로 가서 독립운동의 실상을 돌아보던 중에 길림에서 김원봉을 만나고 10월에 귀국하였다. 1920년 9월에 밀양폭탄사건 관련 혐의로 체포되어 1년간 복역하였다. 출옥 후 1921년 11월에 상해로 건너가서 안병찬의 소개로 고려공산당에 가입한 뒤, 여운형의 지시로 『공산당선언』 『직접행동』 『공산주의독본』의 번역문을 만주와 서울로 송부하는 일을 하였다. 그리고 모스끄바로 가서 극동인민대표대회에 참석하고 5월에 상해로 귀환하였다 (독립운동사편찬위원회, 『독립운동사 자료집 제11집』, 734; 송상도, 앞의 책, 283~84면; 독립운동사편찬위

고려공산당 서울지부 서기이자 조선일보 안동현 지국장이던 홍종우(洪鍾祐)는 연락 중계와 폭탄 밀반입 요원 역할을 담당하였다.

　거사계획이 입안된 시점은 장건상과 김시현이 모스끄바와 뻬뜨로그라뜨에서 열린 '극동인민대표대회'(1. 21~2. 1)[74]에, 그리고 장건상이 5월에 치따에서 열린 고려공산당 양파 대표 연석회의(임시연합간부회의)에[75] 각각 참석하고 돌아온 후였다. 극동인민대표대회에서의 조선문제에 관한 결의안은, 공업의 미발달로 계급의식이 저급한 단계이고 일반 민중은 민족운동에 공명하고 있으므로 계급운동은 시기상조이며 계급운동자는 독립운동을 후원해야 한다는 내용을 골자로 하였다.[76] 또한 코민테른 당국도 부르즈와민주주의혁명 단계에 걸맞는 광범한 반제민족통일전선의 결성이 현단계의 유일하고도 정당한 노선임을 제시하였다.[77] 한편 고려공산당 임시연합간부회의는 양파연합대회의 조속한 소집을 위해 사전협의와 의견조율차 열린 것임에도 불구하고 노령 한인부대의 통수권을 둘러싼 해묵은 파쟁으로 인하여 성과없이 끝나고 말았다.[78]

　이런 점들로 보면 상해파와의 치열한 헤게모니 경쟁이라는 맥락에서 이르꾸쯔끄파의 장건상 등은 의열단을 행동대로 삼아 대대적인 대일공격 거사를 성공시킴으로써 자파의 투쟁력을 과시하고 코민테른의 확고한 신임을 얻고

　　원회, 『독립운동사 제7권』, 367면; 「呂運亨調書 一」, 251~52면).
74) 대회 명칭은 자료에 따라 '극동민족대회' '극동혁명대회' '원동약소민족회의' '극동노력자대회' 등 여러가지로 나온다. 조선 중국 일본 몽고 부랴뜨 자바 깔미끄의 대표 125명이 참집한 이 대회에 조선대표단은 23개 단체에서 뽑은 52명(또는 54명)으로 구성되어 가장 규모가 큰 대표단을 이루었다(Dae-Sook Suh, *The Korean Communist Movement: 1918~1948*, Princeton, 1967, 37~38면; 권희영, 「제1차 극동노력자대회 및 극동혁명청년대회에서의 한국혁명의 문제」, 『정신문화연구』 제40호, 1990, 91~95면; 임경석, 앞의 글, 367면).
75) 김철수, 「유고」, 『역사비평』 1989년 여름호, 355면 참조.
76) 「呂運亨調書 一」, 246면 참조. 김시현도 검사의 신문에 대한 답변에서 "모스끄바 민족대회의 결의는 아니지만 일반의 의견으로서, 극동에서는 대중의 지식이 유치하므로 공산주의 선전으로는 폭탄을 사용하여 파괴·암살을 실행하고 일본 정국을 무너뜨리며 자본주의에 대해 폭력으로 대항해야만 한다는 의견이 있었다"고 진술하였다(독립운동사편찬위원회, 『독립운동사 자료집 제11집』, 767면).
77) 김준엽·김창순, 『한국공산주의운동사』 제1권, 373면.
78) 같은 책, 390~92면 참조.

자 하는 포석으로 이 거사계획을 발의하고 추진했던 것일 수 있다.

어떻든 거사 준비는 상해와 천진에서 순조롭게 진행되어, 1923년 3월 10일경에 30여 개에 달하는 고성능 폭탄을 비밀리에 서울까지 들여올 수 있었다. 그러나 그 직후 폭탄 은닉처가 일경의 기습을 받아 전부 압수되고 국내의 관련자 18명 전원이 피검되어, 거사 실행은 착수 직전에 좌절되고 말았다.79) 제1차 거사 계획의 실패와 흡사한 양상으로 맛보게 된 또 한번의 뼈아픈 실패였다.

그럼에도 이번의 거사는 그 대담성과 규모로 일제 당국자들에게 큰 충격을 주었고,80) 일본의 언론도 사설을 통하여 "독립론자 중의 폭력독립파와 공산주의·무정부주의자가 결합한 비타협적 최극좌파(最極左派)의 음모"(『讀賣新聞』),81) 또는 "조선독립운동이 폭력파 전성의 제1기, 만세운동의 제2기, 실력양성운동의 제3기를 거쳐 이제 사회혁명운동의 제4기로 넘어가는 조짐"(『大阪每日新聞』)82)이라고 논평하고 비상한 관심을 표하였다. 이러한 논평은 의열단이 '공산당'과의 합작으로 거사를 추진했다는 것에 특히 주목하여, 그들 운동의 성격이 일제에 대한 절대 비타협적 항쟁일 뿐만 아니라 '혁명운동'의 단계로까지 나아가고 있다는 인식을 표출한 것이었다. 그러나 적

---

79) 폭탄 반입 사실이 발각된 것은 이 거사 계획에 가담한 金在震이 평북 경찰부 고등계 경부 金應基에게 매수되어 밀고했기 때문이라는 설과, 폭탄을 맡아 보관했던 權泰逸이 경기도 경찰부에 밀고한 것인데도 경찰의 수사발표에서는 그의 신변보호를 위해 金斗衡이라는 가공인물을 내세웠다는 설이 있다. 경찰의 수사발표를 참작한 것으로 보이는 신문보도에 의하면, 김재진이 밀고한 것은 1922년 12월에 총독부 판사 白允和를 협박하여 독립운동자금을 강징하려 한 혐의로 수배중인 劉錫鉉의 행방이었을 뿐이고(『동아일보』 1923년 4월 13일자), 실은 신의주에서 잠시 폭탄을 보관했던 趙東根의 입이 가벼워 홍우룡이란 인물에게 발설했기 때문이라고도 한다(『동아일보』 1923년 8월 9일자).

80) 1923년 벽두부터 발생한 일련의 의열단관계 사건으로 충격을 받은 총독부 당국은 경무국 기구를 확장하기 위해 추가예산을 편성하기로 내정하였다(『동아일보』 1923년 4월 22일자).

81) 이 논평자는 당시 한국인의 정치동에 나타난 사상적 派別을 크게 참정권운동론, 내정독립운동론, 독립론, 공산주의 및 무정부주의의 네 가지로 나누고, 독립론은 다시 실력양성론자와 폭력독립파 두 부류로 구성되어 있다고 파악하였다. 그러면서 독립론과 공산주의·무정부주의의 최극좌파가 가장 많은 지지를 받으면서 절대적 비타협의 一路로 매진하고 있다고 보았다. ─記者, 「일본사람이 본 조선의 민족운동과 사회운동」, 『개벽』 35호(1923년 5월호), 27~28면.

82) 같은 곳.

어도 의열단의 경우에 '혁명운동'의 기본목표는 '사회혁명'이 아니라 '민족혁명'이었음을 간과해서는 안될 것이었다.

한편 의열단과 이르꾸쯔끄파 고려공산당과의 '결합'은 엄밀히 말해 상해파 고려공산당과의 '결합'과는 다소 성격을 달리하였다. 상해파와의 관계에서는 양 조직체의 지도부 수준에서 합의가 이루어져 조직적이고 직선적인 관계로써 일대일 합작을 한 것이라고 볼 수 있다. 반면에 이르꾸쯔끄파와의 관계는 민족운동자적 성향이 유독 강한 일부 당원들이 자기 의사에 따라 개별적으로 의열단에 가입함으로써 간접적이고도 비공식적인 연결이 이루어졌던 것이라고 할 수 있다. 그러나 크게 보면 이 두 가지 양식은, 1920년대 초반이라는 시점에서 전투적 민족주의 계열의 대표적인 '의열투쟁' 단체와 사회주의 계열의 대표적인 '민족해방운동' 단체와의 합작, 나아가 그 두 계열간의 견인과 결합이 이루어지고 있던 양상에 대해 더없이 좋은 예증이었다.

■ 보론: 일제의 의열단 활동 저지공작의 한 단면

# '황옥사건'의 의미

의열단의 제2차 국내 대거사 계획의 실패는 일명 '황옥경부(黃鈺警部)사건'으로도 별칭된다. 의열단의 폭탄거사 계획에 일제 경찰의 간부요원(즉 조선총독부 경무국 예하 경기도 경찰부 고등과 소속 현직 경부인 황옥)이 '비밀리에 가담·관여'했다는 전무후무한 사실 때문이었다. 그만큼 황옥의 가담 사실은 세간의 큰 화제가 되었고, 황옥의 본심은 진정 무엇이었으며 그는 자기 정체를 과연 무엇으로 설정했던 것인지에 대한 구구한 해석이 잇따랐다.

당시의 한 신문 보도에 의하면, 당년 38세인 황옥은 경북 문경(聞慶)의 문벌·자산가에서 태어났으나 22세 되던 해에 집안이 '의병에게 폭화(暴禍)'를 당하자 각지로 방랑하던 중에 일본어를 배워 재판소 통역원으로 채용되어 평양과 진남포, 해주, 진주에서 근무하다 1919년에 경찰에 투신했는데, "외면으로는 친일파를 자처하고 이면으로는 독립운동을 원조했다"고 한다.[83]

이 거사의 실행요원 가운데 한 명으로 투입되었다가 피체되어 8년형을 선고받고 옥고를 치른 바 있는 유석현(劉錫鉉)도, 황옥은 경찰에 투신할 때부터 독립운동을 결심하고 실천에 옮긴 인물이라고 말하였다. 그의 증언에 따르면, 황옥은 평양복심법원 검사국(檢事局)의 서기로 재직하면서 법원 판사이던 홍진(洪震)과 알게 되어 3·1운동 발생 직후 그와 함께 상해로 동반망명했으나, 전력(前歷)이 노출되어 밀정으로 오해받게 되자 암살될지도 모른다는 두려움에 홍진과 약속하고 귀국하여, 총독부에 상해임시정부의 동향을 제보한 정상(情狀)과 검사국 근무 경력을 참작받아 경부로 특채되었다. 그후 그는 은밀히 독립운동을 돕고 있던 중에, 전부터 교류가 있던 김시현과 유석현이 1922년 12월 총독부 판사 백윤화(白允和)에게 의열단의 운동자금을 기부할 것을 강요한 혐의로 일경의 추적을 받게 되자 그들을 정보원으로 포섭

<hr>

83) 『조선일보』 1923년 4월 13일자.

한 것처럼 상부에 보고하여, 종로경찰서 폭탄사건 수사를 위한 중국 출장길에 수사보조원으로 대동한다는 명목으로 양인을 탈출시켰으며, 천진에서 김원봉을 만나 정식으로 의열단에 가입했다는 것이다.[84]

그런데 황옥이 의열단과 선을 대서 이 사건에 가담하게 된 최초의 계기는, 밀양폭탄사건에 연루된 혐의로 대구경찰서에 체포된 김시현을 황옥이 인계받아 서울로 차편 호송하면서 지면을 튼 것에서 주어졌다. 김시현이 출옥하자 황옥은 그와 교분을 맺고 친교를 나누다가 여비 50원을 제공하여, 김시현이 고려공산당에 입당하고 극동인민대표대회에 참석할 수 있도록 해주었다. 그러나 이는 실상 황옥이 경찰부장 시라까미(白上佑吉)에게 고려공산당의 내정과 대회내용을 정탐할 인원의 파견을 건의하여 기밀비의 지출을 재가받고서 이루어진 일이었다는 일제 관헌의 기록이 있다.[85] 김지섭의 일본 황궁 정문 투탄사건(1924. 1)의 재판정에서 변호인단의 일원이던 일본인 후세 타쯔지(布施辰治)도 이와 비슷한 취지로 발언한 바 있다. 즉 김시현의 극동인민대표대회 참석은 시라까미가 극동 각 지역 한인의 동태와 대회 내용을 탐지하고자 황옥을 통하여 여비를 제공해서 이루어졌으며, 총독부 경찰당국은 황옥과 김시현을 이용하여 의열단원과 고려공산당원들을 국내로 유인해 일망타진하려는 치밀한 공작을 폄으로써 결국 조선독립운동을 유린한 것이라고 후세는 통박했던 것이다.[86]

그렇다면 김시현 자신은 그런 내막을 전혀 모른 채, 황옥이 독립운동에 협조·가담할 뜻이 있는 줄만 알고 그의 여행 제의에 응하고 여행결과를 통보해주기까지 했던 것이며, 일경의 철통 같은 감시망을 뚫고 인원과 무기를 들여오는 데 그의 직위를 이용한다는 생각만으로 거사 계획을 같이 논의하고 그를 가담시켰던 셈이 된다. 김원봉이 일부 단원들의 의구에도 불구하고 황옥을 신뢰하여 일을 맡겼던 것도 같은 맥락에서였을 것이다. 거사 실패 후에 의열단 본부의 간부회의에서 "이번 거사는 황옥의 간계로 발각된 것이므로

---

84) 「잃어버린 36년: 의열단 ③」, 『중앙일보』 1983년 10월 17일자.

85) 경성지방법원 검사국, 『김시현·황옥사건 조서』, 1924; 김준엽·김창순, 『한국공산주의운동사』, 제1권, 369~70면 참조.

86) 『동아일보』 1925년 7월 5일자; 독립운동사편찬위원회, 『독립운동사 자료집 제11집』, 310~11면. 布施辰治의 한국독립운동 지원활동에 관해서는 水野直樹, 「辯護士布施辰治と朝鮮」, 『季刊 三千里』 34호, 1983 참조.

만일 그가 방면되어 나올지라도 엄중 징벌할 것"을 결의[87]한 것은 황옥의
'간계'에 농락당했다는 결론을 뒤늦게 내렸다는 것을 의미한다. 당시의 유력
한 한 일간지도 뒤늦게 사설을 통하여, 황옥사건은 "경찰 관리가 범인을 제
조하고 체포한 혐의가 확실한 사건"으로 규정지었다.[88] 황옥이 10년형을 언
도받고 복역하던 중 장결핵(腸結核)과 폐렴을 앓게 되자 형집행정지되어
1925년 12월에 가출옥하였으며, 1928년 5월말에 재수감되었다가 1929년 2
월에 다시 가출옥[89]한 후로는 끝내 재수감되지 않은 점도, 황옥이 일제 경찰
당국의 의도와 그 각본에 따라 행동한 것이 아닌가 추리해볼 수 있을 의미
깊은 단서가 될 것이다.

의열단원은 아니었으나 저명한 아나키스트 독립운동자였던 정현섭(鄭賢
燮)은, 총독부의 고등정탐으로 김태석과 경쟁관계에 있던 황옥이 공을 세우
려고 의열단에 접근하여 무기의 국내반입을 돕는 척하며 독립운동자를 일망
타진할 계획을 세웠던 한편, 일이 여의치 않을 때는 해외로 탈출할 역계획까
지 꾸몄던 것이라고 이 사건을 풀이하였다.[90] 황옥이 고려공산당에도 입당
하여, 안동현에서 비밀활동을 벌이던 최준(崔俊) 성욱환(成郁煥) 홍종우 등
다른 당원들과 기맥을 통하였는데, 이 문제를 가지고 그를 요주의 인물로 지
목한 평북 경찰부와 그를 엄호한 경기도 경찰부 사이에 논란과 마찰이 있었
다는 사실을 소상히 보고한 일제 관헌문서가 있다.[91] 그러나 황옥은 기실 시
라까미의 지시에 따라 '밀정'으로 입당한 것이었다는 후대의 서술[92]을 따른
다면, 이 역시 황옥을 이용한 일제 경찰의 독립운동조직 파괴공작의 일환이
었다고 해석하는 것이 마땅하다.

이상의 논의를 종합하면, 의열단 간부진 특히 김원봉은 제1차 거사 계획
이 실패한 것을 지나치게 의식하여 재거사의 성공에만 집착한 나머지 총독

---

87) 『조선일보』 1923년 8월 29일자.
88) 『조선일보』 1923년 8월 12일자 사설, 「의열단사건과 경부 황옥」 참조.
89) 『조선일보』 1925년 12월 19일자; 『동아일보』 1928년 6월 2일자; 『조선일보』 1929년 2
   월 16일자 참조.
90) 정화암, 앞의 책, 43면. '화암'은 정현섭의 별호였다.
91) 안동경무서·안동영사관경찰서, 「안동현 조선인 상황」(1923. 6), 『독립운동사 자료집
   제9집』, 1975, 934~36면.
92) 송상도, 앞의 책, 284면.

부 경찰당국의 첩보공작과 거사 저지공작에 능숙하게 대처하지 못하고 그 계책에 기만당한 것이라고 할 수 있다. 이는 1922년의 국내 모금과 폭탄거사 계획이 김태석을 활용한 일제 경찰당국의 사전 공작으로 실패하고 만 전철을 그대로 되밟은 것이나 마찬가지였다.

결국 이러한 경험들을 통해 의열단은 일제의 첩보·방해 공작과 밀정의 침투에 철저한 대비책을 세우는 것이 매우 긴요한 현실적 과제가 되고 있다는 것을 절감하게 되고, 1923년 하반기 무렵의 조직정비와 그 이후의 조직운영 과정에서 그러한 깨달음은 충실히 반영된다. 그리고 그 이후로 밀정이나 변절혐의자들을 단호한 태도로 처살한 것은 이러한 맥락에서 행해진 강력한 응징행위요 일제의 첩보공작기구에 대한 반격행동의 의미를 띤 것이었다.

## 제3절  이념·조직 기초의 구축과 의열단운동의 고양

의열단운동의 전기 국면에서 1923년은 다음과 같은 몇가지 점들로써 특별한 의의를 지닌 해가 되었다. 우선 「조선혁명선언」으로 자기의 운동이념을 재정립하고 명문화하여 당당히 포고함으로써, 자기 노선의 정당성을 널리 인식시킴과 동시에 그에 대한 이해와 지지를 큰 폭으로 넓힐 수 있게 된다. 단의 조직세가 뚜렷이 신장됨과 아울러 지리적 행동반경도 대폭 확대되어간다. 재중 민족운동계에서의 영향력이 강화됨과 병행하여 대외적 관계망의 범위도 확장된다. 그리고 이러한 배경에서, 이전보다 훨씬 강도 높은 대규모의 폭탄거사와 폭동계획을 추진해갈 수 있게 된다. 이들을 한데 묶어 의열단운동의 도약과 고양의 징표로 삼을 수 있다고 보는데, 이 절에서는 그 고양의 계기와 양상들을 하나씩 살피고 구체적으로 확인해보고자 한다.


### 1. 「조선혁명선언」: 노선 정당화와 이념 재정립

전기 국면의 의열단운동이 도약을 기하는 획기적 계기가 된 것은 1923년 1월, 단을 선언주체로 명기한 「조선혁명선언」(이하 '「선언」;)[93]의 발포였다.

선언문은 단의 정신적 지주와도 같은 위치에 있던 신채호가 김원봉의 요청에 응하여 집필하였다. 선언문 작성을 의뢰한 목적은 단이 취하고 있던 노선과 방법의 정당성을 논리적으로 석명하고 그 이념적 지표를 확실히 해두려는 것이었다. 의열단의 암살파괴운동을 과격모험주의로 낙인찍고 은근히 비난하던 일부 독립운동자층의 몰이해를 불식시킬 필요[94]에서, 또 자체 폭탄제조소를 설치해놓고 더욱 맹렬한 대일투쟁을 목전에 두고 있던 상태에서

---

93) 단재신채호선생기념사업회, 『개정판 단재신채호전집』하, 형설출판사 1987, 35~46면. 아래에서 부분적인 인용 주는 생략하기로 한다.
94) 申一澈, 「신채호의 무정부주의사상」, 『한국사상』 15집, 1977, 7면; 신용하, 앞의 책, 239면.

그러한 정당화와 이념무장 작업은 필수적이었다.

「선언」은 먼저 '일본 강도정치 곧 이족통치가 조선민족 생존의 적'이 된 상황에서 자치론·내정독립론·참정권론을 주장하여 타협하려는 자나, '강도정치하에서 기생하려는' 문화운동자는 모두 '적'과 동일하다고 규정하였다. 또한 외교론이나 독립전쟁 준비론을 일제 구축(驅逐)의 방략으로 주장하는 것도 '일장의 잠꼬대'요 '미몽'일 뿐이라고 준열히 비판하였다. 그리하여 민족 생존 유지의 정당한 수단은 오직 '혁명수단으로 강도 일본을 살벌함'일 뿐이고 '혁명이 아니고는 강도 일본을 구축할 방법이 없음'에서, 혁명(수단)이 유일·필수의 생로(生路)임을 천명하였다. 여기서 「선언」이 말하는 혁명은 '이족통치'를 대상으로 하고 '민족생존 유지'를 목적으로 한 점에서 민족혁명인 것임이 분명하였다.

그러면서 「선언」은 이 혁명이 '민중이 민중 자기를 위하여' 민중 자신이 주체가 되어 일으키는 '민중혁명' '직접혁명'이고, 민중혁명의 첫걸음은 '민중 각오'임을 갈파하였다. 「선언」에서 '민중'은 '총독이니 무엇이니 하는 특권계급의 압박 밑에 있는' '피지배자들'로 지칭되고 있어서 친일 주구와 그 협력자를 제외한 대부분의 민족성원을 의미하는 말이었음을 알 수 있다.

「선언」에 따르면 민중의 각오는 '지도'나 '열규(熱叫)'로써 되는 것이 아니다. 그것은 '선각한 민중이 혁명적 선구가' 되어 '민중향상의 장애부터 먼저 타파함'을 통해서만 이루어진다. '장애 타파'란 구체적으로 말해 '강도정치의 시설자인 강도들을 격폐(擊斃)하고 강도의 일체 시설을 파괴'하는 것인데, 이를 보고 들음으로써 '만중(萬衆)'이 정서적 격동과 의식적 각성에 이르게 되고 마침내 '거국일치의 대혁명', 즉 '폭동'으로 나아간다는 것이다. 민중과 폭력이 결합해서 나타나는 '민중의 폭력적 혁명'은 일단 발생하면 여하한 수단으로도 진행을 저지할 수가 없어서 반드시 최후의 승리를 얻는다고 「선언」은 단언한다. "양병(養兵) 십만이 일척(一擲)의 작탄만 못하며 억천장 신문·잡지가 일회 폭동만 못할지니라"[95]고 언명한 것은 이러한 논거에서였다. 암살과 파괴, 폭동의 형태로 표출되는 '민중적 폭력'의 대상으로 「선언」이 제시하는 내용에는 이전의 '7가살' 규정에는 없던 '일본 천황 및 각 관공리'와 '일본인 이주민'이 추가되었다.

95) 「조선혁명선언」, 앞의 책, 42면.

요컨대 민족독립과 민족생존 보전의 유일한 방법은 일본제국주의(자)를 구축·제거하여 식민지 통치를 타도하는 혁명이며, 그 혁명의 주체는 일반 민중이고, 혁명과정은 선각적 민중의 암살과 파괴행동으로 시발되어 민중 일반의 각성을 거쳐 대폭동으로 고양되어간다는 것, 이것이 「선언」의 요지였다. 바꿔 말하면 조선이 절실히 요하고 있는 혁명('조선혁명')은 민족혁명의 성격을 지니고서 민중혁명의 형태로 폭력혁명의 과정에 의해 진행될 것이라 함이었다.

이러한 맥락에서 보면, 의열단이 전개해온 폭렬투쟁은 그 자체로 민족혁명운동의 중요한 일부를 구성함과 아울러 민중폭력혁명의 촉발제요 견인차로서의 의미를 갖게 될 터였다. 따라서 그 운동노선과 방법은 극히 정당하다는 평가가 내려지는 것이 당연한 것이었다. 말하자면 의열단운동은 일종의 혁명운동이고, 의열단은 혁명운동단체이며, 단원들은 저마다 한사람의 혁명가로 여겨진다는 것이었다. 그러면서도 「선언」의 논리대로라면, 의열단은 민중을 권위로써 지도·지휘하는 엘리뜨 전위조직이 아니라 민중의 일원으로서 직접 행동하는 선봉대와 같은 존재이어야 했다.

식민지 조선사회의 근본모순을 어디까지나 민족문제 속에서 파악하고 민족문제의 완전한 해결은 혁명적 방법으로만 가능하다고 고창한 점에서 「선언」의 이념적 기조는 '혁명적 민족주의'였다고 범주화할 수 있다.96) 그 이념의 실천주체를 민중으로 상정한 점에서는 넓은 의미의 '민중적 민족주의'97)의 흐름 속에 위치하기도 한다. 그러나 이처럼 민족주의를 기조로 하면서도 「선언」에는, 비단 전투적 민족주의 계열의 '절대독립' 논리98)뿐만 아니라, 공

---

96) 신일철(앞의 글, 26면;『신채호의 역사사상 연구』, 고려대학교 출판부, 1981, 236면)과 신용하(앞의 책, 237면, 242면, 264면)가 이미 조선혁명선언의 이념적 지향점 혹은 주조음을 '혁명적 민족주의'로 규정지은 바 있는데, 이 이념의 대두 배경은 신일철,『신채호의 역사사상 연구』, 239면에 잘 정리되어 있다. 그리고 이 용어 자체는 1920년대부터 쓰여왔음을 「조선 사회운동 略史 코스」, 배성찬 편,『식민지시대 사회운동론 연구』, 돌베개 1987, 43~64면의 1919년·1920년·1927년조에서 확인할 수 있다.

97) 신용하, 앞의 책, 266면.

98) 이는 3·1 운동 직후 국내에서 대두한 '자치론' 내지 '자치운동'과 이승만 등의 對美 위임통치 청원이 반쪽짜리의 부분적 독립을 구하는 것에 자극받아 그 반대논리로 성립하였다. 이에 관해서는『독립신문』1919년 8월 29일자, 「절대독립을 요구」; 9월 4일자, 「국무총리의 [완전독립 주장] 성명」; 11월 11일자, 「절대독립을 주장」; 12월 2일자, 「절

산주의 계열의 반제 민족혁명 논리와 무정부주의 계열의 반강권(反强權)-반
지배 민중해방 논리도 더불어 수합되고 있었다.

우선 「선언」에 내포되어 있는 민족혁명 논리는 부분적으로 공산주의계열
의 반제 민족혁명이나 민족해방론과 합치점을 보인다.

1920년 7월의 코민테른 제2차대회에서는 레닌이 제출한 「민족·식민지문
제에 대한 테제」에 기초하여, 공산주의 세계혁명 전략의 일환으로 식민지 피
압박민족의 해방운동을 적극 지지한다는 방침을 결정하였다. 다만 식민지의
'부르즈와민주주의(적 해방)운동'에는 개량주의적 운동과 혁명적 운동의 두
조류가 있다는 것을 감안하여, 공산주의자는 후자만을 지원할 것이라는 의미
에서 그것을 따로이 '민족혁명운동' 또는 '(혁명적) 민족해방운동'이라는 용
어로 지칭하기로 하였다.[99] 이후 공산주의계열에서는 타협적이거나 개량주
의적이지 않다고 판단되는 한에서의 식민지 민족운동을 민족혁명운동 또는
민족해방운동으로 개념화하고 일반적인 호칭으로 삼게 되었다. 그리고 1920
년대 초 고려공산당 계열의 민족운동자들간에는 특히 전자의 개념과 용어가
수용되어 그 쓰임새가 보편화하고 있었다.[100]

물론 선언문의 작성자인 신채호가 (고려)공산당의 운동논리를 무조건적이
고 무매개적으로 수용했다고 볼 수는 없다.[101] 더욱이 「선언」에는 '민족혁명'
이라는 용어가 단 한 군데도 쓰인 바 없다. 그런데도 「선언」에서 수십 차례
동원된 '혁명'의 용어는 기본적으로 '민족혁명'을 뜻하며, 그 의미는 다시 공
산주의 쪽에서 운위하던 '민족혁명'의 의미와 상당부분 합치한다. 차이점은,
「선언」의 혁명은 무정부주의적 민중혁명의 특징을 띠는 것에 반하여, 공산
주의의 민족혁명은 프롤레타리아혁명의 전단계로서 부르즈와혁명의 성격을
수반하는 것으로 여겨진다는 점이었다. 또한 「선언」의 혁명 이념은 공산주

대독립」 등 참조.
99) 편집부 엮음, 『코민테른 자료선집 3: 통일전선, 민족·식민지문제』, 동녘 1989, 35~43
    면, 223~24면.
100) 일례로, 고려공산당원이면서 의열단원이던 김지섭이 1922년 12월 백윤화에게 독립운
     동 자금 기부를 요구할 적에 내보인 서면(아마 의열단 고시문일 것이다)에도, '우리는
     민족혁명을 위해 생명·재산을 희생하고 온 사람'이라는 내용이 기재되어 있었다 한다
     (독립운동사편찬위원회, 『독립운동사 자료집 제11집』, 746면, 758면).
101) 공산주의에 대한 신채호의 비판적 인식에 관해서는 신용하, 앞의 책, 290~91면 참조.

의 세계혁명 전략과 전혀 무관하게 도출되었고, 의열단의 노선도 공산주의 민족운동에 내재한 국제주의 지향이나 코민테른 추수 성향과는 먼 거리에 있었다.

그런데도 어떻든 제국주의 타도의 민족혁명을 핵심으로 한 점에서 「선언」 의 혁명 논리는 단내의 고려공산당 계열 단원들은 말할 것도 없고 단외의 공산주의 계열 운동자들에게도 매우 정당하고 호소력있는 것으로 받아들여졌음직하다. 결코 의도하지도 의식하지도 않은 결과였을 것이지만, 이로 해서 「선언」과 선언주체인 의열단은 민족주의 계열과 공산주의 계열 민족독립 - 민족혁명 운동 간의 중요한 연결·제휴 고리가 될 수 있었다.

「선언」에 도입된 무정부주의 이념요소와 운동논리의 비중은 그보다 훨씬 큰 것이었다.102) 이 점은 인간관, 사회관, 현상(status quo)타파 방법론의 면에서 골고루 나타난다.103)

「선언」은 민중이 자각해서 직접 혁명을 추동할 수가 있고 실제로 그럴 것이라고 보았는데, 이러한 관점은 민중이 자율적·주체적으로 사고하고 행동하는 자주인이고 따라서 정부나 당 같은 조직의 지도나 매개 없이 직접 혁명할 수 있고 해야 한다는 무정부주의적 관점에 매우 근접해 있다.104) 또한 「선언」은 일제 식민지 지배의 본질이 '특권계급 지배', '경제약탈 제도', '사회적 불평균'의 조장, '노예적 문화사상'의 주입을 기제로 하는 강권·억압 통치인 것으로 파악하고, 그것의 전면적 부정과 파괴로써 '자유적 민중' '민중적

---

102) 신일철은 무정부주의, 특히 중국 무정부주의사상을 「선언」의 사상적 배경으로 파악했으며(앞의 글, 제3절), 신용하는 「선언」이 '민족주의 사상에 무정부주의 방법을 포용' 한 특성을 지녔다고 결론지었다(앞의 글, passim). 「선언」의 작성에는 의열단의 선전 책임자였던 류자명이 같이 참여하여 무정부주의자인 그의 의견이 많이 반영되었다고도 한다(무정부주의운동사 편찬위원회, 『한국아나키즘운동사 전편: 민족해방투쟁』, 형설출 판사 1978, 292면; 신용하, 「신채호의 '조선혁명선언' 논고」, 신용하 편, 『혁명론』, 문학 과지성사 1984, 161면).

103) 신채호는 중국의 무정부주의 잡지 『新世紀』에 번역되어 실린 바꾸닌(M.Bakunin)과 쁘루동(P.J.Proudhon)의 작품들도 읽었지만, 그보다는 주위의 무정부주의운동자들의 권 고로 읽게 된 크로뽀뜨낀(P.Kropotkin)의 저작들, 특히 그의 민중직접혁명론과 상호부 조론으로부터 가장 큰 영향을 받았다(金炯培, 「신채호의 무정부주의에 관한 일고찰」, 단재신채호선생 순국50주년 추모논총 『신채호의 사상과 민족독립운동』, 형설출판사 1986, 439~69면).

104) 신용하, 『신채호의 사회사상 연구』, 256면.

경제' '민중적 사회' '민중적 문화'를 창조하고 건설하는 것을 '이상적 조선' '신조선'의 미래로 전망하였다.[105]

이는 '파괴는 곧 건설'이며 그를 통하여 '억압과 강권'의 구세계로부터 '해방과 자유'의 신세계로 나아간다는, 전형적인 무정부주의적 어법과 논리구조와 상동성을 보인다. 뿐만 아니라 「선언」이 이족통치·강권통치의 현상 타파는 급격한 혁명적 과정, 암살·파괴·폭동을 불사하는 격렬한 폭력적 방법에 의해서만 가능하다고 주장한 것에서도 무정부주의 사상의 편린이 짙게 드러난다. 물론 의열단의 암살·파괴 노선은 광복회의 의협투쟁 정신과 방법의 계승으로 출현한 것이었지, 처음부터 무정부주의의 영향하에 또는 의식적으로 무정부주의자들의 운동방법을 채택하여 설정된 것은 아니었다. 그런데도 거기에 민중폭동 노선을 부가하면서 '혁명의 유일 무기'로서 '부절(不絶)하는 폭력'을 강조하게[106] 된 것은 '결과적으로'[107] 원래의 노선이 무정부주의 논리로 보강되고 정당화되고 있었다는 것을 의미한다.

따라서 「조선혁명선언」으로써 집약적으로 표현되고 그를 통하여 재정립된 의열단운동의 이념은 중층적이고 복합적인 구조의 것이었다. 식민지 통치로부터의 민족의 절대독립을 추구하는 민족주의를 기조로 한 가운데, 그 혁명적 지향에서는 공산주의 운동계열의 민족혁명 논리와 부분적인 합치를 보인다. 그런가 하면 민중직접혁명의 당위성과 가능성에 대한 전면적인 승인, 반강권–반노예화의 자유해방의 열렬한 추구, 폭렬투쟁의 실효성에 대한 절대적 신봉 등의 면에서는 무정부주의 이념요소와 운동논리가 적극적으로 도입·수용되고 있음이 확인된다. 그러므로 의열단의 경우에 '혁명적 민족주의' 이념은 무정부주의 이념과 공산주의 운동논리의 일정 부분을 포섭해내는, 매우 폭넓고도 개방적인 구조의 것이었다고 결론지을 수 있다.

이리하여 의열단운동의 이념적 지표는 창단시의 공약에 담긴 '정의의 사(事)' 또는 '조선의 독립과 세계의 평등'이라는 다소 막연하거나 포괄적인 수준의 것으로부터, 민중 주체의 민족혁명과 '민중적 경제·사회·문화의 건설'이라는 보다 구체적이고 특정적인 수준의 것으로 탈바꿈하여 재정립되었다.

---

105) 「조선혁명선언」, 앞의 책, 43~45면..
106) 「조선혁명선언」, 앞의 책, 45면.
107) 신용하, 『신채호의 사회사상 연구』, 239면.

의열단원들이 항시 최고의 이상으로 삼았다고 하는 '구축 왜노(倭奴), 광복
조국, 타파 계급, 평균 지권(地權)'의 4개 항[108]은 바로 위와 같은 지향을 간
결 평이하게 압축적으로 표현한 것이라 볼 수 있다.

운동방법과 노선도 '맹렬'이라는 추상적 표현을 버리고 명시적으로 암살·
파괴·폭동 형태의 폭렬투쟁으로 규정되었고, 민족의 완전한 독립을 위해서
는 폭렬투쟁만이 유효하고도 정당한 방법임이 논증되었다. 아울러 종래 애용
되어온 암살파괴 행동은 맹목적이고 자기만족적인 테러리즘으로가 아니라,
민족혁명을 완성시킬 민중폭동의 촉발을 직접적인 목표로 하여 행해져야 한
다는 것이 행동 지표로서 제시되었다.

1개월 여의 산고를 거쳐 완성된 선언문은 그 웅혼한 필치만으로도 단원들
을 감격시키기에 충분했으며, 즉시 팸플릿 형태로 인쇄되어 국민대표회의에
참석한 각 단체 대표에게 우선 배포되었다.[109] 그 효과는 즉각 나타나, 국내
에서 온 일부 대표는 귀국을 포기하고 단원으로 가입[110]하기까지 하였다. 선
언문은 각지 대표들의 손으로 또는 우편으로 중국을 비롯해서 노령과 미주,
국내 등지로 배포되었으며, 토오꾜오에는 일부러 단원을 잠입시켜 살포[111]하
기도 하였다. 거사를 위해 파견되는 단원들도 「선언」을 꼭 휴대하였다. 그래
서 선언문에 담긴 혁명이념과 논리, 그리고 의열단의 확고부동한 투쟁의지는
일반 독립운동자뿐만 아니라 일제 총독부 당국자들까지도 숙지하게 되었다.

「조선혁명선언」의 발포는 단원들의 사기와 자부심을 크게 앙양시키는 효
과를 낳았다. 그들은 의열단이야말로 민족혁명·민중혁명의 행로와 운명을
같이할 진정한 혁명단체이고, 자기들이야말로 일제 타도의 민족혁명운동에
헌신할 진정한 혁명가라는 강렬한 자부심을 갖게 되었다. 그들은 곧잘 「선
언」의 주지(主旨)를 원용하여 결사(決死)의 폭렬투쟁이 민족혁명의 유일무이
한 방법임을 역설하였고, 나아가 그러한 투쟁의 '대임(大任)'을 완수할 유일
한 대오라고 자신있게 주장했다. 1924년 초의 것으로 추정되는 김원봉의 다

---

108) 박태원, 앞의 책, 29면.
109) 『조선일보』 1923년 5월 1일자 참조.
110) 예컨대 文時煥(동아일보 부산지국 기자), 姜弘烈(普天教 청년회 대표), 柳佑國(국민당
    대표) 등을 그런 경우로 들 수 있다. 『고등경찰요사』, 279면; 국가보훈처, 『독립유공자
    공훈록』 제5권, 1988, 194면 참조.
111) 『조선일보』 1923년 5월 16일자 참조.

음과 같은 발언은 의열단의 운동노선을 단적으로 대변해주는 것이었다.

우리 동포가 조국광복운동을 개시한 이래 혹은 임시정부를 조직하고 혹은
광복군대를 조직하고 혹은 공산당과 제휴하고 혹은 국민대표회의를 개최하는
등 여러가지 궁책을 강구함이 이미 몇해인데 그간 무엇을 얻은 바가 있었는
가. 돌이켜보면 실로 이것은 선조와훤(蟬躁蛙喧, 매미와 개구리가 시끄럽게 운다
는 뜻―인용자)으로 모두 일시의 공소(空騷)에 그쳤다. 옛부터 혁명이란 것은
정규군 또는 공선전(空宣傳)에 의하여 그 목적을 달성하는 것이 아니고 모름
지기 결사(決死)의 사(士)와 폭탄의 위력을 기다리는 수밖에 다른 길이 없다
는 것은 모든 혁명적 역사가 증명하는 바로서, 상해 또는 만주지방에서 여하
히 망동하여도 도저히 우리들 목적에 일보를 나가게 할 수 있게 하는 것이 아
니다. … 조국을 위해 이 대임을 완수할 수 있는 자는 우리 의열단을 버리고
단연코 다른데서 이를 구할 수 없다. 동포는 다 명심해서 방도를 그르치지 말
일이다.112)

또한 1924년 1월에 작성 살포한 격문113)에서도 "영구 망멸(亡滅)의 함정
으로 향하는 … 운명에서 해방되려면 오직 폭력혁명밖에는 다시 길이 없다"
고 하여 폭력혁명이 민족생존의 유일한 방도임을 재역설하고, "완전한 자유
와 독립이 올 때까지 싸우자"며 자유독립의 쟁취를 위한 전의를 북돋고 있었
다.

한편 이즈음 국내의 한 논자는 의열단운동이 그 이념적 기반을 '과격 민족
주의'와 사회주의가 혼합된 형태에 두고 있다고 파악하고, 그것은 모름지기
조선의 특수한 사회성격에 부합하는 것이라고 평가하였다. 즉,

의열단의 진정신(眞精神)은 과격한 민족주의와 사회주의의 혼합운동으로
볼 수 있게 되었나니, 그들의 행한 사적(事蹟)과 법정에서 공술한 언론에 좇
아보면, 일본을 배척하는 점으로 보아서는 민족○○(독립―인용자)의 과격편
에 섰음이 분명하고, ○○(혁명―인용자)을 찬송하는 사상에 있어서는 ○○○

112) 국회도서관 편, 앞의 책, 485면.
113) 의열단, 「檄」, 『한국독립운동사연구』 제3집, 1989, 646~47면. 이 격문은 그 논조와 표
   현법으로 미루어 류자명이 작성한 것으로 추측된다.

○(사회혁명―인용자)을 실행하자는 내의(內意)가 확유(確有)한 듯하다. 그러
므로 동단의 사상방향으로 보면 민족주의와 사회주의를 병합한 행위라 할 수
있는데, 생각컨대 그들의 사고에는 조선은 조선 특수의 지위와 환경이 있으므
로 그 특수의 경우를 영합코자 함에는 양자를 병행치 아니하면 안될 것이라
간파한 점인 듯하다114)

는 것이었다.

이같은 판단과 평가는 1923년 3월의 '황옥경부 사건'에서 드러난 의열단
과 고려공산당과의 제휴 사실과 피검 단원들이 법정에서 행한 진술, 「조선혁
명선언」의 내용 등에 근거하여 복잡다단해 보이는 의열단운동의 이념을 나
름대로 조심스럽게 자림매김해보려고 한 시도였다고 볼 수 있다. 의열단 스
스로가 '단의 주의·목적은 조선독립'임을 천명115)한 바 있음과 무관하게, 이
논자는 의열단이 민족독립을 표방하는 '속뜻'은 사회혁명 내지 사회주의에
있는 것이 확실해보인다는 식으로 말하였다. 그렇게 본다면 '단원이 1,000명
을 헤아릴' 정도로 의열단의 조직세가 확대된 것은 '임시정부에 불만족하는
자'에 의해서인 만큼이나 '노농 노국(露國)의 후원을 믿기에 부족함을 간파한
자'들에 의한 것이기도 하다고 설파한 미국 첩보기관의 보고116)는 제논에 물
대기격의 해석에 지나지 않게 된다. 반면 「조선혁명선언」에서 개진된 '조선
혁명'론의 진의는 민족혁명의 완수를 강조하는 데 있었으며, 고려공산당과의
제휴와 소련정부 또는 코민테른과의 접촉 시도117)도 민족혁명운동의 진전을
위한 전술적 행동 이상의 의미는 없는 것이었다고 볼 수도 있다. 어느쪽의
판단이 옳고 그르냐를 확연히 나누어 판정할 만한 근거를 찾기는 어렵지만
어떻든 이 시기의 의열단이 급진 폭력 노선의 민족혁명운동을 일관되게 실
천하고자 한 혁명적 민족주의세력의 대표적 단체가 되고 있었다는 점만은
분명하다.

---

114) 필자 미상, 「계해와 갑자」, 『개벽』 43호(1924. 1), 6~7면.
115) 『조선일보』 1923년 7월 8일자 참조.
116) 국회도서관 편, 앞의 책, 444면 참조.
117) 이에 대해서는 아래 제3항에서 상술할 것임.

## 2. 조직세의 신장과 행동반경의 확대

그러면 「조선혁명선언」의 발포를 전후한 시점에, 이념적 기초의 구축 및 조직위상의 정립 과정과 병행하여, 의열단의 조직구조와 조직세는 어떠한 변화를 겪고 있었는지를 불확실한 관헌정보에 의거해서나마 대략 추적해보기로 한다.

1922년 말 현재 일제 경찰의 첩보보고에 따르면, 의열단은 실행 부서로 폭탄부와 단총부(短銃部)를 두고 있고, 단원은 20명으로 상해에 5명이 재류하고 있으며, 통신소는 북경 외교부 대가(大街)에 위치해 있었다.[118] '황옥사건' 후의 신문보도에서도 부서가 폭탄부와 권총부로 나뉘어 조직되어 있고 북경 외교부 대가에 통신연락부를 두고 있다거나,[119] 폭탄부·무기부·교통부로 부서조직이 되어 있다고 하여[120] 관헌첩보의 내용과 대체로 일치하였다. 여기서 말하는 '통신소' '통신연락부' '교통부'는 단 본부를 일컫는 듯한데, 1923년 상반기에는 상해에 단 본부가 있었다는 사실이 확인된다.[121]

의열단 지도부는 1922년 하반기와 1923년 초의 국내거사 계획이 연달아 실패한 원인을 점검한 끝에, 철저한 보안 유지책의 강구와 일원적 지휘계통의 확립이 긴요하다는 결론에 도달했던 듯하다. 1923년에 와서 기밀부와 실행부로 부서 재편이 이루어진 것이 그 점을 방증한다. 기밀부는 극소수의 간부급 내지는 참모진 단원으로 구성되어 거사 계획의 입안과 실행준비의 지휘, 대외교섭과 자금의 관리 등을 총괄하며, 실행부는 일반 단원들로 구성하여 이름 그대로 거사의 실행만을 전담하는 것이다.[122] 기밀부는 참모부라고도 불리웠는데, 1924년 2월 현재 참모부원은 김원봉 김상윤 한봉근 이종암

---

118) 조선총독부 경무국, 「大正11年朝鮮治安狀況: 國外」 제7권, 88면.
119) 『동아일보』 1923년 4월 14일자.
120) 『조선일보』 1923년 4월 14일자.
121) 국회도서관 편, 앞의 책, 441면, 442면; 독립운동사편찬위원회, 『독립운동사 자료집 제11집』, 143면 참조. 1923년에 상해에 상주하고 있던 단원은 강세우와 서상락, 이종암을 포함하여 약 2,30명 정도였다(伊藤武雄 外 編, 『現代史資料 31: 滿鐵 1』, 東京: みすゞ書房 1966, 575면; 『조선일보』 1923년 6월 9일자).
122) 독립운동사편찬위원회, 『독립운동사 자료집 제11집』, 137면.

윤자영(尹滋英)의 5명이었다. 실행부는 다시 만주반·국내반·일본반의 3개
반으로 나누어 공작을 분담하도록 했으며,123) 특별부서로 선전부를 따로 두
었던 것 같다.124) 일반 단원은 제1종·제2종 단원으로 구분하고 정단원·준단
원으로 별칭하기도 했던 것 같은데, 신입자를 충원할 때는 단원 2인 이상의
보증을 필수요건으로 하고 엄정한 자격 심사와 까다로운 시험을 거쳐 선발
하였다.125)

한편 김지섭의 소개로 1923년에 의열단원이 되어 약 3년간 활동한 바 있
는 이숙(李淑)은, 상해의 의열단들이 "한 방에 수십명이 버글거린" 정도로
집단생활을 하였던 것으로 회고하였다. 그러면서도 의열단은 "단원의 명부
가 있는 것도 아니고 단원이 지정되어 있는 것도 아니라 누구든지 신원이 분
명해서 스파이의 염려가 없었고, 조국애로 불타 보였으며, 신체와 의지가 건
전한 청년이면 서로들 상종할 수 있고, 침식도 같이할 수 있다. 다만 폭력을
실천에 옮길 의향이 있으면 지원에 의해 실행하고, 한편 동지들은 언제든지
만반의 준비를 제공하기로 되어 있다"고 하였다.126) 당시의 조선총독부 경무
국장도 본국 외무차관에 통보한 조사서에서 "보기에 따라서는 재중국 한인
독립운동자들은 거의 전부가 의열단원인 것같이 고찰되나, 또 일면으로 보면
김원봉 한 사람의 의열단이라고도 할 수 있"을 만큼 단원의 한계가 불명료
해보인다고 보고127)하고, "단의 진상을 아는 자는 김원봉 한 사람이며 보통
단원 따위는 자기가 담당한 일 이외에는 여하한 일도 알 수 없다 … 단원 상
호간에도 누가 단원인지 모르므로 단원 한 사람을 검거하더라도 나머지 내
용을 찰지(察知)하기가 극히 곤란하다"고 결론짓고 있었다.128) 이상의 일제
첩보보고, 신문보도, 회고 내용들을 종합해보면 의열단의 평소 조직구성 내
용은 외견상 매우 유동적이었으면서도 조직보안에 만전을 기하고, 거사행동
에 임해서는 철저한 기밀유지가 이루어지게끔 김원봉을 정점으로 하는 점조

---

123) 국회도서관 편, 앞의 책, 485면.
124) 『동아일보』 1924년 2월 15일자, 具汝淳의 법정 진술 참조.
125) 국사편찬위원회 편, 『한국독립운동사 자료 20』, 27면; 『중앙일보』 1983년 9월 26일자,
    유석현의 증언 참조.
126) 이숙, 『竹樌回顧錄』, 대구: 회람본, 1993, 171~72면.
127) 국회도서관 편, 앞의 책, 485면.
128) 같은 책, 486면.

직 형태로 운영되고 있었다는 것을 미루어 알 수 있다.

조직구성과 운영방식의 이러한 특징은 단원의 규모를 어림잡는 것조차도 여간 어렵지 않게 하여, 일제 첩보보고와 신문보도별로 파악된 숫자에 큰 차이를 보였다. 일단 보고·보도시점 순으로 그 주체를 명기해서 제시해보면 다음과 같다.

① 1923.10.27, 조선일보: 1923년 10월의 단원 위로연 참석 단원 160여 명.
② 1923.11.30, 조선총독부 경무국: 70여 명(한국인 30여 명, 중국인 청년 남녀 22명, 중국인 여학생 14명).[129]
③ 1924.1.9, 상해 프랑스조계 공무국 경무처: 30여 명.[130]
④ 1924.1.11, 조선총독부 경무국: 약 200여 명.[131]
⑤ 1924.6.1, 조선군 사령부: 150명, 그중 무장인원 80명.[132]

이처럼 적게는 30명, 많게는 200여 명으로 보고되고 있는 것이다. ②와 ④는 비슷한 시기, 동일 기관의 첩보보고이면서도 큰 차이를 보이는데, 한달 남짓한 기간 내에 130명 가량이 새로 입단했다고 보기는 어려우므로, 어느 한쪽은 신뢰할 수 없는 숫자라 할 것이다. 상식적으로 생각하면 나중 시점의 것이 앞 시점의 것을 암묵적으로 정정하는 것일 경우가 많으므로 ④가 실인원에 가까운 숫자였을 것 같다. 과소추계된 것으로 보이는 ③의 숫자는 아마도 상해 재주 인원만을 가리키는 것이었다고 추측된다. ①과 ⑤는 서로 근사치를 제시하고 있는 데다, ①은 취재보도 기사 가운데 한 부분이어서 가장 신뢰할 만한 숫자라고 하겠다. 따라서 1923년 가을에서 1924년 초 사이 무렵의 단원 규모는 약 150명 남짓한 수준이었던 것으로 추정되는데, 전년도 말의 20명 남짓한 규모에 비하면 짧은 기간에 실로 비약적인 발전을 본 것이었다.

「조선혁명선언」의 발포 이후, 의열단은 중국은 물론 러시아와 일본, 국내 각처에 단의 기관을 배치[133]하여 지역 거점을 확보하고 활동반경을 넓혀갔

---

129) 독립운동사편찬위원회, 『독립운동사 자료집 제11집』, 137면.
130) 국사편찬위원회 편, 『한국독립운동사 자료 20』, 26면.
131) 국회도서관 편, 앞의 책, 483면.
132) 조선군사령부, 『不逞鮮人ニ關スル基礎的研究』, 1924, 39면.

다. 1923년 상반기만 하더라도 러시아의 블라지보스또끄 방면,[134] 일본의 토오꾜오(東京)[135] 코오베(神戶)[136] 오오사까(大阪)[137] 요꼬하마(橫濱)[138] 등지로까지 단원을 파견하여 활동구역으로 삼고 있었다. 토오꾜오 방면에서의 거사를 위하여는 일본 무정부주의자 그룹과의 제휴를 시도했던 듯하고,[139] 일본으로 특파한 단원[140] 가운데는 일본인도 있었던 것으로 보인다.[141] 중국지역도 관내(關內)로만 국한하지 않고 만주는 물론[142] 대만(臺灣)[143]과 몽고[144]까지 활동권으로 하고 있었으며, 몽고에서는 지방단원 총회를 개최하기도 하였다.[145] 또한 길림에서 열린 '독립운동자 대표자회의'에 단의 고문인 김양하(金洋河)를 참석하도록 하였고, 길림 지방 김응섭(金應燮) 부대의 결사

---

133) 『조선일보』 1923년 7월 8일자.

134) 『조선일보』 1923년 4월 25일자 참조.

135) 국회도서관 편, 앞의 책, 442면 참조.

136) 『동아일보』 1923년 4월 17일자, 8월 2일자 참조.

137) 『동아일보』 1923년 4월 22일자 참조.

138) 『동아일보』 1923년 6월 2일자 참조.

139) 1923년 11월 30일자로 조선총독부 경무국장이 본국 내무성 警保局長 및 경시총감에게 극비사항으로 통보한 「의열단의 거사계획에 관한 건」에 다음과 같이 기록되어 있다. "… 의열단장 김원봉은 일본 무정부주의자인 大杉榮과 회견하고 시기는 불명하나 大杉榮이 유럽으로 가던 도중 상해에서 회견한 듯하다. 일본의 혁명과 조선의 독립을 동시에 감행하려고 협의했다. 김원봉은 일본의 그 주의자 및 水平社의 일부와 연락하여 비밀리에 이 준비를 진행하고 폭탄 및 독약을 벌써 일본으로 반입했다. … "(독립운동사편찬위원회, 『독립운동사 자료집』, 제11집, 135면). 또 1924년 2월 13일자로 조선총독부 경무국장이 본국 외무차관에게 통보한 「의열단에 관한 조사서」에 따르면, 1923년 1월경에 오오스끼 사까에(大杉榮)가 유럽 여행길에 중국에 들렀을 때 상해 또는 북경에서 김원봉이 그를 회견한 결과 쌍방의 의견이 일치하였는바, 오오스끼가 귀국한 후 의열단은 점차 일본 내의 연락기관을 얻어 토오꾜오 일원에서의 관공서 파괴 및 요인암살 계획을 세웠다고 한다(국회도서관 편, 앞의 책, 487면).

140) 1923년 7,8월경 미국계 첩보기관은 토오꾜오에 파견된 의열단원이 20명에 달하는 것으로 파악하고 있었다(국회도서관 편, 앞의 책, 444면).

141) 『동아일보』 1923년 4월 24일자, 「의열단관계 일인」 참조.

142) 伊藤武雄 외 편, 앞의 책, 573면; 『동아일보』 1923년 3월 17일자, 5월 1일자; 『조선일보』 1923년 6월 18일자, 6월 23일자 등 참조.

143) 『조선일보』 1923년 4월 15일자; 『동아일보』 1923년 4월 22일자 참조.

144) 姜德相·琴秉洞 編, 『現代史資料 6: 關東大震災ト朝鮮人』, みすず書房 1963, 557면; 『동아일보』 1923년 6월 19일자, 7월 17일자 참조.

145) 국회도서관 편, 앞의 책, 443면 참조.

대 조직에도 협력하고 있었다.[146]

이같이 종횡무진하는 의열단의 활약으로 일제는 자연히 경계심을 높이게
되었다. 그래서 북경 주재 일본 공사(公使)가 중국 군벌정권과 교섭을 벌여
의열단원의 활동 단속을 요구[147]한 결과, 봉천 성장(省長)이 단원의 체포를
명하는[148] 사태가 벌어졌다. 그런가 하면 일본인의 사주를 받은 세 명의 중
국인 테러리스트가 김원봉을 암살하려다가 사전에 발각되어 상해 공동조계
경찰에 검거된 일도 있었다.[149] 그러나 이러한 방해공작과 위협에도 위축되
지 않고 의열단은 급속히 신장된 조직세에 걸맞는 새로운 활동을 착착 준비
해갔다.


## 3. 광역 대규모 거사의 추진과 자금문제

1923년 하반기에 의열단은 여러 지역의 운동자 및 운동단체들과 다방면으
로 제휴하여 대규모의 광역 거사를 추진해갔다. '광역'이라 하는 이유는 만주
와 서울, 토오꾜오의 세 곳에서 시차를 두거나 동시다발적으로 거사를 일으키
려 했기 때문이다. 즉 북경[150]과 천진을 전진기지로 삼고 남만주지방에서의
시범거사 겸 양동작전을 서곡으로 하여 서울과 토오꾜오[151]에서 대규모의 암

---

146) 伊藤武雄 외 편, 앞의 책, 574면 참조. 김응섭은 단원 김지섭의 친형이었다.
147) 『동아일보』 1923년 4월 16일자 참조.
148) 『조선일보』 1923년 5월 1일자.
149) 구체적인 정황은 국사편찬위원회 편, 『한국독립운동사 자료 20』, 27면; 『조선일보』
    1923년 10월 6일자; 『독립신문』 1923년 12월 5일자 등 참조.
150) 대규모의 대일공격 거사계획의 추진을 위하여 1923년 가을경에 본부를 북경으로 재
    이전했다는 설도 있다. 독립운동사편찬위원회, 『독립운동사 자료집 제11집』, 137면, 141
    면 참조.
151) 일제 첩보보고에 따르면, 김원봉은 평소 다음과 같이 주장해왔다고 한다. "우리 단이
    노리는 곳은 동경·경성의 2개소로서, 우선 조선총독을 죽이기를 대대로 5,6명에 미치
    게 되면 반드시 그 후계자가 되려는 자가 없게 될 것이고, 동경 시민을 놀라게 함이 매
    년 2회에 달하면 한국독립 문제는 반드시 그들 사이에서 제창되어 결국은 일본 국민 스
    스로가 한국의 통치를 포기하게 될 것임은 명약관화한 일이다"(국회도서관 편, 앞의 책,
    485면). 또한 1923년 10월 12일의 단원 단합모임 석상에서도 장차의 활동방침 세 가지
    를 시달하였는데, 그중의 한 가지가 "진행사업은 일본과 국내를 목표로 하여 각 간부의

살파괴 활동을 전개한다는 계획이었다. 이전의 거사들이 거의 예외없이 총독부를 중심으로 한 국내의 일제 기관과 군·정 요인으로 그 표적이 한정되었던 것에 반하여, 이번에는 '천황'을 포함한 일본제국주의의 최상부 수뇌와 식민지 통치의 심장부를 겨냥했다는 점에서 확실히 일보 전진한 것이었다. 말하자면 「조선혁명선언」에서 교시 또는 예고된 바와 같은 민중폭동의 직전 단계 공작을 수행하려 한 것이다.

우선 남만주 거사는 일본 관동군(關東軍)이 배치되어 있고 친일 장작림(張作霖) 군벌정권이 관리하고 있는 안봉선(安奉線, 안동 - 봉천간) 철도의 파괴와 연변(沿邊) 교란을 목표로 하여 북경과 천진 쪽의 단원들을 중심으로 추진하였다. 7월 초순에 안봉선을 답사하여 경비 상황과 취약 지점을 확인하고 7명의 결사대를 조직했으며, 서간도의 통의부와 의군부(義軍府)에 연합행동을 제의하여 수락받는 등 실행준비를 했다는 것이 자료에서 확인된다.152)

다음으로 국내 거사를 위해서는 결사대원 16명을 투입하기로 하고 상해의 단원 6명에게 사격 훈련을 시켰으며, 강소성(江蘇省)의 의용단(義勇團)과 합동으로 각 5명씩의 암살대를 조직하였고, 9월 중순에 2명을 선발대로 입국시켰다.153) 국내 거사는 교단 조직을 통하여 국내와의 연락망을 유지하고 있던 재북경 천도교계(系) 독립운동자들과의 제휴하에 추진되었다. 망명 천도교도들의 중심 인물인 신숙은 예전부터 김원봉과는 각별한 우의를 나누던 사이였고, 교무(敎務)를 주관하는 최동오(崔東旿)는 의열단원이었다. 최동오는 전에 국내로 들어가서 교도들을 상대로 독립운동 자금 모금운동을 벌인 결과 국외 포덕비(布德費) 명목으로 송금을 받고 있었는데,154) 이 돈의 일부가 거사 추진비로 의열단에 지급되었을 가능성이 크다.155) 이와 병행하여 9

---

지휘하에 실행하는 동시에, 중국과 만주 등 각지에 있는 간악배는 추후 척결토록 하여, 중대사업에 방해가 안되도록 주의할 것"이었다(『조선일보』 1923년 10월 27일자).

152) 伊藤武雄 외 편, 앞의 책, 580면;『동아일보』 1923년 8월 7일자, 8월 22일자;『조선일보』 1923년 8월 9일자 참조. 그러나 이 계획이 실행에 옮겨졌는지, 실행되었다면 성공했는지의 여부는 확인되지 않는다.

153) 강덕상·금병동 편,『현대사자료 6』, 557면. 김원봉 이하 상해 재주 단원들은 9월 19일 밤 모처에서 회합하여, 태극기 아래 誓願式을 거행하고 김원봉이 독립선언서와 조선혁명선언을 낭독한 다음 거사계획을 밀의하였다 한다.

154) 신숙, 앞의 책, 64~65면.

155) 신숙이 1923년 9월과 10월에 연이어 김원봉과 밀의하였으며, 운동자금 3만원을 지급

월에 단원과 교도 3명씩을 국내로 합동 밀파하였으며,156) 서울에서 천도교 종리사(宗理師) 총회가 개최되던 12월에도 최동오 외 단원 3명을 밀파하였다.157)

한편 일본에서의 거사는 주요 시설물의 일제 폭파와 정부 요인의 대거 암살은 물론 '천황' 폭살까지 포함한 총공격의 형태로 10월 중에 실행하기로 계획하였다. 그를 위해 비밀리에 단원들을 파견해두는 한편, 박열(朴烈)을 중심으로 한 토오꾜오의 한인 무정부주의자 그룹과 공동행동하기로 밀약하여 폭탄 50개를 이송할 준비까지 해두었다.158) 그런데 9월 1일에 돌연 관동(關東) 대지진이 발생하더니 혼란의 와중에 무려 5천여 명에 달하는 한인이 조작된 '폭동음모'설의 제물로 학살되던 과정에서 토오꾜오 특파 단원 다수가 희생159)되었으며, 박열은 천황암살 모의 혐의로 체포되었다. 그와 동시에 준비해둔 폭탄 50개마저도 일경의 추적을 받아 상해에서 압수되고 말았다.160) 이로써 그동안의 준비가 무색하게 계획이 모두 원점으로 돌아가고 말았다.

그러나 의열단 간부진은 계획을 일부 수정하더라도 계속 추진하기로 결정하고, 거사 실행의 새 제휴자로 북만주에 본부를 두고 있던 적기단(赤旗團)을 택하였다. 적기단은 상해파 고려공산당계로 알려진 무장 비밀결사였는데,161) 이미 그해 초여름 무렵에 대일 특공거사의 합작을 의열단에 먼저 제

한 듯하다는 일제 정보보고가 있다. 강덕상·금병동 편, 『현대사자료 6』, 554면; 독립운동사편찬위원회『독립운동사 자료집 제11집』, 134면 참조.
156) 주 152번과 같음.
157) 조선군사령부, 앞의 책, 38면.
158)『동아일보』1923년 10월 16일자; 국회도서관 편, 앞의 책, 449~50면.
159) 주 152번과 같음.
160) 주 157번과 같음.
161) 적기단에 관해서는 따로 연구된 성과가 없고, 일제 관헌 첩보 중심의 1차자료들(예컨대 김정명 편, 『조선독립운동』제5권, 東京: 原書房 1967; 梶村秀樹·姜德相 編, 『現代史資料 29: 朝鮮 五』, 東京: みすず書房 1972; 조선군사령부, 앞의 책; 일본 외무성 편, 『조선공산당관계잡건』1;『고등경찰요사』; 국사편찬위원회 편, 『한국독립운동사』5; 김준엽·김창순,『한국공산주의운동사』제4권)에서도 그 성립 경위, 창단 시점과 창단지, 주근거지, 주도세력과 선행조직, 이념적 지향, 활동방향 등에 관한 서술이 서로 엇갈리고 있다. 그런 가운데도 이들 자료에 서술되어 있는 내용의 대체적인 요지는, 이 단체가 이동휘 등 고려공산당 상해파의 동향과 밀접히 연계되어 1923년 2월 상순에 북만주 寧安縣의 寧古塔에서 발족한 무장 비밀결사로서 '민족혁명과 사회혁명'의 기치를 내걸고 파괴·암살 및 친일분자 응징 등의 '게릴라전' 또는 '모험사업'을 주요 행동방침으로 삼았

의해온 바 있었다.162) 그후 몇차례의 교섭도 있었으나, '주의(主義)의 상위' 또는 '공산당과의 합작 실패 경험'(제2차 국내거사 계획의 실패를 말함)을 이유로 한 반대론이 강하여 승낙을 유보했는데,163) 관동 대지진 이후 재차 제의가 들어오자 마침내 수락한 것이다.164) 양단 합작에 의한 토오꾜오거사는 일본 황태자 히로히또(裕仁)의 결혼식 예정일을 전후한 1924년 1월경에 폭탄 300개를 가지고 단행하기로 하였다.

문제는 최소 3만원으로 예산되는 거사비용을 어떻게 조달하느냐 하는 것이었다. 당초 만·조·일 광역 대규모 거사를 계획하면서 의열단은 소련정부(또는 코민테른)로부터 소요자금을 지원받기를 기대하고 비밀 교섭을 시도했던 듯하다. 1923년 6월 29일 상해에서 개최된 단원총회 석상에서 "모국(某國) 정부와 교섭한 전말이 보고되었다"는 짤막한 취재 보도기사가 나온 적이 있는데,165) 그 '모국'이 다름아닌 소련을 가리키는 것이었음이 아래와 같은 일제 관헌 첩보보고로 확인되기 때문이다.

(의열단은─인용자) 북경 주재 러·중 교섭대표인 까라한과 교섭하여 러시아공산당으로부터 자금을 받기로 계획하고, 단원 이진(李辰)이 (1923년─인용자) 8월에 공산당의 원조를 구하러 이르쿠츠크로 가서 모종의 교섭을 하고 (1924년─인용자) 2월 하순에 돌아와, 목하 북경에서 각 방면의 공산당 러시아인과 악수하고 교섭함에 몰두하고 있다.166)

다는 것이다. 그런데 최근에 발굴 공개된 관계자료(최계립·홍파, 「적기단 略史」, 『한국독립운동사 자료집─홍범도편』, 한국정신문화연구원, 1995, 174~80면─필자는 각각 적기단의 단장과 부단장이었음)에 따르면, 적기단은 1923년 1월 10일 코민테른 동양선전부 위원 위델손의 지도 아래 해삼위(블라지보스또끄)의 신한촌 백산학교에서 조직총회를 가짐으로써 창립되어 조선공산당의 척후대 임무를 실행하기로 하고 남만과 북만, 동·남만 3개 지대에 사령부를 설치하여 파괴암살 위주의 무력투쟁과 함께 공산주의 선전 및 친일파 격퇴활동을 전개하였다고 한다.

162) 국회도서관 편, 앞의 책, 483면 참조.
163) '공산혁명을 표방하는 순전한 공산주의적 모험단체인 적기단'과 의열단은 아무 관계가 없음이 '믿을 만한 정보'에 의하여 확인되었다는 한 신문보도(『동아일보』 1923년 7월 5일자)는 이 유보상태에서 나온 것이었다.
164) 합작의 자세한 경과와 지체 원인에 관해서는 국회도서관 편, 앞의 책, 483면;『고등경찰요사』, 99면, 277면;『조선일보』 1923년 8월 18일자;『이종암전』, 187면 등을 참조.
165) 『조선일보』 1923년 7월 8일자.

또다른 일제 첩보보고에 의하면, 11월 21일의 재북경 단원 오찬회 석상에서도 김원봉은 "모스끄바에 파견되어 있는 단원(노농정부로부터의 지급금 수령자)이 근일 귀대할 것"임을 공언하였으며, 모스끄바로부터 소련인 한 사람이 북경으로 온 뒤에 거사를 실행하기로 되어 있었다고 한다.167)

그러나 의열단의 소련측과의 교섭에서는 뚜렷한 진전도 별다른 성과도 없었던 듯하다. 앞에서 인용한 첩보보고에 따르더라도 이르꾸쓰끄로 파견된 밀사는 이듬해 2월 하순에야 북경으로 귀환했고, 자금도 전달된 것 같지 않아 보이기 때문이다. 당시 소련은 일본의 시베리아 철군을 계기로 모처럼 대일관계를 호전시킬 기회를 맞고 있던 때였다. 따라서 의열단의 폭렬거사를 지원했다가 만에 하나라도 그 사실이 노출되어 일본을 공연히 자극하는 결과를 빚게 되지 않을까 매우 우려했을 것이다.

이리하여 기대했던 소련 쪽으로부터 실질적인 지원을 거의 얻지 못하게 되자 의열단은 거사자금을 자체 조달하기로 하였다. 위험을 무릅쓰고라도 국내 부호들로부터 기부금을 걷기로 방침을 바꾼 것이다. 이에 따라 기밀부에서는 단원 11명을 선발하여 신임장을 휴대시키고168) 속속 입국하도록 조치

---

166) 조선군사령부, 앞의 책, 28면.
　　까라한(L.Karakhan)이 中(북경정부)-蘇 국교 회복을 위한 교섭대표로 북경에 온 것은 1923년 9월 2일이었다(姜德相,「中國國民革命と呂運亨」,『季刊 三千里』49호, 1987, 168면). 그렇다면 의열단이 1923년 8월 이전에 까라한과 교섭했다는 위의 보고를 액면 그대로 믿기는 어려워 보인다. 그럼에도 여타의 방증자료로 미루어 보면, 비록 까라한이 아닌 다른 경로를 통해서일지라도 의열단이 소련정부나 코민테른과의 교섭을 시도했음은 사실이었던 것으로 판단된다.

167) 독립운동사편찬위원회,『독립운동사 자료집 제11집』, 137~38면.

168) 굳이 신임장을 발급한 것은 단원을 사칭하여 금전을 강취하는 사례가 비일비재하기(『독립신문』168호, 1923년 12월 26일자 참조) 때문이었다. 그런 일이 없도록 하기 위하여 의열단에서는 단의 명예를 더럽히는 협잡배가 포착되는 대로 엄벌할 것을 결의하였으며, 의열단원은 반드시 신임장을 가지고 있으니 가짜 단원에게 속지 말라는 성명서를 발표하기까지 하였다(『조선일보』1923년 7월 8일자, 9월 26일자). 신임장에는 묵필로 다음과 같이 적혀 있었다. "信任狀. ○ ○ ○. 右人을 本團 特派員으로 定함. 四千二百五十六年 十月　日. 義烈團 機密部 (團印)"(독립기념관 소장 김지섭의 유품에 의함).

　　또한 기부금 징수 대상자에게는 다음과 같은 通文을 제시하거나 미리 발송하도록 하였다: "우리가 異族專制의 强盜政治下에서 民族的 滅亡의 慘禍를 免하자면 오즉 急激히 革命을 進行할 것뿐이라. 祖上의 뼈가 朝鮮의 흙에 뭇치고 子孫의 將來를 朝鮮의 前途에 맛기는 者로써 誰가 이 大義를 沒覺하리요. 이에 革命의 進行에 必要한 經濟問題

하였다. 그러나 특파단원들은 입국 직후 일경에 체포되었거나,[169] 피체를 면하고 은신하며 모금에 나섰더라도 부호층의 비협조로 실적이 극히 부진하였다. 이로 인해 토오꾜오거사도 국내 폭동유발작전도 예정기일 내의 실행은 거의 무망(無望)해지고 말았다. 그러던 중 최고령 단원인 김지섭이 단신 토오꾜오로 밀항하여, 1924년 1월 5일 황궁 폭파를 위해 궁성으로의 진입을 시도하다 저지당하자 그 정문인 니주바시(二重橋)에 폭탄 세 발을 던졌는데, 폭탄은 습기로 녹이 슬어 불발하고 말았다.[170] 이 거사는 일제에 큰 충격을 주는 한편 단의 의기를 거양시키는 효과를 가져왔으나, 원래의 계획인 대규모 일제(一齊) 거사와는 거리가 있었다.

이처럼 자금난에 부딪쳐 난항을 겪으면서도 의열단은 토오꾜오에서의 암살파괴 거사와 국내 '폭동계획'을 쉽게 포기하지 않아 1924년에 들어서도 꾸준히 추진하였다. 이를테면 실행부 간부 김옥(金鈺, 金相潤)과 부원 2명으로 결사대를 구성하여 3월 하순에 일본으로 잠입시켜 5월 총선거 및 임시의회 개회를 기한 거사를 준비하도록 하였고,[171] 6월에도 통의부와의 합작에 의한 일본 내 거사를 추진하였다.[172] 그런가 하면 11월 말에는, 의열단이 한달 전에 만주 길림성 돈화현(敦化縣)의 태백채(太白寨)로 본부를 옮기고 대대적인 암살파괴 거사를 위해 결사대원 30여 명을 국내로 잠입시켰다는 기사가

---

에 대하야 貴下의 뜨거운 誠意의 表示가 잇기를 바라오니 이를 稱託拒絶한다면 우리는 斷乎한 手段을 取하겟슴. 四千二百十年  月. 義烈團 機密部. ○ ○ ○ 貴下"(독립기념관 소장 등사본에 의함. 연도 표기가 '四千二百五十六年'(1923년)이어야 할 것이 잘못 인쇄된 것으로 보인다).

169) 피체 단원들은 당연히 거사계획 전부가 아닌, 국내에서의 모금활동 계획만을 진술하였기 때문에, 일제 경찰은 이 사건을 '의열단의 자금모집사건'으로 묶어 처리했다(『고등경찰요사』, 276~80면). 반면에 박태원, 앞의 책, 163~66면에서는 이 사건을 '제3차 폭동계획'에 포함시켜 서술하였다.

170) 1885년 경북 안동 출신인 김지섭은 보통학교 교원, 지방재판소 서기 겸 통역, 법률사무소 직원의 이력을 갖고 3·1운동 참여 후에 중국으로 탈출하였다. 상해에서 고려공산당에 입당한 뒤 1922년 여름에 김시현과 함께 의열단에 가입하였으며, 극동인민대표대회에도 참석한 바 있다(『고등경찰요사』, 228면; 송상도, 앞의 책, 「金祉燮」條). 나이 사십에 투탄거사를 감행한 그는 피검 후 법정에서도 당당한 언설로 일제의 식민정책을 규탄하였고, 무기형을 선고받아 복역중 병사하였다.

171) 조선군사령부, 앞의 책, 29면.

172) 『조선일보』 1924년 6월 18일자.

도하 각 신문에 일제히 실려, 총독부 당국이 이를 모두 압수한 일도 있었다.[173] 또한 1924년 말~1925년 초에도, 일·소 국교 재개에 즈음하여 의열단원들이 일본에서의 거사를 위해 잠행하고 있다는 보도가 여러 차례 나오곤 했다.[174]

그렇다 하더라도 이들 거사계획은 대체로 추진단계에서 번번이 좌절되어, 어떤 가시적 결과를 낳았다는 표지나 흔적은 찾기가 어렵다. 자금난이라는 벽을 뚫고 나가기가 그만큼 어려웠고, '비합법' 폭력투쟁이 설 자리가 그만큼 좁아졌던 것이다. 조직세의 괄목할 만한 성장과 부단한 활동의지에도 의열단운동이 진전을 보는 데 특히 걸림돌이 되었던 것은 만성적인 자금부족 문제였다.

상시 가동되면서 갈수록 치밀하고 엄중해지는 일경의 감시망에다가 부호층의 비협조와 기피까지 겹쳐 국내에서의 모연(募捐)은 점점 기대하기 어려워져갔다. 다소 모금이 된다 하더라도 그 액수는 실로 미미한 것이었다. 임시정부도 의열단보다 사정이 나은 점이 별로 없었으며, 재중 한인 동포들의 기부는 그들 자신의 생계유지조차가 어려웠으므로 더더욱 기대하기 어려웠다. 극동지역 민족해방운동의 강력하고도 믿음직한 원군임을 자처하던 소련정부도 점차 모호한 태도를 내보이고 있었다. 일본의 시베리아 철군을 계기로 대일관계의 개선에 부심하던 소련정부는 한인 독립운동자와 단체들에 대한 지원을 회피하거나 심지어 부당한 조처를 행하는 경우까지 종종 생겨났다.[175] 그러므로 소련측으로부터 직접적인 물적 지원을 얻기를 기대하기란 점점 어려워져갔다.

---

173) 『동아일보』·『조선일보』·『시대일보』1923년 11월 29일자, 12월 2일자; 조선총독부 경무국, 『諺文新聞差押記事輯錄 (東亞日報)』, 1932, 219면; 同, 『(朝鮮日報)』, 167면; 同, 『(時代日報·中外日報)』, 74면.

174) 현룡순, 「의렬단의 반일운동」, 중국조선민족발자취총서 편집위원회 편, 『봉화』, 北京: 민족출판사 1989, 518면 참조.

175) 1923년 대련(大連)에서 열린 시베리아철병회의에서 일본은 소련 영내 한인 무장부대의 해산을 철병의 조건으로 제시했는데, 이것이 일부 수락됨으로써 노령의 한국독립군 부대들은 소련의 요구대로 이르꾸쯔끄 以東 지역으로 이동해야 했고, 중국 영내로의 越境을 시도한 부대들도 무장해제되고 말았다. 이리하여 남·북 만주와 시베리아를 근거지로 한 독립군의 항일무장투쟁은 침체를 면치 못하게 되었다. 金弘壹, 「중일전쟁과 임정」, 『사상계』, 1965년 5월호, 234면.

이제 난국 타개를 위하여 접근해볼 수 있을 상대로는 중국의 북경정부와
광동의 국민당정부 두 군데만 남아 있었다. 이 무렵 중국의 정정(政情)은 군
벌의 할거와 더불어 각 군벌세력의 부침(浮沈)이 영·프·미·일 등 제국주의
각국의 이해관계와 복잡하게 얽혀 있는 데다, 북경정부의 정권을 장악하고
있었던 직예파(直隸派) 군벌과 광동의 국민당정부 사이에도 첨예한 대립관
계가 조성되어 있었다. 직예파의 거두 오패부(吳佩孚)는 환파(皖派) 군벌인
단기서(段祺瑞)를 1920년의 직환전쟁에서 제압하여 북경정부의 실권을 장악
하고 이어서 봉계(奉系) 군벌 장작림을 1922년의 제1차 봉직전쟁에서 격퇴
시켰는데, 그 이면에는 영·미 대 일본의 각축이 작용하고 있었다. 즉 영·미
의 강력한 지원을 받고 있던 오패부의 집권은 잠정적이나마 일본에 대한 영
·미 세력의 승리를 의미하는 것이었다.176) 그래서 박용만 같은 이는 1925년
경에 직예파 군벌과 미국의 도움으로 만주에 조선족의 완충국을 건설할 계
획을 추진하기도 했던 것이다.177) 반면 북경을 본거지로 하고 있었는데도 의
열단의 수뇌부는 북경정부가 아니라 광동의 신생 국민당정부 쪽으로 접근해
갔다.

## 4. 중국국민당과의 연대 형성 시도

손문이 영도하는 중국국민당은 1922년경부터 '국민혁명'의 이념 아래 군
벌타도와 전국통일의 기치를 내걸고 지지 지원 세력을 규합해갔으며, 대외적
으로는 '반제'의 이념으로 이해(利害)가 일치하는 소련에 접근하여 1923년 1
월 손문-요페(A. Joffe) 공동선언을 발하였다. 곧이어 2월에 제3차 광동군
정부(軍政府)의 수립을 선포한 국민당은 '연소(連蘇)' 방침을 공표함으로써
소련의 직접적인 지원을 유도하였다. 그 결과 10월에 소련정부 대표 보로딘
(M. Borodin)이 광주로 파견되어 손문의 정치고문으로 취임하였다. 이어

176) 1920년대 전반기 중국 군벌의 상호쟁투 과정에 대해서는 신승하, 「민국초 군벌과 한
　　국독립운동」, 국사편찬위원회 편, 『한민족독립운동사 6: 열강과 한국독립운동』, 1989 참
　　조.
177) 방선주, 앞의 글, 128면.

1924년 1월 국민당은 제1차 전국대표대회를 개최하여 조직개편 작업에 착수함과 아울러 반제·반봉건을 주지로 하는 대회선언을 발표하고 연소·용공·농공부조의 3대 정책을 결정하였다. 김원봉을 위시한 의열단 지휘부가 국민당정부 쪽으로 눈을 돌린 것은 아마 이런 점들에 주목한 때문이었을 것이다.[178]

김원봉이 국민당 제1차 전국대표대회를 참관하고 손문을 면담하였다는 증언도 나와 있기는[179] 하나, 일제 관헌자료에 최초로 언급된 바 그의 광주행은 1924년 4월 중순경이다. 주목되는 점은 이때 그가 소련 대표 에쁘이노프의 광주 도착을 기다리면서 료중개(廖仲愷)와 담평산(譚平山)을 차례로 방문하였다[180]는 것이다. 료중개는 손문의 최측근이자 국민당 좌파[181]의 지도자로 국공합작의 전과정을 주도하고 대소(對蘇) 교섭을 전담하다시피 하는 한편, 당 공인부장(工人部長), 정부 재정부장, 광동 성장(省長) 등도 겸직하고 있는 당내 실력자였다.[182] 또한 담평산은 중공당원이면서 국민당에 입당하여 중앙조직부장을 맡고 있었다. 이들을 만난 김원봉이 한국독립운동을 국민당이 적극 지원해주어야 할 필요와 당위성을 원칙론적 수준에서라도 역설했을 것임은 물론이거니와, 한걸음 더 나아가 의열단에 대한 당장의 자금 지원을 요청했을 개연성도 크다.[183] 어쩌면 그 이상으로 그들을 중간다리삼아 재

---

178) 이 무렵 북만의 독립군 운동자들도 남방으로부터 국민혁명운동의 재출범과 혁명군 양성을 위한 군관학교 설립의 소식이 들려오자 길림성 뚠화현에서 회의를 열어, 장래 항일투쟁의 근거 확보라는 전망에서 중국의 혁명운동과 북벌에 동참하기로 하고 關內로 진출할 것을 결의하였다(김홍일, 앞의 글, 235~36면).

179)「金勝坤 증언」, 李炫熙 대담·편집,『한국독립운동 증언자료집』, 한국정신문화연구원 1986, 43면.

180) 국회도서관 편, 앞의 책, 475면. 이 일제 정보보고에는 譚平山이 '譚炳山'으로 잘못 표기되어 있다.

181) 국민당 좌우파의 구분은 1923년 말에 보이찐스끼가 소련 및 중국공산당에 대한 협력 용의의 정도, 즉 국공합작에 대한 태도를 기준으로 국민당 인사들을 두 파로 분화시킬 책략을 제안한 데서 기원한 것으로 간주되고 있다. 1924년의 당 1전대회 이후로는 군벌·제국주의·민중운동·반혁명분자·토호열신에 대한 태도라는 기준이 추가되었다 한다(李炳柱,「중국국민당 좌·우파의 혁명관 비교」, 閔斗基 外,『중국국민혁명의 분석적 연구』, 지식산업사 1985, 69면).

182) 이병주, 같은 글, 85~86면; 裵京漢,「황포군관학교에 있어서의 국공간의 합작과 대립」, 민두기 외, 앞의 책, 135~36면; 羅弦洙,「제1차 국공합작과 북벌」, 서울대학교 동양학연구실 편,『강좌 중국사 Ⅶ: 신질서의 모색』, 지식산업사 1989, 59면.

광주 소련 고문단과의 접촉을 시도했을 수도 있다. 앞서 의열단의 파소(派蘇) 밀사인 이진이 빈손으로 북경으로 귀환한 시점이 2월이었음을 상기해보면, 김원봉이 광주로 내려가 국민당 '좌파' 요인과 만난 것은 이진을 통한 소련측의 권고가 있었거나[184] 아니면 소련측이 파광(派廣) 고문단→중국국민당 좌파를 경유하여 간접적으로 원조하겠다는 언질을 주었기 때문일 수도 있다.

김원봉의 광주 방문 직후인 4월 20일, 의열단은 지방 특파원들과 외국인 단원들을 포함해 약 40명이 참석한 확대간부회의를 천진에서 가진 데[185] 이어 5월 초에도 광주에서 간부회의를 열었다. 그런데 거기서의 주된 의제는 '자금 조달' '남중국에서의 단의 선전' '공산주의자에 대한 태도' 등이었다.[186] 구체적인 논의 내용과 결론은 확인되지 않으나, 어떻든 이 무렵 의열단 지도부의 초미의 관심사요 현안 문제가 무엇이었는지는 충분히 짐작해볼 수 있다.

그러나 광주행이 자금문제를 즉각 해결해준 것은 아니다.[187] 아직은 일본의 시선으로부터 자유롭지 못했던 국민당측은 당장에 물질적 원조까지 해주는 모험은 피하려고 했던 것 같다.[188] 대신 일부 단원의 국민당군 배속[189]이

---

183) 일본 관동군 참모부의 1924년 5월 2일자 短信 보고에도, 김원봉이 광동에 가서 국민당 공산파에게 자금공급을 교섭중이라는 내용이 들어 있다. 伊藤武雄 외 편, 『현대사자료』 32, 567면 참조.

184) 여운형이 중국 국민혁명운동에 참가하게 된 계기도 북경 주재 소련대사이던 까라한의 권유를 받아들여서였다 한다. 즉, 1925년 봄 여운형과의 대좌시에 까라한은 중국혁명이 성공하면 조선문제도 자연 해결될 것이라면서 우선 중국혁명운동에 조력할 것을 권고하였고 여운형은 이에 응하였다는 것이다. 박찬승, 앞의 글, 86~88면.

185) 『조선일보』 1924년 5월 6일자(천진發 기사); 조선총독부 경무국, 『언문신문차압기사집록 (조선일보)』, 110면.

186) 국회도서관 편, 앞의 책, 476면.

187) 김원봉이 중국인으로부터 권총 100정을 구입하기로 계약했다가 대금을 마련하지 못하여 계약을 취소한 듯하다는 재광동 일본총영사의 정보보고(국회도서관 편, 앞의 책, 469면)로도, 의열단의 재정상태가 별로 호전되지 않았음을 엿볼 수 있다.

188) 국회도서관 편, 앞의 책, 476면의 廣州市政廳 공안국장 吳鐵城의 4월 15일자 발언 내용 참조. 당시 吳는 경찰력을 배경으로 광주시의 재정수입을 증대시키는 역할을 맡고 있었다(나현수, 「국민혁명의 재정적 기반」, 민두기 외, 앞의 책, 157면).

189) 재광동 일본총영사의 6월 중 정보보고(국회도서관 편, 앞의 책, 476면)에, 광동에 와 있는 의열단원 중 10명 이상의 인원이 중국군 각 부대에 분속해 있다는 내용이 들어 있

나 황포군관학교 입교 주선의 용의를 표명하는[190] 등 간접적 지원의 방안을 제시했던 것이 아닌가 싶다. 그리고 의열단은 일단 이런 방안이나마 긍정적으로 검토했을 것이다.

그러던 중 1924년 9월에 직예파와 반직예파 간의 제2차 봉직전쟁이 발발하였고, 이 기회에 손문은 오패부 타도를 위해 북벌 개시를 정식 선언하였다. 개전 직후인 10월에 오패부 휘하의 풍옥상(馮玉祥)은 장작림·손문과 연통하여 쿠데타를 일으켜 오패부를 실각시켰고, 이로써 손문의 정치적 입지와 영향력이 강화될 기미가 뚜렷해졌다. 오패부의 북경정부가 아닌 손문의 국민당 정부를 제휴 상대로 택했던 의열단은 이를 향후 활동의 길조로 해석하고 크게 고무되었을 것이다.

그런데 이 무렵 엉뚱하게도 의열단이 오패부 편에 서서 그를 돕는다는 풍설이 국내 신문보도를 통하여 나돈 적이 있었다. 이에 대해 김원봉은 그것이 전혀 사실무근임을 해명[191]하고, '혁명단체'인 의열단은 당연히 '중국의 혁명

---

다.

190) 료중개가 이 당시 손문을 대리하여, 1924년 5월에 개교를 보게 되는 황포군관학교 설립주비위원회 위원장직을 맡고 있었음에서(中國人民政治協商會議 廣東省 廣州市委員會 文史資料研究委員會 編, 『廣州百年大事記』, 廣東人民出版社 1984, 291면), 그런 제의가 있었을 가능성이 짙어보인다.

191) 이런 풍설은 아마도 의열단원인 崔用德과 徐曰甫가 직예군의 공군에 복무하면서 제2차 봉직전쟁에 참전한 사실이 국내에 알려지면서 떠돈 것 같다. 최용덕은 1922년 독립운동자금 모금을 위한 국내거사 계획을 김원봉과 공동지휘했을 만큼 단의 핵심 간부였는데, 1923년에 북경 소재 단기서 군벌의 육군항공학교를 졸업하고 오패부 군대에 복무하던 중 제2차 봉직전쟁에 참전하였던 것이다. 서왈보 역시 1923년 1월 북경 육군항공학교를 졸업하고 교관으로 근무하던 중 제2차 봉직전쟁에 참전하였다.

한편 중국 각지 군벌정권 군사학교에 특별회원을 파견하여 입교시킨다는 韓國勞兵會의 계획에 따라 오패부가 경영하던 洛陽學兵團(洛陽講武學校)에 蔡元凱와 崔天浩, 朴熙坤이 1923년 6월에 입교하였고, 그후로도 1924년 초에 이르기까지 재만 대한독립단의 朴泰烈 외 50여 명이 낙양강무학교에 입학하였다. 통의부 같은 재만 독립군 단체들도 오로지 친일군벌 장작림에 대한 적대감에서 1·2차 봉직전쟁 때 일관되게 오패부軍에 대한 지지 입장을 견지·표명하였다(韓相燾, 「중국군벌정권 군사학교와 한국독립운동」, 『수촌 박영석교수화갑기념 한민족독립운동사논총』, 탐구당 1992, 931면, 936면, 943면, 946면). 반면에 여운형 같은 이는 일찍부터 오패부 휘하의 韓籍 군인들에게, 오패부는 성공 못할 것이니 남방 혁명군으로 옮기라고 권유하곤 하였다(李萬珪, 『여운형선생 투쟁사』, 민주문화사 1946, 91면). 이렇듯 북방 군벌군에 가담하느냐 남방 혁명군에 가담하느냐가 당시 재중 한인 운동계의 중요한 관심사이자 논쟁거리였고, 또 그만큼 어려운

당인 국민당'을 지지하고 있다는 것을 기자회견을 통하여 다음과 같이 천명하였다.

　　작년(1924년—인용자) 소[江蘇]절[浙江]봉직전쟁이 났을 때에 의열단이 오패부를 돕는다는 풍설이 있었는데, 오패부를 돕는다는 말은 오패부의 적인 국민당과 장작림의 적의를 사게 되는 것입니다. 사실로 당시에 동삼성(東三省)에 있는 우리 사람(의열단원—인용자)으로 조선인이 오패부를 돕는다는 ○○(왜놈—인용자)의 중상으로 무수한 곤란을 겪었으며, 남방에 있는 우리 사람으로 국민당의 오해를 받은 일이 있었습니다. 우리는 남의 내쟁(內爭)에 가담할 여가도 없었거니와, 국민당의 손중산(孫中山, 손문)과 직예파의 오패부를 비교하더라도 어찌 중국의 혁명당인 국민당에 이해(利害)없는 반항을 하기 위하야 ○○(혁명—인용자)단체로서 오패부를 돕는 그런 경솔한 일이야 할 리가 있겠습니까.192)

　　여기서 김원봉은 의열단이 군벌정권과 상종할 생각은 아예 없었을 뿐만 아니라 국민당을 혁명 수행의 연대자요 동지로 간주한다는 뜻을 강하게 내비치고 있다. 국민당과의 관계를 통하여 한·중 '혁명단체'간의 국제적 연대를 추구한다는 뜻이기도 했다. 실제로 1924년부터 조금씩 다져진 국민당과의 연대 관계, 그리고 광주라는 새로운 활동무대는, 의열단이 돌연 1924년 말부터 처하게 되는 퇴세(退勢)의 국면을 짧은 시간 안에 마무리짓고서 1926년부터 제2의 도약을 하는 발판이 되어준다.

---

선택지가 되고 있었던 것이다.
192) 『동아일보』 1925년 2월 21일자.

## 제4절  노선 변환과 암살파괴운동의 종결

### 1. 노선 분기와 조직 균열의 징후

앞의 2·3절에서도 지적한 바와 같이, 의열단의 조직구성은 1922년경부터 이질적 요소들의 혼합-병존체적 특징을 보여갔다. 원래는 순수하게 민족주의 이념만을 포지한 운동자들의 전투적 조직체로 출범했는데, 무정부주의 독립운동자와 고려공산당 계열의 사회주의 민족운동자가 대거 가입해옴으로써 그와같은 특징을 띠게 된 것이다.

처음 얼마 동안 이들 세 부류의 조직요소는 큰 마찰 없이 잘 융합하였다. 조직규모가 그다지 확대되기 이전에는 단원들간의 개인적인 접촉-연결망이 골고루 긴밀하게 유지될 수 있었고, 그러한 한에서는 '의백'을 수장(首長)으로 하는 준(準)근친집단적 공동운명 의식과 조직애가 출신계열에의 소속감과 충성심을 압도하기에 충분했다. 「조선혁명선언」에서 제시된 '민족민중혁명'의 이념적 지표가 원(原)소속 계열의 상이성과 그에 따른 이념적 지향의 차이점을 덮어버리고 아우르는 새로운 구심축이 되고 있었다.[193]

그런데 1923년 하반기에 광역 대규모 거사를 추진하면서부터, 더욱 뚜렷하게는 1924년으로 들어서면서, 다(多)계보 조직임에 기인한 행동방침상의 이견들이 노출되기 시작하고, 마침내 노선 분기(分岐)와 더불어 조직 균열까지 빚어지게 된다. 그 발단은 조직노선과 대외(특히 대소)관계 노선을 둘러싼 고려공산당 계열 단원들과 무정부주의자 단원들 간의 의견대립이었던 것으로 추정된다. 이 대립 국면에서 창단주체 중심의 민족주의자 단원들은 개인

---

193) 그러나 이렇게 말한다고 해서, 각 계열별로 선언문의 주지를 약간씩 달리 해석했을 여지나 강조점의 차이를 배제하려는 것은 아니다. 예컨대 순수 민족주의자 단원은 불퇴전의 무장폭력투쟁에 의한 '강도 일본'의 응징과 구축에, 고려공산당 계열 단원은 사회혁명의 전단계 과업으로서 '민족혁명'의 달성에, 무정부주의자 단원은 암살·파괴·폭동방법에 의한 민중혁명과 그 결과로서의 민중해방 및 자유의 성취에 각기 강조점을 달리 두어 해석하면서 그 측면을 부각시키고자 했을 가능성이 높다.

적 성향에 따라 어느 한쪽을 지지하거나 아니면 중립을 지키면서 중재에 애
쓰는 입장으로 나뉘었던 것으로 보인다.

큰 맥락에서 보면 이것은 1923년경부터 표면화하기 시작한 민족운동의
이념적 분화와 궤를 같이한 것이었다. 다만 의열단이 그 분화의 형세에 유독
민감하게 반응하는 것처럼 보이게 된 것은 앞에서 언급했다시피 조직구성상
의 특성에 기인한 점이 컸다. 이제 그 균열이 발생하고 확대되어간 경위와
과정을 구체적으로 살펴보도록 하겠다.

의열단 내 노선 분기의 최초 징후는 1923년 여름, 적기단과의 합작문제를
둘러싼 찬반의 의견대립에서 나타났다. 이종암 등 일부 중견단원들은 예전의
경험으로 보아 합작행동은 위험성만 높이고 실효를 거둘 수 없다고 반대하
였다.[194] 류자명 등의 무정부주의자 단원들도 적기단의 모조직(母組織)인 고
려공산당이 코민테른에 종속되었다는 이유로 '주의의 상위'를 내세워 반대한
것으로 보인다. 반면 김원봉은 신속하고 규모있게 거사를 하려면 합작하는
것이 좋다는 입장이었고, 윤자영[195] 등 고려공산당계 단원들이야 두말할 필
요도 없이 합작을 강력히 주장했을 것이다.

갑론을박 끝에 결론은 합작한다는 쪽으로 내려졌고, 적기단측과도 공식
합의를 보았다. 그러나 합작은 용두사미의 결과를 낳고 말았다. 앞 절에서
논급한 바와 같이 거사에 필요한 최소액의 자금조차도 조달하지 못한 것이
직접적인 원인이었으며, 그 원인(遠因)은 소련정부와의 교섭이 지지부진한
것에 있었다. 애초 소련정부와의 교섭 발의자는 고려공산당계 단원들이었을

---

194) 『이종암전』, 187면. 그 결과 의열단은 합작 거부를 최종 결론으로 택했다고 이 책에
는 서술되어 있는데, 이는 앞서도 보았듯이 사실과 어긋난다.
195) 윤자영(이명 尹石漢, 별호 不可殺)은 화려한 경력(1920년 – 사회혁명당 간부, 조선청년
연합회 임원, 1921년 – 서울청년회 간부, 상해파 고려공산당 창당간부, 1922년 – 웨르흐네
우진스끄에서의 고려공산당 양파연합대회 상해파 대표, 코민테른 동양비서부 꼬르뷰로
집행위원)만큼이나 상해파 고려공산당의 이동휘에 버금가는 위치의 인물이 되고 있었
다. 국민대표회의 때는 경상북도 대표로 참석하여 개조파의 선봉에 서서 3개항의 시국
결의안을 제출하였는바, 그것이 정식으로 채택됨으로써 영향력을 과시하였다. 1924년 2
월 현재 창립단원들과 어깨를 나란히 하여 5인 참모부(기밀부)의 일원이 되고 있었을
만큼 의열단 내에서도 확고한 지위를 누리는 핵심 간부였다(국회도서관 편, 앞의 책,
485면, 504면, 536면; 김준엽·김창순, 『한국공산주의운동사』 제1권, 384면, 396~404면;
『한국공산주의운동사』 제2권, 44면; 『한국공산주의운동사』 제5권, 298면; 이균영, 「김철
수 연구」, 248면, 261면, 268면; 김방, 「이동휘 연구」, 82면 참조).

것이며, 성사 여부의 결과에 대한 책임까지 지고 그들 중심으로 교섭했던 것으로 보인다. 그런데 교섭의 성과는 전혀 기대에 미치지 못했고, 이는 다시 토오꾜오거사 계획의 실행을 마냥 연기할 수밖에 없는 결과로 이어졌다. 결국 대소 교섭과 적기단과의 합작거사를 주창했던 쪽은 설령 명시적인 책임 추궁과 공박이 없었을지라도 분명 단내 입지가 크게 위축되었을 것이다.

단원이면서 고려공산당원이기도 한 김지섭이 1924년 벽두에 일본 황궁 정문 투탄거사를 결행한 것은 이런 배경에서였다. 김지섭의 토오꾜오행 밀항은 윤자영의 주선에 의해 일본인 사회주의자의 조력으로 성사되었으며, 그의 단신 토오꾜오행도 간부진 내에서 충분한 의견 조율이 되지 않은 상태에서 일종의 돌출행동처럼 이루어졌다는 일제 첩보보고가 있다.196) 또한 이 거사는 그 표면적 효과를 떠나 일경의 경계·검속망을 더욱 강화시키는 부작용을 낳음으로써 단의 추진사업이던 토오꾜오에서의 대암살파괴 계획이 차질을 빚는 한 요인이 되었다. 그러므로 김지섭 의거의 진행과정과 그 결과에 대한 평가문제를 놓고 또 한차례 단내 의견대립과 불화가 야기되면서 고려공산당 계열 단원들은 더욱 궁지에 몰렸을 가능성이 높다.

이러한 사태 추이의 직접적 결과라고 단언할 수는 없을지 모르나, 그 얼마 뒤에 윤자영은 단을 이탈하여 상해청년동맹(上海靑年同盟)이라는 새 조직체의 핵심 간부가 되더니 곧 동맹의 이름을 빌려 의열단의 운동노선을 정면으로 비판하기 시작하였다. 그런 한편 류자명은 단원 신분을 유지한 채 무정부주의자들만의 별도 조직체 결성을 추진하여, 1924년 4월 20일 재중국 조선무정부주의자연맹의 창립을 보기에 이른다.197) 이는 윤자영을 필두로 한 고려공산당계 단원들의 처신에 맞서서 류자명이 나름대로 행한 대응행동이었던 것으로 해석될 수도 있는데, 어떻든 이러한 일련의 움직임 속에서 의열단의 조직 균열은 가속화해갔다.

---

196) 국회도서관 편, 앞의 책, 456~67면 참조. 김지섭이 거사를 위해 상해를 출발하여 토오꾜오로 도항한 사실을 거사 15일 전부터 총독부 경찰당국과 토오꾜오 경시청이 파악하고 있었음에서, 이 첩보도 단내 첩자를 통해 얻은 정확한 것이었다고 판단된다.
197) 무정부주의운동사편찬위원회, 앞의 책, 288면; 吳章煥, 「1920년대 재중국한인무정부주의운동」, 『국사관논총』 제25집, 1991, 66면.

## 2. 상해청년동맹과의 노선공방

1924년 4월 5일에 창립된 상해청년동맹(이하 '청년동맹')은 발기인·집행위원·상무위원 등의 면면으로198) 보아 임시정부와 한국노병회·흥사단·의열단 등에 소속되어 있는199) 민족주의 계열의 청년층 운동자들과 상해파 고려공산당 중심의 사회주의 계열 민족운동자들200)이 '일치단결'과 '희생적 분투'의 기치 아래201) 공동으로 발족시킨 조직이었던 것으로 추정된다. 이처럼 좌

198) 발기인: 金乭 孔昌烈 金尙德 金政宇 金鈺 郭英 朴震 賓光國 申國權 申彦俊 嚴恒燮 尹蘇野 張德震 趙德津 趙允寬 崔南植 崔天浩 崔忠信 (이상 18명).
  집행위원: 신국권 조덕진 윤소야 김상덕 장덕진 엄항섭 朱耀翰 조윤관 최충신 박진 (이상 10명).
  상무위원: 윤소야 조덕진(서무 겸) 김상덕 장덕진(재무 겸) 최충신 (이상 5명).
  이상 국회도서관 편, 앞의 책, 504~505면. 단 「조선사회운동일지」, 李錫台 편, 『사회과학대사전』, 1948, 11면에는 (집행)위원으로 위의 10인 외에 '갓돌'이 추가되어 있다. 갓돌은 본명이 아닌 누군가의 별호인 듯한데, 발기인 중의 '김돌'은 갓돌의 오기인 것으로 보인다.
199) 집행위원인 박진은 북경에서 신채호와 기거를 같이했던 수제자로 임시정부가 수립되면서 외국어 담당 외무위원으로 임명된 朴震(이종률, 『민족혁명론』, 들샘 1989, 230면)과 동일인인 것으로 추정된다. 집행위원인 엄항섭은 임시정부 경무국 요원으로서 백범 김구의 최측근 수하였으며, 발기인 중의 1인인 최천호는 한국노병회의 특별회원으로 낙양강무학교에서 수학하고 돌아온 義警隊 대원이었다(김희곤, 『중국관내 한국독립운동단체 연구』, 지식산업사 1995, 206면, 207면, 220면). 그리고 발기인인 김옥은 의열단의 창립단원이자 5인 참모부의 일원이었고, 집행위원인 신국권·주요한과 발기인인 신언준 등이 흥사단원이었던 것으로 확인된다.
200) 5인 상무위원 가운데 김상덕과 장덕진이 극동인민대표대회의 상해파 고려공산당 6인 대표진의 일원이었고(김철수, 앞의 글, 354면), 윤소야는 윤자영이 쓰고 있던 가명이다(국회도서관 편, 앞의 책, 504면). 또한 상무위원인 최충신은 국민대표회의에 노령의 대한혁명군 대표로 참석한 바 있는 사회주의자였다(김희곤, 앞의 책, 180면, 187면). 서무 담당 상무위원인 조덕진도 김원봉이 자주 의견을 나누는 상대로서 의열단의 핵심 단원이었는데(국회도서관 편, 앞의 책, 468면), 그의 추후 행로로 보면 원래부터 상해파의 일원이었거나 아니면 언제부터인가 상해파 또는 윤자영과 기맥을 통하여 그들과 행보를 같이하고 있었던 것으로 추정된다.
201) 청년동맹은 짤막한 창립 발기문에서 " … 대한의 청년남녀여 모두 응집하여 한 덩어리가 될지어다. 손과 손에 총과 창을 갖지 못한 채 독립전선에 선 우리들이 적을 토멸하는 유일한 무기는 한 덩어리가 되는 힘밖에는 없다 … "고 역설하였으며, 2개 항의 강령은 "독립운동의 기치 하에 민족적으로 일치단합하자"와, "민족적 독립의 완성을 위

우익 연합체가 의외로 쉽게 성립하게 된 것은 크게 보아 두 가지 이유가 작용했다고 본다.

첫째는, 국민대표회의의 결렬 이후에도 독립운동계의 뭇 단체와 여러 세력들에 대해 줄기차게 호소하고 설득하는 가운데 '대동통일' 운동을 재개하고 있던 안창호의 노력202)이 청년층 운동자들의 공감과 호응을 얻기 시작했다는 것이다. 둘째는, 상해파 고려공산당이 청년동맹의 창립에 적극 동참할 수밖에 없는 사정이 있었다는 것이다. 상해파와 이르꾸쯔끄파로 분립하여 사사건건 대립과 알력의 상태를 해소시키지 못하던 고려공산당은 1922년 12월 코민테른 동양비서부 산하에 꼬르뷰로(고려국)가 설치되면서 강제 해체되었다. 이에 따라 상해의 사회주의운동자들은 코민테른의 지원이 끊기면서 자금원의 고갈과 급격한 세 위축을 맛보게 되었다.203) 더욱이 상해파는 꼬르뷰로의 주도권마저 이르꾸쯔끄파에게 빼앗김으로써 명맥을 잇기조차 어려워지게 되었다. 마침내 1923년 말에 이동휘는 꼬르뷰로를 격렬히 비난하는 성명서를 발표하고, "통일적 혁명전선의 조직을 실현할 당적(黨的) 중추"의 수립을 요구하면서 독자적 행보를 취하기 시작하였다.204) 이에 구 상해파 당원들은 자파 세력의 확장과 상해에서의 지반 재확보를 위해 청년동맹의 결성에 적극 참여한 것으로 추리된다.205) 실제로 청년동맹의 창립 초기부터 그 조직 운영의 주도권은 상해파 고려공산당계 중심의 사회주의자들이 장악해간 것으로 보인다.206)

---

해 희생적으로 분투하자"로 되어 있었다(국회도서관 편, 앞의 책, 505면).

202) 안창호는 1923년 말부터 1924년 1월 초에 북경을 거쳐 만주의 통의부 본부를 역방하는 가운데 북경의 독립운동자 및 서·북간도 일대의 단체 대표들과 회합 숙의하고 상해로 돌아온 뒤 「大同統一 趣意書」를 발표하고 통일운동을 재개하였다(국회도서관 편, 앞의 책, 322~23면). 나중의 일이기는 하나, 1924년 9월 3일에 임시정부가 '임시의정원의 결의와 청년동맹의 열망에 따라' 독립당 대표대회를 소집한다는 簡章을 국무총리 이동녕의 이름으로 발표한(같은 책, 520면, 525~26면) 것에서도, 상해청년동맹이 실제로 통일운동 추진의 전위대 구실을 하게 되었음을 미루어 알 수 있다.

203) 권희영, 「조선공산당 성립과 코민테른 (1923~25)」, 『한국사학』 13, 1993, 152~53면 참조.

204) 같은 글, 164~65면 참조.

205) 통합임시정부 초기에 안창호와 이동휘 양인이 정부 운영의 실질적 주역이었던 점, 국민대표회의시에는 안창호와 상해파 고려공산당의 주요 인사들이 함께 개조파의 반열에 섰던 점도 흥사단과 구 상해파의 연합을 수월하게 한 매개변수가 되었을 것이다.

어떻든 창립총회의 참석자 78명 가운데 61명이 즉석에서 가입할 정도로 청년동맹의 결성은 처음부터 큰 호응을 얻고 있었다. 그런데 바로 이 점이, 다시 말해 조직대상과 존립기반이 서로 겹치게 되었다는 점이 의열단과 청년동맹과의 사이를 서로 불편하게 만들기 시작하였다. 당시 상해 중심의 재중 민족운동계에서 의열단은 가장 전투적이고 맹렬한 기세로 항일운동을 전개해온 점에서 자타가 공인하는 최고 위세의 단체가 되었다. 그러나 의열단의 그러한 지위는 청년동맹이라는 신생 조직체가 부상(浮上)하면 할수록 위협받게끔 되어 있었고, 갓 발족한 청년동맹의 입장에서는 청년대중을 맹원으로 획득하여 조직규모와 조직세를 확대해가고자 함에 있어 의열단의 존재가 가장 부담스러운 것이었다. 그래서인지 시간이 갈수록 두 단체는 선의의 경쟁을 넘어 질시에 가까운 관계로 되어갔다. 일제 관헌이 첩보를 토대로 분석한 바에 의하면, 청년동맹은 의열단과 비슷한 주의와 강령으로 은연중에 의열단에 대항하였는데, 조직세가 급속도로 신장하여 1924년 말에 가서는 맹원이 백 수십명에 이르면서 의열단을 제압하고 상해에서 가장 유력한 단체가 되었다고 한다.[207]

이처럼 상해 청년층 운동계의 주도권을 놓고 서로 물러설 수 없다는 듯이 대치하게 된 가운데, 이윽고 1924년 가을부터 겨울에 걸쳐 두 단체간에 일련의 노선공방 논전이 벌어졌다. 결과는 청년동맹의 완승으로 판가름났는데, 논전중에 청년동맹이 개진한 운동논리는 그로부터 얼마 뒤에 발생하는 의열단의 노선 변환에 결정적인 영향을 미치게 되었다. 그 점에서도 이 논전은 매우 중요한 의미를 띤 것이었다. 이에 논전의 경과와 청년동맹측의 논리를 자세히 검토해보고자 한다.

논전은 청년동맹이 10월 4일의 맹원총회 석상에서 한편의 선언문[208]을 발표한 것으로부터 시발하였다. 선언문의 논조는 기존 독립운동 노선들에 대한 비판적 검토를 통하여 청년동맹의 노선과 입장을 천명하고 부각시키는 방식으로 구성되어 있었다. 그리하여 청년동맹은 선언문에서 독립운동의 주요 방

---

206) 주 200번 참조.
207) 국회도서관 편, 앞의 책, 543면; 조선총독부 경무국, 「大正14年5月 在外不逞鮮人 ノ 槪況」, 김정주 편, 『조선통치사료』 제8권, 112~13면.
208) 독립운동사편찬위원회, 『독립운동사 자료집 제9집』, 721~25면에 실린 '청년동맹회' 명의의 「선언」이 그것이다.

략·노선들을 '실력론' '외교론' '좌향론(左向論)' '공포론'의 네 가지로 정리하고 각각에 대하여 논평을 가한 뒤 그 한계점들을 비판하였다. 그런데 그중에서 '공포론', 즉 암살파괴운동 노선에 대한 논평과 비판은 기실 의열단을 겨냥한 것임이 분명했다. '공포론' 노선이 나름의 의의를 지녔음은 인정하지만, '파괴의 목적물'을 '제도·조직·통치권'이 아닌 '개인 또는 건물'로 잘못 설정함으로써 '주종(主從)을 혼동'하고 있으며, 결국 이상주의, 자유주의, 개인주의, 허무주의 등의 폐단을 낳는다는 것이 비판의 요지였다. 그 부분을 인용하면 다음과 같다.

　이것(공포론―인용자)은 암살과 파괴를 독립운동의 유일한 방법으로 하여 적괴수(敵魁首)를 암살하고 적의 시설물을 파괴하여 강도 일본을 축출하자는 것이다. (그러나―인용자) 현재 한국의 운동은 그 파괴의 목적물이 개인 또는 건물에 있지 않고, 정치상·경제상 기타 각 방면의 현상 제도·조직, 그 이민족의 통치권을 파괴하는 데 있다. 때문에 개인의 암살과 건물의 파괴는 이를 계속 보편화할 때 비로소(끝내는?―인용자) 사회를 암흑된 상태로 빠뜨린다. 그 의의 및 가치를 인정하는 바이나, 그것으로써 독립운동의 유일 최대의 전체적인 방침이라고 과장할 것은 못된다. 이 공포론의 주장은 그 주종을 혼동한 것 같다. 이는 이상주의·자유주의 기타 개인적 허무적 경향을 조성하게 된다.209)

　그러면서도 청년동맹은 폭력 자체를 부정·배척하는 뜻이 결코 아님을 공언하였다. 다만 '개인적 테러리즘 만능론'을 지양하고 '기율있는 무장 군중'에 기반한 실효성있는 폭력을 행사하여야 한다는 것이었다.

---

209) 같은 책, 723면.
　독립운동 방법으로서의 '파괴'가 개인과 건물이 아니라 정치·경제의 現狀과 제도, 즉 일제 통치권을 목표물로 삼아야 한다는 청년동맹의 주장은 사실 새로운 것이 아닐 수도 있었다. 의열단원들 사이에도 그러한 인식은 상당 부분 공유되고 있었기 때문이다. 예컨대 1923년 말에 '제3차 폭동계획' 수행을 위한 의연금 모집의 책임을 지고 국내 밀파되었다 검거된 구여순도 재판정에서의 진술에서, 의열단에서 '파괴'라 함은 비단 인명 살해나 건물 파괴만이 아니라 모든 제도와 모든 인습을 파괴함을 뜻한다고 말하였다(『동아일보』 1924년 2월 15일자).

공포론의 폐단(을 군이 지적하는 뜻—인용자)은 폭력 부인의 소극적 생각을 뜻하는 것이 아니고, 개인적 공포주의 만능론을 배척하는데 있다. 우리는 계속적 기율있는 무장 군중을 환기함과 동시에 적에 대하여 실효 있는 폭력적 대척(對斥)을 불사하는 것이다.

확실히 이는 의열단의 운동노선이 안고 있던 부분적 한계와 결함을 정확히 지적한 것이었다. 문면대로만 읽으면, 청년동맹의 관점에서 보정적(補訂的) 대안까지 제시한 건설적인 비판이라고 볼 수 있었다. 비단 '공포론'만 아니라 네 가지 노선 모두가 전반적으로 안고 있는 한계와 폐단의 극복 방안을 선언에서는 "계통있고, 조직있고, 질서와 기율있는 혁명적 단합과 적극적·희생적 분투"에서 찾고 있는 것이었다.[210] 독립운동을 제일의(第一義)로 한 모든 부문운동의 통일과 민족적 단결을 제창한 선언문의 논지 기조와 전체 문맥으로 볼 때, 의열단이나 청년동맹이나 그 이념적 지표는 거의 동일하다고 할 수 있었다. 다만 전자의 실제 운동방법상 문제점과 결함만을 후자가 날카롭게 비판한 것이었다.

어떻든 의열단 지도부는 이 선언문이 결국 자기들을 모욕하고 자기들의 노선을 공격하고 폄하하려는 의도에서 나온 것으로 받아들였다. 그리하여 단원 5명이 윤자영과 김규면(金圭冕)을 찾아가 힐문하고 선언의 취소를 요구하며 언쟁을 벌이다 구타까지 하기에 이르렀다. 아울러 「청년동맹회의 선언을 주토(誅討)한다」 「윤자영을 일갈한다」는 제목으로 청년동맹을 비난하고 윤자영을 '독립운동의 반역자'라고 공격하는 내용의 글을 실은 『독립운동』이라는 소책자를 만들어 배포하였다. 이에 청년동맹측은 구타 행위에 대한 사과를 요구함과 아울러, 공개리에 쌍방의 주장을 개진하여 상해지역의 각 단체원의 비판을 받고서 시비를 가리자고 통고하였다. 그러나 의열단측은 이 공개토론 제의에 응하지 않았다. 그 대신 김원봉이 윤자영과 김규면을 찾아가 위문·사과하고, 『독립운동』지(誌)의 두 글을 취소하고 사과문을 인쇄하여 배포함으로써 사건은 일단락지어졌다.[211]

---

210) 이 선언문이 나오기 전『독립신문』제184호(1924. 3. 11)에 '白秋'라는 필명으로 투고된 시론(「독립완성의 기일은 조직완성의 當日로」)에서도 기율과 대중적 기초를 갖춘 운동조직 건설의 시급성이 강조된 바 있다.

211) 이상의 경과는 국회도서관 편, 앞의 책, 543~44면;『동아일보』1925년 1월 9일자 참

민족혁명을 향한 도정의 굳건한 동반자가 될 수 있었을 두 단체가 쉽게 융화하지 못하고 한때나마 대결 국면을 연출한 것은 분명 청년대중 획득을 위한 주도권 경쟁에 말미암은 것이었다.[212] 그 경쟁이 마침내 노선과 운동논리의 시비우열 문제로까지 번지는 것은 사실 얼마든지 있을 법하고 충분히 예상될 수 있는 일이었다. 청년동맹이 앞의 선언문을 발표한 것은 바로 그 차원에서의 승부의 장을 열면서 기선을 제압하려 한 것이었다. 여기서의 승패가 호각지세의 경쟁을 결산지으면서 최종 승패의 분기점이 될 수 있음을 넉넉히 헤아렸기 때문이다.

논전다운 논전으로 발전하지 못하고 인신공격성 문서전과 육탄전을 거쳐 그에 대한 진사(陳謝)로 매듭지어진 사건의 경과 자체가 이미 승패를 가름지은 셈이었다. 결과적으로 청년동맹은 그들이 주창한 조직·운동 노선의 타당성을 우회적으로 검증받고 위세를 드높일 수 있게 된 반면, 의열단측은 감정적 반응이 앞선 가운데 설득력있는 논리적 대응을 못하고 패배를 자초한 것이었다. 바꿔 말하면 의열단과 김원봉은 논리 차원의 열세를 감당하지 못한 나머지 청년동맹과 윤자영에게 승리를 헌납한 셈이 되고 말았다. 어쩌면 논리 차원보다 더 중요한 것은, 당시 상해지역 중심의 민족운동진영 일반을 감싸고 있던 운동정서의 차원에서, 나아가 그 정서구조의 기저 요인이 되고

─────────────
조.

212) 의열단과 청년동맹 사이에 빚어진 알력의 기원은 의열단 내 '완력파' 또는 '철권파'와 '온건파'의 대립에서 찾아야 함을 시사하는 기록도 있다. 의열단원이었던 이숙의 회고록이 그것인데, 그에 의하면 1923,4년경에 의열단에는 "김원봉의 一嚬一笑에 의한 완력제일주의자들의 집합체"인 '완력파=김원봉파'와, 윤자영을 중심으로 "김원봉 일파의 폭력주의에 대항하여 자칭 온건파라 부르던 파당"이 있었다고 한다. 여기서 온건파는 비교적 지식분자가 많았던 까닭에 "만사에 심사숙고하고 원만과 신중을 앞세워 후회와 실수가 적은 것이 특색"이었고, "스파이로 인정할 만한 확증이 없는 사람을 완력으로 체포하여 폭력을 가한다든지 개인과 개인 단체와 단체의 사소한 충돌, 알력, 힐항(頡頏) 등에 의한 감정을 억제하지 못하고 불공대천지원수나 되는 듯이 반목질시 … 하고 끔찍스러운 폭력을 감행한다는 것은 똑같은 목적으로 해외만국에 풍거운요(風擧雲搖)하는 동포형제끼리의 자상(自相)공격이오 자승자박임으로, 우리는 언제든지 관용과 아량으로 호상접촉하여야 한다"는 주장을 폈다고 한다(이숙, 앞의 책, 177~79면). 이숙 자신이 '온건파'에 속한 이였으므로 다소 한쪽으로 치우친 진술이라 보여 액면 그대로 받아들이기는 어려우나, 김원봉 중심의 의열단 주류파와 1922년경부터 대거 가입했다가 다시 떨어져나간 비주류파의 성향이나 정서적 기반이 매우 달랐음을 보여주는 소중한 자료임은 분명하다.

있었을 객관적 운동정세에 비추어서도, 의열단의 운동방식과 노선은 점차로
호소력을 잃어가고 있는지도 모른다는 점이었다. 어쩌면 그 패배는 의열단의
존립 자체가 위태롭다는 신호일 수도 있었다. 따라서 열패감을 추스르는 일
은 오히려 부차적인 문제였고, 시급히 진로 조정을 기하든지 함으로써 자활
과 재기의 방도를 강구하는 것이 의열단의 눈앞에 놓인 과제로 제기되었다.


### 3. 노선 변환과 암살파괴운동의 종결

상해청년동맹과의 노선공방전에서 패배했다는 사실이 의열단에게 가한 충
격과 영향은 심대했다. 그 충격은 일종의 콤플렉스나 악몽 같은 것으로 단원
들의 심중에 깊이 자리잡았다. 그 크기와 깊이는 그로부터 2년 반쯤 뒤인
1927년 5월에 의열단이 낸 선언문의 다음과 같은 진술에서도 부지불식간에
노출된다.

> 본단(本團)이 과거에 의(依)[재(在)?—인용자]하여 암살파괴의 운동만을 전
> 력(專力)한 것은 진실로 본단을 악평하는 자의 신(信)과 여(如)히 무조직이며
> 공포주의 테로리스트이며 수호지식(水滸誌式)이며 허무당식(虛無黨式)일 뿐
> (이—인용자) 아니라(아니다.—인용자) 본단의 제1차 선언(조선혁명선언을 말함—
> 인용자)을 견(見)하면 해득할 것이다. 본단은 민중조직과 조직적 군사행동과를
> 중시하고 단원의 기율있는 행동과 민중에 대한 선전을 혁명의 필요조건으로
> 서 인식하였다. 연(然)이나 시기(時機)와 환경의 필연한 사세하(事勢下)에서
> 암살파괴운동만이 있었음에 불과하였다.213)

여기서 '무조직이며 공포주의 테러리스트이며 허무당식'이라는 것은 청년
동맹이 '공포론' 노선을 비판했던 논거 바로 그것이다. 그런데 의열단은 자기
들의 과거 암살파괴운동이 그와같은 식이었다고 평가받는 것은 부당하다고
이제 새삼스레 항변하고 있다. 나아가 한때나마 암살파괴운동에 전력을 경주

---

213) 조선의열단, 「독립당촉성운동선언」, 李鉉淙 편, 『근대민족의식의 맥락』, 아세아문화
    사 1979, 245~46면.

했던 것은 결코 본의가 아니었다는 듯 말하고 있다. '시기(時機)와 환경의 사세'가 암살파괴운동을 요구했기에, 또는 암살파괴운동 이상으로 나아갈 수 없는 '시기와 환경'이었기에 자기들은 거기에 충실히 따랐을 뿐이라는 것이다.

1927년이면 의열단원들이 이미 암살파괴운동을 종결짓고 무장군사운동 노선을 취하고 있는 시점이었다. 그렇다면 위의 인용문 중의 마지막 문장은, 암살파괴운동의 종결(과 무장군사운동으로의 전이) 역시 '시기와 환경의 사세'에 따라 '필연'적으로 이루어진 일이라는 의미로 읽을 수 있다. 어떤 운동 노선을 선택하고 이행하느냐의 문제는 요컨대 객관적 조건──정세('시기')와 여건('환경')──에 준거하여 풀어나가(야 하)는 것이라는 뜻도 된다. 아래에서는 의열단의 이러한 관점과 논리를 존중하는 방향에서 1925년경에 이루어지고 있던 노선 변환(넓은 의미에서는 진로 조정)과 그 귀결로서의 암살파괴운동 종결의 배경(위에서 말한 '객관적 조건'), 이유, 경과를 설명하고 서술해 보도록 하겠다.

먼저 1920년대 전반기 의열단운동의 '시기와 환경'은 어떠했는가?──이에 대해 의열단은, 당시 3·1 운동에 버금갈 대규모의 항일봉기가 재연될 정세가 무르익지 않았고, 그렇다고 민중을 대규모로 조직하고 무장시켜 전면적 군사행동을 전개할 여건도 아니었으며, 그럴 수 있을 조직 구심점도 제대로 형성되어 있지 않았다고 말하고 싶었던 것이리라. 그러한 상황조건에서 소수 인원의 결사적(決死的) 조직이 결성된 것이고, 연후에 극대의 즉각적 효과를 노려 취할 수 있는 최선의 방책은 암살이나 파괴일 수밖에 없었지 않으냐는 것이다. 상황조건의 제약에 따른 불가피성말고도, 3·1 운동을 진압하면서 일제가 자행한 학살·만행에 반드시 복수해야만 한다는 원초적 정념, 과감한 폭렬투쟁을 통하여 '비타협적 투지를 발현'함으로써 "일반 민중이 크게 계발되고 각오하는 바가 있을 것"[214]이라는 기대 또한 작용해서였다.

그러나 냉정히 평가하면, 의열단의 폭탄거사식 운동방법은 그 충격효과에도 불구하고 성공보다는 실패가 많았고, 희생에 비해서는 성과가 크지 못하였다. 거듭된 실패의 가장 큰 원인은 일제 관헌이 의열단과 같은 결사적 투쟁체의 운신 공간과 자금원을 철저히 봉쇄하고 그 일거수 일투족을 감시·단

214) 박태원, 앞의 책, 203면. 또한 本章 제3절 1항의 논의도 같이 볼 것.

속한 것에 있었다. 그러나 성과 면에서도, 암살이나 파괴 거사나 그 기도 자체가 민중을 스스로 혁명에 발벗고 나서게끔 '각오'시켜서 동원해 내지는 못함이 분명한 사실로 드러났다. 단의 시범적 거사가 민중을 분발시켜 일제봉기 형태의 결전투쟁을 촉발하게 되리라고 기대했지만 "왜놈(倭奴)의 단속과 탄압에 의해 손발을 꽁꽁 묶인"[215] 민중은 그럴 만한 태세에 이르지 못하였던 것이다. 「조선혁명선언」의 혁명방법론 테제인 '혁명의 직접주체로서의 민중과 폭력과의 결합'에서 그 결합, 즉 민중의 각오와 '폭동'은 결코 자연발생적이거나 무매개적인 것일 수 없음이 경험적으로 입증된 것이었다.

분투와 희생에 비해 성과가 그리 크지 못했으므로 단원들의 사기 저하가 초래되었을 것이라는 사실도 쉽게 추측된다. 더욱이 국내 노동·농민·청년단체들이 주도하는 대중운동의 흥기가 단원들의 동요를 유발하는 요인도 되었다. 지속적 활동이 가능하며 누적적 성과를 기대할 수 있는 반(半)합법 대중운동과 그 배경 이념인 사회주의 쪽으로 경도하는 단원이 점점 늘어간 것이다.[216] 단을 탈퇴하고 청년동맹에 가담하는 단원들이 적지 않았음도 그와 연관된 일이었다.

이처럼 상황은 3·1 운동 때, 의열단 창단 때, 또는 「조선혁명선언」 발포 때와는 여러모로 달라져 있었다. 암살파괴운동의 실제 효과를 논하기에 앞서 거사 시도 자체가 거듭 좌절과 실패를 겪고 심지어 거의 불가능해 보이기까지 하는 국면에 처하게 되었다. 그래서 이같은 상황에서도 기존 노선을 계속 고수하는 것이 과연 옳은가라는 물음을 청년동맹이 공개적으로 던졌던 것이

---

215) 같은 곳.
216) 의열단원이었던 金山(본명 張志樂: 이후로는 '장지락'으로 통일시켜 표기함)의 다음과 같은 술회가 그 점을 예증해준다. "1924년 한국의 계급관계가 명백한 변화를 보이고 한국의 정치방향이 전반적으로 재조정될 시기에 이르자 의열단은 민족주의자, 무정부주의자, 공산주의자의 세 조각으로 분열되었다. … 분열된 이유는 한국 자체의 대중운동이 상당한 수준까지 솟구쳐 오르고 있었으며, 1924년이 되면 대중운동이 공산주의 이데올로기로 기울어졌기 때문이다. 대중운동의 흥기는 의열단원들에게 커다란 영향을 미쳤 … 다. 정치활동을 할 수 있는 대중운동이 존재하였기 때문에 개인적인 테러리즘은 더이상 필요가 없게 되었다. (… 또한) 이 사회단체들은 테러리즘과 의열단에 반대하고 있었 … 다. (그래서) 왜놈들은 이 단체들을 탄압하지 않았다. … 당시 왜놈들은 선전과 대중운동보다는 폭탄과 총포를 훨씬 더 두려워하였던 것이다."『아리랑』, 95~96면(인용문 중의 괄호 안은 인용자의 것임).

라고 할 수 있다. 그것은 변화된 상황조건에의 기민적절한 대응을 요구하는 것이었고, '이보 전진을 위한 일보 후퇴'의 요청이기도 하였다. 그리고 그 직후인 1925년에 의열단 수뇌부는 암살파괴운동 노선에 대한 자체 재검토와 다각도의 성찰을 거쳐 마침내 진로 조정이라는 결론을 얻게 되었던 것이다.

김원봉의 다음과 같은 술회는 그 조정의 방향이 청년동맹의 선언문에서 제시되었던 바와 흡사한 것으로 취해지게 된 역설을 다소 우회적으로 표현하고 있다.217)

> (창단 이후 1925년까지에 이르는—인용자) 7년간의 부절(不絶)하는 폭력도 구경(究境) 민중을 각오시키지는 못하였다. 민중을 각오시키는 것은 오직 탁월한 지도이론이다. 교육과 선전이다. 그밖에 다른 길은 없다. 혁명은 곧 제도의 변혁이다. 몇몇 요인의 암살과 몇개 기관의 파괴로는 결코 제도를 변혁할 수 없다. 제도를 수호하는 것은 곧 군대와 경찰이다. 이들의 무장역량을 해제할 수 있어야 비로소 혁명은 달성되는 것이다. 그러함에는 전민중이 각오하여야 하고, 단결하여야 하고, 조직되어야 한다. 전민중의 일대 무장투쟁이 아니고는 강도 일본을 구축할 도리가 없다. 혁명을 달성할 길은 없다.

일제 식민지 통치를 폐절시킬 혁명을 달성하려면 단순히 요인암살과 기관·시설물의 파괴로만은 안되고 '제도 변혁'과 적의 '무장역량 해제'를 목표해야 하며, 그를 위해서는 민중의 각오와 단결과 조직화에 바탕을 둔 '전민중의 일대 무장투쟁'이 있어야만 하고, 민중을 각오시키려면 교육과 선전이 선행되어야만 한다는 인식에 도달했음을 말한 것이다. 다시 말해 의식화한 민중의 조직적 무장투쟁을 통해서만 식민지 통치를 타도하고 폭력지배 제도를 변혁하여 민족혁명을 달성할 수가 있다는 것이다.

1927년의 「독립당촉성운동선언」218)에서 주장하기를, 의열단 자기들은 그전에 이미 '민중조직'과 '군사행동'을 중시했고 '기율행동'과 '대중선전'이 혁명의 필요조건임을 인식했다고 한 것도 위와 동일한 논리에서이다. 그러면서 1923년에 「조선혁명선언」219)을 발표했던 사실을 그러한 주장의 근거로 내

---

217) 박태원, 앞의 책, 203면. 1947년에 한 회고이므로 1925년의 실제 성찰 내용을 다소 과장되게 표현한 것으로 추측되지만, 요지는 대동소이할 것이기에 그대로 인용한다.
218) 주 212번과 같음.

세웠다. 이는 위와 같은 인식이 청년동맹의 선언문이라는 외인(外因)에 의해서가 아니라 그 이전부터 내생적으로 움터 있었음을 강조하려는 뜻일 것이다. 그러나 엄밀히 말하면 그와같은 인식에 물꼬를 터주거나 적어도 개화(開花)시켜준 것은 청년동맹의 선언문이었다는 사실을 부인하기는 어렵다. 더구나 청년동맹이 의열단에 한 고언(苦言)의 본뜻은 무조직·무규율·무중심·자발성 등을 절대 숭상하는 무정부주의적 기풍의 청산에 있었다. 그렇다면 적어도 1926년——의열단이 조직개편을 단행하고 무정부주의자 단원들의 인적 구심점이던 류자명이 사실상 단을 떠나는 시점——이전에는 설령 그 점을 어느정도 인식하고 있었을지라도 곧장 실천하기는 어려운 것이 조직 내부의 사정이었음을 고백하는 편이 나았을지도 모른다.

결론적으로 의열단은 청년동맹과의 노선공방전에서 패배한 데서 '조직과 기율을 구비한 대중적 무장투쟁' 노선을 자기의 것으로 소화하고 운동노선을 바꾸어 갈 계기를 얻은 것이었다. 새로 채택된 노선은 의열단의 정신적 사표이던 신채호의 혁명론을 무정부주의적 방향에서만 해석하여 실천하려는 단내 일부의 경향을 극복하고, 어느모로는 「조선혁명선언」의 집필 당시 신채호가 품고 있던 본뜻[220]을 구현하는 의미도 띤 것이었다.

219) 본절 첫머리의 선언문 인용 가운데 나오는 '제1차 선언'이란 곧 「조선혁명선언」을 가리키는 것이다.
220) 종래 대부분의 신채호 연구들에서는 「조선혁명선언」 집필 당시의 그의 이념적 지향점과 운동론적 위상 특히 후자를 위 문서 여기저기에 나타나는 무정부주의적 요소들에 비추어 논하는 경우가 많았다. 아울러 이 문서는 의열단의 암살·파괴 운동방법만을 지지하고 정당화한 것처럼 보여져왔다. 그러나 이 문서의 서술구조와 드문드문 행간에 숨겨져 있는 의미를 천착해보면, 신채호 개인적으로는 독립군 무장투쟁 노선을 중시하고 그에 강한 애착을 가지고 있었음을 읽을 수 있다. 가령 "'을사조약' '경술합방'—곧 '조선'이란 이름이 생긴 뒤 몇천년 만의 처음 당하던 치욕에 조선민족의 분노적 표시가 겨우 하얼삔의 총, 鐘峴의 칼, 山林儒生의 의병이 되고 말았도다"(『개정판 단재신채호전집』 하, 39면)라는 서술은 의병운동의 실제적 의의를 폄하해 말한 것이 아니라, 오직 산림유생만이 결사항전에 뛰어들었음에 대한 통절한 분노와 회한의 언사이다. 이는 "산림유생들은 춘추대의에 성패를 不計하고 의병을 모집하여 조일전쟁의 전투선에 나섰지만 신문 쪽이나 본 이들—곧 시세를 감작한다는 이들은 그리할 용기가 아니" 나서 독립전쟁 준비론을 주장했다는(같은 책, 39~40면) 서술 부분에서도 확증된다. 즉 신채호는 독립전쟁 '준비론'만을 비판했지 의병운동과 같은 무장투쟁과 그 발전적 형태로서의 독립전쟁론 자체는 비판은커녕 극력 주창했던 것이다. 그러나 그는 독립운동자들 사이에 즉각결전의 의지가 크게 부족한 것은 둘째치고 그 객관적·물적 조건부터가 不備하며,

그런데 상해청년동맹과의 노선공방 논전이 결과적으로 의열단의 노선 변환의 결정적인 계기가 되었음을 강조함이 지나쳐, 그것이 마치 암살파괴운동의 종결로 이르는 과정의 유일 요인이었던 것처럼 보아서는 안된다. 거기에는 다른 두 가지 요인도 같이 작용하였다. 하나는 1925년에 들어 의열단이 극심한 재정궁핍으로 표출되는 바와 같이 쇠미와 퇴세 국면을 맞게 되었던 점이고, 다른 하나는 1925년 여름에 단 본부가 광주로 이동한 후 이듬해 1월 핵심 단원들이 황포군관학교에 입학[221]하게 된 점이다. 하기는 이 세 가지 사실은 꼬리에 꼬리를 물고 일어나면서 원인과 결과의 관계로 연속 상승작용을 한 것이었음도 부인할 수는 없다. 그러나 각기 별도의 사실로 고찰하는 것이 바람직할 것으로 생각된다. 후자 쪽 사실에 관해서는 나중으로 미루고, 여기서는 전자의 측면만을 살펴보기로 한다.

상해지역 청년층 운동계의 가장 유력한 단체였던 의열단과 청년동맹 간의 세력경쟁에서 후자의 조직세와 영향력이 일취월장하여 마침내 세 우위를 점하게 된 것과 반비례로 의열단의 단세가 점점 위축되는 기미를 보였음은 재언할 필요도 없는 사실이었다. 노선공방에서의 의열단의 패배는 그 과정의 중간결산적 의미를 지닌 상징적 사건이었다. 그러면서 그 패배는 그 이상의 여파를 가져왔다. 영향력 감퇴의 직접적 결과였을 자금원의 확보가 점점 더 어렵게 되어 심각한 재정 궁핍 상태에 놓이게 된 것이다.

---

1921년의 흑하참변(자유시사변)에서 역력히 나타나듯이 정치적 정황도 결코 유리하지 못한 현실을 인정치 않을 수 없는 딜레마에 처해 있었다. 그래서 그는 암살·파괴·폭동의 '민중혁명' 방략을 그 대안으로 받아들이고 의열단의 투쟁노선을 옹호하는 문서의 집필에 임했던 것이라고 보아야 한다.

「조선혁명선언」의 집필 이전에 신채호는 거의 무정부주의자로 변신해 있었다고 추정하는 견해가 최근에 제출되고 있으나(김성국, 「아나키스트 신채호의 시론적 재인식」, 구승회·김성국 외, 『아나키·환경·공동체』, 모색 1996, 222면), 그에 대한 확증은 아직까지 발견된 바도 제시된 바도 없다. 신채호가 무정부주의자를 자임한 것은 1923년 말부터였다는 증언이 있으며(李丁奎, 『友堂李會榮略傳』, 을유문화사 1985, 79면), 1924년에 결성된 재중국 조선무정부주의자연맹에도 1926년 여름에 가서야 가입한(『동아일보』 1929년 10월 7일자) 점으로 볼 때, 「조선혁명선언」에 나타난 무정부주의적 요소나 지향은 원래 신채호의 것이었다고 단언하기보다는, 이정규가 증언하다시피(무정부주의운동사편찬위원회 편, 『한국아나키즘운동사 전편』, 292면), 집필과정을 보좌한 류자명의 의견이 많이 반영된 것으로 이해함이 옳을 것으로 본다.

221) 이에 관해서는 제4장 제1절에서 상론할 것임.

일제 관헌당국조차도 의열단은 "다른 운동단체들과 달리 인민의 금전을 강취한 사실이 없고 추호도 인민에게 미혹을 끼친 사실이 없음"을 인정한 바 있었다.[222] 그런데 1925년에 들어서면 의열단원들이 연이어 '금품강탈사건'을 일으키는 것으로 보고되었다.[223] 그런 류의 일제 정보보고들이란 대개 독립운동 자금의 모금이나 조달을 왜곡하여 기술한 것들이라 하더라도, 위의 1925년도의 보고들에 서술된 사건내용들은 단원 각자 요령껏 활동비와 생계비를 조달해야 할 만큼 단이 극심한 재정난을 겪고 있었다는 것을 엿볼 수 있게 해준다. 특히 1925년 봄에서 여름 사이에 상황이 극도로 악화되어 단이 "폐멸의 비운에 직면하였음을 걱정"[224]하고 "단장조차 자활하기 곤란"[225]한 것으로 묘사될 지경에 이르렀다. 간부급 단원이던 김성숙의 직설적인 표현을 빌리면 "돈이 바닥이 나서 폭탄을 마련할 수가 없을" 뿐 아니라 "단원들이 전부 굶어죽게 될" 형편에 처해 있었다.[226] 더 실감나는 묘사는 단원이었던 이숙의 다음과 같은 회고이다.

상해 법조계(法租界) 약시로(藥市路) 어떤 농장(弄場) 커다란 방에는 수삼십(數三十) 동지들이 의복은 전부 전당잡혀먹고 중복(中服) 군의(軍衣) 등 박착(薄着)으로 끼니도 옳게 잇지 못하고 몇 사람의 활동으로 간간이 신문지에 싸들고 오는 오죽잖은 '빠오쯔'──기름에 지진 만두──와 '케수이'──끓인

222) 이는 1923년 11월 조선총독부 경무국의 평가였다. 독립운동사편찬위원회, 『독립운동사 자료집 제11집』, 137면 참조.
223) 일제 관헌이 적시한 사례들을 보면, 1924년 말에 李箕煥이 韓國鎭을 납치 감금함; 1925년 2월 중순, 羅錫疇 外 여러 명이 李恒鎭의 소지금을 강탈하려다가 刺傷을 입힘 (이상 독립운동사편찬위원회, 『독립운동사 자료집 제9집』, 700면); 1925년 4월, 李承(鍾)洛 외 3명이 李根德으로부터 銀 4백불을 강탈함; 동년 6월, 한봉근이 동향 출신 孫某의 아들을 유괴하여 송금을 강요함(국회도서관 편, 앞의 책, 562면) 등이었다. 한봉근의 '송금 강요' 사건의 진상은, 密陽의 거부 孫永暾의 아들인 孫冕稙을 金聖壽와 김대지, 차혁 등이 상해에서 북경으로 납치하여 송금을 강요하다 실패한 것이었는데, 임시정부 경무국의 羅昌憲과 姜昌濟, 高俊澤 등은 사건의 책임이 의열단에 있는 것처럼 몰아붙여 그 명예를 실추시키려는 의도로 이 사건을 처리하려 했다고 한다(이숙, 앞의 책, 185~200면).
224) 조선총독부 경무국, 「재외불령선인개황」(1925), 『독립운동사 자료집 제9집』, 700면.
225) 국회도서관 편, 앞의 책, 480면.
226) 金學俊 편, 『혁명가들의 항일회상』, 민음사 1988, 92면.

물——로 근근 허기만을 면할 때였다. … 굶을 때가 너무도 많았었다. 어떤
때는 이틀이고 사흘이고 쫄쫄 굶다가 비교적 중어(中語)에 능숙하고 외교에
민첩한 사람이 중국인이나 안남인, 인도인이나 한국인으로부터 다소간에 주
선이 되면 돌아올 적에 '빠오즈'도 '캐수이'도 술——배갈이나 황주——을 많
이 사오게 된다. 여러 날 주리던 창자이라 자연 폭음폭식이 아니될 수 없게
된다. 이렇게 굶다가 먹다가 또 굶(기를—인용자) 수년 동안 몇십번이나 반복
하였는지 그 번수가 헤아릴 수 없이 많았다.227)

그래서 단원들은 상해 북경 천진 간도 길림 하얼삔 영고탑(寧古塔) 광주
한구(漢口) 하문(廈門) 등 각지로 산개하여 자금 조달이든 활동이든 각개약
진식으로 해나가지 않을 수 없게끔 되었다.

이러한 상황에서 의열단이 대일거사를 한다는 것은 그 시도조차도 불가능
하였다. 따라서 눈에 띌 만한 움직임이 별달리 없이 일종의 정돈(停頓) 상태
에 빠지게 된 것도 기이한 일이 아니었다. 다만 1925년 3월 30일228)에 단원
이인홍(李仁洪, 李集中)과 이기환(李箕煥)이 북경에서 고급 밀정 김달하(金達
河)229)를 처살한 사건 정도가 돋보일 따름이다. 이 사건은 류자명이 단 본부
차원의 논의나 의사결정 절차를 거치지 않고 단독으로 지휘하여 진행시킨
일이었다. 김달하가 독립운동자인 양 위장하여 북경의 한인 독립운동계에 침
투해 들어와 불신과 혼란을 야기시킨 데 분노한 김창숙(金昌淑)과 이회영(李
會榮)이 평소 교분이 깊던 류자명을 불러 대책을 논의한 결과, 그가 혼자서
재량껏 단원을 동원하여 다물단(多勿團)과의 합작230)으로 거사를 결행한 것

227) 이숙, 앞의 책, 176면, 186~87면.
228) 4월 4일(『고등경찰요사』, 109면), 4월(조선총독부 경무국, 『朝鮮の治安狀況: 昭和2年
   版』, 294면), 5월(정화암, 앞의 책, 58면), 5월 20일(독립운동사편찬위원회, 『독립운동사
   자료집 제9집』, 703면) 등 여러 다른 기록들이 있으나, 『약산과 의열단』, 175면, 177면에
   인용된 북경 일간지 『京報』의 이 사건 보도기사와, 『독립신문』 제185호(1925년 5월 5일
   자), 4면의 보도기사에는 모두 3월 30일로 되어 있는 것으로 보아 이 날짜가 정확한 것
   이라고 판정된다.
229) 김달하는 당시 친일파 '북양원로(北洋元老)'이던 중화민국(북경정부) 임시집정 단기
   서의 비서(일본고문단의 일원이라고도 함)로 재직중이면서 북경지역의 독립운동자들을
   회유하고 이간시키며 그 동향을 염탐하여 북경 주재 일본영사관과 조선총독부에 통보
   해주는 일을 하고 있었다.
230) 『고등경찰요사』, 109면; 李丁奎, 『우관문존』, 삼화인쇄(주) 출판부 1974, 50면.

이었다.[231) 그리고 11월에는 군자금 모금차 7월에 일시 귀국하여 활동중이던 이종암이 고인덕(高仁德)과 배중세, 한봉인 등 국내 단원을 포함한 관련자 11명과 더불어 일경에 피체된 이른바 '경북의열단사건'[232)이 있었다.

'경북의열단사건'의 판결일이기도 하던 1926년 12월 28일, 황해도 재령의 소작빈농 출신 단원인 나석주(羅錫疇)가 서해 항로로 밀입국하여 조선식산은행과 동양척식회사 경성지점에 폭탄을 투척하고 일본인 7명을 총격 살상한 후 일경과 단신 교전중에 자결하였다.[233) 그런데 이 거사도 김달하 처살사건과 마찬가지로 단 본부의 의사결정이나 지침 없이 결행된 일이었다. 즉 국내에서의 일대 폭렬거사 단행의 필요성을 절감한 김창숙[234)과 임정 요인

다물단은 무정부주의 계열의 독립운동 단체였는데, 류자명은 항시 무정부주의자들과 의열단과의 합작을 추진하였다고 한다(정화암, 앞의 책, 281면). 다물단의 창단 내력과 '다물'의 의미에 관해서는 여러 설이 있는데, 그중『고등경찰요사』, 108~109면; 崔洪奎, 『신채호의 민족주의사상』, 형설출판사, 1983, 216면의 것이 비교적 사실에 근접한 설명으로 읽힌다.

정화암의 회상기나 조선총독부 경무국의 첩보보고(주 227번 참조)에는 김달하가 '다물단원들에 의해' 처단된 것으로 기술되어 있다. 이는 류자명이 다물단을 지도하는 위치에 있었기 때문에 그렇게 본 것인지, 아니면 이인홍과 이기환이 다물단원이기도 했음을 말하는 것인지 분명치 않다. 다물단이 나중에 가서 의열단에 병합되었다는 사실에서는(정화암·최홍규) 후자 쪽이었을 가능성이 짙다. 그렇게 본다면 이 사건은 의열단의 거사임과 동시에 다물단의 거사이기도 했던 것이다.

231) 이 사건 진행의 자세한 경과는, 박태원, 앞의 책, 174~77면; 현룡순, 「풍랑 속에서」, 현룡순·리정문·허룡구 편,『조선족 백년사화』1, 심양: 료녕인민출판사 1985; 심산김창숙선생추모사업회,『민족정기: 애국지사 심산 김창숙선생의 생애』, 도림시스템 1990, 89~92면 등을 볼 것.

232) 이 사건에 관해서는『동아일보』1926년 11월 11일자; 국사편찬위원회,『한국독립운동사』四, 1970, 249~52면을 볼 것.

233) 나석주 생애와 이 거사의 전말은, 김상옥·나석주열사 기념사업회, 앞의 책, 231~432면에 자세히 서술되어 있다.

234) 김창숙은 김달하 처살사건 직후인 1925년 봄, 북경에서 이회영과 함께 독립운동의 새로운 방략을 다각도로 모색하던 끝에, 내몽고 지방에 독립운동 기지를 건설하고 생활근거지를 조성하여 무관학교를 설립키로 합의하였다. 그리고는 제2차 봉직전쟁에서 오패부를 물리치고 북경정부의 실권을 장악하고 있던 풍옥상에게 교섭한 결과, 수원성(綏遠省) 포두(包頭)의 황무지 3만 町步를 빌리는 데 성공하였다. 이어서 그 땅의 개간 및 재만 동포의 이주 비용 20만원을 마련하고자 8월에 단신 국내로 잠입하여 비밀리에 모금 활동을 펴나갔다. 그러나 의외로 호응이 미미하여 별 성과를 거두지 못함에 통탄을 금치 못한 그는 마침내 황무지 개간계획을 포기하고 말았다. 그 대신에 총독부 산하 각

이동녕과 김구가 그 방안을 협의한 끝에, 임시정부 경무국 경호원을 거쳐 중국군 장교로 복무하고 있던 나석주를 김구가 추천함에 의해 실행요원으로 지명한 결과, 그가 거사에 임하게 된 것이었다. 신채호로부터 폭탄 2개를 수령한 나석주는 원래 류자명 한봉근 이승춘(李承春, 李化翼) 3인과 공동 거사키로 예정되어 있었으나, 여러 사정으로 입국이 늦춰지다 보니 자금만 고갈되어 결국 혼자 입국하여 거사를 결행하였다.

의열단 본부는 이미 전년도에 광주로 본거를 옮겼으며, 이 시점에는 활동노선을 완전히 변환시키고 조직개편 절차를 거쳐 대중적인 혁명운동조직의 면모를 갖춰가고 있던 참이었다.[235] 요컨대 의열단의 전형적인 암살파괴운동은 1925년, 그것도 상반기중에 사실상 종결지어졌고, 류자명만이 홀로 종래의 운동방식을 고수하여 계속 폭탄거사를 추진해가고 있었다. 이런 맥락에서 보면 나석주의 거사는 결국 단의 거사라기보다 단원의 거사이면서 의열단의 암살파괴운동의 대미(大尾)를 장식하는 장거가 된 것이었다.[236]

이처럼 의열단은 암살파괴운동에 종지부를 찍었지만 그동안 그의 이름이 한 상징처럼 되어온 '의열투쟁' 자체가 독립운동의 무대에서 사라진 것은 아니었다. 의열단이 광주로 본거를 옮기고 난 뒤인 1926년 1월 1일에 상해에서 결성된 병인의용대(丙寅義勇隊)가 계주자(繼走者)와도 같은 역할을 맡은 것이다.

병인의용대(이하 '의용대')는 "임시정부 호위, 주구 숙청, 반동분자 엄단,

___

기관을 파괴하고 친일부호들을 처단하여 독립운동의 기운을 거양하고자 유림들로부터 간신히 모금한 3천5백원을 가지고서 국내에서의 폭탄거사 계획을 추진하기에 이른 것이었다. 이상은 김창숙, 「자서전」, 심산사상연구회 편, 『김창숙』, 한길사 1981, 230~38면; 李佑成, 「심산의 민족독립운동」, 심산사상연구회 편, 『심산 김창숙의 사상과 행동』, 성균관대 대동문화연구원 1986, 76면; 심산김창숙선생추모사업회, 앞의 책, 102~105면 등 참조.

235) 이에 관해서는 제4장 제1절에서 상론할 것임.

236) 나석주의 의거 이후 김창숙이 의열단의 고문직을 수락하고 파괴활동을 지도했다는 기록이 있다(이우성, 앞의 글, 78면). 그렇더라도 그에게 단 고문직을 제의한 것은 아마도 류자명의 독단적 의사에 의한 것이었으리라고 생각된다. 더욱이 김창숙은 1927년 2월 상해에서 일경에 피검되어 14년형을 선고받고 복역하였으므로, 그가 의열단의 암살파괴활동에 실제로 관여한 것은 김달하 처살사건과 나석주 의거에 국한된 것이었다. 바꿔 말하면 의열단의 암살파괴운동은 나석주의 의거로써 완전 종결된 것과 마찬가지라는 것이다.

적의 중요시설 파괴 및 중요인물 격살 등"237)을 목적으로, 임시정부 경무국
장 나창헌(羅昌憲)이 주도하여 약 50명의 인원으로 결성되었다.238) 창립선언
에서 의용대는 "혁명은 길이 있다. 말하자면 흑철과 적혈뿐이고, 다시 제2·
제3이 없다. 암살·파괴는 혁명가의 무상(無上)한 무기이며 유일한 수단이다.
… 귀하가 과연 혁명가라면 폭탄을 안아라, 칼과 친하라"239)고 하여, 종래 의
열단의 노선을 거의 가감없이 승계하였다. 반면에 양 단체는 임시정부와의
관계에서는 두드러진 차이를 보였다. 1922년 이래 의열단은 임시정부와는
일정하게 거리를 둔 독립단체로 존재해왔음에 반해, 의용대는 내무총장 김구
의 강력한 지원과 지도를 받는 임정 직할단체와 다름없이 출범하였다. 또한
의열단이 광주로의 이동 이후로는 더욱더 좌파단체의 성향을 보여간 것에
반해, 의용대는 시종일관 우파단체의 성격을 유지하였다. 양 단체의 관계가
처음부터 원만하지 못했던 것240)은 거의 틀림없이 이런 까닭에서였을 것이

---

237) 김승학·김국보, 『한국독립사』(증보판), 독립동지회 1983, 464면.
238) 『동아일보』 1926년 2월 7일자에 "비밀정탐을 보는 대로 쏘아죽이고저 하는 의열단
   계통의 살인단이 생기어 공산파와 무정부주의자 등 약 50명을 회원으로 하고 1월 1일
   에 그 결당식을 거행"했다는 기사가 실려 있다. 기사에는 '살인단'의 명칭이 밝혀져 있
   지 않으나, 이는 병인의용대의 창립 사실을 가리키는 것임이 분명하다.
239) 국회도서관 편, 앞의 책, 576면.
   앞 주의 『동아일보』 기사에서 의용대가 '공산파와 무정부주의자'를 회원으로 하고 있
   다고 되어 있는 것은 이 선언문 중의 '흑철과 적혈'이라는 어구를 가지고 추리한 것으로
   보인다. 그러나 이는 의용대의 이념적 위상을 잘못 파악한 誤報였음이 분명하다. 일반
   적으로 '흑'이 무정부주의의, '적'이 공산주의의 상징색이긴 하지만 여기서의 '흑철과 적
   혈'이란 의열투쟁에 동원될 무기와 투쟁과정에서 흘리게 될 희생의 피를 의미하는 것으
   로 봄이 옳다. 의용대의 추후 행로에 관한 여러 기록들은 이 단체가 공산당에 대항하고
   공산주의자들을 격멸하려 하였음을 일관되게 말하고 있다. 예컨대 김승학·김국보, 앞
   의 책, 464~65면; 『아리랑』, 127면, 趙凡來, 「병인의용대 연구」, 『한국독립운동사연구』
   제7집, 1993, 362~63면 등을 볼 것.
240) 예컨대 다음과 같은 기록들이 그렇게 볼 수 있는 유력한 증거이다.
   ① "4259년(1926년―인용자) 의열단은 많은 업적을 가진 독립운동 단체였으나 후일
   에는 운동비를 빙자하여 교포와 국내로부터 유학오는 학생들의 금품을 강탈하는
   등 불법행동을 감행하며 임시정부의 제지에 반발하므로 독립운동자 사회의 체통
   을 유지하기 위하여 (병인의용대가―인용자) 부득이 김원봉 이하 전단원을 체포
   후 임정 소재지인 상해에서 축출하였다. … 또한 曹奉岩 일파 공산당원들도 징계
   하였다"(김승학·김국보, 앞의 책, 464면).
   ② "이 소위 '1925년의 용감한 군대'(영문 원본에 병인의용대가 'Brave Army of

다. 그럼에도 결과적으로 보면 병인의용대는 의열단의 퇴장으로 공백이 생길 뻔한 의열투쟁의 맥을 이어가는 역할을 맡게 되었던 것이다.

### 제5절 노선 기조로서의 민족주의

의열단이 위와 같이 1925년을 전후해서 운동노선 변환의 도정을 걷고 있었다면, 그와 동시에 이념적 지향점도 변화를 겪었던 것일까? 변화가 있었다면 어떤 방향과 특성의 것이었는가?

앞의 3·4절의 논의를 잠시 돌이켜보면, 대체로 1922년 말부터 의열단 내부의 이념지형은 혁명적 민족주의의 토양에 사회주의와 무정부주의적 지향이 뿌리를 내리면서 진보적 색채를 더해 가는 형세를 보이게 되었다. 그러다가 1923년 하반기 무렵부터 사회주의계열의 운동노선과 무정부주의계열의 운동노선 사이에 마찰이 빚어짐과 아울러 두 계열의 조직요소들간의 유·무형의 길항작용도 생겨났다. 1924년 초에 상해파 고려공산당계의 일부 핵심 단원들이 탈단한 것은 그러한 상황에서 무정부주의적 요소와의 공존이 더이상 불가능하다고 보았기 때문이다. 탈단한 상해파 단원들은 이윽고 회심의 반격을 가해왔는데, 상해청년동맹의 이름을 빌려 의열단의 운동노선과 조직노선을 '무기율(無紀律)'의 무정부주의적 노선이라고 공개비판한 것이 그것이다. 이것이 발단이 된 노선공방 논전에서 의열단은 쓸쓸한 패배를 맛보고야 말았으며, 그 패배가 조직세의 위축을 가져오고 마침내 노선 변환이라는 결과를 낳게 되었다.

그러나 대표적인 무정부주의자 간부단원이던 류자명은 그러한 변환의 기류를 거스르면서 예전의 노선을 고수하였다. 상해파 고려공산당계의 단원들과는 달리 그는 단을 떠난다는 생각은 결코 하지 않았다. 그러면서도 단 차원에서 암묵적으로 합의된 행로와는 어긋나는 독자적인 행동을 계속 취해갔

---

1925'로 解字譯되어 있는 것을 우리말로 再譯한 것인데, '1925'는 '1926'의 誤記이다 —인용자)는 공산당과 의열단에 대항하기 위하여 상해에서 조직된 것이었다"(『아리랑』, 127면).

다. 이러한 행보는 노선 변환 결정에 대한 반발이나 저항의 뜻을 내포한 것이라고 쉽게 해석될 수도 있으나, 그보다는 무정부주의운동의 대의(大義)에 대한 강한 집착의 발로라는 의미가 짙었다. 의열단원이기 이전에 무정부주의자라는 정체감이, 단에 대한 귀속감보다는 무정부주의운동에의 헌신도가 더 강렬했기 때문에 그는 집단적 의사를 따르기보다 주변인이 되는 쪽을 기꺼이 택했던 것이다. 그러나 그의 희망과 선택이 무엇이었든지 간에 단 차원에서의 노선 변환은 돌이킬 수 없는 흐름이었다. 그리고 그 '변환'의 내용으로 암살파괴운동의 종결과 조직노선의 변경은 바로 무정부주의적 요소의 소거와 같은 의미였던 것이다.

그러나 이러한 변화와 무관하게, 또한 단 외부로부터 가해지는 사회주의적 운동론의 공세 속에서도 이념적 기반이자 노선 기조로서의 민족주의 지향성은 거의 감손(減損) 없이 확고히 유지되고 있었다. 이는 김원봉을 비롯한 정통주류 단원들이 원래부터 포지해온 이념적 지향점이 여전히 고수되고 있었다는 것과 같은 의미이다. 사실 단 전체 차원의 이념적 색조와 방향성은 전적으로 이들 순(純)민족운동자 부분의 향배에 달려 있었다 해도 과언이 아니다. 적어도 이때까지는 바로 그들이 단내의 주류세력을 이루면서, 고려공산당계 세력과 무정부주의운동자 세력을 압도하고 그들간의 길항관계를 조정이나 중재하는 위치에 서 있었기 때문이다. 아마도 그들은 상해파 단원들의 이탈을 쌍수를 들고 환영까지 하지는 않았지만, 어느정도 예측 가능했고 피할 수도 없는 사태로 받아들여 방임하는 태도를 취했을 것으로 생각된다. 이어서 얼마 후에 운동노선의 변환을 기하게 됨에 이르러서는 다시금 무정부주의적 요소의 청산도 불가피하다는 인식 아래 그 작업을 의식적으로 진행시켜간 것으로 추측된다. 그러한 과정에서 민족주의 지향성이 강화되고 민족주의가 단의 노선 기조임을 재확인하게 된 것은 당연한 귀결이었을 것이다. 그러한 강화-재확인의 징표는 이미 1925년 초에 나타나고 있었다.

노선 변화의 예비적 절차라 할 자체 노선에 대한 검토가 막 시작되던 무렵인 1925년 2월 하순, 김원봉은 민족운동과 사회운동——이 맥락에서의 정확한 의미는 사회혁명운동 또는 사회주의 계급혁명운동——의 관계에 대한 자신의 소견을 단독 기자회견 형식을 빌려 개진하였다. 비교적 정연한 논리와 선명한 논지의 강론체로 된 이 회견문 기사241)는 이 무렵에 김원봉(또한

그가 대표하는 의열단)이 설정하고 있던 이념적·운동론적 좌표를 추출해볼
수 있게 해주는 좋은 자료가 된다.

진술 내용의 골자는 두 가지였다. 민족운동과 사회운동은 합치한다는 것,
그리고 조선의 혁명운동을 일본 무산자와의 협동으로 할 수는 없다는 것이었
다. 이 두 테제는 결국 민족운동과 민족주의 이념은 자기완결적이면서 사회
운동이나 사회주의 이념보다 우위에 선다는 주장을 함축하고 있는 것이었다.

그런데 김원봉이 새삼 이러한 테제를 제출하게 된 직접적인 계기는 상해
청년동맹과의 논전 직후라는 정황으로 볼 때, 청년동맹의 10월 선언문을 강
하게 의식한 때문이라고도 볼 수 있다. 상해청년동맹의 선언문도 '공포론'을
위시한 독립운동 방략들을 검토·비판하는 것 외에 다음과 같이 '민족적 일
치단합'도 제창했던 것이다.

> 독립운동을 떠나서 노동운동·부인운동·종교운동·문화운동 기타 각종의
> 사회운동, 정치운동은 공상이며 반동에 불과하다. 첫째는 한국의 주권, 한국
> 민족이 있다는 것과 한국 민족의 주권은 한국 민족 전체가 가지고 있음으로
> 써 그 이민족의 통치를 배척하고, 한국의 주권의 실제를 한국 전민족의 대다
> 수의 수중에 회복하지 않으면 안된다. 이를 실현하기 위해서는 특수한 계급이
> 나 개인이 능히 감당할 수가 없으며, 또 교파나 지방의 구별이 각각 이합(離
> 合)하여서는 도저히 성취시키는 것도 아니다. 오직 전민족이 일치 단합하여
> 이를 성취하는데 있다.

요는 독립운동과 분리되어 독자적 행보를 꾀하는 사회운동·정치운동은
공상이고 반동이다, 국가·민족의 주권을 회복하는 것이 최우선적 과제가 되
고 있으므로 계급이나 성별, 종교, 지역을 불문하고 독립운동의 기치 아래
민족적 일치단합이 이루어져야 하며 계급운동이나 사회운동은 당연히 독립
운동과 결합해야 한다는 것이었다.

---

241) 『동아일보』 1925년 2월 20일자, 2월 21일자, 「합치되는 두 운동」.
　　1925년 연초에 『동아일보』에서는 일단의 민족주의자와 사회주의자들로 하여금 민족
　　운동과 사회운동의 관계에 대한 각자의 소견을 개진하도록 하는 연재물 형태의 기획
　　보도를 했었는데, 김원봉 회견기는 그 연재의 일환이거나 연장선상의 것으로 볼 수도
　　있다.

따지고 보면 선언문의 이 부분은 청년동맹 내 민족주의자들의 입장만 아니라 상해파 고려공산당계의 현재적 입장까지도 상당 정도 반영한 것이었다. 그러나 여하간에 김원봉에게는 선언문의 발화 주체가 '상해청년동맹'이었다는 사실이 중요했으며, 위의 논지도 전적으로 민족운동에 대한 상해파 고려공산당계의 입장과 관점만이 투사된 것242)으로 읽혔던 듯하다. 그랬을 때 위의 주장은, 궁극적으로는 사회주의혁명을 목표로 하되 독립이 될 때까지는 민족혁명에 매진해야 한다는 '민족혁명 선무론(先務論)' 내지 '민족혁명 선행단계론'243)을 교묘히 분식·포장해 내놓은 상품성 담론 정도로 받아들여졌을 것이 틀림없다.

김원봉의 기자회견이 이루어진 맥락은 바로 이러했으며, 이 기회에 그는 민족혁명 선무론(선행단계론, 당면과제론)과는 차원을 달리하고 나아가 그것을 넘어선다고까지 할 수 있을 '민족운동 유일과제론'을 개진하고자 한 것이다. 거기에는 청년동맹이 노렸을 선언 발포의 정치적 효과를 감쇄시키고 상해파 고려공산당의 민족운동론의 허구성을 낱낱이 논파하려는 의도 또한 강하게 작용했을 것이다.

회견에서 김원봉은 먼저 '민족운동과 사회운동(또는 민족운동자와 사회운동자)의 일체화' 테제를 제출한다. 조선 민중의 생존번영과 자유평등을 위하여 투쟁한다는 실질적 취지에서 보면 민족운동과 사회운동은 형식만 다를 뿐이지 내용은 같으며, 따라서 '합치'한다는 것이 그 주지였다.

　우리 조선사람의 처지로는 민족운동자와 사회운동자의 연락과 합동이 있어야 한다기보다는 민족운동이 곧 사회운동이 되어야 할 것이며 사회운동자가 곧 민족운동자가 되어야 할 것이라 합니다. 조선민중의 생존번영, 자유평등을

---

242) 청년동맹은 은연중에 상해파 고려공산당의 입장과 노선을 엄호하고 전파하는 선전보루의 역할을 하고 있었음이 사실이다. 선언문 가운데 '좌향론'을 논평하는 부분에서 운동계 일각의 좌익소아병적 조급증만을 비판하였지 사회혁명론 자체의 폐기를 요구하지는 않은 것에서도 그 점이 드러난다.

243) 상해파 고려공산당은 1921년 5월 창당시에 '고려공산당 대표회' 명의로 발표한 「고려공산당 선언」에서, "우리의 민족적 해방운동은 사회혁명의 일계급(계단?—인용자)으로서 결코 목적이지는 않음"을 언명하였고, 「강령」에서는 "우리는 민족적 해방이 사회혁명의 전제임을 적절히 느끼는 자"라고 하였다. 「고려공산당 선언서·당강령·당규」, 김정명 편, 『조선독립운동』 제5권, 1000면, 1003면 참조.

위하여 분투 노력한다는 그 실질 문제에서 두 가지 운동이 다른 것이 무엇 있습니까. 다만 하나는 형식이 종족의 투쟁으로 나타나고 하나는 계급의 투쟁으로 나타난다 하여 두 가지 운동의 차이점을 말할 수 있겠지요. 그러나 이 두 가지가 또한 조선에서는 합치한다고 생각합니다. 즉 종족의 투쟁이 구경(究竟)은 계급의 투쟁이 되겠고, 계급의 투쟁이 곧 종족의 투쟁으로 나타날 것입니다.(강조―인용자)

이 테제는 항용 운위되는 일반론법――두 운동은 '연락·합동'해야 한다――을 두 가지 점에서 뛰어넘는 것이다. 이질적 실체의 연합과 협동이 아닌 동질동체의 합치를 말하는 점이 그 하나이고, '… 해야 한다'는 당위론이 아닌 '… 한다'라는 실재론, 또는 '… 할 것이다'라는 필연론으로 그 '합치'를 말하는 점이 다른 하나이다. 특히 두 번째 점으로써 김원봉은 청년동맹의 '일치단결'론 이상의 것을 말한 셈이 되었다. 그의 독특한 논법은 두 운동의 일치를 사회주의 민족운동자의 관점이 아닌 민족주의자의 관점에서 파악함으로써 가능했던 것이다.

청년동맹은 '민족적 일치단결'의 최선의 방법을 사회·정치운동이 독립운동에 융합함에서 구하였다. 마찬가지로 김원봉도 민족운동과 사회-계급운동의 합치를 말함과 동시에 전자가 후자에 우선하며 우위에 있다고 보았다. 그러나 그러한 관점의 근거를 그는 청년동맹처럼 막연히 주권회복, 즉 독립 당위론의 차원에서 찾은 것이 아니었다. 그보다는 일본의 민중이나 무산자까지도 조선의 민중과 무산자를 압박하고 착취하는 주체가 되고 있는 것이 엄연한 현실인데, 계급문제는 민족문제에 포섭되고 있으며 민족문제의 해결이 계급문제의 해결을 담보하게 될 것이라는 데서 찾았다.

맑스의 공산당선언에서 말하기를 '과거 일체의 역사는 계급투쟁의 역사'라 하였습니다. 그러나 계급투쟁이 있기 전에 종족적 투쟁이 있었으며, 또 금일까지도 의연히 종족의 투쟁이 계속되는 것을 잊어서는 안되겠습니다. ○○[일본]의 민중이 조선의 민중을 ○○[압박]하였고, ○○[일본]의 무산자가 조선의 무산자를 ○○[착취]하는 것이 사실 아닙니까? 조선 내에 年年히 이주하는 이민이 일본에서는 무산자가 아니었던 것이 없지마는 조선에서는 2,3년만

지나면 유산계급이 되기 쉽습니다.([   ] 안은 인용자)

따라서 그의 입장에서 볼 때, 민족운동의 의의를 폄하하거나 민족혁명을 계급혁명의 전단계로만 자리매김하려 드는 것은 '조선민중의 특수한 처지와 환경'을 무시하고 '외래의 고정된 사상과 획일한 운동방략'만을 교조적으로 추종하는 행태와 다를 바 없었다.

요컨대 김원봉이 '민족운동과 사회운동의 합치' 테제로서 말하고자 했던 것은, 식민지 조선의 현실에서는 사회-계급운동이 민족운동으로서의 정체의식을 명확히 가지고 민족운동의 내용을 함유하고서 수행되어야 한다는 것이었다. 바꿔 말하면 민족운동은 사회운동보다 절대 우위의 지주적(支柱的) 기본 범주이고, 사회운동의 내용과 성격까지 포섭한다는 것이었다. 따라서 김원봉의 민족운동론은 사회주의자들의 '민족운동 선무선행론'과는 틀을 달리하는 '민족운동 지상과제론'이라 할 수 있는 것이었다.

김원봉이 제출한 두번째 테제, 조선의 혁명운동을 일본 무산자와의 협동으로 할 수는 없다는 테제 역시 '조선민중의 특수한 처지와 환경' '조선 무산자와 일본 무산자의 두드러지게 다른 처지'를 주요 논거로 하고 있다. 따라서 첫번째 테제 논리의 연장이면서 그를 보강해주는 보족테제라 할 것으로서, 그 논지는 다음과 같았다.

특히 공산당 중에서 ○○[조선] 무산자와 ○○[일본] 무산자의 협동을 역설하는 것을 많이 들었습니다. 그러나 … 조선 무산자와 ○○[일본] 무산자의 처지가 서로 현수(懸殊)하다는 것은 이상에서도 말하였거니와, 이 세계에 유(類)가 없이 특수한 경우에 있는 우리 ○○[조선] 민중으로 하여금 ○○[일본] 무산자와 협동하게 한다는 것은 어떠한 조건으로 어느정도까지 한다는 것인지 좀 알아보고 싶습니다. … 사실로 일본의 노동자나 사회운동자가 생활의 정도나 기술로나 운동의 경로로나 조선의 노동자와 사회운동자보다 나은 것이니, 그러면 ○○[일본]의 사회운동의 성공기를 ○○[조선] 민중의 ○○○[대혁명] 실현기로 보고 ○○[조선]민중으로 하여금 ○○[일본]사회운동의 후진(後陣)을 답(踏)하게 하겠습니까. 사회운동이 성공될 날은 예언하기 어려운 것이요 ○○[일본]의 이민은 날로 더하고 ○○[조선] 민중의 생활은 날로 파멸을 당하여 가는 것은 막지 못할 사실인즉 조선의 토지에 ○○[조선]인보다도 ○○[일본]인이 다수가 된다면 ○○○[공산당]의 세계가 된다 하더라도 그것은 ○○[조선]민중을 위하는 ○○[혁명]은 못될 것이오 필경은 계리언(堺利彦), 산천균(山川均)의 ○○○○○[공산당정치]에서 열등노동을 하는 소수의 ○○[조선]인을 남길 것뿐이 아닙니까.([  ] 안은 인용자)

요컨대 프롤레타리아 국제주의 원칙의 교조적 수용과 획일적 적용을 정면 비판하고 거부한 것인데, 이는 "(조선인) 유산자보다 나은 (일본인) 무산자의 존재를 잊지 말라"[244]고 갈파한 신채호의 논리와 완전히 합일하는 것이었다. 이 테제는 특히 상해파 고려공산당을 겨냥한 것이었다고 보아야 할 것인바, 상해파는 '레닌자금'을 일부 떼어 제공함으로써 창당을 도와준 것을 계기로 1921년 이래 사까이 토시히꼬(堺利彦), 야마까와 히또시(山川均) 등 일본공산당 지도자들과 일정한 연계를 맺어오고 있었기 때문이다.[245]

그리하여 김원봉은, 일본 무산자와의 협동은 역설하면서 동족의 민족운동자와의 협동은 전술적 차원에서만 가능한 것으로 보는 일부 사회주의자들의 '민족운동 수단론'을 다음과 같이 질타함으로써 결론을 맺었다.

그러므로 ○○[일본]의 무산자와 협동하여야 된다는 것은 원리원칙처럼 말하고 ○○[조선]의 민족운동자와 협조를 취하는 것은 다만 일시적 수단방침으로 말하는 사회운동자에게서 우리는 아무것도 바랄 것이 없다고 생각하는 바 외다.([  ] 안은 인용자)

그러나 위와 같이 주장했다고 해서 김원봉이 사회주의 이념과 그 운동논리를 완전히 배척하고 있었다고 말할 수는 없다. 그보다는 사회주의 운동논리의 수용은 신중하게 선별적으로 해야만 한다는 민족주의 민족운동자의 입장과 태도를 곡진하게 표출한 것으로 보는 것이 온당하다. 또한 의백의 위치에서 단의 이념적·운동론적 노선 기조를 확실해 해두자는 의도도 다분히 섞

---

244) 신채호, 「낭객의 신년만필」, 『개정판 단재신채호전집』 하, 28~29면 참조. 이 글은 원래 『동아일보』 1925년 1월 2일자에 실렸던 것이다. 인용문 중의 괄호 부분은 인용자의 것임.
245) 朴慶植 編, 『在日朝鮮人關係資料集成』 제1권, 三一書房 1975, 124~25면 참조.

여 있었을 것이다.

김원봉의 이러한 관점과 입장은 그만이 홀로 고집하고 있던 것이 아니고 오히려 대부분의 단원들——구 창조파 및 이르꾸쯔끄파와 밀접한 관계를 맺고 있던 일부 사회주의자 단원들까지 포함해서——에게도 공유되고 있었다고 볼 만한 유력한 증거가 있다. 간부급 단원이던 김성숙[246]과 그의 동지인 장지락[247]의 경우가 그 전형적인 사례에 해당하는데, 그들은 1925년경에 북경에서 이르꾸쯔끄파의 장건상, 서울파의 양명(梁明) 등 다른 여덟 명의 동지들과 함께 분열 상태의 조선 공산주의자들을 하나로 결속시키기 위한 취지의 창일당(創一黨) 활동의 주역이 되고 있었다.[248] 김성숙의 회고에 의하면, 당시 그와 그의 동지들은 '민족주의와 공산주의의 범벅'인 '민족적 공산주의' 노선을 걷고 있었는데, 그 노선의 "기본(바탕)은 민족주의였다"고 한다.[249] 이처럼 특이한 입장을 취하게 된 배경과 동기를 김성숙은 다음과 같

---

246) 김성숙은 1922년부터 무산자동맹회 회원으로 활동하다 1923년에 북경으로 망명하였으며, 그해 10월에 신채호와 류자명의 추천으로 의열단에 가입하여 선전부장이 되었다. 金在明, 「김성숙선생의 묘비명」, 『정경문화』 1985년 10월호, 431~33면; 김학준 편, 앞의 책, 37~75면.

247) 1920년 겨울에 상해로 망명한 장지락은 잠시 흥사단 단원으로 활동하기도 하였으나 1921년경에 의열단에 입단하여 무정부주의자가 되었다. 1921년 겨울 의학공부를 하러 북경으로 간 후 맑스주의 서적을 다수 접하게 되었고, 더욱이 '1922년'(1923년의 착오이다)에 김성숙을 만나게 되면서부터 그의 교도에 의해 공산주의자가 되었다고 한다(『아리랑』, 82~114면).

248) 창일당은 장지락이 "1924년에 김충창(=김성숙)과 나와 다른 여덟 명의『혁명』창간자들이 이르쿠츠크파 고려공산당의 한 지부로 창립"했다고 회고한(조우화 역, 앞의 책, 116면) '북경 고려공산당'의 다른 이름이었을 수 있다(김학준도 그렇게 추측한 바 있다). '통일공산당'으로 일컬어지는(이석태 편,『사회과학대사전』, 601면) 제3차 조선공산당의 결성 경과를 추적한 최근의 한 연구성과에 의하면(朴鍾隣, 「1920년대 '통일'조선공산당의 결성과정에 관한 연구」, 연세대학교 사학과 석사학위논문 1994), 1925년 1월에 북경에서 장건상 김성숙 양명 장지락 金容贊 金鳳煥 李洛九 車應俊 등이 비밀결사 '革命社'를 조직하여 "먼저 제국주의를 조선에서 驅逐한 후에 공산주의 정치를 실현"한다는 방침을 내걸고서 1925년 1월부터 기관지『혁명』을 발간하였고, 분파주의에 반대하여 사회주의운동의 통일을 위한 노력을 다각도로 펴나갔다고 한다. 위의 회고에서 장지락이 '1924년'이라고 한 것은 1925년의 착오인 것으로 판단된다. 창일당 조직보다『혁명』지 창간이 선행했음을 시사하는 장지락 자신의 술회로 보아도 그렇고, 1925년 4월에 서울파를 배제하고 화요계의 주도와 상해파 일부의 참여로만 조선공산당이 창립된 사실이 창일당을 조직하도록 한 자극제가 되었을 것으로 보이는 점에서도 그렇다.

이 술회하였다.

그때 국제주의가 너무 팽창해 있어서 그것을 경계하기 위해서도 민족주의
가 중요하다고 생각했지요. 무슨 말이냐 하면 그때 우리나라의 사회주의자들
과 공산주의자들은 민족주의라는 것을 무시하고 있었어요. 민족주의를 부르
즈와 이데올로기라고 단정하고 프롤레타리아 국제주의를 강조한 마르크시즘
-레닌이즘을 그대로 받아들인 것이지요. 여기에 맞서서 나와 내 동지들은
"민족문제가 더 크다. 민족이 독립된 뒤에야 공산주의고 사회주의고 무엇이든
지 되지 민족의 독립이 없이 무엇이 되느냐"고 역설했지요. 그리고 "우리가
독립하기 위해서는 전민족이 단결해야 한다. 이것이 바로 민족주의이다. 이
민족주의와 합작해서 자본주의와 싸워야 한다"고 주장했지요.[250]

이에 따르면 김성숙 등의 사상적 지향점은 결국 민족주의 이념과 반자본
주의(공산주의) 이념을 접합시키되 전자를 지주(支柱)로 하고 후자를 거기에
접목시킨다는 방향의 것이었다. 그런데 민족주의 이념은 그 실천과정에서 거
의 필연적으로 프롤레타리아 국제주의와 상충하게 되는바, 그 경우에 그들은
민족주의 이념을 취하고 국제주의 원칙은 버리려 했다는 것이다. 국제주의보
다는 민족주의를 단연코 앞세우려 했다는 점에서 그들은 사회주의자이면서
도 민족주의자였다. 또한 민족주의를 이념적 기조로 고수했던 점에서 김성숙
과 장지락은 순수 민족주의자이던 김원봉과도 기본적인 입장의 합치점을 찾
을 수 있었고, 그후 상당 기간을 의열단에 남아 김원봉의 막역한 동지요 주
요 이론가 겸 조직가로서 활동하게 된다.

---

249) 김학준 편, 앞의 책, 65면.
250) 같은 책, 65~66면.
　엄밀한 사료비판이 필요하다는 견지에서 보면, 김성숙의 이러한 진술은 실상 그가 민
족통일전선운동의 선봉에 서고 있던 때인 1930년대 중·후반에 취했던 입장을 부당하게
時點引上시켜 마치 1920년대 중반의 것이었던 양 왜곡 증언한 것이 아닌가 하는 의심
을 가져볼 수도 있다. 나중에 논급되겠지만, 1927년에 중공당의 광주봉기에 아무런 망
설임 없이 적극 가담하는 그의 행적에 비추어보면 그러한 의심은 더욱 짙어질 수밖에
없다. 그러나 상황 변화에 따른 입장의 轉移는 순식간에 일어날 수도 있으며, 또한 인용
된 자료에서 '그때'로 지칭된 1924,5년경에 그가 이러한 입장을 취하지 않았다는 확실
한 증거도 없으므로 일단은 그의 진술을 액면 그대로 받아들여 활용키로 하였다.

이처럼 1925년을 전후한 시점의 김원봉과 의열단은 민족주의를 확고한 이념적 기초이자 운동노선의 기본 지표로 삼고 있었다. 공산주의나 사회주의 이념에 경도된 단원이 있었을지라도, 그들마저도 '기본은 민족주의'임을 분명히 하고 있었다. 특히 일본의 무산자층과 일본공산당을 조선혁명운동의 동반자로 삼을 수는 없다고 분명히 못박아 말한 데서, 무조건적이고 맹목적이기까지 한 국제주의 원칙의 수용은 단호히 거부하고 민족주의 노선을 옹골차게 지켜가는 면모가 뚜렷이 드러났다.[251] 그 점에서 의열단은 적어도 상해파 고려공산당계 사회주의자들과는 사상적 입지를 달리한다고 자부하였던 것이다. 다시 말해 운동방략과 조직노선이라는 측면에서는 청년동맹의 비판을 부분적으로 수용하고 소화하여 자기 갱신을 기하지만, 이념과 사상의 면에서는 분명한 차별성이 있다는 것을 강조하고자 했던 것이다.[252] 거기에는 의열단의 정신적 사표가 되고 있던 신채호의 사상적 훈도가 알게 모르게 깊이 배어들어 있었음을 덧붙여 말해두고 싶다.

---

251) 그럼에도 의열단(김원봉)은 이러한 사상적 자주성과는 별개로 실제의 운동행로에서는 융통성을 발휘하여, 코민테른이나 소련정부로부터의 지원을 굳이 거부하거나 유대를 기피하지는 않았다. 그러한 모습을 자가당착적이라고만 평언할 수 없는 것은 운동의 취약한 물적 기반을 보전하기 위한 실용주의적인 태도로 해석될 수도 있기 때문이다. 그러나 다른 한편으로 보면, 1920년대 국제 혁명운동의 정치적 역학관계 속에서 갈수록 강화되고 있던 소련 및 코민테른의 영향력에 피치 못하게 견인되어간 측면일 수도 있었다. 무정부주의자들은 그러한 태도를 '공산주의 이용주의자의 애매한 사대사상'으로 낙인찍고 시급히 청산할 것을 누차 요구하곤 하였다(조선총독부 경무국, 『最近に於ける朝鮮治安狀況(昭和八年・十三年版)』, 巖南堂書店 復刻本, 276면).

252) 상해파의 운동전략과 이념적 지표는 1925년 8월 29일자로 발표된 상해청년동맹의 선언문에서 더욱 분명하게 공표되었다. 거기서 제시된 '차후 추진사업의 표준'은 ① 독립이 될 때까지 전민족적으로 민족혁명에 공헌할 것, ② 전민족의 前途는 과학적 공산주의로 인도할 것, ③ 민족을 본의로 하는 계통있고 규율있는 조직으로 나아갈 것, ③ 타협주의자를 배제할 것 등이었다(국회도서관 편, 앞의 책, 572면). 공산주의사회의 건설을 궁극적인 목표로 하고 민족혁명은 사회혁명의 전 단계 또는 그 완수 과정의 중간경로일 뿐임을 강력히 시사하고 있는 점에서 김원봉이 피력했던 민족운동론과는 확실히 성질을 달리하는 것이었다. 위 선언문의 발포와 더불어 동맹 내에 정치사회연구부가 신설되면서 그 위원으로 윤자영과 김상덕, 조덕진이 선출되었으며, 1926년 1월부터는 과학적 공산주의를 표방하는 旬刊紙 『레닌』을 발간하였다고 한다(『동아일보』 1926년 2월 27일자).

1920년대 후반기 중국 관내(關內)에서의 한국민족운동은 크게 보아 다음과 같은 네 가지의 특징적 지향점을 내보였다. 첫째 중국 국민혁명운동에 참가하여 독립운동의 여건 호전과 기반 강화를 꾀한 점, 둘째 독립운동 좌우진영간의 협동전선 및 유일당 결성에 진력한 점, 셋째 독립운동의 대중적 기초의 구축을 절실한 과제로 인식하여 그 실천의 노력을 다각도로 펴간 점, 넷째 국내 및 만주지역 운동세력과의 연계를 줄곧 추구해간 점이 그것이다.

또한 이들 특징점들은 각기 분리된 별개의 것으로가 아니라 상호 인과적 관계를 이루거나 밀접한 연관을 가지면서 나타났다. 아울러 이러한 추세에 상응하여 새로운 운동조직이 연이어 결성되고, 기존의 조직과 단체들도 그와 보조를 같이하여 통합-재조직되거나 방향 조정을 기해갔다.

그리하여 1920년대 후반기 의열단 활동의 주된 장(場)과 환경 변수가 된 것은 중국 국민혁명, 민족운동진영 내의 유일당촉성운동과 좌우협동전선운동, 대중조직 건설 문제와 관련한 좌파세력 운동자들의 동향들이었다. 따라서 이 시기의 의열단 활동을 고찰하기 위한 일차적 준거점도 그것들에서 찾는 것이 적절하다. 이에 중국 국민혁명운동(제4장)과 유일당촉성운동 및 대중조직건설운동(제5장)의 맥락에서 의열단은 어떻게 움직이고 어떤 활동을 펴서 얼마만큼의 성과를 얻게 되는지를 고찰하고자 한다.

제 4 장

# 1920년대 중반
# 민족혁명운동의 한·중 연대와 의열단

1920년대 중반 중국대륙에서 '반제·반군벌'의 기치하에 가속화하고 있던 국민혁명운동의 추이는 재중국 한국독립운동의 진전 여부를 가름할 중요 변수가 되기에 충분했다. 국민혁명운동이 성공적으로 완결된다면 그것은 일제 타도와 봉건잔재의 척결을 목표로 한 식민지 조선의 민족혁명운동에 매우 고무적인 선례로 작용함과 동시에 재중 한인 독립운동의 여건을 크게 호전시키고 그 기반을 강화시켜줄 것이었다. 아울러 중국지역의 한국민족운동자 집단은 국공합작의 국민혁명운동 주도세력을 둘도 없는 제휴상대요 든든한 원군으로 삼을 수가 있었다.

그리하여 한·중 두 민족간에 혁명운동의 연대가 다져지고 제휴관계가 성립하게 된다면 그것은 동아시아 식민지·반식민지 민족운동진영의 국제적 연대를 다져줄 구심축이자, 반제를 공통의 이해로 하는 세계혁명운동의 큰 진전을 담보해줄 지렛대가 되기에 족한 것이었다. 중국 국민혁명운동의 추이가 소련 혁명정부만 아니라 조선과 베트남, 인도 등 인접 식민지 피압박민족들의 비상한 주목을 끌면서 각국 혁명운동자들의 공개적인 지원과 참여를 얻게 된 까닭도 거기에 있었다.

그렇다면 이 시기의 재중국 한인 민족운동자들은 국민혁명운동에 얼마만큼, 어떤 방식으로 관여했는가? 그들이 국민혁명운동을 적극 지원하거나 거기에 직접 참여했다면 그 반대급부는 어떻게 주어졌으며, 그것의 귀결 내지 효과는 무엇이었는가? 1920년대 중반에 민족혁명운동의 한·중 연대가 성취되었다면 그것은 어떤 수준, 어떤 형식으로였는가?──우리가 관심을 갖는 문제와 던지고자 하는 물음은 대체로 이 테두리 내의 것들이다.

사실 이 문제를 제대로 조명하려면 1920년대 중반 시기 재중 한인 민족운동자들의 동향과 거취를 꼼꼼히 점검해야 함은 물론이고, 민족운동 전반의 전개 양상과 추세까지도 같이 검토해보아야 할 것이다. 그러나 여기서는 고찰의 범위를 좁혀서 의열단의 동향을 중심으로 위의 문제에 접근해보려 한다. 중국 국민혁명운동에 가장 열성적으로 참여했던 한인 민족운동 단체로는 단연 의열단을 꼽아야 한다는 점에서, 또한 의열단은 이 무렵의 재중 한인 민족운동전선에서 '직접 투쟁하는' 단체들을 대표하는 위치에 있었다[1]는 점에서, 이러한 접근 방식이 큰 무리를 범하는 것은 아니라고 판단된다.

의열단 운동사의 전체 궤적이라는 맥락에 비추어보면, 그 중기 국면의 초입에 해당하는 이 시기는 조직체제를 일신하고 제2의 도약을 꾀하면서 활동의 무대를 넓혀간 때였던 것으로 파악된다. 보기에 따라서는 가시적인 성과도 별로 없이 시행착오격인 '고투와 좌절'의 행적으로만 점철된 시기로 여겨질 수도 있다. 그러나 그런 경우에도 그것을 의열단 자체의 미숙한 행보나 운동노선상의 근본적인 오류 탓이라고 말할 수는 없다. 의열단이 깊숙이 발을 들여놓았던 중국혁명 정세의 급변전, 곧 '혁명과 반혁명의 드라마'가 의열단 활동의 폭을 넓혀준 만큼이나 제약하는 요인으로 작용했다는 점에도 유의할 필요가 있는 것이다.

결국 이 장의 논의 주제는 중국 국민혁명운동기의 의열단의 동향과 그 조직·이념의 변천으로 압축될 것이다. 그것을 특히 1920년대 중반 동아시아지역 민족혁명운동의 국제적 연대, 더 구체적으로는 그것의 성과와 한계라는 문제틀 속에 위치지우면서 그 의미를 추출해보려는 것이다. 물론 이 시기의 의열단의 행보들이 전체 의열단 운동사에서 점하는 위치와 의의도 논의의 한

---

1) 조선공산당이 1926년 3월에 코민테른에 제출한 보고서에는, 당시 민족혁명전선에서 직접 투쟁하는 단체로는 "남북만주에서 테러운동을 하는 김원봉 일파의 의열단 또는 新民府 또는 統義府"밖에 없다고 기술되어 있다. 스칼라피노·이정식 저, 한홍구 역, 『한국공산주의운동사 1』, 돌베개 1986, 147면.

축을 이룰 것이다. 그것은 이 시기 이후로 한동안 의열단 행로의 한 표징처
럼 여겨지게 된 '좌경화'의 정확한 의미, 그 '좌파 정향성'의 배경과 이유는
무엇이었는지를 구명해보려는 의도와도 관련된다.


## 제1절  무장투쟁 노선의 추동 기반 조성


### 1. 광주로의 본거 이전과 그 배경

의열단은 1924년 말부터 1925년 상반기까지 사이에 조직세의 약화와 재
정적 곤궁으로 매우 어려운 처지에 놓여 있었다. 상해에서 새로운 활로를 암
중모색하고 있던 간부진과 단원 19명은 1925년 8월 중순에[2] 광주로 단의 본
거를 옮겨갔다. 그 이유를 명시해주는 자료는 찾을 수 없으나, 1924년 5월에
개교한 황포군관학교(이하 '황포군교')에 입학하는 것이 아마도 직접적인 목
적이 되었던 듯하다. 그러한 추정이 가능한 것은, 상해에서 비밀리에 황포군
교 입교생을 모집하고 있던 중국국민당 간부 진과부(陳果夫)가 장개석(蔣介
石)[3] 앞으로 써준 소개장을 받고서[4] 그들이 상해를 출발했고 그중 10여 명
의 핵심 단원이 1926년 1월에 황포군교에 입학했기 때문이다.

의열단은 이미 1924년 봄부터 경제적 지원을 얻을 요량으로 국민당에 접
근하고 상호 연대의 구축을 시도했으나 별로 성과를 거두지 못하였다. 대일
관계를 의식한 국민당측이 소극적인 태도를 보였기 때문이다. 그러나 1925
년 5·30 운동 이후로는 국민당이 반일의 입장과 태도를 분명히 취하지 않을
수 없게끔 상황이 바뀌고 있었다.

1925년 당시 중국에는 일본자본 계열의 면방직공장이 연해(沿海)의 주요

---

2) 范廷傑, 「蔣委員長培育韓國革命軍事幹部」, 『傳記文學』 제28권 제4기, 1976, 51면.
3) 장개석은 국민당의 領袖이던 손문이 1925년 3월 북경 여행중에 急逝한 후로 왕정위(汪
   精衛)와 함께 당내 좌파를 대표하여 새 실권자로 부상하고 있었고, 황포군교 교장직을
   맡고 있었다.
4) 范廷傑, 앞의 글, 51면.

도시마다 세워져 있어서 그 수가 41개를 헤아렸고, 고용된 중국인 노동자는
8만 8천 명에 달하였다. 그런데 5월 중순 들어 사내 쟁의에 참가중이던 노동
자가 일본인에 의해 살상당하는 사건이 상해와 청도(靑島) 두 곳에서 일어났
다. 분노한 상해의 노동자와 학생들은 사전 연락과 준비를 거쳐 5월 30일에
조직적인 항의시위를 벌였는데, 공동조계의 영국 경찰이 시위 대열에 발포하
여 수십 명의 사상자가 발생하였다. 이에 20만 노동자를 대표하는 지역조직
으로 상해총공회(總工會)가 즉각 결성되어, 각마로(各馬路) 상회연합회, 상해
학생연합회, 전국학생연합총회 3개 단체와 제휴하여 6월 1일부터 공·상·학
연합의 총파업·철시·동맹휴교를 단행하는 한편, 대대적인 반일·반영 시위
를 전개하였다. 상해의 5·30 운동은 곧바로 북경 천진 한구 장사(長沙) 남경
등 각 도시들로 파급되어, 동조파업 및 시위와 함께 반제국민대회가 개최되
는 등의 전국적인 반제운동으로 발전해갔다.[5]

상해와 북경의 한인 운동자와 유학생들도 이와같은 대중적 반제운동의 추
이를 주시하고 적극 가담하였다. 상해 동제대학(同濟大學)과 호강대학(滬江大
學)의 한인 학생 25명은 5월 30일 당일 학생연합회로부터 격문을 수령하여
배포하고 시위에 참가했으며, 상해청년동맹의 간부진은 6월 5일에 학생연합
회를 방문하여 중국민의 반일·반영운동을 극력 후원할 것을 약속하고 격문
수천 부를 살포하였다. 또한 북경의 독립운동자들도 5·30 운동을 후원하기
로 결의하고 의연금을 모집하기 위해 수천 부의 격문을 만들어 내외의 한인
들에게 배포했으며, 임시정부는 비록 공식 결의는 유보했지만 운동에 가담해
야 한다고 주장하는 인사가 많았다. 의열단 역시 일본 총영사관을 폭파하기
위해 폭탄을 준비하였다.[6]

반일·반영운동의 열기가 중국 전역으로 파급되고 있는 가운데, 6월 23일
광주에서도 노동자와 학생을 비롯해 시민, 군인들이 대거 참여한 반제·반군
벌 시위가 벌어졌다. 시위대는 사면(沙面)의 외국조계에서 영국경찰과 충돌
하게 되었고, 이 과정에서 시위대원 52명이 사망하고 170여 명이 중상을 입

---

5) 姬田光義 外, 편집부 역, 『중국 근현대사』, 일월서각 1984, 237~38면. 근래의 한 연구
(田寅甲, 「5·30 운동과 상해총공회」, 『동양사학연구』 38, 1992)도 5·30 운동은 총공회
주도의 노동운동이 아니라 노동자와 상공인, 학생, 일반 시민들의 참여로 지속 가능했
던 반제국민운동으로 보아야 한다는 결론에 이르고 있다.
6) 이상 국회도서관 편, 『한국민족운동사료: 중국편』, 1976, 564~65면.

는 참사(사기참안 沙基慘案)가 발생하였다.[7] 광주와 홍콩(香港)의 시민과 노동자들이 연대하여 장기 총파업(성항파공 省港罷工)에 돌입하였으며, 7월 1일에는 광동 대원수부(大元帥府)를 개편한 '국민정부' 수립이 선포되었다. 그 직후에 6·23 시위를 막후 지도했던 국민당 공인부장 료중개는 대영(對英) 항의문을 발표하고 불평등조약 취소, 조계 회수, 외국 군함의 내하(內河) 통항 금지를 요구하는 한편, 파업 노동자들을 적극 지원하기 시작하였다.[8] 그리하여 광주는 시민과 노동자가 정부와 연대한 형태로 전개되는 반제운동의 거점이 되기에 이르렀으며, 국민당 내에서는 좌파의 입지가 더욱 강화되었다.

이처럼 5·30 운동을 계기로 하여 반제 국민운동의 에너지가 분출하기 시작한 상황을 배경으로, 상해를 중심으로 한 중국지역의 한인 독립운동자들 사이에는 진영의 좌우익을 가릴 것 없이, 국민정부가 반제-반일 노선을 일관되게 이행함으로써 한국독립운동의 진정한 동지이자 후원자가 되어줄 것이라는 기대, 국민정부의 반제-반군벌 혁명운동의 완전한 성공이 한국독립의 길목이 된다는 인식, 따라서 혁명운동에 동참하는 것이 마땅하고도 바람직하다는 판단과 자진 참여하려는 결심이 점점 확산되고 일반적 정서로 되어갔다. 그래서 '중국혁명이 조국해방의 첫걸음'이라 생각한 한인 운동자들이 1925년 가을부터 광주로 속속 집결하기 시작하였다.[9]

광주는 혁명운동의 진원지요 근거지가 되고 있다는 정치지리적 특성만으로도 당대의 온갖 변혁 열망이 집중되어 끓어오르는 거대한 용광로와도 같았다. 더욱이 연소(聯蘇)·연공(聯共)·부조농공(扶助農工)의 3대 정책[10]에 기반

---

7) 中國人民政治協商會議 廣東省 光州市委員會 文史資料硏究會員會 編, 『廣州百年大事記』, 廣東人民出版社 1983(이하 『廣州百年大事記』로 약기), 318면.

8) 나현수, 「제1차 국공합작과 廖仲愷의 노동정책」, 민두기 편, 『중국국민혁명 지도자의 사상과 행동』, 지식산업사 1988, 148면 참조.

9) 김산(=장지락)이 회고한 바로는, 그가 1925년 가을 북경을 떠나 광주에 도착해보니 이미 60명 가량의 한국인이 집결해 있었고 그 대부분은 의열단원이었다. Kim San & Nym Wales, *Song of Ariran: The Life Story of a Korean Rebel*(1941), 조우화 역, 『아리랑』, 동녘 1984(이하 『아리랑』으로 약기), 121면.

10) 이 3대 정책에 관해 왕정위가 1927년 4월 14일 무창(武昌)의 군중대회에서 내린 해석은 다음과 같았다. '연소'란 전세계의 혁명민족이 연합하여 공동으로 제국주의에 반대하는 것이고, '연공'이란 국내의 모든 혁명분자가 연합하여 제국주의에 반대하는 것이

을 둔 국공합작의 구조는 국적과 언어를 달리하는 수많은 운동자들이 자진해
서 광주로 모여들어 국민혁명운동에 투신하게 하는 가장 큰 유인(誘因)이었
다. 그리고 국공합작의 상징은 바로 혁명군 간부의 양성 기관으로 설립된 황
포군교였다.

의열단 간부진과 핵심단원들이 광주로 이동한 것도 따지고 보면 이러한
배경에서 이루어진 일이었다. 5·30 운동 이래 급속도로 확대 전개되어가는
반제운동의 추이는 직접적으로 국민정부의 위상 강화를 가져오면서 결국은
국민혁명의 성공을 점칠 수 있게 하고 있었다. 따라서 광주로 가서 혁명과정
에 직접 참여하는 것이 크게 보면 독립운동 진전의 기반을 다지는 길이 되고
의열단 자체로서도 새로운 활로를 여는 계기로 삼을 수 있으리라는 생각, 바
로 이것이 남행 결정의 주된 논거이자 배경 요인이 되었으리라고 보아 틀림
없을 것이다.


## 2. 무장투쟁 노선의 확정과 그 추동 기반의 조성

중국혁명의 선결과제이자 혁명운동진영의 우선적인 목표는 제국주의세력
과 유착한 군벌정권을 타도하는 일이었다. 그래야만 국민정부의 힘으로 중국
통일을 성취해낼 수가 있었기 때문이다. 국민정부의 수립과 동시에 '국민혁
명군'이 조직된 것도 북벌의 의지를 굳히고 구체화시키는 작업의 일환이었
다. 그리하여 북벌전의 개전은 단지 시간문제인 것으로 간주되고 있었다.

광주에 온 의열단원들은 북벌 준비 작업이 착착 진행되고 있음을 직접 확
인할 수 있었으며, 자기들 또한 멀지 않은 장래에 그와 유사하면서도 더 치
열한 전쟁, 곧 조국독립전쟁을 치러야 하리라는 점을 잘 알고 있었다. 그러므
로 북벌전 참전은 그들에게 있어서 조국광복전쟁의 예비 체험이라는 의미를
가질 수가 있었다. 북벌전에서의 실전 경험을 바탕으로 자체 무장력을 건립
하여 대일결전을 준비할 수 있다면 더할 나위 없이 바람직한 것이었으므로

___
며, '부조농공'은 전인구의 최대 다수를 점하고 있으면서도 가장 곤궁한 처지에 놓여
있는 피압박분자를 혁명 영도자로 만드는 것이다. 尹世哲,「胡漢民과 淸黨: 참여 과정과
이념적 기초」, 민두기 편, 앞의 책, 50면.

그것이 당연히 단의 새로운 진로이어야 할 것으로 보였다. 더욱이 국민정부도 전투력 증강 차원에서 한인들의 참전을 환영하고 있었다.

이리하여 의열단은 북벌전 참전을 기정사실화하는 가운데, 승전 후 중국이 통일되면 국민정부의 지원 아래 대일무장투쟁을 전개할 것을 단의 중장기적 활동방향으로 전망하게 되었다. "민중의 일대 무장투쟁이 아니고는 강도 일본을 구축할 도리가 없다[11]"는 전략구도 변환의 결론은 이렇게 해서 더욱 굳어지고, 대일무장투쟁의 추동이 새 노선으로 확정되기에 이른 것이다.

무장투쟁의 실행을 위해서는 먼저 의열단 자체가 무장하고 군사조직화해야 할 것이나, 비록 그렇지 못한다 해도 단원 개개인은 군사간부로서의 지식과 소양을 갖추는 것이 최소한의 선결 요건이라 할 수 있었다. 그래서 1925년 7월부터 입오(入伍, 정식 개교나 개학 이전의 예비과정에 들어가는 것)가 시작되어 1926년 1월에 개학[12]한 황포군교[13] 4기[14]로 우선 핵심단원 15명 가량이[15] 입교하여 군사교육을 받게 되었다. 이는 상해를 떠날 때 맺은 진과부와

---

11) 박태원, 『약산과 의열단』, 백양당 1947, 203면.

12) 同學錄籌備委員會, 『中央陸軍軍官學校 第十一期 第一總隊 同學錄』, 南京, 1937, 4면; 陳适 外, 「孫中山黃埔建軍紀要」, 全國政協 文史資料硏究委員會 編, 『第一次國共合作時期的黃埔軍校』, 北京: 文史資料出版社 1984, 31면.
水野直樹(「黃埔軍官學校と朝鮮の民族解放運動」, 『朝鮮民族運動史硏究』, No.6, 1989, 44면) 등 일부 논자가 4기 '개학'일이라고 한 3월 8일은 정확히 말하면 '開學典禮 거행'일이었다(陳以沛, 「黃埔軍校大事記」, 위의 『第一次國共合作時期的黃埔軍校』, 425면). 1기 때도 개학일과 개학전례일이 각각 5월 5일과 6월 16일로 서로 달랐다.

13) 정식 명칭은 중국국민당 육군군관학교였고, 1926년 3월 1일부로 국민혁명군 중앙군사정치학교로 개명되었다(『廣州百年大事記』, 334면).

14) 총원 2,654명의 4기생 가운데 韓籍 학생은 24명으로, 그 명단은 다음과 같았다. 姜平國 柳遠郁 朴孝三 朴建雄 崔林 楊儉 田義昌 李愚懿 權唆 李集中 王子良 尹義進 崔永澤 金鐘 李鐘元 盧一龍 李箕煥(이상 步科 17명), 吳世振(砲科), 金洪默(工科), 白紅 勞世芳 朴益濟 文善在 盧建(이상 정치과 5명). 「同學姓名籍貫表」, 廣東革命歷史博物館 編, 『黃埔軍校史料(1924~1927)』, 廣東人民出版社 1982, 553~87면. '崔林'은 김원봉, '楊儉'은 姜人壽, '勞世芳'(盧世房)은 金森, '盧建'은 盧英熙가 본명이다..

15) 미즈노 나오끼와 한상도는 위의 24명 가운데 의열단원임이 확인되거나 의열단 관련자로 추정되는 인물로, 강평국 박효삼 최림 양검 권준 이집중 왕자량 최영택 김종 노일룡 이기환 노건의 12명을 꼽았다(水野直樹, 앞의 글, 51면; 한상도, 『한국독립운동과 중국군관학교』, 문학과지성사 1994, 162면). 그러나 박건웅과 이종원도 비록 입단시점은 불명이나 단원임은 분명했고, 다른 여러 자료를 비교 검토해보면 유원욱과 전의창, 윤의진도 단원이었을 가능성이 높다.

의 언약이 이행된 것이라고 봄이 옳겠다.16) 이어서 3월에 입교가 시작된17) 황포군교 5기에도 한인 입교생이 100여 명이나 되었는데, 그 가운데 80명 가까이 되는 인원이 의열단에 입단하였다.18)

다른 한편으로 강세우 김성숙 정유린(鄭有隣)19) 장지락 이영준(李英駿) 최원(崔圓) 서의준(徐義駿) 등 일부 간부급 단원들은 국민당의 청년엘리뜨 당

---

16) 이들의 입교를 전후한 시점에, 한인 청년들에게 중국 군관학교 및 국립대학·학교 입학 허용의 특전을 포괄적으로 부여하기로 한다는 내용의 합의가 여운형과 장개석 사이에 맺어졌다고 한다. 즉 국민정부 주석 왕정위의 초청으로 중국국민당 제2차 전국대표대회 참석차 광주에 온 여운형은 1월 중순에 황포군교 일본어 교관(다른 자료로는 교장실 부관이었다고도 한다)인 孫斗煥의 주선으로 국민당 내 실력자요 군교 교장인 장개석을 접견하고 면담하였다. 이 자리에서 여운형은 먼저 한인 독립운동자들에 대한 국민당측의 자금 제공을 요구하여 담판을 벌였으나, 장개석이 끝까지 난색을 표하는 바람에 재정 지원에 관해서는 하등의 성과를 얻지 못하였다. 그 대신 여운형은 혁명간부와 군사기술 전문가의 양성이 한국독립운동의 필수 요건임을 들어 한인 청년들을 황포군교에 입교시켜줄 것을 요구하였는데, 이에 대해서는 장개석이 쾌히 승락하였다. 그리하여 양인은, 국민정부 관할 구역 내의 군관학교, 국립대학, 기타 국립학교에의 입학을 희망하는 한인은 언제라도 무조건 입학을 허가하고, 군관학교 생도에게는 서적·숙소·식비·피복 일체와 일정액의 봉급을 지급하며, 졸업 후 24개월 동안은 국민혁명군에 의무 복무하되 그후에는 계속 복무하든 다른 일에 종사하든 전적으로 본인의 자유 의사에 맡긴다는 내용의 합의에 이르게 되었다 한다. 「高警 134號, 1926년 4월 10일자 조선총독부 경무국장 보고」; 여기서는 姜德相, 「中國國民革命と呂運亨」, 『季刊 三千里』 49호, 1987, 174~75면에 의함.

이 성과를 손두환의 주선에 의한 것, 또는 손두환의 역량에 힘입은 것으로 말하는 정보보고들도 있다(조선총독부 경무국, 「在外不逞鮮人の狀況」, 『朝鮮の治安狀況: 昭和2年』, 14면; 조선총독부 경상북도 경찰부, 『고등경찰요사』: 이하 『고등경찰요사』로 약기, 107면). 그러나 다른 여러 정황을 같이 참작하고 呂·孫 양인의 당시 위치를 비교해볼 때, 장개석을 면담하고 이와같은 합의까지 끌어낼 수 있는 인물은 손두환보다 여운형이었을 가능성이 훨씬 높다.

17) 5기생의 입교 개시 시점이 3월이었음은 ① 同學錄籌備委員會, 앞의 책, 4면; ② 중화민국 국방부가 발행한 5기 출신 張興의 군복무 기록(국가보훈처, 『독립유공자공훈록』 제5권, 768면); ③ 5기생이었던 의열단원 吳鳳煥의 증언(김재명, 「김원봉의 고투와 좌절」, 『월간경향』 1987년 12월호, 488면) 등에 의해 확인된다. 이들은 4월에 시험을 치러서 입오생이 되었고 9월 16일에 생도로 정식 '升學'하였다고 한다(陳以沛, 앞의 글, 431면).

18) 앞의 ③ 오봉환의 증언에 의함. 그러나 5기생들은 1927년 4월 장개석의 쿠데타와 함께 불어닥친 무차별 숙청의 회오리 속에서 자진 퇴교하거나 강제 축출당하여 겨우 4명만이 졸업할 수 있었다고 오봉환은 덧붙여 말했다.

19) 정유린이 의열단원임은 국회도서관 편, 앞의 책, 543면, 545면에서 확인된다.

원 양성 기관이요 혁명사상 전파의 주요 통로가 되고 있던 중산대학(中山大學)에 입학하였다.[20] 군사간부만큼이나 이론가·조직가로서의 정치간부도 필요하다는 인식에서 그랬을 것이라고 쉽게 해석할 수 있다. 그러나 실상 이들 몇 사람은 단이 무장투쟁의 군사단체이기 이전에 우선은 대중적 영향력을 행사할 수 있는 정치단체로 탈바꿈해야 한다는 생각을 강하게 가지고 있었던 것으로 보인다. 그 '정치단체'의 모델이 된 조직은 중국국민당이나 중국공산당 또는 조선공산당과 같은 혁명당 체제였다고 하겠다. 그러한 당조직 체제로써만이 광범위한 대중을 조직해내고 동원할 수가 있으며, 항일무장투쟁도 궁극적으로는 당이 지도하는 대중조직에 의한 '대중투쟁'의 형태로 수행되어야만 최후의 승리를 거둘 수 있다는 것이 그들이 취한 입장이었을 것이다.

그렇다고 해서 김원봉 등 무장투쟁 노선에 중점을 두고 있던 쪽과 김성숙 등 정치단체로의 전환을 촉구한 쪽이 당장에 어떤 마찰을 일으킨 것으로 볼 만한 흔적은 눈에 띄지 않는다. 오히려 김원봉 등이 후자 쪽의 주장을 설득력있는 것으로 받아들여 조직체제를 개편하고, 광주는 물론 관내지역 전반에 걸쳐 한인 운동자 대중에 대한 단의 영향력을 높여가고자 합심하여 노력한 흔적이 뚜렷하다. 다만 아래 2절에서 논의하겠지만, 1927년 7월의 국공분열과 12월의 광주봉기를 분기점으로 하여 후자 그룹의 핵심 인물들이 단을 떠나 다른 조직에 몸을 담거나 독자적인 행보를 보이게 된다는 점만을 미리 말해두고자 한다.

어떻든 1926년에 들어서 의열단은 언제 곤경과 침체를 겪은 적이 있냐는 듯이 순탄한 항진으로 '혁명근거지 광주'라는 새 무대에서의 활동의 서막을 열어갔다. 무엇보다도 인적 자원의 확충과 군대조직의 기초 마련, 군사조직 운용기법의 터득 및 전술능력 제고라는 두 측면에서 무장투쟁의 추동을 위한 기반을 차근차근 조성해갈 수 있게 되었다. 전자의 측면이 의열단 자체의 지도역량에 의해 가능해진 것이었다면, 후자의 측면은 황포군교에서의 체계적인 군사교육 이수에 의하여 가능해진 것이었다.

그러나 황포군교의 교육과정이 단지 군사적 지식과 기술의 전수와 습득 위주로만 짜여진 것은 아니었다. 군교 운영진은 국민혁명의 완수에 필요한

---

20) 崔鳳春, 「중산대학과 1920년대 조선인의 혁명운동」, 『사학연구』 48호, 1994, 119~120면 참조.

이념교육과 정치교육을 담당하도록 정치부를 설치하여, 정치사상을 학습시키고 혁명정신을 고취시키는 것에도 주력하였다. 정치교육 과정은 사회과학 과목들을 중심으로 매우 진보적인 내용으로 짜여져 있었다. 그렇다고 해서 계급투쟁이나 프롤레타리아혁명과 같은 공산주의 이념 및 운동론을 전수하려 한 것은 아니었다. 그보다는 주로 민족문제 및 국민통합과 결부된 혁명론, 다시 말해 반제·반봉건의 '민족혁명 사상'이 강조되었다.[21) 따라서 황포군교에 입교한 의열단원들도 그 정치교육 과정을 통하여 민족해방과 반봉건 사회변혁을 아울러 지향하는 민족·민주혁명 사상을 체계적으로 섭취하고 혁명적 정치의식을 심화시키게 되었다.

## 3. 광주 한인 운동자의 조직화와 결속력 제고

의열단의 핵심단원들이 황포군교와 중산대학에서 군사·정치교육 과정을 이수하고 있을 무렵 광주에는 만주 시베리아 모스끄바 국내 일본 등 각처로부터 군사운동·대중운동·사상운동 등의 이력을 가진 다수의 한인 운동자들이 속속 집결해왔다.[22) 이들도 국민혁명운동에 직접 참가하여 그 성과를 조국의 민족혁명운동으로 연결시키겠다는 포부를 갖고 불원천리 광주로 달려온 것이다.

이렇듯 광주로 집결하는 한인들의 숫자가 급증함에 따라 그들을 조직화해야 한다는 요구가 자연스럽게 제기되었다. 단순한 친목 도모를 넘어서, 한인 운동자들의 역량을 일단 한곳으로 결집시키고 그들의 의사를 집단적·통일적

---

21) 황포군교에서의 정치교육의 특징적 성격에 관한 자세한 설명은 水野直樹, 앞의 글, 66 ~69면을 볼 것.

22) 장지락의 술회에 의하면, 1927년까지 광주에는 800명 이상의 '활동적인 지도자의 정예 분자들'이 집결하였다. 출신지를 보면, 일본에서 온 노동운동 지도자 약 20명, 만주의 공산청년동맹원 약 70명, 만주 독립군 약 400명, 시베리아 유격대원 100여 명, 모스끄바 공산대학 학생 및 사관학교 생도 약 30명, 국내 운동자 약 100명이었다(『아리랑』, 121~ 22면). 국역본 『아리랑』과 그 底本인 John Day Co.의 영문 초판본에는 위의 고딕 부분이 '1928'년으로 되어 있으나 誤記 또는 誤植이었음이 분명하다. Ramparts Press의 재간본(Nym Wales & Kim San, *Song of Ariran: A Korean Communist in the Chinese Revolution*, 1973), 148면에는 '1927'년으로 바르게 고쳐져 있다.

으로 대변할 필요가 있었던 것이다. 그리하여 1926년 상반기 중에 크게 보아 군사요원만의 조직과 비군사요원까지 포괄한 조직의 이원적 형태로 광주지역 한인들의 구심적 결속체가 성립하게 되었다.

먼저 군사요원 조직으로서 황포군교 재직자와 재학생들 중심으로 재(在) 광동 조선혁명군인회가 결성되었다.[23] 창립 회원이 120명이었던 점으로 미루어 보면, 결성 시점은 5기생 입교 직후인 3,4월경이었을 것으로 추정된다. 본부는 군함학교에 두었고, 비군인 찬조원도 60명 가량 되었으며, 이 조직의 존재가 국내에 처음 보도된 6월 말 현재로는 회원이 130명으로 약간 늘었다. 이 인원은 당시의 황포군교 재직자 10명,[24] 4기 재학생 24명, 5기 재학생 약 100명[25]을 합한 130~140명과 거의 일치하는 숫자였다. 조선혁명군인회는 신문에 보도된 6월 당시에 장개석의 양해를 얻어 만주와 시베리아 방면에서 비밀리에 학생 1천 명을 모집하고 있었다. 여기에는 단지 황포군교 입교생이나 북벌전 종군자를 모집한다는 차원을 넘어, 그 명분과 기회를 최대로 활용하여 잘 훈련된 한인 군대를 양성해놓자는 뜻도 담겨 있었던 것으로 보아야 한다.[26]

다음으로 광주의 전체 한인 운동자를 이념이나 정파의 구별 없이 한데 묶어 대표할 중추적인 조직체로 유월(留粵)[27]한국혁명동지회(이하 '유월동지회')

---

23) 『동아일보』 1926년 6월 28일자 참조.
24) 제4기 과정 재직자: 손두환(교장실 부관, 少校), 楊道夫(소련제 대포 교련관) 李彬(정치과 대대 구대장, 3기 졸업생) 李檢雲(=李哲浩; 포병과 조교, 소위).
　　제5기 과정 재직자: 楊寗(=楊林, 훈련부 기술주임 교관, 中校), 蔡元凱(隊附, 少校), 崔秋海(=崔庸健?, 구대장), 李逸泰(구대장, 3기 졸업생), 安應根(구대장), 吳明(기술조교, 중위).
　　水野直樹, 앞의 글, 63~65면; 단 이검운은 조선총독부 경무국, 『軍官學校事件 ノ 眞相』, 1934, 305~306면에 의함.
25) 5기생 인원에 관해 5명설, 6명설, 8명설, 17명설 등 異說이 분분하나, 졸업생 수라면 몰라도 입교생의 숫자가 4기생보다도 적은 20명 미만이었다고 생각하기는 어렵다. 당시 광주로의 한인 집결 상황을 감안하면 더욱 그렇다. '입교생'의 인원에 관해서는 당사자였던 오봉환의 증언을 신뢰해야 하지 않을까 한다.
26) 이 학생모집 활동이 있기 전에 광주의 한인 운동자들은 朝鮮兵團을 조직할 계획을 세우고, 그 소요자금 모금 및 레닌그라드비행학교 유학생 파견 계획을 동시에 추진하고 있었다(『동아일보』 1926년 5월 20일자).
27) '粵'은 광동의 중국식 별칭이다.

가 1926년 6월에 창립되었다.[28] 유월동지회는 1926년 늦봄에 분파주의와의 대결과 파벌 청산을 위하여 광동에서 '한국인의 모든 집단과 정파를 대표하는 중앙동맹체'로 결성되었다고 하는 한국혁명청년연맹[29]을 발전적으로 해소 또는 개편·개칭하는 절차를 밟으면서 그 조직구성의 실질을 거의 그대로 인계 받아 성립했음이 거의 확실시된다.[30] 다시 말해 유월동지회는 한국혁명청년연맹의 직접적인 후신(後身)으로서 사실상 이명동체(異名同體)인 조직이었으리라는 것이다.

한국혁명청년연맹=유월동지회의 결성을 주도한 이는 김원봉과 김성숙, 장지락 3인이었다고 하는데,[31] 바로 그 무렵에 김원봉은 조선공산당 광동지부의 설립 문제를 놓고 여운형과 한바탕 격론을 벌인 바 있다.[32] 미루어 보

---

28) 국내 밀파되었다가 일경에 피체된 徐應浩 등 의열단원 3인의 예심종결서에 따르면, 의열단은 "광동의 한인청년회를 당단의 세포단체로 하여 재래에 국한된 조직체를 광범위의 사람을 수용케 하기 위해 6월에 한국혁명동지회로 명칭을 변개케" 했다고 한다(『동아일보』 1929년 11월 3일자). 서응호가 혁명동지회에 가입한 때는 1926년 10월이었다고 하므로(『조선일보』 같은 일자) 유월동지회는 1926년 6월에 창립되었음이 분명해진다.

29) 『아리랑』, 123면. '한국혁명청년연맹'은 영문 원본의 'Korean Revolutionary Young Men's League'를 우리말로 옮긴 것인데, '조선혁명청년연맹'으로 번역된 경우도 있다(辛在敦 역, 「아리랑」, 『新天地』, 1947년 9월호, 164면; 權立, 「김산」, 朴昌昱 主編, 『조선족혁명렬사전』 제2집, 潘陽: 遼寧民族出版社 1986, 34면). 중국 본토에서는 항용 '조선'보다 '한국'이 널리 쓰이는 호칭이었음에서, 실제의 명칭도 '한국혁명청년연맹'이었을 것으로 생각된다. 국내 밀파 의열단원 崔河淸(=崔國) 등 3인의 피체 사실을 보도한 신문기사에서는 그들이 '광동에 근거를 둔 한국혁명청년당원'이었다고 되어 있다(『동아일보』 1928년 10월 17일자).

30) 주 28번의 서응호 관계 기사에서도 비슷한 내용이 언급되었거니와, 서응호보다 1년 앞서 일경에 피체된 의열단원 崔國의 행적에 관한 신문보도(『동아일보』 1928년 10월 28일자)에도 그가 "유오['오(奧)'는 '월(粤)'의 착오]한국혁명동지회의 前身인 海東韓人靑年會에 가입"했었다고 기술되어 있다. 여기서 말하는 한인청년회가 한국혁명청년연맹이었다고 확언할 수는 없으나, 유월동지회가 광동의 한인 청년조직을 확대 개편한 후신 조직체로 성립했다는 것만은 분명한 사실임을 알 수가 있다.

31) 『아리랑』, 123면.

32) 1926년 7월 6일자로 광동 일본총영사가 본국 외무성으로 보낸 정보보고에 의하면, 6월 11일에 여운형이 광주로 와서 조선공산당 광동지부의 설립 문제를 놓고 김원봉과 격론을 벌였다고 한다(강덕상, 앞의 글, 175면). 여운형은 당시 상해의 조선공산당 해외부(통칭 '상해부')의 부원이었는데, 상해부는 1925년 12월 하순에서 1926년 1월 상순 사이에 金燦의 주도로 설치되어 실질적으로 국내의 2차 조공 간부진에 지령을 내리고 지도하는 위치에 있었다. 그러나 상해부는 코민테른 극동부(책임비서 보이찐스끼 G.

건대 유월동지회가 성립하게 된 이면에는, 의열단 지도부가 여운형측의 조공 지부 설치 기도를 '분파주의' 행동으로 규정하여 저지하고, 광주의 한인 운동 계에서 화요계 일색의 조공 세력이 우위를 점하게 되는 사태를 미연에 방지 하려는 의도가 적지 않게 개재해 있었던 것 같다. 김성숙과 장지락이 이미 북경 시절부터 화요계의 주도권 독점으로 이루어진 조공 결성에 비판적인 입 장을 갖고, 창일당 활동을 통하여 '통일 공산당' 결성에 일익을 담당하고자 했던 점을 상기해보더라도, 그렇게 추측해볼 만한 여지가 충분히 있다. 바꿔 말하면 유월동지회의 조직은 여운형을 내세운 조공측의 무리한 요구 또는 시 도를 적절한 선에서 제어하는 좋은 중화제가 되었으며, 결국은 의열단을 주 축으로 하여 재광주 한인 운동자들의 역량을 결집시키고 단결을 촉성해가는 과정의 의미있는 매듭짓기 작업과 같았다고 하겠다.33)

유월동지회는 회원 숫자가 약 200명에서 300명 정도였을 만큼, 광동의 가 장 유력하고 규모가 큰 한인조직으로 자리잡아갔다.34) 회장은 여운형과 가까

Voitinsky)가 북경으로부터 상해로 옮겨옴에 따라 필요성이 없어졌다 하여 6개월 만인 7월에 해체된다(김준엽·김창순, 『한국공산주의운동사』 제2권, 청계연구소 1986, 416~ 420면). 상해부의 해체와 조공 광동지부의 설치 시도간에 어떤 연관이 있었는지는 알 수가 없으나, '격론'을 벌이게 된 김·여 양인의 의견 차이나 대립은 개인적 차원이 아 니라 의열단과 조공이라는 두 조직간의 관계로부터 비롯되었을 공산이 크다.

33) 장지락은 술회하기를, 동지회(=연맹) 내에서의 "의열단 민족주의자 대 중국공산당 세 포 대 고려공산당 상해파 대 고려공산당 시베리아(이르꾸쯔끄― 인용자)파" 식의 주도 권 싸움을 종식시키고 중앙집권을 기하기 위하여, "만주·시베리아·상해·북경·국내 등 각지에서 온 우리 공산주의자 80명이 한패가 되어 'K.K.'――'한인 공산주의자를 의미하는 독일어(Koreanische Kommunists―인용자)'의 머리글자――라는 비밀그룹을 만들었다"고 하였다(『아리랑』, 123면). 물론 K.K.는 공산주의자들의 입지 강화에도 한 목적이 있었겠지만, 그러면서도 특정 계파(이를테면 이르꾸쯔끄파―화요계―제1차 조 공으로 이어지는 계보)의 분파적 행동은 용납치 않겠다는 것이 기본 입장이었던 것이 다. 장지락은 다른 다섯 명의 동지와 함께 중국국민당에 가입함과 동시에 '우리 당'(아 마도 북경 시절에 가입해 있던 창일당?)의 명령에 따라 중국공산당 내 한국인 세포의 일원으로도 활동하였음을 밝히고 있다(같은 책, 122면).

34) 일제 관헌당국은 유월동지회를 가장 유력한 재광동 한인단체로 지목하고, 그 회원 수 가 약 200명에 달한다고 파악하였다(조선총독부 경무국, 「在外不逞鮮人ノ狀況」, 15면). 장지락은 한국혁명청년연맹의 맹원이 300명에 이르렀다고 술회하였다(『아리랑』, 123 면). 이 무렵 '남방'(광동지방을 말한다)에서 중국혁명에 참가한 한인의 숫자도 3백명 이었다고 하는데(李萬珪, 『여운형선생 투쟁사』, 민주문화사 1946, 84면), 역시 참고될 만하다.

운 사이인 손두환이 맡았고, 김원봉과 김성숙은 중앙집행위원, 장지락은 회원의 가입자격을 심사하는 조직위원으로 선임되었다. 또한 김성숙은 회지 『혁명운동』(『혁명행동』이었다고도 한다)의 주필을, 장지락은 간사(부주필)직을 겸임하였다.[35]

유월동지회는 1927년 4월에 제2차 임시대회를 열어 임원을 개선(改選)하였는데, 마준(馬駿) 정유린(鄭有燐) 서의준(徐義俊)[36] 이영준 채원개 이활(李活)[37] 김동주(金東洲) 장지락 김원식(金元植)[38] 9명이 신임 집행위원으로, 이영준 정유린 장지락이 각각 서무·재무·선전담당 상무위원으로 선출되었다.[39] 신임 집행위원 9명 가운데 적어도 4,5명(정유린 서의준 이영준 장지락 이활)과 상무위원 3명 모두가 의열단원 가운데서 선임된 것이다. 그런데도 이 결과를 놓고서 일제 관헌은 이전의 의열단계 위원이 전원 낙선하고 '온건사상을 가진' 인물이 당선된 것이라고 평하였는데,[40] 광주 한인 운동자들의 총의(總意) 대변기구가 되고 있던 유월동지회는 일제 당국의 오판과는 달리 시종여일 의열단원들이 운영을 주도한 것이다.

---

35) 조선총독부 경무국, 「在外不逞鮮人ノ狀況」, 15~16면;『아리랑』, 123면.
36) '서의준'은 주 26번에서 언급된 의열단원 서응호의 본명으로, 정확한 한자명은 徐義駿이었다.『동아일보』1929년 11월 3일자 참조.
37) '이활'은 1926년과 1927년 당시 중산대학 의과 재학생이었는데(최봉춘, 앞의 글, 120면), 이 이름은 잘 알려져 있다시피 陸史 李源祿의 필명이기도 했다. 이육사는 1926년 봄에 李定基를 따라 북경으로 가서 대학의 특별과정(예비과정?)에 입학하고 그곳의 독립운동자들과도 접촉한 일이 있음과 1927년 8월에 귀국했다는 사실이 확인된다(조선총독부 경무국,『軍官學校事件ノ眞相』, 125면; 金喜坤, 「이육사와 의열단」,『안동사학』제1집, 1994, 49면). 이 사실을 그가 1932년 10월 남경 교외에서 개교한 의열단의 조선혁명군사정치간부학교 제1기생으로 입교한 사실(본서 제6장 제2절 3항의 표 3 참조)과 조합해보면, 이미 1926년 북경에 가 있을 적에 그는 의열단에 입단했고 뒤이어 광동으로 따라내려가 학업을 계속하면서 유월동지회 조직에도 참여한 것으로 추정된다.
38) 김원식(본명 金炯善)은 조선공산당 마산 지방 조직책임자로 일하다 일경의 검거를 피하여 중국으로 탈출하여 1927년 1월에 중산대학에 입학하였다. 조선총독부 고등법원 검사국 사상부,『사상휘보』제2호, 1935. 3, 12~16면 참조.
39) 조선총독부 경무국, 「在外不逞鮮人ノ狀況」, 16면;『고등경찰요사』, 107면.
40) 일제 관헌이 이렇게 評言한 것은 채원개(황포군교 교관)를 제외한 나머지 8인이 모두 중산대학에 재학하고 있는 지식청년이라는 점에 착안한 속단이었던 듯하다. 어떻든 일제는 여전히 의열단을 '과격'한 투쟁적 단체로 분류해놓고 있었음을 엿볼 수 있다.

## 제2절  국민혁명운동기의 한·중 연대와 그 귀결

### 1. 반제-반일 한·중 연대의 담론 형성

1926년 1월 4일부터 19일까지 광주에서는 중국국민당 제2차 전국대표대회가 개최되었다. 이 대회는 특히 1만 2천여 자에 달하는 선언문을 통하여 반제국주의 이념·정신을 천명하고 반제운동의 기본 강령을 제시한 자리로서 큰 의의를 지녔다.

대회 선언은 먼저 제국주의 타도가 국민혁명의 '제1공작'임을 선포하고, 반제에 이해와 입장을 같이하는 식민지·반식민지 피압박민족과의 연합투쟁이 그 방법이라고 규정지었다. 그러므로 "민족운동과 국제운동은 서로를 필요로 하며, 민족주의와 국제혁명주의는 실상 그 내용이 일치한다"는 것이었다.[41] 이어서 선언은 반제운동의 논리와 기본 프로그램을 다음과 같이 제시하였다.[42]

① 바야흐로 피압박민족의 반제 민족혁명운동이 전세계적으로 전개되고 있다. 그리고 식민지·반식민지의 산업발전이 낳은 무산계급이 식민지 피압박민족의 제국주의와의 무장충돌의 선두에 서서 민족혁명운동의 지도자가 되고 있다.

② 민족혁명운동의 성공은 광대한 민중의 참가, 특히 농공민중의 참가를 필수조건으로 한다. 과거 민족혁명운동의 실패는 그 참가자가 지식계급에 한정되어서 광대한 기초와 세력을 갖추지 못한 때문이었다.

③ 민족혁명운동은 누가 공동의 적인지를 명료하게 인식하여 공동분투함을 요한다. 따라서 세계 피압박민족 혁명운동의 연합전선이 필요하다.

④ 민족혁명운동은 협애한 국가주의 사상을 배제하고 혁명의 선구자인 소

---

41) 「中國國民黨第二次全國代表大會宣言」, 王健民 編著, 『中國共産黨史稿』, 臺北 1965, 144면.
42) 같은 글, 148~49면 참조.

련 및 일체의 피압박민족과 공동분투함으로써 민족혁명 성공 이후의 세계대동을 기약할 수 있다.

⑤ 민족혁명운동자는 제국주의 국가 내부의 및 국가 상호간 모순을 잘 이용하여 일체 혁명세력의 집중을 꾀하여야 한다.

⑥ 제국주의의 일체의 음모를 폭로하는 한편으로, 제국주의 본국 내 대다수 피압박인민 및 세계 피압박민족과 연합하여 공동의 적 제국주의 타도에 맹진한다.

요약하면 제국주의 타도를 위해서는 일체 피압박민족과의 연합, 소련과의 연합, 제국주의 본국 내 피압박인민과의 연합이 필요하다는 것이었다.

이 대회에서 한인을 대표하여 축사를 하게 된 여운형은 「중국국민혁명의 전세계적 사명」이라는 연제(演題)로,43) "제국주의가 타도될 때 약소민족이 모두 해방될 것이다. 우리 약소민족은 전력을 다하여 중국의 혁명을 도와야 한다. 중국의 혁명이 성공하면 약소민족은 모두 해방된다"는 요지의 연설을 하였다.44) 그러나 중국의 반제운동이 영국을 주표적으로 해왔음에 대하여, 한인들로서는 일본의 제국주의적 침략성을 부단히 환기시키고 강조할 필요가 있었다. 나아가 중국혁명의 완성을 위해서도 한국독립운동에 대한 적극적 지원이 필수적임을 인식시켜, 한·중 연대에 의한 반일운동의 구체적 방안을 도출해내는 것이 바람직하였다. 구체적인 연대행동 이전에 반제–반일의 당위성에 대한 상호 공감대의 명시적 확인도 필요했다. 실제로 그러한 방향의 노력과 시도가 광주를 중심으로 하여 1926년 내내 여러 방식으로 나타났다.

먼저 1월 18일에 광주의 여월한인회(旅粤韓人會)45)가 「일본이 출병시켜 중국을 간섭하는 것에 반대하고 항의하기를 중국 민중에게 고함」이라는 제목의 격문을 냈다.46) 이 격문은 친일 봉천계 군벌에 반기를 든 곽송령군(郭松齡軍)이 일본군의 간섭으로 한달 만인 12월 말에 패전한 사건을 배경으로

---

43) 몽양여운형선생전집발간위원회 편, 『몽양여운형전집』 제1권, 한울 1991, 87면.
44) 이만규, 앞의 책, 86면. 중국국민당 2전대회의 경과와 여운형의 연설 全文은, 水野直樹,「呂運亨と中國國民革命: 中國國民黨二全大會における演說をめぐって」, 『조선민족운동사연구』 No.8, 1992를 볼 것.
45) 손문의 광동정부가 수립되던 해인 1921년 9월 25일에 광주의 한인들은 旅粤韓人同鄕會를 조직하여 활동을 펴왔다. 『독립신문』 1921년 11월 11일자 참조.
46) 독립기념관 所藏 활자본 격문 「爲反抗日本出兵干涉中國敬告中國民衆」 참조.

발포된 것이었다. 앞서 1월 15일에 중화전국총공회가 「일본의 만주 출병에 반대하는 선언」을 발표하여 분위기를 먼저 조성하고, 3일 뒤에는 광주 시내 각급 학교 학생 및 단체원, 시민 20여만 명이 참가한 반일 시위대회가 열렸다.[47] 대회에서는 일본 관동군이 장작림군을 원조하여 중국 내정에 간섭하고 중국 민중을 유린함을 규탄하였는데, 여월한인회의 격문 발표는 그에 대한 호응이자 동참의 표시였다. 격문에서는 '중국민중혁명' '한국혁명' '세계혁명'을 동일 궤도의 것으로 병치시킨 가운데, 혁명의 최대 걸림돌인 '자본제국주의'와 '강도 일본'을 '불공대천(不供戴天)의 흉적'으로 격렬히 규탄하고, 그들을 타도하여 민족해방과 영토회복을 촉성할 것을 고창하였다.

광주의 혜주회관(惠州會館)에서 거행된 3·1절 7주년 기념식에는 여월한인회원 36명 전원과 안남동지회원 13명 외에, 중국측에서도 황포군교·항공국·광동대학·동자군(童子軍)·청년군인연합회·성항파공위원회·전국총공회 등의 각 대표와 료중개의 미망인 하향응(何香凝)[48] 등 모두 50여 명이 참석하여 성황을 이루었다.[49] 모름지기 전세계 피압박 약소민족이 일치협력해서 일체의 제국주의를 타도해야 한다고 하향응이 연설했고, 한국혁명·중국혁명·세계혁명의 성공을 서원(誓願)하는 구호가 고창되었다. 5월 2일에는 다시 광주화교협회 주최로 '제국주의에 반대·항의하는 대회'가 개최되었는데, 각지 화교단체 대표 외에 조선과 인도, 베트남 세 민족 대표도 참석하여 "각 식민지 약소민족과 연합하여 반제운동을 준행(遵行)할 것"을 결의하였다.[50]

중국제난회(中國濟難會) 전국총회에서는 『한국광복운동기실(紀實)』이라는 책자를 펴내어, 한국 민족이 전개해온 반일독립운동의 경과와 실황을 널리 알렸다. 그리고 8월 26일에는 「한국독립운동을 벌이다 어려움에 빠진 이를 원조할 데 대한 선언」을 발표하여, "해방운동에 투신하였다가 피해를 당한 조선인민에게 끝없는 동정과 원조"를 보낼 것을 호소하였다.[51] 이에 답해 조선

---

47) 『廣州百年大事記』, 330면 참조.
48) 료중개는 1925년 8월 국민당 우파에 의해 암살되었다. 하향응은 1924년의 국민당 改組 이후 당 부녀부장직을 맡아오고 있었다(『廣州百年大事記』, 293면).
49) 국회도서관 편, 앞의 책, 585~86면 참조.
50) 『廣州百年大事記』, 341면.
51) 楊昭全 等 編, 『關內地區朝鮮人反日獨立運動資料彙編』 下, 瀋陽: 遼寧民族出版社

혁명후원회에서는 장문의 「중국인민에게 드리는 글(致中國人民書)」을 발표하여, 그동안 중국 각계가 한국인들에게 보여준 우의와 원조에 사의를 표하고, 양국의 민족해방운동을 공동으로 진행시키기 위한 연합기관의 조직을 제의하였다.52)

10월 26일에 광주에서는 '영·일 제국주의 규탄 및 한국독립운동 원조 시위대회'가 열리게 되었는데, 이에 즈음하여 국민혁명군 제1보충사에서는 「만현(萬縣)의 난을 당한 동포 및 한국독립운동을 원조하기를 민중에게 고함」이라는 제목의 격문을 냈다.53) 격문은 우선 영제(英帝)가 1925년의 5·30 운동과 광주 6·23 시위 때 학생과 노동자들에게 발포하여 다수의 사상자를 낸 일, 1926년 9월 5일에 만현에 함포사격을 가하여 5천여 명의 중국민을 살상하는 만행을 저지른 일, 오패부 등 직예파 군벌로 하여금 국민혁명군의 북진을 저지토록 사주한 일 등을 낱낱이 들어 규탄하였다. 또한 격문은 일제가 그동안 북양군벌을 조종하면서 감행해온 중국침략 정책과 한국을 병탄하고 한국민중을 학살한 야만적 식민정책을 격렬히 규탄하였다. 그런 뒤에 "한국인은 중국인의 형제이다. 우리는 응당 고유의 민족정신을 발휘하여 자결호조함으로써 민족해방의 목적을 달성해야만 한다. 따라서 한국독립을 원조하는 것은 모든 중국인의 책임이다"라고 선언하고, "한국독립운동을 촉진하자!" "중한의 혁명전선을 다지자!" "동방민족의 패류(悖類) 일본제국주의를 타도하자!" "한국독립만세!" "피압박민족해방만세!" 등의 구호를 곁들였다. 같은 날짜로 황포군교가 발포한 「중앙군사정치학교의 한국독립운동 원조 선언」54)도 한국독립운동을 반제 민족해방운동의 일환인 것으로 위치짓고 그를 적극 지원할 의사를 천명하였다.

이처럼 1926년 벽두부터 연말까지 광주의 한인 운동자들과 국민당 관계자 및 광주의 학생·시민층을 중심으로 한·중 연대에 의한 민족혁명의 완수라는 논리와 그 실천 의지가 공감대를 넓혀갔다. 또한 북벌전이 개시된 후에는 한

---

1987, 1470면; 日本外務省, 『朝鮮民族運動史 (未定稿)』 제6권(고려서림 영인본), 1989, 284~85면 참조.

52) 자세한 내용은 위의 『朝鮮民族運動史 (未定稿)』 제6권, 286~92면 참조.

53) 독립기념관 소장 활자본 격문 「爲援助萬縣被難同胞及韓國獨立運動告民衆」 참조.

54) 이 선언문은 『한국독립운동사연구』 제3집(1989)의 부록인 「독립운동 선언·격고문류」의 하나로 실려 있다.

인 사관들의 종군과 용전활약 사실이 널리 알려지면서 양 민족의 반제·반일
·반군벌 공동전선에서의 동지적 연대가 더욱 공고해지고 누차 재확인되었
다. 국민혁명군과 민간단체들까지 한국독립운동에 대한 원조의 당위성과 지
원 의사를 공개 천명한 사실들에서도 이 점은 충분히 확인된다.


## 2. 한인 사관들의 북벌전 참전

의열단원들이 황포군교 4기와 5기생으로 교육받고 있던 1926년의 봄과 여
름, 중국의 정세는 북방 군벌세력이 합세해서 남방 혁명세력을 압박하는 조
짐마저 보이는 가운데 긴박한 형세가 조성되었다. 따라서 국면 전환을 위해
서 뿐만 아니라 각계 민중의 열화 같은 요구에 비추어보아서도 북벌 개시는
더이상 미룰 수 없는 일이 되었다. 마침내 7월 초순, 장개석을 총사령으로 한
8개 군 10만 병력의 국민혁명군이 출사(出師)를 단행함으로써, 오랫동안 예
기되고 준비된 북벌은 드디어 개시되었다.

북벌 개시 후 황포군교의 한인 재학생들은 중국인 재학생과 마찬가지로 4
개 연대의 학생군에 편입되었다. 10월 4일에 졸업식을 가진[55] 4기생들은 곧
사관으로 임명받아 광주시 방위와 일선 진공전에 나누어 투입되었다. 몇명은
황포군교에 배속되었는데, 김원봉은 정치부 교관, 박효삼과 강평국은 입오생
(입교대기자)부 교관, 이기환은 관리부 요원으로 배치되었다.[56] 일선으로 투
입된 사관들은 주로 이제침(李濟琛) 휘하의 제4군('철기군')에, 일부는 정잠
(程潛) 휘하의 제6군과 당생지(唐生智) 휘하의 제8군에 배속되었다.[57] 1927
년 1월 현재 황포군교 한인 재학생은 180명, 한인 출전자는 80여 명인 것으

---

55) 陳以沛, 앞의 글, 431면.

56) 앞의 3인은 水野直樹, 「黃埔軍官學校と朝鮮の民族解放運動」, 60~61면; 이기환은 현룡
순, 「풍랑 속에서」, 현룡순·리정문·허룡구 편, 『조선족백년사화』 1, 심양: 료녕인민출판
사 1985에 의함.
   이들 4명 모두가 의열단원임은 우연일 수도 있지만, 후속 한인 입교생이나 입교 지원
자들 가운데서 단원으로 포섭할 후보자를 확보하려는 의도로 군교 근무를 청원했던 것
일 수도 있다고 본다.

57) 리정문, 「조선족 전사 남창봉기에 참가하다」, 현룡순·리정문·허룡구 편, 『조선족백년
사화』 2, 심양: 료녕인민출판사 1985, 36면; 『아리랑』, 131면.

로 보도되었다.[58]

북벌군의 일원으로 출전한 한인 사관들은 뛰어난 통솔력과 정치공작 능력
으로 중국의 군정 요인들에게 깊은 인상을 남겼으며,[59] 어디서나 용전분투하
며 앞장서 적군 부대를 격파하는 대활약을 보였다. 시베리아의 고려의용군
사령관을 역임한 바 있는 이용(李鏞)은 국민혁명군 동로군(東路軍) 총지휘부
의 포병대 교관직을 맡아 종군했고,[60] 만주의 독립군부대 지휘관이었던 김홍
일(金弘壹)도 1926년 10월 초순에 광주에 도착하여 동로군 총지휘부의 참모
가 되었다.[61] 또한 모스끄바사관학교 출신의 소련군 한인 장교 15명도 홍의
표(洪義杓)의 인솔하에 광주로 와서 국민혁명군에 편입되었는데,[62] 그중 4인
이 무창(武昌) 공략전에서 지휘부 요원으로 활약하였다.[63]

한인 사관의 활약상 중 두드러진 예를 들어보면, 강파(姜波)는 제2군 엽정
(葉挺)부대의 포병 연장(連長, 중대장)으로 출전하여 남창(南昌) 공략전에서
기관총으로 손전방군(孫傳芳軍)의 1개 사(師) 병력과 단신으로 대적하다 전
사하였고, 이검운(李劍云, 李檢雲)도 제6군 정잠부대의 포병 연장으로 출전하
여 구강(九江) 포대에서 손전방군을 격파하여 영장(營長, 대대장)으로 승진하
였다.[64] 제2군 군관학교 출신 사관인 이동화(李東華)는 기관총대 연장으로
남경 공략과 선창(宣昌) 공격 때 선봉에 서서 맹활약을 하였고,[65] 김준섭(金

58) 『동아일보』 1927년 1월 19일자.
59) 『아리랑』, 131면.
60) 李儁 열사의 親子인 이용은 1918년에 항주무관학교 포병과를 졸업하고 1920년에 임시
   정부 파견원으로 간도로 특파되었다. 거기서 독립군의 통일과 무관학교 설립에 진력하
   였으나 庚申慘變으로 실현을 보지 못하고, 1921년에 시베리아로 건너갔다. 이만에서 고
   려의용군 사령관이 되어 약 300명의 한인부대를 지휘하게 된 그는 시베리아로 출병한
   일본군 田中부대와 격전을 벌인 바 있다(강덕상 편, 『현대사자료』 26, 82면; 강덕상 편,
   『현대사자료』 27, 180면; 김홍일, 「쏘·만의 한국의용군」, 『사상계』 1965년 4월호, 272~
   73면; 水野直樹, 「民族運動史上の人物: 李鏞」, 『朝鮮民族運動史研究』 No.8, 1992, 108~
   110면).
61) 김홍일, 「중일전쟁과 임정」, 『사상계』 1965년 5월호, 236~37면.
62) 이만규, 앞의 책, 84면. 모스끄바사관학교 출신으로 1927년 봄에 광주로 온 李乘鏡은
   황포군교의 교관이 되었다(秋憲樹 編, 『자료 한국독립운동』 2, 연세대학교 출판부 1972,
   47~48면).
63) 『동아일보』 1927년 1월 18일자,
64) 이상 류자명, 『나의 회억』, 瀋陽: 遼寧人民出版社 1984, 97면 참조.
65) 박태원, 앞의 책, 207면.

俊燮)66)과 양림(楊林)67)의 활약상도 두고두고 널리 이야기된다. 또한 무창 공략전 때 지휘부 요원으로 참가한 4명의 모스끄바사관학교 출신 한인 사관 의 활약도 높이 평가되었다.68).

혁명군은 각지 주민들의 열렬한 환영과 지원을 받으며 날로 진군해갔다. 8 월 중순에 당생지군이 호남성(湖南省) 장사를 함락시킨 것을 시발로, 9월 초 부터 10월 초 사이에 호북성(湖北省)의 한양(漢陽)과 한구, 무창을 속속 점령 함으로써 오패부군을 양자강 북안(北岸)으로 밀어냈다. 또한 손전방군 지배 하의 강서성(江西省)도 9월부터 공략하기 시작하여 12월 초에 남창과 구강을 완전 점령했으며, 복건성(福建省) 역시 9월부터 공략하여 12월 초에 복주(福 州)를 점령하는 등 승승장구하였다. 일련의 승리에 힘입어 국민정부는 12월 에 무창으로 이전하여 '무한정부'를 성립시키는 한편, 2월 중순에 항주(杭 州)를, 3월 23일에 상해를, 3월 25일에는 남경을 점령하기에 이르렀다. 불과 9개월 만에 혁명군은 호남 호북 강서 복건 절강(浙江) 안휘(安徽) 강소(江蘇) 등 양자강 이남 7개 성(省) 전역을 석권하는 대승을 거둔 것이다.69)


## 3. 국공분열과 한인 좌파의 광주봉기 참가

전도양양해 보이던 국민혁명운동의 행로는 장개석의 쿠데타로 인하여 4월 중순 이후로 굴절되고 말았다. 국민당 좌우파의 분열과, 그에 뒤이은 국공분 리 및 대결 사태가 그것이었다. 장개석은 1926년 3월의 중산함사건과 당무정 리안을 통하여 군권을 통일하고 당권을 장악함으로써 당내 제1의 실권자로 부상하고 있었다. 그러나 북벌의 성공적인 진전이 무한정부의 왕정위 세력과 도시 노동운동 세력의 급팽창이라는 결과를 가져오자 장개석은 위협을 느끼 게 되었다. 이념적 차원에서가 아니라, 장차 자신의 권력장악 가도에 그리고

---

66) 「북벌전쟁에서의 김준엽」, 현룡순 외 편, 『조선족백년사화』 2 참조.
67) 東北烈士紀念館 編, 「楊林烈士略傳」, 『東北抗日烈士傳』 제1집; 「양림」, 박창욱 외 편,
『조선족혁명렬사전』 제1집 참조.
68) 『동아일보』 1927년 1월 18일자.
69) 북벌 초기의 전황과 경과는 姬田光義 外, 앞의 책, 241~42면; 류자명, 앞의 책, 96면에
주로 의거함.

열강과의 타협 행보에 위의 두 세력이 큰 걸림돌이 될 것으로 예견되기 때문
이었다.[70] 마침내 장개석은 이들 세력을 타격하고 가능하다면 분쇄까지 해버
릴 생각으로, 4월 12일에 상해총공회와 부속 무장규찰대를 습격한 것을 시발
로 좌파와 노동운동세력에 대한 대대적인 탄압을 개시하였다. 불완전한 통계
이기는 하나 4·12 정변 직후 3일 동안에만 300여 명이 피살되고 500여 명이
체포된 것으로 보고되었다. 뒤이어 4월 15일에는 광동에서 광주공인대표회
와 전국총공회, 공인규찰대, 농민자위군 등을 타격하여 2천여 명에 이르는
공산당원과 노동자, 농민들을 체포했으며, 그중 일부는 처형하는 조치를 단
행하였다.[71]

이 와중에 황포군교의 좌파 교관들과 5,6기 재학생 4백여 명이 체포되었
으며, 의열단원을 포함한 한인 학생 가운데도 피체자가 생겨났다.[72] '청당(淸
黨)' 명분의 무차별 체포에 한인이라 해서 예외가 되지는 않았던 것이다. 김
원봉만 하더라도 좌경분자들의 본산처럼 되고 있던 군교 정치부에[73] 소속되
어 있었기 때문에, 개인 성향이 어떠하든 신변의 안전을 장담하기 어려웠을
것이다. 그런 상황에서 김원봉은 5월 초에 류자명과 함께 상해로 떠났다.[74]
상해지부 단원들의 신변상황을 확인하고 사태를 명확히 파악하여 대책을 강
구하기 위해서였을 것이다. 한인 운동자들의 신변안전을 보장해주도록 여운
형에게[75] 장개석과의 교섭을 부탁하려 했을 수도 있다. 그러나 여운형조차도

---

70) 배경한, 「蔣介石과 4·12 정변」, 『동양사학연구』 제38집, 1992 참조.
71) 배경한, 「南京 국민정부의 성립과 그 성격」, 서울대학교 동양사학연구실 편, 『강좌 중
   국사 Ⅶ』, 지식산업사. 1989, 114면.
72) 1927년 5월 현재 광주의 각급 학교 및 軍營 소속 한인의 숫자는 249명이었던 것으로
   집계된다. 그 내역은 다음과 같다. 황포군교 14명, 황포교도단 56명, 사하(沙河)병영 15
   명, 어주(魚珠)학생군 36명, 심천(深圳)요새 51명, 동산(東山)육군병원 20명, 중산대학
   57명(「在外不逞鮮人の狀況」, 14면: 자료에는 '229명'이라 기재되어 있으나 실제 집계해
   보면 249명이 됨). 장지락은 광주 4·15 쿠데타시에 한인 20명이 좌경 혐의자로 체포되
   어 14명이 육군감옥에서 처형되었음을 증언하였다(『아리랑』, 132면).
73) 황포군교 정치부의 조직과 교과운영상의 특징에 관해서는 배경한, 「황포군관학교에
   있어서의 국공간의 합작과 대립」, 민두기 외, 『중국국민혁명의 분석적 연구』, 지식산업
   사 1985, 137~38면을 볼 것.
74) 류자명, 앞의 책, 98면.
75) 장개석은 1928년 10월 남경 국민정부의 주석으로 취임하면서 여운형을 특별히 초치할
   정도로 그를 한국의 혁명지사로 높이 평가하고 독립운동계의 거물로 대우하고 있었다.

상해에서 백숭희군(白崇禧軍)에 체포되었다가 탈출[76]하여 무한으로 피신[77]
했을 정도로 상황은 어려워지고 있었다. 이에 김원봉은 다시 무창으로 발길
을 돌려 그곳 군영(軍營) 소속이거나 중앙군사정치학교 무한분교[78]에 재학
중인 무창지부의 단원들과 합류하였다.[79]

쿠데타에 성공한 장개석이 4월 18일 남경에다 자파만의 정부를 따로 수립
함에 따라 국민정부는 좌파 무한정부와 우파 남경정부로 분립하게 되었다.
이런 상황에서 양 정부의 대결이 자칫 내전으로 비화할 것을 우려한 무한정
부의 주석 왕정위는 6월 초에 정치고문 보로딘을 파면시켰다. 이에 중공당은
7월 13일에 무한정부를 탈퇴하고 국민당 좌파와의 결별을 선언하였다. 이에
질세라 무한정부도 7월 15일에 공산당과의 분리 및 남경정부에의 합류를 결
정함과 동시에 공산당원 체포를 명하였다. 이로써 국공합작은 성립된 지 4년
만에 파탄이 났다.[80]

그 직후 무한의 국민당 간부들은 왕정위를 중심으로 결속하여 장개석세력
과의 다가올 경쟁에 대비하였다. 그들 '왕파'는 민중운동 부조와 반제노선 이
행을 정책기조로 고수한 점에서 '장파'와 달랐다. 또한 왕파는 무한 좌파의
후계자를 자임하고 '좌파'로 자처했지만 중공당과는 명백히 구별되는 정치적
입장을 취하고 있었다.[81] 왕파는 광주에 국민당 중앙당부를 복원시킨다는 계
획 아래 9월 중순부터 무창을 떠나 광주로 이동했다.[82] 무한정부 보위에 임

---

76) 이만규, 앞의 책, 88면.
77) 『동아일보』 1927년 5월 7일자.
78) 무한분교는 북벌군의 무창 점령 직후인 10월부터 개교 준비가 착수되고 비밀리에 입
   교생이 모집되어, 1926년 元旦에 개학식을 가지고 5기생부터 개교하였다. 입교생 가운
   데는 중국만이 아니라 대만과 조선, 琉球, 安南 출신도 있었다. 무한분교의 운영은 鄧演
   達·周恩來 등의 좌파가 주도하였다. 范繼文, 「記武漢分校」, 全國政協 文史資料研究委員
   會 編, 앞의 책, 386~87면 참조.
79) 무창지부에 관해서는 본장 제3절 2항에서 상술할 것임.
80) 무한정부가 공산당과 결별하게 된 것은 국민당 좌파가 공산당과 합작하면서도 거리를
   유지하려는, 국민혁명의 영도권을 공산당에 넘겨주지는 않으려는, 합작하면서도 독자적
   영역을 확보하려는 긴장관계 속에서의 균형 유지 노력이 한계에 다다른 결과였다. 민두
   기, 「導論: 중국국민혁명운동의 구조적 이해를 위하여」, 민두기 편, 『중국국민혁명운동
   의 구조분석』, 지식산업사 1990, 10면.
81) 민두기, 「導論: 중국국민혁명의 이해의 방향」, 민두기 편, 『중국국민혁명 지도자의 사
   상과 행동』, 23면 참조.

하고 있던 장발규(張發奎) 휘하의 제2방면군도 당 간부진에 앞서 8월부터 광
주로 이동하였다.

중공당 또한 광동성을 탈환하여 장래 혁명운동의 기지로 삼는다는 방침하
에 8월부터 홍군 병력을 남하시키고 있었다. 엽정 휘하의 제11군 제24사와
하룡(賀龍)의 제20군은 무한정부의 명령에 불복하고 남창에 입성하여, 주은
래(周恩來)가 총지휘한 8월 1일의 반국민당 무장봉기를 성공시킨 후 여세를
몰아 광주로 남진해갔다.[83] 또한 장발규 휘하 제4군의 참모장이면서 비밀당
원이던 엽검영(葉劍英)도 휘하의 군관교도단을 당의 무장력으로 전화시키는
데 성공하자 그를 지휘하여 장발규의 남하길에 편승하였다.[84]

11월 중순에 왕파의 국민당 총정치부장인 진공박(陳公博)은 장발규 휘하
의 황기상군(黃祺翔軍)을 동원한 쿠데타에 성공하여 광주의 실력자인 이제침
세력을 제거하고 광주시를 장악하였다. 한달 만인 12월 11일, 황기상군과 장
파 황소광군(黃紹肱軍) 간의 대치 교전에 따른 군사력 공백상태를 틈타 공산
당은 장태뢰(張太雷)와 엽정, 운대영(惲代英) 등의 지휘하에 광주시를 장악하
기 위한 봉기를 일으켰다.

광주봉기에는 200여 명[85]의 한인 청년들도 참가하게 되었다. 그들 대부분
은 원래 중앙군사정치학교 무한분교 6기생이었는데, 장개석의 4·12 정변이
발생하자 4천 명 생도들이 무한 보위를 위해 중앙독립사(師)로 편성될 때에
같이 편입되었다. 국공분리 결정 직후인 7월 21일에 독립사 병력 중 한인 2
백 명을 포함한 1천7백 명이 엽검영이 단장을 겸임하고 있던 제4군 군관교
도단으로 개편되면서 공산당 무력이 되고 마침내 봉기군의 주력이 된 것이

---

82) 민두기, 「국민혁명기의 陳公博(1892~1946)의 혁명이론과 정치활동」, 민두기 편, 같은
   책, 238면.
83) 리정문, 앞의 글, 35~44면 참조.
84) 리정문, 「광주봉기에 참가한 조선족 전사들」, 현룡순 외 편, 『조선족백년사화』 2, 46~
   48면 참조.
85) 『아리랑』, 135면; 류자명, 앞의 책, 135면; 杜君慧, 「廣州起義見聞」, 楊昭全 등 편, 『關
   內地區朝鮮人反日獨立運動資料彙編』 上, 瀋陽: 遼寧民族出版社 1987, 160면; 리정문,
   「광주봉기에 참가한 조선족 전사들」, 45면 등 참조. 그러나 「葉劍英同志選擇的廣州'中
   朝人民血宜亭'的碑文」 및 「崔庸健委員長參觀中國革命博物館時談朝鮮同志參加廣州起
   義情況」(각각 『關內地區朝鮮人反日獨立運動資料彙編』 上, 144~45면)과 『廣州百年大事
   記』, 391면에는 150여 명이었던 것으로 되어 있다.

다.86) 교도단의 제2영 제5연은 본래부터 한인 청년들로 구성되었으며, 봉기 시에는 포병연, 황포군교 특무영, 경위단에도 부분적으로 배치되어 있었다. 무한분교 출신의 군관교도단원 외에 중산대학의 한인 재학생들87)도 일부 봉기에 참가하였다. 한인들은 각기 전투원·선전원·구호원 등으로 참가하였는데, 그 가운데 지도적 역할을 하거나 두드러진 활동을 보인 인물은 다음과 같다.88)

① 이영(李瑛, 이용 李鏞): 신임 교도단장 엽용(葉鏞)의 정치·군사고문(참모장).
② 양달부(楊達夫, 양대보, 楊道夫): 홍군 총사령 엽정의 군사참모, 봉기 책임자 5인 중 1인.
③ 이빈(李彬): 포병 지휘관 겸 북로 경계 책임자. 전사.
④ 박영: 제5연장.
⑤ 최용건(崔庸健, 崔石泉): 교도단 교관, 황포군교 특무영(特務營) 제2연장.
⑥ 김규광(金奎光, 김성숙): 제5연 당조직 책임자, 꼬뮌('광주 쏘비에뜨정부') 숙반위원회(肅反委員會) 위원.
⑦ 김산(장지락): 교도단 번역관, 엽정의 비서.
⑧ 오성륜: 독립 분견대장(장발규·진공박 체포 임무; 실패).
⑨ 박진(朴振): 분견대장(영남대학 전투 지휘), 전사.
⑩ 박건웅: 분견대장.

봉기군은 꼬뮌을 수립하는 데까지 이르렀으나 사면 조계에 주둔중인 영국과 일본 해군으로부터 함포사격 지원을 받은 국민당군의 반격으로, 불과 20여 명만이 생존한 채 3일 만에 진압되고 말았다. 한인 참가자들은 12일의 공안국 보위전에서 50여 명, 13일의 사하전투에서 100여 명, 17일의 최후 저항전에서 60여 명이 희생되었다.89) 물론 희생자 가운데는 의열단도 적지 않

---

86) 리정문, 「광주봉기에 참가한 조선족 전사들」, 45~47면; 陳以沛, 「黃埔軍校大事記」, 440면 참조.
87) 1927년 말 현재 일제 관헌이 파악한 바로 중산대학의 한인 재학생은 25명이었다. 조선총독부 경무국, 「在外不逞鮮人の狀況」, 15면.
88) 리정문, 「광주봉기에 참가한 조선족 전사들」, 51~65면; 金雨雁·卜炬雄, 「廣州起義中的朝鮮同志」, 楊昭全 등 편, 앞의 책, 162~63면에 의함.

았을 것이다. 봉기군의 생존자 15명 가량은 해풍(海豊)과 육풍(陸豊) 쪽으로
피신하여 거기에 세워진 쏘비에뜨에 주도적으로 참여하였다. 그러나 이것 역
시 두달 만인 1928년 3월에 붕괴되고 말았다. 극소수의 생존자들로서 쫓기는
몸이 된 김성숙 장지락 오성륜 박건웅 등은 비참한 패배의 상흔을 안고 흩어
져 도피하였다.90)

그러면 무창으로 간 이후 광주봉기 때까지 김원봉의 행적은 어떠했는가?
7월의 국공분열 후 구강으로 간 그는 하룡부대에 편입되어 남창봉기에 참
가하였다.91) 그가 무창을 떠난 것은 4·12 정변 때와 같은 무차별 체포와 처
형 사태가 재연되지 않을까 하는 우려 때문이었을 것이다.92) 하룡부대는 남
창봉기 후 광주로 남진하던 중에 이제침이 지휘하는 광서군(廣西軍)과의 회
전(會戰)에서 대패하고 말았는데, 이때 김원봉은 포로가 되었으나 요행으로
탈출하였다.93) 9월에 그는 유지청(劉志靑)을 대동하고서, 무정부주의자들의
임시 근거지가 되고 있던 복건성 아모이의 이정규의 거소에 들렀다가 다시
광동으로 떠난 것으로 94) 전해진다.

그러나 그의 광주행이 공산군에 재합류하기 위한 것이었을 가능성은 그리
높아 보이지 않는다. 오히려 그는 광주로 이동해 가는 왕파의 움직임을 더
염두에 두었던 것이 아닌가 한다. 왕파의 실력자인 진공박이 평소 한국의 독

---

89) 리정문, 같은 글, 68~69면. 한인 희생자 가운데 中國本部韓人靑年同盟에 의해 조사 확
   인된 23명의 명단이 『동아일보』 1928년 1월 16일자에 실려 있다.
90) 김성숙은 광주 시내로 재잠입하여 은신했고, 장지락과 오성륜은 홍콩 경유 상해로 탈
   출하였다. 자세한 경위는 『아리랑』에 묘사되어 있는 바와 같다.
91) 류자명, 앞의 책, 101~102면 참조.
92) 실제로 무한의 제6군 포병영 영장 李檢雲이 소속 부대에 체포, 투옥되자(류자명, 앞의
   책, 102면) 부영장인 權晙과 부관인 安東晩(=安載煥)은 각각 호남성과 남경으로 급거
   피신하였다.
     그러나 장개석 자신은 재중 한인 운동자들을 비교적 호의적인 시선으로 대하고 있었
   음을 장지락의 다음과 같은 술회를 통해 엿볼 수 있다: "장개석은 군사학교에서 '조선
   인들은 지금 실수를 저지르고 있으며, 국민당을 반혁명분자로 간주하여 우리와의 관계
   를 끊어버렸다. 이것은 나에게는 슬픈 일이다. 조만간에 조선인 동지들은 국민당이 반
   혁명세력이 아니라는 것을 알게 되고, (우리와—인용자) 손을 잡게 될 것이다'라고 말
   하였다."(Nym Wales, *Notes on Korea and the Life of Kim San,* 1961, 편집실 역, 『아
   리랑 2』, 학민사 1986, 17면: 이하 '『아리랑 2』'로 약기).
93) 조선총독부 경무국, 『朝鮮の治安狀況: 昭和5年』, 299면.
94) 李丁奎, 『又觀文存』, 삼화인쇄(주) 출판부 1974, 137면.

립에 남다른 관심을 가지고 있었다는[95] 사실과 연관지어 볼 수도 있을 것 같
다. 실제로 김원봉이 12월의 공산당봉기에 김성숙이나 장지락만큼 적극 참가
한 흔적은 어디에도 나타나지 않는다. 만에 하나 참가했더라도 일찌감치 광
주를 빠져나갔거나 국민당군에 투항해버리는 류의, 공산당의 입장에서는 '배
반변절'에 해당하는 행위를 마다하지 않았던 것 같다.[96]

　김원봉은 장지락이나 김성숙처럼 공산당원의 이력을 가지고 있거나 공산
당과 밀접한 연계를 맺어온 것이 아니었기 때문에, 봉기에 참가해야만 한다
는 의무감이나 명분에 사로잡힐 가능성이 희박했다. 설령 공산당원이었다 하
더라도 평소의 그의 성행에 비추어보면, 압도적 우위의 물리력이 받쳐주고
있는 국민당군을 상대로 도시 무장봉기를 일으킨다는 것은 투기-모험-맹동
주의적 소모전이요 자멸행위에 불과한 것이라고 판단했을 성싶다. 나아가 조
국독립의 지름길을 찾는다는 의미에서 북벌(중국혁명)에 참가한 것과, 다른
나라나 민족 내부의 이념·권력투쟁에 같이 휩쓸려 피흘리는 것은 결코 같은
성격의 선택지가 될 수 없다고 생각했을 것이다.


## 4. 광주봉기 참가의 귀결

　무창에서 광주로 이동했던 다수의 한인 청년과 의열단원 가운데 '국제주의
의 이름으로 중국을 위해 죽으려고'[97] 애초부터 마음먹은 사람은 그리 많지
않았을 것이다. 그러나 여하간에 그들은 결과적으로 광주로 오게 되었고, 도
착 후의 상황은 급박하게 전개되었으며, 집단구조적 압력은 매우 큰 것이었
다. 중공당의 무장봉기 노선에 무조건 동조해서라기보다, 생명의 위해라는

---

95) 민두기, 「국민혁명기의 陳公博(1892~1946)의 혁명이론과 정치활동」, 271면.
96) 이렇게 볼 수 있는 근거는, 첫째 광주봉기 관계의 어떤 기록에도 그의 이름이 나오지
　　않는다는 점이다. 둘째 이 당시는 김성숙의 '애인'이었고 나중에 그와 결혼한 杜君慧가
　　1979년에 쓴 광주봉기 회상기(「廣州起義見聞」)의 이상한 구절 하나 때문이다. 즉 봉기
　　에 참가했던 한인들의 이름이 몇몇 열거된 가운데, "金之風(黃埔軍校卒業生, 後叛變)"
　　이라는 생소한 이름과 흥미로운 附言이 나오는 것이다. 아마도 이 '金之風'은 杜君慧가
　　情理上 의도적으로 범한 '金元鳳'의 曲字化 誤記이거나, 아니면 흘림체의 필기를 활자
　　화하는 과정에서 생긴 오식이 아니었을까 생각된다.
97) 『아리랑』, 28면.

가혹한 제재까지 가했던 국민당── 장파였든 왕파였든── 에 대한 배신감
과 적개심이 그들 행동의 직접적 동기가 되었을 수도 있다. 그러한 의미에서
그들 대부분은 광주봉기에 자원 참가한 것이라기보다는 어쩌다 보니 그 대열
에 같이 서 있게 된 것이라고 보아야 한다. 어쨌든 그들은 국공대결의 한바
탕 유혈극에 지나지 않게 된 봉기의 현장에서 거의 무의미한 희생을 치르고
말았다.

한인 운동자들의 광주봉기 참가의 귀결에 대하여 장지락조차도 1937년에
다소간 회한 섞인 술회를 하였다.

> 우리들 수백명은 기꺼이 광동으로 갔다. 그 결과 한국 혁명운동 지도부의
> 정수가 그곳에서 전멸당하고 말았다. 그리고 우리는 패배해버렸다. … 1927년
> 의 중국반동이라는 대비극은 한국 민족운동에 있어서 결코 회복할 수 없을 정
> 도의 대타격이었다.[98]

결코 그렇게 되기를 원한 것이 아니었음에도 한인들은 마침내 '강물 속의
소금'[99]처럼 녹아 없어져간 것이다.

그러나 의열단의 경우만 하더라도 그러한 결과를 예상한 진로 조정의 여
유나 정치적 선택의 여지는 거의 없었다. 어떤 의미에서는 예정된 패배라고
할 수도 있었다. 중국혁명의 '태풍의 눈' 부위까지 접근했던 만큼 그같은 결
과를 피할 길은 거의 없었던 것이다. 비유하자면 조선혁명이 아닌 중국혁명
이라는 무대에서 장파나 왕파 또는 중공당과 같은 주역이 아니라 방외인적
(方外人的) 단역의 위치, 주인이 아닌 객인의 지위에 있었다는 사실만으로 예
기치 못한 희생을 강요받은 것과 같았다.

광주꼬뮌과 해풍·육풍 쏘비에뜨를 패퇴시키고 공산당에 대타격을 가한 국
민당군은 반년 뒤인 1928년 6월에 북경에 입성함으로써 북벌전을 승리로 종

---

98) 같은 책, 28~29면.
99) 이 말은 1937년 연안(延安)에서 장지락이 Nym Wales에게 반복해서 쓴 표현이다. 조
    선의 혁명세력을 온존시키기 위해서는 중국혁명을 지원하는 이상으로 조선인을 '물에
    소금을 집어넣듯 따라 부어서는 안된다'는 뜻이었다(이회성, 「중국혁명과 김산의 생
    애」, 『사회와 사상』, 1988년 9월호, 210면; 李恢成 外 編, 『"アリランの歌" 覺書』, 1991,
    윤해동 외 역, 『아리랑 그후』, 동녘 1993, 43면).

결지었다. 장개석은 9월에 광동에서 재차 '청당' 작업을 벌여 200여 명의 공산당원을 처형하고, 10월에 국민정부의 주석으로 취임하였다. 권력투쟁의 승리자로 군림하는 것과 동시에 국민혁명의 성과를 독식한 것이다.

신생 국민당 정권은 제남사변(濟南事變)에의 대처 방식에서 역력히 드러나듯이 대일관계에서 점점 타협적 태도를 취함으로써, 국민혁명의 결과에 기대를 걸었던 한국독립운동자들로 하여금 실망과 환멸만을 맛보게 하였다. 국민혁명운동에 참가하면서 한인 운동자들이 가졌던 소망──군벌정권을 타도하고 난 후의 중국 혁명정부의 지원 아래 대일무장투쟁을 전개한다든지, 중국혁명 정세의 발전선상에서 한국독립을 도모한다는 소망──은 한갓된 꿈으로 끝나고 말았다.

중국혁명운동에 앞장서 참가했던 한인 운동자들은 한동안 깊은 좌절감과 무력감을 맛보아야만 했다.100) 북벌의 전장에서 광주봉기의 현장에서 한인 운동역량의 소중한 일부를 희생시킨 사실101)을 설명해낼 길이 없는 이상으로, 중국혁명의 성공이 한국독립으로 이어지리라던 기대가, 중국혁명에 대한 헌신을 조국독립운동 진전의 밑거름으로 삼음으로써 일제 식민지 상태를 조기 종식시킬 수 있으리라던 기대가 허망하게 무너지고 만 데서 온 좌절감을 추스르기가 매우 어려웠다. 이러한 정황은 재중 한인 독립운동진영의 전체적인 분위기와 운동형세에도 적지 않은 영향을 미치게 되었다.102)

---

100) 이때의 의열단원들의 비통한 심경은 류자명, 앞의 책, 98면; 『아리랑』, 131면에 절절하게 묘사되어 있다.
101) 이 문제에 대한 민족주의자들의 태도와 지론을 장지락의 입을 빌려 간접적으로 들어보면 다음과 같다. "민족주의자들은 중국 혁명운동에 뛰어들기를 원하지 않았다. 그들은 '왜 우리들의 피가 중국 땅에서 낭비되어야 하는가? 조선으로 돌아가 우리들 피로 땅을 붉게 하자'고 말하곤 했다. 즉 그들은 중국을 위해서 싸운다는 것은 큰 강에 물한 방울을 보태는 것과 같다고 생각했다."(『아리랑 2』, 14면).
102) 이 영향과 그 결과는 무엇보다도 1920년대 후반기 중국 지역에서의 유일당촉성운동이 1928년 이후로 답보를 면치 못하다 급기야는 중단되어버린 사태와 연결된다고 보는데, 이에 관해서는 제5장 제2절에서 상론할 것이다.

## 제3절 국민혁명운동 참가기 의열단의 조직 변천

### 1. 조직체제의 개편

1926년 여름 무렵부터 유월동지회를 통하여 광주 한인 운동자의 조직화와 결속력 강화 작업을 주도하고 있던 의열단은 그와 더불어 자체 조직체제의 개편도 추진하였다. 민중조직에 기반한 무장투쟁의 추동 또는 잘 정비된 군사조직의 결성과 그에 대한 지도를 새로운 활동 목표로 설정함에 따라 단의 내부 조직원리도 그에 걸맞게 수정 변환시킬 것이 요청되고 있었기 때문이다. 이제는 창단 이래 7년간 고수해온 소집단 비밀결사의 틀을 깨고, 대중을 조직 자원으로 흡수하여 그 잠재적 역량을 현재화시킬 수 있는 구조의 조직체로 탈바꿈해야 한다는 것이었다. 이러한 요구는 특히 창일당(북경 고려공산당) 조직 활동의 이력을 가지고 있으면서[103] 조선공산당 해외조직의 동향에 민감하게 반응하고 있던 김성숙과 장지락 등 단내 좌파에 의해 '정치단체로의 전환'이라는 명제[104]로 제기되고 있었다.

이리하여 단 개조(改組) 문제에 대한 수차의 토론과 숙의 끝에 마침내 의열단 간부진은 단 조직을 '혁명정당'[105] 체제로 바꾸기로 결정하였다. 이에 따라 강령과 정책을 제정하는 등,[106] 전투적 행동 위주의 지하 비밀결사투쟁 조직과는 사뭇 다른 반(半)공개적 정당조직 체제로의 전환 작업에 착수하였다. 『우리의 길』이라는 기관지를 간행하고 소책자를 발간[107]함으로써 대중적

---

103) 김성숙과 장지락 등 의열단 북경지부의 일부 단원들은 장건상과 양명 등 몇몇 이르꾸쯔끄파 고려공산당원들과의 합작으로 1924년 창일당을 결성하여 조선 공산주의자들의 조직통일 사업을 벌인 바 있다(제3장 주 248 참조). 장지락은 이 당의 명칭이 '북경 고려공산당'이었으며 이르꾸쯔끄파 공산당의 한 지부로 창립된 것이라고 증언하였다(『아리랑』, 116면).

104) 金學俊 편, 『혁명가들의 항일회상』, 민음사 1988, 92면 참조.

105) 류자명, 앞의 책, 93면.

106) 같은 책, 94면.

107) 『조선일보』 1929년 11월 3일자.

선전의 통로도 마련하였다.

1927년 3월 광주에서 개최된 단의 제2차 전국대표대회[108]는 전년도 12월에 간부회의를 통하여 일차 마무리된[109] 주요 조직개편 내용을 단원의 총의로써 인준하고 확정짓는 자리였던 것으로 보인다. 그 한달 뒤인 4월 초에 일제 관헌은 '최근에' 의열단이 광주의 본부에 중앙집행위원회를, 상해와 무창, 남창지부에 지방집행위원회를 설치했음을 보고하였다.[110] 또다른 일제 관헌 문서는 의열단이 1927년경에 비서부·정치부·재정부·선전부·조직부의 집행부서를 갖추고 있었음을 보고하였다.[111] 이들 보고에 나오는 '전국대표대회' '집행위원회' '비서' '정치' '재정' '조직' 등의 기관·부서 명칭 자체가, 의열단

108) 『동아일보』 1928년 10월 28일자.
　의열단의 제1차 전국대표대회는 늦어도 1926년 1월 이전, 아마도 1925년 하반기에 재광주 단원 총회의 형식으로 열려, 노선 변환 방침을 공식 확인하고 황포군교 입교의 결정을 내린 것으로 추정된다. 김성숙이 다음과 같이 회고했기 때문이다: "우리들이 광동에 있을 때입니다. … 이 총회를 계기로 의열단은 노선이 바뀝니다. 김원봉 스스로 군관학교에 들어갑니다."(김학준 편, 앞의 책, 92면). 다만 류자명만은 이 결정에 끝내 찬동하지 않고 극력 반대 의사를 표하고는 (단원 총회에서 논쟁이 벌어지면 단이 분열을 일으켰다는 기록이 남을까봐) 총회 직전에 탈단을 선언했다고 김성숙은 덧붙여 중언했다.
109) 류자명은 단 개조를 위한 회의(간부회의였을 성싶다)가 '1925년 겨울' '단원들이 황포군관학교와 중산대학에서 공부하고 있을' 때 열렸으며 자기도 참석했노라고 술회하였다(류자명, 앞의 책, 93~94면). 그러나 '1925년'은 의열단원들이 황포군교와 중산대학에 재학 중인 때는 아니었다. 더욱이 류자명에 의하면 개조회의에는 오성륜도 참석했다고 하는데, 오성륜이 모스끄바로부터 광주로 와서 단에 합류한 때는 1926년 겨울이었다(『아리랑』, 128면). 이를 통해 보면 류자명은 1926년(겨울)의 일들을 1925년의 것으로 기억 착오를 일으켰음이 거의 틀림없어 보인다.
　한편 1926년 12월, 나석주가 국내 거사를 위해 중국을 떠나기 직전 류자명에게 작별 서신을 두 차례 보냈는데, 두 번째 편지의 수신처는 상해가 아닌 광동으로 되어 있었다(박태원, 앞의 책, 200~201면). 이는 류자명이 1926년 12월 중에 무슨 용무인가로 급히 광동에 가 있었다는 증거가 되는데, 그 '용무'란 바로 단 개조를 위한 간부회의 참석이 아니었을까고 추리된다. 의열단 간부였으면서 국내에서 피검된 徐應浩도 자기가 단의 중앙집행위원으로 피선된 때는 1926년 12월이었다고 진술했다(『조선일보』 1929년 11월 30일자). 결국 이상의 사실들과 추리를 종합해서 말하면, 의열단의 조직체제 개편을 위한 본격적 논의와 구체적인 작업은 모두 1926년 12월의 간부회의를 통하여 이루어졌으리라는 것이다.
110) 조선총독부 경무국장, 「義烈團ニ關スル件」 朝保秘 제711호, 1927. 4. 6; 水野直樹, 「黃埔軍官學校と朝鮮の民族解放運動」, 59면에서 재인용.
111) 『고등경찰요사』, 100면.

의 체제정비와 개편의 방향이 순수 결사투쟁 조직으로부터 이를테면 중국국민당과 같은 '혁명정당' 조직으로의 변신이었음을 잘 말해주고 있다.112)

의열단이 1932년에 작성하여 중국의 각 항일단체에 배포113)한 「한국혁명의 과거 정세와 본단(本團)의 책략」이라는 문서에도, 1926년에 조직체제를 개편한 사실과 그 개편의 방향 및 의의에 대한 자평(自評)이 다음과 같이 적혀 있다.

본단은 이와같은 객관적 정세가 가리키는 바의 규칙적 방침에 기초하여 1926년 조직 개선(改選)을 단행하고 장정(章程)을 개정(改訂)하며 구체적 강령을 작성하여 … 전력(全力)을 대중적 혁명조직에 경주함(으로써—인용자) 국내·국외의 노농단체로 하여금 어느날 갑작이 무슨 일이 있을 때에 유격전쟁을 벌이게 할 기초를 확립하였음. 이는 본단이 초민중적(超民衆的) 조직체를 범민중화한 한 시기라 말할 수 있음.114)

의열단 자체가 '대중적 혁명조직'이 됨으로써 유사시 '노농단체'의 '유격전'을 추동할 수 있을 기초를 확립했다는 것이다. 즉 대중을 무장대오로 조직하기 위한 선행 절차로 의열단 자체가 대중운동 조직으로 탈바꿈했다는 뜻이다. 여기서 '대중적'이라 함은 단의 문호를 개방하여 널리 운동자 대중을 규합하고 충원하는 것에서 시작하여, 단의 인적 기반이 진실로 대중 일반에 두어지는 데로까지 발전해감을 의미한다. 그러한 발전으로의 첫걸음을 '초민중적 조직체의 범민중화'라고 표현한 것은 「조선혁명선언」에서 일차 제기되었던 '민중'론의 의미를 그동안의 변화된 상황에 맞추어 재규정하고자 한 것임을 의미한다.

---

112) 류자명은 조직 개편과 더불어 조직 명칭도 '조선민족혁명당'으로 고치기로 결정했다고 서술하였다(류자명, 앞의 책, 94면). 그러나 명칭 개정 건을 언급했거나 새 명칭이 등장하는 자료는 이것이 유일무이하며, 1927년 5월의 「독립당촉성운동 선언」도 발표 주체가 '조선의열단'으로 되어 있다. 아마도 명칭 개정이 발의되었다가 부결되었거나, 간부회의에서는 통과되었는데 단원 총회(=전국대표대회)에서 기각된 것이 아닌가 한다.

113) 조선총독부 고등법원 검사국 사상부, 『사상휘보』 제7호, 1936, 31면.

114) 「韓國革命の過去における情勢と本團の策略」, 在上海朝鮮總督府派遣員, 『昭和八年度綜合報告』(山口縣 文書館 所藏)에 譯載; 水野直樹, 「黃埔軍官學校と朝鮮の民族解放運動」, 49면 再引.

## 2. 조직세의 기복

1926년부터 1927년 상반기까지의 약 1년여 동안 의열단은 광주로 집결해 온 한인 운동자층과 황포군교 입교생들 중에서 다수의 신입자를 충원하였고, 그럼으로써 조직세가 크게 신장되었다. 무창과 남창에 지부를 두게 된 것은, 국민혁명군의 북벌 경로를 따라 주요 점령지마다[115] 바로바로 지부를 설치했음과 아울러 한인 사관 중에도 단원이 적지 않았음을 말해준다.

일제의 첩보망에 포착된 범위에서 1927년 3,4월경의 단원 분포 및 그 구성 현황이 밝혀진 것을 보면, 먼저 광주 본부의 중앙집행위원 5명과 일반 단원 11명의 신원이 다음과 같이 나타난다.[116]

① 중앙집행위원: 최림(중앙군사정치학교 정치부 소위) 김성숙 최원 장지락 이영준(이상 4명은 중산대학생).
② 일반 단원: 박효삼 강평국(이상 2명은 중앙군교 사하 입오생부 교관 소위) 김(박)건웅 최영암(崔永岩) 해유재(海[安]維才) 김택(金澤)(이상 4명은 중앙군교 생도) 함성(咸聲, 오성륜) 이유곤(李柳昆) 노건(광남군 廣南軍 제4군) 김필립(金弼立, 중산대 학생) 김유광(金有光, 중산대 예과생).

다음 무창지부의 단원으로 파악된 인원은 진공목(陳公木, 집행위원) 진갑수(陳甲壽) 박태섭(朴泰燮) 유원도(劉元道) 백계(白桂) 최승연(崔承年) 이벽파(李碧波) 박시창(樸始昌) 등 8명이었다.[117] 이들은 모두 중앙군사정치학교 무한분교 생도였다. 무창지부원 전원은 매주 일요일에 무한분교에서 소조회(小組會)를 열어 국제정세, 혁명운동의 동향, 동지획득 상황 등을 보고·토론하고 민족운동에 대한 지식을 함양하였다.[118] 그러나 무창의 의열단원이 위의 8명으로 국한되는 것은 결코 아니었다.

---

115) 무창은 1926년 10월, 남창은 11월에 국민혁명군이 군벌군을 격퇴하고 입성한 곳이다.
116) 원자료는 주 110번과 같고, 水野直樹, 「黃埔軍官學校と朝鮮の民族解放運動」, 60~61면에서 再引.
117) 같은 글, 61면 再引.
118) 「在支不逞團加入活動事件」, 『사상휘보』 제19호, 1939, 279면 참조.

북벌군 점령 후 무창에서는 마치 유월한국혁명동지회의 자매단체와도 같이 무한지방 한인의 '통일기관'인 유악(留鄂)한국혁명청년회(이하 '유악청년회')가 결성되어 한인의 규합과 친목 도모, 입학과 취직의 알선과 자격 심사, 무한분교 입교생 추천, 민족의식 함양 등의 활동을 펴나갔다. 유악청년회는 실상 의열단 본부의 지시에 의해 진갑수와 안동만(安東晩) 등이 주도하여 결성된 것으로, 의열단의 '외곽단체'라 보아도 무방했다.119) 그런 까닭에 유악청년회의 회원 가운데는 이미 의열단원이기도 한 경우가 적지 않았는데, 1927년 3월에 공표된 46명 회원 명단120)에서 단원으로 확인 또는 판단되는 인원을 가려내면 아래와 같이 20명(고딕체로 표시) 가량 된다.

① 정계: 백득림(白得林).
② 국민혁명군 복무: 전창무(田昌茂) **홍의표** 류성림(柳成林) **마천목**(馬天穆) 이검운 오세진 권준 이우의 노세방 이지선(李枝善). (8명)
③ 중앙군교 무한분교 정치과 학생: **진공목**(이병희 李炳熙) **진갑수**(陳甲秀) **안동민**(安東民) **안자산**(安子山) **사검인**(史劍仁) **왕거**(汪炬) **관초**(關鍬) **조국동**(趙國東) **안동만**(안재환 安載煥) **송욱동**(宋旭東) 김준(金俊) 유광세(劉光世) 김치정(金致廷) 이종(李鍾). (5명)
④ 중앙군교 무한분교 포병과 학생121): 유원도(柳源道) **박태섭** 진용학(陳龍鶴) 백규(白珪) **이건**(李建) **최승연**(崔承淵) 김희철(金熙喆) 박우균(朴禹均) 이춘식(李春植) 이벽파. (5명)
⑤ 무창 중산대학 학생: 이백산(李白山) 허열추(許烈秋) **이일**(李一) 권영술(權寧述) 소완성(蘇完成).
⑥ 기타: 이건우(李健祐) 김치우(金治玗) **한창렬**(韓昌烈) 이윤해(李允海) 이평산(李平山) 손성선(孫聖善). (2명)

---

119) 같은 곳.
120) 추헌수 편, 앞의 책, 295~97면.
121) 여기서의 '무한분교 학생'은 5,6기생에 해당한다. 이 해 7월 18일에 졸업하게 되는 5기의 한인 재학생은 6명이었다(『黃埔軍校史料(1924~1927)』, 93면). 자료에 따라 약간씩 상이한 명단 가운데 申岳과 張興(水野直樹, 「黃埔軍官學校と朝鮮の民族解放運動」 53면), 진갑수와 潘海亮(李基東, 「황포군관학교 출신 한국인 장교들」, 『신동아』 1987년 8월호, 629면) 4명은 의열단원이었다.

더욱이 유악청년회의 상무집행위원은 5명 전원(서무부 권준, 재무부 안동만, 선전부 홍의표, 조직부 진갑수, 조사부 진공목)이 의열단원이었다. 그 정도로 의열단 무창지부와 유악청년회는 밀접한 관계를 맺어 조직구성상 겹치는 부분이 컸으며, 의열단은 무창의 한인사회에서 가장 유력한 단체가 되고 있었던 것이다. 마지막으로, 남창지부의 단원으로 일제 첩보보고는 노일룡 이집중 왕자량 이기환 김권준(金權俊) 이기삼(李奇三) 최영택 등 7명을 들었는데,[122] 이들은 모두 소위 계급의 신참 사관이었다.

이처럼 탄탄한 모습으로 구축 강화되어가고 있던 조직망과 조직세는 그러나 장개석의 4·12 쿠데타 이후 일련의 정치적 격변으로 큰 타격을 받았으며, 1927년 말에는 돌이킬 수 없는 형국으로 허물어지고 말았다. 앞 절에서 서술한 바와 같이, 무한정부의 분열과 국공대립→일부 핵심단원들의 남창봉기 및 광주봉기 참가→막심한 희생과 극소수 생존자의 사산(四散)이라는 전혀 예기치 못한 사태를 겪게 되었기 때문이었다. 김원봉이 광주를 탈출하여 상해로 귀환한 직후인 1927년 12월 현재, 그의 주위에는 약 20명의 단원만이 있는 것으로 일제 관헌은 파악하였다. 그 가운데 성명이 확인된 이는 다음의 16명이었다.[123]

  한봉근 정원(鄭遠, 鄭世鎬) 최웅림(崔雄林) 왕사량(王士亮) 김종(金容宰) 김호(金浩, 金梓灣) 이탁수(李度洙, 陳秉) 홍의표 마천목 한창렬 김빈(金斌) 양검 박원산(朴元山) 김일천(金一千) 최봉관(崔鳳官) 김규식(金奎植) 진갑수.

이듬해 2월 20일에 열린 상해지부 대회에는 김원봉 외 14명만이 출석한 것으로 보도되었다.[124] 이 사실로도 그동안 상당한 정도의 조직세 침하 또는 감퇴를 겪었음을 헤아릴 수 있는 것이었다.

국민당의 '청당운동'이 진행되고 있는 것을 기화로 일제는 1928년 봄부터 도처에서 한인 운동자들을 공산당원으로 몰아 검거되게 하는 탄압을 자행하

---

122) 원자료는 주 110번과 같고, 水野直樹, 「黃埔軍官學校と朝鮮の民族解放運動」, 61~62면 再引.
123) 조선총독부 경무국, 「在外不逞鮮人の狀況」, 11면.
124) 『동아일보』·『조선일보』 1928년 3월 8일자.

였다. 의열단원들 역시 일경의 감시망을 완전히 벗어나지 못하여 적지 않은 피해를 입었다. 2월 28일에 한구에서는 류자명 김빈 안동만 최원 최승연 이지선(李智善) 손성례(孫聖禮) 한창렬 이관해(李觀海) 송욱동 등 10명의 단원이 일본영사관 특무경찰의 간계로 무한공안국에 체포되었다.125) 이들은 박건웅이 임시정부의 석방탄원서를 받아와 교섭한 결과, 피체 후 6개월이 경과한 8월 말에 가서야 가까스로 석방되었다. 그러나 최원과 최승연은 석방되자마자 상해로 갔다가 밀정에게 속아 일경에 다시 체포되고 말았다.126) 3월 상순에는 단원 이기환을 비롯한 수명의 한인들이 아모이에서 체포되어 일경에 이첩되었다.127) 또한 3월 18일에는 단원 주취천(朱翠天)과 이상정(李相定), 조염석(趙念錫) 3명이 손두환과 그의 부인인 여류비행사 권기옥(權基玉)과 함께 남경에서 공산당원이라는 혐의로 체포되어 일본영사관으로 넘겨졌다.128)

이처럼 일경의 감시와 탄압이 부쩍 도를 더해갈 뿐 아니라 중국정부 당국의 불온시하는 시선까지 덮쳐옴에 따라 의열단의 조직세는 급격히 감퇴하고 단원들의 운신은 크게 제약받고 있었다. 1928년 7월 현재 상해의 단원 수가 14,5명에 불과한 것으로 파악되고 있던 것129)도 이와같은 사정이 그대로 반영된 것이었다.

---

125) 류자명, 앞의 책, 103~104면 참조.

126) 「兩韓人被捕」, 『上海時報』, 1928년 8월 30일자; 추헌수 편, 앞의 책, 46면에 실려 있음. 국내 신문에는 '(광동)한국혁명청년당' '한국혁명동지회' 간부인 梁河錫과 崔國(=崔河淸), 최승연 3인이 10월 6일에 체포되어 신의주로 압송된 것으로 보도되었다(『동아일보』 1928년 10월 17일자, 10월 28일자).

127) 중국국민당 기관지인 『中央日報』는 한인들이 잇따라 체포되고 있는 사태에 일반인의 주의를 환기시키는 장문의 논평 기사를 실었다. 그에 따르면 3월에 아모이와 한구에서 다수의 한인이 체포되었는데, 아모이에서의 피포자 중 한 명은 이기환('북벌전 때 제2로군 총지휘부에서 공작, 현재 福建民團 교련관')이고, 한구에서 피포된 사람 중에는 李枝善과 孫善 등 의혈(의열)단원 4명이 포함되어 있다고 하였다(「幾個韓國革命靑年的一席話」, 『中央日報』 1928년 3월 15일자; 秋憲樹 編, 『자료 한국독립운동』 3, 연세대학교 출판부 1972, 267면에 실려 있음).

128) 『동아일보』 1928년 6월 1일자. 이들은 상해 일본영사관으로 넘겨져 엄중한 취조를 받고 나서 겨우 석방되었다(『동아일보』 1928년 6월 28일자).

129) 그중 확인된 11명의 명단은 다음과 같다. 김원봉 王子明 李東友 한봉근 姜昌濟 朴俊變 柳光世 鄭寅敎 印秉德 曹國棟 崔昌根(국회도서관 편, 앞의 책, 632면).

## 제4절  민족운동 이념의 발전적 재구성

### 1. 1926년 제정 강령의 내용구조와 특질

중국 국민혁명운동에 참가하고 있는 동안 의열단은 조직체제를 개편하고 조직세를 신장시켰을 뿐만 아니라, 운동이념 면에서도 유의미한 변화를 보이게 되었다. 그 변화는 1925,6년경에 의열단이 맞게 된 정치적 환경의 변화, 국내 민중의 동향, 국내외 민족운동 및 사회운동계의 새로운 움직임 및 그 내부의 세력각축상 등이 여러모로 투영된 결과였다. 나아가 의열단 자신이 여러 방면에서 가해지는 사상적 자극을 폭넓게 수용하여 창조적으로 변용시키는 가운데 자기의 이념적 지향과 지표를 주체적으로 재구성해 감으로써 나타나게 된 것이기도 하였다. 후자의 측면은 특히 의열단이 1926년 12월에 제정한 20개 조의 강령130)을 통하여 이념적 지표를 한층 더 구체화·명료화·체

---

130) 1926년에 강령이 제정되었다는 사실 외에, 그때 제정된 것임을 명기하여 강령을 수록하고 있거나 내용만이라도 언급하고 있는 자료는 아직까지 발견된 바 없다. 다만 상해 일본 총영사관 경찰부가 1932년에 한인 민단사무소를 급습하여 압수한 문서들을 토대로 엮어낸 「조선민족운동연감」의 1928년 10월 4일조에, 의열단이 제3차 대표대회 선언을 발포하였음을 기재하고, 20개 조의 강령을 옮겨 적어놓은 것이 있을 뿐이다. 기존의 논고들에서는 한결같이 이 20개 조의 강령이 제3차 대표대회에서 제정 또는 개정된 것인 양 서술되어왔다. 그러나 그렇게 볼 수 있는 근거는 단지 하나, 제3차 대표대회 선언 발포 사실이 기재되어 있는 곳 바로 뒤에 이 강령이 전재되어 있다는 점뿐이다. 그런데 그 전재의 주체는 일제 경찰당국이었고, 그들은 사실 이 강령이 1926년의 것인지 1928년의 것인지를 판별할 수가 없었을뿐더러 그 문제에 관해서는 별로 관심도 없었을 것이다. 실제로 「조선민족운동연감」의 해당 기사(김정명 편, 『조선독립운동』 제2권, 340~41면)를 보면, 슬로건들에 대해서는 "제3차 대회에서 결정된 슬로건은 左와 같다"고 附記되어 있으나, 강령에 대해서는 "同團의 강령은 左와 같다"고만 부기되어 있지 '제3차 대회에서 제(개)정된'이라는 관형어는 붙여져 있지 않다.
　따라서 '20개 조 강령'이 제3차 대표대회에서 제정(또는 개정)된 것이 맞느냐는 물론이고, 도대체 제3차 대회에서 강령 제(개)정 작업이 있었는지의 여부조차도 불분명한 것이다. 반면 1926년에 '구체적 강령'이 제정되었다는 것은 분명히 확인된 사실이다. 그렇다면 현재로서는, 문제의 '20개 조 강령'은 오히려 1926년에 제정된 것으로서 그후

계화시키면서 발전적 면모를 내보인 것에서 확증된다.

그러면 먼저, 의열단의 최초 강령이었을 1926년의 20개 조 강령은 어떤 내용들로 구성되어 있었고 어떤 특질을 내보였는가를 살펴보도록 하겠다. 강령의 각 조항은 다음과 같이 되어 있었다.[131]


1. 조선민족 생존의 적인 일본제국주의의 통치를 근본적으로 타도하고 조선민족의 자유독립을 완성함.
2. 봉건제도 및 일체 반혁명세력을 삭제하고 진정한 민주국을 건립함.
3. 소수인이 다수인을 박삭(剝削)하는 경제제도를 소멸시키고 조선인 각개의 생활상 평등의 경제조직을 건립함.
4. 민중경찰을 조직하고 민중무장을 실시할 것.
5. 인민은 언론·출판·집회·결사·거주에 절대 자유권을 가짐.
6. 인민은 무제한의 선거 및 피선거권을 가짐.
7. 1군(郡)을 단위로 하는 지방자치를 실시함.

---

로 대표대회 같은 주요 행사 때마다 인쇄 배부되거나 주요 선언문의 말미에 덧붙여 전재되곤 했을 것이라고 보는 편이 훨씬 자연스럽다. '20개 조 강령'에서 '工人運動'이라는 용어가 쓰이고 있는 점도 이 강령이 1926년의 것이었음을 추정하게 하는 중요한 단서가 된다. 1928년의 것이었다면 '노동운동'으로 되어 있었을 것이다. 이러한 논거에서 필자는 '20개 조 강령'이 1926년에 제정된 의열단의 최초 강령 바로 그것이었으리라고 본다.

131) 「조선민족운동연감」, 1928년 10월 4일조, 김정명 편, 『조선독립운동』 제2권, 340~41면에 의함.
　이밖에 의열단의 강령이 수록된 자료로는 ① 박태원, 앞의 책, 29~31면; ②『사상휘보』 제4호, 1935, 146면; ③『사상휘보』 제7호, 1936, 32~33면; ④ 사회문제자료연구회 편, 『사상정세시찰보고집』 제2집, 1976, 188~89면이 있다. 1935년 당시의 강령을 수록한 것으로 여겨지는 ② ③ ④는 용어와 표현에서 약간씩의 차이를 보이기는 하나, 조항 수(20개)나 전체 골격은 동일하다. 따라서 동일 원본을 전재한 것으로 간주해도 무방할 듯싶다. ①은 전체적으로 ② ③ ④와 같으나, 다만 '조선인 생활상에 침해가 될 외국인 재산소유권의 박탈' 조항(12조)이 빠져서 19개 조항으로 되어 있는 점만이 다르다. 이들 네 자료의 것을 일괄해서 '개정 강령'으로 볼 때 그것과 「조선민족운동연감」의 것, 즉 '최초 강령' 사이에는 한 가지 두드러진 차이점이 나타난다. 즉 최초 강령의 "대지주의 토지를 몰수함"이라는 조항(13조)이 개정 강령에서는 빠지고, 그 대신에 "세계상 반제국주의의 민족과 연합하여 일체 침략주의를 타도함"이 삽입된 것이다. 다시 말해 이 점이 1920년대 후반기의 강령과 1930년대 전반기의 강령 사이의 유의미한 차이점을 이루는 것이다.

8. 여자의 권리를 정치·경제·교육·사회상 남자와 동등하게 함.

9. 의무교육과 직업교육을 국가의 경비로 실시함.

10. 조선 내 일본인 각 단체(동양척식회사·불이흥업·조선은행 등) 및 개인(이주민 등)에게 소유된 일체 재산을 몰수함.

11. 매국적·탐정 등 반도(叛徒)의 일체 재산을 몰수함.

12. 조선인민 생활상 침해가 되는 외국인의 일체 재산을 몰수함.

13. 대지주의 토지를 몰수함.

14. 농민운동의 자유를 보장하고 빈고(貧苦) 농민에게 토지·가옥·기구 등을 공급할 것.

15. 공인운동의 자유를 보장하고 노동평민에게 가옥을 공급함.

16. 양로·육영(育嬰)·구제 등의 공공기관을 건설함.

17. 대규모의 생산기관 및 독점성질의 기업(철도·광산·기선·전력·수리·은행 등)은 국가에서 경영함.

18. 소득세는 누진율로 징수함.

19. 일체의 잡세를 폐제(廢除)함.

20. 해외거류 동포의 생명·재산의 안전을 보장하고 귀국 동포에게 생활상 안전한 지위를 부여함.[132]

---

132) 참고로, 다른 자료에 수록되어 있는 강령들과 대조해볼 때 발견되는 용어나 표현상의 차이를 열거하면 아래와 같다 (『약산과 의열단』은 『약산』으로, 『사상휘보』는 『휘보』로, 『사상정세시찰보고집』은 『정세』로 약기함).
    제1조: '생존의 적'이 『휘보』에는 '적'으로만 되어 있음.
    제2조: '삭제'가 『약산』에는 '잔제'(剗除)로, 『휘보』에는 '배제'로 되어 있음.
    제3조: '박삭'이 『휘보』에는 '삭탈'(削奪)로, 『정세』에는 '착취'로 되어 있음.
    제4조: 『약산』에는 "민중의 무장을 실시할 것"으로 축약되어 있음.
    제5조: 『정세』에는 "인민에게 … 절대권리를 부여함"으로 되어 있음.
    제6조: 『정세』에는 "인민에게 … 부여함"으로 되어 있음.
    제11조: '매국적·탐정'이 『휘보』에는 '매국노·밀정'으로 되어 있음.
    제12조: 『휘보』에는 "… 외국인 일체의 재산소유권을 취소할 것", 『정세』에는 "… 외국인의 일체의 재산소유권을 박탈함"으로 되어 있음.
    제15조: '노동평민'이 『정세』에는 '노동자'로 되어 있음.
    제17조: '독점성질'이 『정세』에는 '독립성질'로, '기선'이 『약산』에는 '윤선'(輪船)으로, '전기'가 『휘보』 및 『정세』에는 '전력'으로 되어 있음.
    제19조: 『약산』에는 "일체 가연(苛捐)·잡세를 폐제할 것"으로 되어 있음.

전반적으로 강령은 의열단이 '최고 이상'으로 삼아온 '구축왜노·광복조국
·타파계급·평균지권'의 사상, 다시 말해 반일 민족독립과 반봉건 민주변혁
사상으로 관통되고 있다. 그리하여 인민의 자유·평등·복지(생활)권이 철저
히 보장되는 독립-민주국가의 건설이 궁극적인 지향점으로 설정되고 있다.
각 조항을 통하여 적시된 문제들은 범위는 매우 넓되 표현이 구체적이어서,
민족의 전도와 신국가의 미래상을 실감나게 그려볼 수 있도록 한다.

20개 조 강령의 대체적인 내용과 기본적인 지향점, 그리고 구문(構文)·표
현·용어 등의 전체적 얼개는 의열단보다 한발 앞서 공표된 조선공산당(이하
'조공') 강령133)과 대비시켜볼 때 유사점이 많다는 것이 흥미롭다. 그러나 주
의 깊게 살피고 대조해보면 유사점만 아니라 두드러진 차이점도 몇가지 나타
난다. 그 점을 확인하기 위하여 먼저 조공 강령의 주요 부분을 옮겨보면 다
음과 같다.

   … 상술한 각 항에 의하여 조선공산당에서는 아래와 같은 강령을 세운다.
   당면한 투쟁의 목적은 일본제국주의의 압박에서 조선을 절대로 해방함에
있고 당면한 정치적 요구는 아래와 같다.

   1. 민주공화국을 건설하되 국가의 최고 및 일체 권력은 국민으로부터 조직
      한 직접·비밀(무기명투표)·보통 및 평등의 선거로 성립한 입법부에 있
      을 일.
   2. 직접·비밀·보통 및 평등의 선거로 광대한 지방자치를 건설할 일.
   3. 전국민의 무장을 실시하고 국민경찰을 조직할 일.
   4. 일본의 군대·헌병 및 경찰을 조선에서 철수할 일.

---

133) 이균영 발굴·해제, 「조선공산당 선언」, 『역사비평』, 1992년 겨울호, 349~61면. 이 자
   료의 해제와 본문에 의하면, 姜達永을 책임비서로 하는 제2차 조선공산당에서는 6·10
   만세시위를 기획하고 주도한 혐의로 일경에 쫓기면서 일부 간부가 피체되고 있던 중인
   1926년 7월에, 조선의 모든 반일 역량을 결집시켜 민족혁명 유일전선을 조직해야 한다
   는 취지의 선언문을 당 중앙집행위원회 명의로 발표하였다. 이어서 조공은 동년 9월 1
   일자 발행의 당 기관지 『불꽃』 제7호에 위의 선언문을 게재하였는데, 그 선언문 속에
   당 강령도 구체적으로 명기해놓고 있었다. 『불꽃』지의 발행지는 '京城'으로 표기되어
   있었으나, 실제로는 曺奉岩과 金燦 등 해외부 간부진의 主宰로 상해에서 발간되고 있었
   다.

5. 인민의 신체 혹 가택을 침범하지 못할 일.

6. 무제한의 양심·언론·출판·집회·결사 및 동맹파공의 자유를 가질 일.

7. 문벌을 타파하고 전인민이 절대평등의 권리를 가질 일.

8. 여자를 모든 압박에서 해탈할 일.

9. 공사(公私) 각 기관에서 조선어를 국어로 할 일. 각종 학교에서 조선어로 써 교수할 일.

10. 학교의 자유를 보장하고 무료 또는 의무의 보통 및 직업 교육을 남녀 18세까지 실시할 일. 빈민 학령자의 의식(衣食)과 교육용품을 국가의 경비로 공급할 일.

11. 각종 간접세를 폐지하고 소득세 및 상속세를 누진율로 할 일.

12. 쏘베트사회주의연합공화국과 우의적 연맹을 체결할 일.134)

이러한 '정치적 요구'와 더불어 조공 강령은, "노동계급 해방투쟁의 능력을 발전시키기"위한 12개 항의 구체적 요구, "농민들을 지주와 대토지 소유자의 압박에서 해방하기 위하여" "대토지 소유자, 회사 및 은행이 점유한 토지를 몰수하여 국가의 토지와 함께 농민에게 교부할 일" "소작료를 폐지할 일" 등의 경제적 요구도 제시하였다.

의열단 강령과 조공 강령은 모두 민족독립(민족해방)을 대전제로 하여 신국가 건설의 과제를 어떻게 수행할 것인가 하는 내용으로 기본 얼개가 짜여 있음에서 공통점을 보인다. 그러나 조공 강령이 '일제의 압박으로부터의 조선해방'을 '당면한 투쟁의 목적'으로 설정했음에 반하여, 의열단 강령은 '일제 식민지 통치의 타도와 민족독립의 완성'을 아무런 한정 없이 그 자체 목표로 설정한 점에서 차이를 보인다.135)

민족독립 후의 신국가의 성격에 대해 조공 강령은 문벌 타파와 전인민의

---

134) 같은 글, 353~54면. 이 12개 조는 具然欽이 피체 후 취조받던 중에 '강령'이라는 명칭 대신 '조선공산당의 당면의 정치적·경제적 요구'라는 제목으로 진술한 내용과 동일하다(梶村秀樹·강덕상 편, 「共産黨幹部具然欽ノ取調」, 『현대사자료』 29, 420~21면). 1·2차 조공 간부를 역임한 金燦의 調書 가운데도 '당면문제의 슬로건'이라 하여 이와 대동소이한 내용의 17개 항이 나온다(김준엽·김창순, 앞의 책, 307면). 그중의 어떤 부분, 예컨대 '국가경비에 의한 의무교육 및 직업교육의 실시' '일체의 잡세 폐지, 단일 누진소득세제의 설정' 등은 의열단 강령의 해당 조항과 어구까지도 흡사하다.

135) 1930년대에 가서도 의열단 강령은 이 조항을 수정 없이 그대로 유지한다.

절대평등한 권리의 향유에 기초한 '민주공화국'으로 상정하였다.136) 의열단
강령도 '봉건제도 및 일체 반혁명세력의 제거'에 기초한 '진정한 민주국'으
로 설정하였음에서 그와 매우 유사하다. '민주'의 기본 내용을 의열단 강령
은 언론·출판·집회·결사·거주상의 절대 자유권과 남녀 동등권으로써 뒷받
침되는 '인민의 무제한의 선거권 및 피선거권' 향유로 표상하였다. 조공 강
령도 자유권적 기본권의 범위를 신체와 양심으로까지 확대하고 보통·직접·
비밀·평등이라는 민주적 선거의 원리를 명시한 차이가 있을 뿐, 골격은 별로
다른 바가 없다.

  이처럼 민주적 제권리가 보장됨을 기초로 해서 구축될 신국가의 정치체제
는 물론 민주주의이다. 그것을 '지방자치' '민중(국민)무장' '민중(국민)경
찰'과 같은 제도적 장치로써 방호하려 한 점에서도 양 강령은 공통점을 보인
다. 지방자치를 넘어서 국가 폭력기구(군대·경찰)까지도 민중(국민)이 직접
관장하게끔 한 것은 민중(국민)주권과 국가권력의 완전한 일치를 꾀한 것이
다. '민주(공화)국'이 될 신국가의 정치체제는 따라서 부르즈와민주주의가
아닌 인민민주주의 또는 민중민주주의적 성격의 것이다.

  국민의 생활권·복지권을 보장해줄 사회정책에서는 무료 의무교육 실시,
직업교육 의무화(조공) 또는 그 경비의 국가부담(의열단), 간접세(조공) 또는
잡세(의열단) 폐지와 소득세의 누진제 실시에 의한 조세형평, 농민운동·노동
운동의 자유 또는 권리 보장 등을 명시하고 있음에서 두 강령은 유사점을 보
인다. 다만 사회보호기관의 설치와 노동자·농민에 대한 주거의 공급까지 규

---

136) 그러나 「선언」의 말미에는 '인민공화국 만세'라는 슬로건이 인쇄되어 있을 뿐 아니
   라 『불꽃』지의 欄外 여백에도 굵은 활자로 박혀 있다. 이것을 어떻게 해석해야 할 것인
   가와 관련하여 林京錫의 견해(「일제하 공산주의자들의 국가건설론」, 『대동문화연구』
   제27집, 1992, 213~16면)를 빌리면, '민주공화국'이란 반일 민족통일전선에서 프롤레
   타리아헤게모니를 직접 관철시키지는 못하지만 공산당의 정치적·조직적 독자성은 유
   지하는 경우의 정권 형태를 지칭하는 것인 반면, '인민공화국'은 통일전선에서 노동계
   급의 헤게모니와 공산당의 정치적 주도권이 다 같이 관철됨으로써 민주주의혁명 단계
   의 '프롤레타리아와 농민의 혁명적 민주주의 독재'(='노농민주독재')가 실현될 경우의
   정권 형태를 뜻한다. 그렇다면 조공이 이처럼 두 가지 슬로건을 동시에 내건 것은, 통일
   전선에서의 노동계급의 헤게모니를 위해 적극 투쟁은 하되 그것의 관철을 통일전선운
   동——선언 발표 6개월 뒤에 신간회의 결성으로 결실을 맺게 되는——참여의 전제조
   건으로 삼지는 않음을 의미하는 것이 된다.

정한 점에서는 의열단이 한걸음 더 나아가 있다.

　신국가의 경제제도 및 경제정책에 관한 규정에서도 두 강령의 기조는 같다. 그러나 조공이 대지주의 토지 몰수, 몰수된 토지의 농민에게 교부, 소작료 폐지 등으로 경제정책의 골간을 제시했을 뿐임에 반하여, 의열단은 경제체제의 성격 내지 지향점까지 명기해놓은 점이 다르다. '소수인이 다수인을 압박하고 빼앗아가는 경제제도의 소멸'과 '생활상 평등의 경제조직 건립'이 그것이다. 이러한 경제체제 건립의 요건으로 의열단은 대지주의 토지 몰수, 빈농층에 대한 토지 공급, 대규모 생산기관 및 독점성 기업의 국가경영을 들었다. 또한 의열단 강령이 제국주의 침략과 식민지지배의 사회경제적 유산 및 잔재를 완전히 청산할 것을 거듭(10, 11, 12조) 명시하고 강조한 것에 반하여, 조공 강령에는 그러한 문제가 언급되어 있지 않은 것도 차이점 가운데 하나이다.

　그러나 두 강령의 가장 두드러진 차이점은, 조공이 소련과 '우의적 연맹을 체결'할 것을 언명한 것에 반하여, 의열단은 그런 유의 언명을 일절 하지 않고 있다는 점이다. 상호 연대와 협력을 특별히 강조할 필요가 있었을 중국(정부·민족)과의 관계에 대해서도 의외로 의열단은 아무런 언급을 하지 않았다. 의열단 강령에서 혁명운동의 국제적 연대에 관한 언급이 빠져 있는 것은 어쩌면 우연적인 결여가 아니라 의도적인 기피의 결과였을 수가 있다. 그 점을 통하여 의열단은 조공의 운동노선과 자기의 운동노선을 의식적으로 구별지으려 한 것이 아닌가 추리된다. 그것은 코민테른이 내세우는 공산주의 세계혁명 노선을 그대로 수용할 수는 없다는 뜻을 암암리에 표출한 것과 다름없다. 국제적 반제운동전선에서의 국가간·민족간 연대도 상황과 사안에 따라 융통성있게 조절될 수 있는 것이지, 어떤 고정불변의 원칙이나 강제적 의무사항으로 얽매일 성질의 것은 아니라고 보았음을 시사하는 것이다.

　이는 민족해방의 달성도 사회변혁의 완수도 결국은 민족주의 이념에 기초하여 추구해가야 한다는 주견을 의열단이 고수하고 있었음을 의미한다. 그런 점에서 '소련과의 우의' 조항의 유무라는 양 강령의 차이점은 사회주의적 국제주의와 진보적 민족주의 노선 간의 차이 또는 거리를 극명하게 드러낸 것이었다. 국제주의자가 소련과 코민테른을 혁명운동의 대형(大兄)이나 대부(代父)로 여기어 그의 지도-지휘를 당연시하거나 불가피한 것으로 받아들이려 했다면, 민족주의자는 소련과 코민테른이 국제주의의 명분을 내세워 식민지 각국의 민족혁명운동마저도 자기의 영향력 범위 내에 묶어놓고 통제하려는 경향을 용인할 수 없었던 것이다.

같은 맥락에서, 민족운동의 궁극적 귀착점에 대한 의열단의 전망이 조공의 그것과 동일한 것이었는지도 검토해볼 필요가 있다. 창단 초기부터도 의열단의 민족운동 이념은 '민족독립' '조국광복'의 이념과 함께, 민족공동체를 개인의 자유와 신분적 평등의 원리가 구현되는 근대사회로 만들어간다는 '자주적 사회발전'의 이념이 다른 한축이 되고 있었다. 강령에 압축적으로 표현된 바에 따르면, 발전의 지향점과 내용은 반봉건·비자본주의적 민주변혁이었다고 규정하는 것이 적절하다. 그것은 또한 조공 강령에 나타난 당면의 운동목표이기도 했는데, 조공 나름으로는 '부르즈와민주주의혁명'이라 명명하고 있었다. 조공이 '민주주의혁명' 앞에 '부르즈와'라는 관형어를 붙여 혁명의 성격을 한정지은 것은 궁극적인 운동목표를 프롤레타리아혁명에, 즉 쏘비에뜨 건립과 프롤레타리아독재로 나아갈 사회주의혁명에 두고 있음을 전제한 것이었다. 말하자면 「조선공산당 선언」을 통하여 천명된 조공 강령은 부르즈와혁명에 부합하게끔 수위가 조절된 최소강령인 셈이었다. 부르즈와혁명은 프롤레타리아혁명으로 전화해야 하고 또 전화하게 마련이라는 당위론적·필연론적 역사전망이 거기에 전제되고 있었음은 말할 필요도 없다. 그러나 적어도 당시까지는 의열단이 그러한 식의 역사전망과 운동목표를 설정하고 있던 것은 아니었음이 분명해 보인다.

강령을 통하여 의열단이 상정한 신국가의 경제체제는 불평등을 용인하고 사유권을 절대시하는 자본주의 체제는 분명 아니었다. 오히려 평등과 공유(사회적 소유 또는 국유)를 양보 불가의 대원칙으로 삼는 사회주의 체제를 지향한다는 점이 강력히 암시되고 있었다. 그러나 조공처럼 그것이 프롤레타리아독재의 정치체제를 수반하며 또 그것에 의해서만 가능할 것으로 본 증거는 아무데서도 발견되지 않는다. 강령을 통하여 의열단은 토지소유 구조의 재편과 대생산기관의 국유화를 경제평등의 최소 요건이자 주요 실현 기제로 제시하였다. 그러나 조공처럼 그것이 소련형 사회체제를 필수 전제로 한다거나 그렇게 나아가야만 한다고 본 흔적은 어디에도 없다.

요약해서 말하면 의열단의 민족운동 이념의 사회사상적 지평은 자유주의로부터 사회주의에 이르기까지 폭넓은 스펙트럼에 걸친 것이었다. 그러나 자유를 추구하되 고전적 자유주의에서와 같은 개인주의 일변도와 자유방임주의의 폐해는 피하려 했기에, 의열단 사상의 자유주의적 측면은 개혁자유주의·급진자유주의를 포괄하는 넓은 의미에서의 현대적 신자유주의(Neo-Liberalism), 나아가서는 나의 자유와 함께 타인의 자유도 똑같이 존중 보호되어야 하며 서로를 침해하는 성질의 것이어서는 안된다는 의미의 만인자유주의(Libertarianism) 범주에 속할 만한 것이었다. 다른 한편으로는 평등과 사회정의를 추구하되 그것을 전적으로 프롤레타리아독재에 의탁해서 실현시킬 것으로 주장하지는 않은 점에서, 의열단 사상의 사회주의적 측면은 오히려 반(反)계급독재 정신에 투철한 아나키즘의 상호부조적 꼬뮌주의(Communism)에 가까운 것이었다.

결국 이러한 두 측면을 종합해 볼 때, 의열단 운동의 이념적 기초에는 여전히 아나키즘적 요소가 짙게 깔려 있었다. 군 단위의 지방자치 실시와 군대 및 경찰의 민중통제를 주장한 점도 그러한 맥락에서 새롭게 의미를 부여해볼 여지가 있다. 이것은 비록 1,2년 전에 아나키즘적 조직원리와 운동방법은 더 이상 쓰지 않기로 하여 폐기했으나, 사회체제 변혁의 구상에서는 아나키즘 이념을 버리지 않고 오히려 일반 단원들이나 지도부의 평상적 사고 속에 깊이 각인되어 있었다는 증좌로 보아야 한다. 그러면서도 국가조직을 필수적인 것으로 상정하고 선거제도의 수용도 당연시한 점 등은 순정 아나키즘으로부터 멀리 빗겨간 것이기도 하였다.

이처럼 1926년 무렵의 의열단 사상이 어느모로는 절충주의적 기미까지 다분히 내보이면서 모순적 요소들을 뒤섞어놓은 것처럼 보이게 된 것에 대해서는 두 가지 방향의 해석이 가능하다. 하나는 사상의 신·구 요소가 깔끔하게 정돈되지 못한 채 저마다 머리를 쳐들고 있었기 때문이라는 것이다. 다른 하나의 해석은 어느 한 가지의 이념적·제도적 틀에 고식적으로 얽매이지 않는 독자성과 분방성이 여전히 의열단 사상과 그 행보의 특징점을 이루고 있었기 때문이라는 것이다.

입장과 시각에 따라서는 차이점보다 유사점이 더 두드러져 보일 수도 있으나, 그럼에도 불구하고 의열단 강령을 조공 강령의 모조품이나 복사판이라고 말할 수 없는 것은 위와 같은 이유들에서이다. 그것은 의열단이 조선공산당의 별동대나 전위대가 아니었음과 마찬가지 이치이다.

원래 의열단의 운동이념이 정립된 계기와 그 발전 경로는 조직의 성립 경위와 성장양식도 그러했듯이, 조선공산당과는 여러모로 달랐다. 의열단의 운동이념은 민족주의 독립운동을 모태로 민족주의적 기초에서 정립되어 그 자신의 운동행로 속에서 숙성한 것이었다. 그것이 1926년에 와서는 민족독립과 민주변혁이 핵심적인 지향으로 양립하는 구조로 재구성되고 다듬어진 것이다. 거기서 조선공산당의 혁명이념과의 구조적 상사성(相似性)이 발견된다 할지라도 그것은 모방작용에 의한 것이 아니라 결과적인 것일 뿐이었다. 어떻든 그러한 상사성이 공유되고 있던 까닭에 의열단과 조공은 민족혁명전선의 둘도 없는 동반자가 될 수도 있었고, 반대로 혁명운동의 주도권 장악을 염두에 둔 강력한 경쟁 상대가 될 수도 있었다. 또는 동반자임과 동시에 경쟁자이기도 한 존재로 서로를 의식하는 미묘한 관계를 연출할 수도 있었다. 언제 어떤 관계가 현실화하고 어느쪽의 성격이 더 두드러지게 나타날지는 아직 미지수였고 예단하기도 쉬운 일이 아니었다.


## 2. 중국국민당 좌파의 혁명사상과의 관계

1926년경에 의열단이 사회변혁의 이념을 정교화하여 구체적인 표현으로 정리하고 있었음에도 사상적 기반은 조공과 달리했던 점은, 중국국민당 좌파와 중국공산당이 반제·반군벌의 국민혁명 도정에서 합작하고 있으면서도 사상적 기반과 정치적 지향 및 행동양식은 상이했던 점과[137] 흡사하다. 이러한 대칭적 관계쌍은 단순한 비유나 비교틀 이상의 실제적 의미도 띤 것이었다. 당시 조공의 상해 해외부 조직에서는 중공당과 비밀리에 유대를 맺고, 일종의 우당(友黨)으로서 정보교환과 인원지원까지 하고 있었다. 그렇다고 해서 의열단이 조공-중공 관계와 같은 양식, 같은 수준으로 국민당과 긴밀한 관

---

137) 예컨대 중공당이 농공계급의 해방과 공산정권 수립을 목표로 민중운동을 추동한 것이라면, 국민당 좌파는 농공계급의 정치의식을 활성화시켜서 그들을 반제·반군벌 투쟁에 동원함에 일차적인 관심을 두고 있었다. 이에 관해서는 나현수, 앞의 글, 144~52면 참조.

계를 트고 있었다고는 할 수 없으나, 황포군교와 중산대학에서의 수학 과정을 통하여 숙지하게 된 국민당 좌파의 혁명이론·정치사상·운동전략·조직원리 등을 유용한 참조틀로 또는 하나의 모델로도 삼았을 가능성은 상당히 높다. 또한 국민당의 이론가들이 설파하는 국민혁명론의 틀에 민족혁명론을 대입시켜보았을 때, 민족혁명이 사회혁명과 밀접한 관계를 가지면서도 동일한 차원의 것은 아니며, 사회혁명의 양식도 일원적이지만은 않음을 재확인할 수 있었을 것이다. 의열단이 자신감을 가지고 조공과 차별성을 띠는 노선을 추구했다면 거기에는 이러한 요인들도 일부분 작용했다고 생각된다.

국민당 좌파의 주요 정치지도자와 이론가들은 손문이 제창했던 삼민주의 중에서도 특히 '민생주의'를 중시하였다. 그래서 그들은 국민혁명에는 사회혁명이 반드시 이어져야 한다고 보았으며, 국민혁명의 전도를 비(非)자본주의적-사회주의적 발전으로 전망하였다. 1925년경에 장개석은 "민생주의는 사회주의이고 또 공산주의라 해도 좋다. 즉 대동주의인 것이다"라는 손문의 말을 인용하면서, 민생주의의 최후 단계는 공산주의이고, 진정한 혁명을 달성하려면 러시아혁명의 방식을 좇아야 한다고까지 말하였다.[138] 진공박도 중국의 국민혁명은 궁극적으로 자본주의를 소멸시키는 사회주의성 혁명으로 나아갈 것으로 전망하였고,[139] 왕정위 역시 민생주의가 실현되려면 자본주의의 길을 걸을 수는 없음을 명백히 했다.[140]

그런데도 그들은 계급투쟁이나 소련식의 프롤레타리아독재 체제의 수립이 사회혁명의 유일무이한 방식이거나 불가피한 경로라고는 보지 않았다. 왕정위는 자본주의가 아니라고 해서 소련과 같은 무산계급독재의 사회주의만 있는 것은 아니며 소련은 그저 모델로나 삼을 수 있을 뿐이라고 하였다. 중국의 여건이 소련과 다르기 때문에, 국민혁명 추진세력은 농공계급을 중심으로 삼되 소자산계급을 포함한 모든 반제국주의 계급의 공동이익을 추구해야 한다고 그는 역설하였다.[141] 진공박 역시 민생주의의 요체는 계급투쟁을 통하

---

138) 배경한, 「蔣介石의 군권통일 과정과 중산함사건」, 민두기 편, 『중국 국민혁명 지도자의 사상과 행동』, 89면.
139) 민두기, 「국민혁명기의 陳公博(1892~1946)의 혁명이론과 정치활동」(이하 '민두기, 「진공박」'으로 약기), 민두기 편, 앞의 책, 242면.
140) 이병주, 「중국국민당 좌·우파의 혁명관 비교」, 민두기 외, 『중국 국민혁명의 분석적 연구』, 107면.

지 않고서 계급간 불평등을 제거하며 계급대립을 해소하는 것이라고 이해하
였다.142)

사회혁명을 계급혁명과 동일시하지 않은 대신 그들은 국가정책에 의한
'평화적 변혁' 방식이 중국의 현실에 부합하면서 대다수 국민의 이익이 될
것으로 보았다.143) 계급불평등과 계급대립, 계급갈등을 제거하는 힘은 국가
로부터 나온다고 본 것이다.144) 감내광(甘乃光)도 중국보다 경제적으로 앞선
소련이 '신경제정책, 즉 국가자본주의'에 머물러 있음을 지적하고, 국민당이
취할 길은 자본주의도 공산주의도 아닌 '국가사회주의'라고 결론지었다.145)
요컨대 계급불평등을 제거하되 계급투쟁은 억제하며, 자본주의를 극복하되
그 힘은 국가자본의 육성에서 찾으려는, 즉 공산주의로 통하지 않는 사회변
혁에 대한 지향이 국민당 좌파 이론가들 사이에 공유되고 있었던 것이다.146)

이와같이 국민당 좌파에게 있어서 사회변혁의 주체는 노농대중이기보다는
국가였다. 그리고 공·농·소자산 계급 출신의 혁명엘리뜨 집단이라 할 수 있
을 당이 국가의 실질적인 운영 주체가 되어야 한다고 주장하였다. 그리하여
'계급 전정(專政)'이 아닌 '당 전정'으로써, 당이 주체가 되어 각 계급이 눈앞
의 이익만을 추구하는 행위를 통제하고 평화적인 '정치적' 방법으로 농공계
급의 요구를 충족시킴으로써 계급투쟁을 방지해야 한다는 것이었다.147) '계
급 전정'에 의한 계급 타파가 아니라 여러 계급으로부터 동원된 '혁명세력'

---

141) 같은 곳.

142) 민두기, 「진공박」, 224면.

143) 이병주, 앞의 글, 105면 참조.

144) 이는 계급갈등 아닌 계급조화에 의해 '건설' 구상이 실천될 수 있다고 보고 국가의
계급조화 기능을 중시한 손문의 '국가사회주의'적 사고틀(백영서, 「국민혁명 이론의
사상적 모색: 5·4期 朱執信의 대중혁명론」, 민두기 외, 『중국국민혁명의 분석적 연구』,
30, 59면)의 계승이라 할 만했다. 단 여기서 '국가사회주의'라고 한 것은 현대적 개념으
로는 '조합주의'(corporatism)에 가까운 것이라고 본다.

145) 이병주, 「제1차 국공합작기의 甘乃光의 활동과 혁명인식」, 민두기 편, 『중국 국민혁
명 지도자의 사상과 행동』, 287~88면. 감내광은 국민당 政綱 제15조("기업으로 독점적
성질의 것이나 私人의 힘으로 경영이 불가능한 것, 즉 철로·항공 등은 당연히 국가가
경영·관리한다")를 국가사회주의 정책의 한 증표로 들었다.

146) 민두기, 「중국 국민혁명의 이해의 방향」, 민두기 편, 『중국국민혁명 지도자의 사상과
행동』, 8면, 25면.

147) 민두기, 「진공박」, 243면.

에 의하여 '계급세력'의 확대를 저지하고, 국가권력으로 '사회적 공동경제조직'을 건설하여 점차적으로 계급을 소멸시키려는 것이었다.[148) 아울러 당의 전정으로 국가자본을 건설하여 비자본주의적 발전을 기해가는 것이 계급불평등 제거의 바람직한 방법이 된다고 보았다. 그래서 진공박은 국유·국영(성)의 확대·강화에서 농·공·상 문제의 근본적인 해결책을 찾기도 하였다.[149)

요약하자면, 비자본주의적-사회주의적 변혁을 추구한다, 그러나 폭력적 계급투쟁이 아닌 국가 주도의 정치적 해결 방식에 의한다, 국가는 당을 통하여 농공대중을 동원하고 지도하며 계급간 이해대립을 조정하여 불평등을 제거하는 주체가 된다, 따라서 국가자본을 육성하고 국유·국영 영역을 확대해야 한다――이것이 국민당 좌파의 사회변혁 이론과 정치사상의 요체였다. 그런데 이 '국가사회주의'적 사상과 의열단 강령에 나타난 민족국가 건설 이념을 비교해보면 부분적으로 구조적 유사성이라 할 만한 점이 발견되어 흥미롭다.

무엇보다도 국가의 역할과 권능에 대한 인식 관점 면에서 그러하였다. 의열단 강령의 여러 조항들에서는 농·공·소자산계급 '인민' 일반이 국가권력의 기반이 된다는 관점을 확인할 수 있다. 그러나 그와 동시에, 국가는 농민운동·공인운동의 자유를 '보장'해주며 토지와 가옥을 공급해줄 '후견인'이고, 의무교육·직업교육의 국민교육과 양로·양육·구제 등의 사회보호 사업을 실시할 '보호자'이며, 대생산기관 및 독점성 기업의 '경영자'로도 상정되고 있다. 다시 말해 국가를 인민대중의 권익을 보호하고 생활조건을 보장해줄 전능의 주체로 보는 것이다. 강령에서 국가의 그러한 역할 또는 기능들을 일일이 들어 강조한 것은 의열단이 계급투쟁(만)이 사회적 불평등과 계급이해의 대립을 해결해줄 수 있다는 사고와 상당정도로 거리를 두고 있었음을 시

---

148) 백영서, 「戴季陶의 국민혁명론의 구조적 분석」, 민두기 편, 『중국 국민혁명 지도자의 사상과 행동』, 203면.

149) 국영산업을 확대함으로써 노동자가 사적 자본의 지배하에 압박받는 무산계급이 되지 않게 하고, 국유전기와 국영수리 사업을 통하여 국가의 농업지배를 실현함으로써 농민의 사유성을 점차 소멸시키며, 상업 부문에서도 국영성을 확대·강화함으로써 상인층이 약탈자가 아닌 고유의 직업성을 발휘하는 존재가 되게끔 한다는 것이다. 민두기, 「진공박」, 248면.

사한다.

이러한 면에서 국민혁명운동 참가기의 의열단의 신국가건설 이념과 국민당 좌파의 혁명이론 및 정치사상 간에는 어떠한 상동점이 있었음을 짚어볼 수 있다. 그리고 이 점은 전자에 대해 후자가 어느정도 영향을 미치는 가운데 양자간에 사상적 교섭의 과정이 알게 모르게 진행되었음을 말해준다. 그뿐 아니라 노농대중을 동원함으로써 반제 혁명운동을 성공적으로 진행시켜가는 방식, 좌우 정치세력의 합작을 이루어내고 이끌어가는 방식 등의 전략·전술 면에서도, 국민당 특히 그 좌파는 일정 기간 의열단의 준(準)모델과도 같은 존재가 되고 있었다고 보아도 큰 무리는 없을 듯하다.

사실, 4·12 정변을 분기점으로 하여 탄압을 받게 되자 한인 좌파 운동자들의 많은 부분이 장개석파에, 다시 무한 좌파정부의 분열과 더불어서는 왕정위파에까지 등을 돌리기 전까지만 하더라도, 의열단과 국민당 사이에는 무시 못할 정도의 정치적 우의(友誼)가 형성되어 있었다고 볼 수 있다.150) 어쩌면 진공박과 감내광 같은 국민당 좌파 이론가 겸 유력 신진간부와 김원봉 김성숙 등 의열단 지도부 성원 사이에 개인적 유대가 형성되어 있었을 가능성도 배제할 수 없어보인다.151) 그런 가운데 김원봉 등은 진공박의 강렬한 민족주의적 성향,152) 교조화한 노동자계급 헤게모니론을 부인하는 감내광의 대

---

150) 이 대목에서 의열단의 외곽단체였다고 하는 유악한국혁명청년회가 국민혁명의 성공이 목전에 다가온 듯했던 1927년 3월경에 공개한 강령과 결의안의 내용이 의미있게 읽힌다. 청년회는 "국민당 범위 안에 있는 한국동지의 혁명세력을 보존코자" 한다고 언명하고, "우리는 한국의 민족혁명 및 사회혁명의 완성을 꾀함"과 "우리는 세계 혁명군중과 연합하여 세계혁명을 완성함"을 강령으로 내걸었다. 그리고 "독립운동과 사회운동의 협동전선을 완성하는 데 노력할 것" "국내외 각지의 한국혁명단체와 연락할 것" "중국국민당과 연락하여 국제자본제국주의를 타도하는 운동에 직접 참가할 것" "세계 피억압민족 및 피압박계급 해방전선에 참가할 것" 등의 결의안을 채택하고 있었다(추헌수 편, 『자료 한국독립운동』 제2권, 295~97면).

151) 진공박이 평소, 의도야 어디에 있었든 한국의 독립에 각별한 관심을 가지고 있었으며(민두기, 「진공박」, 271면), 의열단의 간부급 단원들이 중산대학에 입학한 무렵인 1925년 11월부터 이듬해 1월까지의 3개월간 그 대학의 교장대리직에 있었다는(백영서, 「戴季陶의 국민혁명론의 구조적 분석」, 181면) 것에서도 가능성이 있는 얘기가 된다.

152) 진공박은 코민테른이 중국에서 공산주의운동을 지도한다는 것에 대해, 나아가 공산주의운동의 국제적 연대성에 대해 회의를 품는 민족주의적 성향이 강하였다. 이것이 한 이유가 되어 진공박은 1922년에 중공당을 탈당하였다(민두기, 「진공박」, 223~24면).

항 논리153) 등에서 어떤 동질감을 느끼고 입장의 합치점을 발견하기도 했을 것이다.

한편 계급투쟁을 폭력적이라고 하여 부정한 것과 같은 논리로 진공박은 폭력적 방법으로 토지를 몰수하는 것도 불가하다는 결론을 내리고, 경제적 수용(收用)이 아니라 당의 전정에 의한 정치적 수용을 해야 한다고 주장하였다. 또한 그는 농민에게 토지를 분배하는 것도 경제의 사유성을 지양하고자 하는 민생주의적 토지국유 원칙과 어긋난 사유성의 이전에 불과하기 때문에 농민문제 해결책으로서의 효용이 의심스럽다고 보았다.154) 그러나 의열단은 그러한 논리까지 그대로 좇아가거나 탁견이라고 상찬하지는 않았다. 오히려 '대지주의 토지 몰수'와 '농민에 대한 토지 공급'155)을 강령에 명기해놓았다. 이것은 매우 중요한 차이였을뿐더러, 의열단이 조국의 현실과 농민대중이 겪고 있는 고통을 직시한 가운데 강령을 제정했다는 사실을 재확인시켜주는 부분이다.

이상에서 국민혁명운동 참가기에 의열단의 민족운동 이념이 발전적으로 재구성된 양상을 1926년 제정 강령을 분석함으로써 살펴보았다. 가장 주목되는 바는 반봉건 민주변혁 및 신국가 건설의 사상이 구체성·명료성·체계성을 띠면서 보강되었다는 점이다. 이 변혁과 건설의 사상은 「조선혁명선언」에서 다소 추상적으로 표현되었던 '이상적 조선의 건설'——'자유적 조선민중' '민중적 경제' '민중적 사회' '민중적 문화'——과제와 직결되고 상응하는 부분이었다.

---

153) 감내광은 농민계급이 국민혁명의 계급적 기초 곧 주력군이 되고, 공인계급과 소상인·학생층은 농민계급의 동맹자가 된다는 다소 특이한 관점을 견지하고 있었다(이병주, 「제1차 국공합작기의 甘乃光의 활동과 혁명인식」, 285면). 이는 노농동맹에서의 노동자계급 우위론을 부인하고 농민계급의 역량과 역할을 더 높이 평가한 것과 같은데, 이 역시 중국 현실에 부합하는 혁명이론 구성 노력의 일환이었다고 할 것이다. 1927년 말부터 1928년 초의 국내 청산론 논쟁에서 서울파의 前進會 계열 논자들이 노동자계급보다 농민층을 조선혁명의 주력군('大部隊的 세력')으로 상정한 것도(김형국, 「1920년대 식민지 조선의 사회운동론과 '청산론'」, 『청계사학』 10, 1993, 290~291면) 이와 유사하다. 의열단 강령에서 토지문제 조항이 독점기업 문제 조항보다, 또한 농민운동 관계 조항이 공인운동 관계 조항보다 먼저 기술되고 있는 점도 눈여겨볼 부분이다.

154) 민두기, 「진공박」, 243~44면.

155) 그러나 '토지 공급'이 토지 소유권의 부여인지 토지공유제 원칙하의 경작권 보장인지 분명하지 않은 것은 사실이다.

재구성된 의열단 운동의 이념에는 조선공산당의 '민주주의혁명' 이념, 그리고 중국국민당 좌파의 국민혁명 이론 및 민생주의적 정치사상과 국공합작 전략 등의 요소가 얼마간 영향을 미치면서 부분적으로 스며들었다고 볼 만한 소지도 있다. 만일 그랬다면 그 계기와 경로는 조공 해외조직과의 직·간접적 상호작용, 황포군교와 중산대학에서의 수학 경험, 국민당 좌파와의 정치적 우의 및 그 요인들과의 개인적 유대 등이었을 것이다. 그러나 그 경우에도 의열단이 외부로부터의 사상적인 영향이나 불가시적 압력을 무비판적이고 전면적으로 수용한 것은 아니었음이 분명하다. 의열단 자체의 사상적 기반과 주견 위에서 선별취사하여 '보완'의 용도로만 받아들였던 것이다.

1920년대 중반에 의열단이 시도하여 성취해낸 운동이념 재구성의 결과를 압축해서 표현하면 민족주의 사상과 사회주의 사상의 접합이라고 할 수 있다. 그렇지만 그 접합이 무원칙한 절충은 아니었다. 어디까지나 민족주의를 지주(支柱)로 하여 거기에 사회주의를 접목시키는 방식으로, 민족주의를 뿌리로 삼고 사회주의를 자양제(滋養劑)로 삼아 전자를 내실화하는 방향에서 이루어진 것이었다. 민족혁명운동의 국제적 연대는 적극 추구하되 사회주의적 국제주의 원칙의 교조적 적용에 대해서는 일정한 거리를 두는 이상으로 냉담한 태도를 고수한 점이 그 가장 뚜렷한 표지였다고 하겠다.


## 제5절  소  결

이상으로 1925년 하반기부터 1927년 말까지의 기간에 걸친 의열단의 동향과 그 조직체제 및 운동이념의 변화상을 고찰하면서 중국 국민혁명운동 참가를 매개로 한 반제 민족운동 전선에서의 한·중 연대 형성의 문제도 같이 고구해보았다. 앞 부분의 논의를 요약하면서 몇가지 함의와 시사점을 도출하는 것으로써 이 장의 논의를 맺고자 한다.

1920년대 중반에 광동의 국민당 정부를 중심으로 발동된 중국 국민혁명운동은 영·일 제국주의 세력의 구축과 군벌정권 타도에 일차적인 목표를 두고 있었다. 1925년의 5·30 운동을 계기로 분출, 파급되기 시작한 중국민의 반영·반일운동 열기에 힘입어 국민정부가 수립되고 혁명군이 조직되어가는 상황을 목도하면서, 중국지역의 한인 민족운동자들은 비상한 자극을 받았다. 그들은 국민정부가 일관되게 반제·반일 노선을 걸음으로써 한국독립운동의 진정한 동지이자 후원자가 되어줄 것이라는 기대 속에서 국민혁명운동의 성공이야말로 일제 타도와 한국독립의 더할 나위 없는 호조건으로 작용할 것이라고 전망하였다. 따라서 혁명운동에 동참하는 것이 바람직하고도 마땅하다는 판단하에 자진 참여를 마다하지 않았다. 중국혁명이 조국광복과 민족해방으로 가는 길목이 될 것이라고 예측했던 것이다.

이러한 배경에서 의열단은 한동안의 궁경을 벗어나 새로운 활로를 열 계기를 얻는다는 의미까지 붙여 1925년 초가을에 광주로 본거를 옮겼다. 핵심단원들은 황포군관학교와 중산대학에 입교하여 혁명 과정에 직접 투신할 채비를 갖춤과 아울러, 북상 후의 조직적 무장투쟁의 추동을 새 운동노선으로 설정하였다. 혁명세력진영이 북벌전에서 승리하여 중국이 통일되고 나면 만주지역을 주무대로 한 본격적인 대일무장투쟁의 호기와 호조건을 맞게 될 것이라고 판단했기에 무장투쟁의 기반 조성을 단의 중기적 목표로 삼고서 단원들의 군사·정치 간부로서의 지식과 소양 함양을 꾀한 것이다.

아울러 의열단은 광주로 모여든 약 300명의 한인 운동자들을 결속시킨 위에서 조선혁명군인회, 한국혁명청년연맹 또는 한국혁명동지회 등 새로운 조직체의 건설에 중심적 역할을 맡는 한편 그 운영도 주도해나갔다. 그런 한편으로 의열단은 철저히 비밀결사적인 형태의 투쟁조직으로부터 반공개적·대중지향적 혁명정당 형태의 정치단체로의 변신을 꾀하여 조직체제를 개편하였고, 20개 조의 강령 제정을 통해서 민주변혁과 신국가 건설의 방향 및 방안들을 명시하여 운동이념의 요소들을 보강·재구성함으로써 이념적 지표의 구체화·명료화·체계화를 기해갔다. 그것은 민족주의라는 지주에 사회주의를 접목시키는 것으로 나타났다.

의열단의 개편된 조직체제는 중국국민당이 직접적인 모델이 되었고 재구성된 운동이념에도 국민당 좌파의 민생주의적 혁명이론과 '국가사회주의' 사상이 다분히 영향을 미쳤다고 볼 만한 소지가 있다. 그렇더라도 그것이 무비판적이고 사대주의적인 모방과 추수는 결코 아니었으며, 이미 「조선혁명선언」의 발포를 통해 확립했던 자기 본래의 사상적 기반과 조건 위에서 선별취사하는 창조적 변용과 보완의 작업이었음이 확인된다. 그렇다면 거기에는 동아시아 식민지·반식민지 지역에서 전개되는 민족혁명운동의 도도한 흐름에 자기를 굳게 결속시키려는 의도, 그 연결고리가 확보된 위에서 혁명운동의 한·중 연대를 구축해나가고 구체적인 제휴 관계를 수립하려는 계획적 포석이 깔려 있었다고 보아야 할 것이다.

어떻든 이러한 과정이 진행되는 동안 1926년 벽두부터 광주를 중심으로 중국의 민·관·군 단체들은 타오르는 반제운동의 열기 속에서 한국독립 문제에 대한 깊은 관심과 지원 의사를 공표하기 시작하였고, 한인 운동단체들도 그에 질세라 중국의 반제 혁명운동에 대한 전면적 지지와 지원의 뜻을 여러 경로로 전달함으로써 화답하였다. 그리하여 한·중 연대에 의한 양 민족의 국민·민족혁명의 완수라는 논리와 그 실천의지를 통해 한인 운동자들과 국민당 관계자 및 광주 시민들 사이에는 폭넓은 공감대가 형성되어갔다. 이윽고 북벌전이 개시되고부터 의열단원을 비롯한 다수의 한인 운동자들이 혁명군 사관으로 참전·종군하여 용전분투하는 활약을 보임으로써 중국 관·민의 깊은 신뢰를 얻었으며, 동시에 양 민족의 반제운동 전선에서의 동지적 연대는 더욱 다져진다.

그러나 돌연 1927년 4월에 장개석이 권력 장악을 위해 쿠데타를 감행했고, 마침내 그것은 국민당 좌파의 분열과 국공분리 및 대결 사태까지 초래하였으며, '청당(淸黨)'의 명분으로 장파가 강행하는 대량 체포·처형 조처의 대상에 한인 운동자마저 포함되는 일이 비일비재하게 되었다. 이러한 사태 전개에 배신감을 느끼고 의열단의 핵심 간부진 및 다수 단원들과 그밖의 한인 좌파 운동자들은 일단 장개석의 남경정권에 등을 돌린 채 각자의 신조와 상황논리에 따라 왕정위파 지지와 중공당 지지로 나뉘어 정치적 행보를 달리하였다. 그 가운데 후자의 입장을 취한 쪽은 자원해서든 집단구조적 압력에 강박되어서든 1927년 12월의 광주봉기에 참여하게 되었는데, 거기서 세워진 꼬뮌정부가 3일 만에 진압되는 바람에 200여 명에 달하는 희생자를 내고야 말았다.

이는 애초 중국 혁명운동에 참여코자 했을 때의 포부와 원망에 비추어보면 거의 무의미하고 어처구니없는 희생이었다. 한인 민족운동자들이 국민혁명운동에 직접 참가한 것은 중국혁명 자체를 위해서라기보다 궁극적으로는 조국광복운동 - 한국민족혁명의 여건 호전과 기반 확충을 위해서였다. 따라서 만일 그들이 피를 흘리고 목숨을 바칠 것이 요구된다면 그것은 적어도 민족 독립전쟁의 싸움터에서라야 했다. 그럼에도 '한국 혁명운동을 이끌고 갈 미래 지도부의 정수'가 중국의 남방에서 거의 소멸되다시피 하는 참담한 비극이 연출되었는데, 이는 순전히 중국혁명이라는 무대 위의 객인의 지위로부터 강요된, 전혀 예기치 못한 희생이었다.

북벌전을 승리로 종결지은 장개석정권은 당 내외에 걸친 권력투쟁에서도 승리자가 되어 국민혁명의 성과를 독식하기에 이르렀다. 그러나 대일관계에서는 점점 타협적인 태도를 취함으로써 한인 운동자들에게 크나큰 실망과 환멸감만을 안겨주었다. 중국혁명 정세의 발전선상에서 한국독립운동을 힘차게 추동해간다는 소망은 한인 운동역량의 소중한 일부를 희생만 시킨 위에서 한갓된 꿈으로 끝나고 말았다. 이로 인해 빚어진 깊은 좌절감과 무력감, 또한 의열단의 경우에서 보이듯이 조직세의 실제적인 침하와 감퇴는 그후 1920년대 말에 중국지역 한인 민족운동 전선이 분열과 침체를 겪게 되는 요인 가운데 하나로 작용하게 된다.

덧붙여 미리 말하면, 그 분열과 침체를 극복하고 재차 민족운동 전선의 통일과 활력 충전을 시도하게 되는 것은 1931년의 만주사변 발발 후, 한·중 공동전선 결성에 의한 지구적인 항일투쟁의 필요성을 한인 운동진영만 아니라 중국측 정권 담당자들도 절감하면서부터가 된다. 그 공동전선 재결성의 선도적 역할을 다시금 의열단이 맡게 되는156) 점에서 한편으로는 역사의 아이러니를 느끼게 되지만, 다른 한편으로는 의열단의 그러한 역할 자체는 앞서 국민혁명운동 기간에 특히 황포군교 입교를 통하여 중국국민당 요로와 맺었던 인적 유대의 복원에 의한 것이라는 점에서 역사 과정의 무게를 느끼게도 된다. 비유적으로 말하면 1920년대 중반에 급속도로 조성되어가던 중에 돌연 진화된 듯했던 한·중 반제민족전선상의 연대는 그 불씨가 완전히 사그라지지 않고 잠복 내연하고 있다가 1930년대 초반에 되살아난다고 할 수 있다.

그러면서도 1920년대에 마치 시행착오처럼 겪었던 좌절의 경험들은 1930년대 초부터 한·중 연대가 재형성되는 과정에서 좋은 교훈으로 되살려지게 된다. 특히 의열단과 중국국민당과의 제휴 관계에서 의열단이 신중하고도 다

156) 이에 관해서는 제6장 제1절에서 상론할 것이다.

변적인 고려와 함께 한층 더 주체적이고도 실리추구적인 자세를 견지하도록
하는 효과를 낳는다. 오만한 대국주의와 몰주체적 국제주의의 해악을 충분히
맛본 뒤였으므로, 민족혁명의 완수를 위한 국제적 연대의 증진은 언제라도
추구해나갈 것이나 그 기조는 반드시 민족주의에 두어야 한다는 것을 의열단
지도부는 하나의 경험칙으로 삼고 있었기 때문이다.

제 5 장

# 1920년대 후반기의 유일당촉성운동과 의열단

## 제1절 민족혁명전선의 통일 문제와 유일당론

일제식민지화 피점기의 한국 민족운동의 최대 목표이자 과제는 민족의 완전독립 달성과 근대 국민국가 건설이었다. 1920년대 초부터 이 과제의 완수는 '민족혁명'으로 개념화되었는데, 사회주의 운동계열에서 당면과제로 삼고 있던 '반제·반봉건 부르즈와민주주의혁명'도 제국주의 타도와 민주공화국 건설이 목표였던 점에서는 '민족혁명'을 주요 내용의 하나로 포섭하는 것이었다. 그렇지 않아도 레닌주의 반제운동론은, 식민지에서는 먼저 민족혁명이 성공적으로 수행되어야 하며 식민지의 사회주의자는 민족주의자와 동맹을 맺어야 한다고 강조해오고 있었고, 적어도 1920년대 말까지는 그것이 식민지 혁명운동에 대한 코민테른 전략의 기조를 이루었다. 따라서 식민지 조선의 혁명적 민족주의와 사회주의 진영이 전선을 일치시킬 수 있는 이론적 기초는 진작부터 마련되어 있었으며, 사회주의자들은 기꺼이 민족혁명운동에 복무할 태세를 갖추고 있었다.

일단 이 점을 전제한 상황에서 민족혁명운동 진영이 직면하게 된 긴요한 실천과제는 혁명역량의 총결집과 효율적인 조직화였다. 이 과제는 방법상 다시 두 개의 하위 과제로 나누어볼 수 있었다. 하나의 과제는 독립운동을 본업으로 삼은 운동자들과 그들이 결성한 다수의 운동조직들을 가급적 하나의 대오로 결속시키는 '조직통일'이었다. 다른 하나의 과제는 민족성원의 절대

다수를 이루는 노농대중의 열망과 물리적 역량이 충분히 발현할 수 있도록 조직화하여 거대한 혁명세력을 형성시켜내는 일, 즉 '대중 조직화'였다. 실제로 이 두 가지 과업은 대략 1920년대 중반에 일단 분화된 형태로 제기되었다. 그후 민족운동의 정치적 환경 변화와 각 운동세력의 입장과 노선 차이에 따라, 상호보완적이고 병행하는 것으로도 경합관계에 서는 것으로도 달리 설정되는 편차가 나타났다.

이 가운데 전자의 과업은 민족운동의 '정치적 중심 조직'을 확립해야 한다는 요구로 구체화해갔다. 그 중심 조직의 형태로는 민족연합전선의 대표기구 겸 민족정권의 구현체로서 '정부' 조직이 상정되었다. 3·1 운동이 발발하면서 국내와 상해지역 그리고 노령지역에서 각각 정부 또는 준정부 조직이 출현한 것과 그로부터 약 반년 후에 한성정부, 상해의 임시정부, 대한국민의회 3자가 통합 임시정부로 발전한 것은 '정치적 통일' 내지 '중심화' 지향의 구현이었다.

그런데도 북경을 중심으로 임정 반대 세력이 대두하였듯이, 임시정부 안팎의 많은 독립운동자들이 각기 선호하거나 의탁하던 운동노선의 차이는 급기야 노선 시비와 정부의 존재 의의를 둘러싼 분열 대립으로까지 비화하였다. 이에 임시정부의 조직체제와 조직구성 내역을 개편하는 선에서 독립운동계의 내분 수습과 화합의 방책을 찾으려 한 입장('개조파')과 상해임시정부를 대체할 '신기관'의 창출에 의해서만 독립운동 진로의 일신을 기할 수 있다는 입장('창조파')이 팽팽히 맞서게 되었다. 두 입장 사이의 접점을 만들어내기 위한 대좌와 토론의 장으로 열린 것이 1923년 국민대표회의였다. 그러나 거의 반년 동안의 회기를 소모한 이 회의도 각파 각세력의 서로 다른 주장만 되풀이되면서 불신의 골을 심화시킨 채 별다른 성과 없이 결렬되어버렸다.[1]

그러나 이로부터 초래된 민족운동의 침체 분위기, 국내 운동계 일각에서의 민족개량주의와 대일타협주의 경향의 출현, 다른 한편으로는 초보적 수준에 서나마 대중운동의 흥기와 사회주의 운동세력의 부상, 국민당 주도하의 중국

---

1) 국민대표회의의 개최 배경 및 계기, 참가단체 및 대표자의 명세와 성격, 회의 경과 및 결과 등에 대해서는 金喜坤, 『중국관내 한국독립운동단체 연구』, 지식산업사 1995, 제2장 1절; 趙澈行, 「국민대표회(1921~1923) 연구」, 『사총』 제44집, 1995; 박윤재, 「1920년대 초 민족통일전선운동과 국민대표회의」, 연세대 석사학위논문, 1995 등이 참고된다.

국민혁명운동의 급진전──1923,4년경의 이러한 정세 추이는 다시 혁명적 민족주의와 사회주의 민족운동 진영의 '대동단결'과 민족운동의 전투성 제고를 절실한 요구로 받아들이게끔 하였다. 이에 따라 새로운 형태로 독립운동의 구심적 조직체를 건립하려는 움직임이 표면화하기 시작하였다. '새로운 형태'란 독립운동전선에 포진하고 있는 세력 단체 개인들의 수평적 융화와 광범위한 결속을 가능하게 해줄 조직적 고리로서의 '(대)당'이었다. 당이야말로 적시적기의 기동성 확보를 위해서도, 분립의 형국이 뚜렷해져 가고 있던 좌우 두 진영의 통합 구심점 형성을 위해서도, 최선의 조직 형태가 될 것으로 인식되고 있었다.

1920년대 중후반기에 민족적 단일 혁명당('민족유일당' '대독립당' '유일독립당' '민족단일당' 등)의 결성을 중심 목표로 삼는 운동이 국내와 중국관내(關內) 그리고 만주지역에서 동시에 전개된 것은 이러한 배경에서였다. 단일당의 결성을 통하여 민족혁명의 전선 통일을 기하고 민족혁명운동의 강대한 중심세력을 형성해내자는 것이 그 운동의 기본 취지였다.

이 장에서는 중국관내 지역에서 전개된 유일독립당(이하, '유일당'으로 약기) 촉성운동의 경과와 귀추를 다각도로 점검해볼 것이다. 또한 의열단이 이 운동에 참여하면서 그것의 확산 과정과 진로변경 및 답보/침체/일시 중단 과정에 어떻게 관여했고 어떤 역할을 맡았는지를 추적하고 고찰할 것이다. 후자의 문제가 주목받거나 본격적으로 논의된 적은 없으며, 전자의 문제만이 몇 편의 선행 논고들[2]에서 검토된 바 있다. 이들 논고의 공통적인 결론은, 1928년경부터 좌우익 세력간의 분열 조짐이 나타나서 1929년 10월에 한국유일독립당 상해촉성회가 해체됨으로써 유일당촉성운동은 '실패'로 '종결'되었다는 것이었다. 실패의 원인으로는, 중국의 국공분열과 코민테른 12월 테제의 영

2) 김희곤, 「한국유일독립당 촉성회에 대한 일고찰: 중국내 제1차 좌우합작의 시도」, 『한국학보』 제33집, 1983(이 논문은 일부 수정되어, 앞의 『중국관내 한국독립운동단체 연구』, 1995의 제3장 제1절로 수록됨); 추헌수, 「일제하 국내외 정당활동」, 한국사학회 편, 『한국현대사의 제문제 Ⅱ』, 을유문화사 1987; 노경채, 「국외 민족운동의 노선과 이념의 변화과정: 1920년대 중국지역을 중심으로」, 한국역사연구회·역사문제연구소 공편, 『3·1민족해방운동연구』, 청년사 1989; 김희곤, 「임정의 시련과 이동기(1923~36) 제정당의 활동」, 국사편찬위원회 편, 『한민족독립운동사 7』, 1990; 김희곤, 「독립운동 정당의 형성 과정」, 『서암조항래교수화갑기념 한국사학논총』, 아세아문화사 1992.

향, 좌우익 세력이 각기 유일당의 결성을 통해 달성하고자 한 목적과 거기에 투영된 정치노선의 상위성(혁명정당의 확립·발전 대 임정 강화), 그에 따른 유일당의 통일적인 지도노선의 확립 불능 등을 들었다. 그러나 선행 연구들의 논지에는 몇가지 재론하고 수정 보완해야 할 점들이 있다.

우선 통설과는 달리 유일당촉성운동은 상해촉성회의 해체와 더불어 곧바로 종결된 것이 아니라 약간의 방향조정을 거치면서 수면하의 움직임으로 꾸준히 지속되었다. 그리고 관내와 만주 두 지역에서 따로 전개되어온 유일당운동의 흐름이 합류하면서 그 성과가 부분적으로 수렴되었으며, 1931년 말부터는 '통일대당 결성운동'으로 이름을 바꾸어 활력있게 추진되어갔다. 그러한 견지에서 보면, 1935년에 창립되는 민족혁명당이야말로 시련과 우여곡절을 겪으면서도 10년 동안 지속적으로 전개된 민족유일당운동의 직접적인 성과물에 해당하는 것이었다. 그러므로 민족유일당운동의 전개와 귀결을 1920년대 후반기에만 한정해서 논의하고 평가하여 일시적 침체를 막바로 실패로 단정짓는 것은 단견에 불과함을 알게 된다.

또한 1920년대 말에 유일당촉성운동이 난항을 겪게 된 요인의 하나로 '정치노선의 상위성'을 드는 것은 일견 타당해 보이나, 그 의미는 당중심론 대 정부중심론이라는 조직형태론의 차원을 넘어선 것이었다. 새롭게 강조되어야 할 부분은, 국제주의 대 민족주의 노선의 첨예한 대립이 전체 민족운동 진영의 분열과 갈등을 심화시켰다는 점이다. 더욱이 유일당운동의 전개 방향과 참가 범위 등을 둘러싸고 표출되었던 입장 분기의 계선이 좌우익 분계선과 항상 일치했던 것은 아니라는 점도 재인식되어야 한다.

따라서 유일당운동의 전개 과정에 발생한 운동지형의 변천과 그에 따른 통일론의 분기, 특히 좌익진영의 노선 변화와 그 내부 계파간 입장 차이, 관내와 만주 두 지역 유일당운동의 상호 연관성 등에 관한 면밀한 조사와 종합적인 검토가 필요하다. 운동의 진행 과정에 돌출했거나 그 흐름과 직접 간접으로 연결되어 있던 여러 사건과 사실들의 경위와 전말에 관해서도 더 구명되어야 할 점들이 남아 있다. 결국 이러한 여러 문제들을 폭넓은 시야로 아우르고 재조명해야만 1920년대 후반기 중국지역에서의 유일당운동이 띠었던 의미를 심도있게 포착하고 민족운동의 전선통일 문제에 대한 인식 지평도 확장시킬 수가 있을 것이다.

## 제2절  유일당촉성운동의 전개와 의열단의 참여

### 1. 유일당촉성운동의 발진

독립운동의 통일적 지도기관으로서 당 조직론은 일찍이 상해임시정부가 수립될 당시에도 여운형과 이회영 등에 의해 제기된 바 있다. 그러나 독립운동자 다수의 의견은 정부수립론으로 기울었고, 당 조직론은 소수 의견으로 배척되었다. 그후 국민대표회의 회기중인 1923년 4월에 개조파의 여운형 등이 재차 '독립운동의 통일'을 위한 '단체통합'적 기관으로 '일대(一大)독립당' 건설을 제의했으며, 창조파의 원세훈(元世勳)과 윤해와 신숙 등도 개조파와의 합의점을 도출하기 어렵다는 것을 의식하게 되면서 자기들만의 당을 조직할 것을 구상했다. 그러나 양파의 첨예한 대립 상황으로 말미암아 당 조직론은 제대로 검토조차 되지 않았다.[3]

1923년 6월 7일, 창조파는 자파만이 참석한 국민대표회의의 마지막 비밀회의에서 국민위원회를 조직하여 임시정부를 대체할 '신기관'으로 삼았다. 그해 8월 코민테른의 초청으로 블라지보스또끄로 본거를 옮긴 국민위원회 대표자 김규식(金奎植) 신숙 이청천(李靑天) 윤해 원세훈 5인은 코민테른 극동부 산하 꼬르뷰로 위원인 파인불크(파인베르그) 이동휘 한명세(韓明世)와 회담하고, '민족운동의 통일적 혁명전선'을 구축하기 위한 중추기관으로 '유일한 민족적 혁명당'을 건립할 것에 합의하여 '한국독립당 조직안'을 작성하게 되었다.[4]

이 조직안에 부속된 신당 강령에서는 "독립운동의 주력을 노력군중의 규

---

3) 이상, 「呂運亨調書(三)」, 김준엽·김창순 편, 『한국공산주의운동사: 자료편 Ⅰ』, 고려대학교 아세아문제연구소 1979, 375면; 李丁奎, 『友堂李會榮略傳』, 을유문화사 1985, 61~63면; 국회도서관 편, 『한국민족운동사료(중국편)』, 1976, 310~12면에 따름. 노경채, 앞의 글, 508~509면 참조.
4) 국회도서관 편, 앞의 책, 512~13면; 申肅, 『나의 一生』, 일신사 1963, 81면; 조철행, 앞의 글, 159면, 171면 같이 참조.

율과 조직에 두고 … 노동자·고농(雇農) 및 농민의 제단체를 조성하려고 장려 또는 지도"하며 "국제적 노동운동과 제휴"할 뿐 아니라 "침략적 제국주의 및 자본주의에 대한 반항적 전쟁은 모두 한국의 독립운동과 연쇄가 있음을 인정한다"고 언명되었다. 노동자와 농민 대중을 주력으로 삼고 국제적 반제-반자본주의운동과 연대하여 독립운동을 전개하되, 임시정부를 중추기관으로 삼지 않고 새로이 '한국독립당'을 조직하여 전체 독립운동을 지도해간다는 것이 강령의 골자였다.

코민테른 집행위원회의 결정에 따른 갑작스런 추방 조치5)로 1924년 3월에 북경으로 본거를 되옮긴 창조파는 7월 10일에 발행한 국민위원회 공보(公報) 제1호를 통해 독립당 조직안을 공표했다. 1925년 5월에 작성된 일제 관헌의 정보보고가 그 존재를 전하는 북경의 한국독립당 조직 촉성회6)와 1926년 3월에 창조파가 서울청년회계와의 합작으로 블라지보스또끄에 설립한 민족당 주비회7)는 위의 독립당 조직 구상을 현실화시키기 위한 첫걸음이었다고 할 수 있다.

국내에서는 이 무렵에 대일 비타협 노선의 민족주의 계열과 화요계 중심의 제2차 조선공산당(이하, '조공')과의 연합전선 형성과 민족단일당의 결성이 은밀히 추진되고 있었다.8) 1926년 2월 말에 개최된 조공 제3회 중앙집행위원회가 천도교 조직을 기초로 민족·사회 양 계열 운동자들을 통합한 국민당 조직을 추진하기로 결의하고 그것을 정치목표로 삼게 된 것9)도 그런 움직임

5) 코민테른 또는 소련정부 당국이 국민위원회에 퇴거 명령을 내린 정확한 이유는 불명인 채 여러 방향에서 추리만 되어왔다. 1924년 1월의 레닌 사망으로 인한 소련 內情의 불확실성 때문이었다는 설; 이동휘가 코민테른과 국민위원회와의 제휴를 상해파에 대한 이르꾸쯔끄파의 승리로 간주해서 방해공작을 편 때문이라는 설; 임시정부의 좌우연합체적이고 통일전선체적 성격을 강화시킬 수 있을 계기로 기대되었던 국민대표회의가 창조파의 '경거망동'으로 결렬되고 만 것에 대해 책임을 묻는 뜻에서 지원을 거부했다는 설; 코민테른이 꼬르뷰로를 해체하고 오르그뷰로(=조선공산당 조직국)를 조직하면서 창조·개조 양파 모두 부인한다는 결의를 했기 때문이라는 설 등 여러가지이다.
6) 조선총독부 경무국, 「大正14年5月 在外不逞鮮人の槪況」, 김정주 편, 『조선통치사료』 제8권, 1971, 116면 "한국독립당 조직 촉성회라 자칭하는 主宰者 불명의 단체가 多勿團과 유사한 주의 아래 鮮內의 일부 鮮人에게 협박적인 불온문서를 송부한 사실이 있다." 참조.
7) 梶村秀樹·강덕상 편, 『현대사자료 29: 조선(5)』, みすず書房 1972, 48면 참조.
8) 김준엽·김창순, 『한국공산주의운동사』 제2권, 청계연구소 1986, 453~54면 참조.

의 연장선에서였다. 코민테른에서도 이즈음 조선에서의 민족적 혁명당의 건설 문제를 정식으로 제기하고 있었다.[10] 이리하여 1926년 3월에 권동진(權東鎭) 이종린(李鍾麟) 안재홍(安在鴻) 신석우(申錫雨) 등 민족주의자 7명과 제2차 조공의 책임비서인 강달영(姜達永)이 회견한 자리에서 국민당 조직에 대한 기초적 합의가 이루어졌고,[11] 이를 계기로 국내의 협동전선 결성 움직임에 박차를 가해 1927년 2월에 신간회(新幹會)가 창립되는 결실을 보게 되었다.

한편 창조파의 독립당 조직안 발안과 공표가 이루어졌던 1924년 무렵, 상해에서도 안창호를 위시한 개조파를 중심으로 대동단결론이 제기되고 그 실천 행보가 취해지기 시작하였다.[12] 1926년 2월에는 조공 상해부에 관계하고 있던 여운형 등이 주의자동맹(主義者同盟)을 조직하여 '무산운동과 민족운동과의 연합을 촉성하기에 노력'한다는 등의 방침을 확정하였다.[13] 그러나 단일당 결성론이 임시정부 주변에서까지 폭넓은 공감대를 얻게 된 것은 1926년 하반기로 접어들면서부터였다. 흥사단계의 홍진(洪震)이 신임 국무령(國務領)으로 취임하던 날인 7월 8일에 안창호는 그 축하연 자리인 삼일당(三一堂)에서 행한 연설에서 "우리가 성취하려는 것은 민족혁명이고, 우리의 혁명은 이족통치의 타파와 신국가의 건설이며, 장래 건설될 정체(政體)를 위해 싸우지 말고 주의를 위해 다투지 말고 2천만 동포가 공동일치하여 일제와 싸워야" 한다고 역설하였으며, '유력한 단일 대혁명당 조직'의 결성을 촉구하였다.[14] 이에 홍진도 취임식에서 '전민족을 망라한 공고한 당체(黨體) 조직'을

9) 위의 책, 387면, 392면 참조.
10) 이는 1926년에 작성되었을 것으로 추정되는 코민테른의 「조선에 관한 결의」가 조선의 공산주의자 조직은 조공과 공동으로 중국국민당과 같은 형태의 민족혁명 정당을 건설할 것을 검토하도록 요구한 사실을 말한다. 이에 관해서는 水野直樹, 「코민테른의 민족통일전선론과 신간회운동」, 『역사비평』, 1988년 봄호, 63~64면 참조.
11) 梶村秀樹·강덕상 편, 『현대사자료 29』, 32~33면 참조.
12) 안창호가 1923년 말과 1924년 초에 북경과 서간도를 방문하고 돌아와 대동통일 趣意書를 발표한 것(국회도서관 편, 앞의 책, 322~23면), 상해파 고려공산당원들이 주축을 이루고 홍사단 원동지부원과 임시정부 외곽단체원들까지 골고루 참여한 신생 조직체로서 대동단결의 기치를 내건 상해청년동맹이 1924년 4월에 발족을 본 것 등을 그러한 움직임의 징후로 간주할 수 있다.
13) 김희곤, 『중국관내 한국독립운동단체 연구』, 240면 참조.
14) 국회도서관 편, 앞의 책, 599~600면에 수록된 연설문 참조.

3대 정강의 하나로 제시하였다.[15)]

8월에 안창호는 북경으로 가 창조파의 실력자이며 이르꾸쯔끄파 고려공산당에도 참여했던 원세훈을 만나 대동단결의 실제적 방안에 관해 협의하였다. 여기서 두 사람은 ① 각지 촉성회 형태의 세포조직 설치→ ② 그 연합체 형태의 주비회 조직→ ③ 주비회 조직의 통일에 의한 유일독립당 결성이라는 수순을 밟아 일을 진행시키기로 합의하였다.

안창호의 삼일당 연설과 북경 방문은 임시정부 옹호파와 창조파에게 서로 한걸음씩 양보하여 실익을 얻기를 권고하는 의미도 띤 것이었다고 볼 수 있다. 심히 우려될 정도로 임정이 약체화되어 있는 상황에서 임정 옹호파로서는 임정해체론의 철회를 조건부로 창조파의 '당적 결합론'을 일부 수용하는 것이 그나마 임정의 조직과 위상을 유지하는 현실적 방책이 될 것이었다. 또한 창조파로서는 노골적인 반(反)임정 조직인 국민위원회가 일반 운동자들의 지지를 크게 얻지 못하고 영향력도 제한되어 있는 마당에는 그것을 자진 해체하고 임정의 존치를 묵인하는 대신 통일적 독립당을 '창조'하여 민족운동자들을 총단결시키는 것이 '전투적 독립운동' 이념을 구현할 첩경이 될 것이었다.

이러한 방향에서의 안창호의 거중 조정은 10월 16일에 대독립당조직 북경촉성회가 결성되면서 최초의 결실을 보게 된 것이다. 북경촉성회는 '민족혁명의 유일전선'을 이루어내기 위한 '혁명동지의 당적 결합'을 촉구하고, 소련 공산당(일계급 대표), 중국 국민당(일국민 대표), 아일랜드 신펜당(일민족 대표)을 강력한 혁명정당의 모델로 예시하였다. 조성환(曹成煥) 장건상 강구우(姜九禹) 등 40여 명의 회원으로 구성된[16)] 북경촉성회의 성립은 유일당촉성운동의 점화제가 되면서 교두보 구축의 의의도 지니게 되었다. 기존의 한국독립당 조직 촉성회를 지역조직으로 자진 격하시킴으로써 자연스럽게 타지역 촉성회의 결성을 유도할 수 있었기 때문이다.

그로부터 5개월 뒤인 1927년 3월 21일에는 한국유일독립당 상해촉성회의 창립을 보게 되었다.[17)] 발족할 때는 25명에 불과했던 회원이 얼마 지나지 않

---

15) 『독립신문』, 제198호, 1926년 11월 30일자; 국회도서관 편, 앞의 책, 615면에 의함.
16) 조선총독부 경상북도경찰부, 『고등경찰요사』, 1934, 109~111면 참조.

아 150명에 달하게 되었다. 임정 요인과 민족주의자만 아니라 화요파나 상해
파 그리고 서울파를 두루 포괄한 조공 관계자들까지 일치 협력하여 집행위원
진이 구성된 점18)에서 상해촉성회는 좌우연합 조직체의 면모가 뚜렷하였다.
대표직에는 2차 조공의 중앙위원으로 활동하다가 6·10 만세운동 직후 일경
의 대검거를 피해 상해로 탈출해온 홍남표(이명 陳德三)가 선임되었다.

유일당 결성 문제에 조공이 적극적으로 임한 것은 만주지역에서도 마찬가
지였다. 1926년 5월에 조직된 조공 만주총국은 같은 해 12월에 발표한 「조
선민족해방운동의 근본문제」라는 문건에서 '모든 계급의 공통된 적'인 일제
를 타도하기 위하여 계급간의 실질적 연대와 저항 역량의 총동원을 가능하게
해줄 '민족유일전선'의 형성이 시급함을 논하고, '유일전선 주지(主旨)의 조직
적 표현물'이 될 '민족혁명당'의 결성을 촉구하였다.19) 또한 만주총국 예하의
동만구역국에서도 1927년 5월에 작성한 「조선 전민족 단일 혁명정당 조직
선언서」에서 "실력양성도, 개인폭력도, 사회주의혁명도 어쨌든 쓸모가 없다.
오직 이해(利害) 동일한 각 계급이 민족으로 단결하여 무장적으로 일본제국
을 타도하는 것 외에 다른 길은 없다"고 하면서 "모든 민족혁명전선을 지도
·통솔할 참모부인 전민족 단일혁명당"의 조직을 거듭 촉구하였다.20)

관내지역에서 유일당촉성운동이 발진했다는 사실과 일반 운동자들의 높은
호응도는 1927년 2월 안창호의 대동단결 호소 순회강연21)을 통하여 만주지

---

17) 창립 일자가 金正明 편, 『조선독립운동』 제2권, 329면에는 3월 31일로, 『고등경찰요
   사』, 105면에는 4월 11일로 나와 있으나, 留滬한국독립운동자동맹의 기관지인 『앞으로』
   창간호(1929. 12)에 실린 「독립당촉성회의 해체와 독립운동자동맹의 창립경과」(국회도
   서관 편, 앞의 책, 638면)와 일본 외무성, 『支那及滿洲に於ける共産運動槪況』, 1933, 66
   면(스칼라피노·이정식, 『한국공산주의운동사 1』 국역본, 234면 再引)에는 3월 21일로
   되어 있으므로 이를 취한다.
18) 일경이 파악한 바의 집행위원 명단은 다음과 같다. 홍진 李東寧 李圭洪 趙尙燮 趙琬九
   洪南杓 曹奉岩 鄭栢 黃勳 康景善 李敏達 羅昌憲 崔錫淳 崔昌植 金徹 金甲 吳永善 金枓
   奉 安泰根 金九 尹琦燮 宋秉祚 金圭植 玄鼎健(『고등경찰요사』, 105면). 이 가운데 사회
   주의자 내지 조공 관계자는 홍남표 조봉암(화요계) 정백(서울파) 황훈 이민달 현정건
   (상해파) 등이었다.
19) 辛珠柏, 「1926~28년 시기 간도지역 한인 사회주의자들의 반일독립운동론」, 『한국사
   연구 78』, 1992, 130면 참조.
20) 梶村秀樹·강덕상 편, 『현대사자료 29』, 511~13면. 단 이 문서가 작성된 시점은 신주
   백, 위의 글, 133면에 따름.

역 민족주의 운동진영에도 전해졌다. 그래서 그해 4월에 재만 각 단체 대표 52명이 길림성 신안둔(新安屯)에서 회의를 열어 유일당촉성 준비기관으로 시사연구회를 조직했는데, 바로 이것이 만주지역 민족유일당운동의 시발점을 이루게 되었다. 이리하여 관내와 만주지역 어디서나 유일독립당 결성이 바야흐로 민족운동 좌우진영의 공통적인 당면 과제로 부각되기에 이르렀다.


## 2. 유일당촉성운동의 진전과 의열단의 참여

유일당촉성운동은 장개석의 4·12 쿠데타로 국공합작의 전도가 불투명해지고 있던 상황에서도 일로 확대 전개되어갔다. 두달 간격으로 광주 무한 남경에서 잇따라 촉성회가 조직되고, 11월에는 5개 지역 촉성회의 연합 조직이 결성되기에 이른다.

광주에서는 1927년 5월 8일에 대독립당조직[22] 광동촉성회가 창립되었다. 약 300명에 달하는 광주의 한인 운동자들은 연전에 결성되어 의열단이 운영을 주도해간 유월한국혁명동지회를 통하여 결속력이 다져지고 있었고 그만큼 의견과 행동의 통일도 용이했으리라고 믿어진다. 그러므로 광동촉성회의 창립은 별 어려움 없이 처음부터 큰 호응을 얻으면서 성사되었던 것으로 보인다. 실제로 회원수가 상해촉성회나 북경촉성회를 능가하여 170여 명에 이르렀으며, 그 대부분은 유월동지회원과 의열단원이었다.[23] 적극적으로 참여했을 뿐만 아니라 결성 자체도 의열단이 주도했다고 볼 만한 증거로는, 3월

---

21) 蔡根植, 『무장독립운동 秘史』, 공보처 1949, 141~43면 참조.
22) 각지 촉성회 명칭의 앞 부분에 붙은 관형어는 '대독립당조직(북경촉성회 광동촉성회)' 과 '한국유일독립당(상해촉성회 무한촉성회 남경촉성회)' 두 가지였다. 이러저러한 일제 관련자료들이 이 문제에 관한 혼란 유발의 주범이 되어왔으나, 관내촉성회 연합회의 선언문(국회도서관 편, 앞의 책, 620면에 전문 인용되어 있음) 말미에 선언 주체로 열거되어 있는 5개 촉성회의 명칭을 보면 명확해진다. 명칭이 통일되지 못하고 이원화하게 된 것은, 북경과 광동 쪽은 이미 결성되어 있는 조선공산당의 고유한 실체성은 인정하고서 '큰' 규모의 독립당(민족혁명당)을 조직하자는 입장이 지배적이었던 것에 반해, 상해 무한 남경 쪽은 결성될 독립당이 국공합작기의 중국국민당처럼 공산당의 자립성 부인이 전제된 유일당의 지위를 누려야 한다는 입장이었기 때문인 것으로 추측된다.
23) 김정명 편, 『조선독립운동』 제2권, 329면; 『고등경찰요사』, 108면.

에 열린 제2차 전국대표대회에서 민족운동의 통일 문제를 심도있게 논의했음을 시사하는 신문보도,[24] 그리고 그해 봄에 상해와 북경, 한구를 역방한 김성숙이 장건상으로부터 북경촉성회의 성립 경과를 전해 듣고는 깊이 공명하여 광동촉성회를 조직한 것이라는 일제 당국의 정보보고[25] 등을 들 수 있다.[26]

발표 시점이 '4260년[1927년] 5월'로 되어 있는 의열단의 「독립당촉성운동 선언」[27]도 광동촉성회의 조직을 추진하고 준비한 과정의 마지막 단계에서 이 운동에 대한 폭넓은 지지와 참여를 유도하기 위해 작성해 발표한 문서로 보인다. 「선언」의 요지는 '독립운동의 통일 및 통일적 당 조직 운동'이라고 부연된 '대독립당촉성운동'을 전폭적으로 지지하며 거단적으로 참여하겠다는 것인데, 내용을 요약하면 다음과 같다.

① 문벌주의와 파적(派的) 결합을 타파하고, 독립운동의 '통일적 총지도기관'이 될 대독립당을 결성해야 한다.
② 대독립당의 결성은 촉성회 조직을 거칠 것을 주장한다.

---

24) 『동아일보』, 1927년 8월 7일자, 「의열단 선언서 시내 배부설」: "의열단에서는 얼마 전에 광동 황포에서 데이차대회를 열고 ○○[민족—인용자]적 운동의 통일을 계획하는 동시에 이 압호로 더욱 털뎌히 ○○○○[혁명운동—인용자]을 실행한다는 의미를 결의한 후 동단의 중앙집행위원 김원봉은 전례에 업든 선언서를 발표하야 위원 아홉 명에게 금후 방침을 지휘하는 동시에……" 참조.
25) 朝鮮總督府 警務局, 「在外不逞鮮人ノ狀況」, 『朝鮮ノ治安狀況: 昭和2年』, 不二出版 復刻 1984, 16면.
26) 의열단이 자단을 중핵으로 하여 해외지역의 통일된 민족주의 정당을 만들기로 결정하고 단의 명칭을 '한국민족독립당'으로 고쳤다고 김산(=장지락)은 술회하였다(조우화 역, 『아리랑』, 동녘, 124면). 그러나 이는 의열단이 대독립당 조직 광동촉성회의 결성을 주도하고 그 조직의 '중핵'을 이루었던 사실과 그에 앞서 혁명당으로 조직체제를 개편한 사실을 뒤섞어 표현한 진술인 것으로 이해된다. 당시 각지 촉성회나 그 회원들이 촉성회를 마치 당 조직인 것처럼 여기거나 '한국독립당'으로 불렀을 가능성이 있는데, 이는 「韓國獨立黨電覆軍校特黨部感謝援助該國獨立運動」 및 「韓國獨立黨南京促成會敬告中國國民黨」, 楊昭全 외 편, 『해외의 한국독립운동사료 V: 중국편 ①』, 1992, 190~92면)에서도 확인된다. 김산도 그런 관행대로 '한국민족독립당'이라는 명칭을 무심코 썼을 것이다.
27) 조선의열단, 「독립당촉성운동 선언」, 李鉉淙 편, 『근대 민족의식의 맥락』, 아세아문화사 1979, 245~49면.

③ 전단원을 개인 자격으로 각지 촉성회에 가입시켜 촉성운동에 진력하
　도록 할 것이다.
④ 대독립당이 결성되면 단을 해체할 것임을 약속한다.
⑤ 전단원에게 독립당 결성에 대비한 훈련을 시킬 것이다.

　「선언」은 유일당촉성운동의 의의에 대한 공감대가 상당 정도 확산되어 있
음을 반영해서인지, "통일을 하느냐 마느냐가 문제이지 않고 여하한 방법으
로 하느냐가 문제이다"고 하여, 통일의 당위성보다 방법과 절차에 더 비중을
두었다. 위의 ② ③ ④항은 그 문제에 대한 의열단의 대답인 것이었다. 이를
분석해보면, 의열단은 기성단체들의 연합 방식('단체본위 조직')이나 유력단
체 중심의 군소단체 규합 방식('단체중심 조직')이 아니라, 기성단체 구성원들
이 지역별 촉성회에 가입한 다음 개인 자격으로 완전히 새로운 당을 조직해
내는 '개인본위 조직' 방식[28]으로 대독립당이 결성되어야 한다는 입장에 서
있던 것으로 판단된다.
　개인본위 조직론은 기존의 유력단체들이란 대부분 지방적이고 파벌적인
결합이므로 그것에 기초해 유일당을 조직하면 필연적으로 파쟁이 재연되고
만다는 주장에 근거를 두었다. 다른 한편으로는 조직 기반이 분산적이고 주
로 비공개 지하조직으로 움직이던 좌익진영에서 선호하는 방식이기도 하였
다. 의열단이 개인본위 조직론을 내세운 것도 '문벌주의와 파벌적 결합'을
타파해야 한다는 문제의식과 함께 임시정부를 중심으로 한 상해지방 운동단
체들의 '실력과 권위'를 인정할 수 없다는 입장에서였던 것으로 보인다. 그
러나 어떤 조직방식을 택했느냐와 상관없이 의열단은 매우 진솔한 태도와 열
의로 독립당촉성운동에 적극 참여하였다. 그것은 8월에 들어서까지 의열단
의 「선언」이 국내로 다수 밀송되고 있었음[29]을 통해서도 엿볼 수 있다.

28) 단체본위/단체중심/개인본위라는 세 갈래의 유일당 조직론에 관해서는 독립운동사편
　　찬위원회, 『독립운동사 자료집 제10집: 독립군전투사 자료집』, 1976, 403~404면 참조.
　　개인본위 대 단체본위 조직론의 차이는 '지역촉성회 조직을 통한 유일당 결성'론 대 '각
　　단체 협의기관의 발전적 형태로서 유일당 결성'론의 차이와 상응하는 것으로 파악되기
　　도 한다(국회도서관 편, 앞의 책, 635면, 637면). 1930년대 전반기의 한국대일전선통일동
　　맹이 민족혁명당의 결성으로 발전해간 것은 후자의 방식이 성공을 거둔 대표적 사례가
　　될 것이다.
29) 『동아일보』, 1927년 8월 7일자, 8월 12일자, 8월 13일자 참조.

한국유일독립당 무한촉성회는 늦어도 7월 10일 이전, 아마도 7월 초쯤에 조직된 것으로 추정되며,[30] 회원은 150명에 달하였다. 무한촉성회의 성립에는 의열단의 외곽단체였다고 하는 유악한국혁명청년회의 적극적인 후원이 있었으며,[31] 의열단원인 박건웅이 주도적인 역할을 하였다.[32] 따라서 무한촉성회도 의열단의 주도로 조직되고 운영된 것으로 보아도 무방할 것이다. 9월 27일에는 김일주(金一柱)가 주도하여 30명 회원의 한국유일독립당 남경촉성회[33]가 창립되었는데, 확인되는 의열단원 참여자로는 권중환(權重煥=權唆) 등이 있었다.

이처럼 1926년 10월부터 이듬해 9월까지의 만 1년 사이에 중국의 5대 도시에서 유일독립당-대독립당조직 촉성회의 결성이 완료된 것은 "민족혁명의 완수는 대동결당(大同結黨)으로"라는 인식[34]이 좌우익 어느 진영에나 확산되었다는 것을 의미한다. 이로써 당초 안창호와 원세훈이 합의한 바에 따른 제1단계 작업이 성공리에 마무리되자 11월에는 5개 촉성회의 대표들이 상해에 모여 한국독립당 관내촉성회 연합회를 결성하였다.[35]

---

30) 유악한국혁명청년회가 7월 10일에 임시총회를 열어 한국유일독립당을 적극 후원하기로 결의했다는 보도가 있었다(『중외일보』, 1927년 8월 14일자; 水野直樹, 「黃埔軍官學校と朝鮮の民族解放運動」, 『朝鮮民族運動史研究』, No. 6, 1989, 69면 再引). 이 기사의 의미는 두 가지로 읽을 수 있다. 하나는, 유악한국혁명청년회가 7월 10일에 총회 결의로써 무한촉성회를 창립시켰다는 뜻일 수 있다. 다른 하나는, 근간에 창립된 무한촉성회에 유악 청년회원들이 대거 가입하기로 결의했다는 뜻일 수 있다.

31) 유악한국혁명청년회는 1927년 3월경에 낸 결의안에서 "본회와 강령이 동일한 대혁명당이 출현할 시 본회는 즉시 가입한다" "일체의 개인중심적 私黨 및 지방적 감정에 따른 결합을 박멸함으로써 혁명전선의 숙청 및 통일을 완성한다"고 언명한 바 있다. 추헌수 편, 『자료 한국독립운동』 제2권, 연세대학교 출판부 1974, 297면 참조.

32) 김희곤, 앞의 책, 254면 참조.

33) 김정명 편, 앞의 책, 329면; 『고등경찰요사』, 106면.

34) 『독립신문』 제196호(1926년 11월 3일자)의 「청년과 혁명」이라는 무기명 논설에서는 유일독립당의 촉성이 민족혁명의 완수에 목표를 둔 것임을 다음과 같이 역설하였다. "청년들이여 오직 우리의 민족혁명이라고 말하는 사업을 목적으로 대동결당하여 행동하지 않으면 안된다.[……] 우리의 목적은 오직 민족혁명이라고 말하는 대목표에 있을 뿐이다"(국회도서관 편, 앞의 책, 612면).

35) 국회도서관 편, 앞의 책, 619~21면; 조선총독부 경무국, 『朝鮮の治安狀況: 昭和2年』, 「在外不逞鮮人の狀況」, 12면.

연합회의 활동 목표는 유일당촉성운동의 본궤도 진입에 박차를 가하기 위하여 만주지역과 노령지역 그리고 미주지역에 계속해서 촉성회를 설립할 것과, 각지 촉성회를 연결시키는 유일당 조직 주비회를 결성하는 데 있었다. 연합회의 집행위원진은 각지 촉성회의 대표 15명으로 구성되었는데, 그 면면은 다음과 같다(고딕체는 상무위원, 밑줄은 의열단원).

　　북경촉성회 대표: 박건병 배천택(裵天澤) 장건상.
　　상해촉성회 대표: 진덕삼 홍진 현정건 조소앙(趙素昻) 김두봉.
　　광동촉성회 대표: 최추해(崔秋海) 함성(咸聲=오성륜) 정학빈(鄭學彬=정유
　　　　린)
　　무창촉성회 대표: 허열추(許烈秋) 최원(崔圓).
　　남경촉성회 대표: 장성산(張聖山) 김일주.

　뒤이어 12월 4일에는 북경 상해 광동 무한 남경 한인청년회의 연합체인 중국본부한인청년동맹(이하, '중본한청'으로 줄여씀)이 창립되었다.[36] 관내촉성회 연합회 활동의 전위를 자임한 중본한청은 본부를 상해에 두고 5개 청년회를 지부로 개편하였으며, 각 지부 대표 23명[37]으로 중앙집행위원회를 구성하였다. 그중 광동지부 대표 5명 가운데 3명(정유린 오성륜 장지락)과 무창지부의 1인 대표(진갑수)가 의열단원이었다.

　여기서 촉성회연합회와 중본한청의 집행위원진을 같이 놓고 검토해보면 결국 광동과 무창의 한인 운동조직은 청년층이, 그것도 의열단원들이 완전히 주도하고 있었다는 사실을 재확인할 수 있다. 반면에 촉성회연합회 집행위원진의 3분의 1과 상무위원진의 5분의 3을 상해촉성회가, 그리고 중본한청 집행위원진의 거의 절반을 상해지부 소속원들이 차지한 것은 관내지역 한인 운동계에서 상해지방의 운동자들이 암암리에 누리고 있던 위세와 우월적 지위가 과시된 셈이었다.

---

36) 국회도서관 편, 앞의 책, 628면; 『고등경찰요사』, 140면.
37) 상해지부의 邊長城(=邊東華, 위원장), 鄭泰熙(위원장 후보), 李寬洙(=崔煥), 金基鎭, 嚴恒燮, 鄭遠(=鄭世鎬) 등 11명, 북경지부의 金英植 등 5명, 광주지부의 정학빈(=정유린), 함성(=오성륜), 최추해, 장지락 등 5명, 무창지부의 陳甲秀, 남경지부의 金秀靑(국회도서관 편, 앞의 책, 623면).

특기할 것은 중본한청이 성립선언문에서 민족유일당의 결성은 노농대중의 역량에 기초를 두어야 하며, 이제는 경제투쟁에서 나아간 정치투쟁의 단계라고 주장한 점이다. 즉 "한국민족은 종래의 지식계급·중산계급을 주력으로 한 반항운동에 노농대중을 주력으로 하는 각 계급층의 반항요소를 결합시켜 전선적(全線的)으로 진출하게 되었다. 이리하여 재래의 봉건적 투쟁과 부분적·조합주의적 경제투쟁에서 전면적 정치투쟁으로 진전하게 되었"음을 지적하였고, "혁명을 광대히 하기 위해서는 민족적 유일당을 노동자와 농민 대중의 위에 세우는데 노력하지 않으면 안된다"[38]고 주장하였다.

또한 중본한청은 위와 같은 노력을 펴는 것을 '일반적 임무'로 규정하고, 그밖에 "중국본부('중국본부'는 관내지역의 다른 이름이었다—글쓴이)의 특수적 사정에서 발생하는 중국혁명(에)의 직접 사역과, 전세계 혁명세력(과)의 공동전선의 공고(화)와, 한국혁명의 투사 양성과, 직접 열강제국주의자와의 정면투쟁 등"을 '특종적 임무'로 삼아야 한다고 주장하였다.[39] 이들 일반적 임무와 특종적 임무는 정치·국제·사회·교양·노농·부녀 문제에 관한 장문의 결의안으로 구체화되었는데, 그 가운데 '국제 문제' 항의 '중국혁명의 원조에 관한 건'에서는 "중국 국민혁명에 있어서 공농군중을 주력으로 하는 혁명세력에 절대 제휴 원조할 것"[40]임을 명기해놓았다. 이미 국공합작이 깨어진 후인 1927년 12월에 '공농군중을 주력으로 하는 혁명세력'을 위한 것은 중국공산당을 가리키는 것이었다고 보아야 할 것이다.

공식적으로 표방된 운동론과 행동방침을 보건대 중본한청, 특히 그 집행부는 성립 당초부터 조직구성의 내역과 이념적 위치의 양면에서 좌익 성향이 강했다는 것을 알 수 있다. 청년조직이었기에 당연히 예상되는 결과였을 것이라고 할지 모르나, 성립선언문에서 '일반적 임무'를 언급한 부분은 1926년 12월 조공의 합법적 사상단체인 정우회(政友會)의 선언문[41]에서 발해진 주장과 대동소이하고 어떤 부분은 문구까지도 동일하였다. 그렇다면 중본한청의 조직 주도권은 출범할 때부터 조공계열이 장악하고 있었으며, 거기에 의

---

38) 국회도서관 편, 621면.
39) 국회도서관 편, 622면.
40) '결의안'의 전문은 같은 책, 624면을 볼 것.
41) 정우회선언의 全文은 『조선일보』, 1926년 11월 17일자에 실려 있다.

열단이 '좌파'의 한 부분으로 가세하고 있었다고 할 수 있다.


## 제3절 비(非)유일당 협동전선론의 대두와 의열단


### 1. 좌익진영 내부의 정치지형 변화와 통일론의 분기

중본한청이 창립되던 날 광주에서는 중공당의 무장봉기가 발생하였다. 국공대결 국면의 고착과 장기화를 예고하는 상징적 사건이었다. 3일 만에 봉기군을 진압하고 중공당을 패퇴시킨 국민당 정부는 그 여세를 몰아 좌익—적색 조직의 박멸에 목표를 둔 대대적인 탄압 조치를 단행하기 시작하였다. 그 결과, 중국의 정치정세는 우우좌열(右優左劣)의 형세가 굳혀지는 모습이 되었고, 수세에 몰린 좌익세력은 지하로 잠복함과 아울러 국민당 정권을 '반공파시스트 집단'으로 규정하고 타도 대상임을 선포하였다.

이러한 정세변화가 중국지역의 한인 운동전선에도 어떤 형태로든 영향을 미쳤으리라는 것은 쉽게 추측된다. 그러나 그것이 한인 운동전선 내부의 정치적 기상도와 세력관계를 일변시킬 만큼 직접적이고 강력한 것이었다고 단언하기는 어렵다. 오히려 그 영향은 우회적이고 간접적인 방식으로 작용하면서 서서히 표출되었던 것으로 보이는데, 우선은 좌익진영의 동향에서 그 징표가 더 잘 감지될 수 있었다.

국공 격돌로 대표되는 일련의 정세변화 속에서도 한인 좌익진영은 막바로 우익 '부르즈와민족주의' 진영에 대한 공격에 나서지는 않았다. 그보다는 먼저 내부 결속의 강화와 조직통일에 박차를 가하고 거기서 얻게 될 성과에 의하여 행동노선의 통일도 기하고자 하였다. 그런데 묘하게도 바로 그 과정에서 조공 엠엘파와 화요파로 대표되는 신구(新舊) 정파 간의 주도권 경쟁을 피할 수 없게 되었다. 그리고 주도권 쟁취의 이론적인 무기이기도 했던 운동론의 차이가 혁명전선 통일의 방법론의 면에서의 분기와 상위(相違)로 이어지게 된다. 1927년 하반기부터 엠엘파가 느닷없이 민족전선 내 부르즈와민족주의 계열과의 '결합'보다 '분리'를 강조하고 좌파 헤게모니의 '전취(戰取)'를 고창하기 시작한 이유도 그러한 방향에서 찾아야 한다.

결국 관내지역에서 두 정파는 어느 한쪽으로 귀일되지 않고 팽팽히 맞선 가운데 조직을 분립시키게 되는데, 이러한 상황에서 유일당촉성운동은 1928년을 고비로 해서 답보와 교착 상태를 면치 못하게 된다. 또한 같은 맥락에서 의열단은 '노농대중에 기초한 전투적 협동전선론'을 주창함과 함께 사실상 유일당촉성운동으로부터 이탈해가게 된다. 이제 그 구체적 계기들을 하나씩 짚어가면서 유일당운동이 난항을 겪게 되는 경위를 살펴보도록 하자.

중본한청이 창립대회에서 채택한 결의사항 가운데는 만주의 청년단체들과 연락하여 조속히 '재중국 한인청년의 총기관'을 조직하고 그것을 대독립당 조직과 활동의 전위로 삼을 것도 포함되어 있었다.[42] 이에 따라 '청년 총기관'의 조직을 추진하기 위한 연락대표로 중본한청의 중앙집행위원인 의열단원 정원(鄭遠)이 1928년 1월에 길림(吉林)으로 특파되었다.[43] 만주에서도 이미 1927년 8월의 남북(만주)청년단체 대표협의회 개최를 계기로 청년단체 통합의 움직임이 가시화하고 있었다. 그리하여 관내와 만주 양쪽 방면에서의 청년조직 결속의 흐름이 접속된 결과, 1928년 5월 27일 길림성 반석현(磐石縣)에서 7개 재만 청년단체와 중본한청이 다같이 가맹하는 재중국한인청년동맹(이하, '재중한청'으로 줄여씀)이 창립되었다.[44]

재중한청의 창립은 재만 18개 좌우익 단체 대표가 참석한 가운데 5월 12일부터 26일까지 반석현에서 열린 전민족유일당조직 촉성회의가 개인본위 조직론 대 단체본위 조직론의 대립으로 말미암아 결렬된[45] 사실과 묘한 대조를 이룬다. 재중한청에 가맹한 단체들은 거의 모두 촉성회의에 참석하고 있었으며 개인본위 조직론 지지파에 속해 있었다.[46] 진작부터 개인본위 조직

---

42) 국회도서관 편, 앞의 책, 624면 참조.
43) 『고등경찰요사』, 106면, 125면. 이때 홍진과 박건병도 같이 특파되었는데(같은 책, 110면), 이들은 중본한청의 대표가 아니라 전민족유일당촉성회의를 참관할 관내촉성회 연합회 대표 자격으로였던 것 같다.
44) 『고등경찰요사』, 137면; 「조선민족운동연감」, 김정명 편, 『조선독립운동』제2권, 338면; 京城地方法院檢事局, 「在中國韓人靑年同盟狀況槪要」(1928), 김준엽·김창순 편, 『한국공산주의운동사: 자료편 Ⅱ』, 1980, 166면.
45) 촉성회의가 열리게 된 경과와 진행 상황은 독립운동사 편찬위원회, 『독립운동사 제5권: 독립군전투사』, 1973, 570~72면을 볼 것.

론을 유일당 결성의 기본방침으로 정해놓고 있던[47] 조공 만주총국이나 고려공산청년회 만주총국의 외곽조직 또는 표면단체였음이[48] 거의 확실한 남만·북만·동만 청년총동맹들을 포함해서였다. 그렇다면 이들 단체는 미리 약정된 행동지침 아래 촉성회의에 임했으며, 따라서 촉성회의의 결렬과 재중한청의 결성은 처음부터 계획된 행로였음이 분명하다.

창립선언문에서 재중한청은 "협동전선당 완성을 위하여 전체 혁명적 대중과 더불어 노력"할 것임을 천명하면서도 "협동전선당 결성 과정에서 인식적 혼란을 꾀하는 반동이론——소위 계급표지 철거론——청산파적 경향에 대하여 이론적 비판의 무기로써 분석 배격하여 대중의 진로를 명확히 밝혀야 한다"[49]고 주장하였다. 이는 1927년 말부터 벌어진 '청산론' 논쟁[50]에서 안광천(安光泉) 등 3차 조공('엠엘당') 지도부가 견지한 바 있는 반(反)청산론의 입장을 충실히 반영한 것이었다. 공산주의자는 협동전선 내에서도 계급적 입장을 명확히 하고 대중의 지지를 바탕으로 헤게모니를 전취해내야 한다는 것이 그 입장의 요점이었다.

창립과 동시에 구성된 재중한청의 중앙위원회에서는 중국 전역을 11개 구(區)로 분획하고 구마다 지부를 설치하기로 결정하여, 만주지역을 10개 구로 나누어 각각의 관할 범위를 획정하였다. 그러나 관내지역은 만주처럼 여러 구로 나누지를 않고 전체를 하나로 묶어 '제1구'로 하였다. 어디에 근거를 두고 무엇을 기준으로 삼았든 간에 이 결정은 관내지역의 상대적 비중을 지나치게 낮게 책정한 것이어서 관내지역 운동자들, 특히 중본한청의 반발을 살 것이 예상되고도 남는 조처였다.

어떻든 재중한청에서는 정원의 후임자로 파견되어 와 있던 중본한청의 연락대표 이관수(=최환 崔煥)[51]를 제1구 조직 책임자로 지명하여[52] 상해로 귀

---

46) 『고등경찰요사』, 125~26면 참조.

47) 이 방침은 1927년 1월 7일자로 각지역국에 하달된 조공 만주총국의 「지령 제4호」에 명시되어 있다. 梶村秀樹·강덕상 편, 『현대사자료 29』, 494면 참조.

48) 김준엽·김창순, 『한국공산주의운동사』 제4권, 243면, 255면, 259면 참조.

49) 앞의 「재중국한인청년동맹상황개요」, 173~74면.

50) 이 논쟁에 관해서는 이균영, 『신간회 연구』, 역사비평사 1994의 제2장 제4절('청산론')과 김형국, 「1920년대 식민지 조선의 사회운동론과 '청산론'」, 『청계사학』 10, 1993이 상세하다.

51) 정원이 일제에 매수되어 투항해버리자 중본한청에서는 집행위원 이관수를 후임 연락

환시켰다. 원대복귀한 이관수는 곧 중앙집행위원회 축소위원회 위원인 김기진 정유린[53]과의 3자 협의를 거쳐, 축소위원회의 결의로 중본한청을 해체하고 재중한청 제1구지부를 창설한다고 7월 15일자로 선언 공포하였다. 동시에 중본한청의 5개 지역지부에 대해서도 개조(改組) 지시를 발령하였다.[54]

이 결의와 지령에 대하여 중본한청의 일부 집행부와 다수 맹원들은 즉각 반발하고 나섰다. 국내로 들어간 변장성을 대리하여 중앙집행위원장직을 맡고 있던 정태희가 이관수를 맹비난하는 성명을 냈으며, 9월 22일에는 제1회 전체대표대회를 소집하여 이관수 등의 해체선언을 무효화하는 결의를 통과시켰다. 상해지부에서도 중집위 축소위원회의 결의를 '월권·전횡'의 '반동행위'로 규정하고, 이관수를 지부에서 제명하는 한편 김기진과 정유린에 대해서도 별도의 제재를 가하기로 하였다. 그러자 이번에는 박건웅의 주도로 상해지부의 118명 회원 가운데 34명이 중본한청 상해지부원회를 따로 조직하고는 축소위원회의 결의를 지지함과 동시에 상해지부와 정태희측 집행부의 결의를 일절 인정하지 않는다고 성명하였다.[55] 얼마 뒤에 그들은 중본한청을 탈퇴하고 새로이 재중한청 상해지부를 결성하여[56] 중본한청 상해지부에 맞서는 조직체로 분립시켰다.

7월 15일 이후의 일련의 사건들을 중본한청 내 중앙간부진의 권한 분쟁과 그에 수반된 조직 분규였던 것으로만 치부해버릴 수 없다. 이관수가 주동한 조직 개편 시도는 재중한청 집행부의 요구 또는 지시를 그대로 이행한 것이었던 점에서, 문제의 발단은 전적으로 재중한청이 제공한 것이나 마찬가지였

---

대표로 파견했다(앞의 「조선민족운동연감」, 338면).

52) 이관수는 재중한청의 5인 상무집행위원회의 일원으로서 선전위원으로도 피임되어 있었다.

53) 중본한청의 축소위원회는 다른 조직의 상무위원회에 해당하였는데, 최초의 부서 분장은 다음과 같았다. 서무부 이관수·정태희, 재무부 엄항섭, 정치문화부 김기진, 선전조직부 정원, 조사부 安愚(국회도서관 편, 앞의 책, 623~24면). 정원이 만주로 특파되었다가 일제에 투항해버리자 정유린이 후임 위원으로 선임된 듯하다.

54) 앞의 「조선민족운동연감」, 334면;『조선민족운동사(미정고)』 제6권, 379~84면 참조.

55) 「조선민족운동연감」, 337~40면 참조.

56) 중본한청을 탈퇴한 이관수 정유린 馬駿 외 20여 명이 9월 30일에 '공산주의의 청년동맹'을 조직했다는 일제 정보보고 내용(『조선민족운동사』(미정고), 제6권, 384~85면)은 재중한청 상해지부의 결성 사실을 가리키는 것으로 판단된다.

기 때문이다. 물론 재중한청으로서는 그 나름의 명분과 이유가 없는 것도 아니었다. 자기와 중본한청이 각각 점하게 되는 정치적 지위와 그에 기반한 상호 관계의 면에서 재중한청은 말 그대로 '재중국 한인청년의 총기관'이 됨을, 다시 말해 만주와 중국본부의 대소 한인 청년조직들을 모두 아우르는 최상위 조직임을 자임할 수 있었기 때문이다. 따라서 상급기관의 위치에서 예하 조직에 해당하는 중본한청에 대하여 관내지역 지부로 개편하도록 요구하거나 지시한 것은 전혀 부당한 처사가 아니라고 주장할 수 있었다.

　형식논리로만 따지면 이러한 주장을 반박할 여지는 거의 없었다. 그러나 아무리 그렇다 하더라도 관내의 상대적 비중을 만주의 10분의 1 정도밖에 안되게 격하시켜버린 처사는 본주만부(本主滿副)의 통념이나 상식적 차원에서의 본만대등(本滿對等) 관념을 일거에 짓밟아버린 폭거로 비칠 수 있었다. 애초에 중본한청이 '총기관'적 통합체의 창설을 위하여 만주로 연락원을 특파할 때는 중본한청과 조공(또는 공청) 만주총국이 대등한 지위와 지분을 누리도록, 또한 중본한청의 각 지부와 만주총국의 각 구역국이 그 하위 수준에서 대등한 위치에 서도록 함을 염두에 두었을 것이고, 아마도 그것을 통합조직 결성의 조건으로 제시하기도 했을 것이다. 그렇다면 재중한청의 중앙집행부 내지 만주 쪽 지도부는 그 요구조건을 무시하다 못해 비웃기까지 하는 듯한 내용의 결의를 일방적으로 해놓고는 오히려 이관수를 대리인으로 삼아 이행 조치를 강행하려 한 셈이다. 이에 중본한청의 당사자들은 당혹감을 넘어 배신감까지도 느꼈을 것이며, 그들이 내보인 격렬한 반발과 저항도 이유있는 것이었다고 할 수 있다.

　그러나 위 사건의 경과를 재차 유심히 살펴보면, 자존심 대결이라는 측면으로만 말끔히 해명되지 않는 부분도 나타난다. 그러한 심리학적 환원론의 설명 구도가 맞아떨어지기 위해서는, 관내의 청년운동자들은 모두가 한 목소리로 재중한청 또는 이관수 등을 규탄했어야 한다. 그러나 실상은 그와 달랐다. 중본한청 상해지부의 소속원 가운데도 3분의 1 가량이 오히려 재중한청을 편들고 이관수 등을 지지하더니 급기야는 재중한청 지부를 분립시키는 쪽으로 나갔다. 문제 해명의 단서는 바로 이 지점이다. 이 사건에 등장한 세 부류의 행위주체, 즉 재중한청의 주도세력, 상해에서 그들에게 호응하는 행동을 보인 세력, 그 반대편에 선 중본한청의 주도세력들의 각각의 실체는 무엇이었으며, 그들의 정치적 입지와 지향점은 서로 어떻게 같고 달랐는지를 판별하고 점검해보아야 할 필요성이 제기되는 것이다. 특히 1928년에는 중국지역 한인 좌익진영의 정치지형 또는 세력판도가 의미있는 변화를 보이고 있었다는 점에 주목해보아야 한다.

앞서도 잠깐 언급했던 바와 같이, 1928년 당시 만주의 좌익 청년조직들과 재중한청은 모두 3차 조공 만주총국의 외곽단체이거나 표면조직의 성격이 짙었다.[57] 3차 조공의 결성과 만주총국의 재조직은 '엠엘파'에 의해 주도되었다. 엠엘파의 핵심세력은 원래 화요파와 상해파 그리고 서울파 등 여러 파벌 출신이면서도 기존 파벌세력들과의 '조직적·정치적인 분리'를 통한 통일공산당의 결성에 뜻을 모으고 행동을 같이하기로 한 자들의 비밀조직으로 1926년 3월에 결성되었던 레닌주의동맹의 맥을 잇고 있었다.[58] 그런 까닭으로 그들은 종래의 파벌적 전통에 대해 갖는 비판의식 그리고 자기들은 기존 파벌세력과는 완전히 다른 사회주의운동의 새 기수라는 자부심이 매우 강했다. 또한 그들은 노농대중 조직강화론, 프롤레타리아헤게모니론, 목적의식적 정치투쟁론 등을 새롭게 제기하여, 운동론에서도 기존 정파들과의 차별성을 뚜렷이 내보이려 하였다.

이에 반하여 중본한청은 상해, 북경, 무창, 남경 등지의 범(汎)민족주의자들, 화요파 계보의 조공 해외조직원들, 상해로 재집결하여 거점 재구축을 시도중인 의열단원들을 주요 구성원으로 하는 좌우세력의 혼합체 조직이었다. 설령 화요파가 주도권을 쥐고 있다고 할지라도, 엠엘파가 보기에는 바로 그 점 때문에 새로운 상황에 부합하는 새로운 노선의 담지와 통일적 행보를 기대하기가 어려운 단체였다. 오히려 화요파 중심의 구파벌세력을 무력화시키기 위해서도 와해시켜버리든지 아니면 '통일조공(3·4차 당—글쓴이)'의 주체세력인 엠엘파들이 장악해야 할 대상일 뿐이었다.

이러한 사정을 인식할 때 비로소 위 사건의 전말은 제대로 이해된다. 즉 이관수도 그 일원이었을 것으로 추측되는[59] 엠엘파가 재중한청 결성의 취지

---

57) 김정명 편, 『조선독립운동』 제5권, 618면 참조.
58) 레닌주의동맹의 결성 경위 및 엠엘파와의 관계에 대해서는 이석태 편, 『사회과학대사전』, 438면; 尹錫水, 「조선공산당 2차 재건과정에 대한 비판적 검토」, 『벽사이우성교수정년퇴직기념논총 민족사의 전개와 그 문화(하)』, 창작과비평사 1990, 949~50면; 박종린, 앞의 「1920년대 '통일'조선공산당의 결성과정에 관한 연구」, 37~39면을 참조.

를 앞세우고서 의열단과의 합작60)으로 중본한청의 일부 맹원들이 내응하는 모양새를 띠면서 중본한청을 장악하거나 적어도 화요파의 영향력으로부터 분리시키기를 기도한 것이 사건의 발단이었다. 그리하여 조금은 성급해 보이고 무리수를 두는 것과도 같은 결의와 조치가 잇따라 행해졌으며, 그것이 화요파와 민족주의자 맹원들의 격한 반발에 부딪치게 된 것이 위 사건의 대체적인 경과였다. 그렇다면 위 사건은 사소한 에피소드에 지나지 않는 것 같으면서도 실은 깊은 의미를 띤 것이 된다. 먼저 만주의 좌파세력을 장악하는 데 성공한 엠엘파가 화요파의 아성이 되던 관내지역에서도 세력 부식을 꾀하는 동시에 화요파를 무력화시키려고 한 것이 이 사건의 숨겨진 원인이었다고 할 수 있기 때문이다. 관내지역 전체를 단지 하나의 구로 묶어버린 동시에 중본한청의 지위를 11개 구지부 가운데 하나로 격하시켜 그 발언권을 극히 약화시키거나 제약하려 한 것, 중본한청의 대표로 파견된 이관수가 재중한청의 특임밀사처럼 변신하게 된 것 등은 모두 그러한 맥락에 비춰보아야만 제대로 해석될 수 있는 조치요 행동들이었다.

요컨대 이 사건은 이관수와 정태희를 대리인으로 한 '좌우대립'의 표출 사례였던 것이 아니라, 재중 한인 좌익진영의 주도권 문제를 놓고 신진세력인 엠엘파가 기득권세력이라 할 수 있는 화요파에 도전하여 일어난 충돌이었

---

59) 이관수는 1926년 겨울에 조직된 통일 조선공산당('3차 조공') 북경지부의 집행위원이었다(京高秘　제8036호 「秘密結社朝鮮共産黨立=高麗共産靑年會事件檢擧ノ件」(1928. 10. 27),『일본외무성 특수조사문서』 41, 고려서림 1990, 540면). 1930년 9월 현재로는 金東三 윤자영 辛日鎔 등과 함께 길림에 본거를 둔 '서울―상해파 在滿韓人反帝國主義同盟'의 간부진의 일원인 것으로 일제 관헌문서에 기록되어 있다(梶村秀樹·강덕상 편,『현대사자료』29, 600면). 이로 보아 그는 원래 만주에 근거를 두고 활동하면서 북경의 革命社와 맥을 통하고 있던 서울파 출신으로서 통일 조선공산당 결성에 가담하면서 엠엘파의 일원이 되었다가 1920년대 말에 만주로 가서는 원래의 계보를 찾아 서울―상해파로 귀속한 것으로 추측된다.

60) 이 표현을 쓰는 것은 의열단의 핵심 단원인 정유린과 박건웅이 이관수를 도와 행보를 같이했음에 근거한다. 또한 성명이 확인되는 재중한청의 집행위원급 간부 가운데 이관수 이외의 關內 연고자로는 유악한국혁명청년회의 조사부 위원을 역임하고 상해를 거쳐 만주로 건너간 의열단원 진공목(=李炳熙; 본명 金相善)이 유일하게 눈에 띈다(앞의 「재중국한인청년동맹상황개요」, 174면;『고등경찰요사』, 138면). 진공목은 1928년 3월에 3차 조공에 입당했으며, 1929년 5월에는 만주총국의 조직부장으로 선임된다(강덕상 편,『현대사자료 30』, 1980, 28면).

다. 아울러 거기에는 민족혁명전선의 조직통일 문제, 좁혀 말하면 유일당 결성 문제에 대한 양파 노선의 상충이 아래와 같이 맞물려 있었다는 점에 유의할 필요가 있다.

이 사건이 발생한 1928년 7월 당시, 혁명전선의 통일 문제에 대한 엠엘파의 노선은 간단히 말해 '프롤레타리아헤게모니 전취론'으로 대표되고 있었다. 조선의 노농계급과 그의 전위조직인 조공은 여타 계급·계층(특히 민족부르즈와지)에 대하여 독자적 이해(利害)에 기초한 '분리와 결합'의 전술을 적절히 구사함으로써, 반제·반봉건 투쟁을 위한 협동전선의 헤게모니를 전취해야 한다는 것이 그 요지였다. 이 노선의 단초는 통일조공의 2대 책임비서를 지냈고, 당내의 일급 이론가로도 활약하고 있던 안광천이 1927년 11월에 신간회 내 좌파 헤게모니의 확립을 주장한 데서[61] 주어졌다. 그의 주장은 1928년 1월에 이정윤(李廷允)이 코민테른 극동부로부터 수령해온 「조선문제에 대한 결정서」의 민족혁명전선 재편의 방침과 합치한다는 것이 확인되었다. 결국 2월의 제3차 전국대회에서 4차 조공이 조직될 때 안광천이 기초(起草)한 「민족해방운동에 관한 논강(論綱)」[62]을 통하여 당의 공식 노선으로 확정되었다. 조공 만주총국과 재중한청 같은 만총의 예하─방계 조직들도 이 노선과 방침의 관철을 지시받았을 것임은 두말 할 필요도 없다.

그러나 아무리 '당'의 '공식' 노선으로 내세워졌을지라도 화요파로서는 그것이 제기된 배후동기를 우선 의심해보아야 할 판이었다. 6·10 만세운동 때 2차 조공의 간부 130여 명이 검거되는 바람에 국내 기반을 거의 상실한 채 겨우 상해지방에서만 조직기반을 유지하고 있었을 뿐인 화요파가 그 이론을 전면적으로 수용하여 그대로 적용하기란 거의 불가능한 일이었으며, 엠엘파도 그런 사정을 모를 리 없었기 때문이다. 상해와 관내지역은 국내나 만주와는 달리 좌파 헤게모니 구축의 조직기초가 될 만한 한인 노농대중의 숫자나

61) 盧正煥,「신간회와 그에 대한 임무」,『朝鮮之光』73호; CH生,「계급표지 철거자의 당면의 제문제」,『동아일보』, 1927. 11. 27~12. 27, 13회 연재. '노정환'과, '정환'의 영자 두음을 딴 것으로 보이는 'CH生'은 안광천의 필명이었던 것으로 알려져 있다. 안광천의 생애와 운동론의 변이 과정에 관해서는 김기승,「1920년대 안광천의 방향전환론과 민족해방운동론」,『역사와 현실』제6호, 1991이 참고된다.

62) 김준엽·김창순,『한국공산주의운동사』제3권, 377~82면(日文); 임영태 편,『식민지시대 한국사회와 운동』, 사계절 1985, 347~55면(국문) 참조.

역량이 극히 미약했다. 헤게모니 전취의 시험장으로 삼을 수 있을 신간회와 같은 협동전선체는 아직 설립되지 않은 채 그것에 목표를 둔 유일당촉성운동이 한창 진행중이라는 상황이 먼저 감안되어야만 했다. 그렇다면 프롤레타리아헤게모니론이란 현재로서는 수용을 유보해야만 하는 원칙론, 나쁘게 말하면 시의부적절한 공론(空論)일 뿐이었다.

그렇지 않아도 '통일조선공산당'을 "엠엘파 애들이 조직한 엠엘당"이라고 깎아내리면서[63] 초장부터 3차 조공의 주도세력과 앙앙불락해온 화요파는, 1927년 5월에 코민테른이 국내 중앙본부(엠엘파)에 대한 조공 해외부(화요파)의 지도적 지위를 부인하면서 해외부 조직을 철폐하라는 지령을 내린[64] 데서 잘 드러나듯이, 조공 내의 세력경쟁에서 엠엘파에 점점 밀리고 있는 형국이었다. 그렇다면 화요파가 현실적으로 취할 수 있는 선택지가 무엇인지는 자명한 것이었다. 적어도 관내지역에서는 운동자 조직 중심의 '상층 통일전선' 전술이 여전히 유효하다는 현실론을 앞세워 유일당촉성운동에 대한 지지와 적극적인 참여의 자세를 고수하는 길밖에 없었다.[65]

한편 1926년 이후로 상해의 화요파가 중공당과 밀접한 관계를 맺으면서 관내지역을 세력 재건의 기지로 삼아온 데 반해, 엠엘파는 코민테른의 엄호 하에 주로 국내와 만주를 근거지로 하여 성장해왔다. 그 당연한 결과로 관내지역에서 엠엘파는 절대적으로 열세에 놓여 있었다. 사정이 이랬기 때문에, 관내지역에서의 유일당촉성운동이 급진전을 보아 당의 결성이 신속히 이루어지면 이루어질수록 신당에서 엠엘파가 입지를 확보해낼 가능성은 더욱더 희박해지게 되어 있었다. 그래서 엠엘파로서는 뭔가 이데올로기적 무기를 개발하여 그것으로 유일당촉성운동에 시급히 제동을 걸어야만 했다. 실제로 그들이 동원한 프롤레타리아헤게모니 전취론 등의 논리는 1920년대 중엽 이후로 민족전선 상층부의 조직통일 못지않게 중요한 과제로 부각되어온 대중 조직화 과업 수행의 유력한 이론적 근거라는 외양도 충분히 띨 수가 있었다.

이러한 배경에서 엠엘파는 바로 화요파의 아성이랄 수 있는 상해에서 화

---

63) 김학준 편, 『혁명가들의 항일회상』, 70면, 김성숙의 증언 참조.
64) 1927년 5월(혹은 6월)에 김철수를 통하여 하달된 11개 항의 코민테른 지령(김준엽·김창순, 『한국공산주의운동사』 제3권, 199~201면) 중 제11항 참조.
65) 후술하겠지만 1929년 10월까지도 화요파는 상해촉성회 조직으로부터 이탈하지 않고 있었다.

요파가 주도한 좌우연합 조직체인 중본한청을 자파 일색의 조직체인 재중한청의 틀 속으로 신속히 편입시켜버리려고 한 것이다. 그럼으로써 중본한청의 창립 취지를 퇴색시켜버리는 동시에 화요파의 기세를 꺾어버린다는 이중의 포석이 깔려 있었던 것이다. 시기적으로는 7월 초에 일제의 탄압으로 4차 조공 조직이 붕괴되자마자 정치부장 안광천과 검사위원장 한위건(韓偉健)이 상해로 망명해온66) 때와 묘하게도 일치하였다.

그러나 엠엘파는 방법상의 무리수를 두었고 그래서 그 책략은 결과적으로는 실패하였다. 다만 관내로 진출하기 위한 교두보적 조직이자 상해지방의 거점 조직이 될 재중한청 상해지부를 창설해낼 수 있었을 뿐이다.67) 그러나 상해에 국한해서일망정 양파 조직이 분립하게 된 것은 좌익진영 내에서도 유일당 결성 문제에 대한 입장이 확연하게 갈리면서 우익진영에 대한 태도 면에서는 강경파와 온건파로 분리됨을 의미하는 것이었다. 이 구도에서 엠엘파의 급진―강경 노선과 논리가 유일당운동의 진전에 큰 걸림돌로 작용하리라는 것은 충분히 예측할 수 있는 것이었다.


## 2. 협동전선론으로의 의열단의 방향전환과 그 배경


의열단에게 있어서 1928년은 상해로 본거를 다시 옮겨 재기의 발판을 다지는 해가 되었다. 그런데 재중한청 상해지부의 성립에 주도적인 역할을 한 것으로도 미루어 알 수 있듯이, 언제부터인가 의열단은 관내지역에서 엠엘파의 노선과 논리를 대변까지는 아니더라도 적극 지지하면서 급진 노선을 추구하는 단체로 부각되고 있었다. 김원봉이 광주 시절의 의열단 3인방인 김성숙 오성륜 장지락과 극적 해후하게 된 것은 10월에 들어서였는데, 그전에 이미

---

66) 이석태 편, 『사회과학대사전』, 1948, 439면; 김준엽·김창순, 『한국공산주의운동사』, 제3권, 212면, 303~305면도 같이 볼 것.

67) 1928년 9월 5일자로 상해에서 발행된 재중한청 기관지 『청년전위』 제1호(편집 겸 발행인 이관수)에는 중본한청 북경지부가 이미 해체하여 재중한청 지부로 개조되었고 광동지부도 개조 준비중인 것으로 되어 있다(앞의 「재중국한인청년동맹상황개요」, 171면). 그러나 상해지부와는 달리 두 지부의 이름은 그후의 어느 문헌에서도 발견되지 않는 점에서, 이 기사에 신빙성을 부여하기는 어렵다고 느껴진다.

김원봉 휘하의 신진 지도부는 엠엘파와 긴밀한 협력―동맹 관계를 맺게 되었던 것으로 관측된다.

그러한 관계가 맺어진 연유는 여러 각도에서 추리해볼 수 있겠으나, 가장 개연성이 높은 것은 1928년 7월에 상해로 피신 망명해온 안광천이 의열단 지도부에 접근해온 데서 직접적인 계기가 주어졌으리라는 것이다. 유대 형성이 급속도로 진척되었다면, 그것은 안광천이 일찍이 김성숙 장지락 등과 함께 혁명사 조직의 일원으로서 조선 공산주의자 조직대오의 통일운동을 전개한 적이 있다는[68] 연고가 크게 작용해서였을 법하다.[69] 의열단 쪽에서 보면 이론가로서의 안광천의 역량은 광주봉기 때 희생된 것으로 간주되고 있던 김성숙을 대신하기에 충분하였다. 또한 그는 신간회 조직의 운영상황을 비롯한 제반 국내 사정에 관하여 다수의 유익한 정보와 조언 제공자가 될 수 있었다. 그렇다면 의열단에서도 고문 비슷한 지도적 지위를 주어 안광천을 영입하려 했을 가능성이 있다.

어떻든 의열단이 취해간 새로운 운동방침은 창립 9주년이 되는 11월 10일에 발표한 기념사[70]에서 특히 '노농대중에 기초한 실질적 · 전투적 민족협동 전선 결성'이라는 명제를 통하여 명확히 언표되었다. 기념사에서 의열단은 먼저 과거 활동사를 회고하면서 16차의 '대파괴암살운동'을 통하여 "혁명적 의열정신을 보지(保持) · 전개"했다고 자평하였으며, "조선혁명과 세계혁명을 연결시킨 점, 조선혁명의 결정적 역량을 노농대중에서 구한 점, 광범위한 대중의 혁명적인 요구를 반영한 구체적 강령을 내건 점, 폭력혁명의 준비와 조

---

68) 안광천은 一月會의 중심인물로 활약하고 있던 중인 1925년 12월경에 북경 혁명사의 토오꾜오 연락책임자인 許璋煥의 접근과 제의에 의하여 南大觀 河弼源 朴洛鍾 韓林 金正奎 등과 함께 혁명사 東京支部를 조직하여, 북경의 본부와 연락을 취하면서 사회주의 운동의 통일 방책을 모색하였다. 1926년 7월경에 지부 책임자인 허장환이 귀국하게 되자 안광천이 책임자 직을 승계하여 계속 활동하였다(박종린, 앞의 글, 15~16면).

69) 안광천은 밀양과 가까운 경남 김해 출신이었으므로 김원봉과의 사이에 지연에 기초한 개인적 정리가 작용했을 가능성도 배제할 수 없다. 안광천 자신이 지연에 의지하는 경향이 다분히 있었다. 그것은 그가 토오꾜오에서 일월회를 창립할 때의 동료가 모두 경남 출신이었다든지, 1927년 9월 영남친목회(嶺南親睦會)의 창립 선언문을 기초하여 당 내분의 빌미를 제공한 적이 있다든지 하는 데서도 나타났다.

70) 조선의열단 중앙집행위원회, 「창립 9주년을 기념하며」;『고등경찰요사』, 102~104면에 日文 譯載.

직을 고조시킨 점, 그리하여 전혁명을 조직하고 전민족적 통일기관의 촉성을 주장한 점" 등을 주요 업적으로 열거하였다. 이것은 중국 국민혁명운동에의 참가, 대중지향적 혁명정당 체제로의 조직개편, 반봉건적 민주변혁 지향의 강령 제정, 대중적 무장투쟁의 추동 기반 조성, 유일당촉성운동에의 적극 참가 등의 사실을 위와 같이 표현한 것으로, 1926년 이후의 단 활동의 의의를 스스로 높이 평가하고 있었음을 엿볼 수 있다.

이어서 의열단은 '조선혁명과 관련된 현재의 정세'를 분석하여, 그 특징점을 다음과 같이 여덟 가지로 요약하여 제시하였다.

1. 일본제국주의의 조선민중에 대한 극도의 압박착취.
2. 그에 대한 조선 각 계급·계층의 반항 내지 불평.
3. 민족적 공동전선의 개시.
4. 공산주의자의 지도 아래 급격히 전개되는 노농대중의 운동.
5. 혁명전선에서의 우익세력의 대두.
6. 제국주의 세계 안정의 급격한 붕괴와 그에 따른 사물광적(死物狂的) 반동.
7. 세계 무산계급 및 세계 약소민족의 반제국주의 전선, 세계혁명 전선으로의 동맹 확립과 세계혁명의 파도 상승.
8. 쏘비에뜨연방이 세계 모든 혁명의 우군으로 존재함과, 그에 대한 제국주의 열국의 연합적 반격.

혁명운동에서 공산주의자의 지도적인 역할과 전세계 혁명전선에서 소련의 절대 우군적인 위치를 공공연히 언명하고 있는 것에서, 이 시기의 의열단의 이념적 위상이 현저하게 좌경화되어 있었음을 확증할 수 있다. 바로 그러한 입장에서 의열단은 조선혁명운동이 전세계의 약소민족 해방운동만 아니라 무산계급 혁명운동과도 동맹을 맺어야 한다고 주장한 것이다.

그런 뒤에 의열단은 '절대독립 탈환'의 의미를 띤 '조선혁명'의 완수를 위해서는 모든 주의의 대립과 붕당적 분열을 극복한 '협동통일'의 길이 있을 뿐이라고 역설하였다. 그런데 그 '협동통일'은 "형식적이 아니라 실질적이고, 우경적이 아니라 전투적인 민족협동전선"이어야 한다고 부연하였다. 기념사에서는 이 명제의 의미와 성립 근거를 "우리 민족의 절대 다수는 노농대중이 며 최고로 혁명적인 층도 그들이므로 협동전선의 기초도 그들에 두지 않으면 안된다. 현재 급속히 진전되는 조선 노농계급의 운동을 더욱 발전시키고 그 것을 독립운동과 연결시키는 것이 협동전선의 최대 조건이 되지 않으면 안된 다"는 데에서 구하였다. 마지막으로 기념사는 '강도일본을 타도하자!' '전투 적 협동전선에로!' '통일적 독립당을 완성하자!' '자치주의자를 타도하자!' '혁 명의 기초를 노농대중에!' '세계혁명과 연결하자!' '쏘비에뜨연방과 동맹하 자!'라는 구호로 끝을 맺었다.

기념사의 내용에서 주목되는 것은 ① 노농대중의 혁명성과 운동역량을 높 이 평가하여, 노동·농민운동을 발전시켜서 독립운동과 연결시키기를 강조 한 점 ② '조선혁명'을 반제―반자본의 '세계혁명'의 테두리 속에 위치시키면 서 소련과의 동맹을 고창한 점 ③ 민족혁명전선상의 우익세력의 존재를 인 정하고 협동전선 결성의 필요성을 강조하면서도 '우경화'를 방지하기 위해 협동전선의 기초를 노농대중에 두어야 함을 주장한 점이다. 이것은 민족협동 전선의 기초를 노농계급의 혁명적 요구와 운동역량에다 두고 우익세력을 견 제하면서 소련을 맹주로 한 반제 세계혁명운동의 흐름에 합류한다는 전략방 침이다. 협동전선이 '우경적이 아니라 전투적'이어야 한다는 것은 바로 그러 한 의미에서였다. 또한 협동전선이 '형식적이 아니라 실질적'이어야 한다는 것은, '통일적 독립당'의 결성이 단순히 단체나 정파 간의 결합으로 그치지 않고 독립운동전선과 노농운동전선의 결합이라는 차원에서 추진되어야 한다 는 의미였다.

요컨대 위의 기념사는 의열단의 민족혁명운동의 구도가 독립운동―노농운 동―세계혁명운동의 삼위일체적 논리구조로 재설정되고 있다는 것을 보여주 었다. 의열단이 노농대중의 존재와 그 역량에 주목한 것은 새삼스러운 것이 아니었다. 1926년의 조직체제 개편이나 강령 제정시에도 그 점은 충분히 반 영되고 있었다. 그러나 이제는 '노농대중을' 보다 '노농대중이' 차원을 훨씬 더 강조하고, 그들이 '통일적 독립당'=민족협동전선의 조직 기초를 이루어야 한다고 역설하고 있는 것에서, 그 인식지평이 달라졌다는 것을 알 수 있다. 그런가 하면 독립운동과 세계혁명운동과의 연결을 강조한 점은 1926년 강령 과 대비해볼 때 가장 큰 변화였다. 소련과의 동맹을 고창하여 슬로건으로까지 삼은 것은 프롤레타리아 국제주의에 대해 냉담한 태도를 보이던 종래의 의열단과는 사뭇 달라진 모습이었다.

그로부터 4개월 뒤인 1929년 3월 1일에 의열단이 발표한 「3·1 10주 선언」71)도 단의 새로운 운동방침과 노선이 창립 9주년 기념사와 비슷하면서도 더욱 선명한 논지로 개진된 문서이다. 선언에서는 조선혁명운동을 유력하게 하는 조건으로 노농대중의 동원, 투쟁의 조직화, 세계혁명운동과의 긴밀한 연결 등을 들었다. 그리고 이를 기준으로 해서 볼 때 3·1 운동 이후 조선혁명운동의 취약점과 실패의 최대 원인은 다음의 두 가지였다고 지적하였다.

첫째, 운동의 기초를 노농대중에 두지 않았고, 조직적인 대중투쟁이 전개되지 않았다는 점이다. 그로 인해 운동의 전투성이 결여되었으며, 민족주의자이든 공산주의자이든 모두 파벌투쟁으로 전선을 혼란에 빠뜨리고 동족상잔의 비극까지 연출하였다는 것이다. 그러므로 이제 조선의 민족혁명은 대중 자체의 투쟁으로 수행되어야만 하고 노농대중에 기초하지 않으면 안된다고 하였다. 그래서인지 선언 말미의 '토지혁명을 실행하자!'는 구호도 1926년 강령의 '토지몰수' 조항과 비교해볼 때 노농대중의 투쟁주체로서의 지위를 한층 더 부각시키면서 독려하는 효과를 낳았다.

둘째, '외교' 혹은 '문화'의 미몽(迷夢)에 빠져 폭력을 경시함으로써 운동의 거세(去勢) 현상이 초래되었다는 점이다. 선언은 단언하기를 "혁명은 전쟁이요 폭동은 예술이다. 조선민족의 완전한 해방은 오직 조선민족의 피와 땀과 폭발탄과 육혈포와 칼과 창——부절(不絶)의 폭력적 운동——으로써만, 그리고 최후로의 대중적 총폭동으로만 획득할 수 있다"고 하여 무장투쟁과 대중투쟁의 결합을 촉구하였다.

요약하면 조선의 민족혁명운동은 노농대중에 기초한 투쟁, 노농대중 자신의 조직적인 투쟁에 의해서만 공고한 발전을 기할 수 있으며, 끊임없는 폭력적 운동과 최후의 대중적 폭동에 의해서만 완전한 성공에 이를 수 있다는 것이었다. 이러한 원칙에서 선언은 '분열주의자' '반(反)폭력론자' '개량주의자' '타협주의자'의 숙청을 전제한 전선통일을 주장하였다. 위의 기념사에서 제시된 '대중적·전투적 협동전선론'을 한층 더 강화시킨 논지였다. 그러나 개량

71) 조선의열단, 「三·一 十週宣言: 조선노농 及 일반 피압박피착취대중 及 그 대표자로서의 조선혁명가에게」. 여기서는 『건대사학』 7집, 1989, 192~95면에 활자화된 것을 이용함.

주의자라든지 타협주의자라는 규정은 어떤 절대적이고 객관적인 표지로써 확증하기는 어려운 것으로, 다시 말해 상대적이고 주관적인 인식과 평정이 개입할 여지가 큰 것으로, 경우에 따라서는 그러한 전제 자체가 협동전선의 촉성에 예기치 못한 장애물이 될 소지도 있었다.

의열단 외에도 상해의 한인단체들은 저마다 3·1 운동 10주년을 기념하여 3·1절 선언문을 발표하였는데, 마치 약속이라도 한 듯 한결같이 '전선통일' 문제를 주제로 삼고 있었다. 이들 문건의 내용을 분석해보고 그 논지를 의열단의 것과 비교해봄으로써 당시 전선통일 문제에 대하여 좌우진영의 각파가 실제로 취하고 있던 입장과 그것들 사이의 유사점과 차이점을 명확히 파악할 수 있을 것이다. 그런 의미에서 다른 네 단체의 선언문도 하나씩 살펴보기로 하자.

먼저, 재중한청 상해지부의 선언문[72]은 한국독립운동 진영이 일제와 대적할 힘을 제대로 갖추고 있지 못한 원인을 '조직과 혁명수단의 결여'에서 찾고서, '투쟁적 전선통일'과 '대중적 공동투쟁'을 촉구하였다. "봉건적 분열주의자를 숙청하고 전선통일에 노력하자!" "혁명적 대중투쟁에 의하여 협동전선을 획득하자!" "일체 타협경향을 철저히 박멸하자!"는 등의 구호들도 비타협적 대중투쟁에 기초한 협동전선의 획득을 전선통일의 올바른 방법론으로 제시한 것이다. 그러나 전반적으로 선언문의 논조는 추상적인 구호 수준에 맴돌면서 구성도 허술하여, 설득력있는 구체적 진술로 나아가지를 못하였다.

다음으로, 중본한청 상해지부의 선언문[73]은 '전민족적 단일전선'의 완성을 당면의 긴급한 임무로 들면서, 그것을 저해하는 몇가지 경향들로 '단일전선 불능론' '지역주의' '극좌소아병'과 '분파주의' '계급표지 철거론' '반공주의' 등을 다음과 같이 제시하였다.

一. 민족적 단일전선의 불가능을 말하며 일체의 투쟁을 회피하는 것.
一. 지방열(地方熱) 단체를 수립 또는 조장하는 것.
一. 각 단체 간부석 약취(掠取)와 분열을 일삼는 극좌소아병, 분열을 위한

---

72) 재중국한인청년동맹 상해지부, 「'三一' 十週年 紀念宣言」, 국사편찬위원회 편, 『한국독립운동사 자료 20』, 1991, 249~52면.
73) 중국본부한인청년동맹 상해지부, 「'三一'運動十週年紀念宣言」, 같은 책, 255~57면.

분파주의.

一. 계급표지를 철거 운운하여 노동자와 농민의 사명을 무시하는 것.

一. 적색이니 반공이니 하여 협동전선을 회피하는 것.


또한 8개 항의 구호를 통해서는 '세계혁명과 연결'되어 '강도 일본제국주의를 박멸'할 '조선혁명'에서는 '노동자·농민이 기본계급'이 됨을 천명하는 한편, '우경병' 못지않게 '극좌'성향도 '반(反)단일전선'의 주범임을 지적하고 그것의 퇴치를 강력히 주장한 대목이 이채를 띠었다.

다음으로, 유일독립당 상해촉성회의 선언서[74]는 고아한 한문투의 문체에 전선통일운동의 침체를 안타까워하는 심정이 절절히 배어 있어, 마치 한편의 호소문처럼 읽힌다. ① 절대독립의 민족혁명 ② 전민일치의 대독립당 ③ 민주주의 중앙집권의 세 가지를 통일의 원칙으로 제시했는데, 의열단이나 위의 두 단체의 선언문과는 인식틀이나 어법이 상당히 다르다는 것을 알 수 있다. '제국주의 박멸' '노농대중' '협동전선'과 같은 용어가 아니라 '절대독립' '전민' '대독립당'이라는 용어를 채용한 점이 그러하다. 또한 이 선언문에서는 '봉건적 보수사상'과 '초단계적 맹동주의'를 통일운동의 저해 요소로 지목하였다. 이는 중본한청이 지적한 '우경병' 및 '극좌소아병'과 용어만 다를 뿐 내용은 거의 같은 것이었다.

마지막으로, 상해각단체연합회의 선언문[75]은 '전민족적 통일기관'인 '대당 결성의 기치 밑으로 일제히 귀의'하여 '민족혁명·조선독립을 완성'할 것을 촉구하였다. 아울러 '현시대를 등진 사상'에 사로잡힌 '만성화한 보수주의'와 '현계단을 떠난 이론'을 강변하는 '급성화한 극좌소아병'을 시급히 제거해야 할 병폐로 든 점에서, 중본한청 상해지부 및 상해촉성회와 유사한 입장에 서 있었다고 볼 수 있다.

이상, 네 단체의 선언문은 모두 전선통일을 주지(主旨)로 하고 있는 점은 같으나, 논거와 강조점 그리고 용어법 등에서는 약간씩 차이를 보이고 있다. 특히 재중한청 상해지부를 제외한 3개 단체가 공통적으로 우익 보수주의 못지않게 좌익 분리주의를 전선통일운동의 주요 걸림돌로 지적하고 비판한 점

---

74) 유일독립당 상해촉성회, 「선언서」, 같은 책, 258~60면.

75) 상해각단체연합회, 「三一運動十週年紀念宣言」, 같은 책, 261~62면.

이 주목된다. 중본한청 상해지부가 '단일전선불능론' '좌익소아병' '분파주의'
의 퇴치를 주장한 것은 바로 재중한청(상해지부)의 노선을 겨냥한 것이었음
이 분명하다.76)

이로부터, 1929년 초 당시 상해를 중심으로 한 관내지역에서의 전선통일
운동에서는 극좌·극우 편향과의 대결과 그 극복이 초미의 과제가 되고 있었
으며, 이 점에 관한 한 좌우진영 운동자 다수의 인식이 일치하고 있었다고
말할 수 있다. 또한 바로 그 점에서 재중한청 상해지부 곧 엠엘파의 노선은
별로 큰 공감을 얻지 못하고 오히려 시의 부적절한 급진론으로 비판받는 분
위기였음도 간파된다.

흥미로운 것은 의열단의 선언문이 바로 재중한청 상해지부의 선언문과 가
장 유사한 논지와 논리 그리고 용어법을 보이고 있었다는 점이다. 이때 벌써
의열단은 재중한청 상해지부와 함께 가장 전투적인 논리를 구사하는 강경-
급진 좌파의 반열에 들어서 있었다는 것을 다시 확인할 수 있다. 실제로 의
열단과 재중한청 상해지부와의 사이에는 노선 연대 이상의 긴밀한 관계가 형
성되어, 상당수의 단원이 재중한청 상해지부원으로 가입해 있던 것으로 생각
된다.

그렇다면 의열단이 '전투적 협동전선론' 내지 노농대중 혁명주체론을 제기
하게 된 배경과 그 함의도 그리 단순하지는 않았음을 알게 된다. 한편으로
그것은 「조선혁명선언」의 민중직접혁명론 또는 1926년 강령 제정시의 대중
조직 기초론의 연장선에서 종래의 주장을 발전시킨 것이라고 볼 수 있다. 그
러나 다른 한편으로는 단순히 '민중'이 '노농대중'으로 치환시켜진 것이 아
니라 엠엘파의 지론인 프롤레타리아헤게모니론이 깊이 투사된 것, 어떻게 보
면 그것의 번안에 가까운 것이었다고도 할 수 있다.

---

76) 재상해 일본 총영사 시게미쯔(重光)는 1929년 5월 26일자로 본국 외무대신에게 보낸
　　보고에서, 상해 재주 한인의 '민족주의운동에 속하는 기관'으로 한국유일독립당 상해
　　촉성회와 중본한청을, '공산주의운동기관'으로는 중본한청으로부터 분리한 'L.L.파'
　　무산동맹과 기타 공산당원들을 들었다(앞의 『조선민족운동사(미정고)』 제6권, 376면).
　　여기서 말하는 무산동맹이란 재중한청 상해지부의 다른 이름이었던 듯하며, 중본한청
　　을 민족주의운동 기관으로 판정한 것은 이념적 색채에 의해서라기보다 유일당촉성운동
　　에 적극적으로 임하는 태도에 근거해서였던 것 같다. 중본한청 상해지부의 이념적 위치
　　가 좌익이었음은 1928년 11월 7일과 1929년 11월 6일에 러시아 11월혁명을 기념하는
　　선언문을 발표한(앞의 「조선민족운동연감」, 342면, 352면) 데서도 분명히 드러난다.

앞에서 서술한 바와 같이 1928년 여름 또는 가을부터 의열단이 안광천과 합작하게 된 것이 확실시되는 한에서, 그 이후로 의열단이 노선구도를 새로 설정해가는 데 있어서는 안광천이 제시하는 이론적 지침이 거의 직접적인 영향을 미쳤다고 보아야 할 것이다. '전투적 협동전선론'의 제기나 '노농대중에 기초한 독립운동론'의 주창이 특히 그러했을 것이며, 제3차 대표대회에서 결정된77) '자치운동자 타도'라는 슬로건은 안광천이 「민족해방운동에 관한 논강」78)에서 주창했던 '자치운동에 대한 단호한 반대론'의 재현이라고 볼 수 있다. '자치주의자 타도'의 슬로건이 반복되고 있는 것을 포함하여 창립 9주년 기념사의 논지 구성도 전체적으로 「논강」의 그것을 빼닮은 것은 의미심장하다. 거기서 전에 없이 소련과의 동맹이 고창된 것도 의열단과 안광천과의 관계를 괄호 속에 넣어버리면 이해되기 어려운 부분이라고 하겠다.79)

지금까지의 고찰로부터 얻을 수 있는 잠정적 결론은, 1928년 당시 상해지방의 한인 운동세력과 단체들은 통상적인 좌우 분립 구도를 떠나서 유일당촉성운동을 계속 지지하느냐, 아니면 다른 형태의 협동전선을 추구하느냐의 새로운 대립축에 의한 합종연횡의 형세를 보이게 되었다는 것이다. 상해촉성회와 중본한청을 중심으로 한 민족진영과 화요파가 공히 '전민일치'의 중앙집권적 대독립당 결성을 계속 추진해가야 한다는 입장이었다면, 재중한청의 엠엘파와 의열단은 '노농대중'에 기초한 '전투적 협동전선' 내지 '혁명적 통일전선'의 결성을 주창하였다. 여기서 좌익진영 내부에서도 입장이 엇갈리게 된

---

77) 앞의 「조선민족운동연감」, 341면 참조.

78) 주 62번과 같음.

79) 안광천은 1928년 8월에 집필하여 1929년 5월에 발표한 한 논문에서 다음과 같이 주장했다. "이[반제반봉건혁명: 인용자] 투쟁을 수행함에 잇서서 우리는 편협한 민족주의적 견지에 서서는 아니된다. 조선혁명은 독선적의 것이 아니라 프롤레타리아 세계혁명의 일부분이니, 조선혁명은 그 반제국주의적 투쟁에 의해서 프롤레타리아 세계혁명에 연결되며 그것에 봉사하게 될 뿐 아니라, 프롤레타리아 세계혁명과의 동맹이 업시는 성공될 수 업는 것이다. [중략] 그것은 세계민족의 자발적 연합의 사상의 선전과 병행되지 아니하면 아니된다. 이곳에 식민지 공산주의자의 특수 임무가 잇다. 우리는 不絕히 노동 及 일반 혁명대중에게 국제주의를 교육하며, 특히 당면에 잇서서는 제국주의전쟁 반대, 쏘배-트연방의 옹호, 중국혁명의 지지를 위하야 만은 활동이 잇지 아니하면 아니된다." 司空杓[=안광천], 「조선의 정세와 조선 공산주의자의 당면임무」, 『레-닌주의』 제1호, 北京, 1929. 5, 113면(강조는 인용자). 『레-닌주의』 제1호는 박경식 편, 『조선문제자료총서 제7권: 1930년대 조선혁명운동론』, 東京: 三一書房 1982에 영인 수록되어 있다.

것은 좌파 헤게모니 전략을 즉각 적용하느냐 마느냐의 문제 때문이었다. 화요파가 우파와의 '결합'을 우선시하여 그 적용을 유보하려 한 데 반해,[80) 엠엘파는 우파와의 '분리'와 헤게모니 전략의 상시적이고 즉각적인 적용을 강조함으로써 날카로운 대립을 보인 것이다.


## 제4절  좌우대결 구도의 생성과 유일당운동의 침체


### 1. 좌익 국제주의의 풍미와 그 파장

유일당 촉성 문제와 헤게모니 전략의 적용 문제를 둘러싸고 1년 여 동안 지속된 좌익진영 내부의 노선 대립은 1929년도 하반기로 접어들면서 해소된다. 이론투쟁의 승패가 명확히 판가름난 것은 아니었으나 국공간 정치투쟁의 격화와 무력투쟁으로의 발전,[81) 중소관계의 악화라는 정세 속에서 좌우대결의 분위기가 고조된 때문이었다. 거기서 엠엘파의 '분리' 노선이 화요파의 '선(先)결합' 노선을 젖히고 좌익진영 전체의 암묵적으로 합의를 본 노선처럼 된 것이다. 이로써 민족혁명전선의 좌우익이 단일조직으로 수렴될 전망은 희박해지고, 오히려 양측의 대립 구도가 재생되는 가운데 물리적 충돌 사태까지 빚어진다. 유일당운동은 예기하지 못했던 험로를 걷게 된 것이다.

1929년 이래의 좌우대결 국면에서 좌익진영 내부의 조직적 결속과 입장·행동 통일을 촉진시킨 중요한 매개고리는 국제주의였다. 국제주의 준봉(遵

---

80) 3·1 운동 10주년 기념 선언문의 내용과 구호들에서도 확인되다시피 중본한청, 즉 화요파가 청산론을 표방한 것은 결코 아니었다. 그러나 유일당 건설을 위해서는 일단 우익('부르즈와민족주의') 계열과의 협력이 절대로 필요하며, 따라서 현 시점에서는 '분리'보다 '결합'을 추구하면서 좌파 헤게모니 전략의 실행은 유보해야 한다는 입장이었다고 할 수 있다.

81) 1927년 광주봉기 때의 광주꼬뮌 및 해풍—육풍[海陸豊] 쏘비에뜨의 진압을 위시하여, 1928년 8월의 남창폭동, 9월의 '추수폭동'과 광동에서의 공산당원 대량 처형 등을 그 사례로 들 수 있다. 이러한 격돌 국면의 정점을 이룬 것이 1930년의 '5·30 간도봉기'였으며, 그것은 다시 그해 11월부터 재개되는 소공전(巢共戰)으로 이어졌다.

奉)의 실태는, 엠엘파는 주로 코민테른의 지도적 지위를, 화요파는 주로 중공당의 그것을 절대시하여, 두 방향의(그러나 결국은 하나인) 권위중심으로부터 발해지는 지령을 거의 무조건 추종하고 이행하려는 것으로 나타났다. 이에 대해 우익진영 일반은 좌익진영 운동자들의 행태를 신종 사대주의로 질타하며 그들 행로의 귀결을 우려하였다. 심지어 강경파 가운데 일부는 국수주의자 또는 '민족파시스트'로 일컬어질 정도로 반공적 민족지상 논리를 고수하였다. 이처럼 교조화한 국제주의 대 극우 민족주의의 양극 대치상황에서 민족운동은 방향타를 잃고 표류할 위험에 처하게 된다.

국제주의를 매개로 한 좌파의 입장·행동 통일은 1929년 7월 10일의 '중동로사건'[82]으로 좌익진영의 위기의식이 돌연 고조된 것에서 직접적인 계기가 주어졌다. 중국 동삼성(東三省) 특별행정장관 장학량(張學良)이 소련의 만주적화 공작을 저지하겠다는 의도로 1929년 5월부터 대소 강경책을 폄에 따라 악화되기 시작한 중[國府]·소 관계는 중동로사건이 발생하면서 소련이 중공당의 무장봉기를 공공연히 요구할 정도로 일촉즉발의 긴장된 대치 국면으로 들어섰다. 사태의 추이가 예의 주시되고 있던 상황에서 한인 운동조직 가운데 먼저 포문을 연 것은 재중한청 상해지부였다. 7월 23일에 국민당 정부를 규탄하고 소련 수호를 촉구하는 내용의 격문을 발표한 것이다. 격문의 문면에는 중동로사건이 제국주의자(국민당)의 소련 침공 의도가 표출된 도발행위라는 인식이 기본적으로 깔려 있었다.

그러나 정작 문제가 된 것은 친소-반국부의 격문을 냈다는 사실 자체보다도 "제군('전조선 피압박 대중'—글쓴이)의 조국 쏘비에뜨 러시아는 제국주의 강도군(強盜群)의 무력적 포위에 직면하여……"라고 서술된 부분이었다. 여기서 아무 거리낌없이 노출된 '조국 쏘비에뜨 러시아'라는 표현은 임시정부와 그 외곽단체들에 포진하고 있던 강경 민족주의 운동자들이 보건대 '모국을 팔아먹고 조상을 바꾸는[賣母換祖]' 발상법의 소치였다. 그리하여 그들은 곧장 '청년동맹원 매모환조사건 비판회'를 개최하고 「적귀충노(赤鬼忠奴) 청

82) '中東路事件'의 발발 배경 및 전말과 여파에 관해서는, 김준엽·김창순, 『한국공산주의운동사』 제4권, 421~24면; 向靑, 『共産國際和中國革命關係史稿』(北京, 1988), 임상범 역, 『코민테른과 중국혁명 관계사』, 고려원 1992, 177~78; 독립운동사편찬위원회, 『독립운동사 제4권: 임시정부사』, 1969, 593면을 같이 볼 것.

년동맹원의 매모환조사건 공포장」을 발표함으로써 재중한청을 맹비난하기 시작하였다.[83]

그러자 7월 25일에는 중본한청이 제2차 정기대표대회 석상에서 '소련 옹호'의 내용을 담은 선언서를 발표하였다. 그동안 앙숙과도 같은 존재였던 재중한청을 뜻밖에도 응원하고 나선 것이다.[84] 상해의 화요파 30여 명은 1928년 7월의 제6차대회에서 중공당이 일국일당 원칙의 적용을 공언하자 그해 9월경에 중공당 강소성당부(江蘇省黨部) 법남구(法南區) 한인지부를 비밀리에 조직하여 활동해오고 있었다.[85] 그러므로 화요파의 본의는 무엇이었든 간에 중본한청의 이름으로 소련 옹호의 입장을 공표한 것은 중공당의 지령에 의한 것이었다고 보아도 무방하다. 그렇다면 바로 이 시점부터 엠엘파와 화요파는 사회주의적 국제주의라는 고리에 의해 불가불 하나로 묶이게 된 것이다.

국제주의는 원래 민족혁명전선 내부로부터 자생하는 자발적 지향이기보다 혁명전략의 일환으로 설정되는 하나의 원칙인 것이었다. 그러나 그것이 단순히 원칙으로 확인되는 수준을 넘어 현실적인 적용 단계에 이르면 대국주의(大國主義)와 결합하여 외부로부터 주입되고 강제되는 요구로서의 성격이 짙어진다. 그럴 때 국제주의는 민족주의 정서와 조화를 이루면서 공존할 여지를 찾지 못하고 영합적(零合的, zero-sum) 관계를 이루어 충돌할 소지가 커진다. 그리고 마침내는 접근과 융화의 가능성을 열어두고 있는 단순 '분립' 구도 이상의, 절연과 배제의 경직된 '대립' 구도를 낳게 되는 것이다. 그 경우에 민족주의와 국제주의는 취사(取捨)가 자유로운 이념적 지향이 아니라 순교를 당연시하는 종교적 교리처럼 되어 교조적 준봉이 요구되곤 한다.

실제로 화요파가 엠엘파와의 민족운동노선상의 차별성과 권력경쟁 관계를 단숨에 뛰어넘어, 노선이나 입장에서 아무런 차이도 없음을 과시하는 듯한 행동을 취한 것은 쟁점 자체가 국제주의냐 국수주의냐의 이분법적 구도로 옮겨진 때문이었다. 그리하여 좌익진영이 국제주의 기치하에 서슴없이 소련을 조국이라 칭하는 계제에 이르자, 민족운동을 유일의 과제로 삼아 온 강골의

83) 앞의 「조선민족운동연감」, 348~49면 참조.
84) 위의 자료, 347면.
85) 조선총독부 경무국, 『最近に於ける朝鮮治安狀況: 昭和八年』, 巖南堂 書店版, 272~73면; 김준엽·김창순, 『한국공산주의운동사』 제5권, 93면.

순수 민족주의자들은 그들을 더이상 '동지'로 여기지 않게 되었다. 좌우익 분립 구도도 지금까지는 실제적이기보다 상징적 의미가 더 강했으나, 이제 국제주의 대 반국제주의의 첨예한 대립상이 부가됨에 따라 상호 불용(不容)의 적대 관계로 변질되기 시작하였다.

이러한 상황이 유일당촉성운동의 진로에 어떤 영향을 미칠지는 새삼 물어볼 필요도 없는 것이었다. '유일당' 운운은 그저 공염불로 들리거나 '환상'으로 치부되면서, 유일당촉성회를 계속 존립시키는 것은 하등의 명분도 이유도 없는 일인 듯이 보였다. 이제는 유일당촉성운동에 아무런 미련도 두지 않고 종지부를 찍는 것이 순리일 수도 있었다. 실제로 다들 그렇게 생각도 한 것인지, '매모환조 격문 사건'이 있은 지 만 3개월 뒤인 1929년 10월 26일에 5개 지역 촉성회 가운데서도 가장 중추적인 조직이던 상해촉성회가 자진 해체를 선언하였다.[86] 상해촉성회의 해체는 좌익진영의 일방적 결정에 의한 것이 아니라 "공산주의자를 어쩌다 한번 만나기만 하면 영원히 원수가 되는 판국에서"[87]도 공산주의자와 대좌하여 협의할 용의를 갖춘 중도적 성향의 민족진영 인사들과의 합의하에 이루어진 일이었다.[88] 다만 해체론을 먼저 제기하고 해체에 이르는 몇가지 선결작업을 주도한 쪽은 좌파였다. 그것은 해체선언[89]의 전체적인 문맥에서 쉽게 드러난다.

---

86) 그러나 민족주의운동자 일색으로 구성되어 있었을 것이 확실한 남경촉성회는 적어도 1930년 2월까지는 존속했다. 그것은 「韓國獨立黨南京促成會敬告中國同胞書」(楊昭全 외 편, 『해외의 한국독립운동사료 V: 중국편 ①』, 194~97면)의 발표 시점이 '대한민국 12년[1930년] 2월  일'로 되어 있는 데서 확인된다.

87) 구익균, 『회고록: 새 역사의 여명에 서서』, 일월서각, 1994, 100면.

88) 해체 결의를 위한 회의 참석자 면면(앞의 『조선민족운동사(미정고)』 제6권, 618면)을 볼 때 이동녕 김두봉 조완구 최창식 등 사회주의계열로 분류하기가 어려운 인사들이 발견되는 점에 근거를 둔다. 최창식은 1920년대 초에 이르꾸쯔끄파 고려공산당의 주요 당원으로 활동한 바 있으나, 그후 임시의정원 의장, 임시정부 내무장을 역임하고 '병인의용대의 핵심'이기도 했다는 점으로 미루어, 이 당시에는 민족주의 계열에 속해 있던 것으로 추정된다. 해체 결의시에 위의 네 사람이 같은 내용의 주장을 편 점도 유력한 증거가 된다. 그가 "나중에는 극좌가 되어서 상해 임정을 반대하는 운동을 벌였"고 그래서 "임정에서 최창식을 혼내주려고 중국경찰에 교섭해서 구속을 시켜버렸"으며 해방 당시까지도 "구속되어 있었"다는 장건상의 회고(김학준 편, 『혁명가들의 항일회상』, 193면)는 1929년 이후의 일을 가리키는 것일 터인데, 정확한 사실인지의 여부는 확인하지 못했다.

89) 국회도서관 편, 앞의 책, 635면.

해체선언은, 혁명대당의 결성은 구체적 강령과 투쟁노선이 갖추어진 '대중
적 공동투쟁'이 전제될 때에만 가능하다는 논리를 앞세우고, 기왕의 유일당
촉성운동은 이 조건을 충족시키지 못하고 대중과 유리되었기 때문에 실패했
다고 결론지었다. 아울러 급격한 계급분화의 진전으로 '유일당이냐, 협동전선
이냐'의 문제가 제기되었는데도 이에 대한 검토가 전혀 없었음을 비판했다.
그러나 이 문제는, 신간회의 지위에 대한 엠엘파의 규정이 '민족단일당'→'민
족단일당의 매개체'→'민족협동전선의 매개체'→'대중적 협동전선'으로 변해
온 반면에, 이른바 청산론자들은 "조건이 합하면 협동하고 조건이 불합하면
분리하는 조건적 임시제휴가 아니요. … 협동전선을 넘어서 순진한 단일전선
으로 조직"90)되는 당으로 민족단일전선의 성격을 일관되게 규정해온 데서도
이미 제기된 것이었다.

어떻든 간에 상해촉성회를 해체시키는 데 성공한 화요파와 엠엘파 두 계
파는 그 즉시 일종의 좌파연합체 조직을 결성했다. 그것이 유호(留滬)한국독
립운동자동맹(이하, '유호한인동맹'으로 줄여 씀)이었는데, 이 조직은 결국 중본
한청-화요파의 조직세와 재중한청-엠엘파의 운동론의 결합이라는 면모가
강한 것이었다.91)

유호한인동맹은 창립선언92)에서 일정 강령하의 대중적 투쟁을 혁명전선
통일의 필요조건으로 내세우면서, 현재의 정세에서는 전민족을 대표하는 단
일조직의 상설이 아니라 협동전선에 의한 투쟁이 요구될 뿐임을 주장하였다.
여기서 말하는 '협동전선'은 공동투쟁을 요하는 사안이 생길 때마다 수시 결
성되는 것이며 그 결합 양식은 비(非)고정적 형태를 취한다고 설명되었다.
그리하여 유호한인동맹은 '대중의 일상적 반제투쟁을 통한 전선통일'과 '반
일제·반봉건의 전투적 협동전선의 결성'을 행동지표로 삼는 선도조직임을

---

90) 김형국, 앞의 글, 276면, 278~79면 참조.
91) 유호한인동맹의 예하단체처럼 된 중본한청 상해지부와 재중한청 상해지부의 맹원들
    은 전원 유호한인동맹에 가입하였다(김준엽·김창순, 『한국공산주의운동사』 제5권, 96
    면). 당시 중본한청 상해지부원은 약 60명이고 김원식(=김형선)이 대표였으며, 재중한
    청 상해지부원은 약 10명으로 정유린이 대표였다(『조선민족운동사(미정고)』 제6권, 570
    ~80면). 유호한인동맹의 53명 맹원 명단이 김희곤, 앞의 책, 280면에, 주요 맹원의 개인
    별 직위와 경력이 같은 책, 283~84면에 정리, 제시되어 있다.
92) 국회도서관 편, 앞의 책, 638~40면에 전문 수록되어 있음.

자임하였다. "중국 반제운동에 직접 가담하라" "쏘비에뜨 러시아와 우방을
옹호하라" "중국혁명을 옹호하라" "국수주의를 배격하라"는 등의 '투쟁구호'
를 내건 데서는 유호한인동맹의 정치노선이 국제(주의)적 연대투쟁을 기조
로 하고 있음을 알 수 있다. 1930년 8월 29일에 유호한인동맹이 중국혁명호
제회(中國革命互濟會) 중국연공회(中國工聯會) 좌익작가연맹 상해반제동맹
중국자유운동대동맹 등 5개 단체와의 제휴로 주도적으로 전개한 '국치기념
시위운동'93)도 말하자면 국제적 연대에 의한 '일상적 반제투쟁'의 실천사례
에 해당한다. 그러나 이들의 국제주의는 사실상 소련 맹신이나 소련 절대추
종, 소련 엄호론과 흡사한 것이 되고 있었다. 1930년의 3·1절 기념 격문94)에
서 낫과 망치의 쏘비에뜨 문장(紋章) 아래 "우리의 조국 소련을 사수하자"는
구호를 내건 것이 그 단적인 증거였다.

상해촉성회의 해체선언과 유호한인동맹의 창립선언에서 고창된 '대중적·
전투적 협동전선론'의 논리구조는 이미 1929년 중반 무렵부터 엠엘파의 이
론가들이 여러 경로를 통해 제시하고 구축해놓은 것이었다. 1929년 5월에 발
표한 한 논문에서 안광천은, 프롤레타리아트가 확고한 노농동맹을 기초로 하
여 '객관적으로 혁명력을 가진 모든 세력(도시 소시민, 인쩰리겐찌야, 일부 부르
즈와지)'과 '그때그때에 적응한 협동'을 하는 방식으로 협동전선이 결성되어
야 하며, 그 조직 형태는 가변적이고 잠정적이며 일시적인 것이어야 하지 당
조직과 같은 영구불변의 것으로 상정해서는 안된다고 주장했다.95)

다른 한 명의 유력한 이론가이던 한위건 역시 1929년 5월에 발표한 한 논
문에서 "당적 형태의 협동전선의 결성은 비단 불가할 뿐 아니라 사실로써 불
가능하게 되어 있다"고 주장하였다.96) 나아가 그는, 유일당 결성론은 "소수

---

93) 중국, 인도, 안남, 대만인을 포함하여 1천여 명이 참가했다고 하는 이 시위는 결국 무
장~시가전으로 발전하여 유호한인동맹의 맹원 가운데도 사상자가 발생하였다(在上海
일본총영사관 경찰부 제2과 편, 『조선민족운동연감』, 동문사서점 복각, 1946, 261면).
94) 국사편찬위원회 편, 『한국독립운동사 자료 20』, 265면의 영인본 참조.
95) 사공표(=안광천), 앞의 글, 111면, 114면, 116~17면 참조.
96) 李鐵岳(=한위건), 「조선혁명의 특질과 노동계급 전위의 당면임무」, 『계급투쟁』 창간
호, 1929. 5, 28면. 엠엘파 조공 만주총국의 기관지이던 『계급투쟁』은 한위건과, 그가 3
차 조공의 선전부장이었을 때 선전부원으로 함께 일하다 1928년 2월에 상해로 먼저 망
명한 梁明이 공동편집하여 발간하였다. 창간호에는 한위건의 위 논문 외에, '12월 테
제'를 가리키는 「국제공산당의 조선문제에 대한 결의」, 스딸린의 「레닌주의의 사업방

지도분자에 의한 외교식 연합——과거세력의 연장과 종합만을 목적하는 소위 '무조건 합동'의 통일론"[97]이고 변화한 계급관계 및 객관정세와 유리된 관념적 통일론이기 때문에 '무조건 배제'해야 한다고까지 주장하였다. 1929년 12월에 발표된 다른 한 논문에서도[98] 한위건은, 독립당 촉성회가 구체적 목표하의 투쟁을 위한 결합이 아닌 '평범한 민족대동단결식의 결합'이었다고 비판하면서 단연코 해체해야 한다고 주장하였다. 그 대신 그는 '전반적 문제'가 아닌 당면 투쟁을 위한 '전략적' 협동전선이 필요함을 역설하고, 그러한 협동전선은 영구적이 아닌 임시적 협동, 중앙집권적이 아닌 협의적 협동(공동투쟁위원회, 반제국주의연맹, 단체협의위원회, 폭압반대동맹 등의 이름을 가진 협의위원회)의 형태를 취해야 한다고 말하였다.

요컨대 이들이 주창한 협동전선론은, 좌우 양파가 이념적 기초 및 노선상의 본래적 차이를 명백히 인정한 위에서 상황에 따라 융통성있게 국지적이고 임시적으로만 공동행동을 취해가자는 것이었다. 그리고 1929년 하반기로 접어들면 협동전선론이 유일당론을 대체하여 좌파의 유일무이한 전선통일론으로 확립되게 된 것이다. 이러한 사정을 재중한청 상해지부는 "좌익 투쟁단체들은 1929년 초 이래 독립당 결성에 대한 환상을 포기함과 아울러 과거 독립운동에 대한 엄혹한 비판을 내고 타도 봉건, 타도 민족개량주의의 투쟁을 전개"한 것으로 표현하였다.[99]

그런데 이들이 협동전선의 비상설성과 비고정성을 그토록 강조한 이면에는, 일국일당 원칙을 대전제로 한 코민테른과 중공당의 지령에 따라 돌발적 상황에서도 순발력을 발휘하여 기민하게 움직여야 한다는 것이 일종의 강박관념처럼 작용하고 있었음도 놓칠 수 없다. 실제로, 상해 한인 좌익진영의 총

---

식」이 같이 실려 있다. 刊記에는 발행지가 '中國 天津 法界 ○○○'로 되어 있으나, 한위건으로부터 이론 지도와 지시를 받아 활동했던 高景欽이 檢事 訊問에 답변한 바에 의하면 상해 霞飛路의 한위건의 하숙집이 실제 발간장소였다고 한다(梶村秀樹·강덕상 편, 『현대사자료』 29, 115면). 김성숙은 『계급투쟁』지를 언급하면서, "최창식이가 하는 인쇄소를 이용해 안광천이 활자로 찍어냈"다고 증언하였다(김학준 편, 앞의 책, 72면).

97) 앞의 글, 25면.

98) 鐵岳, 「대중적·전투적 협동전선의 결성과 신간회 및 독립당촉성회의 임무」, 『계급투쟁』 제2호, 1929. 12(임영태 편, 『식민지시대 한국사회와 운동』, 484~96면 재수록).

99) 「재중국한인청년동맹 제1구 상해지부 공개장」(1930. 7), 국회도서관 편, 앞의 책, 653면.

본부처럼 된 유호한인동맹은 중공당 한인지부와 중공당 민족위원회 산하 동방피압박민족 반제대동맹 주비회를 통하여 중공당과 조직적인 연결을 맺고 있었다.[100] 그렇게 보면, 이 당시 좌익진영이 고창하고 있던 '실질적 협동전선'론은 바로 국제주의 노선과 짝을 이루게끔 조절된 통일론인 것이었다.

그러나 범(汎)우파-민족주의 진영의 입장에서는 국제주의 노선의 추종을 전제로 하는 '협동', 다시 말해 소련-코민테른-중공당의 지휘와 명령에 따라 실제로는 반국민당운동의 함의를 띠는 '반제운동'의 하수인 역할을 떠맡게 될 '협동'은 도저히 받아들일 수가 없는 것이었다. 잠정적이고 일시적인 협동이 과연 실효성이 있을지, 설령 효과가 있다고 하더라도 그 효과가 얼마나 지속될지 매우 의심스러운 것이었다. 그러므로 좌익진영에서 협동전선의 결성을 주창하는 것은 전술적 책략 이상의 다른 의미가 없는 것으로 보일 뿐이었다. 협동전선론이 유일당론을 격파하기 위한 이론적 무기로 활용되고 있는지도 모르는 것이었다. 협동전선론이 대외적으로 아무런 반향도 없이 공허한 울림으로만 남게 된 것은 그와같은 부정적 인식을 해소시키지 못한 당연한 결과였다.

그리하여 관내지역 한인 혁명전선의 좌우익 양 진영이 마치 물과 기름처럼 유리되어가는 상황에서 좌파 조직체들은 일제히 중공당의 지휘체계로 편입되어갔으며 결국은 해체의 운명을 맞게 되었다. 중본한청 상해지부는 중공당 민족위원회 산하 청년반제대동맹에 소속되었다가 1930년 2월에 상해한인청년동맹으로 해소되었다. 한동안 중공당과는 일정한 거리를 유지하며 독자노선을 고집하는 듯이 보이던 재중한청 상해지부[101]도 1930년 4월경부터는 중공당의 통제를 받아야만 하는 처지에 놓이게 되었고, 마침내는 중공당의 종용으로 8월에 가서 자진 해체를 선언하고 말았다.[102] 중공당은 심지어 유

---

100) 김준엽·김창순,『한국공산주의운동사』제5권, 96면 참조. 유호한인동맹 위원장, 중공당 한인지부장, 반제대동맹 책임비서직은 모두 화요파의 구연흠이 겸임하고 있었다.

101) 중국국민당의 정보자료에 따르면, 유호한인동맹의 분신조직이면서 중국공산당 민족위원회 산하 청년반제대동맹(책임비서 김원식)에 소속되어 있던 중본한청 상해지부와 달리 재중한청 상해지부는 중국공산당 한인지부의 통제를 받으려 하지 않았기 때문에 당적에서 제명되고, 중공당 쪽에서도 그들의 행동에 더이상 간섭하지 않기로 하였다고 한다. 김준엽·김창순,『한국공산주의운동사』제5권, 100~101면 참조.

102) 자세한 경위는 김준엽·김창순, 앞의 책, 100~101면; 일본외무성,『조선민족운동사(미정고)』제6권, 634~39면을 같이 볼 것.

호한인동맹의 활동조차도 일국일당 원칙에 위배되는 독자행동이라고 비판을
가하고는 자기들의 지시대로만 반제운동과 당재건운동을 전개하도록 지령하
였다.103)

이에 따라 화요계의 거두인 조봉암과 홍남표는 1931년 말에 유호한인동맹
과 상해한인청년동맹을 통합시켜 상해한인반제동맹을 조직하였다. 그러나
'좌익분자 단속'의 공조체제를 구축한 일본영사관 경찰과 프랑스조계 공부국
(工部局) 경찰의 합동작전에 의해 1932년 9월에서 12월 사이에 조·홍 두 사
람을 비롯해 주요 한인 좌익운동자 10명이 검거되고 말았다. 명맥을 유지하
기조차 어렵게 된 한인 좌익진영은 몇몇 핵심 인물(김단야 김원식 박헌영 등)
이 중공당으로부터 활동지침과 자금을 하달받아 국내조직과 연락을 취하면
서 지하활동을 모색하였다. 그러나 일제의 집중적인 감시로 인하여 별다른
성과를 얻지 못한 채 상해에서의 그들의 활동도 결국은 종막을 고하고 말았
다.104)


## 2. 민족주의세력의 대열 정비와 대독립당 조직운동의 지속

관내지역의 한인 공산주의자들이 좌파 총결속의 조직통합에 주력하는 기
미가 확연해진 이후로 임시정부와 흥사단 임시원동위원부105) 중심의 민족진
영 운동자들도 비밀리에 그들 나름의 조직통일을 기하는 것으로 대응 행보를
취해갔다. 1930년 1월 25일에 상해에서 결당식이 거행된 한국독립당의 성립
이 그 최초의 성과였다. '유일당' 결성운동의 전도가 극히 비관적으로 전망되
는 상황에서는 일단 '민족적 혁명당'의 결성이라는 부분적 취지만이라도 살
리자는 것일 터였다.

이보다 앞서 남만주지역에서는 1929년 12월에 요녕성(遼寧省) 신빈현(新

---

103) 이종민, 「당재건운동의 개시(1929~31년)」, 한국역사연구회 1930년대 연구반, 『일제
    하 사회주의운동사』, 한길사 1991, 113면.
104) 조선총독부 경무국, 『最近に於ける朝鮮治安狀況: 昭和8年·13年』, 273~75면; 스칼라
    피노·이정식, 한홍구 역, 『한국공산주의운동사』 제1권, 236~37면 참조.
105) 1931년 3월 현재 상해에 거주하는 흥사단원은 60명 가량이었던 것으로 보고되고 있
    다(앞의 동문사서점판 『조선민족운동연감』, 265면).

賓縣)에서 국민부(國民府)의 정치적 지도기관이 될 혁명정당으로 조선혁명당이 결성되었다. 만주지역에서의 민족유일당운동은 초기부터 유일당 조직론을 둘러싼 단체간의 대립에 각 단체 내부의 파쟁과 분열이 겹쳐 관내지역 못지않게 험난한 길을 걸었으며, 운동자들의 이합집산과 조직 재편이 무시로 일어났다.106) 그런 가운데 단체본위—단체중심조직론을 주창함으로써 좌파의 (전민족유일당조직)촉성회 계열과 대립하고 있던 정의부 주류파가 신민부 민정파와 참의부 일부를 규합하여 1929년 4월에 한인사회의 자치기관으로 결성한 것이 국민부였다. 뒤이어 국민부가 길림에서 신빈현으로 본부를 옮긴 후에, 범지역적 단일당 건설이라는 유일당운동의 원래 목표에는 미치지 못하나 좌우합작의 실현이라는 취지에 매우 근접한 당조직의 출범을 보게 된 것이다.

창당선언으로 추정되는 한 문서107)를 보면 조선혁명당은, '조선혁명'의 성격이 "조선의 절대독립과 노농민주주의 정권의 수립을 제1목표로 하는, 민족혁명인 동시에 노농민주주의혁명"이라고 규정짓고 있었다. 이 혁명은 "착취계급에 속하는 지주·자본가를 대상으로" 하는 점에서 고전적인 '자본민주주의혁명'이 아니라 오히려 '반(反)자본주의'적 성격을 띠게 된다. 그러나 아직은 역량이 미약한 노동자계급이 아니라 피압박 대중 일반을 주체로 하는 반제국주의 투쟁에 민족자결주의를 결부시킨 특징을 지닌 점에서, 조선혁명은 '프롤레타리아독재적 혁명'도 아니라고 언명되었다.

창당시의 조선혁명당이 민족혁명——독립 달성이라는 좁은 의미에서의——과 '노농민주주의혁명'의 동시적 수행을 공언한 것은 재만동포의 압도적 다수가 농민층임을 고려한 선전 차원에서만은 아니었다. 조선혁명당의 조직 구성 자체가 좌우 연합체적 특성을 보이게 된 점이 거기에 직접 반영된 것이었다. 핵심 간부진의 일원인 현정경(玄正卿) 이진탁(李辰卓) 고활신(高豁信) 이웅(李雄) 등과 상당수의 일반 당원들은 이미 정의부(正義府) 시절부터 조공 만주총국 및 중공당 만주성위(滿洲省委)와 연계하여 좌경 노선을 걷고 있

106) 만주지역 민족유일당운동의 경과와 결과는, 朴永錫,「민족유일당운동: 1920년대 후반 중국 만주지역을 중심으로」,『재만한인독립운동사연구』, 일조각 1988; 黃敏湖,「만주지역 민족유일당운동에 관한 연구」,『숭실사학』5, 1988; 신주백,「만주지역 한인의 민족운동 연구(1925~40)」, 성균관대학교 박사학위 논문, 1996, 제2장 등에서 상술되고 있다.
107)「조선혁명당선언」, 梶村秀樹·강덕상 편,『현대사자료 29』, 669~72면.

었다. 그러나 그들은 2단계 혁명론자의 범주에 속하였지 극좌 성향을 갖고
있지는 않았다.

그런데 만주의 한인 공산주의자 각파가 중공당 가입을 속속 결정하고 있
던108) 시점인 1930년도 중반에 이르자 당내 좌파는 공공연히 계급혁명을 운
위하면서 국민부와 조선혁명당을 '반동단체'로 규정하고 그 해체를 주장하고
나섰다. 이즈음에 중공당 만주성위가 점점 더 모험주의적 극좌―급진노선으
로 경도되어가고 있던 것과 맥을 같이한 것이기도 하였다. 급기야 조선혁명
당의 극좌파는 국민부 파괴공작을 시도함으로써 당내 우파와 유혈충돌까지
빚게 되었다.109) 결국 극좌파는 1930년 10월에 현익철(玄益哲)이 이끄는 민
족주의자 지도부에 의해 제거 또는 축출되었다. 그리하여 조선혁명당의 좌우
합작 체제는 성립한 지 1년 만에 중도적 노선의 민족주의자 중심 조직으로
재편되었다.

한편 3부통일회의 때 신민부 대표권을 부인당한 군정파는, 정의부를 탈퇴
하여 촉성회파에 가담했던 이청천 김원식110) 김상덕 등과 참의부의 김승학
(金承學) 계열을 제휴세력으로 하여, 혁신의회(革新議會)와 민족유일당재만
책진회를 성립시켰다. 유일당운동이 큰 진전을 보이지 못함에 실망한 그들은
북만주로 이동하여 중동선(中東線) 철도 일대 한인사회의 자치기관으로
1929년 봄에 생육사(生育社)를, 그해 7월에는 한족총연합회를 결성하였으며,
마침내 그를 모체로 하여 1930년 7월에 흑룡강성(黑龍江省) 위하현(葦河縣)
에서 한국독립당을 창립하게 되었다.111) 1930년 1월 화요계 조공 만주총국
의 지령에 의한112) 김좌진 암살사건으로 큰 충격을 받은 때문에도 만주 한국
독립당은 출범 초부터 반공적 색채가 강하였다. 이로써 남만주와 북만주지역
에는 1개씩의 민족주의 정당이 정립하게 되었다.

108) 이에 관해서는 황민호, 「1930년 재만한인사회주의자들과 중국공산당의 합동에 관한
    연구」, 『역사학보』 제141집, 1994를 볼 것.
109) 이에 대한 자세한 설명은 추헌수, 「조선혁명당과 한국독립당의 활동」, 국사편찬위원
    회 편, 『한국독립운동사 4』, 1988, 360~62면; 趙凡來, 「국민부의 결성과 활동」, 『한국독
    립운동사연구』 제2집, 1988을 볼 것.
110) 화요파의 김원식과는 한자 표기 金元植도 같으나, 경북 안동 출신의 동명이인이다.
111) 박환, 「재만 한국독립당에 대한 일고찰」, 『한국사연구 59』, 1987, 137~57면.
112) 자세한 논증은 박영석, 「백야 김좌진장군 연구」, 『국사관논총』 제51집, 1994, 207~15
    면; 중앙일보 현대사연구팀, 『발굴자료로 쓴 한국현대사』, 중앙일보사 1996, 90~95면.

그러면 상해지방과 만주지역의 중간 지점이면서 좌우파의 공생지대이기도 하던 북경지방과 천진지방 운동자들의 동향은 어떠했는가?

상해에서 유일당촉성회가 해체되고 남만주에서 조선혁명당이 건립된 사실을 연이어 접하였을 북경의 민족운동자들은 다음과 같이 세 갈래의 반응을 보였던 것으로 추정된다. 상해 쪽에서는 유일당 결성을 포기한 것으로 보이고 만주에서는 그 지역만의 당조직이 결성되었으니 북경의 운동자들도 독자적으로 지방적 당을 결성하는 것이 옳다는 것이 제1의 입장이었다면, 조선혁명당을 좌우합작-통일전선적 당으로 간주하여 유일당운동의 유일한 성과물인 그 당에 합류하는 것이 옳다는 것이 제2의 입장이었던 것으로 보인다. 1930년 2월에 조성환(曹成煥) 손일민(孫逸民) 이천민(李天民) 강구우(姜九禹) 등이 결성한[113] 한족동맹회는, 대독립당조직 북경촉성회는 일단 해체하되[114] 신당을 결성하느냐[115] 조선혁명당으로 합류하느냐는 아직 확정짓기 이전의 과도기적 조직이었던 것으로 판단된다. 그 얼마 뒤에 '내홍(內訌)이 발생'하여 탈회한 이천민과 강구우 등이 7월에 조선혁명당 제1지부를 설치한[116] 것은 두 입장이 타협이나 조정을 하지 못하고 제각기 다른 길을 가기로 한 결과였을 것이다.[117]

한족동맹회가 결성되기 전인 1월 하순(일자 불명)에, 천진의 민족운동자 집단을 이끌고 있던 박용태(朴龍泰)와 북경의 재중국 조선무정부주의자연맹 대표인 유기석(柳基石)은 상호 협력하여 대한대독립당 주비회를 조직하였다.[118] 이는 위의 두 입장과는 다른 제3의 입장을 대변하는 움직임에 속한다.

---

113) 조선총독부 경무국, 『朝鮮の治安狀況(昭和5年版)』, 不二出版, 158면.

114) 이 무렵의 북경촉성회는 李相一과 金東洲 등이 주재하고 있었으며, 한족동맹회는 북경촉성회 계통의 조직이었다고 한다(같은 곳).

115) 작성시점은 불명이나 「韓族同盟會當前政策」(楊昭全 等 編, 『관내지구조선인반일독립운동자료휘편』 上冊, 1987, 215~17면)이라는 제목의 한 문서에는 정치·경제·문화 각 방면에 걸친 체계적인 정강정책이 제시되고 있어, 이 단체가 준정당 또는 정당주비조직의 성격을 띠었음을 짐작할 수 있게 한다.

116) 조선총독부 경무국, 『最近に於ける朝鮮治安狀況(昭和11年5月)』, 不二出版, 342면.

117) 한족동맹회는 뒤에 가서 한국독립당으로 흡수되어 그 북경지부로 개편된 것으로 보인다. 1934년 6월에 작성된 일제 첩보보고에, 한국독립당 북경지부의 책임자로 조성환 손일민 등이 들어지고 있음에서이다(국회도서관 편, 앞의 책, 824면).

118) 「韓人積極組織大獨立黨」(上海 『中央日報』, 1930년 1월 29일자), 추헌수 편, 『자료 한국독립운동』 제2권, 48~49면; 조선총독부 경무국 보안과, 『고등경찰보』 제2호, 1934,

비록 관내지역의 유일당운동이 결실을 맺지 못하고 유산될 위기에 처해 있다고 할지라도 오히려 그럴수록 쉽게 포기하지 말고 박차를 가하여, 현실 여건에서 가능한 최대치의 성과를 얻는 쪽으로 노력을 경주하자는 입장이었다는 것이다. 유일당운동 출범시의 기획안에 따른다면 '주비회'는 '촉성회'에서 한걸음 더 나아간, 유일당 결성 직전 단계의 조직을 위해 준비된 명칭이었다. 따라서 대한대독립당 주비회는 그 명칭 자체에 유일당 결성을 지속적으로 그리고 더 적극적으로 추진하겠다는 의지를 담고 있었다.

여러 자료를 통해서 보면, 대한대독립당 주비회의 조직은 기본적으로 안창호와 그 추종자들의 불퇴전의 통일 의지와 집념어린 노력의 산물이었다고 판단된다. 우선 한국독립당의 결성과 주비회의 창립 시점이 날짜까지 거의 일치하는 점을 눈여겨볼 필요가 있다. 안창호가 볼 때 한국독립당은 상해지방의 민족주의 계열 운동자만을 결속시킨 '지방적 정당'에 불과하였고, 그런 의미에서도 한국독립당의 창당은 성급한 처사일 뿐이었다.[119] 그러나 임시정부 주변 다수 인사들의 주장과 의견이 '창당'으로 모아지자 일단 그에 승복하는 대신, 한국독립당의 조직틀을 훨씬 넘어서는 '대독립당'의 조직을 자기 나름의 사업으로 추진하고자 하였다.

'대독립당'은 '유일당'과 동의어이기도 하였지만, 특히 관형어로 쓰인 '대(大)'의 의미는 "전국적 규모의 한국독립운동의 핵심조직" "중국은 물론 만주와 시베리아, 미주에 산재해 있는 모든 독립운동단체들을 총체적으로 지도할 수 있는 정당조직" "임시정부로 하여금 명실상부하게 전민족 지향의 망명정부가 되도록 뒷받침하려는 정당조직" "한국 민족혁명운동의 통수권을 가진 사령탑"[120]이 되는 데 두어지고 있었다. 그래서 안창호는 자기가 염두에 두고 있는 바의 '대'독립당과는 한참 거리가 있는 '지방적 정당'인 한국독립당의 창건 의의와 위상이 과장되는 것을 방지하고 그의 독주를 사전에 견제하려는 의도에서 한국독립당의 창립 시점에 뒤지지 않도록 대한대독립당 주비

---

36면.

119) 한국독립당의 결성에 대하여 "이렇게 拙速은 도산선생의 본의는 아니었지만 주위 사정이 그렇게 만들어졌다"는 구익균의 회고가 참고된다(구익균, 「상해에서의 도산」, 『기러기』, 1980년 11월호, 23면).

120) 이 부분의 인용구는 모두 구익균, 『회고록: 새 역사의 여명에 서서』, 109~110면에서 따온 것이다.

회의 발족을 서둘렀던 것 같다.

안창호의 입장에서 보면, 한국독립당 창당의 의미를 좌익진영과 유호한인 동맹과의 관계처럼 우익진영 운동자의 총결속에 두어서는 안되는 것이었다. 그보다는 유일당 또는 대독립당의 결성을 구체적인 지표로 삼아온 전선통일 운동의 지속적인 전개를 위한 도약대, 또는 기어코 대독립당을 탄생시키고 말 모체조직이 설립되었음을 뜻하는 것이어야 했다. 바꿔 말하면, 한국독립 당의 조직위상은 전선통일의 완성을 위한 기반조직으로 한정지어져야 했던 것이다.[121] 운동 주체의 지속적인 노력과 객관적 상황의 호전이라는 조건이 맞아떨어지는 때가 언젠가는 올 것이며, 그때 가면 진실로 전민족적인 통일 전선의 구축이 실현될 수 있으리라는 염원과 전망이 거기에는 짙게 배어 있 었다.

대독립당 주비회의 활동도 안창호의 진두지휘로 이루어졌다. 3월 말에 안 창호는 천진으로 가 박용태 등과 회합하여 '독립운동전선의 통일' 방침에 관 한 협의를 가진 후에, 만주와 노령 그리고 미국 각지에 산재한 운동단체들의 대표대회를 6월 상순에 천진에서 개최하고자 함을 알리는 장문의 선언서를 이들 단체에 송부하였다.[122] 그로부터 3개월쯤 뒤인 6월 중하순에 박용태는 주비회의 순간(旬刊) 기관지인 『조선의 혈(血)』 1,2호를 연속 발간해서 간도, 상해, 북경, 구미 등지로 배포하였다. 그 창간사에서는, "우리는 근본적으로 우리와 타협하지 않는 독립운동자, 배도(背道)로 달리는 합법적이고 타협적 인 조선공산당 자치운동자 및 일본제국주의의 주구를 제거하는 외에는 무릇 혁명전선상에 설 일체의 독립운동자는 응당 약소민족의 민족혁명 원리에 의 거하여 대한대독립당의 조직을 완성해야 할 것"이라는 주장이 발해졌다. 7 월 초에도 안창호는 다시 천진으로 가서, 독립운동전선 통일운동에 진력하고 있던 배천택 송호(宋虎) 박관해(朴觀海) 등 유력 청년층 운동자들과 접촉하 였다.[123]

안창호와 박용태 그리고 그 주변 인물들의 이러한 활동상은 관내지역의

---

121) 한국독립당은 일면 대독립당 조직을 적극 촉성함과 아울러 대독립당이 성립하는 날 에는 자진 해산하여 그에 가입하기로 규정해놓고 있었다고 한다. 「韓國獨立黨的創立經 過」, 국사편찬위원회 편, 『한국독립운동사 자료 3』, 1940, 396면 참조.
122) 국사편찬위원회 편, 『한국독립운동사 자료 3』, 442면, 445면 참조.
123) 같은 책, 444면 참조.

민족주의 운동자 일부——적어도 사회주의 이념을 수용할 태세를 갖추고 있
던 중도적 성향의 민족주의 운동자들——는 좌우진영의 극단파들이 일대 격
돌을 불사하려 하고 있던 1930년에도 유일당촉성운동을 포기하거나 중단시
킬 의사가 전혀 없었음을 입증해준다. 여기서 더 나아가 그들은 한국독립당
의 이념적 지향점과 정치적 태도는 밖에서 보는 것만큼 경직되어 있지는 않
으며 좌파에 대해서도 항시 문호를 열어두고 있음을 보여주고자 하였다. 그
리하여 안창호를 위시한 중도적 노선의 창당 주도층은 사회주의적 '평등'의
요구가 수렴된 삼균주의를 당의 이념적 좌표로 내걸 것을 주장하여 강령에도
그대로 반영시켰다. 삼균주의는 조소앙이 창안한 것으로 널리 알려져 있으
나, 실은 안창호의 반일민주론과 대공주의(大公主義)를 합성해서 이론화한
것임이 밝혀지고 있다.124) 당시 안창호의 측근으로서 대독립당 주비회 활동
을 같이했던 인사의 술회에 의하면, 대공주의의 사상적 요체와 창안 동기는
다음과 같은 것이었다.

　　도산(島山)은 순수한 민족주의자였으나 사회주의를 잘 이해했었고 또 그 사
상 중에서 취할 점도 잘 알고 있었다. 그런 도산은 임정을 비롯한 해외 독립운
동가들이 민족주의와 사회주의로 분열될 위험을 막기 위해서 독립이라는 공
동목적을 위해서, 화합하도록 힘썼다. 그뿐 아니라 그는 사회주의의 합리성을
활용할 의도에서 '대공주의'라는 독특한 신어(新語)로 표현했다. 그는 전적으
로는 사회주의에 공명하지 않았으나 그가 바라는 3대 평등 강령을 내용으로
한 대공주의 사상을 창안했던 것이다. 즉 민주주의를 구현하려면 정치의 평등,
경제의 평등, 교육의 평등화가 불가결하다고 보았던 것이다. 그래서 도산이
상해에서 흥사단 약법(約法)을 개정할 때 '대공주의'를 삽입하고 특히 사회주
의사상을 대공봉사(大公奉仕)하는 실천방법으로 연구하라는 분부까지 나에게
하셨다. … 대공주의는 사회평등 원칙에 의한 민주주의에 그 본질이 있다. 사
회주의(내지 공산주의)는 있는 계급, 없는 계급, 특권계급, 피지배계급 관계의

---

124) 이에 관해서는 朴萬圭의 아래와 같은 일련의 논고를 볼 것. 「삼균주의 정립의 민족운
　　동사적 배경 고찰: 안창호와 조소앙을 중심으로」, 『변태섭교수화갑기념 사학논총』, 지
　　식산업사 1985; 「도산 안창호의 대공주의에 대한 일고찰」, 『한국사론』 26집, 1991; 「도
　　산의 민주국가건설론」, 도산사상연구회 편, 『변혁기의 개혁운동과 도산사상』, 연구사,
　　1993.

계급투쟁이 목적이라면, 대공주의는 민족 전체 범국민적 평등사회를 실현하려는 입장에서 당시의 사회주의사상의 일부를 포용하면서 초계급적인 민족민주주의를 지향했던 것으로 짐작된다.[125]

이것은 사회주의세력에 대한 민족주의세력의 이념적 수용 태세를 보여준 것으로 해석될 수도 있으나, 정확히 말하면 민족혁명전선상의 중도적 민족주의세력이 민주공화주의 이념과 사회주의 이념을 합목적적으로 접목시키고자 한 소중한 시도였다.[126]

이로써 우리는 상해촉성회의 해체, 유호한인동맹 및 한국독립당의 결성이라는 일련의 과정을 막바로 '유일당운동의 실패'요 '민족협동전선운동의 파탄'으로 극화시켜 보아서는 안된다는 것을 알게 된다. 그 과정에는 오히려 무언의 포석이, 즉 좌우익 두 세력이 각각 일정한 조직적 구심점을 만들어놓고서 재결집하고 그 작업이 어느정도 마무리된 후에 '협동전선'의 구체적인 형태를 모색하면서 실질적인 합작을 기하겠다는 포석이 깔려 있었을 가능성을 배제할 수 없다. 한국독립당의 창당 이후에도 안창호가 천진과 북경지방의 운동자들과 긴밀한 연락을 취하고 협의도 하면서 대독립당 조직을 추진해간 사실은 그들만의 공허한 통일관념 노름이었거나 여하한 결합의 전망도 없는 상태에서의 자위행위에 불과한 것은 아니었을 것이다.

그러나 다른 한편으로는 좌우익 대결의 매서운 회오리바람이 관내지역의

---

125) 구익균,「도산선생의 대공주의사상」,『기러기』1980년 6월호, 9~10면.
126) 국내에서 반일 학생운동을 전개하다 1929년에 상해로 망명하여 안창호의 신임과 총애를 받는 제자가 되었던 구익균의 회고에 의하면, 흥사단에 가입한 1929년 하반기부터 그는 안창호의 교시에 따라 사회주의의 여러 조류를 연구하여 안창호와 토론하고 그 결과를 매월 두 차례씩 열리는 흥사단 원동위원부의 정례모임에서 강의 형식으로 발표했으며, 약 50명의 단원들이 거기에 관해 활발한 토론을 전개하였다고 한다(구익균, 앞의「상해에서의 도산」, 23면; 앞의『회고록: 새 역사의 여명에 서서』, 100~102면). 1931년 1월 초순의 흥사단 제17회 원동대회에서 결정된 '役員' 명단(앞의, 동문사서점판『조선민족운동연감』, 263면)을 보면, '강론회'(회장 안창호)라는 부서가 있고 안창호 신언준 구익균 김기승 등 네 명이 강론 강사로 되어 있다. 전투적 사회주의자였던 장지락의 기억에도 안창호는 "부르조아적 원칙을 따르는 민주적 대중운동을 대변"하면서도 "공산주의 이론과 전술에 관심을 가지"고서 "프롤레타리아의 혁명적 역할을 인정"하였고 "아직 미숙한 조선공산당을 반대한 적이 한번도 없다"고 하였다(조우화 역,『아리랑』, 91~92면).

정치적 기류를 휘감고 있었음도 엄연한 사실이다. 그 와중에 한인사회의 급진 사회주의자와 전투적 우익진영은 서로간에 격심한 감정적 대립과 물리적 충돌까지 빚으면서 마냥 관계 악화의 일로로 내달았다. 예컨대 1930년 7월에 재중한청 상해지부의 명의로 발포된 「공개장」[127]만 보더라도, 강경 우익세력에 대한 급진 좌파의 비난 강도가 어느정도였는지 여실히 드러난다. 거기서 재중한청 상해지부는 중국정부 공안당국과 프랑스조계 공부국이 한인 공산주의자들에게 합동으로 가해오는 탄압을 임시정부 인사들이 수수방관 내지 묵인하고 있다고 비난함과 동시에, 3월 초에 임시정부의 해체를 주장하는 성명서를 냈다는[128] 이유로 병인의용대가 수차에 걸쳐 재중한청원들에게 테러 행위를 자행했음을 규탄하였다. 나아가, '한국국민당(=한국독립당)'을 개인적 정치기반의 유지에 급급한 '봉건적 정치투기주의자' 집단으로 낙인찍고 '타도 봉건'을 부르짖는가 하면, 중국국민당 요인들과 밀접한 관계를 유지하고 있던 일부 인사들(김구 조완구 조소앙 엄항섭 박찬익 등)을[129] 특별히 지목하여 '제국주의의 주구화한 민족파시스트'로 매도하기까지 하였다.[130]

이러한 분위기에서는 안창호와 박용태 등이 대독립당 주비회의 이름으로 소집한 국외 각 단체 대표대회가 성사되기 어려웠다. 실제로 그 대회는 열리지 못하였다. 7월 초에 안창호가 천진에 다녀온 것을 끝으로, 대독립당 주비

---

127) 「제국주의의 주구화한 유호 민족 '파시스트'의 정체를 폭로한다: 병인의용대를 전제 [전위?─글쓴이]로 하는 야만적 강도행위에 대한 공개장」, 국회도서관 편, 앞의 책, 653 ~57면. 일제 관헌측은 이 문서의 작성자를 지목하여 한위건과 정유린이라고 첩보보고 하였다.

128) 재중국한인청년동맹 상해지부, 「임시정부의 해체를 주장함」; 앞의 동문사서점판, 『조선민족운동연감』, 259면.

129) 이들 다섯 사람은 '병인의용대의 테러행위'의 배후 지휘자로도 지목되었다. 이 범주에 안창호를 비롯한 흥사단계 인물은 한 명도 포함되지 않은 점이 흥미로운 부분이다.

130) 만주지역의 정황도 이와 흡사하였다. 중공당 만주성위로의 편입에 즈음하여 엠엘파 조공 만주총국이 1930년 3월 20일에 발한 해체선언(李命英, 『재만한인공산주의운동연구』, 성균관대학교 출판부, 1975, 252~54면)에서는 국민부와 한족총연합회를 '민족파시스트'로 규정하고 이들과의 투쟁을 반제·반봉건 투쟁과 연결시켜야 한다고 역설하였다. 이에 대해 국민부는 1931년의 3·1절 기념 성명(독립운동사편찬위원회, 『독립운동사 자료집 제10집』, 625~628면)에서, 일제가 주구배를 동원하여 공산주의자동맹, 엠엘파, 화요파, 서울─상해파 등의 공산당을 위조해서 재만 한인 혁명진영을 분열시키며 파괴하고 있다고 주장하는 선에서 대응하였다.

회의 활동도 유일당운동과 관련한 다른 어떤 움직임도 현저히 둔화된다. 그리하여 관내지역의 유일당(대독립당) 촉성운동은 발진한 지 만 4년 만에 중도 표류하다 이 지점에서 종적을 감추듯이 흐지부지되는 것처럼 보인다. 그러나 사실은 그렇지 않았다. 1년 반쯤 뒤에 가서 원래의 목표치에는 다소 미치지 못하는 형태로나마 대독립당은 조직되며, 그로부터 다시 4년 뒤에 얻어지는 최종 성과까지 감안하면, 1930년 당시는 전체 행정(行程)의 중간 정도되는 지점에 도달해 있었던 것이다.[131]

## 제5절 유일당촉성운동의 중간 결산과 평가

유일당촉성운동은 국민대표회의를 파국에 이르게 한 양대 당사자인 창조파와 개조파가 뒤늦게나마 같은 배를 타기로 함으로써 발진하였고, 거기에 조공 화요계가 동승하였다. 1927년 말까지만 하더라도 유일당운동은 쾌조의 순항을 하고 있었으나, 돌연 국공대결의 소용돌이와 '프롤레타리아헤게모니 전취'론의 암초에 부딪쳤다. 1929년에 들어서는 국제적 반제혁명전선의 보루인 쏘비에뜨 수호(코민테른)와 대(對)국민당 투쟁(중공당)의 요구가 한인 좌파집단에 대해서도 거센 파도와 같은 압력으로 가해졌다. 그리하여 국제주의적 연대투쟁을 위한 '전투적 협동전선'론이 유일당론에 맞서는 엠엘파의 논리로 고착되면서 전선통일운동은 난항을 거듭하게 되었다. 마침내 국제주의의 선풍이 화요파마저도 복속시킴에 따라 유일당운동은 좌초 직전의 상태를 맞게되었다.

언뜻 생각하기에 유일당운동의 시련과 침체는 좌우익 진영이 공히 품고있던 정치적 이해관심과 권력의지, 다시 말해 전선통일과 대동단결의 대의명분 이면에 은밀히 작용했을 세력 확대, 입지 강화, 주도권 장악 등의 의도 때문이었던 것으로 보일 수 있다. 그러나 이는 피상적이고 평면적인 관찰에 머

---

131) 만주사변 발발 이후의 변화된 정세 속에서 후속되는 전선통일운동의 추이와 성과에 관해서는 제7장에서 따로 살펴볼 것이다.

무르는 것이 되고 말며, 기껏해야 일면적인 설명에 그칠 뿐이다. 어떤 형태로든 정파가 분립해 있는 상황에서는 어느때 어느 곳을 막론하고 그러한 의도 또는 이해관심이 작용하고 노출되기 마련이다. 따라서 전적으로 그것들에만 귀인(歸因)시키는 분석은 비역사적인 것일 수밖에 없게 된다.

새롭게 주목해 보아야 할 부분은 이 시기의 양익 진영이 전선분리의 방향으로 치닫도록 만든 객관적 상황조건이다. 흔히 그래왔듯이 좌우진영 간의 이념적 편차, 즉 민족주의와 사회주의 간의 거리와 그것이 낳는 대립구도에서 전선분리의 궁극적인 원인을 찾을 수도 있겠으나, 따지고 보면 그것도 동어반복에 불과하고 필연적 숙명론에 빠지는 격이 된다. 의열단의 1926년 강령, 조선혁명당의 창당선언문, 한국독립당의 삼균주의 강령들이 웅변해주듯이, 공화주의적 민족주의와 사회주의 이념은 운동주체의 의지와 전략적 고려에 따라 얼마든지 상호변용적 결합과 접목이 가능하다. 물론 의지만으로 모든 것이 해결되는 것은 아니다. 그러기에 상황조건을 강조하는 것이다. 주객 상호작용과 그것이 낳는 구체적인 결과가 중요한 것이다.

그렇다면 문제는 1920년대 말에 좌우 양파의 인식틀과 운신폭을 결정적으로 제약한 상황 변수는 무엇이었던가로 좁혀진다. 말할 것도 없이 그것은 국공대결과 중소대결의 정치상황이었다. 바로 그것이 한인 혁명운동자들의 유일당으로의 결집을 가로막고 좌우익 분리와 대립을 낳은 상황과 정세 요인이었다. 여기서 다시 주체적 측면에 주목하여, 민족혁명운동의 양익 진영은 그러한 객관적 상황을 어떠한 시각과 태도로 인식하고 수용해갔는가도 보아야한다. 거기서 드러나는 바는, 사회주의적 국제주의 원칙에 대한 급진좌파의 교조적 맹신과, 중국국민당의 반공주의에 대한 전투적 우파 일부의 무비판적 몰입이 문제의 핵을 이루고 있었다는 것이다.

1929년 3월까지도 '위로부터의 전선통일'론을 고수하면서 유일당운동의 대열에서 이탈하지 않고 있던 화요파가 7월의 '매모환조' 격문 사건에 임해서는 즉각 '소련 옹호'를 공언하면서 엠엘파를 응원하더니 마침내 몇 달 후에는 상해촉성회의 해체에 앞장선 사실을 상기해볼 필요가 있다. 아울러 상해촉성회가 해체되고부터는 화요파도 조선혁명에의 복무라는 기본 임무를 망각한 듯이 '중국 반제운동에의 직접 가담' '소련 및 우방 옹호'만을 외쳐댄 대목에 유의할 필요가 있다. 또한 조선혁명당의 결성에 동참했던 서울—상해파132)가 1930년도 중반에 느닷없이 국민부 및 조선혁명당 해체론을 들고 나온 시점이 그들의 중공당 가입 직후였던 점을 눈여겨볼 필요가 있다. 엠엘파가 한국독립당을 '제국주의의 주구'요 '민족파시스트'라고 원색적인 용어로 매도한 것도 소련을 '조국'이라 칭한 행태가 비난받은 데 대한 역공(逆攻)의 일환이었음을 간과할 수 없다. 마지막으로, 한인 사회주의자들의 혁명투사적 기예(氣銳)와 역량이 일본과 중국 그리고 프랑스 관헌의 교묘한 공조적 탄압을 받아 스러져가고 있음에도 수수방관하고 오히려 극우 행동대 조직의 무절제한 동족테러 행위를 조장까지는 아니더라도 용인하고 만 일부 우익진영 지도자들의 속좁은 태도가 청년 좌익운동자들의 고립감과 반발적 공격성을 가중시킨 것은 아니었는지 깊이 성찰해볼 필요가 있다.

이러한 모습을 민족주의와 국제주의 노선의 대립이었던 것으로 표현하는 것은 좀 거친 단순화일 수도 있다. 정확히 말하면, '국수' '국제' 두 진영의 분리가 심화된 것이었다. 널리 통용되어온 '민족진영과 공산주의진영의 대립'이라고 하는 것은 이것의 이데올로기적 표현법이었다. 그러나 이것을 안이하게 이념적 대립과 등치시켜서는 안된다. 이념적으로는 사회주의를 추구하면서도 국제주의 운동론의 무조건적 수용은 거부하여 민족주의 노선에서 혁명운동을 전개한다는 선택지를 찾을 수가 있었고, 실제로 그러했던 사례를 발견할 수도 있기 때문이다.

그러나 이와 달리 1920년대 말 조공계열의 해외 운동진영은 국제공산주의 운동의 코민테른중심적 하향 권위구조에 압도되어, 그것이 대국주의의 자기위장은 아닌가 의심해 볼 겨를도 없이 관념교조적 국제주의 노선에 매몰되었다. 그리하여 코민테른이 민족혁명전선의 '우익'진영에 대한 전술방침을 '결합'에서 '분리'로, '동맹'에서 '타격'으로 백팔십도 전환시키자, 조공계열 좌익단체와 운동자들은 어떠한 이의 제기도 수정 제의도 머뭇거림도 없이 신성한 교리처럼 그 방침을 추종하고 실천하였다. 반제-반국부 연대투쟁에서의 일사불란한 행동통일의 명분하에 한인 좌파조직들은 중공당의 예하로 흡수-편입되어 갔는데, 이러한 일련의 과정은 상해에서만도 한인 좌익진영이 아무런

---

132) 1930년 10월 8일자 조선총독부 경무국의 한 보고문에는 '중공당 滿洲省委에 가입한 한인 공산주의자'들 가운데 현정경 고활신 이응 등이 옛 서울-상해계로 분류되어 있다. 梶村秀樹·강덕상 편, 『현대사자료』 29, 600면.

대체실익 없이 공중분해되어 소멸하는 것으로 귀착되었다.

그러면 이 지점에서 관내지역의 민족유일당운동이 1928년 이후로는 쳇바퀴 돌리듯 지지부진함을 면치 못하다가 결국은 중단되고 마는 듯한 상황에 이르게 된 근본 요인은 무엇이었다고 해야 할 것인가? 우선은 1920년대 말에 민족혁명전선의 좌우익 진영이 공통적으로 처하게 된 정치정세, 즉 적대와 투쟁 일변도로 치닫고 있던 국공관계에서 찾아야 한다고 본다. 국공의 대결관계는 1928년의 6차대회를 전후하여 코민테른의 세계혁명 전략이 극좌경으로 선회함에 의하여 더욱 조장되고 심화되었다. 그로부터 한인 민족전선의 좌익진영에서는 민족주의와 국제주의의 본원적 위상이 뒤바뀌고 균형과 조화의 감각이 상실되어 갔으며, 무엇이 진정 문제시되어야 하고 무엇을 실천가능한 과제로 삼아야 할 것인가에 관한 성찰과 토론의 회로도 닫혀지게 되었다. 좌우익 전선분리와 진영대립은 그런 경위로 강박된 결과였다.

그러나 모든 것을 상황·정세 요인이나 외세 탓으로만 돌려서는 안된다. 그것은 무책임하고도 부정직한 처사이다. 거슬러 올라가면, 코민테른의 지원과 독려를 받으면서 1925년경부터 진행되었던 조선공산당의 조직통일 작업은 역설적이게도 엠엘파와 화요파로 대표되는 신구파 간의 주도권 투쟁을 낳고 말았다. 입으로는 통일을 외치던 엠엘파도 행동으로는 분파적 쟁패를 추구하는 격이 되고 말았다. 유일당촉성운동이 진전을 못 보고 답보 상태에 놓인 것은 그 와중에서였다.

조공 내의 분파투쟁은 국제주의 준봉의 굴레에 양대 파벌세력이 모두 얽혀들어가는 대가를 치르고서야 비로소 진정되었다. 그러나 좌익진영, 좁게는 조공 내의 실질적인 조직통일이 달성된 것은 아니었고, 그 상태에서 관내지역의 조공 분파조직들은 결과론적인 얘기이는 하나 자멸의 행로를 걸어가고 말았다.[133] 그럼으로써 유일당 결성을 매개로 한 민족혁명전선의 조직통일운동은 비유컨대 한쪽 날개를 잃은 새와도 같이 되었다. 요컨대 좌익진영 내부의 조직통일의 지연과 미성취가 유일당촉성운동의 답보와 침체를, 거시적으

---

133) 그 당연한 결과로, 1930년대에 들어서면 코민테른이 이미 12월 테제를 통하여 지령했던 바이기도 한 '(통일)조선공산당 재건'의 과제는 국내 공산주의자들의 지하서클 조직들을 중심으로 전개된다. 그래서 조공재건운동에 여념이 없는 가운데 민족전선 통일의 과제는 한동안 방기되고 만다.

로는 민족적 대일전선통일의 지연과 미완성을 낳은 주요 요인 중의 하나였다는 것이다.

그러나 1920년대로만 한정시켜보더라도 유일당운동이 아무런 성과도 결실도 없이 시행착오로만 끝난 것은 아니었다. 이 운동의 전개 과정에서 설립되었던 각지 촉성회와 촉성회연합회, 중본한청과 같은 경과조직들은 좌우합작의 가능성을 그저 타진해보는 이상으로 그 자체로서 현실화시킨 것들이었음이 분명하며, 이는 후속 통일운동에 참여하게 될 중도적 좌우파 운동자들에게는 소중한 기억이자 교훈적 사례가 되었다. 또한 이 운동의 전개 과정에서 제시된 혁명당 조직론, 그리고 다른 나라들에서의 조직 및 운영 선례들을 비교하고 검토한 경험은 이 운동의 막바지에 성공적인 마무리를 위하여 투입된 노력과 합쳐져서 지역별로 당의 발생을 촉진하는 효과를 낳았다.

이들 신생당은 기본적으로 민족주의자들의 지역적 결속체였는데, 그 지역성의 한계를 성원들 자신도 대부분 인정하였다. 우선적으로 지역성에 기초하다 보니 조직구성 자체가 중도론자로부터 철저한 반공주의자에 이르기까지 비교적 넓은 범위에 걸쳐서 이루어지고 있었다. 그래서인지 정치노선이 다소 불투명해 보이는 점들도 있었다. 사상적 지향 면에서도 국가주의, 보수주의, 자유주의, 공화주의, 민주사회주의 등 다양한 요소들의 혼성 조직처럼 되고 있었다. 그래서 이들 당은, 조선공산당이 레닌주의를 추종하는 정통 사회주의자들의 이념적 결속체이고 혁명당이었음과 대비되게, 민족적 혁명당의 정체성만이 전면에 부각되었다.

그러나 이것은 약점이기보다 강점이었다고 보는 것이 사리에 맞다. 왜냐하면 그것이야말로 이념과 주의를 넘어서 반일전선의 단일화를 특히 당의 형태로 기하고자 했던 민족유일당운동−대독립당조직운동의 본래적 이상에 다가서는 모습이었기 때문이다. 그러한 이상에 비추어볼 때는 당조직들의 이념적 분화는 민족해방이 달성되는 날까지 오히려 유보되는 것이 바람직했고, 그때 가서 이루어진다고 해서 늦었다고 할 수 없는 일이었다.

그러한 맥락에서 상해 한국독립당과 조선혁명당 내의 창당 이념을 몰각하지 않고 있던 중도적 우파세력은 사회주의자들과의 절연을 결코 바람직한 것으로 여기지 않았다. 그와 반대로, 국제주의의 미명이 자아내는 환상에 도취되지 않는다는 의미에서 진실로 민족본위의 노선을 추구하기만 한다면 사회주의자도 민족독립 쟁취와 신국가 건설의 대업에 같이 참여할 동반자로 삼아야 한다고 보았다. 그래서 그들은 좌파와의 제휴를 거부하기는커녕 오히려 지향하면서 그 통로를 활짝 열어놓고자 하였다.

이 모든 의미에서 1920년대 민족유일당운동의 성과와 의의는 '유일당' 결성의 완료 여부를 기준으로 한 '성공이냐 실패냐'의 단선적 평가를 넘어서는 것이었다. 더욱이 그것은 1929년 또는 1930년으로 미완인 채 종결되거나 중단되어버린 것도 아니었다. 1930년 이후로도 '대독립당' 또는 '통일대당'의 결성이 관내지역을 무대로 꾸준히 추진되어가는데, 앞 시기와 비교하여 달라진 점은 오직 하나, 조공계열의 급진 좌익이 관내에서는 실체가 없어진 것과 마찬가지여서 그 운동의 대열에서도 자동적으로 탈락하게 되었다는 점뿐이다. 그렇게 해서 비게 된 좌익의 자리에는, 중국공산당이 아닌 중국국민당과 전격적으로 제휴하기 시작함으로써 프롤레타리아 국제주의 노선을 따르지 않기로 했음을 간접적으로 대외 공표한 의열단이 대신 들어선다.

의열단이 1930년대의 통일대당 결성운동에 적극 참여하는 것은 '운동자조직 통일' 과업의 완수에 재투신함을 뜻하였다. 엠엘파에 동조하여 '전투적 협동전선'론을 제기하면서 유일당운동의 진전에 제동을 건 뒤로부터 통일대당 결성운동에 좌익의 새 대표자가 되어 동참하기까지의 약 3,4년 동안 의열단의 거의 모든 역량은 '노농대중 조직화' 과업——그 역시 1920년대 중반 이후로 민족혁명운동의 비약적 전진을 위한 두 가지 선결과제 가운데 하나가 되어온——의 수행에 투여되고 있었다. 이는 의열단이 적어도 1920년대 말에는 위의 두 과제가 병렬적이면서 상호보완적인 것이 아니라 선후를 다투고 서로 배제하는 관계에 놓이는 것으로 파악하고 있었음을 말해준다.

그러나 1930년대의 의열단은 통일당의 결성과 대중조직 건설이라는 두 과제를 변증법적으로 결합시키고 동시적으로 추구해감으로써 이전 시기에 범했던 인식상의 착오와 실천상의 오류를 스스로 교정하게 된다. 말하자면 '상층 통일전선'과 '하층 통일전선'을 별개의 것으로 여기어 따로 또는 어느 하나만을 추구하는 것이 아니라, 유기적 전체의 머리와 몸통처럼 인식하여 말 그대로 '통일'적인 구축을 시도해가는 것이다. 확실히 이는 1920년대 중반부터 1930년대 초 사이에 한국 민족운동이 걸어간 성쇠부침의 행로와 그 속에서 의열단 자기들이 취했던 파란곡절의 행보를 교차시켜 성찰해보고 그 기복 성패(起伏成敗)의 경험에서 우러나온 장단공과(長短功過)의 교훈들을 차후의 운동과정에서 살려갔기 때문에 가능해진 것이었다. 그런 의미에서, 1920년대 말부터 1930년대 초까지 의열단이 선구적으로 수행했던 노농대중 조직화운동의 경과와 결말을 객관적인 시각으로 고찰해봄이 여기서 부가적으로 요청된다.

## 제6절  의열단의 국내 대중조직 건설운동

### 1. 대일 국내투쟁의 문제의식과 국내거점 구축 시도

민족운동전선의 진영 분리가 가속화되고 있던 1929년은 의열단마저도 조직의 이완과 분열을 겪은 해가 되었다. 간부진이 제각각 다른 행로를 택하여 흩어지고, 급기야는 상해지부가 중앙집행부에 반기를 들어 자진 해체를 선언하는 일이 벌어졌다. 그래서인지, 두세 차례의 문건 발포 사실만이 그 존재를 확인시켜주는 듯하고 다른 활동은 일절 나타나지 않아서, 의열단은 마치 긴 휴면에 들어가기라도 한 것처럼 보였다.

그러나 정중동(靜重動)과도 같은 움직임은 계속 이어졌다. 김원봉과 안광천의 협의에 의해 새로 구성된 지도부가 국내 대중조직 건설 방안을 암중모색하고 신입자 중심의 일부 단원들과 함께 그 준비작업을 시작하고 있었다. 이는 전년도부터 주창해온 대중적–전투적 협동전선 결성론을 실천하려는 시도임과 동시에, 노농대중조직의 건설을 통하여 민족혁명운동의 확고한 국내 거점을 구축하고 단의 조직기반을 확대하고자 하는 노력의 첫걸음이었다.

사실 조공 엠엘파와 의열단이 주장한 바와 같이 협동전선이 노농대중에 기초를 두며 전투성을 담지하려면, 협동전선의 지역적 기반 자체가 중국관내보다는 대다수 노농대중 민족성원의 실제적 삶의 현장이 되고 있던 국내나 만주에 두어져야 했다. 또한 그들 자신이 협동전선의 지도적 주체가 되고자 한다면, 비록 본거는 관내지역에 두고 있는 실정일지라도 국내와 만주를 주

된 활동장으로 삼고 그곳에서의 조직기반을 확장해가야 했다. 반일투쟁의 중
심무대는 어차피 국내와 만주일 수밖에 없음에서도 그것은 지극히 당연한 결
론이었다. 그로부터 국내 노농대중의 조직화와 국내투쟁의 본격화라는 문제
의식이 명료하게 형성되자 지체 없이 그 실천을 준비해간 것이다.

원래 의열단의 지도부는 안광천을 통하여 엠엘파와 교감을 이루고 노선연
대를 기하기 전에도 이와 비슷한 문제의식을 지니고 있었다. 암살파괴운동에
주력하고 있던 1920년대 전반기에는 대중적 기초의 확립이 절실하게 요구되
지는 않았지만, 그럼에도 세포조직 형태의 국내 거점을 확보하려는 시도는
줄곧 행해졌다. 운동노선의 전환이 이루어진 후인 1927년에는 선진 지식분
자인 학생층을 포섭하여 기호와 영남 두 지방에 국내지부를 설치134)하였다.
상해로 본거를 다시 옮기고 난 뒤인 1928년 6월 말에는 신간회와 조선청년
총동맹 같은 기설 민족협동전선체의 지방조직을 활용하여 국내 거점조직을
증설하도록 세 명의 간부급 단원을 밀파하였다. 국내로 특파된 이들 세 명은
모두 출신지의 신간회 지회에 가입하여 비밀공작을 전개하던 중 1929년 10
월 중순에 일경에 피검되고 말았는데, 이들의 활동내역과 그 특징을 요약하
면 다음과 같다.135)

특파 단원 서응호(徐應浩)는 1925년에 유학지인 광동에서 입단하여 1926
년 조직개편시에 중앙집행위원 겸 선전부장 겸 광동지부 주임으로 선임되는
한편 유월한국혁명동지회의 중앙집행위원으로도 피선되었다. 1928년에 밀명
을 받고 귀국한 그는 석유회사 사무원으로 취업하여 노동자들에게 민족운동
과 계급운동의 제휴를 교육하는 한편 고향인 함남 덕원(德源)에서 신간회 지
회 활동을 지도하는 등의 활동을 벌이다 원산총파업을 선동한 혐의로 회사에
서 면직되었는데, 아마도 파업선동자로 고발되어 조사를 받던 중에 신분이
드러난 것으로 보인다.

광동 중산대학에 재학중이던 1926년 8월에 입단하여 선전출판부의 일을
담당해온 김철호(金哲鎬)는 밀파되어 입국한 후에 고향인 경남 통영(統營)의

---

134) 조선총독부 경무국, 『朝鮮の治安狀況: 昭和2年』, 「在外不逞鮮人の狀況」, 10면.

135) 이하, 이들 세 사람의 의열단 가입에서부터 피검까지의 활동행적은 『조선일보』, 1929
년 11월 3일자 및 11월 30일자와 『동아일보』, 1929년 11월 3일자의 해당 기사에 의거한
다.

신간회 지회에 가입하여 활동하면서 민족운동과 계급운동의 협동전선 결성
에 진력하였다. 경기도 고양(高陽) 출신으로 광동에서 1925년에 입단하여 중
앙집행위원을 역임한 바 있는 윤충식(尹忠植)은 밀파되어 입국한 후에 조선
청년총동맹 동부지부 집행위원장으로 재임하면서 '청년운동의 맹장'으로 활
약하였고 신간회 동부지회에도 가입하여 활동하였다.

국내에 특파된 이들 3인의 활동지가 각각 함남 경기 경남이었던 것은 우
연히 그렇게 된 것이 아니라 고국의 북·중·남부 지방에 골고루 한 군데씩
선발대를 파견해둔다는 의미에서였을 것이다. 또한 그들은 공통적으로 신간
회 지방지회에 가입하여 활동하였다. 이 두 가지 점으로 보아 그들은, 합법단
체로 출범한 신간회의 지방조직을 최대한 활용하여 국내에 두루 거점조직과
연락망을 구축해간다는 의열단 본부의 전술방침에 의거하여 무리 없이 장기
적인 활동을 해나갈 수 있는 연고지로 파견된 것임이 분명하다. 그들의 실제
적인 활동 범위도 신간회의 조직틀과 생활 근거지를 거의 벗어나지 않고 있
었다. 이러한 사실은 안광천 또는 엠엘파와 관계를 맺기 전의 의열단 지도부
는 아직 노농대중조직 건설의 구상은 가지지 않은 채 단지 국내 거점 확보와
국내 민족단일당운동의 구체적인 진전도 점검 및 성과 학습이라는 부가적 목
적을 위해서만 간헐적으로 단원을 밀파하고 있었으리라는 것을 의미한다.

그러나 의열단이, 정확히 말하면 그의 전투적 좌파 단원들이 엠엘파와 기
맥을 통하고 안광천의 프롤레타리아헤게모니론을 원용하여 협동전선론을 제
기하면서부터는 국내 활동방침도 수정이 불가피하게 되었다. 1927년 말부터
안광천이 주장해온 바대로, 민족협동전선은 이제 대중적 기초를 가져야 하고
프롤레타리아헤게모니가 관철되면서 전투성이 충만해야만 했다. 그러한 방
향으로 기설 협동전선체의 조직이 대대적으로 개편되면 좋으련만 그렇게 될
공산이 거의 없으므로, 원점으로 돌아가 노농대중의 투쟁적 조직체들을 계획
적으로 건설해내는 작업부터 새로 시작하는 방법밖에 없었다. 그 경우에 국
내지역은 종전과 달리 의열단 활동의 보조 무대가 아니라 주무대가 되어야
하고, 국내 대중투쟁이 의열단운동의 주요 부문으로 설정되어야 했다. 이것
이 하나의 가정을 넘어서 의열단운동의 새로운 실천 지침으로 화한 것은
1929년 초의 일이었다.

## 2. 북경으로의 본거 이전과 조직분열

1929년 봄[136])에 김원봉과 안광천은 박건웅과 이영준 등 10여 명의 측근 단원들만을 대동하고 상해를 떠나 북경으로 본거를 옮겼다. 이들이 굳이 상해를 떠나기로 결정한 것에는, 그곳이 '제국주의자−파시스트'(국민당 정부와 프랑스조계 당국)의 '백색 테러'가 자행되는 현장이요 일제 밀정의 소굴처럼 되고 있다는 점이 적지 않게 작용했던 것으로 보인다. 언제 어디서 어떤 형태로 가해져올지 모르는 탄압과 위해를 피하여, 제약과 위험이 덜한 활동공간으로의 이동 필요성을 절감했기 때문이리라는 것이다. 다른 한편으로는, 화요파가 앞장선 것은 아닐지라도 중개는 하고 있는 셈이던, 중공당 조직으로의 예속 압력이 상해에서는 특히 강했으므로, 그것을 피해야겠다는 생각도 상당 부분 작용했을 것이다.

김원봉과 의열단은 화요파 사람들과는 이러저러한 연유로 관계가 소원했을 뿐만 아니라, 광주봉기에서 대량의 헛된 희생을 치르고 회복 불능의 큰 타격을 입은 쓰라린 기억을 지우지 못하고 있었다. 그러므로 김원봉으로서는 국제주의의 구호와 일국일당 원칙의 순진한 포로가 되어 능히 예상되는 바의 모험주의 노선에 얽혀서 무의미한 희생을 강요당하며 활동할 생각이 있을 리가 없었다. 그러한 선택은 '국민당 타도'를 포함한 반국부(反國府) 활동에도 가담하게 될 것임을 의미하는데, 안 그래도 남다른 현실주의적 사고의 소유자이며 정치적 득실의 계산에 밝았던 김원봉이 남의 나라의 내쟁(內爭)에 다시 끼어들어 예측불허의 결과에 자신과 단의 운명을 맡길 리는 만무하였다. 그 문제에 관해서 만큼은 관여하지 않고 '불관(不關) 중립'의 자세를 견지하여 자기 역량을 최대한 보전하면서 '자기의 혁명과업'에만 충실하는 것이 백번 현명한 길이라는 생각을 굳히고 있었을 것이다.[137])

---

136) 坪江汕二, 『改訂增補 朝鮮民族獨立運動秘史』, 東京: 巖南堂 1966, 95~96면.

137) 이와 관련해서는 1937년에 장지락이 행한 다음과 같은 진술이 유의미하다. "민족주의자들은 '조선인은 중국에서 충분히 피를 흘렸다. 그런데 우리가 얻은 것은 무엇인가? 조선공산당은 자신들의 혁명과업을 잊어버리고, 오로지 중국혁명만을 위해 노력하고 있다. 2, 30년의 혁명의 혼돈이 지나가고 난 후 젊은 사람들은 그 결과가 무엇이요라고 의아해 할 것이다'라고 떠들어댔다."(Nym Wales, 편집실 역, 『아리랑 2』, 학민사, 14

　김원봉의 경우와는 다소 맥락이 다르기는 하나, 안광천 역시 적어도 상해
에서는 중공당에 가입하거나 협력할 의사가 별로 없었음이 확실하다. 그것은
말로는 통일을 외치지만 행동으로 보면 분파적 쟁패 성향이 강했던 안광천만
이 아니라, 상해 재류 엠엘파 조직원들이 공통적으로 내보인 태도이기도 했
다.[138] 중공당의 통제를 수용하게 되면 결과적으로 화요파의 지휘에 복속하
게 될 우려가 컸기 때문이다.

　대체로 위와 같은 정황과 이유들로 해서 상해를 떠날 수밖에 없다는 판단
을 내린 뒤에 이동 목적지가 북경으로 정해진 것은 자연스러운 일이었다. 무
엇보다도 북경에는 상해나 남경과는 달리 민족주의자도 공산당원도 무정부
주의자도 다 받아들여지고 공존하는 분위기가 남아 있었다.[139] 게다가 북경
은 늘 의열단이 제2의 본거지로 삼아온 곳이었으며, 당시까지도 지부조직이
건재해 있었다. 1928년 봄과 가을에 있었던 밀정처단사건[140]과 변절 혐의를
받게 된 독립운동의 거두 박용만(朴容萬) 포살사건[141]으로, 북경 일대 한인

　　면). 이 경우의 '민족주의자'의 범주에 김원봉과 그의 단내 추종자들을 포함시켜도 별
　　무리는 없다.
138) 재중한청 상해지부가 중공당측의 통제 기도에 한때나마 완강히 저항했던 것이(앞의
　　주 101 참조) 그 점을 입증해준다.
139) Nym Wales, 『아리랑 2』, 17면 참조.
140) 1927년 5월에 의열단원 이승춘(李承春) 외 3명이 나석주의 東拓 · 殖銀 투탄거사 관련
　　혐의로 북경 일본영사관 경찰에 체포되어 중형을 언도받았는데(독립운동사편찬위원회
　　편, 『독립운동사 자료집 제11집: 의열투쟁사 자료집』, 1976, 803~805면), 이들의 피검은
　　밀정 金天友(=金密善)의 밀고에 의한 것이라 하여 1928년 4월에 의열단원 姜平國 楊壽
　　福 李鐘元 李志永이 김천우를 천진 인근의 白河로 유인하여 처살하였다. 『동아일보』,
　　1928년 6월 3일자; 『조선일보』, 1928년 12월 28일자; 『동아일보』, 1929년 4월 8일자 참조.
141) 초기 임시정부의 외무총장을 역임한 朴容萬이 북경에서 둔전사업을 벌이고자 하여
　　大陸農墾公司를 운영하고 있던 중 국내에 밀행해서 총독부 고위 당국자와 밀의하고 독
　　립운동을 배반한 혐의가 있다고 하여, 1928년 10월에 의열단원 이해명(李海鳴=李泰龍)
　　이 그를 찾아가 砲殺한 사건을 말한다. 1929년 3월 북경 고등법원에서의 결심에서 이해
　　명은 '叛黨賣國에 대한 의분행위'라는 변호인의 변론이 주효했음인지 5년 2개월의 비
　　교적 가벼운 형을 선고받았다. 검사가 이에 불복하여 상고하려 하자 4월 30일자로 한국
　　독립당 관내촉성회 연합회에서 박용만을 '不革 · 反革 · 降敵'자로 단죄함과 아울러 고
　　등법원의 판결이 정당함을 주장하는 탄원서를 중국정부에 제출하였다(「韓國獨立黨關
　　內促成會聯合會致中國國民政府函」, 楊昭全 등 편, 『관내지구조선인반일독립운동자료휘
　　편』上冊, 222~23면). 재판정에서 이해명은 李青天의 명령에 따라 처살했다고 진술했
　　는데, 사실 여부를 확인할 길은 없다. 어쩌면 의열단 조직에 대한 추적을 피하기 위한

운동자 사회에서 의열단의 평판은 자못 높아져 있었다. 중공당의 지령에 좌우되지 않고 독자적으로 통일조선공산당 재건운동을 전개하려던 안광천의 입장에서는 북경이 제1차 통일조공 건립운동의 발상지였다는 사실이 뜻깊었고, 또한 엠엘파의 세력이 강성한 만주지역과의 연락이 용이한 곳이라는 이점도 있었다.

그러나 김성숙과 오성륜은 이들의 북경행과 그후의 활동에 참가하지 않았다. 두군혜(杜君慧)와 결혼하여 가정을 이루게 된 김성숙은, "백색테러가 자행될 때는 어떻게든 살아남아 장차 중요한 일을 지도하기 위한 준비를 하는 것이 중요하다"면서 이론적 작업과 저술활동에만 전념할 결심을 굳히고 상해에 항구적인 거처를 정하였다.[142] 김성숙과 함께 상해에 남아서 한동안 정양중이던 오성륜은 뒤늦게 1929년 9월에 만주로 건너가서 중공당 만주성위 남만특위 선전부장 겸 민족운동위원회 책임자가 되었고,[143] 얼마 후에는 지방당조직 및 농민조직의 책임자직도 겸하게 되었다.[144] 장지락은 위의 두 사

허위진술이 아니었을까 생각된다. 일각에서는 사건의 배후에 李承晚의 사주와 자금지원이 있었다는 설도 제기되어 있다(方善柱, 「박용만 평전」, 『재미한인의 독립운동』, 한림대학교 출판부 1989, 168~69면).

142) Nym Wales & Kim San, 『아리랑』(국역본), 186면. 인용된 문장은 암암리에 김성숙의 당시의 언행이 패배주의와 사생활주의의 극치였던 것처럼 보이게끔 하는 효과를 자아내고 있다. 그러나 김성숙의 뜻밖의 처신에 서글픔과 서운함을 같이 느꼈을 장지락의 전언만을 곧이곧대로 믿는 것은 불공정한 처사가 될지도 모른다. 김성숙의 이러한 처신의 이면에는, 국제주의와 결부된 무모한 행동주의는 조선혁명 과제의 방기와 그 역량 손실만을 가져온다는 뼈아픈 자성이 개재해 있었던 것으로 보인다. 여기에는 김성숙의 다음과 같은 술회가 참고된다. "[12월 테제가 발표된 후에—인용자] 중국의 조선 공산주의자들이 모두 중국공산당으로 들어가는 것을 나는 반대했어요. 조선해방은 취소해버리는 것이 아니냐? 조선해방을 취소해버리고 중국혁명에 가담하는 것이 아니냐? 중국혁명이 나쁘다는 것이 아니라 조선혁명이 먼저 아니냐?라고 역설했지요. 이 때문에 내가 굉장히 몰렸었읍니다"(김학준 편, 『혁명가들의 항일회상』, 75면).

143) 신주백, 「오성륜 연보」, 신주백 편, 『1930년대 민족해방운동론 연구 Ⅱ』, 새길 1990, 239면.

144) 1930년 12월의 일제 첩보보고에, 오성륜은 엠엘파의 중요 인물로서 중공당에 가입하여 요녕성 清原縣 지방에서 활동하고 있는 것으로 기록되어 있다(국회도서관 편, 앞의 책, 406면). 만주지역 한인 공산주의운동의 현황에 관한 1931년 3월의 일제 첩보보고에는, 엠엘파의 유력 일파로 '金咸星派'가 있는데 그 首領은 36세의 함경도 출신 吳錫麟 곧 김함성이고, 1930년 8월에 중공당에 가입한 뒤로 清源縣 일대를 세력범위로 하고 있으며, 50명의 조직원 가운데는 광동무관학교 출신자가 많다고 적혀 있는데(강덕상 편,

람과는 달리 일찌감치 상해를 떠났다. 1929년 봄[145]에 김원봉보다 한발 앞서[146] 북경으로 간 그는 김원봉이나 안광천과 행동을 같이하지 않고,[147] 중공당 북경시위원회 조직부장직을 맡아[148] 화북지구 중공당 조직의 관리와 재만 한인 공산주의자들의 중공당과의 연계 공작에만[149] 주력하였다. 이로써 광주 시절의 의열단 3인방은 사실상 의열단을 떠나게 되었으며 각자 다른 행로를 취한 것이다.

북경으로 간 뒤에 김원봉과 안광천은 먼저 레닌주의사(社) 명의로 『레-닌주의』라는 이론지(理論誌)를 펴내기 시작했다. 1929년 5월 5일에 등사판으로 발간된 제1호[150]에는 「조선의 정세와 조선 공산주의자의 당면임무」라는 제목의 안광천의 논문 한 편만이 실려 있어 그들의 사업이 다소 고립적으로 행해졌음을 느끼게 한다. 집필 시점이 상해 망명 직후에 해당하는 1928년 8월 10~25일이었다고 서두에 밝힌 이 글의 주지는 현단계 '조선혁명'의 성격 규정과 장래의 정권형태 전망, 혁명전선의 세력배치상태 평가, 그에 비추어본 공산주의자('레닌주의'자)의 임무 설정으로 구성되어 있었다.

논문에서는 먼저 현단계 조선혁명의 성격이 반제·반봉건의 과제를 결합시킨, 민족해방이면서 부르즈와민주주의혁명인 것으로 규정했다. 현단계 조선

---

『현대사자료』 30, 14면), '오석린'은 오성륜임에 틀림없다. 일설에는 그가 남만특위 磐石縣委로 파견되어 그 외곽단체인 중한농민협회의 책임자가 되었는데, 그후로 全光이란 가명을 즐겨 썼으며 당의 5·30 봉기 지령의 이행을 거부했다고 한다(이명영, 「동만의 풍운아 오성륜」, 『월간중앙』 1973년 7월호, 273~75면).

145) 앞의 『아리랑』, 188면; Nym Wales, 『아리랑 2』, 72면.

146) 앞의 『아리랑』, 187면 참조.

147) 어쩌면 안광천과 장지락과의 사이에 불화가 빚어졌으며 거기서 김원봉은 안광천 편을 들었을 가능성도 있다. 1928년 겨울에서 이듬해 봄 사이의 어느 때인가에 상해에서 열린 한 비공개 회의 석상에서 장지락은, 국내 4차 조공의 당원 일제 피검과 조직 붕괴는 지도부의 개인적 지도권 쟁탈전과 분파적 태도에 책임이 있으며, 안광천과 한위건만이 무사 탈출한 경위도 매우 의심스럽다고 안·한 두 사람을 신랄하게 비판한 바 있다(『아리랑』, 185~86면, 231~32면;『아리랑 2』, 18면, 33면 참조). 어떻든 1929년 봄에 헤어진 후로 김원봉과 장지락은 조직활동을 같이하는 형태로는 끝내 재결합하지 못한다.

148) 권립, 「김산」, 박창욱 주편, 『조선족혁명렬사전』 제2집, 46면. 장지락의 말로는 '북경의 공산당 비서'가 되었다 한다(앞의 『아리랑』, 189면).

149) 이 과정을 통하여 장지락은 오성륜과 연락을 주고받으며 오래도록 '형제애적 관계'를 유지해간다.

150) 주 79번과 같음.

혁명의 중심 목표는 한편으로는 제국주의에 대항하여 민족독립을 완전히 전취하는 것이고 다른 한편으로는 봉건유물에 대항하여 토지혁명을 완수하는 것이다. 이 두 가지의 투쟁 목적은 원래의 의의에 있어서는 별개의 것이나 조선혁명에 있어서는 불가분의 교호관계를 가져서 긴밀한 통일을 이룬다. 토지혁명을 핵심으로 하는 반봉건투쟁의 전개에 의하여 농민대중이 동원되는 한에서만 민족해방은 성취될 수 있으며, 일본제국주의를 구축해야만 부르즈와민주주의혁명이 완수될 수 있기 때문이다. 따라서 현단계 조선혁명은 반제와 반봉건이라는 두 가지 임무를 동시에 수행해야 한다. 그 점을 안광천은, 현단계 조선혁명의 본질은 부르즈와민주주의혁명이되 그 예봉은 일본제국주의를 겨냥하고 있다고 달리 표현하기도 한다. 어쨌든 안광천이 보건대, 조선혁명이 부르즈와민주주의혁명 단계를 경과하지 않고 막바로 사회주의혁명으로 시작되어 그것으로 종결될 수 있다거나, 또는 현단계의 부르즈와민주주의혁명이 몇개의 준비단계를 거치지 않고 '필연의 법칙에 의하여 사회주의혁명으로 비약한다'는 생각이나 주장은 큰 착오이며, 레닌주의의 견해와도 전혀 일치하지 않는다.[151]

　현단계 조선혁명의 성격적 특질이 이와 같으므로 장차 수립될 독립국가의 정권형태는 프롤레타리아독재일 수가 없고 부르즈와민주주의라고 안광천은 못박는다.[152] 그러나 조선에 있어서는 부르즈와지의 역량이 너무도 미약하거니와 혁명을 따라갈 수도 없는 역사적·사회적 지위에 놓여 있어, 혁명의 주력군과 전위와 지도세력은 부르즈와지가 아니라 프롤레타리아가 담당하는 것으로 인식된다.[153] 그리고 농민을 비롯한 기타 각 계급·계층은 그 후위군 내지 동맹세력이 된다. 따라서 장래 건설될 국가의 형태는 '순수한' 부르즈와민주주의 형태가 아니라 노농대중의 수중에 권력이 장악되는 '혁명적 민주주의적 국가' 즉 '노농의 민주주의독재 정권' 내지 '노농독재의 민주주의공화국'일 것으로 전망된다.[154]

　그렇지만 노동자와 농민은 민족해방운동의 전선에 동원되지도 조직화되지

151) 『레-닌주의』 제1호, 100~101면.
152) 같은 책, 125면.
153) 같은 책, 102~104면.
154) 같은 책, 126~29면.

도 못하고 있으며, 민족해방운동 단체를 구성하고 있는 것은 대부분 소부르
즈와 인쩰리겐찌야층일 뿐이라고 안광천은 평가한다. 그런데 '협동전선'(즉
신간회)에서 우위를 점한 '민족주의자'들은 개량주의화하고 있을 따름이고
부르즈와지도 '급진운동' 단념의 사상을 선전하면서 급속히 개량주의로 타락
하고 있다고 그는 비판한다.155) 지주의 지위에 있기 때문에 토지혁명을 주장
할 수 없는 조선의 부르즈와지는 처음부터 농민운동과 대립하는 위치에 서
며, 따라서 민중 앞에서는 항상 독립운동의 벗임을 맹세해놓고 일본제국주의
자 앞에서는 혁명가가 아님을 속살거린다는 것이다.156)

　이러한 운동전선의 상황에 비추어, 안광천은 노동계급의 조직화를 시급한
과제로 제기한다. 그리고 '노동계급의 당'인 공산당의 건설을 조선 공산주의
자의 가장 중심적인 임무로 설정한다. 동시에 공산당이 프롤레타리아의 '진
정한 전위'가 되려면 그 인적 구성이 종래와 같은 인쩰리 중심이 아니라 프
롤레타리아에 기초한 것이어야만 한다고 전제한다. 그리하여 노동대중에 뿌
리박은 '레닌주의적 대중당'이 현실화하는 한에서만 조선의 프롤레타리아는
그의 역사적 임무를 수행해갈 수 있다고 한다.157) 이와같은 의의를 갖는 공
산당 건설의 임무를 실천하려면, 충분한 경험과 레닌주의적 이론과 혁명적
정신을 갖춘 유능한 지도자의 양성이 급선무라고 안광천은 역설한다.158) 그
와 더불어 일반 공산주의자의 교육훈련사업, 전위분자양성을 위한 대중의 교
육훈련사업도 조직적으로 행해져야 한다고 주장한다.159)

　용어법 및 논리상의 모호성과 모순도 더러 발견되나, 어쨌든 이상의 논의
에서 안광천이 제시하고자 한 '레닌주의'의 요체는 두 가지이다. 하나는 부르
즈와민주주의혁명론이고 다른 하나는 전위당 건설론이다. 전자는 '사회주의
혁명론'에 대립하는 테제로서, 조선혁명의 성격은 반제·반봉건의 민족혁명
이면서 토지혁명임을 명확히 하고자 한 것이다. 그리고 후자는, 조선혁명의
주체는 부르즈와지가 아니라 노농프롤레타리아이며, 조직기초를 노동계급에
두는 전위조직으로서 당의 존재가 필수불가결임을 강조한 것이다. 이러한 논

---

155) 같은 책, 81~83면.
156) 같은 책, 62~63면.
157) 같은 책, 85면.
158) 같은 책, 92면.
159) 같은 책, 93면.

리는 곧 안광천이 김원봉의 의열단과의 합작에 의해 의욕적으로 전개하고자 하는 조선공산당 재건운동의, 그리고 김원봉 편에서 보면 민족혁명운동의 주력군이 될 노농대중 기간조직 건설운동의 이론적 지침을 이룰 터이었다.

그러나 김원봉의 이러한 의도와 포부는 단원 다수의 이해와 호응을 얻지는 못하였던 것 같다. 오히려 대다수 일반단원들, 특히 상해지부원들은 안광천의 '레닌주의'론을 수용하는 선까지 나아간 김원봉의 본심이 무엇인지, 계속해서 그의 지도노선을 믿고 따라야 할 것인지 혼란스러워 하는 중에 의구심과 불만이 쌓여갔고, 결국은 조직의 동요만 유발되었던 듯하다. 그리하여 그들 나름으로 단의 위상과 향후의 진로를 놓고서 고심하고 토론한 결과는 급기야 상해지부의 자진 해체선언으로까지 나타났다. 1929년 12월 2일자의 해체성명서[160]는 해체 결정의 이유와 경과에 대해 다음과 같이 밝히고 있다.

성명서에 의하면, 현재 조선의 모든 피압박대중은 어느 한 계급의 전위조직(공산당을 말함이다—글쓴이)이 아니라 대중적 협동전선 형태의 조직을 요구하고 있다. 그런데 의열단은 여하한 계급적 기초도 갖고 있지 못하거니와, 협동전선 형태의 조직은 더더욱 아니다. 오히려 단원들의 이념적 지향이 여러 갈래로 나뉘고 심지어 상충하는 행동을 보이기까지 함으로써, 사실상 조직통제가 불가능한 지경에 이르렀다. 이러한 사정에 직면해 있음을 인식한 상해지부원들은 단 존립의 의의가 이미 소멸했음을 인정하고, 그런 마당에 단을 존속시킨다고 해도 결국은 파탄에 이르고 말 것이라는 판단에서, 단의 명예를 지키기 위해서라도 자진 해체하는 것이 낫다는 결론을 7월 하순의 지부대회에서 내리게 되었다. 해체 후의 단원들의 행로는 각자의 의향대로 정하도록 하되, 당면투쟁은 '대중적 공동전선'의 형태로 해나갈 것을 전제로 한 결론이었다. 그리하여 이 문제를 최종 결의할 단 전체대회를 11월 말 안에 열도록 중앙지도부에 건의하고 독촉도 하였으나, 중앙에서는 대회 소집을 늦추기만 할 뿐이므로 상해지부만이라도 해체하기로 결정하였다.

의열단 상해지부의 해체는 한국유일독립당 상해촉성회의 해체 직후에, 그와 비슷한 양상으로 벌어졌다. 그것도 좌우분열의 소용돌이 속에서 구심점을 잃고 방황하게 된 일반 단원들의 심리적 갈등과 조직 정체성(正體性)의 위기가 빚어낸 일이었다. 아울러 북경으로 옮겨간 중앙지도부가 느닷없이 계급적

160) 의열단 상해지부, 「해체성명서」; 국회도서관 편, 앞의 책, 636면에 실려 있음.

전위당 건설의 기치를 내걸면서 '대중적 협동전선' 결성 노선을 방기하는 것처럼 보인 것에서 상해지부원들이 느꼈을 당혹감과 반발심도 상당 정도 담겨있는 조치였다. 결과적으로, 안광천의 영입과 그의 운동논리 수용은 의열단으로 하여금 핵심 지도부의 분열과 일반 단원들의 이산이라는 대가를 치르게끔 한 셈이었다. 상해지부의 해체로써 의열단의 상해 시절은 종막을 고함과 함께 조직 규모도 대폭 축소되기에 이르렀다.

## 3. 의열단의 국내 노농대중 전위조직 건설운동

1929년 가을 아니면 12월161)에 의열단 지도부는 안광천과 함께 북경(당시 지명으로는 북평 北平)시 성내동(城內洞) 사조호동(四條胡同)에서 조선공산당재건설동맹을 조직하였다.162) 동맹의 위원장에는 안광천이, 중앙위원에는 김원

---

161) 조선총독부 경무국, 『最近に於ける朝鮮治安狀況: 昭和八年』, 299면에는 1929년 가을 무렵인 것으로, 조선총독부경무국, 『軍官學校事件ノ眞相』(1934), 82면에는 1929년 말인 것으로, 『조선일보』 1935년 8월 24일자 호외 1면에는 12월인 것으로, 호외 4면의 도표에는 10월인 것으로 되어 있다.

162) 북경의 '조선공산당재건동맹'의 존재와 그 조직 및 활동은 아래의 자료들에 의거한다.

① 「조선공산당재건동맹사건」, 『最近に於ける朝鮮治安狀況: 昭和八年』, 299면; 김정명 편, 『조선독립운동』 제5권, 388~89면의 서술도 이와 내용이 동일하며, 김준엽·김창순, 『한국공산주의운동사』 제5권, 332~23면에 譯出되어 있다.

② 「공산청년동맹준비위원회, 강릉적색농민조합결성준비위원회等조직사건」, 조선총독부 고등법원 검사국 사상부, 『사상휘보』 제4호, 1935, 20~32면. 이는 『동아일보』, 1935년 8월 24일자에 게재된 예심종결서와 내용이 동일하다.

③ 「所謂軍官學校事件の眞相」, 조선총독부 경무국 보안과, 『고등경찰보』 제4호, 1935, 82~83면.

④ 『사상휘보』 제7호, 1936, 30~31면. 「在支不逞鮮人の青年養成情況」, 사회문제자료연구회 편, 『사상정세시찰보고집』 제2집, 1976, 374면도 이와 내용이 동일하다.

⑤ 「한인독립운동자의 군관학교에 관한 건」, 국회도서관 편, 앞의 책, 836~37면.

⑥ 『동아일보』, 1935년 8월 24일자 호외.

⑦ 『조선일보』, 1935년 8월 24일자 호외.

⑧ 『조선중앙일보』, 1935년 8월 24일자 호외.

이하, 본문의 서술에서 별도의 註記를 붙이지 않는 부분은 모두 자료 ①에 의거하며, 따로 전거 표시를 할 경우에는 위의 자료번호만을 제시할 것이다.

봉 박건웅 이영준 이현경(李賢卿, 안광천의 妻) 박차정(朴次貞, 김원봉의 처) 박
문호(朴文昊, 김원봉의 처남) 6인이 선임되었다.163) 실행부서로 훈련부 통신부
조직부 선전부를 두었으며, 부설 교양기관으로 레닌주의정치학교(이하, '레닌
주의학교')를 설립하고, 레닌주의사를 선전기관으로 삼아『레-닌주의』를 동맹
의 기관지로 속간하였다.164)『레-닌주의』제2호는 1929년 12월165)에, 한위
건의 논문「정당강령」이 실린 제2권 제1호는 1930년 1월 15일166)에 각각 발
행되었다.

 일제 관헌의 정보보고들은 1930년 8월에 의열단이 무산자전위동맹(無産者
前衛同盟)으로 개편되었다고 전한다.167) 만약 그것이 사실이라면, 이때부터
의열단은 조공재건동맹의 표면단체 구실을 담당하기로 했거나, 아니면 일국
일당 원칙 때문에 중국공산당 관할구역 내에서는 '조선공산당'이라는 명칭을
일절 사용할 수 없게 됨에 따라 조공재건동맹이 무산자전위동맹으로 이름을
바꾸면서 북경의 의열단 본부 조직도 거기에 같이 편입되었음을 말하는 것이
아닌가 추측된다.

 어떻든 간에 레닌주의학교는 6개월을 수업기간으로 하여, 공산주의 이론,
조직 및 투쟁전술, 조선의 독립과 공산주의 이론과의 관계, 조선혁명사 등을
교육하였다. 1기는 1930년 4월부터 9월까지, 2기는 1930년 10월부터 1931
년 2월까지, 2차에 걸쳐 도합 21명의 졸업생을 배출하였다. 제1기 입교생은
정동원(鄭東源) 유진해(柳振海) 김무(金武) 등 10명이었고,168) 제2기 입교생

---

163) 자료 ⑦, 4면의 도표 참조. 이밖에 이춘암(李春岩) 양백림(楊伯林) 백모(白某)라는 인
  물이 같이 활동했다고 한다(자료 ① ② ⑦).
164)『레-닌주의』제2호는 1929년 12월(1930년 3월 11일자 在上海 일본총영사 보고,「在外
  朝鮮人の共産主義刊行物」,『조선민족운동사(미정고)』제6권, 582면)에 한위건의 논문
  「정당강령」이 실린 제2권 제1호(통권 제3호에 해당할 것이다)는 1930년 1월 15일(임영
  태 편,『식민지시대 한국사회와 운동』, 382면)에 발행되었다.
165) 1930년 3월 11일자 在上海 일본총영사 보고,「在外朝鮮人の共産主義刊行物」; 일본외
  무성 편,『조선민족운동사(미정고)』제6권, 582면.
166) 임영태 편, 앞의『식민지시대 한국사회와 운동』, 382면 참조.
167) 자료 ① 248면;「在外不逞鮮人の狀況」,『고등경찰보』제2호, 35면.
168) 다른 자료에는 이춘암도 1기생으로 수학한 것으로 되어 있는데(국회도서관 편, 앞의
  책, 837면), 藩海亮이라는 중국식 이명(異名)을 가지고 있던 그는 황포군교를 5기로 졸
  업하고(李基東,「황포군관학교 출신 한국인 장교들」,『신동아』1987년 8월호, 629면),
  북경에서 의열단에 가입했다고 한다(尹逸模,「독립동맹 및 의용군 요인의 약력」,『新天

은 권인갑(權麟甲=權五勳) 이윤경(李允慶=李哲英) 이강명(李康明=李素進) 이
진일(李鎭壹=林虎=李光) 남영기(南英基) 등 11명이었다.[169] 이들의 이력과
입교 경위를 요약하면 다음과 같다.

　정동원은 휘문고보를 중퇴하고 1929년 4월에 북경으로 건너가 화북대학
에 다니고 있던 중에 레닌주의학교에서도 수학하였으며, 조공재건동맹에는
1930년 5월에 가입하였다. 권인갑은 보통학교를 졸업한 1928년 5월에 강릉
청년동맹에 가입하여 독서회를 조직하는 등의 활동을 펴다 1930년 4월에 북
경으로 가서 레닌주의학교에 입교하였다. 이윤경은 평양고보 3학년 재학중
에 광주학생운동 관련 혐의로 퇴학당하자, 1930년 8월에 북경으로 건너가서
레닌주의학교에 입교하였다. 이강명은 토오꾜오의 순천중학(順天中學)을 중
퇴하고 1930년 3월에 북경으로 갔다가 박건웅 등의 권유로 레닌주의학교에
입교하였다. 이진일은 서울에서 중학교를 중퇴한 후 1930년 6월에 중국군관
학교에 입학하려고 남경으로 가던 길에 양백림과 만나게 되어 그의 권유로
레닌주의학교를 다니게 되었다.[170]

　한편 조공재건동맹은 1930년 8월, 1930년 말, 1931년 4월에 각각 북경지
부, 만주지부, 조선지부를 조직하고 책임자를 배치하여 진용을 정비해갔다.
북경지부는 박건웅 박문호 유진해가, 만주지부는 이춘암과 유기춘(劉基春)이,
조선지부는 정동원 유기춘 권인갑 이윤경이 간사국원(幹事局員)이라는 지위
의 책임자로 임명되었다.[171] 이와 아울러 김원봉은 신임하는 단원 두 명에게
특명을 주어 레닌주의학교 출신 공작원들의 선발대로 미리 입국시켰다. 그중
의 한 명인 어윤봉(魚允鳳=魚魯植)은 황포군관학교 6기[172]로 재학중이던
1927년 5월에 입단하였다. 그는 1929년 3월에 군교를 졸업하고 하북성(河北
省)의 국민정부군에 배속되었다가 탈영하였으며, 8월에 북경으로 가서 김원
봉을 만나 일련의 교육을 받고 1930년 5월경에 국내로 밀파되었다. 다른 한
명인 오필득(吳必得=吳尙善)은 1928년 10월에 광동의 황포군교에 입학하였

---

地』제1권 2호, 1946. 3, 243면).
169) 자료 ⑦ 1면.
170) 이상, 자료 ②에 의함.
171) 이상, 지부 설치 시기와 지부 책임자 명단은 자료 ⑦의 도표에 의함.
172) 魚魯植이 황포군교 6기생이었음은 楊昭全 등 편, 『관내지구조선인반일독립운동자료
　　휘편』上冊, 133면에서 확인된다.

으나 1929년 4월에 질병으로 인해 중퇴하고 북경으로 가서 김원봉으로부터 교육을 받고 1930년 10월에 국내로 밀파되었다.

의열단이 무산자전위동맹으로 이름을 바꾼 때인 1930년 8월부터 이듬해 6월까지 레닌주의학교 졸업생들의 국내 밀파가 속속 이루어졌다. 정동원이 1930년 8월에 입국한 것을 필두로, 김무와 이진일(1931. 1), 유기춘과 이윤경 (1931. 4), 이강명(1931. 5), 권인갑(1931. 6) 등 십여 명이 잇따라 입국하였다. 이들은 각기 서울(어윤봉 정동원 오필득 김무 이진일 이강명), 평양(이윤경), 강릉(권인갑 남영기), 신의주(김학규 金學奎), 원산(김광 金光), 대구(정준석 鄭俊碩),173) 부산, 목포 등 전국 일원에 골고루 배치되어, 노동자와 농민 그리고 학생층과 접촉하면서 전위조직 건설을 위한 준비에 착수하였다.

일제 관헌에 의해 활동 내역이 비교적 상세히 파악된 권인갑의 경우를 보면,174) 그는 1931년 8월에 고향인 강릉으로 내려가 강익선(姜益善)을 만나 조공재건 준비공작의 제휴를 제의하였다. 그러나 일본 '전협(全協, 일본노동조합 전국협의회)'계인 강익선175)은 안광천을 파벌투쟁자라고 비난하며 강한 거부감을 내보였다.176) 강익선의 협조를 얻지 않고서는 강릉지방에서의 임무 수행이 불가능하다고 판단한 권인갑은 1932년 1월에 안광천과의 관계 청산을 서약하고, 강익선의 주도로 전년도 11월에 조직되어 있던 강릉공산청년동맹 준비위원회에 가입하였다. 같은 해 3월에 그는 강익선과 함께 강릉적색농민조합결성 준비위원회를 조직하여 그 책임자가 되었으며, 4월에는 위의 공청준비위 및 적농준비위를 지도하고 통제할 비밀결사로 조선공산당재건 강릉공작위원회를 조직하고 정치국 책임자가 되었다.

강릉공작위의 총책임자인 강익선이 1932년 7월 야학에서 공연한 연극의 내용을 문제삼은 일경에 의해 피검되자 그의 지위를 인계 받은 권인갑은

---

173) 이상, 국내 지명 뒤의 (　) 안의 명단은 자료 ⑦ 4면의 도표에 의함.

174) 자료 ② ⑦ ⑧ 참조.

175) 토오꾜오에서 전협에 가담하여 활동하다가 1930년 4월에 귀향한 강익선은 야학, 연극, 좌담회, 강연, 비라 살포 등의 방법으로 이른바 자력갱생운동을 비판하고 농민의식화운동을 전개하는 한편, 반제동맹 결성을 위한 준비로 독서회 조직 등의 활동을 펴고 있었다. 1931년 11월에는 崔善珪 등 수명의 동지와 함께 강릉공산청년동맹 준비위원회를 조직하여 그 책임자가 되었다.

176) 이 부분은 특히 자료 ⑧에 의함.

1933년 10월의 대검거 선풍이 불어닥치기 전까지 약 2백 회의 회합을 주재하고, 위원회의 비밀기관지에 해당하는 『정치교육 뉴스』를 약 십 회에 걸쳐 발행, 배포하였다.[177] 그 사이에 권인갑은 강릉 인근의 주문진(注文津) 고성(固城) 양양(襄陽) 등지의 비밀조직 결성을 지도 또는 관여하였다. 주문진에서는 그의 지도 아래 1932년 11월 전보배달원, 학교 사환, 면사무소 급사 등을 구성원으로 하는 프롤레타리아과학연구회가 조직되었고, 1933년 4월에는 적색노조 준비위원회가 결성되었다. 또한 1933년 7월부터 조직 협의가 이루어지고 있던 양양농민조합, 1933년 10월에 조직된 고성농민조합에도 그가 관여하거나 영향력을 행사하였다.

권인갑의 활동이 지방에서의 농민조직 및 청년조직에 집중된 것이었음에 반하여, 서울과 평양에서 활동을 벌인 조공재건동맹원들은 노동자 및 지식인의 조직화에 진력하였다. 이윤경은 1931년 7월에 평양적색노동조합을 조직하여 그 책임자가 되었는데, 평양적노는 공장조직, 출판조직, 학생조직, 소상인조직 등의 하부단위로 세분하여 조직확대를 기해갔다. 그는 또한 사동탄광(寺洞炭鑛)[178]의 노동자들을 중심으로 공작위원회를 조직하는 한편, 그 하부조직으로 혁진회(爀進會)를 조직하여 노동자에 대한 선전 활동과 교육 활동을 펴나가기도 하였다.[179]

서울 일원에 근거를 두고 활동한 이강명 이진일 어윤봉 오필득 등은 권인갑이나 이윤경만큼 뚜렷한 실적을 올리지는 못하였다. 이들은 1932년 9월경에 한차례 공동회합을 갖고 이진일은 인쩰리층을, 이강명은 공장노동자를 포섭하여 각각 공산청년회와 적색노조를 조직할 책임을 지고 활동에 박차를 가하였다. 그러나 모스끄바 공산대학 출신인 권영태(權榮台) 그룹, 경기도 일원에 이미 공고한 지하활동 기반을 구축해놓은 이재유(李載裕) 그룹 등의 적색노조·적색농조·반제동맹 조직운동이 상당한 수준으로 진척을 보이고 있는 중이라서 이강명이나 이진일 등이 독자적인 조직기반을 확보해내기는 매우 어려웠다.[180] 예컨대 이강명은 1933년 가을에 동대문 밖의 고무공장과 제사

---

177) 강릉지방에서의 조공재건운동과 혁명적 농민조합운동에 관해서는 崔洪俊, 「1930년대 강릉지역 조선공산당 재건운동 연구」, 『북악사론』 3, 1993이 참고된다.
178) 자료 ⑥에는 해군광업부인 것으로 되어 있다.
179) 자세한 내용은 자료 ⑦ 1면 참조.
180) 자료 ⑦ 참조.

공장, 방직공장 등의 파업을 선동하였으나, 그것이 이재유 그룹의 활동과 겹치게 됨을 알고서는 곧 중지할 수밖에 없었다. 그러나 이강명의 활동이 일경의 첩보망에 포착되어 집중적인 추적 대상이 되는 바람에 레닌주의정치학교 출신 특파 공작원들은 일제히 검거되고, 그들이 애써 구축해놓은 국내 대중운동 조직도 일거에 파괴되고 말았다.

요약하자면, 레닌주의정치학교 출신의 조공재건동맹 국내 특파원들의 주된 임무는 도시에는 공장노조를, 농촌에는 청년회 및 농민조합을, 각급 학교에는 반제동맹이나 연구회 또는 독서회를 조직하는 것이었다. 그러나 소기의 성과를 거두었다고 할 수 있는 곳은 강원도 동해안 일대와 평양 정도였고, 그밖의 대도시 지역에서는 조직활동이 순조롭지 못했다. 의열단이 1932년 12월 말에 작성한 활동보고서에는 국내 농민운동과 노동운동 그리고 학생운동 부문에서 괄목할 만한 성과를 거둔 것으로 되어 있다.[181] 물론 일경의 첩보와 수사망에 전혀 포착되지 않을 만큼의 극비조직이 구축되어 있었을지도 모르나, 당시 북경의 의열단 또는 조공재건동맹의 인적 자원 규모로 보면 그랬을 가능성은 희박하다.

요컨대 1930년대 초 의열단의 국내 노농대중 전위조직 건설운동은 그 성과 면에서는 초보적인 시도 이상의 의미를 띠지 못하였다. 국내 사정에 정통하지 못한 데다가 국내 기반이 확고한 기존 운동조직과의 경쟁에서 우위를 점할 수 있을 만큼의 역량을 아직은 갖추지 못한 상태였기 때문이다. 그러나 이 최초의 경험과 그로부터 얻은 교훈을 살려서, 1933년 이후로 의열단의 조선혁명간부학교 졸업생들의 국내 특파와 대중조직 활동은 보다 큰 규모로, 또한 체계적인 방식으로 이루어지게 된다.[182]

---

181) 그 내역은 다음과 같다. 농민운동으로 농민조합 조직지도 네 군데(洪原, 龍川 不二農場, 博川, 江陵), 개조지도 한 군데(南海), 抗租運動 지도(용천 불이농장); 노동운동으로 단 지부 조직 다섯 군데(부산 도기공장, 부산 象皮工場, 京城 철도회사, 경성 조선방직공장, 평양 電機工廠); 학생운동으로 단 지부 조직 일곱 군데(경성제일여고보 2개 지부, 경성의전, 대구상업, 대구고보 2개, 평양여고보). 「한국의열단공작보고서: 국내활동」, 추헌수 편, 『자료 한국독립운동』 제3권, 25면.

182) 이에 관해서는 제6장 제4절에서 상세히 고찰할 것이다.

제 6 장

# 1930년대 전반기 의열단의
# 민족혁명운동

## 제1절   1930년대 초의 정세변화와 의열단의 대응

### 1. 일제의 중국침략과 한중대일공동전선의 결성

1931년 9월 18일, 일본 관동군은 선양(瀋陽) 북쪽 유조호(柳條湖) 부근의
남만주 철도를 폭파하고는 중국측의 도발이라는 억지구실을 붙여 북대영(北
大營)의 중국군 부대를 기습공격하였다. 그러나 동북변방군 사령관 장학량
(張學良)은 군사적 대응이 전면전으로 확대될 것을 우려한 장개석의 명령에
의해 전투를 포기하고 후퇴하였다. 기세등등해진 관동군은 선양 안동 영구
(營口) 장춘 길림으로 계속 진공하여 단 6일 만에 요녕성과 길림성의 주요부
를 모두 점령하였다. 진작부터 동아시아 제패의 야욕을 키워온 일제의 대륙
침략은 이렇게 해서 서막이 올랐다.
　9·18 사변('만주사변') 발발 후 중국의 대도시들에서는 연이어 항일구국 궐
기대회가 열렸고, 대일항전을 요구하는 학생들의 대정부 청원과 시위운동이
줄기차게 전개되었다. 그러나 장개석은 요지부동으로 부저항 방침을 철회하
지 않고,[1] 국제여론과 열강의 외교적 압력을 동원할 생각으로 국제연맹에 제

---

[1] 장개석이 부저항주의를 고수할 수밖에 없었던 이유와 배경에 대해서는 배경한, 「일본

소하는 소극적 조치만을 취하였다. 그러나 국제연맹의 무력함과, 이해관계가 엇갈리는 미·영·프 열강의 모호한 태도로 인하여 외교적 해결은 이루어지지 못하였다. 1932년 1월 초까지 열하성(熱河省)만 제외하고 중국 동북 전역을 석권한 일본군은 자국인 승려 피습사건을 조작하여 1·28 상해사변을 도발하고 수도인 남경까지 직접 압박하고 위협하였다.[2] 그러한 사전 포석 아래 일제는 3월 1일자로 청조(清朝)의 마지막 황제인 부의(溥儀)를 옹립하여 괴뢰정권 만주국 정부를 수립하였다. 만주침략을 일단 마무리지음과 동시에, 만주지배를 발판으로 중국대륙 전체를 지배하려는 야심을 노골화한 것이었다.

이러한 사태 추이로 각계각층 중국민들 간에는 반일감정이 급속도로 번져갔고 전국적으로 항일운동 기운이 고조되었다. 만주의 동북군 소속 애국관병들은 자발적으로 의용유격군을 조직하여[3] 항일무장투쟁에 나서기 시작했으며, 4월 중순에 상해에서 동북의용군후원회가 조직된 것을 필두로 관내지역에서도 항일운동 단체들이 속속 결성되었다.[4] 마침내 남경의 국민정부도 방침을 바꾸어 '항일반만'의 기치 아래 장기항전 태세에 돌입하였다.

이와같은 정세는 당연히 재중 한국독립운동 진영에도 크게 영향을 미치고 고무하였다. 일제와 직접 대치하게 된 재만 단체들은 이전보다 훨씬 민활하게 움직이면서 무장투쟁에 나설 것이 요구되었다. 재만 운동세력의 군사조직은 1929년 7월에 창건된 조선혁명군과 1931년 11월에 창건된 한국독립군으로 분립해 있었는데, 양군의 지휘부는 공히 중국 정규군 및 의용군 부대들과의 연합항일전을 모색하였다. 이청천이 지휘하는 150명 병력의 한국독립군

---

의 만주·화북 침략에 대한 국민정부의 대응: 이른바 '부저항주의'의 이해를 위한 일시론」,『서울대 동양사학과논집』제11집 1987, 49~78면; 胡春惠,「윤봉길 의거가 한국독립운동 및 중국사회에 미친 영향」, 매헌윤봉길의사 기념사업회 편,『한국독립운동과 윤봉길의사』, 1992, 61~74면 참조.

2) 1·28 사변 발발 전후 상해의 분위기와 전황에 대해서는 安炳武,「상해전쟁에 참전한 한국청년」,『思想界』, 1965년 1월호, 251~59면 참조.

3) 1931년 10월에 鳳城縣에서 창건된 鄧鐵梅의 東北民衆自衛軍, 1932년 3월에 桓仁縣에서 건립된 唐聚伍의 遼寧民衆自衛軍, 1932년 봄에 通化縣에서 조직된 王鳳閣의 遼東民衆自衛軍, 新賓縣의 大刀會部隊, 농민자위대 등이 그것이다(黃龍國,「'조선혁명군' 역사에 대하여」,『국사관논총』제15집, 1990, 234면).

4) 자세한 내역은 조선총독부 경무국 보안과,『고등경찰보』제1호(이하『고등경찰보』제 몇호로 약기), 1933, 177~81면 참조.

은 1932년 1월부터 이두(李杜), 정초(丁超) 휘하의 길림자위군 중동철도호로
군(護路軍) 연합부대와 합작하여 공동 항일작전을 전개하기 시작하였고,5) 양
세봉(梁世奉)이 지휘하는 300명 병력의 조선혁명군도 1932년 4월 말에 당취
오(唐聚伍)가 지휘하는 요녕민중자위군과 상호원조 및 합작 협정을 체결하여
공동작전을 수행하기 시작하였다.6)

상해와 북경 중심의 관내지역 한인 운동단체들도 조직체계를 정비하고 전
체 운동자들의 역량을 결집시킴으로써 보다 강력하고 효율적인 항일투쟁을
전개할 채비를 서둘러 갖췄다. 그들은 중국의 반일세력 및 항일운동 단체들
과의 제휴를 통한 한중공동전선의 형성을 급선무로 삼았다.

재중 한인의 운동역량 총결집과 반일전선에서의 한중합작 실현은 사실
1920년대부터 누누이 강조되고 부단히 시도되어온 일이었다. 대한대독립당
주비회의 기관지로 1930년 6월에 창간된『조선의 혈』창간사에서도 한국혁
명과 중국혁명이 불가분의 연대관계에 있음을 다음과 같이 역설하고 있었다.

현재 중국은 이미 전국이 통일되고 혁명은 일단락을 고하였다고는 하나 제
국주의는 아직도 타도되지 않았다. 특히 일본제국주의는 전력으로 중국혁명을
저해하고 있다. 그리고 한국의 혁명 또한 민족혁명이다. 즉 일본제국주의는
중한혁명의 공동의 적이다. 한국혁명이 능히 성공하고 한국민족이 자유평등을
회복할 때 일본제국주의의 대륙정책의 야심이 절멸한다. 고로 중한혁명은 사
실상 연대관계에 있다.7)

그러던 차에 발생한 일제의 만주침략으로 독립운동진영의 통일단결과 한
중합작이 다시금 절실한 요구로 부각되었으며, 9·18 사변으로 초래된 정세

---

5) 이에 관해서는 장세윤, 「한국독립군의 항일무장투쟁 연구」,『한국독립운동사연구』제3
집, 1989, 330~38면; 譚譯·王駒·邵宇春, 「9·18 사변 후 동북의용군과 한국독립군의
연합항일 述略」,『국사관논총』44집, 1993 참조.

6) 金學奎, 「三十年來韓國革命運動在中國東北」, 한국광복군총사령부,『光復』제1권 제4기,
1941, 29면; 김학규, 「백파자서전」,『한국독립운동사연구』제2집, 1988, 586~87면; 장세
윤, 「조선혁명군 연구」,『한국독립운동사연구』제4집, 1990, 327~28면; 黃龍國, 앞의 글,
236면; 박창욱, 「조선혁명군과 遼寧민중자위군의 연합항전」,『수촌박영석교수화갑기념
한민족독립운동사논총』, 탐구당 1992 참조.

7) 국사편찬위원회 편,『한국독립운동사 자료 3: 임정편 Ⅲ』, 1968, 443~44면.

변화는 진정 그 두 가지 과제의 실현을 촉진시킬 것으로 인식되었다.

사변 발발 일주일째인 9월 25일에 상해의 한인 300여 명은 유호한교전체대회(留滬韓僑全體大會)를 개최하여, 일제의 만주침략을 규탄하고 적극 응전을 촉구하는 선언문과 6개항의 결의안을 발표하였다. 선언문에서 그들은 "한·중 양 민족이 합작병진하면서 그 역량을 다하여 위난(危難)을 구원하고 동아를 해방시킴이 양 민족의 '천직'이요 분담된 '의무'"라 규정하고, 아울러 "국내 2천만 민중은 주의·방략의 소소한 차이를 가지고 다투지 말고 대동일치의 목표를 파악하여, 일면 후방 파괴와 교란에 주력하고 일면 민족독립 촉진에 주력해줄 것"을 당부하였다. 또한 결의안의 요지는, 한·중 양 민족의 연합을 실현시킬 것, 동삼성(東三省)에 거류하는 200만 한교에 연락하여 중국 민중과 생사영욕을 같이하도록 할 것, 중국은 즉각 대일무력행동을 취하기 바람, 한·중 양 민족은 공동분투로써 조국을 광복하고 주권을 회수하기 위하여 동맹군을 조직할 것 등이었다.[8]

실제로 9·18 사변 발발 당시의 한중관계는 여러모로 개선의 필요성이 절실한 상태였다. 1925년의 미쯔야협정(三矢協定)으로 만주지역 한인 독립운동자들과 농민들은 장작림(張作霖)정권으로부터 유형무형의 압박을 받아 왔는데, 장작림의 뒤를 이은 만주의 실권자 장학량도 공산주의자를 구축(驅逐)한다는 이유로 토지제한법, 입경입적제한조례(入境入籍制限條例) 등을 제정하여 한인들을 배척하고 박해했다.[9] 이에 임시정부와 한국독립당은 1930년 10월 초에 개최된 국민당 4중전회(제4차 중앙집행위원회 전체회의)에 조소앙과 박찬익을 특파하여 남경정부와 장학량에 대한 외교활동을 펴도록 하였다. 두 사람은 재만 한인의 처지를 자세히 기록하고 그 지위 개선을 청원하는 내용의 『동삼성한교문제(東三省韓僑問題)』라는 제목의 소책자를 중국의 당·정 요인들에게 전달하고 교섭을 벌였다. 그 결과 장개석과 장학량으로부터 적절한 조처를 취하겠다는 긍정적 회답을 얻어냈다.[10] 이어서 임시정부는 1931

---

8) 「朝鮮民衆謀聯合組織中韓聯盟軍共抗暴日」(『上海時報』 1931년 9월 27일자), 楊昭全 外編, 『해외의 한국독립운동사료(Ⅴ): 중국편 ①』, 국가보훈처 1992, 357면; 「上海韓僑全體大會宣言」, 『해외의 한국독립운동사료(Ⅵ): 중국편 ②』, 국가보훈처 1992, 156면 참조.

9) 이에 관해서는 박영석, 「일제의 만주침략과 한인사회의 수난」, 국사편찬위원회 편, 『한민족독립운동사 4』, 1988, 388~418면 참조.

10) 李延馥, 「남파 박찬익 연구」, 『국사관논총』 제18집, 1990, 146면; 鄭用大, 『대한민국임

년 5월에 개최된 중국 국민회의에도 안창호와 박찬익을 파견하여 한국독립과 중국혁명과의 밀접한 연계를 역설하며 재중 한국독립운동에 대한 지원을 재차 요청하였다.[11] 그러나 대일정책의 기조를 유화에 두고 있던 남경정부와 장학량은 재만 한인 보호문제에 여전히 미온적인 태도를 보였다. 그런 차에 그해 7월 초에는 일제의 한중이간(韓中離間) 책략으로 인한 만보산사건(萬寶山事件)[12]이 발생하여 한·중 양 민족간의 관계는 오히려 악화되었다.

9·18 사변이 발발한 후에도 남경정부의 태도에 별다른 변화의 조짐이 보이지 않자, 임시정부와 한국독립당은 왕정위(汪精衛) 등의 국민당 반장(反蔣)-개조파 세력이 1931년 5월에 수립한 광동 국민정부와 다각도의 교섭을 벌여 한중합작을 실현하고자 하였다. 사변 발발 한달 여 뒤에 조소앙이 장개석의 유력한 경쟁자요 국민당의 원로이던 호한민(胡漢民)을 임시정부 외무부장 자격으로 만나 '대일시국에 관하여 장시간 요담'하고 '한중연합군 조직'을 협의한 점,[13] 11월에는 안창호가 남북화평회의 참석차 상해에 온 왕정위를 방문, 면담하고 '한중합작항일운동에 관한 양해를 얻음'[14]과 아울러, 광동에서 활동하다가 상해로 온 왕억(王億=權國彬)을 만나 '대일전선통일동맹'이라는 이름의 합작기구를 조직할 것을 협의한[15] 점 등이 그러한 교섭의 일면을 보여준다. 거기에는 광동정부와 대립하고 있던 남경정부를 자극하여 일말의 태도 변화라도 이끌어내려는 의도가 상당 정도 있었을 것이다.

그러나 1932년 1월에 왕정위가 일시 하야한 장개석의 후임으로 국민당 정치회의 주석과 남경정부 행정원장으로 취임하는 등, 광동정부 요인들이 대거 남경정부에 참여함으로써 장·왕 합작이 성립하였다.[16] 게다가 상해사변 이후로는 관내지역에서도 대대적인 항일운동과 실지수복운동이 개시되었다. 이에 남경정부는 비로소 분명한 반일 태도를 취하기 시작했고, 한중합작운동

시정부외교사』, 한국정신문화연구원 1992, 194~95면 참조.
11) 국회도서관 편, 『한국민족운동사료: 중국편』, 1976, 672면 참조.
12) 박영석, 『만보산사건연구』, 아세아문화사 1978 참조.
13) 국사편찬위원회 편, 『한국독립운동사 자료 3: 임정편 Ⅲ』, 547면; 국회도서관 편, 앞의 책, 695면 참조.
14) 같은 곳. 안창호와 왕정위의 접촉은 전부터 왕정위와 친교를 맺고 있던(국사편찬위원회 편, 같은 책, 442~43면) 박용태의 주선에 의한 것이었을 수 있다.
15) 국회도서관 편, 앞의 책, 729면, 731면.
16) 李世平, 崔輪洙·趙賢淑 옮김, 『중국현대정치사상사』, 한길사 1988, 187면.

의 상대역은 자연히 남경정부와 그 지원을 받는 반관반민(半官半民) 성격의
항일단체들로 일원화하게 되었다. 그리하여 한중연합 항일조직을 결성하여
실질적인 한중합작을 기하고자 한 안창호 등의 노력[17]은 1932년 11월 중한
민중대동맹이 조직됨으로써 구체적인 결실을 보게 되었다.

중한민중대동맹은 5개 한인 독립운동단체의 연합체 조직인 한국대일전선
통일동맹과 중국의 항일운동단체들의 연합체 조직인 중화민중(자위)대동맹
을 양대 제휴 주체로 하여 결성되었다.[18] 그 활동목표는 "중한대일연합군을
조직하여 일체의 반일세력을 연합시키고 민중의 반일운동을 확대시킬 것"이
었다. 어떻든 중공당 민족위원회 산하의 반제운동 계열에 이미 투합해 있던
좌익 운동자들만 제외하고 중국 내 주요 한인단체 및 세력 거의 모두가 참여
한 한중합작 조직체의 성립은 오래도록 열망되어온 한중대일공동전선의 형
성을 구체화시킨 것이었다. 그런데 이와는 별도로 중한민중대동맹 같은 공식
조직을 통하거나 각종의 중국 항일단체와의 연계나 협력에 의해서가 아니라,
국민당-정부 요로에 직접 교섭하여 그의 지원을 끌어내는 방향에서 더욱 실
효성있는 합작을 추진한 경우도 있었다. 의열단이 바로 그러한 경우에 해당
하였다.


## 2. 의열단의 중국국민당에 대한 접근과 그 성과

1929년 말부터 약 2년간 북경에서 국내 대중조직의 건설에 전념하고 있던
의열단 본부는 9·18 사변 발발 직후인 1931년 10월에 제5차 임시대표대회
를 소집하였다. 대회에서는 국내외의 제반 정세를 검토하고, 향후 단이 취할

---

17) 안창호가 최근에 중국측과 연락하여 대일전선통일동맹 계획안을 작성했다고 하는
   1932년 5월 25일자 상해 일본총영사의 보고문(국회도서관 편, 앞의 책, 725면) 참조.
18) 중한민중대동맹의 명칭과 결성시점은 다음과 같이 자료에 따라 약간씩 다르게 나온
   다. ① 국회도서관 편, 앞의 책, 752면: '中韓民衆討日同盟'――11월 2일; ② 같은 책,
   764면: '中韓民衆大同盟'――10월; ③ 金正明 편, 『조선독립운동』제2권, 501면: '中韓民
   衆對日同盟'――11월; ④ 추헌수 편, 『자료 한국독립운동』제3권, 연세대학교 출판부
   1972, 27면: '中韓民衆大同盟'――11월 14일. 여기서는 작성주체가 의열단인 ④의 자료
   에 따랐다.

전략과 전술을 결정하였다.[19] 그 구체적 내용은 확인되지 않으나 추측하건
대, 일제의 만주침략으로 중국의 정치정세는 일변할 것이고 국민당정부는 일
본에 대한 종래의 유화적 태도를 버리고 명확한 반일 입장을 취하게 될 것이
며 한인들의 반일민족혁명운동에 대해서도 적극 지원할 것이라는 낙관적 전
망이 도출되었을 것으로 보인다. 이러한 정세 예측에 의열단 스스로가 매우
고무되었을 것임은 다음과 같은 이유에서 자명해보인다.

  '조선공산당 재건'의 기치하에 의열단이 의욕적으로 추진해온 대중조직 건
설운동은 코민테른의 직접적인 지원이나 중공당과의 연계 없이 완전히 독자
적으로 진행되고 있었다. 그래서 운동의 독립성과 자율성은 지켜질 수 있던
반면, 심각한 재정난이 닥쳐왔다. 이에 자율성을 침해받지 않으면서도 최저
한도의 활동경비는 확보할 수 있는 방안이 절대적으로 요구되었고 그 문제의
해결을 위한 묘책을 다각도로 강구해야 했다. 거기서 의열단은 일제의 군사
적 침략에 직면해서 다급한 처지에 놓이게 된 국민당정부에 눈을 돌리게 되
었고, 이야말로 현실적으로 그러한 요구를 가장 원만하게 충족시켜줄 수 있
을 상대로 부각되었을 것임이 분명하다. 따라서 간부진 사이에서는 국민당정
부와의 교섭 및 제휴의 필요성이 조심스럽게 제기되어 논의되기 시작했을 것
이고, 대표대회도 실은 그 문제를 주요 의제로 한 것이었을지 모른다.

  물론 광주봉기에 참가한 전력이 있거나 이념적으로 좌경 성향이 강한 단
원들 가운데는 극력 반대하는 이도 있었을 것이다. 그러나 차후의 정세 전망
에 비추어 혁명운동의 실질적 진전을 위해서는 거대한 반일세력이 될 국민당
과의 연결을 시도해야만 한다는 논리, 단이 처한 경제적 곤경으로부터 벗어
나 시급히 활로를 열어가야 한다는 현실적 요청,[20] 혹시 있을지도 모르는 신

19) 조선총독부 경무국,『軍官學校事件ノ眞相』, 1934(韓洪九·李在華 編,『한국민족해방운
   동사자료총서』제3권, 경원문화사, 1988에 영인 수록), 451면. 조선총독부 경무국 보안
   과,『고등경찰보』제4호, 1935, 80~173면의「所謂軍官學校事件の眞相」은 위의 첩보보
   고서의 축약본으로서 '참고자료'와 몇가지 세부적인 정황 묘사가 생략되어 있을 뿐 내
   용은 대동소이하다. 다만 '관계(용의)자 氏名表'에서 나타나는 내용 변이는『軍官學校
   事件ノ眞相』이 나오고 난 후 추가로 확인된 사실에 의거하여 補訂한 것일 터이므로, 이
   부분은 후자의 축약본이 더 정확한 것이라 하겠다.
20) 김성숙도 김원봉이 레닌주의정치학교를 "오래 계속할 수 없었"던 것은 "재정의 어려
   움 때문"이었고 "그래서 중국정부에 접근했다"고 증언하였다(김학준 편,『혁명가들의
   항일회상』, 민음사 1988, 95면).

변위험의 문제는 기술적인 해결이 불가능하지 않다는 점 등을 들어 김원봉과 그의 심복 단원들은 국민당과의 제휴를 강력히 주장했을 것이다. 그러고는 마침내 반대론을 물리치고, 또는 반대론자가 내거는 몇가지 요구사항의 충족을 전제조건으로 하고서, 국민당과의 제휴를 단 차원의 공식 입장으로 삼게 되었을 것이라 여겨진다.

예상과는 달리 국민당정부가 부저항 정책을 취하며 대일전을 기피하는 태도를 보였을 때는 의열단원들도 적이 실망하고 당분간 사태의 추이를 관망하기로 할 수밖에 없었을 것이다. 그러나 상해사변의 발발과 더불어 중국정부가 명확한 반일의 입장에 서게 되었을 때, 의열단은 드디어 국민당정부가 한국독립운동 진영의 최유력한 후원세력이나 합작세력이 되는 출발점에 섰다고 판단했을 것이다. 그렇다면 국민당정부와 교섭해서 물질적 지원을 얻음과 더불어 항일연합전선의 구축을 선도한다는 계획의 실행을 더이상 미루거나 주저할 이유가 없었다. 그리하여 의열단 본부원들은 무산자전위동맹이라는 이름을 버리고 2년 반 남짓한 북경 시절을 마감하면서 1932년 초에 남경으로 본거를 옮겼다.

국민당에 대한 의열단의 접근은 단원 가운데 황포군교 졸업자가 적지 않다는 점을 십분 활용하여 당과 군부의 '황포계' 인맥을 통하여 시도되었다. 그리하여 당의 외곽조직인 아주문화협회(亞洲文化協會)[21] 대표 황소미(黃紹美),[22] 군사위원회 위원장 장개석의 비서 채경군(蔡徑軍),[23] 당내 비밀조직인 삼민주의역행사(三民主義力行社) 서기 등걸(滕傑) 등의 여러 통로가 탐색되었다. 그중에서 가장 유력하고도 실제적인 성과를 가져다준 교섭 통로는 삼민주의역행사(이하 '역행사')였다.

'남의사(藍衣社)'라는 별칭으로 더 잘 알려진 역행사는 장개석의 '안내양외(安內攘外)'[24] 방침의 준행과 국내 각 분야 개혁의 주도를 목적으로, 일본 유

---

21) 아주문화협회는 코민테른('제3국제당')에 대항하기 위하여 중국 조선 안남 필리핀 타이완 등의 민족대표들이 중국국민당의 원격조종과 지원하에 1931년 3월 1일 한구(漢口)에서 피압박민족연합단체들의 상위 연합체로 발족시킨 '제4국제당' 조직의 대외적 명칭이었다. 『동아일보』 1931년 3월 30일자 참조.
22) 胡春惠(辛勝夏 譯), 『중국 안의 한국독립운동』, 단국대학교 출판부 1978, 50면.
23) 金勝坤, 「조선의열단의 창립과 투쟁」, 『軍史』 제5호, 1982, 126면.
24) 직역하면 '국내를 안정시키며 외세를 물리친다'는 뜻이 되나, 실제로는 '국내 안정을

학중에 9·18 사변이 발발하자 급거 귀국한 20여 명의 황포군교 출신자를 중
심으로 1932년 2월 29일에 창립된 일종의 당중당(黨中黨) 조직이었다.[25] 역
행사의 초대 서기 겸 5인 상무간사진의 일원이던 등걸은 장개석의 두터운 신
임을 받는 신진기예였는데, 마침 김원봉과는 황포군교 4기 동기생이면서 보
과(步科) 제1단(團[聯隊]) 제5연(連[中隊])[26]에서 동고동락한 사이였다. 이 인
연으로 등걸의 협력을 얻게 된 김원봉은 3월 초순에 역행사를 경유하여 장개
석에게 서한을 보냈다. 거기서 김원봉은 의열단의 종지(宗旨), 조직 개황, 활
동 이력을 약술하고, 의열단의 반일활동을 지원해줌으로써 한중연합항일운
동이 활성화할 수 있게 해줄 것을 요청하였다.[27]

    김원봉의 서한 내용에 장개석은 매우 긍정적인 반응을 보였고, 의열단에
대한 지원 방안을 마련하도록 역행사에 지시하였다. 이에 역행사의 간부들은
비단 한국만 아니라 대만과 안남, 인도 등 인접 피압박 약소민족들의 독립자
유쟁취운동을 적극적으로 고무하고 지원하기로 결정하고, 그 전담기구의 설
치를 추진하여 4월에 역행사의 하부조직으로 민족운동위원회를 설립하였
다.[28] 때마침 4월 29일에는 김구가 지도하는 한인애국단원 윤봉길이 상해 홍

    기해야만 외국 침략세력도 물리칠 수 있다'는 '先安後攘' 논리의 討共政策의 슬로건이
    되고 있었다.
25) 干國勳, 『三民主義力行社與民族復興運動』, 臺北, 1986, 36~38면. 역행사에 대해서는
    일제 경찰도 지대한 관심을 갖고서 그 동태를 예의 주시하며 수시로 조사보고를 내고
    는 하였다. 다음의 것들이 그에 해당한다. 「秘密結社藍衣社의 眞相」, 『고등경찰보』 제4
    호, 1935, 258~62면; 「藍衣社の眞相に就て」, 『고등경찰보』 제5호, 1936, 137~48면; 「抗
    日を中心とする支那秘密結社の新情勢」, 『고등경찰보』 제6호, 1936, 182~88면.
26) 「同學姓名籍貫表」, 廣東革命歷史博物館 編, 『黃埔軍校史料(1924~1927)』, 1982, 557~
    58면; 滕傑, 「삼민주의역행사의 한국독립운동에 대한 원조」, 한국정신문화연구원 편,
    『한국독립운동사 자료집』, 박영사 1983, 63면.
27) 干國勳, 「조선의열단원의 군사교육(1932~1936)」, 『軍史』 제5호, 1982, 138면; 干國勳,
    앞의 책, 55~56면.
28) 민족운동위원회는 동방민족부흥운동위원회라고도 불렸다(滕傑, 앞의 글, 69면). 국민
    당이 민족운동위원회를 설치한 것은 중공당이 민족위원회라는 방계기관을 설치해놓고
    조선 대만 안남 인도 등의 동방 피압박민족 운동자들을 규합하고 조직하고 있던 것에
    대응하는 의미도 있었다고 생각된다. 중공당의 민족위원회는 특히 한인 공산주의자들
    을 성공적으로 규합해내고 있었다. 위원회 직속의 동방피압박민족 반제대동맹주비회는
    중공당 한인지부장인 구연흠의 발기에 의하여 결성되었고 그가 책임비서를 겸하고 있
    었는데(『조선일보』 1931년 11월 19일자), 구연흠이 1930년 9월에 체포되었으므로 늦어

구공원(虹口公園) 특공의거를 성공리에 수행하였다. 이 의거는 "중국군 30만 명이 해내지 못한 일을 혼자서 해낸" 한국인의 용맹성과 투쟁열에 대한 찬탄의 여론을 불러일으키는 한편, 한인 독립운동자들이야말로 항일운동의 믿음직한 동반자임을 중국인들에게 확실히 인식시키면서 한국광복에 협조할 책임감을 가중시켰다.[29] 이러한 분위기에서 민족운동위원회는 윤봉길 의거와 동일한 방식의 특공의열투쟁의 대명사격 단체였던 의열단의 항일운동을 적극 지원하기로 신속한 결정을 내렸으며, 이 지원사업은 그후 민족운동위원회의 주요 활동의 하나가 되었다.

의열단이 제시한 항일운동 방안은 국민당의 지원 아래 단기간에 한인 청년투사를 양성하여 각지에서 대일공작에 임하게 한다는 것이었다. 윤봉길의 특공의거로 대타격을 받은 상해 주둔 일본군 총사령부는 관내로의 확전을 단념하고 긴급히 정전협정을 체결하였다.[30] 그 직후인 5월 중순에 김원봉은 민족운동위원회에다, "문무합일로 된 혁명간부 훈련반을 창설하여 중국과 한국 본토의 청년지사를 모아 단기훈련으로써 복국운동을 수행하는 데 필요한 각종 지식과 기능을 구비하도록 해야겠으므로, 여기에 소요될 금전과 물자, 훈련장소를 중국측에서 빠른 시일 내에 제공해주면 좋겠다"는 의사를 전달하고, 구체적인 계획서 및 예산안을 제출하였다.[31] 계획서는 거의 원안대로 민족운동위원회와 역행사 상무간사회의 심의를 통과하여 장개석의 승인까지 얻게 되었다. 그리하여 황포군교 5기 출신으로 민족운동위원회 주임위원인 간국훈(干國勳)[32]이 간부훈련반의 고문단장으로서 훈련기지의 위치 선정과 교사(校舍) 및 숙사(宿舍) 마련, 총기·탄약·피복·장비의 제공을 책임지고,

---

도 이 시점 이전에 조직된 것이었음을 알 수 있다. 유호한국독립운동자동맹도 이 조직의 회원단체였다(김준엽·김창순, 『한국공산주의운동사』 제5권, 청계연구소 1986, 98~99면).

29) 胡春惠, 앞의 글, 73면; 신용하, 「윤봉길의 농민운동과 민족독립운동」, 『한국학보』 81집, 1995, 128면.

30) 신용하, 같은 글, 129면.

31) 干國勳, 「중국특별훈련반과 조선의용대」, 한국정신문화연구원 편, 『한국독립운동사 자료집』, 15~17면.

32) 간국훈은 당시 역행사의 후보간사 가운데 1명이었고, 역행사의 다른 하부 비밀조직인 혁명청년동지회의 상임간사와 조직처장도 겸임하고 있었다(干國勳, 「조선의열단원의 군사교육」, 139면; 干國勳, 앞의 책, 42면).

의열단 간부진은 교육훈련의 실시를 책임지기로 하는 역할분담에 합의를 보았다.[33]

위와 같은 기본계획에 입각하여 국내와 만주지역에서 은밀히 학생을 모집하고[34] 제반 준비작업을 진행시킨 결과, 의열단은 7월[35]에 조선혁명군사정치간부학교(약칭: 조선혁명간부학교, 이칭: 조선혁명간부훈련반, 통칭: 의열단간부학교)를 설립하게 되었다. 아울러 남경의 중국군 부대에 복무하고 있던 옛 단원들을 흡수하여 교관진을 구성하고 간부진도 개편하였다. 정식 개교 이전인 9월 말 제6차 정기대표대회에서는 중앙집행위원에 김원봉 박건웅 이영준이, 후보위원에 이동화(李東華)와 이철호가 새로 선출되었다.[36]

의열단의 입장에서 볼 때 남경의 조선혁명간부학교는 소재지와 명칭만 바뀌었을 뿐 설립목적과 운영체제 면에서는 북경의 레닌주의정치학교를 그대로 옮겨놓은 것과 같았다. 국내 대중조직 건설 사업을 계속해서 진행시킬 수 있게 되었기 때문이다. 더욱이 든든한 재정 후원자를 확보하게 되었을 뿐 아니라 중국의 정치·군사 중심지인 남경에 확실한 터전을 잡고 새로운 활동기반을 구축하게 되었다. 또한 단의 군사적 역량을 몸으로 드러내주는 존재와도 같던 중국군 소속 단원들을 재규합함으로써, 군사·정치 두 부문의 진용을 두루 갖춘 1926,7년경 전성기의 단의 위용과 세력을 회복시킬 가능성도 엿보이게 되었다. 남경으로 본거를 옮기기로 한 결정은 짧은 기간에 훌륭한 성과를 낳았다. 그 성과는 일제의 만주침략이라는 객관적 정세, 그것을 운동 발전의 호기로 삼은 의열단의 기민한 대응력, 중국 군·정 요인들 간에 막강한 위력을 발휘하고 있던 황포군교 출신이라는 이력사항──이 세 요소가 잘 맞아떨어진 결과였다.

---

33) 干國勳, 「조선의열단원의 군사교육」, 140면.
34) 최초의 학생모집에는 김원봉의 처남이고 신간회 중앙집행위원을 역임한 朴文熺와 제1기 교관이 되는 李哲浩의 처 崔福同이 기여한 바가 컸다.
35) 국회도서관 편, 앞의 책, 810면.
36) 조선총독부 경무국, 『軍官學校事件ノ眞相』(이하 '『眞相』'으로 약기), 400~401면.

## 3. 한중연합 항일운동의 논리와 방책

반일공작을 수행할 청년투사 양성 계획을 매개로 국민당의 확실한 지원을 얻는 데 성공한 의열단은 자신감을 갖고 한중연합항일운동을 능동적으로 추진하기 시작하였다. 간부학교의 설립이 한창 준비되고 있던 1932년 6월부터 7월 중순 사이에 김원봉은 김규식과 이천민(李天民) 조성환(曺成煥) 고활신(高豁信) 등 북경의 운동자들과 연락하여 중국측의 북경구국항일회와의 제휴로 중한항일의용군을 조직하였다.[37] 또 의열단의 자체보고에 의하면,[38] 단원인 김국빈(金國賓) 유기석(柳基錫) 김강암(金剛岩) 김세웅(金世雄) 등으로 하여금 동북항일구국회에 참여하도록 하였는데, 구국회는 열하성을 동북민중항일구국군 독립제1지대의 주둔구로 획정하고 김국빈[39]에게 지대 사령직을 위임하였다. 아울러 김원식(金元植)[40]과 김상덕(金尙德)을 동북으로 파견했는데, 김원식은 이청천과 함께 길림성 돈화(敦化)와 액목(額穆) 등지에서 약 500여 명의 독립군 제1지대를, 김상덕은 요녕성 통화(通化)와 집안(輯安) 등지에서 약 300여 명의 독립군 제2지대를 조직했다고 한다.[41]

---

37) 『最近に於ける朝鮮治安狀況: 昭和八年』, 248~49면; 『고등경찰보』 제2호, 35~36면 참조. 그러나 1933년에 일본군의 열하성 침공과 화북공략, 장학량의 하야 사태가 잇따라 일어나는 와중에 이 의용군은 해소되어버리고 만다.

38) 추헌수 편, 앞의 책, 26면.

39) 본명이 金正默인 김국빈은 1930년경에 장학량 휘하 孫德全 軍營의 軍法處長을 지낸 것으로 전해진다(申肅, 『나의 一生』, 일신사 1963, 95면; 조선총독부 고등법원 검사국 사상부, 『思想彙報』 제4호: 이하 『사상휘보』 제 몇호로 약기, 110면).

40) 상해를 무대로 활동했던 마산 출신의 화요계 조공당원 金元植(제4장 제1절, 제5장 제2절 참조)이 아니라, 정의부 민족유일당재만책진회 한족노동당 재만농민동맹 등의 간부로 활동했던 안동 출신 金元植이다. 일제 당국의 첩보에 의하면, 그는 1932년 4월 13일에 상해로 잠입하여 국민부 군사위원장이었던 李雄을 방문하고 만주의 정정에 관해 토론한 것으로 보고되었다(조선총독부 경무국, 『國外ニ於ケル容疑朝鮮人名簿』, 1934, 64면).

41) 김원식과 김상덕 그리고 이청천 3명은 정의부에 소속되어 활동하던 중, 1928년에 유일당 조직론을 둘러싸고 주류파와 의견이 상충하자 같이 탈퇴하여 혁신의회와 민족유일당재만책진회에 참여한 바 있다(박영석, 『재만한인독립운동사연구』, 일조각 1988, 198~99면). 그후 이청천은 한족총연합회를 거쳐 만주 한국독립당의 군사위원장이 되었으며, 1931년 11월에 한국독립군이 창설되자 총사령으로 선임되었다. 김상덕도 한국독립

7월 19일에 일본군이 열하로의 진공을 개시한 직후에 의열단은 군사부문 합작을 주축으로 한 중한연합항일운동의 전체 프로그램과 구체적 방안들을 문서로 작성하여 민족운동위원회[42]에 정식으로 제안하였다. 「중한합작에 관한 건의」라고 제목이 붙여진 제안서의 목차는 다음과 같이 구성되어 있었다.[43]

> 제1장 중한의 객관적 정세 및 주관적 필요
> 제2장 폐단(弊團)의 당면 계급에 대한 구체적 계획
> 제3장 중한합작 실현을 위한 계단
>   한국혁명의 현상(現狀)과 본단의 책략(제1장의 부록인 듯―인용자)
>   조선의열단의 정치결의안(제2장의 부록인 듯―인용자)

「건의」에서 의열단은 일제의 대륙침략의 정치적·경제적 배경과 목적을 분석하고 내외의 객관정세를 고찰하였다. 그런 다음, '반만항일'을 위한 무조건적 한중합작이 필요함을, 좀더 구체적으로는 '만몽문제', 즉 일제의 만주와 몽고지역 점령에 대처하기 위하여 지체없이 군사적 단결을 기하는 것이 필요함을 결론으로 도출하였다.

의열단이 한중대일공동전선 결성의 필요성을 제기한 것은 다음과 같은 세 가지 논리에서였다.[44]

첫째, 중국이 '완전히 독립'하고 한국이 일본의 굴레로부터 벗어나기 위해서는 일본제국주의자를 타도하지 않으면 안된다. 따라서 '동선공제(同船共濟)'라는 공동운명의 견지에서 중한 양 민족의 공동대일전선 결성이 필요하다.

둘째, 중국은 한반도를 일본의 식민지로 방치해두고서는 결코 만주와 몽고를 회수할 수가 없다. 즉 한국독립과 '만몽회수'는 하나의 고리로 얽힌 상대적 문제이다. 따라서 지리적 견지에서 중한 양국의 대일공동전선 결성을 요한다.

---

군 참모진의 일원이었다(趙擎韓, 『백강회고록: 국외편』, 한국종교협의회 1979, 95면).
42) 『眞相』, 448면에 나오는 '貴會'란 민족운동위원회이었을 것으로 추정된다.
43) 「건의」의 全文은 같은 책, 441~69면에 수록되어 있다.
44) 같은 책, 441~43면의 내용을 요약함.

셋째, 일본제국주의의 전복은 열강의 흥정의 결과가 아니라 역사적 필연인 것으로 전망되어야 한다. 그 필연성은 일본의 좌익세력에 의한 '평민적 신일본'의 탄생과 밀접하게 엇물려 있는데, 이는 중국이 완전히 독립하고 한국이 일본의 굴레로부터 이탈하는 것과 더불어 동양의 영구평화를 향한 하나의 경로일 뿐이다. 따라서 일본제국주의가 공동의 적이 되고 있는 점에서 중한 양국은 민중혁명을 중심으로 일본의 좌익세력과 연대하고 지원하는 공동전선을 결성할 필요가 있다.

요컨대 만몽문제의 해결을 당면의 직접 목표로 하고 동양의 영구평화 실현을 궁극적 목적으로 하여, 중한 양 민족의 제휴와 한·중·일 3국의 반제민중세력의 연대가 필요하다는 논리였던 것이다.

이어서 의열단은 한중합작의 한국측 주역이 자단(自團)이어야 하는 이유를 다음과 같이 설명하였다.

한국혁명은 한국의 객관정세에 비추어 운용방법상 민중의 힘을 필요로 한다, 의열단은 창립 후 오늘에 이르기까지 십여 년간 오로지 실천운동에 유의하여 '직접행동' 혹은 '민중무장'의 과정을 거치면서 민중의 열렬한 옹호와 지원을 받게 되었다, 그리하여 민중은 의열단을 자기의 단결체로 간주하고 의열단은 민중을 유일의 실력으로 의지한다고 자신하고 자부할 수 있게 되었기 때문이라는 것이다.

마지막으로, '합작의 계단'과 관련하여 의열단은 한국과 일본, 중국 세 방면에서의 반일활동 계획을 조목조목 제시하였다.[45] 그 가운데서도 중국에서의 활동계획은 특히 동북지방을 회수하기 위한 군사운동에 역점을 둔 것이었다.

그 내용은 ① 북경의 항일구국회로부터 독립지대 사령으로 임명받은 김국빈을 열하로 파견하여, 부대를 편성해서 열하 및 요서(遼西)지방 각구국군과의 합작으로 열하 경계를 고수하도록 하는 한편, 그곳의 한교(韓僑) 의용군으로써 제3총대를 조직하여 기존 동북의용군의 전력을 보강하게끔 하며, ② 길림성 동남부의 기존 제1·2총대(앞서 언급한 김원식 김상덕 부대)를 3개월 이내에 1사(師)2단(團) 이상의 병력으로 확충함과 아울러, 특별제4총대를 편성함으로써 한교 혁명군을 양성하고, ③ 만철 및 안봉선(安奉線) 일대에서 편

---

45) 같은 책, 443~45면.

의대 또는 별동대를 편성하여 관동군의 군사·정치 활동을 교란·파괴한다는 것이었다.

의열단은 이와같은 활동이 계획대로 이루어질 수 있도록 중국측이 '경제적 원조'를 해줄 것을 요구하였는데,[46] 이것이 합작의 실제적 조건인 셈이었다. 결국 「건의」의 요점은, 군사부문을 중심으로 한중합작을 실현시키되 의열단을 합작의 한국측 상대로 삼음과 함께 물질적 지원을 해주기를 제의하고 요구하는 것이었다. 그해 12월에 의열단이 이 제의 내용에 상응하는 활동보고서를 중국측에 제출한 것[47]을 보면, 국민당은 의열단의 「건의」를 진지하게 수용하여 부분적으로나마 자금을 지원했음이 확실하다.

요약해 말하면, 의열단은 일제의 만주침략이 초래한 1930년대 초의 정세변화에 민활하게 대응하여 중국의 정치중심이고 군사본영인 남경으로 본거를 옮기면서 중국국민당 요로에 접근한 결과, 레닌주의정치학교의 후신이 될 자체 군사정치간부학교 겸 대일공작원 양성기관을 설립하게 되었다. 아울러 의열단은 막 조성되기 시작하고 있던 한중대일공동전선 형성의 분위기를 적절히 활용하여 군사부문 중심의 시의성있는 합작활동 계획을 국민당에 제안함으로써, 중국측으로부터 직접적으로 경제적 지원을 얻게 되는 한편 재만 한인운동단체들의 무장투쟁을 간접적으로 고무하는 효과도 거두었다. 그리하여 의열단이 현실주의적 견지에서 국민당정부에 접근한 것은 의열단 자체에 큰 득이 되었을 뿐 아니라, 9·18 사변 발발 후에 본격화된 한중연합항일운동의 본보기가 되면서 대표적 성과를 낳기도 한 것이었다.

그러나 그후에 전개된 의열단 활동의 실제적인 내역은 궁극적으로 민족혁명운동의 심화를 위한 거점 확보와 기반 구축으로 초점이 맞추어지고 있었다. '한중합작'은 그 열망을 보다 쉽게 현실화시키기 위한 수단적 '외피'의 의미가 컸다. 그것은 북경 시절에 '조선공산당 재건'의 외피를 두르고서 실상은 민족혁명운동의 진전을 위한 국내 대중조직 건설에 주력했음과 흡사한 양식이었다.

이러한 의미에서, 조선혁명간부학교의 설립과 운영은 외적으로는 의열단

---

46) 같은 책, 448면.
47) 1932년 1월 20일자의 「韓國義烈團 工作報告書」(추헌수 편, 앞의 책, 25~28면)가 그것이다.

과 국민당과의 합작의 제1단계에 해당하는 사업이었고, 내적으로는 민족혁명
운동의 인적 자원 재생산 과정에 해당하는 활동이었다. 다음 절에서는 그 활
동의 구체적인 경과와 내용 및 성과를 검토해보기로 한다.


## 제2절  조선혁명간부학교의 운영과 청년투사 양성


### 1. 조선혁명간부학교의 운영 상황

조선혁명간부학교(이하, '간부학교')는 설립이 계획되고 준비될 때도 그러했
거니와 설립 후에도 운영 상황은 물론 설립 사실까지 일절 비밀에 부쳐졌다.
비밀유지가 안되면 일제의 엄중한 감시와 추적에 의해 졸업생들의 활동이 완
전 봉쇄될 것임이 분명했기 때문이다.

국민당으로서도 의열단의 반일운동 지원 사실이 노출될 경우 대일관계에
서 골치 아픈 외교문제가 생기게 되며, 더 나아가 재도발의 구실을 주게 될
지도 몰랐다. 그래서 간부학교는 철저한 보안대책을 마련하여 제반 교무(校
務)에 주밀하게 적용하였다. 본래의 교명을 감추고 '중국국민당 군사위원회
간부훈련반 제6대'라는 이름을 붙여,[48] 마치 국민당에서 운영하는 단기 간부
훈련소의 신설반인 것처럼 위장한 것도 그 때문이었다.

보안대책이 얼마나 용의주도했던지 중국정부 외교부와 육군 참모본부, 심
지어 군사위원회 판공청(辦公廳) 당국자들까지도 초기에는 간부학교가 설립
된 줄을 전혀 모르고 있었다. 그러나 시간이 지나면서 개교 사실과 학교 위
치, 운영 주관자, 설립 목적 등이 남경 주재 영사관 등 일제의 정보망에 조금
씩 포착되기 시작하였고, 국내 파견 졸업생들이 대거 피검되면서 간부학교의
존재와 운영 상황은 일제측에 확연히 드러나고 말았다. 그래서 일제의 추
적[49]을 따돌리기 위한 고육지책으로 번번이 교사(校舍) 또는 훈련기지를 옮

---

48) 군사위원회 간부훈련반은 1932년 4월에 설치된 국민당의 단기 간부훈련기구로서 모두
   5개 대대로 편성되어 있었다(干國勳, 앞의 책, 46면).

겨다녀야만 했다.50)

입교생 모집에서부터 교육훈련의 실시와 생도의 신상 관리 및 졸업생 운용에 이르기까지 간부학교의 운영은 전적으로 의열단 간부진이 주관하였다. 김원봉은 교장(대외적으로는 '대隊 주임')의 위치에서 운영의 최종적인 책임을 지고 총지휘하였으며, 운영상의 제반 문제와 고충을 해결하기 위한 대중(對中) 교섭도 전담하였다. 중국측으로부터는 중국어 교관과 약간 명의 의무, 경리, 취사, 근무 요원 등 주변적 지위와 역할에 국한해서 최소 인원만을 지원받았다. 학교 운영의 자율성을 지키려는 뜻에서였다.

반면에 운영 경비와 소요 물자는 전적으로 중국측의 지원에 의존하지 않을 수 없었다. 경상비로 매월 2,3천원, 수시 필요경비로 1천~1만원, 의열단 운영비로 매월 4백~1천원, 그밖에 졸업생의 생활비와 공작지 배치시의 공작금으로 기만원(幾萬元) 등51) 적지 않은 규모의 자금과 교육기간중의 화기·탄약, 식품·피복 등을 민족운동위원회로부터, 혹은 간국훈의 주선으로 중국 군사당국으로부터 제공받았다.

일제의 추적과 감시를 피하기 위해 수차 교사를 이전하는 고충을 겪으면서도, 간부학교는 중국정부의 전폭적인 지원 속에서 1935년 9월까지 만 3년여 동안 존립하였고, 3기에 걸쳐 125명의 혁명간부 겸 항일투사를 배출하였다. 각 기별 수업기간, 학교 위치, 교육인원, 졸업인원을 간략히 제시하면 표 1과 같다.52)

간부학교의 교육과정은 훈육(정신교육), 정치교육, 군사교육의 세 부문으로 구성되었다. 훈육 면에서는 생활관리와 혁명정신 및 혁명적 인생관의 배

---

49) 조선혁명간부학교가 설립된 사실을 뒤늦게 인지한 일제 관헌당국은 그를 '南京鮮人軍官學校'라 칭하고 매우 위험시하였다. 그리하여 "최고로 엄중한 감시와 단속을 요한다"고 경계하면서(김정명 편, 앞의 책, 506면), 그 운영상황과 졸업생들의 동태를 파악하기에 여념이 없었다.

50) 干國勳, 「중국특별훈련반과 조선의용대」, 20면; 干國勳, 「조선의열단원의 군사교육」, 141면.

51) 자금지원 내역에 관해서는 干國勳, 「조선의열단원의 군사교육」, 140면, 144면, 151면; 『眞相』, 83면; 독립운동사편찬위원회, 『독립운동사 자료집 별집3: 재일본 한국인 민족운동 자료집』, 1985, 131면; 국회도서관 편, 앞의 책, 865면 참조.

52) 이 표 작성의 논거와 자세한 내용 설명은 김영범, 「1930년대 의열단의 항일청년투사 양성에 관한 연구」, 『한국독립운동사연구』 제3집, 1989, 458~62면에 제시되어 있다.

## <표 1> 조선혁명간부학교의 기별 운영 상황

| 기별 | 수업기간 | 학교 위치 | 교육인원 | 비 고 |
|---|---|---|---|---|
| 제1기 | 1932. 10. 20 ~1933. 4. 20 | 남경 교외(郊外) 탕산(湯山) 동쪽 선수암(善壽庵) | 26명 (26명) | |
| 제2기 | 1933. 9. 16 ~1934. 4. 20 | 강소성(江蘇省) 강녕현(康寧縣) 강녕진(康寧鎭) 증조사(曾祖寺) | 55명 (35명) | 20명은 졸업 직전 중앙군교 및 낙양분교로 전교시킴 |
| 제3기 | 1935. 4. 1.~ 1935. 9. 30 | 강소성 강녕현 상방진(上方鎭) 천녕사(天寧寺) | 44명 (36명) | 8명은 1935년 8,9월경에 중도 퇴교시킴[53] |

\* '교육인원' 중의 ( ) 속 인원은 최종 졸업인원임.[54]

양에 힘썼고, 정치교육 면에서는 한국역사의 교육과 주의·사상 및 정치제도의 학습에 중점을 두었으며, 군사교육 면에서는 전(典)·범(範)·영(令) 및 일반적인 군사지식 외에 첩보와 폭파·돌격 등 유격전의 수행에 필수적인 각종 기능의 수련에 역점을 두었다.[55]

　이러한 교육과정에 상응하도록 교과구조는 크게 '학과(學科)' 또는 정치과와 '술과(術科)' 또는 군사과의 두 축을 중심으로 짜여졌다. 이에 따른 각 기별 교과목 편성의 세목은 다음과 같았다.

---

53) 8명을 중도 퇴교시킨 이유는 갓 창립된 민족혁명당 내부의 단결을 과시하고자 이청천 휘하의 군관훈련반으로 보내기 위해서였다. 이들은 다시 이청천 계열의 4명과 함께 10월 10일자로 남경 중앙육군군관학교 11기로 입학하였다. 국회도서관 편, 앞의 책, 865면;『사상휘보』제7호, 1936, 158면; 社會問題資料硏究會 編,『思想情勢視察報告集』제2집, 京都: 東洋文化社 1976(이하 『사상정세시찰보고집』제몇집'으로 약기), 40면.

54) 교육생(125명)과 졸업생(97명)의 숫자 차이는 실제로는 별 의미가 없다. 중도 퇴교는 모두 학교방침에 따라, 수료 직전에 이루어진 일들이었기 때문이다. 125명 전원이 졸업생이었다고 보아도 무방하다.

55) 滕傑, 앞의 글, 68면.

제1기[56]

정치과: 정치학, 경제학, 사회학, 철학, 조직방법, 비밀공작법.

군사과: 보병조전(步兵操典), 진중요무령(陣中要務令), 사격교범, 측도(測圖), 축성학, 폭탄제조법, 부대교련, 기관총조법, 폭탄사용법, 실탄사격.

과외과목: 중국어.


제2기[57] (＊로 표시된 것은 1기에 없던 신설과목임)

정치과: 철학, 유물사관＊, 변증법＊, 경제학, 정보학, 중국혁명사＊, 삼민주의＊, 사회과학(사회학?), 의열단사＊, 조선정세＊, 세계정세＊, 조선운동＊, 각국혁명사＊, 당조직문제.

군사과: 전술학＊, 진중요무령, 기관총학, 사격교범, 간이측량학, 축성학, 교통교범＊, 야간연습＊, 보병조전, 폭파교범.


제3기[58] (＊로 표시된 것은 1,2기에 없던 신설과목임)

정치과: 당조직과 선전(또는 당적 훈련), 세계경제지리＊, 유물론 철학, 사회학, 경제학, 정보학(또는 특무공작 및 비밀통신연락법), 각국혁명사(영·미·프·한·러), 중국혁명사, 유물사관, 한글＊, 한국역사＊, 정치학.

군사과: 보병조전, 군대내무와 육군예식＊, 사격교범, 지형학＊, 축성학, 기관총학, 전술학, 진중요무령, 군제학＊, 기관총해부학(또는 병기학), 도상전술(圖上戰術)＊, 야간교육, 야외연습, 군사간이측도, 유격전술＊, 대외근무＊, 야간근무＊.

자연과학과＊: 대수, 기하, 물리, 화학, 한국지리, 만주지리.


여기서 보면 뒷기로 갈수록 학과목 구성이 다양해지고 내용이 풍부해졌음을 알 수 있다. 정치과의 과목들은 철학 및 사회과학의 기초 지식을 습득하고, 한국을 비롯한 각국 혁명(운동)의 역사와 국내외의 정세를 함께 조감하며, 당조직 및 특무활동의 원리를 충분히 체득할 수 있도록 구성되어 있다.

---

56) 『眞相』, 151~52면.

57) 같은 책, 189~90면, 193~213면 참조.

58) 국회도서관 편, 앞의 책, 863~64면을 근간으로 하고, 『사상휘보』 제7호, 155~56면; 김정명 편, 앞의 책, 555면, 582면; 국회도서관 편, 앞의 책, 859면의 서술 내용을 비교하고 종합해서 정리한 것임.

군사과의 과목들도 정규 군관학교 과정에 조금도 뒤지지 않을 만큼 다채롭다. 대부대의 운용과 대규모의 전술전개까지 염두에 두고 보·포·공·수(輪)·의(儀) 각 병과에 걸쳐 군영생활에서부터 각종의 병기조작법에 이르기까지 다양한 내용으로 이루어져 있음을 본다. 3기에 이르면 자연과학 과목들이 추가되고, 6개월 과정의 과목 수가 무려 36개에 달한 것이 놀랍기조차 하다. 이로써 보더라도 간부학교에서는 생도들을 유능한 항일투사로만 아니라, 군·정·학에 걸쳐 폭넓은 지식과 소양을 갖춘 민족간부로 육성하고자 했음을 알 수 있다.

간부학교의 교육훈련은 엄격한 규율 속에 정해진 일과대로 밀도있고 강도 높게 시행되었다. 학과와 술과에 곁들여 '실과(實科)', 즉 야외훈련도 주당 2, 3회씩 실시되었다. 6개월 과정의 마지막 1주간은 학과와 술과의 모든 학습내용에 대한 시험을 치르도록 하여 교육생들의 학업 성취도와 개인별 기량을 엄정 평가하고, 공작원 선발시에는 그 성적을 참작하였다. 기율과 보안이 매우 강조되었으므로, 생도들의 자유로운 과외활동이 용인되는 분위기는 아니었다. 그러나 정치문제연구회, 의열단 학생지부, 토론회 등의 자율적 그룹활동을 통해 생도들의 의기는 적절히 배출되었다.[59]

졸업생들은 졸업식 직후에 세 주제 정도의 연극공연을 통하여 혁명운동에 대한 헌신의 각오와 투쟁 의지를 과시하는 것이 관례로 되고 있었다. 연극의 내용은 매우 진취적이고 낙관적 색조의 것이었다.[60] 졸업 후 공작지로 파견될 때까지의 대기 기간이 좀 길어진다 싶으면 속히 예정된 공작지로 파견해 줄 것을 학생회의 결의사항으로 요구할[61] 만큼, 졸업생들은 장차의 활동에 대하여 큰 기대와 포부를 품고 있었다.


## 2. 간부학교 교관진의 구성과 변동

극소수의 중국인 강사를 제외하면 간부학교의 교관진은 거의 예외없이 의

---

59) 이들 소모임을 통한 학생활동의 구체적인 양상은 『眞相』, 387~94면 참조.
60) 공연된 연극의 제목과 내용은 같은 책, 182~84면, 221~22면 참조.
61) 같은 책, 390면.

열단 간부와 중견 단원들로 충임(充任)되었다. 따라서 교관진의 구성 및 그 변동 내역을 통하여 이 시기의 의열단 간부진 및 주요 단원의 구성 내역도 함께 알 수가 있다.

교관진의 인원은 기별로 차이가 있으나 대체로 10명에서 15명 사이였는데, 중국인 강사를 제외한 연인원은 35명이었고, 중복 인원을 빼면 24명이었다.

각 기별 교관진의 구성과 개인별 담당과목을 같이 제시해보면 다음과 같다.[62]


제1기[63]

진국빈(陳國斌=김원봉): 철학.

김정우(金政友=박건웅): 사회학, 조직방법.

왕현지(王現之=이영준): 경제학.

한모(韓某): 정치학.

이동화(李東華): 진중요무령, 측도, 폭탄제조 및 사용법, 기관총조법, 실탄
　사격.

김종(金宗=金鍾): 사격교범.

권준(權晙): 축성학.

신악(申岳): 보병조전, 부대교련.

노을룡(盧乙龍=盧一龍): 부대교련.

김거문(金巨文=李哲浩[64]=李檢雲=李銘煥): 부대교련.

이집중(李集中=李仁洪): 위생학.

협중용(協中庸; 중국인 강사): 비밀공작법.

곽종령(郭鍾靈; 중국인 강사): 중국어.　　　　　　　　　　이상 13명.[65]

---

62) 이름은 원자료에 표기된 바에 따르되, 확인되는 한에서 본명 혹은 이명을 (　　) 안에
　병기하였다.

63) 『眞相』, 151~53면의 명단과 170~71면의 명단을 종합하여 작성한 것임.

64) 이철호가 교관임은 같은 책, 305~307면에 의거한다. 그는 일찍이 1922년에 雲南講武
　堂을 졸업한 후, 馮玉祥 휘하의 국민군 제2군 교도단 교관, 제2차 직봉전쟁 참전, 광주
　의 황포군교 4기 포병과 少尉 조교, 광동한인청년동맹 회원, 무한의 국민혁명군 제1군
　上尉 連長 및 제6군 砲兵營長, 재중국한인청년동맹 상해지부 중앙집행위원 겸 운동부
　책임자, 同동맹 길림파견원 등, 다채로운 이력의 소유자였다. 일제 경찰조서에는 1930
　년에 북경을 거쳐 상해에 와 있다가 1931년에 의열단에 합류하고 간부학교의 교관으로
　초빙받은 것으로 되어 있다(「所謂軍官學校事件の眞相」, 136~37면).

제2기[66]

김약산(金若山=김원봉): 조선정세.

왕현지: 경제학, 세계정세, 당조직 문제.

석정(石正=윤세주): 유물사관, 각국 혁명사, 중국혁명사, 조선운동사, 의열
단사, 당조직 문제.

조모(曹某=曹斌[67])): 정보학.

김준(金俊=김종): 전술학.

신악: 보병조전.

이상지(李相之=李遠=李復源[68])): 간이측도, 사격, 축성학.

양진곤(楊振崑=楊民山): 진중요무령, 폭탄제조 및 사용법.

김세일(金世一): 야간연습, 기관총학.

진유일(陳唯一=李昌河): (담당과목 미상).

유모(劉某; 중국인 강사): 삼민주의.　　　　　　　　이상 11명.


제3기[69]

왕현지: 경제학, 물리, 화학.

석정: 유물론철학, 사회학, 세계경제·지리.

양민산: 정치학, 당조직과 선전.

이명선(李明善=文鍾三[70])): 정치경제학.

반해량(潘海亮=이춘암): 정보학, 중국혁명사.

---

65) 1기 졸업생으로 일경에 투항한 金世玉은 1기의 교관진 구성 및 교수과목에 대하여 위
와 다른 내용으로 다음과 같이 진술하였다(『동아일보』 1934년 10월 31일자). 金英俊(경
제학, 삼민주의, 중국혁명사); 高永岩(각국혁명사, 정치학); 李東華(간이측도학, 기관총);
金鍾(사격 및 전술); 申岳(야간연습, 보병조전, 야외연습); 權俊(축성 및 교통학); 李巨文
(진중요무). 또한 야간에는 다음과 같이 비밀리에 '공산주의' 강의도 했다고 한다. 김원
봉(유물론과 유심론, 의열단사); 김영준(세계정세와 조선정세); 박건웅(당조직 문제). 그
러나 김세옥의 진술은 그뒤에 나온 『眞相』의 서술에 전혀 반영되지 않았다. 일제 경찰
당국은 김세옥의 진술을 신빙성있는 것으로 받아들이지 않았던 모양이다.

66) 『眞相』, 189~90면에 의함.

67) 추헌수 편, 『자료 한국독립운동』 제1권, 연세대학교 출판부 1972, 323면 참조.

68) 『사상정세시찰보고집』 제9집, 82면 참조.

69) 국회도서관 편, 앞의 책, 859~60면, 863~64면; 『사상휘보』 제7호, 155~56면.

70) 『사상정세시찰보고집』 제2집, 385면과 『사상휘보』 제4호, 108면에는 이명선이 이창하
의 이명인 것으로 되어 있으나 이는 잘못된 정보이다.

김두봉(金枓奉): 유물사관, 한국역사, 한국지리.

김두환(金斗煥): 한글 철자법.

김영주(金營珠=金令洲=金尙德71)): 만주지리, 각국 혁명사.

김준: 사격교범, 전술학, 도상전술.

신악: 군제학.

김세일: 보병조전, 기관총 해부학, 야외연습.

오균(吳均=吳周鳳?): 진중요무령, 실과교련.

하진동(河振東): 야간교육.

이모(李某=이상지?): 군대내무와 육군예식, 지형학, 축성학, 기관총학, 군사
간이측도, 기하.

방모(方某): 대수.　　　　　　　　　　　　　　　　이상 15명.


이상의 명단으로 보면, 기를 달리함에 따라 교관진의 구성도 상당 정도 변동이 있었으며 동일인의 담당과목도 기에 따라 변동이 있었음을 알 수 있다. 각 기별 교관진 구성의 특징과 변동 사항을 보면 다음과 같다.

제1기 교관진은 거의 전원 1920년대 중반 광주 시절부터의 단원, 주로 황포군교 입교를 계기로 해서 단원이 된 인물들로 구성되었다. 그 가운데 박건웅과 이영준 그리고 아마도 이철호는 북경에서 김원봉과 함께 레닌주의정치학교 운영에 관계하다가 남경으로 왔고, 이동화 김종 권준 신악 노을룡 등은 남경 및 그 인근 지역의 중국군 부대에 복무하고 있었다.

정치학 담당의 '한교관'이 고활신이었다는72) 일제 관헌 자료의 기술73)이

71) 김상덕이 간부학교 교관으로 재직한 사실은 추헌수 편, 『자료 한국독립운동』 제1권, 323면에서도 확인된다. 김상덕은 재만 한국독립군의 참모로 활동중이던 1933년 2월에 남경 국민정부에 무기·탄약 지원을 요청하기 위한 특사로 참모장 신숙과 함께 파견된 이후 계속 남경에 체류하고 있었다(신숙, 앞의 책, 1963, 114~15면).

72) 간부학교 2기 출신인 金勝坤 선생의 증언에 의지하여, 한상도는 '한교관'이 韓一來(=千韋松)를 지칭한다고 단언하였다(한상도, 『한국독립운동과 중국군관학교』, 문학과지성사, 1994, 263면, 주 267번). 그런데 1933년 6월 말에 개최된 의열단 제7차 정기대표대회의 참석자 명단(『眞相』, 395면)과 거기서 改選된 중앙집행위원 명단(『眞相』, 409면)에 '한일래'와 '한교관'이 나란히 나온다. 또한 '한교관'은 1933년에 박건웅과 함께 공산주의를 주장하여 김원봉과 의견충돌을 빚은 끝에 탈단하고 북경으로 갔다가, 끝내는 전향하여 일제 관헌에 협력했다 한다(『사상정세시찰보고집』 제2집, 252면; 同 제3집, 20면). 따라서 '한교관'과 한일래는 동일인이라고 볼 수 없다.

정확하다면, 오직 그만이 예외적인 경우에 해당하였다. 고활신은 정의부, 국민부, 조선혁명당의 주요 간부직을 역임하면서 재만 독립운동계에 널리 이름이 알려진 인물이었다. 이미 정의부 시절에 좌경 성향을 보이기 시작한 그는 1930년 초에 현정경 이웅(李雄, 李辰卓) 이종락(李鍾洛) 등 국민부의 일부 간부와 함께 중공당 만주성위에 가입하였으며,74) 조선혁명당 내의 좌우투쟁에서 패배하여 축출된 직후인 1930년 10월 당시는 김동삼과 최환 그리고 윤자영 등과 함께 길림에 본거를 둔 서상파 재만한인반제국주의동맹의 간부였다고 한다.75) 이종락이 지휘하는 조선혁명군 길강성(吉江省) 지휘부의 간부로로 암약했던76) 그는 1931년 3월에 중국헌병대에 검거되었으나 유동열의 주선으로 곧 석방되었다.77) 따라서 그가 만주를 떠나 관내로 들어온 것은 1931년 봄 이후의 일이겠는데, 아마도 북경에 와 있다가 의열단과 접촉하게 되고 마침내는 남경까지 동행한 것이 아닌가 한다. 1932년 6월 북경에서 중한항일의용군을 창설한 주역의 한 사람으로 김원봉과 함께 그가 들어지는 것이나, 같은 서상파로 길림성 반석에서 연계활동을 하고 있던 김원식78)이 '의열단에서 파견'한 독립군 제1지대 조직책임자로 거명된79) 것도 고활신의 의열단 입단과 무관하지 않았을 것이다.

1933년 9월에 개설된 제2기 과정의 교관 명단에는 1기 교관이던 박건웅 고활신 이동화 권준 노을룡 이철호 이집중 등의 이름이 보이지 않는다. 박건웅과 고활신은 1933년 6월의 제7차 정기대표대회에서 이념 문제로 김원봉과 의견충돌을 빚어 탈단하였으며,80) 이동화는 항주(杭州)의 중국중앙경관학교 교관으로 초빙되어 갔다.81) 권준은 1933년 1월에 생활비 지급 문제로 김원

---

73) 『眞相』, 37면; 『사상정세시찰보고집』 제2집, 252면; 同, 제3집, 20면.

74) 장세윤, 「조선혁명군 연구」, 326면.

75) 梶村秀樹・姜德相 編, 『現代史資料 29: 朝鮮 五』, 東京: みすず書房 1972, 600면.

76) 이명영, 「일제의 만주침략과 반만항일운동」, 『성대논문집』 제18집, 1973, 92면.

77) 독립운동사편찬위원회, 『독립운동사 자료집 제10집: 독립군전투사 자료집』, 1976, 597면.

78) 주 75와 같은 곳에 재만한인반제국주의동맹의 '연계단체'의 하나로 '磐石(金元植)'이 들어지고 있다.

79) 주 41과 같음.

80) 주 72와 같음.

81) 그는 1934년 3월 20일경에 경관학교 생도들에게 폭탄사용법 시범을 보이던 중 폭탄이

봉과 불화를 일으키게 되자 간부학교를 떠나 한구의 중국군 부대에 재편입해 갔다.[82] 노을룡은 김원봉의 비서로 전임(轉任)하여 배신자를 처단하는 일을 맡았다.[83] 이철호와 이집중도 노을룡과 비슷하게 다른 임무를 맡아 교관직을 떠나게 된 것으로 보인다.[84]

위의 간부 및 중견단원들이 사직한 대신에 윤세주 양민산 김세일 이상지 이창하 등 1기 졸업생과 일본 와세다(早稻田)대학 출신인 조빈이 2기 교관진에 합류하였다. 김원봉과 호형호제하던 윤세주는 1920년의 '밀양폭탄사건'으로 8년간 복역하고 만기 출옥한 후,『중외일보』기자와 경남주식회사 사장을 겸임하면서 문화활동을 가장하여 부산·경남지방의 학생운동과 노동운동을 비밀리에 지도하였다. 그러나 일제의 감시가 심해지자 1932년에 남경으로 망명해서 단에 재합류한 것이었다.[85]

제3기의 교관 명단을 보면, 1기 교관 가운데는 이영준과 신악, 김종 세 사람만이, 2기 교관 가운데는 김준 윤세주 김세일 양민산 (이상지)만이 계속해서 교관으로 남아 있고, 8,9명의 교관이 새로 임명 또는 초빙되었음을 알 수 있다. 그 가운데 하진동과 오균, 이명선 3인은 2기 졸업생이었고, 이춘암은 중국군 상위(上尉)로서 남경헌병사령부 우전검사소(郵電檢査所)에 근무하고 있었다. 대수 과목을 담당한 '방모' 교관은 황포군교 4기 출신으로 남경 중

---

터지는 바람에 순직하였다(박태원,『약산과 의열단』, 백양당 1947, 207면;『사상정세시찰보고집』제3집, 20면).

82)『사상정세시찰보고집』제3집, 19면, 425면. 등걸의 회고에 의하면, 권준은 그후 역행사의 무한 및 강서성 지역의 정보책임자가 되었다고 한다(滕傑, 앞의 글, 68면).

83) 그는 1935년에 金始顯과 짝을 이루어 북경의 한인 부일배를 처단하는 일을 맡았는데, 河南省 鄭州에서 일제의 비밀정보원 역할을 하던 중국인 특무대장을 살해한 혐의로 체포되어 총살형에 처해졌다. 이에 관해서는『사상정세시찰보고집』제3집, 21면; 한상도, 앞의 책, 264면, 주 275번의 김승곤 증언;『동아일보』1935년 7월 14일자 참조.

84) 이철호는 1934년 9월 국내로 들어가던 길에 북경에서 일경에 피검되었다. 수사보고에는 그가 江蘇省 無錫에서 간이잠사연구소를 운영하고 있다가 부친의 부름을 받고 입국하려 했다고 진술한 것으로 되어 있는데(『眞相』, 306면), 실제로는 국내 밀파된 졸업생들의 활동상황을 점검하고 독려하는 임무를 띠고 입국하려고 했던 것이 아닌가 싶다. 이에 대해서는『동아일보』1934년 11월 6일자 참조.

85) 金若山,「石正同志 略史」,『앞길』제32기, 1943. 6. 그는 1기 교관을 맡으라는 김원봉의 권고에 "열정과 용기만으로 혁명운동을 할 수는 없다"면서 한사코 고사하고 1기생으로 입학했는데, 사실상 1기생을 영도하는 역할을 맡았다고 한다.

국군 부대의 상위 연장(連長)으로 근무하고 있던[86] 박효삼(朴孝三)이었을 것으로 추측된다. 상해한국독립당 남경구 대표[87]이자 한국대일전선통일동맹의 한국독립당 몫 상무위원 겸 대당조직전무위원(大黨組織專務委員)이던[88] 김두봉과, 재만한국독립당의 후신인 신한독립당(新韓獨立黨)의 간부이던 김상덕은 단일당결성운동에 적극 동참하고 있었으므로 의열단 지도부와 의기상통하여 간부학교의 교관으로 초빙되었던 듯하다.


## 3. 조선혁명간부학교의 입교생들

조선혁명간부학교 입교생 125명의 신상 내역을 완벽하게 파악하는 것은 매우 어려운 일이지만, 그 명단을 확정짓고 몇가지 기초적 사항들에 관한 정보를 얻는 것은 불가능한 일이 아니다. 이 작업에는 일제 치안·사법기관의 정기 및 수시 정보보고와 취조보고 내용들이 기초자료로 활용될 수 있다. 그를 통하여 정리하고 복원해낸 각 기별 입교생 명단과 인적사항을 표로 만들어 제시하면 아래와 같다. 명단은 대조·확인의 편의를 위하여 본명(단 본명이 확인되지 않는 경우에는 가장 빈번히 사용되거나 잘 알려진 이명)의 가나다 순으로 배열하였다.[89]

---

86) 국회도서관 편, 앞의 책, 827면.
87) 『사상정세시찰보고집』 제2집, 51면.
88) 같은 책, 53면.
89) 각 기별 입교생 명단과 개인별 신원사항은 다음의 자료들을 비교하고 대조해서 얻은 결과를 정리한 것이다.
　　① 『軍官學校事件ノ眞相』 中 「의열단군관학교관계자 氏名表」(37~116면), 「군관학교관계자 피검자일람표」(116~39면), 「軍官學校卒業生其ノ他關係者ノ活動狀況」(247~379면).
　　② 『고등경찰보』 제4호, 「所謂軍官學校事件の眞相」 중 <義烈團及軍官學校關係者氏名>(84~112면).
　　③ 『사상정세시찰보고집』 제2집, 「昭和十年夏以降に於ける中華民國在留不逞鮮人團體の情況」 중 <要視察人·要注意人略名簿(朝鮮人之部)>(252~63면).
　　④ 『사상정세시찰보고집』 제2집, 「在支不逞鮮人の青年養成情況」(377~80면).
　　⑤ 『사상정세시찰보고집』 제3집, 「昭和十一年二月以降の在華不逞鮮人團の情況」 중 <民族革命黨幹部黨員動靜調>(19~32면).

<표 2> 조선혁명간부학교 제1기생 명단 및 신원

| 연번 | 본명 | 이명 또는 재학시 가명 | 연령 | 본적지 | 학·경력, 연고 |
|---|---|---|---|---|---|
| 1 | 金公信 | 汪得海, 李相求, 金相勳 | 19 | 경기 연천 | 보졸, 공장노동 |
| 2 | 金大陸 | 楊振崑, 楊民山 | 19 | 경북 선산 | 중학 졸, 만주 |
| 3 | 金世玉 | 金芝光, 李自重 | 23 | 평북 철산 | 正義府員, 북경 |
| 4 | 金壽吉 | 郭賓大, 陳良誠 | | 평북 | |
| 5 | 金永培 | 朴心龍, 王權 | 22 | 경남 동래 | 적색노조원 |
| 6 | 金英哉 | 金世一[日], 王鐵夫 | 22 | 평북 용천 | 일본 유학 |
| 7 | 金千萬 | 陳岩, 金聖濟, 江文浩 | 27 | 서울 | 고보 중퇴, 배우 |
| 8 | 盧錫聖 | 王振鳴, 林順德, 康哲士 | 22 | 평북 정주 | 점원, 부산 |
| 9 | 盧喆龍 | 崔成章 | | 충남 홍성 | 盧乙龍의 아우 |

---

⑥ 『사상정세시찰보고집』 제3집, 「昭和十一年夏以降に於ける中華民國在留不逞鮮人 團體の情況」 중 <要手配不逞鮮人名簿>(425~56면).

⑦ 『사상정세시찰보고집』 제9집, 「南京陷落後の在支不逞鮮人團體の動靜」 중 <要手 配不逞鮮人名簿>(81~131면).

⑧ 『사상휘보』 제7호, 「上海及南京方面に於ける朝鮮人の思想狀況」(155~60면).

⑨ 김정명 편, 『조선독립운동』 제2권, 「(所謂鮮人)軍官學校(事件)關係者檢擧一覽表」, 523~26면(1934년도분), 555~57면(1935년도분), 587~93면(1936년도분).

⑩ 국회도서관 편, 앞의 책 中 「韓人獨立運動者의 軍官學校에 관한 件」(836~40면), 「韓人獨立運動者의 動靜」(853~54면), 「義烈團의 革命鬪士養成에 관한 件」(858~ 60면), 「義烈團과 民族革命黨의 組織」(860~69면), 「在南京民族革命黨의 行動」 (870~74면).

⑪ 『독립운동사자료집 제13집: 학생독립운동사 자료집』, 「각 군관학교 출신 항일활 동」(1007~16면).

⑫ 국사편찬위원회 편, 『한민족독립운동사 자료집』 별집 1, 1991.

⑬ 宋相燾, 『騎驢隨筆』, 탐구당 1971, 430~32면.

⑭ 金學鐵, 『無名小卒』, 풀빛 1989, 17~36면.

그런데 ①부터 ⑩까지의 정기 및 수시 첩보·취조보고들은 작성 시점도 조금씩 다른 데다, 작성처도 朝鮮總督府 警務局(① ②) 및 朝鮮總督府 高等法院 檢事局(⑧), 在上海 및 南京 日本總領事館(③ ⑤ ⑥ ⑦ ⑩), 日本 內務省 警保局(⑨), 日本 司法省 刑事局 (④) 등으로 다르다 보니——이는 情報源이 다름도 의미한다——정보내용이 상위하거 나 부정확한 부분이 많다. 그러나 미심쩍은 점들을 대조하고 검토하여 비교적 일관되며 정확해 보이는 쪽의 것을 취택함으로써 보완하는 방법을 취하였다.

원자료들의 명단에 각자의 연령이 병기되어 있기는 하나, 傳言에 의존하거나 추정한 것이 많아서 그런지 같은 인물의 연령이 다르게 나오는 수가 많고, 그중 어느 하나를 임의로 취하기도 곤란하다. 그런 가운데도 피검자의 연령 표기는 거의 정확한 것일 터

| 연번 | 본명 | 이명 또는 재학시 가명 | 연령 | 본적지 | 학·경력, 연고 |
|---|---|---|---|---|---|
| 10 | 文吉煥 | 胡瑛 | 21 | 경남 동래 | |
| 11 | 朴俊彬 | 韓削平 | 21 | 평북 | 만주 |
| 12 | 愼秉垣 | 柳湖, 兪亨白, 兪超 | 26 | 경남 거창 | 신간회 지방간부 |
| 13 | 申世澈 | 趙烈, 申聖澈 | 29 | 충남 공주 | 서울 |
| 14 | 安炳喆 | 徐嘉中 | 24 | 경북 영천 | |
| 15 | 尹世胄 | 石正, 尹小龍 | 32 | 경남 밀양 | 의열단 창립단원 |
| 16 | 尹益均 | 胡平 | 23 | 서울 | 점원 |
| 17 | 李懋庸 | 權炳龍, 李南海 | 22 | 경남 동래 | |
| 18 | 李復源 | 李遠, 李相之 | | 평북 정주 | 美 陸士 卒? |
| 19 | 李昌河 | 陳唯一 | | 평북 정주 | 의열단원, 봉천 |
| 20 | 李化淳 | 張振山, 張信民 | 29 | 평남 평양 | |
| 21 | 李 活 | 李源三, 李陸史 | 28 | 경북 안동 | 의열단원 |
| 22 | 鄭日明 | 鄭八仙, 高信葉 | | 강원 양구 | |
| 23 | 池泰善 | 陳友三, 劉基敏 | 19 | 강원 춘천 | |
| 24 | 崔章學 | 陳嘉明 | | 경남 동래 | |
| 25 | (不明) | 劉福山 | | 평북 용천 | 대학 중퇴 |
| 26 | (不明) | 張守正 | | 평남 평양 | |

<표 3> 조선혁명간부학교 제2기생 명단 및 신원

| 연번 | 본명 | 이명 또는 재학시 가명 | 연령 | 본적지 | 학·경력, 연고 |
|---|---|---|---|---|---|
| 1 | 姜永直 | 姜永貞, 姜永燮, 姜永植 | 20 | 충남 | |
| 2 | 金龜泳 | 金海哲, 李鍾洪, 趙光烈 | | 황해 신천 | 중학 중퇴 |
| 3 | 金基亨 | 金昌龍, 韓志良 | 23 | 평북 정주 | 중졸, 농업 |
| 4 | 金樂濟 | 金龍洙, 施天肇 | 20 | 평북 정주 | 농업, 만주 |
| 5 | 金邦祐 | 玉[李]秀山, 金光湖 | 20 | 경북 영천 | 만주 |
| 6 | 金成式 | 趙龍九 | 23 | 평북 정주 | |
| 7 | 金勝坤 | 黃民, 胡英 | 19 | 전남 담양 | 金鍾의 조카 |
| 8 | 金愛寬 | 金相憲, 張麟 | 21 | 평북 정주 | |
| 9 | 金泳烈 | 白日正, 金華 | 22 | 평북 정주 | |
| 10 | 金榮濟 | 許金山, 許永濟 | | 평북 정주 | 중졸 |

이므로 그것을 취하고, 또 1944년에 중국측에 제출된 임시정부 및 조선민족혁명당 간부·役員명부(추헌수 편, 『자료 한국독립운동』 제1권, 310~25면, 제2권, 246~251면)의 연령 표기도 정확한 것일 터이므로 거기에 등재된 인물들 가운데 간부학교 출신자를 가려내, 간부학교 각 기의 개교연도로 소급시켜 역산한 연령만을 병기하였다.

| 연번 | 본명 | 이명 또는 재학시 가명 | 연령 | 본적지 | 학·경력, 연고 |
|---|---|---|---|---|---|
| 11 | 金雲燾 | 金龍燾, 陳鳳林 | 20 | 평북 정주 | |
| 12 | 金逸坤 | 文明哲 | | 전남 담양 | 金鍾의 조카 |
| 13 | 金在浩 | 胡健 | 23 | 전남 나주 | |
| 14 | 金燦瑞 | 金萬鍾 | | 평북 정주 | |
| 15 | 金弘燾 | 石文龍, 高秀峯 | 25 | 평북 정주 | |
| 16 | 朴恩錫 | 朴基燦, 申鴻凱, 韓光武 | 27 | 평북 정주 | |
| 17 | 邊昌裕 | 宋文旭, 李旭 | 24 | 평북 정주 | 國民府員, 봉천 |
| 18 | 徐萬成 | 朴順浩, 袁世弘 | 21 | 경북 영천 | 郡農會 지도원 |
| 19 | 申聖鳳 | 張平山 | | 평북 신의주 | 만주 |
| 20 | 安世雄 | 柳世營 | 23 | 평북 철산 | 점원, 봉천 |
| 21 | 安貞得 | 金容得, 李榕夏 | | 서울 | 고보 퇴, 사진업 |
| 22 | 吳龍成 | 王衛國 | 20 | 평북 정주 | |
| 23 | 尹公欽 | 李哲, 李契 | | 평북 박천 | 일등 비행사 |
| 24 | 李圭烈 | 李文華 | 22 | 평북 정주 | |
| 25 | 李武榮 | 楊輝 | | 평북 정주 | |
| 26 | 李相勳 | 李志剛, 李定洙 | | 황해 봉산 | 李春岩의 조카 |
| 27 | 李元大 | 孔文德, 馬德山 | 18 | 경북 영천 | 李英俊의 아우 |
| 28 | 李正淳 | 王賢淳, 韓大成 | 24 | 평북 벽동 | 농업 |
| 29 | 李進榮 | 于自彊 | | 경북 | 목공, 만주 |
| 30 | 李昌萬 | 金昌萬, 韓得志, 韓得正 | 23 | 평북 정주 | |
| 31 | 全甲成 | 鐵舟, 元亨, 蔣[蔡]世傑 | 25 | 서울 | 朴建雄의 처남 |
| 32 | 全亨烈 | 王南海 | | 평북 정주 | 봉천 |
| 33 | 鄭富銀 | 鄭律成, 劉大振 | 25 | 전남 광주 | 농업, 봉천 |
| 34 | 鄭海龍 | 魯崇道 | 22 | 경북 상주 | |
| 35 | 蔡東龍 | 孫廷[貞]傑, 李大成 | 24 | 평남 강서 | 韓一來의 아들 |
| 36 | 蔡文秀 | | | 평북 영변 | 상해 |
| 37 | 千暻伊 | 曺晃 | | 충남 부여 | |
| 38 | 崔英錫 | 劉敏, 劉敬 | 23 | 전북 전주 | 노동, 우편배달 |
| 39 | 崔枝榮 | 鄭泰元 | | 평북 정주 | 고보 졸, 봉천 |
| 40 | 河奉禹 | 河東禹, 何振東 | 21 | 평북 벽동 | |
| 41 | 洪加勒 | 洪雄基, 元弘武 | | 충남 온양 | 북경 |
| 42 | 洪順官 | 姜振世 | | 평북 정주 | |
| 43 | (不明) | 關健, 황재연 | | 평북(만주) | 의열단원 |
| 44 | (不明) | 金起正 | | 경남 | 만주 |
| 45 | (不明) | 金天福 | | 함남 함흥 | |
| 46 | (不明) | 潘致中 | | 평북 | 만주 |
| 47 | (不明) | 王傑 | | 충남 | |

| 연번 | 본명 | 이명 또는 재학시 가명 | 연령 | 본적지 | 학·경력, 연고 |
|---|---|---|---|---|---|
| 48 | (不明) | 王守義 | | 평북 운산? | 만주 |
| 49 | (不明) | 王作林 | 17 | 평북 벽동 | |
| 50 | (不明) | 李明善, 文鍾三, 최요한 | | 충남? | |
| 51 | (不明) | 周世敏, 金雲學 | 17 | 함북 | 만주 |
| 52 | (不明) | 陳明山 | | 평북 벽동 | |
| 53 | (不明) | 陳義山, 陳義三 | | 충남 부여 | 한일래의 아우 |
| 54 | (不明) | 畢英秀 | | 경기 수원 | |
| 55 | (不明) | 黃永周, 吳鈞[均] | | 서울 | |

<표 4> 조선혁명간부학교 제3기생 명단 및 신원

| 연번 | 본명 | 이명 또는 재학시 가명 | 연령 | 본적지 | 학·경력, 연고 |
|---|---|---|---|---|---|
| 1 | 金根福 | 馬崙, 金奎 | 23 | 평남 | |
| 2 | 金得水 | 王仁俊 | 24 | 평남 평양 | |
| 3 | 金順坤 | 張敬之, 張文華 | | 경남 | 고보 퇴, 상해 |
| 4 | 金完植 | 鄧勳 | | 함북 | 만주 |
| 5 | 金昌奎 | 王克强 | 20 | | |
| 6 | 金 濯 | 王通 | | 함남 | |
| 7 | 朴奎七 | 韓成國 | | 평북 선천 | |
| 8 | 박성률 | 廖天澤 | | 강원 | |
| 9 | 宋銀山 | 余[金]成三 | | 경기 | 시계수리공 |
| 10 | 愼海龍 | 張元福 | 21 | | 자동차 운전 |
| 11 | 安淳永 | 方天民 | 24 | 경기 | |
| 12 | 安二乭 | 劉永淸, 安鐵石 | 19 | 함북 | |
| 13 | 吳亨模 | 張泰明, 楊華 | | 전북 | 보통학교 졸 |
| 14 | 李聖根 | 趙小鄕[卿] | 19 | 서울 | |
| 15 | 李正淳 | 韓大成, 王賢淳 | 19 | 평북 벽동 | 2기생 |
| 16 | 李浩錫 | 張作民 | 22 | 경기 | |
| 17 | 恁鳳淳 | 宋光, 林成一 | | 평남 | |
| 18 | 林仁俊 | 陳元仲 | | 평북 용천 | |
| 19 | 張道成 | 徐覺 | | 평북 선천 | |
| 20 | 張志甲 | 馬世達 | | 경남 | 張建相의 아들 |
| 21 | 全英吉 | 金英吉, 李鴻斌 | 27 | 평북 신의주 | 만주 |
| 22 | 崔景應 | 陳敬光, 東海山 | | 강원 | 간도 |

| 연번 | 본명 | 이명 또는 재학시 가명 | 연령 | 본적지 | 학·경력, 연고 |
|---|---|---|---|---|---|
| 23 | 韓錫奎 | 武虎 | | 전북 전주 | |
| 24 | 咸永軾 | 汪春水, 嚴尙守 | 30 | 평북 | |
| 25 | (不明) | 戴天德 | | 평북 벽동 | |
| 26 | (不明) | 馬春植 | | 서울 | |
| 27 | (不明) | 文友一 | | | 만주 |
| 28 | (不明) | 石成才 | | 경상도 | |
| 29 | (不明) | 宋東旭 | | 평남 평양 | |
| 30 | (不明) | 楊靑 | | 경상도 | 간도 |
| 31 | (不明) | 王明洙 | | | |
| 32 | (不明) | 王之玉 | | 함북 | |
| 33 | (不明) | 于明德 | | | 만주 |
| 34 | (不明) | 李仁秋 | | 강원 | |
| 35 | (不明) | 林相秀 | | 전라도 | |
| 36 | (不明) | 張木夏 | | | 간도 |
| 37 | (不明) | 張泰[奉]山 | | 함북 | |
| 38 | (不明) | 鄭國賢 | | | |
| 39 | (不明) | 朱雲龍, 이극 | | 평북 신의주 | |
| 40 | (不明) | 陳國華 | | 평안도 | |
| 41 | (不明) | 陳宗漢 | | | 간도 |
| 42 | (不明) | 陳學東 | | | 간도 |
| 43 | (不明) | 胡維伯 | | 경남 | 대학 중퇴 |
| 44 | (不明) | 黃人振 | | | 만주 |

이상 정리된 신원사항을 토대로 간부학교 입교생들의 전체적인 면모를 어느정도 그려볼 수가 있다. 먼저 입교시의 연령은 쉽게 예상할 수 있듯이 20대 초반 연령대가 가장 많았다. 그러면서도 17세부터 30대 초반에 이르기까지 청년층 범위 내에서 비교적 넓게 분포되어 있었다.

입교생의 출신지(원자료에서는 본적지)는 국내 각지로 광범위한 분포를 보이면서도, 응모지 또는 연고지까지 아울러 고려해보면 기별로 약간의 차이점이 나타난다. 1기생의 대부분은 출신지와 응모지가 일치하면서 경상도와 평안북도 출신이 주류를 이룬다. 2기생은 모집에 다소간 시간적 여유가 있었음과 모집활동을 보다 활발히 벌였음을 반영하여, 출신지 범위가 중·남부지방

전역으로 광역화된 한편, 만주지역(특히 봉천지방) 연고자가 부쩍 늘어났다. 반면에 국내의 북부지방 출신자는 여전히 평안북도(특히 정주)에 치우쳐 있었음이 이채롭다. 그러나 3기에 이르면 함경북도와 평안남도를 포함한 북부지방 출신자가 다수를 이루면서 특히 간도를 중심으로 한 만주지역 연고자가 많은 점이 특징이다. 이는 간부학교의 존재가 이미 일경에 확연히 노출되었기 때문에 국내의 중·남부지방에서는 입교생을 모집하기가 극히 어려워졌음과 아울러, 그동안 의열단의 세력기반이 국내의 북부지방과 만주지역으로까지 넓혀졌음을 반영한 것으로 보인다. 장건상 김종 박건웅 이영준 한일래 노을룡 이춘암 등의 단 간부 또는 중견단원들이 자기의 아들이나 아우, 조카를 입교시켜 항일투쟁에 투신할 준비를 시켰다는 점도 특기할 만하다.

입교생들의 학·경력과 직업이력에 관해서는 자료에 담겨 있는 정보가 충분하지 않아 일반화된 진술을 하기가 어렵다. 일부 나타난 사항만을 가지고서 본다면, 학력은 보통학교 중퇴에서부터 고보 졸업 또는 대학 중퇴에 이르기까지 폭넓게 분포되어 있으나 전반적으로는 그리 높지 않았던 것으로 판단된다. 식민지 치하에서 고학력 소지자란 극히 일부의 상류계층 출신으로 한정되었거니와, 그들이 국외 항일투쟁의 대열에 흔연히 합류하기는 거의 기대하기 어려운 일이었으므로 위와 같은 경향은 오히려 당연한 것이었다. 입교생들의 직업배경은 공장노동자, 점원, 목공원, 운전원, 시계수리공, 우편배달원, 농회지도원, 사진업, 배우, 비행사 등 일견 다채롭게 나타나지만, 자료에 명기되지 않은 대부분의 경우를 포함하여 빈농 출신자가 다수였을 것으로 생각된다. 그들의 간부학교 입교는 절박한 생존의 문제를 해결하기 위한 탈출구이기도 했던 것이다. 그런 한편 입교생들 가운데는 의열단원을 비롯하여 신간회 지방간부, 적색노조 운동자, 정의부와 국민부 등 재만 단체 소속원으로서 반일 독립운동의 경력을 가진 청년도 꽤 있었다.

간부학교 설립·운영의 주체는 의열단이었으므로 단원이 아닌 입교생은 나중에라도 소정의 절차를 거쳐 입단할 것을 요구받았다. 1기 때는 개개인의 언행을 예의 관찰하여, 일단 밀정은 아니며 조국독립을 열망하고 있고 항일의지가 높다고 확인된 입교생에게만 비밀리에 입단을 권유하였다. 그러나 2기생부터는 입단이 입교의 전제조건이 되어, 매 응모자는 의열단의 강령·규약에 절대 복종한다는 취지의 서약서와 이력서[90]를 제출하도록 했고 그것으로 입단 절차를 대신했다.

교육기간중에 간부학교 생도들은 '학원(學員)'으로 호칭됨과 아울러 중국 군의 견습사관에 상응하는 대우를 받았다. 그리고 졸업을 하면 최소한 정규 군의 소대장 내지 소위의 자질을 갖출 것이라고 기대되었다. 6개월 남짓한 짧은 기간의 교육훈련이었지만 다방면에 걸친 교과과정의 이수를 통하여 생 도들은 항일투쟁의 전사요 독립국가 건설의 역군이 되는 데 필수적인 군사지 식 및 기술을 두루 익히고 사회과학적 소양을 갖추면서 강고한 투쟁의지를 단련시켜갔다.

김원봉은 제1기 입학식 때의 개교사에서 "간부학교의 개교는 지난날 의열 단이 흘린 피에 대한 보답임과 동시에 현재의 혈전교섭 결과로 이루어진 것" 임을 특별히 강조하고, '중한민족이 제휴하여 동삼성을 탈환하고 조선의 독 립을 달성'해야 함을 역설하였다.[91] 제2기 졸업식에서도 김원봉 윤세주 이영 준 세 사람이 훈시를 통하여 세계정세를 간명하게 전망하고, 그러한 정세를 이용하여 효과적인 투쟁수단으로써 대일항전에 나설 것을 졸업생들에게 당 부하였다.

그러면 이 시기의 의열단은 어떠한 정세인식과 운동구도와 전략·전술 방 침 아래 민족혁명운동을 전개하고자 했던가? 이는 간부학교의 교육과정에서 의열단 지도부가 제시했던 조선혁명론의 내용구조를 살핌으로써 구명해볼 수 있다.

---

90) 이력서는 眞·僞 각 1통씩 2통을 작성하도록 하였는데, 허위 이력서는 중국측에 통보 될 것으로, 보안을 위해 이름을 비롯한 모든 신상사항을 꾸며 쓰게 하였다. 『眞相』, 191 면 참조.
91) 『眞相』, 148~49면.

## 제3절   의열단의 민족혁명운동론

### 1. 정세인식

1) 세계정세 분석

1930년대 초반의 세계정세에 대한 의열단의 관점과 인식은, 단내 이론가로서 1920년대의 김성숙 같은 위치에 있던 이영준이 간부학교 2기생들에게 행한 강의 내용[92]에 잘 나타나 있다. 전적으로 정치경제학적 분석틀에 기초한 그의 세계정세 분석은 1차 세계대전 이후 서구자본주의의 전개과정을 3기로 나누어 각 기의 특질을 추출하고 그것에 비추어 현정세의 본질과 추후 전개방향을 전망하는 방식으로 행해지고 있었다.

그의 분석에 따르면 자본주의 제1기는 제1차 세계대전 이후 1921년까지로, 러시아혁명을 시발로 독일과 프랑스에서도 혁명적 정세가 조성되고 유럽 각지의 약소민족 해방운동이 치열하게 전개된 혁명의 시기였다. 상황이 이렇게 되자 자본가계급은 자연히 수세에 몰리게 되었고 각 산업기관은 혼란상태에 빠져 국제교역이 일시 단절되는 사태까지 벌어졌다. 그러한 가운데 세계경제의 주도권은 영국으로부터 미국으로 이전되고, 세계 정치무대는 유럽으로부터 중국 중심의 극동으로 이전되었다.

자본주의 제2기는 1922~1929년 사이의 기간으로 세계자본주의는 앞 시기의 혼란을 극복하여 일시적 안정 국면을 맞게 되고, 러시아와 자본주의 각국의 대립 속에서 무산계급은 세력이 미약한 데다 적극적인 투쟁을 전개하지 못하여 수세에 처하였다. 이 시기는 미국과 일본의 자본주의가 급속도로 발전함에 따라 유럽자본주의가 위협받기 시작한 시기이기도 하였다.

자본주의 제3기는 현재의 국면으로서, 자본주의는 최후 몰락기에 접어든 것으로 분석된다. 생산의 무정부성으로 인한 과잉생산이 만성적 불경기와 만

---

92) 王現之, 「世界情勢」, 『眞相』, 535~49면.

성적 실업사태를 낳았으며, 그로 인해 계급적 대립이 첨예화할 뿐 아니라 제
국주의국가간의 모순·대립이 격화하면서 전쟁 발발의 위기가 상존한다. 이
러한 상황은 결국 자본주의-제국주의국가들의 자멸을 촉진하는 것이며, 실
제로 자본주의 사회제도의 전복 조짐이 도처에서 나타나고 있다고 한다.

이러한 일반적 정세 속에서 열강 각국의 관계는 첨예한 이해대립으로 인
한 무력충돌이 불가피한 상황에 놓여 있는 것으로 분석되었다. 미국과 일본
은 남양군도 및 중국에 대한 이해관계를 둘러싸고 전쟁발발 가능성이 코앞에
닥친 상태이고, 태평양문제를 둘러싼 미·일의 충돌은 도저히 피할 수 없는
것으로 전망되었다.[93] 그뿐 아니라 소련과 일본도 전쟁을 목전에 둔 것과도
같은 급박한 상황에 직면해 있는데, 그것은 철과 석탄을 얻기 위한 속셈으로
시베리아에 눈독을 들여온 일본이 동지(東支)철도 문제와 북양어구(漁區) 문
제를 빌미로 하여 소련 침공의 야욕을 품고 있기 때문이다. 따라서 일·소 양
국의 정면충돌 또는 전쟁 발발은 시간문제일 따름이며,[94] 이 전쟁은 조선혁
명에 중대한 영향을 끼칠 것임과 아울러 중대한 책임도 지우고 있다 하였다.
그런가 하면 영·미 양국도 각 방면에서 대립과 충돌을 보이고 있는데, 제국
주의를 대표하는 두 나라간의 대립은 필연적으로 전쟁으로 귀착될 것이며,
제2차 대전에서 영·미의 대립은 최고로 중요성을 띨 것이라 하였다.

국제정세 일반에 대한 이같은 분석으로부터 1935년이나 1936년쯤에 제국
주의전쟁인 제2차 세계대전이 발발할 조짐이 농후하다는 결론이 도출된다.
1935년은 국제연맹을 탈퇴한 일본의 재가입 연한임과 동시에 런던해군조약
과 베르사이유조약이 만기에 이르는 해이기도 한 점에서 개전 시점이 될 가
능성이 아주 높다는 것이었다.

의열단의 이와같은 정세인식은 기실 1920년대 말, 1930년대 초의 사회주
의자들의 세계정세분석과 내용상 궤를 같이하는 것이었다. 후자의 정세분석
은 1928년의 제6차대회에서 제정된 코민테른 강령과 「식민지·반식민지의
혁명운동에 관한 테제」 「12월 테제」 등을 통하여 공식화된 '일반적 위기'론
의 맥락에서 구성된 것이었다. 자본주의진영은 고유의 본래적 모순이 심화함
과 더불어 일대 위기에 처하게 되었으며, 특히 1929년의 세계공황으로 인하

---

93)「朝鮮義烈團 / 政治決議案」, 같은 책, 458면.
94) 같은 곳; 왕현지, 앞의 글, 545면.

여 일반적 위기가 더욱 심화했다고 하는 것이 그 요지였다. 그리하여 혁명
고조기(1917~1923)→일시적 안정기(1924~1927)→일반적 위기(1928~    )
의 단계를 밟으면서 가속화하고 있는 자본주의체제의 붕괴 경향성을 부각시
키는 한편, 그러한 모순을 해결하기 위하여 제국주의는 전쟁에 의존할 수밖
에 없다고 결론짓고 있었다. 특히 일제의 도발에 의한 전쟁 발발의 위기가
고조되고 있음을 강조하곤 하였다.[95] 그러나 의열단의 정세인식은 구체적인
정세 변화의 사실들을 중장기 전망의 근거로 풍부하게 제시했다는 점이 돋보
인다. 그럼으로써 추상적인 일반론에 빠지지 않고 그 나름의 설득력을 얻을
수가 있었다.

### 2) 일본 국내정세 분석

의열단이 볼 때 일본자본주의는 봉건제도를 온존시킴으로써 기형적인 모
습을 띠게 되었음에도 급속한 발전을 보아 현재 제국주의적 단계에 도달해
있다. 그런데 제국주의의 체형을 유지하려다 보니 태평양 제해권 문제를 중
심으로 미국과 첨예하게 대립하게 되었으며 만주 점령과 더불어 국제연맹을
탈퇴함으로써 국제적 고립상태에 처하게 되었다. 그런데도 일본은 자본주의
적 발전의 필수적 자원인 철과 석탄을 확보하기 위하여 시베리아와 중국의
하북(河北)지방을 노리는 등 적극적인 침략주의 정책을 버리지 않고 있다. 따
라서 일소전쟁은 시간문제일 뿐이다.

일본 자본주의가 기형성과 취약성을 면하지 못하는 가운데서도 발전함에
따라 계급적 혁명세력도 일로 그 힘을 키우고 부단히 발전해왔다. 일본 프롤
레타리아의 생활 근저로부터 용출하는 혁명적 사상과 힘은 필연적으로 자본
주의적 사회제도를 파괴함과 동시에 사회주의적 제도를 건설하고 말 것이다.
일본의 공산주의운동 세력은 자본가계급의 아성인 군대에까지 침투해 있다.
이같은 상황에서 지배계급의 정치는 종래의 정당정치에서 벗어나 파쇼정치
로 탈바꿈하기 시작했고, 계급적 혁명세력을 탄압하는 데서 더 나아가 식민
지에 대해서도 가혹한 탄압정책을 펴고 있다.[96]

---

95) 이종민, 「당재건운동의 개시(1929~31년)」, 한국역사연구회 1930년대연구반, 『일제하
  사회주의운동사』, 한길사 1991, 116~17면 참조.

일본의 정치세력을 분석함에 있어서 의열단은 반(半)봉건적 군인파와 헌정파를 명백한 적으로 규정한 반면에 사회민주당, 노동당, 대중당, 무정부당, 공산당 및 공산주의 각파는 우군으로 삼았다. 그러면서도 '의회투쟁에 의한 사회주의로의 이행' 정책을 취하는 사회민주당, 노동당, 대중당 등의 무산정당은 진정한 혁명세력이 될 수 없다고 평가하였다.[97] 폭력투쟁에 의한 이행을 추구하는 공산주의자들만이 진정한 혁명세력이라는 생각이 암시되고 있는 셈이었다.


## 2. 계급분석과 조선혁명론

의열단은 일제 식민지 통치하에서의 조선 민중은 노예와도 같은 생활을 강요당하고 있으며 정치적 압박과 경제적 착취가 날로 심해져 혁명적 수단에 의하지 않고서는 그의 장래를 타개해나갈 길이 없다고 보았다. 혁명은 조선 민중의 유일한 생존 방도인 동시에 그 생활 근저로부터 발로하는 요구이기도 하다는 것이었다.

그러면 '조선혁명'은 어떤 성질의 혁명이 될 것인가?

「중한합작에 관한 건의」에서 의열단은 조선혁명의 궁극적인 목적이 일본제국주의를 타도하고 한국민족의 자유독립을 완성하는 데 있다고 말하였다.[98] 그러나 간부학교 생도들을 대상으로 한 훈화[99]에서 김원봉은 무산계급의 정권 획득 없이 진정한 조선혁명은 있을 수 없다고 말하였다.[100] 민족혁명 이상의 계급혁명이 있어야만 진정한 혁명이 된다는 입장인 것이다.

김원봉에 의하면, 조선은 식민지이고 농업국이며 봉건제가 잔존하고 있다는 특수성을 지닌 사회이다. 따라서 현단계의 조선혁명은 반제·반봉건 부르즈와민주주의운동의 성격을 띨 수밖에 없다. 그러나 이 '부르즈와민주주의운동'의 주체는 부르즈와지가 아니라 프롤레타리아이다. 그래서 식민지 상태로

---

96) 왕현지, 앞의 글, 545~49면.
97) 「朝鮮義烈團ノ政治決議案」, 454~55면.
98) 같은 글, 453면.
99) 「朝鮮情勢ト本團ノ任務: 義烈團長(校長)講義ノ要旨」, 『眞相』, 483~504면.
100) 같은 글, 499면.

부터의 해방을 선결 문제로 하되, 해방과 동시에 프롤레타리아정권을 수립하는 것이 현재의 조선정세에 부응하는 진정한 혁명운동이 된다고 그는 말하였다.

그 논거로 들어진 것은, 조선이 식민지이며 봉건세력이 잔존한다는 점과 더불어 부르즈와계급과 프롤레타리아계급 간의 대립이 심각하다는 점이었다. 그러나 정작 그가 조선의 계급적 분할상을 분석한 것을 보면, 양 계급간의 대립은 실증적이기보다 다분히 원론적이고 추상적인 차원에서 논해지고 있다. 다시 말해 김원봉의 계급대립론과 조선혁명론과의 관계는 전자로부터 후자가 귀납시켜진 것이 아니라 거꾸로 후자로부터 전자가 연역된 것으로 보인다는 것이다.

어떻든 김원봉이 주장하는 바에 따르면, 조선혁명의 민족혁명 단계에서는 총독부 관리층만 제외한 모든 계급·계층이 어느정도는 혁명적 지향을 보이고 혁명적 세력이 될 수 있다. 지배계급이자 착취계급인 지주계급만 하더라도, 계급혁명에서는 완전한 반동성을 내보일 것이지만 일본제국주의 타도와 조선민족 해방의 단계까지는 함께 행동할 가능성이 다분히 있다. 특히 지주 겸 자작농과 중소지주 등은 조선혁명의 정세에 임하여 행동할 가능성이 충분한 계급으로 인식된다.

이러한 맥락에서 김원봉은 '전(全)지주의 토지 몰수'라는 구호는 혁명적 세력을 축소시키고 반동세력을 확대시키는 작용만 할 것이므로 전술상 '500석(石) 이상 수확 지주의 토지 몰수'라는 구호가 적합하다고 주장한다.[101] 민족자본가 또는 토착부르즈와지 세력도 민족독립의 단계까지는 혁명을 위하여 행동할 가능성이 있는 존재로 인식된다. 그들도 지배계급에 속하기 때문에 진정한 조선혁명, 즉 계급혁명의 단계에 이르면 완전한 반동세력이 되면서 적의 입장에 설 것이지만, 식민지 상태로부터의 완전한 해방 없이는 결코 자기들의 발전을 기할 수 없음도 잘 알고 있기 때문에 일면 일본제국주의에 대해 반감을 가질 소지가 많다는 것이다.

이들 두 계급의 대극점에 선 피지배계급은 소시민계급, 노동자계급, 농민

---

101) 같은 곳. 그러나 1934, 5년경에는 의열단 강령에서 '대지주의 토지를 몰수함'이라는 조항이 삭제된다. 이는 민족전선통일운동을 적극적으로 추동하고 있었다는 사정과 관련될 것이다.

계급이다. 소시민계급은 낭만적이고 분산적이다 보니 노동자계급만큼은 혁명에 대한 자극을 받지 못하고 있지만 조선혁명의 최후 단계까지 투쟁적 역할을 다할 계급인 것으로 보았다. 노동계급(프롤레타리아)의 입장과 역할은 현상적이기보다 당위론적으로 제시되고 있다. 즉 이들이야말로 조선혁명의 전투적 계급임과 동시에 제일선에 선 전위대요 주동적 주체가 되지 않으면 안된다는 것이다.102) 그리하여 금후의 조선혁명은 노동자계급의 이해에 입각한 프롤레타리아혁명이어야만 하며, 조선 노동자는 일본인 자본가만 아니라 조선인 자본가에 대해서도 투쟁에 떨쳐나서지 않으면 안된다고 김원봉은 주장한다.103) 다음으로, 인구의 8할을 점하는 농민계급의 구성을 보면, 조선의 농촌경제가 아직 자본주의적이지 못하고 봉건적 상태에 놓여 있음으로써 농업프롤레타리아의 세력이 미약하며 빈농이 대부분임을 지적하였다. 그러나 농업프롤레타리아는 장차 노동계급의 동맹군으로서 계급혁명에 동원될 수 있는 가능성이 풍부하며, 빈농층도 지주와의 투쟁을 전개하는 것과 동시에 프롤레타리아혁명을 절실히 요구하는 계급이 되고 있다고 하였다.

마지막으로, 정치세력으로서의 민족주의자에 대한 김원봉의 인식과 평가는 다분히 이중적이다. 그에 의하면, 조선의 민족혁명에 있어서 이들은 완전한 혁명세력이 되고 있음과 동시에 다대한 투쟁을 전개하고 있으나, 프롤레타리아 계급혁명 단계에 다다르면 완전히 반동세력으로 되고 말 것이다. 그들은 오로지 애국적 사상과 영웅주의적 사상으로써 민족해방을 요구할 뿐 국내외의 정세변화에 대해서는 눈을 감고 있으며, 그들의 정치적 입장은 민족의 공평한 일반적 이해 문제에 입각해 있지도 않다. 어떻든 민족주의자는 일제 타도와 민족해방 단계까지는 완전히 제휴할 수 있는 전투적 혁명군인 것으로 평가되었다.

이상의 분석 및 논의로 보면, 이 시기 의열단 지도부의 조선혁명론은 식민지 상태에서 지주 및 토착부르즈와지 대 노동자·농민·소시민계급 간의 지배-피지배 계급대립을 전제로 하고, 민족혁명과 계급혁명의 이중혁명론, 또는 민족혁명에 후속하는 계급혁명이라는 2단계혁명론의 틀에 입각해서 짜여진 것이었다고 할 수 있다. 그러나 계급혁명의 실천은 가능성보다는 당위성 차

---

102) 같은 글, 488면.
103) 같은 글, 489면.

원에서 주장되었다는 느낌이 짙다. 노동자·농민·소시민계급만이 '진정한' 혁명세력인 것으로 평가되고 민족 내 지배계급 지배세력의 혁명적 역할은 한계를 갖는 것으로 평가되었지만, 선결과제 내지 당면과제는 어디까지나 민족혁명이었다. 그래서 현단계에서는 총독부 관리층만을 제외하고 지주계급도 부르즈와계급도 민족주의자도 모두 혁명세력의 일원이 되며 '조선혁명의 진정한 전위'를 자임하는 의열단의 제휴세력이 될 것임을 강조한 것이다.

이러한 세력배치 구도는 가급적 넓은 범위의 계급세력을 혁명운동의 대열에 동참시키고 가급적 넓은 범위의 국제적 우군을 확보하려는 정치노선과 궤를 같이한 것이었다. 그에 따라, 당시 일반화하고 있던 코민테른 극좌노선에 의하면 마땅히 배척하고 타격되어야만 할 대상이던 민족주의자나 소시민계급만 아니라 반동세력으로 규정되고 있던 지주계급과 부르즈와계급까지도 민족혁명의 전열에 가담할 가능성을 놓치지 않으려 하여 그들과 제휴할 필요성을 강조했던 것이다. 더욱이 코민테른과 중공당이 파시스트 권력집단으로 낙인찍어[104] 타도 대상으로 삼고 있던 국민당정권에 능동적으로 접근하여 합작관계를 맺는가 하면, 그 행동대와 다름없던 남의사의 지원까지도 적극 수용하고 있었다는 점을 놓쳐서는 안될 것이다.

그렇다면 1930년대 초의 의열단은 단순한 민족주의 단체도 단순한 사회주의 단체도 아닌, 민족주의와 사회주의가 혼융된 지점에 서 있는 조직체였다고 할 수 있다. 그의 혁명론은 사회주의운동의 논리에 기초하여 구성되었으면서도, 실천운동의 방향은 계급혁명이 아닌 민족혁명에 초점이 맞춰져 있었다. 민족문제의 해결을 우선시하고, 그것은 순수한 계급혁명에 의해서가 아니라 광범위한 계급세력의 연합에 기초한 반제투쟁에 의해서만 성취될 수 있을 것으로 보았기 때문이다. 그와 동시에 민족혁명 완성 후의 조국의 미래는 지주와 부르즈와계급이 아닌 노동자·농민·소시민계급 등의 민중세력이 사회의 운영을 주도하는 체제로 나아가야 할 것으로 그리고 있었다.

요컨대 이 당시 의열단 지도부의 정세인식과 혁명론, 행동양식은 민족혁명 우선주의를 원칙으로 고수하고 있는 사회주의자의 특수한 정체성과 복합적

---

104) 동아일보 상해 특파원이면서 흥사단원이던 신언준도 장개석이 '노골적으로 躍進하는 것은 파시스트적 독재운동'이라고 단언하는 글을 이즈음에 발표하고 있었다. 申彦俊, 「蔣介石氏의 파시스트운동」, 『新東亞』 1934년 5월호, 14~15면.

이념지향의 소산이었다. 다시 말해 사상적 지향은 사회주의에 두면서도 그의 현실화는 민족 단위의 자주독립 공동체 형성을 전제로 해야만 한다는 입장의 소산이었다. 사회주의자임과 동시에 민족주의자, 또는 민족주의 노선에 선 사회주의자의 그러한 입장이야말로 바로 '민족적 사회주의' 범주에 해당하는 것이었다고 할 수 있다.

한가지 분명히 짚고 넘어갈 점은, 이 시기의 의열단은 범민족주의의 다른 세력들과는 달리 일본의 혁명세력 및 소련과의 동맹에 매우 적극적인 자세를 내보였다는 것이다. 한편으로는 국제관계와 국제정세를 보는 시야가 그야말로 민족적 경계를 넘어 국제화해 온 증거일 수가 있었고, 다른 한편으로 보면 프롤레타리아국제주의를 원칙적으로 수용하고 나아가 활용까지 할 태세를 갖추고 있었다는 말도 된다. 가상 상황을 전제한 우연적이고 일회적인 진술에 불과했을 수도 있으나, 제2차 세계대전이 대(對)제국주의전쟁으로 그치지 않고 계급적 혁명전으로 전환될 경우 전세계 프롤레타리아는 '조국 러시아'를 고수할 수밖에 없다고[105] 말하기도 했다. 여기에는 분명 1930년대 초반의 국제정세 변화, 특히 제2차 세계대전의 발발 조짐이 농후하며, 만일 전쟁이 발발하면 그 와중에 일·영·프·미 제국주의는 몰락하거나 쇠퇴하여 결국은 소련이 전후 세계의 중심국이자 지도국으로 부상할 것이라는 전망이 투영되고 있었다고 할 것이다.


## 3. 민족혁명운동의 전략·전술

의열단은 당시의 객관적 정세가 조선혁명에 매우 유리한 조건을 제공해주고 있다고 보았다. 그러나 과거 운동의 과오로 말미암아 혁명세력은 빈약한 형세를 면치 못하고 있다고 판단하였다. 그래서 과거 조선공산당의 파벌투쟁과 신간회 해소를 둘러싼 전술상의 실책을 강도 높게 비판하였다. 그리하여 과거 좌익운동자들이 저지른 과오를 철저히 청산한 위에서 유리한 객관적 정세를 최대로 활용하여 완전한 혁명적 전취를 기할 수 있게끔 자체의 혁명역량을 조직적으로 육성하는 것이 최대의 급선무라고 여겼다. 바꿔 말하면 "혁

---

105) 왕현지, 앞의 글, 543면.

명세력을 민중 위에 두고 전민중을 반일운동에 동원함과 동시에 프롤레타리
아혁명운동으로의 진전 공작을 해나감"을 자기의 임무로 설정한 것이다.106)
"직접 공장 내로, 농촌으로, 민중 가운데로 잠입해서 노동자·농민이 되어 민
중 가운데서 강대한 조직(을 건설하고 그 토대 위에서—인용자) 투쟁을 전개
하지 않으면 안된다"는 것이었다.

그런데 혁명의 직접 전취는 이론적 조직이 아닌 무장에 의해서만 가능하
므로 민중의 조직화와 더불어 '무장준비 공작'이 현실적인 임무로 제기된다.
"국내의 강대한 중심적 조직을 결성하여 기술적 무장준비 공작을 해나가야"
한다는 것이었다. 특히 일소전쟁에 대비하여, 일본의 후방전선을 파괴하고
직접 대적하여 소련이 승전하도록 해야만 조선혁명은 성취될 수 있다고 전망
하였다.107) 일제 타도–민족해방의 민족혁명 도정에 전민중을 총동원시키고
최후로는 무산계급혁명 완성을 위한 정권 획득 준비를 해나간다는 것, 이것
이 이 시기 의열단의 혁명전략의 요체였다.

이와같은 구도에서 의열단은 조선혁명의 중심세력으로 동원될 수 있을 층
으로 다섯 부류를 들었다. 전인구의 83%를 점하는 농민, 약 100만의 노동자,
청년·학생·부녀 및 소시민층, 약 40만의 재일본 노동자, 약 200만에 달하는
동북4성(요녕 길림 흑룡강 열하)의 한교 농민이 그것이다.108) 또한 조선혁명의
국제적 우군으로는 중국, 일본 무산정당, 소련, 미국, 기타 전세계 피압박민
족 및 계급을 들었다.109)

혁명세력 및 우군세력의 이러한 배치를 전제로 의열단은 다음과 같이 대
내외적 전술 방침을 설정하였다.110)

　(1) 대내
　① 국내: 농민 및 노동자를 핵심으로 하고 소시민·부녀·학생·청년 등 일
　　　체의 혁명세력을 규합하여 공동전선을 결성함.
　② 일본: 조선인 노동자 40여만 명을 결속시켜 대일 민족전선을 결성하는

---

106) 「朝鮮情勢ト本團ノ任務」, 503면.
107) 같은 글, 504면.
108) 「朝鮮義烈團ノ政治決議案」, 456~57면.
109) 같은 글, 457~58면.
110) 같은 글, 459~60면.

한편 일본 내 조선인 혁명운동자들과의 공동전선을 결성함.

③ 중국: 동북의 교농(僑農) 200만을 결속시켜 대일 민족전선을 결성하는 한편 중국 내 한인 혁명세력과 제휴하여 공동전선을 결성함.

(2) 대외

④ 일본제국주의 제도의 전복을 표방하는 일본사회당·공산당·무정부당과 밀접한 연락을 가짐.

⑤ 중국의 각 반일단체와 밀접하게 연락하면서 직·간접으로 그들 단체의 반일역량을 원조함.

⑥ 소련은 '제국주의자의 암(癌)'인 데다 만몽 문제를 놓고서 일본과의 충돌이 불가피한 이상, 한·소 합작 또한 불가피하다 할 수 있다. 그러나 이는 한국혁명의 주체적 조건이 구비되어 있느냐의 여부에 의하여 결정될 일이므로, 소련과의 합작에 급급하기보다는 그의 원조에 의하여 자기의 실력을 충실히 함을 요함.

⑦ 미국은 세계에서 가장 흉악교활한 제국주의국가로서 피압박민족에 동정할 리가 없다. 그럼에도 일본과 패권을 다투다 보면 우리에게 추파를 던지지 않을 수 없을 것인바, 타력(他力)을 빌려 자기의 적을 타도함의 선결조건으로서 실력의 충실화에 노력해야만 함.

의열단은 이상의 전술 대강(大綱)에 기반하여 그것을 구체화한 각 부문별 전술을 정치결의안의 형태로 제시하였는데,[111] 그것을 요약하면 다음과 같다.

① 농민운동

농민운동이 극히 미약함을 부인할 수 없다. 경험있고 충실한 동지를 북선(北鮮) 각지에 파견하여 우수한 농촌 청년을 흡수하는 한편, 농민동맹의 각 부분을 개조함과 함께 관제 농회에 파고들어가 무력화시킨다. 아울러 단기간에 전국농민총동맹의 확립을 기한다.

② 노동운동

국내 노동운동은 비교적 활발한 발전을 보여왔으나, 투쟁의 대부분은 부분

---

111) 같은 글, 461~69면.

적이고 자발적이며 관제 노동조합의 발호 조짐이 엿보인다. 차후로는 부분적 경제투쟁을 적극 지도하거나 반일 정치투쟁을 환기시키는 한편, 관제 노동조합에 침투하여 그를 분열시킨다. 이미 프락션을 침투시켜놓은 경우에는 공장위원회를 조직하고, 철도·기선·자동차·우편 등의 교통운수기관에 프락션을 설치하여 유력한 전국노동총동맹을 신속히 결성한다.

③ 학생운동

학생운동은 표면 활동이 전면 중지되기에 이르렀고, 비밀적 또는 반(半)공개적 활동도 극히 취약해졌다. 이는 과거 운동이 정치문제에 편중하여 일상적인 긴급문제를 등한시한 필연적 결과이다. 학비 감면, 차별적 교육 폐지 등의 부분적 투쟁에 노력함과 더불어 친목회, 강연회, 학술연구회, 체육회 등의 반공개적 형식이나 완전한 비밀적 체계를 통해 정치문제로 진출함으로써 유력한 전국학생총동맹의 실현을 기한다.

④ 부녀운동

종래의 부녀운동은 중류 이상의 도시부인층으로 구성된 근우회(槿友會)와 같은 상층기관(전국총기관)에 국한되었다. 부녀식자(識字)운동, 부녀야학교, 부녀강연회 등의 각종 형식을 채용하여 농촌 부인운동에 적극 노력한다.

⑤ 청년운동

중학생층 정도가 맹원의 다수를 이루고 있는 청년총동맹은 학생총동맹과 똑같이 극단적인 비경(悲境)에 처해 있다. 이후로는 공·농 청년을 중심으로 유력한 전국적 통일조직의 실현을 기하며, 각자의 긴급문제를 투쟁목표로 삼아서 보통적 투쟁의 계발을 선결조건으로 하여 분투한다.

⑥ 소년운동

전국소년총동맹 및 동자군(童子軍, 보이스카우트) 총대(總隊)는 각 도시에 한정되어 있는바, 이후로는 체육운동 등의 방법에 의하여 그 조직을 농촌으로까지 확대한다.

⑦ 재일본 한교의 노동운동(생략)

⑧ 동북4성에서의 한농문제(생략)

동북4성의 한농은 각종 세력의 착취를 받고 있는 소작농이면서도 한국혁명군의 주력부대로서의 지위를 갖는다. 동북한농운동은 농민운동이면서 군사운동이 될 것임에 유의해야 한다.

⑨ 군사문제

㉠ 국내

평안도·함경도의 화전민으로 이루어진 유격부대, 강원도·경상도의 유격부대, 중요 농촌 및 공장지대의 편의대, 이동식 특별군사기술훈련반 등을 설치한다.

㉡ 일본

요새, 군항, 철도, 병기공창, 전력회사 및 그 부근의 조선인 노동자 단체를 중심으로 별동대를 편성한다.

㉢ 중국 동북방면

돈화 액목 화전(樺甸) 동녕(東寧) 밀산(密山) 목릉(穆陵) 안도(安圖) 임강(臨江) 집안 방면과 열하성 방면에서 한교부대를 창설·확편하고 반일군사운동을 강화한다.

이상 의열단의 혁명운동 전술의 요점은, 대내적으로 국내외 농민·노동자·소시민·부녀·학생·청년층의 공동전선 결성, 대외적으로 일본 내 반제세력, 중국의 각 반일단체, 소련, 미국 등과의 제휴와 합작을 통한 실력 증강이었다. 그리고 각 부문별 구체적 전술은 ① 국내 농민·노동·학생·부녀·청년운동의 재정비와 활성화 및 조직화, ② 일본 내 동포의 노동운동 지도와 중국 동북4성 교농의 결속 및 농민－군사운동의 발전 촉진, ③ 국내·일본·만주 방면에서의 군사운동 추진이 그 요점이 되고 있었다. 실로 방대한 규모와 범위의 혁명역량 결집과 실제 운동의 전개를 의열단 자신이 주도적으로 추진한다는 것이었다.

이 시기의 의열단이 확고한 정세판단과 전략·전술 방침 아래 민족혁명운동을 전개하려 하였음은 간부학교 졸업생들의 진술을 통해서도 충분히 엿볼 수가 있었다. 졸업생으로서 항일 유격투쟁의 거점 구축을 위해 국내 특파되었다가 피검된 단원들의 진술을 일제 경찰당국이 정리한 바에 의하면, 6개월이라는 단기 교육을 통해서나마 학생들은 조선혁명이 왜 필요하며 그것은 어떤 수단으로 실현시켜야 할 것인가를 다음과 같이 분명히 인식하고들 있었다.112)

---

112) 『眞相』, 385~87면.

(1) 한국민족은 정치·경제·문화 각 방면에 걸친 일본제국주의의 압박과 착취로 인하여 민족생활이 뿌리째 파괴되고 있다.

(2) 민족 생존권의 회복은 온건수단으로는 결코 불가능하므로, 의열단은 한국민족의 무장적 총동원에 의해 일제 식민통치의 교란을 꾀할 것이며 마침내 그것을 혁명운동으로 이끈다.

(3) 그리하여 일·만 양국의 연계를 파괴하고 일거에 일본의 식민지 압제정권을 무너뜨림으로써 완전한 민족해방을 실현한다.

(4) 혁명 단행의 시기는 1935,6년쯤이 된다.

(5) 그때쯤이면 만주문제와 기타 국제문제가 복잡하게 전개되어 마침내 일소전쟁이 발발하게 될 것이고, 그것이 도화선이 되어 제2차 세계대전이 발발하면 그를 절호의 기회로 삼아 혁명을 단행하고 한국독립을 꾀하는 것이다.

(6) 따라서 의열단의 당면 활동목표는 대중동원의 기초가 될 대중조직을 확립하고 훈련시켜 두는 것이다.

요컨대 대중조직을 확립해두었다가 1935,6년경에 일소전쟁 및 제2차 세계대전이 발발하면 총동원하여 전민족적인 무장봉기를 일으켜 일제를 구축하고 민족해방과 조국독립을 실현시킨다는 것, 이것이 의열단의 민족혁명운동 전략의 기조로 삼아지고 있었다. 그리고 여기서의 대중조직이란 노동운동·농민운동 그 자체에 목표를 둔 조직이 아니라 대중적 무장봉기를 선도할 '혁명군 조직'[113)의 모체를 뜻하였다.

그러나 이러한 방향과 내용의 전략·전술을 의열단만이 독점적으로 채택했던 것은 아니며, 의열단만이 중국정부와 협력해서 항일청년투사를 양성하고 있던 것도 아니다. 조선혁명간부학교가 설립되고 난 후의 일이기는 하지만, 중국중앙군관학교 낙양(洛陽)분교에도 한인특별반(정식명칭: 중국중앙육군군관학교 낙양분교 제2총대 제4대대 제17대, 통칭: 낙양한인군관학교)이 설치되고 1년 기간의 속성 과정에 의한 군사교육이 1934년 2월부터 실시되고 있었다. 이 한인반은 윤봉길의 상해의거에 큰 감명을 받은 장개석의 배려로 비밀리에 개설된 것이었는데,[114) "조선혁명 간부를 양성해 두었다가 혁명 발발의 때가 오면 노동자·농민을 지휘"하도록 하는 것도 그 취지의 하나였으므로 의열

---

113) 「所謂軍官學校事件の眞相」, 『고등경찰보』 제4호, 168면 참조.
114) 이 학교의 개설 경위와 운영상황에 관해서는 한상도, 앞의 책, 306~28면 참조.

단 간부학교와 동궤를 걷고 있었다. 또한 이 한인반의 운영 책임자이던 김구
나 교육훈련 책임자이던 이청천이 훈련생들에 대한 훈시에서 피력한 다음과
같은 대일결전 전략도 의열단 간부진이 설정하고 있던 전략과 거의 같은 내
용의 것이었다.

> 1935,6년의 일본제국의 국제적 위기는 필히 제2차 세계대전을 유발하게 될
> 것인바, 전쟁이 발발하면 적국(일제측에서 본 적국을 말함―인용자)과 함께 일본
> 제국에 항전하여, 동아 대륙과 일본 본토와의 교량 역할을 맡고 있는 조선 및
> 남만주지방에서 일본군 군사시설의 파괴, 대관 암살, 교통·통신기관 및 중요
> 건물 등의 폭파를 수행하고, 노동자·농민대중의 폭동을 유발하여 그를 지도
> 하고 중국군과 합성으로 그의 전면적 지원하에 숙망을 달성하도록 한다.[115]

이처럼 1930년대 전반기의 재중 한국독립운동의 지도자들은 민족혁명운
동으로 귀일하는 일제 타도-민족독립의 전략을 나름대로 세워놓고 있었다.
그 기본 골조는 일찍이 신민회가 수립해놓은 독립전쟁 전략과 무정부주의자
들 및 신채호가 제시한 민중직접혁명 전략을 저간의 운동환경의 변화에 부응
하여 합성 발전시킨 것과 같았다. 국제정세의 변화 추이를 통찰하여 일본제
국주의가 파멸의 위기에 봉착하는 시점을 정확히 포착하고 그 기회를 최대한
활용할 태세를 갖춤으로써 확실한 승전의 가능성을 담보하는 것과 함께 대일
결전에의 민족 총동원을, 그 핵심 내용으로는 노농대중의 전면적 동원을 강
조하게 된 점이 발전적 측면이라 할 것이었다. 의열단의 경우는 민족 총동원
을 위한 전술 운용 계획을 진작부터 정밀하게 수립해놓은 가운데 노농대중조
직의 건설과 무장봉기의 선도조직 구축을 구체적인 운동방향으로 삼고 있었
음이 특히 돋보이는 점이었다.

---

115) 「金九一味ノ動靜ニ關スル件」, 金正柱 編, 『조선통치사료』 제8권, 東京: 韓國史料硏究
　　所 1971, 495면.

## 제4절  민족혁명의 국내외 기반 강화 운동

### 1. 간부학교 졸업생의 행로와 국외 독립운동역량의 증강

의열단이 조선혁명간부학교 설립시에 국민당측과 약정한 바로는 청년투사를 양성하여 '반만항일' 활동에 투입하기로 되어 있었다. 중국측 입장에서 '반만항일'은 반만을 통한 항일이라는 의미가 강했을 것이므로, 국민당이 제공한 제반 지원에 대한 반대급부를 먼저 생각하면 간부학교 졸업생들은 대거 만주방면으로 파견되는 것이 옳았다. 그러나 졸업생 대부분은 국내 활동을 희망하여 국내 파견을 단 지도부에 간곡히 청하였으며,[116] 지도부는 지도부 대로의 복안을 따로 가지고 있었다. 그리하여 졸업생들의 활동지역과 임무, 활동방식은 어느 한가지로 고정되지 않고 융통성있게 조절되었으며, 개인별 행로는 그에 따라 각각 달리 정해졌다.

이제 이들의 구체적 행로 및 활동상과 신상변동 상황을 기별로 나누어 살펴보기로 한다. 시간적 범위는 대체로 자료에 근거하여[117] 추적이 가능한 1937년 말까지로 한정한다.

#### 1) 제1기생

1기생 26명의 졸업 후 행로는 크게 공작지 파견과 간부학교 잔류로 나뉘게 되었다. 이들이 파견된 지역은 상해와 화북 그리고 만주지역이며, 국내의 평안도와 경상도로 집중되었고, 학교 잔류자는 교관요원이나 교무보조원으로 종사하였다. 구체적인 내역을 보면 다음과 같다.

  (1) 공작지 파견(19명)

  ① 상해 및 인근지역 파견(6명): 김공신 김천만(강소성 무석) 신병원 신세철

---

116) 『眞相』, 185면.

117) 근거 자료는 주 89번과 같다.

장수정 정일명.

② 화북 특파(2명): 노철룡(민족혁명당 창립 후 남경으로 귀환) 박준빈(북경).

③ 만주 특파(3명): 김수길(봉천) 유복산(신경 新京) 이화순(봉천).

④ 국내 특파(8명): 김영배 노석성 문길환 안병철 윤익균 이무용 이육사 이창하.

(2) 학교 잔류(7명)

① 김세일: 2,3기 교관을 역임하고 1936년 4월부터 1937년 2월까지 성자 현(星子縣)의 남의사 고등훈련소를 수료한 후 민족혁명당 광동지부 요원으로 파견됨.

② 양민산: 2,3기 교관을 역임하고 성자현 남의사 고등훈련소를 수료한 후 남경으로 귀환하여 김원봉의 비서가 됨.

③ 윤세주: 2,3기 교관, 김원봉의 핵심 참모역.

④ 이상지: 2(3)기 교관.

⑤ 김세옥: 사서(司書) 겸 견습교관.

⑥ 지태선: 3기 특무장(特務長)을 역임하고 민족혁명당 특무부원이 됨.

⑦ 진가명(=최장학): 교내의 인쇄담당 요원으로 일하다 1935~1937년에 광동군관학교에서 수학한 후 중산대학 법학부로 전학함.

그런데 국내 및 상해 방면 파견자는 거의 전원이 활동 개시 후 1,2년 사이에 일경에 검거되고 말았다. 상해 방면 파견자 가운데 신세철은 파견 직후인 1933년 8월에, 김천만은 1934년 9월에, 신병원은 1934년 10월에, 김공신은 1935년 2월에 각각 피검되었다. 만주 방면 파견자 가운데는 이화순이 1934년 9월에 피검되었고, 국내 파견자 가운데는 이창하만이 2기생 다수를 모집하고 무사히 귀교하여 2기 교관으로 봉직한 외에는 모두가 연고지이자 활동 현지인 곳에서 검거되고 말았다. 김영배는 1933년 1월 경남에서, 안병철은 1933년 12월 경북에서, 이무용은 1934년 1월 경남에서, 문길환은 1934년 2월 경남에서, 윤익균은 1934년 3월 평북에서, 이육사는 1934년 3월 서울에서, 노석성은 1934년 8월 평북에서 각각 검거되고 만 것이다.

검거 후 방면되거나(신세철) 기소유예 처분을 받은(김영배 김천만 윤익균 이무용 이육사) 사례가 있기는 하나, 일경의 계속적인 감시와 남경 본부와의 연락 두절로 인하여 그후로는 단원으로서의 활동을 해나갈 수가 없었음이 물론

이다. 피검인지 자수·투항인지가 불분명한 경우도 눈에 띄며, 분명히 자수한
것으로 보고된 경우도 더러 있다(김천만 안병철).

일경에의 투항자는 상해와 남경 방면에서 활동중이던 졸업생 가운데도 있
었다. 장수정은 파견지인 상해를 이탈해서 북경으로 간 후 일경에 투항하여
밀정이 되었고, 견습교관이던 김세옥도 1934년 5월에 학교를 이탈하여 천진
으로 가서 일경에 투항하고 첩자가 된 것으로 보고되었다.118) 단이 공산주의
노선을 취해야 한다고 재학시에 강력히 주장하던 박준빈은 1934년 10월에
파견지인 북경에서 일경에 투항하여 첩자가 되었으며, 3기 특무장을 거쳐 민
족혁명당 특무부원으로 활동하던 지태선도 1936년 5월에 상해에서 일경에
자진 투항하였다.119)

따라서 1기 졸업생 26명 가운데 1937년 말까지도 계속 활동하고 있거나
그 행적이 일경에 포착되지 않고 있던 졸업생은 양민산 김수길 김세일 노철
룡 유복산 윤세주 이상지 이창하(1935년 여름에 김원봉과의 의견충돌로 화북으로
간 후 행적 불명) 정일명(상해와 남경 방면에서 활동, 남경한족회 집행위원을 역임
하고 민족혁명당 중앙위원이 됨) 진가명 등 10명인 셈이었다. 이 가운데 양민산
김세일 노철룡(최성장) 윤세주 진가명 다섯 사람은 1938년 10월에 창설되는
조선의용대(朝鮮義勇隊)의 기간요원 또는 간부로 활동하게 된다.

2) 제2기생

2기 재학생 55명 가운데 15명은 교육훈련 과정을 모두 수료하고 졸업식
만 열흘 정도 남겨두고 있던 시점인 1934년 4월 중순에 중국중앙군관학교
낙양분교로의 재입학차 서둘러 학교를 떠나게 되었다. 이는 그해 2월에 개설
을 보게 된 낙양분교 한인특별반의 운영 책임자인 김구가 널리 입교생을 모
집하던 차에 4월 초순에 의열단 간부학교를 방문하여 교육 및 운영 실황을
둘러보고는, 간부학교 재학생 가운데 일부 인원을 낙양의 한인특별반에 재
입학하도록 조치해줄 것을 요청함에 김원봉이 선선히 응하여 이루어진 일이
었다.120) 이로써 낙양 한인특별반의 1기생 91명은 김구 계열 38명, 이청천

118) 국회도서관 편, 앞의 책, 836~37면 참조.
119) 김정명 편, 앞의 책, 591면.

계열 내지 신한독립당 소속 38명, 그리고 의열단 간부학교 출신 15명으로 구성되었던 것이다.[121] 이때 낙양분교로 간 15명의 명단은 다음과 같다.[122]

| | | |
|---|---|---|
| 문명철(한광 韓光), | 허금산(지일청 池一淸), | 양휘(원진파 袁震波), |
| 석문룡(고수봉), | 진봉림(박재혁 樸在爀), | 주세민(김운학), |
| 신홍개(한광무), | 강진세(최현순), | 이명선(문종삼), |
| 공문덕(마덕산), | 우자강(조병석 曺秉錫), | 진명산(진명도 陳明道), |
| 신성봉(장평산), | 한득지(이운남 李雲南), | 황민(호영). |

낙양분교 한인특별반 1기생은 만 1년 뒤인 1935년 4월에 졸업한 후 남경으로 가서 '군정부(軍政部) 학병대(學兵隊)'라는 명칭으로 대기하다 7월에 민족혁명당이 창립되자 신한독립당계와 의열단계 졸업생은 전원 당원으로 흡수되었다. 그 가운데 의열단 출신 15명은 주로 당의 특무부원 또는 남경구부(南京區部) 부원으로 활동하였으며, 이명선은 간부학교 3기 교관으로도 복무하였고, 강진세는 중산대학에 편입하였다. 그리고 이명선과 강진세를 포함하여 공문덕 문명철 우자강 신성봉 주세민 한득지 황민 등은 나중에 조선의용대원이 되어 활동한다. 그밖에 석문룡과 신홍개는 만주로 특파되어 가던 길에 북경에서 1936년 5월에, 양휘와 진봉림은 국내 밀파되었다가 역시 1936년 5월에 평안북도에서 피검되었다.

이들 15명 외의 40명의 졸업 후 행로와 1937년 말 현재의 신상상황을 살펴보면 다음과 같다.

우선 간부학교에 남아서 3기 교관요원으로 복무한 졸업생은 하진동과 오균뿐으로, 1기에 비해 대폭 줄어들었다. 하진동은 그후 남경의 중앙군관학교를 거쳐 조선의용대원이 되었고, 오균은 항주의 남의사 경찰학교에 입학하였다.

---

120) 『眞相』, 213~14면 참조.
121) 「김승곤 증언」, 이현희 대담·편집, 『한국독립운동증언자료집』, 한국정신문화연구원 1986, 44면 참조. 위의 증언에서는 재만한국독립당계 34명, 한국혁명당계 4명으로 세분해서 말하고 있으나, 양당은 이미 1934년 2월에 신한독립당으로 합당하였으므로 한데 묶어 38명으로 보는 것이 좋다. 이 숫자는 김구 계열 학생의 숫자와 정확하게 대칭을 이루는 것이었다.
122) 주 89번의 자료들 가운데 ④ ⑤ ⑥ ⑦과 「所謂軍官學校事件の眞相」, 128면, 134면을 대조하여 작성하였음. 괄호 안의 이명은 낙양분교에서 사용한 가명이다.

졸업 후에도 학업을 계속한 2기생은 9명인데, 관건 김해철 왕수의 이규열 이상훈 진의산 천경이 최영석은 남경 중앙군관학교에, 이정순은 중산대학에 재입학하였다. 이 가운데 관건 이규열(이문화) 이정순(왕현순) 이상훈(이지강) 최영석(유경) 4명은 나중에 조선의용대원으로 활동한다.

남경에 남아 민족혁명당원으로 활동한 졸업생은 김기정 반치중 유대진(정율성[123])) 호건 등 4명인데, 호건은 나중에 조선의용대원이 된다. 김낙제와 김방우, 안정득은 상해로 파견되어 지하조직망 구축과 첩보공작 활동을 폈는데, 김방우와 안정득은 1934년 10월에, 김낙제는 1937년 4월에 일경에 피검되고 만다.

2기생 가운데 항일투쟁의 거점 조직을 위해 만주와 화북, 국내 등지로 특파된 단원은 21명이다. 만주 방면 특파자는 안세웅 최문수 김기형 변창유 서만성 전형렬 정해룡 채동룡 최지영 등 9명이었고, 김천복 김성식 김영렬 왕작림 김찬서 오용성 윤공흠 전갑성 홍가륵 황훈 등 10명은 국내(주로 서울과 평북)로 특파되었다. 왕걸과 필영수는 파견지가 불명이다.[124] 이들 가운데 안세웅 김천복 황훈 왕걸 필영수 5명은 1937년 2월 현재까지 계속해서 활동중이었으나, 나머지 16명은 활동중에 또는 활동 착수중에 일경에 피검되거나 사망했음이 다음과 같이 확인된다.

　(1) 활동중 피검자(3명): 김성식(평북, 1936. 3) 김영렬(평북, 1936. 6, 조선의용대원 김화 金華와 동일인) 최문수(봉천, 1936. 2).

　(2) 활동중 사망자: 왕작림(국내, 1936. 8).

　(3) 활동 착수중 피검 혹은 투항

　① 국내(5명): 오용성(평북, 1934. 6) 윤공흠(서울, 1934. 6; 출옥 후에 중국으로 다시 건너가 조선의용대원이 됨) 전갑성(서울, 1934. 6, 투항) 전형렬(정주, 1934. 10) 홍가륵(서울, 1934. 11).

　② 만주(7명): 변창유(봉천, 1934. 5) 최지영(대련, 1934. 5) 김찬서(봉천, 1934. 6, 본적지로 가서 평북경찰부에 자수) 서만성(봉천, 1934. 7) 정해룡

---

123) 특출한 작곡가이기도 했던 정율성의 활동과 행적은 정설송 편, 『중국인민해방군가의 작곡가 정율성』 제1권, 형상사 1992에 잘 그려져 있다.

124) 2기 졸업생 가운데 일본 특파자가 2명 있었다고 하는데(干國勳, 「조선의열단원의 군사교육」, 21면) 왕걸과 필영수가 그들이었는지도 모르겠다.

채동룡(봉천, 1934. 7, 채동룡은 조선의용대원 이대성 李大成과 동일인) 김기형(봉천, 1934. 8).

## 3) 제3기생

3기생의 졸업 일자는 1935년 10월 4일로서, 이미 의열단이 해체되고 민족혁명당이 창립된 지 만 3개월이 지난 후였다. 민족혁명당 창당에 참여한 5개 정당·단체의 소속원들은 개인 자격으로 전원 입당하기로 되어 있었기 때문에, 의열단원들도 민족혁명당 창당에 반대하지 않는 한은 자동적으로 당원이 되었으며, 3기 졸업생들도 민족혁명당 당원으로 활동하게 되었다. 이 점을 염두에 두고 3기생 44명의 졸업 후 행로와 1937년 12월 현재의 신상 상황을 살펴보면 다음과 같이 정리된다.

(1) 남경에서 특무공작 활동(19명): 안이돌(1936. 2, 일본 총영사관에 투항[125]) 임상수 장태산 석성재(민혁당 남경구부 주임) 이성근 김근복(1936. 9, 평남도경에 피검) 호유백 왕지옥(성자현 남의사 고등훈련소 수료) 진국화 오형모(1936. 7, 상해에서 위장자수) 장도성 주운룡 송동욱 왕통(성자 고등훈련소 수료) 송은산 장지갑 대천덕 전영길 신해룡(1936년 봄, 만주행). 이 가운데 임상수 석성재 이성근 호유백 진국화 주운룡 송동욱 왕통 신해룡 9명은 나중에 조선의용대원이 된다.

(2) 상해에서 활동(6명): 김순곤(1936. 8, 폭탄사고로 피검) 박규칠 이호석(1936. 2, 투항) 마춘식(탈당 후 복당) 김창규(조선의용대원 왕극강과 동일인) 임인준(탈당 후 복당, 조선의용대원 진원중과 동일인).

(3) 북경에서 활동(4명): 한석규 료천택 왕명수 이인추.

(4) 광동행: 이정순(중산대학 재학, 2기생이었으나 3기생으로 재입학)

(4) 대련 특파: 안순영(1936. 2, 피검).

(5) 만주(길림) 방면에서 활동(10명): 김완식(1936. 1, 피검) 우명덕 문우일 진학동 양청 정국현 진종한 장목하 최경응(1936. 1, 피검) 황인진.

(6) 국내 특파(3명): 김득수 임봉순(1936. 6, 경기도경에 피검) 함영식(1936. 1, 평북도에 피검).

---

125) 안이돌의 행적에 관해서는 국회도서관 편, 앞의 책, 860~68면 참조.

3기생도 각처로 파견된 점은 2기생의 경우와 같으나, 국내 특파자가 대폭 감소한 반면 남경에 잔류하여 민족혁명당의 특무공작에 종사한 인원이 졸업생의 반수 가까이에 이른 점이 큰 변화였다. 이는 1,2기 졸업생 중의 국내 특파자 대다수──1935년 10월의 3기 졸업 시점을 기준으로 하면 1기생 7명 전원, 2기생 11명 중 6명──가 검거되고 만 데 따른 방침 변경의 결과였다고 일단은 볼 수 있다. 간부학교 졸업생의 국내활동 목표와 거점이 상당 부분 노출되어버린 상황에서 일제의 주밀엄혹한 첩보·검색망을 뚫고 활동한다는 것이 지극히 어려운 일이라고 판단했을지도 모른다는 것이다. 그러나 다른 한편으로는, 민족혁명당의 특무조직──이는 의열단계의 당내 세력확충의 최적 수단이 되어줄 수 있었다──강화에 당분간은 주력할 필요가 있다는 판단에 따른 조치였을 수도 있다.

만주로 들어간 10명은 원래 길림지방 출신의 공산주의자들이었는데 의열단이 민족혁명당의 창립에 적극 참여함에 반대하여 간부진과의 관계가 악화되었으며, 이에 김원봉은 당의 장래를 고려하여 이들을 모두 만주로 되돌려 보낸 것으로 전해진다.[126] 얼핏 듣기에는 그럴 듯한 얘기이지만, 이들의 졸업 시점은 공산주의자들도 사회민주주의자 및 민족주의자와의 연합에 의한 반파쇼 인민전선 및 반제통일전선의 형성에 진력한다는 방침이 코민테른 7차 대회의 결의와 중공당의 8·1 선언을 통하여 확정된 뒤였기 때문에 신빙성이 별로 없다고 하겠다. 아마도 위의 분석은 만주 방면으로의 특파 단원에 대한 추적을 따돌리기 위해 의열단측에서 일부러 흘려보낸 역정보를 일제 관헌측이 곧이곧대로 믿은 데서 나온 것이 아닌가 한다.

어쨌든 3기생의 파견은 남경과 상해, 북경 등의 관내지역과 만주지역을 주 운용권역으로 삼게 되었음을 알 수 있다. 이는 신진투사층의 역량을 국외 통일대당 활동의 역량으로 일부 전환시키는 것이었으며, 중일관계에 긴장이 고조됨에 따라 중일전쟁 발발시에 전개할 국내진공작전의 기간전력(基幹戰力)을 비축해놓는다는 포석이기도 하였다.

실제로 이러한 고려는 중일전쟁 발발 후의 조선의용대의 창설로써 시현되었다. 조선의용대 창군시의 주 병력자원은 1937년 12월부터 이듬해 5월까지 중국중앙군관학교 성자분교 제6기에 편입되어 특별훈련을 받은 83명의 민족

---

126) 『사상휘보』 제7호, 157면.

혁명당 청년당원들이었다.[127] 이 훈련생들의 주축을 이룬 것은 중국 각지에
서 반일공작에 종사하고 있거나 교육기관에서 교습받고 있다가 소집된 간부
학교 졸업생들이었다. 자료에 명기되어 나타나는 조선의용대 대원 명단[128]에
만 국한시켜 보더라도, 앞에서 드문드문 지적했다시피 1기 5명, 2기 19명, 3
기 11명 도합 35명의 간부학교 출신자가 포함되어 있는 것이다.

1930년대 들어 일제 고등경찰은 국내외를 막론하고 한국인의 독립운동과
항일투쟁을 진멸하기에 부심하였고, 국내에서는 더욱이 '치안유지법'의 족쇄
로써 조금이라도 '불온'한 움직임은 혹독하게 탄압하였다. 그러한 일제 경찰
이 가장 경계한 국외 독립운동 단체가 의열단이었고, 그의 동향 하나하나에
대한 집요한 추적과 감시가 그치지 않았다. 그 결과 일경 당국은 1933년 말
부터 1934년 11월까지의 약 1년 사이에 이른바 '남경군관학교사건' 관련자
35명을 검거함으로써 '개가'를 올렸다고 자랑하게 되었다.[129] 앞에 서술한 각
기별 졸업생 단원들의 행로에서 검색하여 집계해보더라도, 1937년 12월 현
재 1,2,3기 통틀어 졸업생 특파공작원 88명 가운데 과반수인 48명(기수으로
각각 16명, 22명, 10명)의 인원이 피검되거나 투항·이탈했음이 판명된다.

그러나 이 사실만을 가지고 조선혁명간부학교의 설립·운영은 결국 별무
성과였고 졸업생 단원들을 통한 항일공작의 전개는 실패로 귀결되었다고 속
단해서는 안된다. 표면적이고 부분적인 사실의 이면으로 시선을 돌려보면,
의열단 간부학교는 1930년대의 항일독립투쟁이 폭과 강도와 내용을 확충해
가는 데 기여한 바가 적지 않았음을 알게 된다.

간부학교 졸업생 가운데 일경의 검거망과 회유책의 제물이 되기를 거부하
고 온전히 역량을 보존한 70여 명의 청년 인재들은 의열단 신입단원을 거쳐
민족혁명당 당원 및 특파공작원으로, 다시 조선민족전선연맹 맹원이요 조선
의용대 대원으로 속속 충용(充用)되어 1930년대 후반기 중국관내에서의 항
일독립투쟁의 전위투사들로 성장하였다. 이들 가운데서도 준재들은 계속해

---

127) 김영범, 「조선의용대 연구」, 『한국독립운동사연구』 제2집, 1988, 476면; 韓詩俊, 『한국
　　광복군 연구』, 일조각 1993, 38~39면.
128) 「在支朝鮮義勇隊の情勢」, 『사상휘보』 제22호(1940. 3), 162~63면; 「朝鮮義勇隊各單
　　位人事統計表」, 김정명 편, 앞의 책, 685~88면; 「조선의용대편성표」, 김정명 편, 같은
　　책, 716~20면 참조.
129) 『眞相』, 5면.

서 투쟁경력을 쌓는 가운데, 1940년대에 가서는 중경임시정부와 화북조선독립동맹 그리고 그 예하 무장조직인 한국광복군 및 조선의용군의 주요 성원이 됨으로써 독립운동의 중견간부로까지 성장하였다.

이러한 점에서 의열단의 조선혁명간부학교 운영은 1930년대 전반기 국외지역에서의 민족교육의 주요한 양상을 이루면서 신진 항일투사층의 조직적인 양성 사례였던 것으로 오래 기억되어야 할 것이다. 또한 1930년대 후반과 1940년대 전반기 국외 독립운동의 중추 조직체들이 인적 기반을 확보하고 역량 증강을 기하는 데 큰 공헌을 했다고 평가할 수 있다. 또한 중국관내 지역에서의 독립운동과 관련한 이러한 성과말고도, 그 졸업생들의 활동은 국내 민족혁명운동의 발전에도 적지 않게 기여하였다. 그러면 특파 단원들이 어떠한 임무를 부여받아 어떠한 활동을 펴나갔는지를 구체적으로 검토해보자.


## 2. 국내 특파 단원의 임무와 의열단의 정치노선

간부학교 졸업생 가운데 국내와 만주지역 파견자로 선발된 단원은 졸업 후 약 2개월 뒤에 개인별로 공작지와 임무, 이동경로, 통신연락 방법 등에 관한 지시를 수령하고 1~4명 단위로 파견되어 떠났다. 사전 지시는 김원봉과 윤세주가 전담하다시피 했는데, 출발 전에는 보통 "각자 자중자애하고 단의 혁명공작에 신명을 바쳐 분투 노력하라. 감정에 지배되지 말 것이며 경거망동해서도 안된다. 희생을 크게 함은 단의 힘을 죽이는 것과 같다"는 요지의 훈시를 통하여, 냉정하고 신중한 처신을 하도록 당부받곤 하였다.[130] 국내로는 상해→청도(靑島)→안동(安東)→신의주의 해상이동로나, 상해→대련→봉천→신의주의 해·육상 병용이동로가, 만주로는 상해→천진→산해관(山海關)→영구 또는 봉천의 육상이동로가 주로 이용되었다.

---

130) 「所謂軍官學校事件の眞相」, 158면. 1930년대에 들어서 의열단 지도부는 과거의 투쟁방식에 대한 통절한 반성의 심정을 자주 표출하였다. 예컨대 2기 졸업식장에서의 훈화를 통하여 윤세주는 "기왕의 투쟁사를 돌이켜 볼 때 희생이 너무나 컸던 것은 지도 및 투쟁수단의 졸렬성에 기인한 바 많았거니와 앞으로는 신중한 수단을 필요로 한다"고 공언하였고, 이영준도 같은 취지에서 "종전과 같이 각 개인의 감정에 의하여 경거망동함은 희생을 크게 할 뿐이다"고 말하였다(『眞相』, 216~17면).

특파 단원들에게 부여된 주요 임무는 장차의 민중동원을 위한 조직사업이었으며, 이는 다시 일반 임무와 특별 임무로 구분되었다. 일반 임무는 ① 동지를 획득하여 의열단 지부를 조직할 것 ② 노동자·농민·학생층을 기본체로 삼아 하층에서부터 상층으로 대중을 규합하고 기설 조직을 확대 강화함으로써 사상통일과 실력양성을 기하며 민중동원을 준비할 것 ③ 차기생을 모집하여 도항 입학의 편의를 제공할 것의 세 가지였다. 그리고 특별 임무는 각자의 소질이나 경력과 공작지의 환경에 맞추어 농민운동이나 학생운동, 사상운동 등을 적절히 전개해나가는 것으로, 개인별로 달리 주어졌다.[131] 2기생 파견자들에게는 의열단 지부의 조직이라는 다소 막연한 임무를 구체화하여, 무장투쟁 준비공작을 해나갈 것이 지시되었다. 무장투쟁을 위한 중심 조직체로서 전진대(戰進隊)를 조직할 임무와 함께 그 강령·수칙이 주어졌던 것이다.

전진대는 18세 이상의 남자를 대원으로 한 전국적 조직으로, 최고지도부(남경의 의열단 본부)→중앙통신부(서울)→4개 지방부→구(區)→지부→반의 명령지휘 계통을 갖춘 체계적인 조직체로 구상되었다.[132] 조직형태는 피라미드형을 취하여, 최하부의 기초 조직단위인 반은 3~5명의 인원으로 구성하고, 3~5개의 반이 하나의 지부를 이루며, 다시 3~5개의 지부가 하나의 구를 이루는 식이었다. 다만 서울과 평양, 신의주의 전진대는 중앙통신부 직할의 시위원회가 관장하는 특별조직체로 하여 조직형태를 다소 간소화하되 기동성을 높이도록 하였다. 광산과 공장지대 및 대도시의 전진대는 대일결전의 비상시기에 곧바로 군사조직체인 유격대로 개편시킨다는 방침에 따른 것이었다.

전진대는 "① 폭력수단으로 조선민족의 해방을 기한다, ② 세계대전을 기회로 삼아 조선혁명을 조직한다, ③ 조직대를 군사적으로 훈련시킨다"는 강령 아래, 21개 항목에 달하는 대원 행동수칙[133]과 연락암호까지 준비되어 있었다. 국내 특파 단원뿐만 아니라 만주지역으로 특파된 단원들에게도 전진대의 조직이 지시되었다. 그 목적은 만주국 경내 일본의 군사·정치·경제 기관

---

131) 같은 책, 185~86면.

132) 이하 전진대에 관한 서술은 같은 책, 227~38면에 의함.

133) 행동수칙의 구체적 조항들은 같은 책, 233~36면 참조.

들을 교란하고, 조만간 발발할 것으로 예측되는 일소전쟁의 기회를 이용하여 한국독립을 촉진하며, 비상시의 대관 암살과 관공서 파괴를 한층 효과적으로 실행하기 위해서였다.[134]

일제 관헌 문서를 보면 국내 특파 단원들이 전진대만 아니라 '조선공산주의혁명당'을 조직할 임무까지 부여받은 것으로 기술되어 있는데, 이는 특기할 만한 사실이다. 전진대원 가운데 우수분자를 추려내서 그들만의 극비 조직체로 공산주의혁명당을 구성했다가 무장폭동을 통하여 프롤레타리아혁명을 단행하도록 한다는 것이었다. 당의 조직체계는, 남경의 의열단 본부에 최고기관을 두고 서울에 국내지도부를 두며, 예하에 지부위원회를 차례차례 설치하되 지부는 3명 내지 5명 단위의 반(班)으로써 기조회(基組會)를 구성하게끔 되어 있었다고 한다. 그러면서 일제 경찰은 전진대와 조선공산주의혁명당이 취지나 목적, 조직성분 그리고 조직요령 등의 '외형적인' 면에서는 구분되지만 '조선독립혁명의 완성'이라는 근본정신은 동일하다는 분석을 덧붙였다.[135]

일제의 수사보고에 의하면, 2기생인 윤공흠과 오용성이 국내 특파원으로 선발되어 1934년 6월에 남경을 출발하기 직전, 윤세주가 상해의 코민테른 원동국 책임자와 회견하고 조선정세에 관해 협의한 적이 있음을 밝히면서, 윤공흠은 서울 지역 책임자인 배성룡(裵成龍)과, 오용성은 평양지역 책임자인 송봉우(宋奉瑀)와 각각 접선하여 당조직 공작에 임할 것을 지시하였다고 한다.[136] 배성룡은 1925,6년경에 화요회 회원, 정우회 집행위원, 2차 조선공산당 당원을 차례차례 거치면서 민족협동전선운동에 참여한 바 있으며, 국내 화요파 사회주의자의 대표적 이론가가 되고 있었다.[137] 1930년대에 들어서는 『조선일보』와 『조선중앙일보』의 기자로 재직하면서 경제평론 발표나 경제문제 강연 등의 합법적 활동에 종사하고 있었는데, 민족부르즈와지를 노농

---

134) 국회도서관 편, 앞의 책, 838면 참조.
135) 『眞相』, 228~29면, 238~39면 참조.
136) 국회도서관 편, 앞의 책, 838~39면.
137) 김기승, 『한국근대사회사상사연구』, 신서원 1994, 제2장 제2절, 제3장 제4절 참조. 그는 식민지에서의 혁명적이고 비타협적 민족주의운동은 필연적으로 반제국주의·반자본주의적 성격을 띨 수밖에 없으며, 따라서 혁명적 민족주의운동은 사회주의운동에 도움이 되므로 사회주의운동은 그와 협동해야 한다는 입장을 견지하고 있었다.

계급의 잠재적 동맹세력으로 간주하는 것이 그의 기본입장이었다. 그런 점에서 그는 위로부터의 협동전선 내지 상층통일전선을 부정하는 정통급진파 사회주의자들과는 다른 노선에 서 있었다.[138]

배성룡의 이러한 입장은 1934년경의 의열단이 강령에서 '대지주의 토지 몰수' 조항을 삭제함과 아울러 민족혁명운동에서의 민족부르즈와지의 역할을 긍정적인 방향으로 인식하고 있던 점과 상통한다. 따라서 의열단 지도부가 배성룡과 기맥을 통하여 모종의 조직 건설을 시도했다는 것은 충분히 있을 수 있는 얘기이다. 그러나 당시 배성룡의 정치적 입지와 활동노선을 고려하면, 의열단이 제안했을 조직체의 성격 또는 위상이 실제로 '공산(주의혁명)당'이었을지는 신중한 검토를 요하는 부분이다.

먼저 윤세주가 상해의 코민테른 원동국 대표인 미프(Pavel Alexandrovich Miff)[139]와 접촉했다는 부분을 살펴보자. 당시 코민테른과 중공당은 1932년 2월의 모스끄바 동방회의의 결의와 1933년 1월의 '1월 서한'에 기초하여 반일투쟁을 위한 하층통일전선의 강화와 민족혁명운동의 전개, 대중적 인민혁명정권의 수립을 재중·재만 공산주의자들의 당면 활동목표로 설정하고 있었다.[140] 그렇다면 코민테른의 위와 같은 방침을 대변하면서 극동지역에서의 이행을 위해 노력하고 있었을 미프와, 노농대중의 혁명운동조직 건설과 민족적 통일대당의 결성을 같이 추진하고 있던 의열단 수뇌부가 접촉해서 의견을 나누었을 개연성은 상당 정도 있다고 본다. 그러나 그것이 막바로 미프의 지령대로 의열단이 움직였다거나 새삼스레 국내지역 중심의 '공산당' 조직(재건)을 획책했다고 말할 수 있는 근거는 되지 못한다. 혁명적 노조운동이나 농조운동과 연계하여 조공재건운동을 펴고 있던 엠엘계 또는 코민

---

138) 같은 책, 제3장 제5절, 제4장 제4절 참조.

139) 국민당정부는 화중지역과 화남지역에서 중공당의 홍군 격퇴전을 벌이고 있었는데도 대일 공동보조를 취하기 위하여 1932년 12월에 소련과 국교를 재개하였다. 1929년 국교 단절 이후 4년 만의 일이었다(이정식, *Chinise Communism and Soviet Interest: 1922-1945*, 1983, 허원 역, 『만주혁명운동과 통일전선』, 사계절 1989, 195면). 국교 재개와 동시에 코민테른 원동국이 상해에 재설치되었는데, 그 대표는 미프가 맡게 되었다(김창순, 「만주 항일연군 연구」, 『국사관논총』 제11집, 1990, 99면). 미프는 1928년에 佐野學·瞿秋伯·윌터넨(Wiltanen)과 함께 코민테른 집행위원회 정치서기국 동양부 조선위원회 위원으로서 「12월 테제」를 작성한 장본인이었다.

140) 김준엽·김창순, 『한국공산주의운동사』 제5권, 4~7면.

테른 직계의 활동가들이 꽤 있었음에도 불구하고, 하필이면 운동선상에서 탈락한 것으로 간주되고 있던 배성룡과 송봉우를 조직 책임자로 선임해놓고 있었다는 점도 의열단의 국내공작이 공산당 재건에 목적이 두어지고 있었다고 보기는 어렵게 한다.

이즈음 일제는 의열단의 반일활동을 지원해주고 있는 사실을 들어 중국정부에 강력히 항의하기로 방침을 정해놓고 있었다. 그런 가운데 상해 주재 일본총영사는 의열단이 국민정부의 지원을 받으면서도 이면으로는 코민테른 원동국과 결탁하여 공산주의운동을 함으로써 국부를 '기만'하고 있음을 알려 국부의 태도 변경을 유도하는 것이 어떤가 하는 의견을 본국 외무성에 타진하고 있었다.[141] 그렇다면 일제 경찰당국은 의열단과 중국정부를 이간시킴으로써 반일운동의 전열을 흐트러뜨리려는 의도에서 의열단을 적색단체로 낙인찍을 꼬투리가 될 만한 정보 내용은 무턱대고 과장했거나 은연중에 그런 방향으로 정보를 조작했을 가능성이 높다.

피검된 것이 아니라 자수했음이 거의 틀림없어 보이며,[142] 그러기에 일제 경찰당국의 유도와 주문대로 진술했을 가능성이 높은 2기생 김찬서는, 재학 시 조선혁명간부학교의 사명이 공산·민족 양익운동에 의한 조선의 현제도 변혁에 있다고 교수받았으며 김구와 국부측에는 이를 절대 비밀로 하고 있다는 내용의 말도 들은 것으로 진술했다고 한다.[143] 상해 일본 총영사가 "동(同)학교에서는 민족·공산 양익운동에 의하여 조선민족의 해방을 기한다 하여 비밀리에 공산주의적 교육을 시행하고, 졸업 후 선만(鮮滿)에 잠입하는 자에 대하여 조선공산당의 재건도 하나의 중요 사명으로 부여한 모양임은 주목할 점이라 사료된다"고 본국 외무성에 보고한 것은[144] 바로 김찬서가 진술한 위와 같은 내용에 근거해서였을 것이다. 그런데 김찬서의 진술 자체는 의열단이 좌우 협동전선의 결성과 그에 의한 민족해방·사회변혁의 완수에 목표를 두고 있다는 의미 이상은 아니었다. 그런데도 일본 총영사가 의열단이 마치 조선공산당 재건의 사명을 특파원에게 부여한 것처럼 보고한 것은 의도적

---

141) 국회도서관 편, 앞의 책, 839면 참조.
142) 『眞相』, 266면; 김정명 편, 앞의 책, 524면 참조.
143) 국회도서관 편, 앞의 책, 838면.
144) 「在上海總領事 報告要旨」(1934. 8. 6), 국회도서관 편, 앞의 책, 836면.

인 확대해석의 기미가 짙다.

종합해서 말하면, '조선공산주의혁명당'이란 조선혁명간부학교라는 명칭과도 상응하는 '조선(민족)혁명당' 조직안을 일제 당국이 자기 의도에 맞추어 변조한 가공(架空)의 명칭이 아니었을까 한다. 당시 의열단 지도부는 '민족·공산주의자 합동의 민족단일당'의 존재가 대중 무장조직인 전진대를 국내 현지에서 지도할 상위조직체로 필수불가결하다고 보고서 그것을 조직하기 위한 교섭과 준비사업을 특파 단원들에게 주요 임무의 하나로 부여했던 것이라 생각된다.

물론 당시의 의열단이 순수 민족주의 단체 혹은 민족주의자들로만 구성된 단체인 것은 분명 아니었다. 단내의 이념적이고 사상적인 성향은 상당히 급진적인 일면을 보이고 있었으며, 항시 전투적 분위기가 충만하였다. 그런데 단의 존립과 운영을 책임져야 할 위치의 지도부로서는 원칙적으로 그러한 성향과 분위기를 용인 또는 장려하더라도 객관적 정세의 변화 및 운동환경과의 조화를 염두에 두고서 적당한 수위로 조절할 필요가 있었다. 특히 "일본제국주의를 타도하기 위해서는 조금이라도 유리한 조건이면 어떤 것이나 다 이용해야"145) 한다는 현실주의적 신조를 견지해온 김원봉은 비현실적인 극좌 편향성은 가급적 배제하거나 적어도 순화시켜야 한다는 지도노선을 취하고 있었다. 윤세주와 이영준 등 김원봉의 핵심 참모진도 김원봉의 입장을 충분히 이해하고 그러한 방침의 이행에 협조하고 있었다고 보아야 한다. 그러나 이러한 방침이 간혹 단 내부의 불협화와 감정적 충돌까지 야기하는 때가 있기는 하였다. 이를테면 1933년 6월 말에 남경의 효릉위에서 열린 제7차 정기대표대회의 상황과 그 여파가 그 점을 예증해준다.

일제의 첩보보고에 의하면, 이 대회에는 김원봉 박건웅 이영준 한교관 이동화 김종 신악 이철호 이집중 김하구(金何九, 북경지부장이던 김시현 金始顯의 이명) 한일래 김문(金文=金龍基) 이춘암과, 1기 졸업생 중 아직 공작지로 파견되지 않은 18명 등 모두 31명이 참석하였다. 먼저 강령 및 장정(章程) 개정 문제가 안건으로 제기되어, 개정안작성위원으로 선임된 김원봉과 이영준 그리고 박건웅 3명 중집위원이 ① 일제 타도와 무산자독재 정치 실시 ② 해외 군사운동 적극 추동 ③ 일체의 반대분자 청산 ④ 국내운동의 군사적 촉

---

145) 김학철, 「항전별곡」, 이정식·한홍구 편, 『항전별곡』, 거름 1986, 135면.

진 ⑤ 조선혁명에 뒤이은 세계혁명 단행을 요지로 한 5개 항목을 제안한 결과, 초안 통과가 결의되고 이에 따라 강령 전부를 개정하는 작업이 이어졌다고 한다.146)

그 다음은 간부학교 생도들로 구성된 의열단 학생지부에서 대중의 지지를 끌어내기 위해서는 시대의 추세에 걸맞은 명칭을 가져야 한다면서 '조선혁명 무장동맹'으로 단의 명칭을 변경하자는 안을 제출하였다. 그런 이름이라야 사회주의 노선 지향성을 분명하게 드러낼 수 있다는 것이었다. 이에 대하여 박건웅과 이철호 그리고 한교관은 적극 찬동하였으나, 김원봉을 비롯한 다른 참석자들은 일리있는 주장임을 인정하면서도 단의 전통과 국민정부로부터의 수원(受援) 문제를 들어 극력 반대하였고, 결국 이 안건은 부결되었다.147)

단명 변경을 주장한 박건웅과 한교관은 그로부터 얼마 후에 단을 탈퇴하고 남경을 떠났다. 일제 관헌은 양인이 공산주의를 주장하여 김원봉과 의견 충돌을 빚은 때문이라고 분석하였다. 한교관(고활신)은 북경으로 갔다가 '전향'하여 일제에 협력하였으며, 단명 개정안의 최초 발의자인 한삭평(박준빈)도 북경으로 파견되었는데 일경에 '재귀순'하여 첩자가 되었다.148)

그러나 박건웅과 고활신 그리고 박준빈의 탈단이 단순히 단명 변경의 문제만을 둘러싼 의견충돌 때문이었던 것 같지는 않다. 실은 강령 개정 문제에서도 일제 첩보보고와는 달리 그들의 주장이 관철되지 않았기 때문인 듯하다. 급진적 방향으로 개정되기는커녕 '대지주의 토지 몰수' 조항을 삭제하고 그 대신에 "세계상 반제국주의 민족과 연합하여 일체의 침략주의를 타도"한다는 조항을 삽입하는 것으로149) 결정을 본 것이 아닐까 한다. 이 무렵에 발간된 일제 관헌의 정보보고서에 수록되어 있는150) 의열단 강령이나 장정 어디서도 무산자독재나 세계혁명을 운위하는 조항은 찾아볼 수 없다는 점이 이를 방증해준다. 요컨대 위의 세 사람은 김원봉 등 지도부 주류의 반(反)극좌

---

146) 『眞相』, 403~405면.

147) 같은 책, 405~407면.

148) 『사상정세시찰보고집』 제3집, 428면. 그는 일경에 투항하기 전부터 북경지부장 김시현으로부터 밀정으로 의심받고 있었다고 한다.

149) 이에 관해서는 제4장 주 131을 볼 것.

150) 『사상휘보』 제4호, 1935, 146면; 『사상휘보』 제7호, 1936, 32~33면; 『사상정세시찰보고집』 제2집, 188~89면.

-반(反)급진 정치노선에 대한 반발감에서 탈단했음이 거의 확실시된다. 그리고 이러한 점으로 보더라도 의열단 지도부가 특파 단원들에게 '공산주의혁명당'의 조직을 지시했을 가능성은 희박한 것이다.

## 3. 국내 특파 단원을 통한 민족혁명 기반 강화운동

국내 특파된 간부학교 졸업생 단원들은 부여된 임무대로 단 지부의 조직 혹은 전진대의 조직을 위해 노력하였다. '전진대'라는 명칭의 조직체가 결성된 구체적 사례를 자료에서 찾을 수는 없으나, 피검 단원 취조보고에 나오는 지방적 대중조직의 결성 사례가 그와 동일한 취지의 것이었다고 이해된다. 특파 단원이 실제 활동에 착수하려다 보면 본부로부터 지시받은 방식 그대로 실행할 수 없는 사정에 종종 부딪치기도 했을 터이므로, 본부의 지시는 대체적인 지침으로만 삼고 현지 실정에 맞추어 조직활동을 전개하는 융통성을 발휘하는 것이 오히려 바람직했을 수 있다. 그러한 방향에서의 대중조직 결성은 1기 졸업생 노석성의 활동으로써 대표된다.

노석성은 고향인 정주(定州)의 오산학교를 중퇴하고 부산의 양조회사에서 종업원으로 일하다가, 고학을 위하여 1932년 8월에 상해로 가던 길에 의열단 간부학교를 소개받고 1기생으로 입교하였다.151) 졸업 후 한동안은 남경과 상해에서 비밀 통신연락원으로 활동하다가, 1933년 10월에 김원봉으로부터 한만국경지대를 중심으로 조직사업에 임하라는 지시를 받고 국내로 특파되었다. 입국 후 그는 부친의 거주지인 평남 강서군(江西郡) 성태면(星台面) 사장리(司庄里)로 이사하여, 농촌 청년을 대상으로 한 비밀결사의 조직에 착수하였다. 그 결과, 1934년 6월에 적색농민전위동맹회를 조직할 수 있게 되었는데, 동맹회의 강령은 아래와 같은 사항들을 활동목적으로 명기하고 있었다.

1. 조선에서 일본제국주의 및 자본가 등을 타도하여 공산농촌을 건설할 것.
2. 지주의 토지를 전부 몰수하여 농민에게 공평 분배할 것.

---

151) 이하 노석성의 이력과 활동 전모는 『眞相』, 283~97면에 의함.

3. 7시간 노동제를 실현하고 농민에게 일생 보험을 부여할 것.

4. 16세 이상 60세까지 남녀 불문코 선거권 및 피선거권을 가짐.

5. 조선의 현 제도학교를 폐지하고 무산아동을 적색훈련시킬 것.

6. 국내 관료와 반동분자를 일체 청산할 것.

7. 해외망명자의 재산 및 자녀를 보호하고 안전하게 생활교양이 되게 할 것.

8. 조선무산혁명과 세계무산혁명을 완성시킬 것.152)

주요 활동방향으로는 각 방면의 농민을 '적색적으로' 조직훈련시킬 것과 조사부를 설치하여 농촌 실상을 조사할 것을 결의하였으며, 노석성 자신이 조직 책임 겸 조사원을 맡았다. 이어서 7월부터는 5인 1조의 세포 조직에 착수하였고, 조원은 농촌진흥청년회라는 표면적 명의 아래 2주 1회 회합하며, 노석성 자신이 작성한 팸플릿을 숙독하도록 하였다. 그러나 이 조직은 맹원 숫자가 10명을 넘지 못한 상태에서, 김찬서의 자수에 따른 전국적 검거 선풍 속에 일경에 발각되어 전원 검거되고 말았다.153)

노석성의 경우처럼 완전히 새로운 조직체를 건설하는 것이 아니라, 기설 조직체를 활용하거나 확대 강화하는 방식으로 국내 거점을 확보하려는 시도도 있었다. 2기생 오용성의 활동이 그 경우에 해당한다.154) 오용성은 1930년에 고향인 평북 곽산(郭山)의 비밀 독서회를 통하여 좌익 문헌을 섭렵함으로써 사상전환을 경험하고, 1932년에 비밀결사 혁진회(爀進會)에 가입하여 활동하던 중에 이창하의 권유로 남경으로 가서 조선혁명간부학교에 입교하였다.

졸업 후 김원봉으로부터 평양에 잠입해서 전진대를 조직할 것을 지시받고 특파된 그는 계추영(桂秋榮)155)이 지도하고 있던 혁진회와의 연계 활동을 시도하였다. 혁진회는 레닌주의정치학교 졸업생인 이윤경이 평양 사동탄광(寺洞炭鑛) 공작위원회의 하부조직으로 결성했던 비밀결사인데,156) 그가 피검된

---

152) 앞의 책, 529면.

153) 이 사건으로 2년 6개월을 복역하고 나온 노석성은 민족해방운동에 재투신하여 코민테른과의 연락차 소련으로 잠입을 기도하다 재피검되어 4년형을 언도받았다(『사상휘보』 제19호, 1939, 284~86면).

154) 『조선일보』 1935년 4월 28일자, 「남경군관학교사건 예심종결서(2)」 참조.

155) 송상도, 『기려수필』, 432면에는 '桂秋成'으로 되어 있다.

후에도 의연히 조직의 맥을 이어가면서 지속적인 활동을 펴고 있었던 것이다. 그러나 오용성도 김찬서의 자수로 말미암아 곧 검거되었으므로 실제적인 연계가 이루어지지는 못하였다. 오용성의 경우로 미루어 본다면, 간부학교 입교 전에 동래(東萊)적색노동조합원이었던 1기생 김영배나, 1930년에 전조선농민조합에 가입한 바 있던[157] 2기생 전형렬도 전에 몸담았던 이들 조직체와 연락하고 그 조직을 활용하는 방안을 모색했을 것으로 추측된다.

실제로 의열단 본부에서도 국내외의 유력한 민족운동단체 및 혁명운동조직과의 연계투쟁을 도모하고 있었다. 현지로 이동하던 길에 피검되고 말았지만, 재만 국민부원이었던 2기생 변창유는 국민부와의 연락 임무를 띠고 만주로 특파되었다. 국내 특파 단원들에게는 『조선중앙일보』 사장인 여운형과 구화요계의 이론가인 배성룡의 지도를 받아 조직공작을 전개하라는 지시가 내려졌는데,[158] 이는 화요계 세력이 강한 주요 도시(서울 평양 부산 흥남 인천 신의주 등)의 야체이까 조직들[159]과의 연계를 의미하는 것이기도 하였다. 또한 2기생 김영렬이 평북 용천의 불이서선농장(不二西鮮農場)에 잠입했을 것으로 일경은 추정하였는데, 1932년의 의열단 공작보고서에 불이농장농민조합의 성립이 단의 지도로 이루어진 것처럼 기술[160]해놓고 있다는 사실과 연관시켜 보면, 이 농장 소작인들의 쟁의를 통한 농민운동[161]에 의열단이 지대한

---

156) 제5장 제6절 3항의 해당부분 서술 참조.
157) 『조선일보』 1935년 4월 29일자.
158) 『眞相』, 267면. 의열단과 여운형과의 연계에 관해서는 그가 1935년 봄에 간부학교 4기 입교 응모자 2명을 추천한 바 있다는 기록(김승곤, 「조선의열단의 창립과 투쟁」, 『軍史』 제5호, 1982, 129면)이 보인다.
159) 『眞相』, 268면, 274면 참조.
160) 추헌수 편, 『자료 한국독립운동』 제3권, 25면.
161) 용천의 불이서선농장은 한국인을 상대로 고리대금으로 치부하여 그 자본으로 토지를 수탈한 대표적 일인 대자본인 不二興業會社 소유의 농장으로서, 간석지 개간에 의해 조성되어 1917년부터 소작인의 입주가 시작되었으나 그 열악한 영농조건으로 인해 일종의 '노예농장'과 같은 형상이 되고 있었다. 그러한 상황을 타개하고자 이 농장 소작인들은 1925년에 소작조합을 결성한 이래 거의 매년 소작쟁의를 벌였고 1930년과 1931년에는 사상자까지 낼 정도의 격렬한 항쟁을 전개하였으나, 일제의 탄압으로 1932년 봄에 소작조합은 자진해체하고 말았다. 불이서선농장의 소작쟁의운동의 경과와 의의에 관해서는, 趙東杰, 『일제하 한국농민운동사』, 한길사 1979, 151~58면에 상술되어 있다. 한편 서선농장 소작조합은 혁명적 농민조합운동 노선, 즉 투쟁을 통하여 조직역량을 강화해 간다는 원칙에 충실하지 않았기 때문에 투쟁열기가 비생산적으로 소모되어 결국 해체

관심을 보이고 있었음을 엿볼 수 있다.

그러나 의열단의 국내 민족혁명 기반 강화운동은 노동·농민운동 조직의 건설 그 자체가 아니라, 노농대중을 주요 전력으로 한 무장봉기·무장투쟁의 준비를 목표로 한 것이었다는 점이 다시금 강조될 필요가 있다. "혁명의 시기는 금후에 올 세계대전의 시기와 동일한바, 2,3년 후에 있을 것임을 굳게 믿고 대중에게 인식시킬 것. 조선민족의 일제 봉기 시기는 본부에서 지시한다. 무기의 보충은 지부의 신청이 있으면 필요에 의하여 송치한다"는 내용의 2기생 서만성에 대한 지시,[162] "중앙으로부터의 동원이 있을 시에 군사적 폭동을 할 것"이라는 내용의 2기생 정해룡에 대한 지시[163]에서도 이는 명백해진다.

이 점과 관련해서는 항공기의 활용을 꾀하여 그 준비작업에 착수했던 윤공흠의 대담한 활동이 두드러진 사례가 된다.[164] 윤공흠은 일본 다까와(立川) 비행학교를 졸업한 일등비행사 자격 소지자였는데, 귀국 후 취업 목적으로 중국에 건너갔다가 간부학교에 입학하였다. 2기를 수석으로 졸업한 그는 각지의 민족단체를 규합한 통일동맹회의 조직, 서울 중심의 공장세포 조직, 배성룡과의 접촉이나 연락 등을 특별임무로 부여받고 특파되었다. 서울로 잠입한 그는 자신의 특기를 살리려는 뜻에서 비행기로 선전문을 살포함과 동시에 인원 및 무기를 운반할 것을 계획하고, 그 준비를 위하여 비행사 면허장을 받음과 함께 육군 항공기의 불하를 교섭하던 중에 피검되고 말았다.

국내 대중조직 건설을 통하여 민족혁명의 기반을 강화하려던 의열단의 시도와 노력은 1935년에 의열단이 자진 해체하고 난 후 다른 국외 운동단체에 의해 계승되었다. 원래는 좌우합작체 성격의 혁명당으로 출범했다가 1930년의 당내 좌우투쟁 과정에서 급진 좌파를 축출한 이후 민족주의 운동자당의 성격을 분명히 하고 있던 조선혁명당이 1935,6년경에 국내 대중조직 건설운동을 전개한 것이다.

---

되고 말았다고 평가되기도 한다(지수걸, 『일제하 혁명적 농민조합운동 연구: 1930년대 혁명적 농민조합운동』, 역사비평사 1993, 117~18면).

162) 「所謂軍官學校事件の眞相」, 158면.

163) 같은 글, 160면.

164) 『眞相』, 273~78면; 『동아일보』 1934년 11월 6일자; 『조선일보』 1934년 11월 11일자 참조.

일제 관헌자료에 의하면,[165] 1935년에 조선혁명당 중앙부는 국제정세의 추이가 대전 발발을 불가피한 것으로 만들고 있다고 판단하고, 이 기회를 이용하여 민족독립을 달성하기 위해서는 널리 국내에서도 동지를 규합하고 상해와 남경 방면의 운동자들과도 연락을 취하여 국내외에서 서로 호응하는 가운데 과감한 전술을 결행해야 한다고 결정하였다. 이에 따라 먼저 국내 동지 규합 기관으로 '국내공작위원회'를 설치하고 그 책임자로 류광호(柳光浩)를 지명하여 국내로 밀파하였다. 류광호는 1935년 7월에 서울로 잠입하여 수명의 동지를 획득하고 1936년 3월에는 가옥을 매입하여 본부로 활용하면서 학생·운수노동자 등을 포섭하던 중에 피검되었다.[166]

뒤이어 1936년 10월에도 조선혁명당 정치부 소속의 윤영배(尹永配)가 국내공작 재개의 임무를 띠고 밀파되어 평양으로 가던 도중에 피검되었는데, 그가 부여받은 임무는 다음과 같은 것이었다.

① 노동자·농민·도시 소시민의 혁명적 인쩰리겐찌야를 규합할 것.
② 노동자·농민으로 조합을 조직시켜 그 세력증대를 도모할 것.
③ 도시 소시민의 혁명적 인쩰리겐찌야는 지도적 계급으로서 하층군중을 지도하고, 시기에 따라 농민과 노동자로 하여금 각종의 쟁의를 일으키도록 하여 투쟁력을 배양할 것.

이처럼 민족주의 단체인 조선혁명당까지도 국내공작을 통하여 노동자·농민·소시민 중심의 대중조직을 건설하고자 했을 정도로 1930년대 전반기의 정세변화 속에서 국내 민족혁명 기반의 강화는 국외 민족운동 단체와 세력들의 특별한 관심사이자 초미의 과제가 되고 있었다. 이 과제에 가장 기민하고도 적절하게 대응해간 단체가 의열단이었다는 데는 이론의 여지가 없을 것이

---

165) 「昭和十一年度に於ける鮮內思想運動の狀況」 『사상휘보』 제10호, 1937. 3. 30~31; 장세윤, 「조선혁명군 연구」, 330~31면 참조.
166) 유광호사건을 두고 일제 관헌은 高而虛의 지도를 받아 조선공산화를 기도한 '赤友社' 사건이라고 명명하였다. 고이허는 노농민주주의혁명을 표방한 1929년의 조선혁명당 창당선언 起草者(의 일원으)로 추정되고도 있는데(조범래, 「국민부의 결성과 활동」, 『한국독립운동사연구』 제2집, 1988, 427면), 그는 1932년 이후 국민부와 조선혁명당의 중앙집행위원장을 역임한 뒤 조선혁명군정부의 統領으로 재임하고 있었다.

다. 그러한 대응력은 우연히 또는 돌발적으로 생겨난 것이 아니었다. 이미 1920년대 말부터 국내 운동세력과의 연계 및 대중조직 건설이 절대적으로 요구됨을 인식한 가운데, 그 실천 방안을 다각도로 모색하고 실로 고투(苦鬪)에 가까운 노력을 부단히 경주해온 데 따른 성과의 하나였다.

제 7 장

# 1930년대 전반기의
# 민족전선 통일운동과 의열단

일제의 중국침략으로 1930년대의 초입부터 동아시아 대륙은 전운(戰雲)이 감돌았고, '만주국'이 건립되자 '만몽(滿蒙)문제'로 소련과 일본 간에도 군사적 긴장이 조성되어갔다. 이러한 정세의 불가피한 귀결로 중일전쟁과 소일전쟁의 발발은 시간 문제일 뿐임을 재중 한인 독립운동자들은 족히 예견하였다.

양대 전쟁은 일제 타도와 민족해방을 위한 결전의 기회가 될 것이 분명하다는 점에서 한인 독립운동 진영은 전민족적 반일역량의 결집과 전열 재정비가 시급긴요하다는 것을 절감하였다. 그것은 다시 이념적 경계와 정치노선의 상위점까지도 뛰어넘어 민족혁명전선의 단일화를 기해야 한다는 요구로 압축되었다.

전선통일의 실현에는 객관적 조건의 형성 못지않게 주체적 의지와 노력도 전제되어야 했다. 그러나 통일의지의 형성·표출과 통일운동의 발진조차 저해하는 요인들이 적지 않았다. 그래서 완전통일의 실현은 뜻처럼 말처럼 쉬운 일이 아니었고, 수다한 장애물과 벽을 넘어야 하는 장도(長途)가 되기 십상이었다. 그렇다 할지라도 민족혁명의 완수를 위해서는 그 모든 제약과 저해 요인들을 극복하고 제거하면서 강고한 반일민족전선을 형성해내야 했다. 그러기에 뜻있는 한인 운동자들은 일제의 중국침략이 초래한 정세변화를 호기로 삼아 반일역량의 결집에 발벗고 나섰고, 민족유일당운동의 맥을 잇는 전선통일운동[1]을 재개하였다.

---

1) 민족전선의 형성과 민족전선의 통일은 동일 수준의 과정이나 과업으로가 아니라 별개

그러면 이 운동에 의열단은 어떤 태도로 어떻게 참여했는가, 거기서 의열
단의 위치와 역할은 무엇이었는가, 그에 대한 다른 당과 단체들의 시각은 어
떠했는가——이 장에서는 이러한 문제들을 중심으로, 1930년대 전반기에 중
국관내 지역에서 전개된 전선통일운동2)의 경과와 결과를 재고찰하고자 한
다. 1932년 한국대일전선통일동맹의 결성으로 기반이 확보된 전선통일운동
은 1935년에 '통일대당'인 민족혁명당이 창립되어 일차 결실을 보게 되고, 이
과정에 주도적으로 참여한 의열단은 창당과 동시에 조직을 자진 해체한다.
그뒤로 의열단 계보의 운동자들은 민족혁명당의 체제정비 과정에서 당내 최
대 계파로 부상함과 아울러 당조직의 근간을 이루게 된다. 따라서 논의될 내
용의 시간적인 범위는 민족혁명당의 체제정비가 완료되는 시점인 1937년까
지가 될 것이다.


## 제1절 전선통일운동의 재개


### 1. 대독립당 조직운동의 활성화와 한국대일전선통일동맹의 성립

앞서 제5장 제4절에서 상술한 바와 같이, 안창호의 주도로 1930년 1월에
───────────────
의 것으로 구분해서 보아야 한다. 후자의 과업은 전자보다 훨씬 명시적이고 조직적인
성격의 것으로서, 기왕에 형성된 반제민족전선의 범주 내로 스스로를 투합시킨 뭇단체
·세력들이 모름지기 단일 대오를 결성해내는 조직통일이 그 중심적 내용이 된다. 이러
한 의미를 띠고서 행해지는 집합적 움직임을 통틀어 여기서는 당시의 용례대로 '전선통
일운동'이라 부르고, 연구자들이 애용해온 '통일전선운동'은 일단 결성된 통일전선체
('연맹'이든 '당'이든 '정부'이든)가 전개하는 일체의 후속활동이라는 의미로만 사용할
것이다.
2) 이 주제의 선행연구 및 논고는 다음과 같다. 강만길, 「조선민족혁명당 성립의 배경」,
『한국사연구』 61·62 합집, 1988; 강만길, 「조선민족혁명당의 성립과 그 역사성」, 『한국
독립운동사연구』 제4집, 1990; 한상도, 「한국대일전선통일동맹과 민족협동전선운동」,
『윤병석교수화갑기념 한국근대사논총』, 지식산업사 1990; 강만길, 『조선민족혁명당과
통일전선』, 화평사 1991; 강만길, 「1930년대 중국관내 민족해방운동의 통일전선론」, 『한
국사연구』 90, 1995.

조직된 대독립당 조직 주비회는 동년 6월 천진에서 해외 각 단체 대표대회를
개최하여 대독립당을 발족시키려 한 바 있다. 그러나 어떤 연유로였던 대회
자체가 열리지 못하는 바람에 그 시도는 실패하고 말았다. 그와 더불어 대독
립당 조직운동은 현저히 둔화되고 주비회의 활동도 침체를 면치 못할 것처럼
보였다. 그러나 사실은 그렇지 않았다. 대독립당 조직에 대한 열망과 회원은
전혀 멸실되지 않고 끈질기게 이어지면서 후속 통일운동의 불씨가 되었다.

활용 가능한 몇가지 자료를 종합해보면, 대독립당 조직운동은 1931년 봄
또는 여름경부터 '전선통일'을 위한 '동맹체' 결성의 움직임과 더불어 속개되
었고, 그 즉시 성과를 보지는 못하였으나 9·18 사변 발발 이후 활성화했음
이 확인된다. 우선 1933년에 일제 관변에서 작성한 운동사 관계의 한 자료에
서는 다음과 같은 기록이 발견된다.[3]

1931년 봄 권국빈(權國彬) 안창호 이동녕(李東寧) 조성환(曺成煥) 등은 민
족운동의 통일단체로서 ××(독립―인용자)전선통일동맹을 수립하여 재상해
민족 각파의 통일운동을 시도하였으나, 중도에 좌절되었다. 그러나 일지사변
(日支事變, 9·18 사변―인용자)의 와중에서 다시 준동을 개시하였다.

또한 조선총독부 고위 경찰관료 역임자의 한 저술에도 다음과 같은 기록
이 있다.[4]

1931년 여름에 안창호의 주창으로 권국빈 이동녕 최동오(崔東旿) 조성환
등은 민족운동단체를 결집시켜 '독립전선통일동맹'의 조직을 꾀하였으나 결국
은 (통일이―인용자 첨가) 실현되지 못하였다. 그러나 동년 9월의 만주사변
발발과 그것의 지나사변(1·28 사변―인용자)으로의 발전 등과 더불어 그(독립

---

3) 李磐松, 『朝鮮社會思想運動沿革略史』, 제1장; 여기서는 한대희 편역, 『식민지시대 사회
   운동』, 한울림 1986, 90면의 번역문에 따랐다. 저자인 이반송의 신원은 미상이나, 원저
   의 서문에 의하면 원래 일제 고등경찰의 의뢰와 격려에 의해 씌어져 1933년에 등사본
   으로 발간된 것이라 하며, 1966년에 재간된 영인본에 이반송과 坪江汕二라는 이름이 모
   두 사용되고 있어 동일인이 아닌가 편역자는 추정하였다.
4) 坪江汕二, 『改訂增補 朝鮮民族獨立運動秘史』, 巖南堂書店 1966, 91면. 坪江은 1900년생
   으로 조선총독부 경찰서장·警視·통역관·감찰과장·법무사무관·법무연구원 등의 요직
   을 역임했던 인물이다.

전선통일동맹—인용자)의 활동은 다시 활발화하게 되었다.

　한편 최근에 공간된 구익균의 회고록5)은 위의 두 기록의 내용이 사실이었다는 것을 입증해줄 뿐만 아니라, 그 운동을 위해 결성된 조직의 면모와 활동을 부분적으로나마 파악하게끔 해주는 귀중한 자료가 되고 있다. 그는 술회하기를, 한국독립당의 위임을 받은 안창호와 이동녕의 주도로 상해에서 비밀 정치결사의 조직이 착수되어, 조성환과 김두봉(金枓奉) 등 "임시정부의 불편부당하고 양심적이며 지도적인 인사들", 소장파로는 구익균 신영삼(申榮三) 신국권(申國權) 김기승(金基昇) 등 원동위원부 소속의 흥사단원 일부, 그리고 만주 조선혁명당을 대표하는 최동오6) 등이 같이 참여했다고 한다. 조직 결성의 시점은 명기되어 있지 않으나7) 안창호 이동녕 조성환 최동오 등이 주도적으로 참여했다는 것은 위의 기록들과 일치한다.

　구익균은 이 조직의 명칭을 '대독립당'으로, 조직성원들을 '당원'으로 기술하고 있다. 그러나 같은 지면에 '대독립당 창당 준비'라는 소제목과 '대독립당 창당회원' '대독립당 준비위원' 등의 술어가 쓰이고 있다. 또한 당원이 20여 명에 불과했으면서도 새 조직성원은 "소속 정당에 사로잡혀 있거나 전체 독립운동에 도움이 되지 못하는 편향성"이 없다고 판단되어야만 기존 당원의 만장일치에 의해 가입시킨 것으로 증언되고 있다. 이러한 점들로 미루어

---

5) 구익균, 『회고록: 새 역사의 여명에 서서』, 일월서각 1994. 특히 109~117면을 볼 것.

6) 최동오는 1931년 5월에 國民府 우파의 대표로 국민당정부에 파견되어 공산당의 토벌 및 항일운동에 관한 협정을 체결한 것으로 첩보되었다(「朝保秘487號 國民府ノ狀況=關スル件」, 1931. 6. 18, 19~20면; 신주백, 「만주지역 한인의 민족운동 연구(1925-40)」, 성균관대학교 대학원 박사학위논문 1996, 179면에서 재인용). 협정이 체결되었다고는 믿어지지 않으나 그가 이 시기에 남경으로 내려왔던 것만은 사실인 듯하다. 5월 초부터 남경에서 국민회의가 개최되고 있었으므로 임시정부에서 東三省 議員을 통해 재만한인 보호문제에 관한 청원을 냈다고 하니(국회도서관 편, 『한국민족운동사료: 중국편』, 1976, 672면), 최동오가 관내로 내려온 것도 그 문제와 관련해서였을지 모른다. 청원서 제출을 위한 대표사절로는 안창호가 파견되었으므로 거기서 두 사람이 만나게 되었을 터이고, 그것이 독립전선통일동맹의 결성으로 발전했거나 적어도 최동오의 참여가 이루어지는 계기가 되었을 것이다.

7) 다만 그는 "대독립당을 조직한 뒤 본격적인 활동을 막 펴려고 했을 때 안창호 선생이 윤봉길 의거 사건에 계류되어 본국으로 송환된 것은 애석한 일이었다"고만 써놓고 있다(구익균, 앞의 책, 110면).

보면 '비밀 정치결사의 조직'이란 대독립당 자체라기보다는 창당 준비위원회를 조직했거나 예전의 주비회를 재건했음을 말하는 것으로 이해된다.

다시 구익균의 회고에 따르면, 회원들은 일주일에 한 번씩 흥사단 원동위원부 사무실에 모여, 그들은 대독립당의 강령과 정책, 조직에 관해 비밀리에 논의하였다.[8] 그 결과, 그들은 혁명적 수단으로써 일제를 타도함과 동시에 삼균주의 원리에 입각한 새로운 민주사회를 건설한다는 '진보적인 민족주의' 이념을 창당의 기치로 내걸기로 하였다. 또한 대독립당의 위상과 성격은 '전국적 규모의 한국독립운동의 핵심조직' '국외의 모든 독립운동 단체들을 총체적으로 지도할 수 있는 정당조직' '한국민족혁명운동의 통수권을 가진 사령탑'으로 설정되었다.

그런 한편으로 준비위원회는 중국과의 연합전선 형성을 촉진시키고 중국 측으로부터 재정적 지원을 획득할 목적에서 '대일전선통일동맹'이라는 '대외적 명칭'을 별도로 가지게 되었다고 구익균은 술회한다.[9] 이와 관련해서는, 1931년 11월에 안창호가 남북화평회의 참석차 상해에 온 광동정부 주석 왕정위를 방문하여 면담하고 '한중합작 항일운동에 관한 양해를 얻음'[10]과 동시에 권국빈이 광동에서 상해로 오자 그를 만나 중국측과 합동으로 '대일전선통일동맹'이라는 이름의 합작기구를 조직할 것을 협의했다는[11] 재상해 일본총영사의 첩보보고가 있었다.

요컨대 안창호와 권국빈 등은 9·18 사변 발발의 정세에 능동적으로 대처하기 위하여 광동정부 쪽과 교섭하면서 한중합작을 추진하기 시작했고, 그와 동시에 1931년 봄 또는 여름에 조직되었으나 활동이 미약했던 '독립전선통일동맹'을 합작의 한국측 창구로 삼을 요량으로 '대일전선통일동맹'으로 개명하고 그를 통해 대독립당 조직 준비활동의 기반도 넓혀가려고 한 것이다. 그렇다면 대일전선통일동맹은 한중합작의 추진과 '민족운동의 통일'이라는 이

---

8) 한국유일독립당 상해촉성회가 해체된 후에 김두봉이 안창호와 함께 조직하여 1932년까지 유지했다는 各派革命理論比較硏究會(徐丙坤, 「白淵 金枓奉主席의 투쟁사」, 『新天地』 제1권 제2호, 1946. 3, 206면)도 따지고 보면 이 준비위원회의 활동과 연관이 깊었던 것으로 추정된다.

9) 구익균, 앞의 책, 111면, 136면.

10) 국사편찬위원회 편, 『한국독립운동사 자료 3: 임정편 III』, 1968, 547면.

11) 국회도서관 편, 앞의 책, 695면, 729면, 731면 참조.

중적 임무를 띤 기구였다고 하겠는데, 그러나 주안점은 어디까지나 통일운동 쪽에 두었다고 보아야 할 것이다. 다시 말해 안창호 등은 한중합작까지도 독립운동전선의 통일과 결부시키면서 추진하고 후자의 과업을 재추동하는 유익한 계기로 삼고자 했다는 것이다.

그러나 통일운동, 즉 대독립당 조직운동이 일사천리로 순탄한 진전을 본 것은 아니며, 약간의 우여곡절도 있었다. 우선 1932년 초두에 '한국혁명당'이라는 이름의 신당이 남경에서 창립된 사실12)을 들어야 한다. 이 당은 한국독립당의 발기인이었거나 주요 당원이던 윤기섭(尹琦燮) 신익희(申翼熙) 연병호(延秉昊) 등이 탈당한 후 국민당정부 각 기관의 한인 재직자와 온건좌파 성향의 운동자들을 규합한13) 결과로 결성되었다. 돌출적 사건이었다고도 볼 수 있는 이 당의 결성은 두 가지의 상이한 각도에서 그 배경을 짚어볼 수 있다.

첫째, 앞의 구익균의 증언대로 대독립당 창당 준비위원회가 회원을 지나치게 엄선한 나머지, 가입을 거부당한 운동자들의 소외감을 유발하고 급기야 반발을 사게 된 것일 수 있다. 둘째, 그와 정반대로, '소속 정당에 사로잡혀' '편향성'을 보이는 한국독립당 내의 일부 인사들이 중도적 통합을 지향하는 대독립당 조직운동에 비협조적이거나 냉담한 태도를 보이므로 준비위원회측이 그들에게 경종을 울리려고 신익희를 앞세워 은밀히 신당 결성 공작을 편 것일 수 있다. 온건좌파도 당조직을 배경으로 한국독립당 내의 극우파에 대항하여 제 목소리를 내면서 통일운동에 힘을 실어주기를 기대했으리라는 것

---

12) 1932년 1월 11일자의 한국독립당 기관지 『上海韓聞』 제2호(국사편찬위원회 편, 『한국 독립운동사 자료 20: 임정편 V』, 1991에 영인 수록, 이 부분은 308면)에 한국혁명당이 '최근에 제조'되었다는 기사가 나와 있다. 그러나 일제 관헌자료들에는 이 당이 창립된 시점이 1932년 2월 상순(국회도서관 편, 앞의 책, 751면; 김정명 편, 『조선독립운동』 제2권, 東京: 原書房 1967, 495면), 또는 4월(국회도서관 편, 앞의 책, 763면)인 것으로 기재되어 있다.

13) 『上海韓聞』 기사에서 이 당을 '白赤血의 혼혈아'라고 비꼬아 표현한 것도 이 점을 지적한 것이다. 주 12번의 일제 관헌자료들에 의하면, 한국혁명당의 당원은 약 40명으로 윤기섭(이사장 혹은 중앙위원장) 鄭泰熙(총무 혹은 비서장) 신익희(외교부장) 王雄(=金弘壹, 재정부장) 成周寔 연병호 崔用德 安載煥 신영삼 閔丙吉 金思濂 廉溫東 金昌華 羅月煥 崔慶洙 등이 주요 당원이고, 최유력 인물은 국민당 중앙당부에 근무하는 신익희였다. 『上海韓聞』 기사에서도 신익희가 산파역을 맡은 인물로 지목되고 있다.

이다.14) 어느 경우이든 통일운동이 낳은 역설이었다고 할 이 사건은 뒤에 가
서 대일전선통일동맹이라는 동명의 조직이 개인결합이 아니라 단체결합의
형태로 재결성되도록 하는 또다른 계기의 하나가 되었다고 볼 만하다.

다음으로, 전선통일운동의 선두에 서서 오랫동안 불요불굴의 자세로 지도
자적 역할을 수행해온 안창호가 윤봉길의 홍구공원 의거 직후에 그 배후조종
자로 지목되어 일경에 체포되고 마침내는 국내로 압송되고 말았다는 사실이
다. 여기서 전선통일운동은 잠시 주춤거리게 되었고, 그 추진 주역도 불가불
교체될 수밖에 없었다. 결과적으로 새 주역이 된 인물들은 한국독립당 이사
인 흥사단계의 이유필(李裕弼), 재만 조선혁명당의 중앙집행위원으로서 북경
의 당 제1지부를 기반으로 관내 활동을 펴고 있던 최동오,15) 천진 북양대학
(北洋大學) 교수이자 한국광복동지회 대표를 맡고 있던 김규식(金奎植) 등 세
사람이었다.16) 윤봉길 의거의 여파로 일경의 감시와 추적이 더욱 심해진 속
에서도 이들 핵심주체의 물밑 협의를 통해 통일운동은 단절 없이 다음 단계
로 진전할 수 있었다.

---

14) 한국혁명당의 당원 가운데 준비위원회 회원이던 신영삼이 끼여 있다는 점과, '백적 혼
   혈적' 정당이 성립할 수 있었다는, 그야말로 수수께끼 같은 사실 자체가 이러한 해석을
   가능하게 해주는 단서로 삼아진다. 그러나 현재로서는 어느쪽의 해석도 확증 불능이고
   그저 추리 수준에 머물 뿐이다.
15) 조선혁명군 총사령 梁世奉의 비서를 역임한 바 있는 朴允杰의『自傳』, 1987에 의하면,
   1932년 1월 新賓縣에서 열린 중앙위원회 석상에서 조선혁명당 간부진은 일제의 반일무
   장부대 토벌작전에 대처할 전략방침을 둘러싸고 심각한 의견대립을 드러냈다. 梁起鐸
   최동오 등 노장파는 일제가 만주를 강점한 상황에서 독립운동의 역량을 보전하기 위해
   서는 관내지역으로의 전략적 후퇴가 필요함을 주장한 데 반하여, 梁河山과 양세봉 등
   소장파는 일제를 구축하려면 항일전의 제일선인 만주에서 한중연합전선을 결성하여 계
   속 투쟁해야 한다고 주장한 것이다. 치열한 쟁론에도 합의를 보지 못하자 노장파 간부
   진은 관내로의 이동 방침을 단독으로 결정하고 곧 실행에 옮겼다(黃龍國, 「'조선혁명군'
   역사에 대하여」,『국사관논총』제15집, 1990, 234면). 이와 달리 일제 관헌자료에는 최
   동오 등의 남행이 남경 국민정부에 군자금과 무기의 지원을 요청하기로 한 간부진의
   결정에 의한 것이었다고 되어 있다(조선총독부 경무국 보안과,『고등경찰보』(이하『고
   등경찰보』로 약기) 제6호, 1936, 312면). 어떻든 남행한 간부진이 관내 활동의 근거지를
   남경이나 상해가 아닌 북경으로 정한 것은 1930년 7월에 당 제1지부가 그곳에 설치되
   어 있었기 때문일 것이다.
16) 국사편찬위원회 편,『한국독립운동사 자료 3』, 473면; 국회도서관 편, 앞의 책, 774면
   참조.

유의할 점은, 이 세 사람이 개인 자격으로 전선통일운동을 추진해간 것이 아니라 각각 소속 당과 단을 대표하는 위치에서 행동했다는 사실이다. 이에 따라 통일운동도 여러 수순을 밟을 것 없이 직접적인 단체통합을 당장의 목표로 설정할 수도 있었다. 그러나 따지고 보면 통합의 여건이 충분히 조성되어 있는 것도 아니었고, 예상되는 기술적 문제의 처리를 위한 여러 복잡한 절차로 인하여 상당한 시일이 소요될 수도 있었다. 그러기에는 한중합작을 위한 단일 통로의 개설이 너무도 화급하게 요구되고 있었다. 그래서 일단 '연합'의 수준에서 가시적인 성과를 내자는 방향에서 협의가 진행된 듯하다.

그 과정에서 김규식은 각지 한교회(韓僑會)를 통합하여 한교연합회를 조직한 다음 화교연합회와의 제휴로 중한연합회를 조직하자는 안을 제시하였다. 그에 반해 이유필은 각지 기성단체의 연합에 기초한 한중합작안을 제시했는데, 최동오가 거기에 동조했는지 결국은 후자의 단체연합론이 채택되었다.17) 그리하여 10월 중순에 위의 3단체에 의열단과 한국혁명당을 추가한 5단체 대표18) 간담회와 연합 주비위원회가 열렸고, 이윽고 10월 25일에 상해의 동방여사(東方旅舍)에서 비밀리에 열린 성립대회를 통해 5개 단체의 연합체로 한국대일전선통일동맹(이하 '통일동맹')이 결성되었다.19)

통일동맹의 결성은 대중(對中)관계와 수원(受援) 통로를 단일화한다는 의미를 넘어, 9·18 사변 이후 재활성화한 전선통일운동에 중간 매듭을 지으면서 더 큰 성과로 나아가기 위한 교두보를 구축했다는 의미가 컸다. 따라서 당연히 '연합'의 수준에 자족할 것이 아니라 마침내는 '통일'이라는 성과를 낳을 부화기(孵化機)가 되어야 했다.

그러한 견지에서, 조공계열 좌파에 버금가는 전투적 좌익단체로 인식되고 있던 의열단과, 창립 당시부터 한국독립당과 불화관계에 놓이면서 파당분자 집단쯤으로 홀시되어온20) 한국혁명당이 최초 가맹단체의 반열에 같이 서게

---

17) 같은 곳.

18) 5개 단체 대표는, 한국독립당의 이유필 宋秉祚 김두봉, 조선혁명당의 최동오 유동열, 한국혁명당의 윤기섭 신익희, 의열단의 박건웅 한일래, 광복동지회의 김규식이었다.

19) 국사편찬위원회 편, 『한국독립운동사 자료 3』, 478~79면; 국회도서관 편, 앞의 책, 807면; 김정명 편, 앞의 책, 513면을 같이 볼 것.

20) 한국혁명당이 창립된 것에 대하여 한국독립당 주류측에서는 "내외가 相合하여 통일전선을 촉진하는 차제에 봉건적 유물인 부분결합이 지금에도 또 산출됨은 운동진행상 危

된 것도 의미있는 일이었다. 의열단은 중국국민당과의 단독합작을 자력으로 성사시킨 데서 얻은 자신감으로 통일동맹의 결성에 매우 적극적인 태도로 참여하고자 한 듯하다. 훗날 한독당에서 작성한 문서기록21)에 의하면, 의열단의 좌경 색채를 문제삼아 다른 단체들이 모두 그의 가맹을 원하지 않았는데 의열단이 극구 '민족적 입장'을 표명하기에 결국 가맹을 '허락'했다고 한다. 또한 한국혁명당도 김규식의 거중조정에 의해 한독당과 화해하고22) 동맹 결성에 참여하게 되었다.

요컨대 통일동맹은 원래 한국독립당의 주도와 만주 및 화북지방 운동자들의 호응에 의해 중도우익 계열 민족주의 단체들만의 연합체 조직으로 구상되었으나, 대승적 화합과 동지적 연대의 정신으로 가맹단체의 범위를 넓힘으로써 결국 민족주의를 기조로 하는 좌우익 연합체 조직이 된 것이었다. 따라서 통일동맹은 1920년대 후반기의 유일당촉성운동에 저류했던 민족대단합 정신과 그 구체화의 경험을 1930년대에 들어와서도 계승-재생-발전시켜간 일련의 흐름 속에서 성립한 것이었다. 다시 말해 통일동맹은 1920년대 이래로 중국지역에서 줄기차게 전개되어온 대일전선 통일운동의 연장선상에 위치해 있음이 분명했다.

또한 미리 말하건대, 유일당촉성운동은 그 부분적 성과물인 민족주의 정당 조직들을 디딤돌로 하고 통일동맹을 징검다리로 하여 1930년대의 '통일대당' 결성운동으로 속진하게 되는 점에서, 통일동맹의 성립은 유일당운동의 부활 또는 재개의 징후로 읽혀도 무방한 것이었다. 그 점에서도 유일당운동과 통일대당 결성운동은 별개의 움직임이 아니라, 비유적으로 말하면 잠시 동안 지하로 복류(伏流)하다 다시 지상으로 분출한 형국일 뿐 그 수맥(水脈)은 하나로 이어지는 흐름의 상류와 하류 바로 그것에 해당하였다. 그리고 그 흐름은 1935년에 민족혁명당이 창립되는 것에서 마침내 큰 바다에 이르게 된다.

---

害됨에 不小하다 하여 일반 동지의 自覺自醒을 요한다"고 논평(『上海韓聞』 제2호: 국사편찬위원회 편, 『한국독립운동사 자료 20』, 308면)할 정도로 강한 거부감을 내비치고 있었다.

21) 「韓國獨立黨的創立經過」(1940), 국사편찬위원회 편, 『한국독립운동사 자료 3』, 397면 참조.

22) 국회도서관 편, 앞의 책, 752면.

## 2. 통일대당 결성론의 대두

통일동맹은 강령에서 "혁명의 방법으로 한국의 독립을 완성하고자" 하며 "혁명역량의 집중과 지도의 통일로써 대일전선의 확대강화"를 기할 것을 천명하였다.[23] 또한 규약에서는 "가맹단체는 본 동맹의 일체의 결의와 지시를 절실히 실행하기로" 한다고 정해놓았다. 그러나 실상 통일동맹은 단일 지휘체계와 지도방침이 구현 또는 적용되는 조직체가 아니라 가맹단체간 협의-연락기관에 불과했다. 2,3년 전에 좌익진영에서 '협동전선'이라는 이름으로 제창했던 것과 같은 임시합작기구일 뿐이지 어떤 통일적 조직체가 되지는 못하였다. 가맹단체들의 내부 조직질서는 그대로 유지되는 방향의 단체연합 형식으로 성립하였기 때문이다.

이런 상태로는 실질적인 통제력과 운신의 폭 그리고 결속력도 쉽게 한계에 부딪칠 게 자명했다. 그러한 사정을 지적해 의열단은 말하기를,

"참가단체들의 실력이 박약하고 내부가 불순하여 한국 혁명세력의 통일기관이라 인정할 수 없으나, 장래 통일전선을 촉성할 매개의 의의를 가졌기에 현재로서 필요한 조직"[24]

이라 하여 통일동맹의 지위를 '통일전선 촉성'을 위한 '매개조직'으로만 인정하였다.

1932년 11월에 통일동맹은 중화민중자위대동맹(自衛大同盟)과의 합작으로 중한민중대동맹을 결성했는데, 이 동맹의 외교부장으로서 방미 수석전권대표 자격으로 파견된 김규식의 각지 순방과 홍보활동의 성과로 미주의 한인단체들이 연이어 통일동맹에 가맹하고[25] 지원금을 보내왔다. 또한 1933년

---

23) 「한국대일전선통일동맹 규약」, 국사편찬위원회 편, 『한국독립운동사 자료 3』, 474면.
24) 「한국의열단 공작보고서」, 추헌수 편, 『자료 한국독립운동』 제3권, 연세대학교출판부 1972, 26면.
25) 대한독립당(1933. 4), 뉴욕 大韓人僑民團(1933. 6), 하와이大韓人國民會(1933. 7), 하와이大韓人同志會(1933. 10), 在美大韓人國民會總會(1934. 1) 순으로 추가 가맹했다고 한다(김정명 편, 앞의 책, 514면).

중에 통일동맹은 상해에서 남경으로 본부를 옮겼다.[26] 그러나 이 두 가지 외
에는 성립 후 1년이 지나도록 통일동맹이 일궈낸 성과는 아무것도 없었다.
'통일' 공작에서도, 1932년 12월의 제1회 대표대회에서 각 단체의 해소를 전
제로 한 통합체로 '조선독립당'을 조직하기로 결정한 바 있으나,[27] 그후 1년
여 동안 여하한 후속조치도 진전도 없었다. 그 이면에서 가맹단체들은 각개
약진의 행보를 보였고, 일부는 세(勢) 불리기에 열심인 모습도 보였으며, 그
것이 가맹단체 사이에 세력판도의 유의미한 변화를 낳기도 하였다.

　한국독립당은 윤봉길 의거 이후 일경의 대량검거 위협을 피해 간부진이
이산해 있던 관계로 한동안 세 위축을 겪는 듯도 했으나, 그뒤 항주(杭州)로
당 본부를 옮기고 상해와 남경, 북경, 광동의 지부 조직을 유지하면서 기관지
발행 등의 선전활동을 통하여 재흥을 꾀해갔다.[28] 한국혁명당은 1933년 가
을에 관내로 이동해온 만주 한국독립당의 간부진을 대거 영입하여 1934년 2
월에 양당 합체의 신한독립당을 발족시킴으로써 괄목할 만한 세 확대를 기하
게 되었다. 신한독립당의 이청천과 이범석(李範奭), 조경한(趙擎韓) 등은 김
구와의 제휴로 낙양군관학교 한인특별반을 운영하면서 청년당원들을 정예의
군사간부로 육성해갔다. 의열단도 국민정부의 확고한 지원 아래 군사-정치
간부 양성 활동에 주력했으며, 그들을 국내와 만주, 화북 등 각지로 특파하
여 민족혁명운동의 조직거점을 구축하고 항일공작을 수행하도록 하여 꾸준
히 단세를 확대해갈 수 있었다. 이리하여 1934년 초에는 한국독립당, 신한독

---

26) 국회도서관 편, 앞의 책, 828면을 보면, 1933년 6월 말 현재 통일동맹 본부의 소재지는
　　남경으로 되어 있으며, 송건호, 「항일독립운동기의 인물 연구: 김규식의 일생」, 『국사관
　　논총』 제18집, 1990, 828면에는 1933년 8월에 본부 이전이 이루어진 것으로 서술되어
　　있다.
27) 다음과 같은 신문기사를 근거로 한다. "근년 해외민족운동은 지리멸렬한 상태에 빠지
　　어 잇든바 최근 북평의 동지회, 만주의 조선○○(혁명―인용자, 이하 같음)당, 남경의 ○
　　○○○(한국혁명)당, 상해의 ○○○○(한국독립)당 등 4개 단체는 본월(1932년 12월) 15
　　일경 모처에서 대표대회를 소집하고 단일전선을 작성하기 위하야 '조선○○(독립)당'을
　　조직하기로 결정하고 준비회를 조직하얏는데, ○○당이 성립되면 각 단체는 해소를 행
　　할 터이라 한다"(『동아일보』 1932년 12월 23일자, 「민족운동 각 단체, 조선○○당 결
　　성」). 의열단이 불참 또는 제외된 이유는 미상이다.
28) 조범래, 「상해 한국독립당의 조직변천과 활동에 대하여」, 『한국독립운동사연구』 제3
　　집, 1989; 한시준, 「'상해한국독립당' 연구」, 『용암차문섭교수 화갑기념 사학논총』, 신서
　　원 1989 참조.

립당, 의열단 등 세 단체[29] 사이에 자못 세력균형이라고 할 수 있을 형세가 조성되었다.

이러한 사정과 형세를 배경으로 1934년 3월 초순의 제2차 대표대회에서는 명실상부한 통일전선체의 구축을 본격화하는 방향에서 '대동단결체 조성(組成) 방침안'이 주 의제로 상정되어 토의가 벌어졌고, 아래와 같이 3개 항의 방침이 제안되었다.

1. 종래처럼 중앙간부만의 기관으로 하지 말고 가맹단체로부터 다수 투사를 집결시켜 대동단결하여 적극적 공작을 할 것. 아니면,
2. 가맹단체는 물론이고 기타 각 혁명단체를 전부 해소하여 그 소속원들을 통일동맹에 합류시켜 일원화함으로써 단일 신당을 조직할 것.
3. 그를 위해 혁명단체(의 범위 ― 인용자 첨가) 밖에 있는 임시정부를 폐지할 것.[30]

요컨대 통일동맹 자체를 운동자 대중의 대동단결체로 완전 개편하여 적극적인 반일공작을 전개하든가, 아니면 기성단체의 해소를 전제로 새로이 단일당을 결성하든가 양자택일하되, 후자의 방침을 채택할 경우에는 임시정부를 해체하자는[31] 것이었다. 통일동맹의 개편이라는 1안에는 실행 절차가 다소 막연하게 제시되고 조직체계에 대한 명확한 언급이 없는 데 반해, 단일신당의 결성이라는 2안에는 구체적인 절차와 분명한 조직형태가 제시되어 있다. 이 점으로 보더라도 3개 항 제안의 무게중심은 사실상 2항과 3항에 두어진

---

29) 한국광복동지회는 그 운동의 일체 공작을 통일동맹에 위임한다면서 1932년 12월에 자진 해체하였다(김정명 편, 앞의 책, 514면).

30) 같은 곳.

31) 임시정부 해체론이 제기될 수 있었던 근거는 1927년에 개정된 臨時約憲의, "광복운동자가 대단결한 정당이 완성될 때는 국가의 최고권력은 그 당에 있는 것으로 한다"는 조항이었다. 임시정부 자신도 4월 12일자의 「국내외 단체 및 민중 전체에 대동단결을 촉구하는 國務院 포고문」(국회도서관 편, 앞의 책, 814~15면)에서 "본 정부는 대동단결체를 목표로 노력하려 한다"고 천명하고, 그 이유 중의 하나로 "임시약헌이 규정한 원칙을 수행하기 위해서"임을 들었다. 1933년 12월에 改選된 임시정부 국무위원은 김규식 金奎植 양기탁 성주식 송병조 윤기섭 曺煜(=조성환) 최동오 9인이었고, 주요 직임은 내무장 조소앙, 외무장 김규식, 군무장 윤기섭, 법무장 최동오, 재무장 송병조로 진용이 짜여 있었다(「중요소식」, 『震光』 제1호, 1934. 1, 13면).

것이었다.

그러나 6개 단체 대표 12명 사이에 의견이 분분하여 즉석에서 결정을 보지는 못하였다. 단체별 내부협의를 거친 다음에 대표대회를 다시 열어 재론하기로 결의하고 대회는 막을 내렸다. 폐회시에 발표된 대회선언에서는 통일동맹이 '대동단결체 결성의 가교(架橋)'일 뿐이라고 못박으면서 "강력한 대동단결의 조직 실현을 그 주요 강령으로 규정했음"을 환기시키고 있었다.[32]

위의 결의에 따라 통일동맹의 6인 상무위원회(김규식 최동오 송병조 김두봉 윤기섭 윤세주)는 대동단결체 조직 문제를 재의·결정할 혁명단체대표대회 소집 제의서를 각 단체로 발송하였다. 제의서의 요지는, 이듬해 3월 1일 안으로 대표대회를 개최하고자 하므로 각 단체는 대동단결체 결성의 구체적 방안과 그 주의·강령·정책에 관한 초안을 9월 1일 안으로 회시해달라는 것이었다.[33] 대표대회 개최 기한을 1935년 3월 1일 이전으로 정한 것은 통일동맹 관계자를 비롯한 대다수의 독립운동자들이 1935년 2,3월경을 '만몽문제'로 인한 소일전쟁과 태평양 문제를 둘러싼 미일전쟁의 발발 시점으로 예측하고 있었기[34] 때문일 것이다.


## 제2절 통일대당 결성론에 관한 입장의 분기

단일신당=통일대당 결성을 위한 후속 절차는 통일동맹 집행부가 제시한 일정대로 이행되지는 못하였다. 각 단체의 의견이 제때 회시되지 않아 이듬해 2월 초로 한차례 시한을 연기해야 했고, 개최 일자가 2월 20일로 지정 통보된 대표대회도 뒤늦게 6월 하순에야 성사된 것이다.

이는 신당 결성 문제에 대한 각 단체와 정파 사이의 입장이 일치하지 않은 데다 단체 내부에서도 의견 조정을 요하는 경우가 있었기 때문이다. 간추려

---

32) 조선총독부 고등법원 검사국 사상부, 『사상휘보』(이하 『사상휘보』로 약기) 제7호, 1936. 6, 41면.

33) 김정명 편, 앞의 책, 515면; 『고등경찰보』 제5호, 79~80면.

34) 국사편찬위원회 편, 『한국독립운동사 자료 3』, 479면; 국회도서관 편, 앞의 책, 841면 참조.

말하면 의열단과 신한독립당, 조선혁명당, 대한독립당[35])은 이구동성으로 기성 단체 해소와 단일신당 결성안을 적극 지지했고, 임시정부는 원칙적으로 찬성한다는 입장을 표명한 반면, 한국독립당과 김구는 통일대당 결성이 시기상조라거나 명백히 반대한다는 입장을 취하였다. 찬성론만큼이나 반대론에도 나름의 논리와 이유가 있었다. 그러면 양쪽 입장의 논리와 그 배경은 무엇이었는지를 검토해보기로 하자.

## 1. 한국독립당

통일대당 결성론에 대하여 한국독립당(이하 '한독당')이 표명한 맨 처음의 공식 입장은 한마디로 '시기상조'론이었는데 실상은 반대론에 가까운 것이었다. 세부 논리는 당 기관지인 『진광(震光)』 제4호(1934년 5월 25일자)에 실린 무기명 논설 「대당조직문제」를 분석해봄으로써 파악할 수 있다.

논설의 서두에서 필자[36])는 대당조직 방침에 대하여 "만강(滿腔)의 환희와 성의로써 그 성취를 위하여 적극적으로 협력하고자"한다 하여, 일단 원칙적인 찬의를 표하였다. 그러나 곧이어, 과연 성취될 만한 조건이 갖추어져 있는가를 검토해보지도 않은 채 모험적 시도를 해서는 안될 것이라면서 스스로 제동을 걸었다. 조건 미성숙으로 인한 과거의 실패는 시간과 정력과 물력의 희생을 초래했을 뿐만 아니라 분열과 대립을 확대재생산하는 결과를 낳았다는 점을 상기해야 한다고 했다.

과거의 통일운동 또는 '대당조직운동'이 '참혹한 실패'를 거듭했다는 것을

---

35) 사회문제자료연구회 편, 『사상정세시찰보고집』(이하 『사상정세시찰보고집』으로 약기) 제2집, 京都: 東洋文化社 1976, 31면 참조.

36) 『震光』誌는 국한문판과 중문판 2종으로 발간되었는데, 국한문판은 당 선전부장인 李相一이, 중문판은 내무 겸 총무인 조소앙이 각기 나누어 맡아 초고를 작성했다 한다(신용하, 「수록자료 해제」, 독립기념관 한국독립운동사연구소 편, 『한국독립운동사 자료총서』 제2집, 1988, ii면). 그렇다면 국한문판에 실린 이 논설의 필자는 이상일이었다 하겠는데, 그렇더라도 사안의 성격상 개인 논설이 아니라 당론을 대변하는 공식 논설로 집필된 것으로 보는 것이 옳을 것이다. 논설의 내용과 어법으로 보면 조소앙이 집필자였을 가능성도 배제할 수 없다. 강만길 편, 『조소앙』, 한길사 1982에는 별다른 설명 없이 이 글이 조소앙의 소작(所作)으로 수록되어 있다.

강조하면서 필자는 그 실패의 원인을 다음과 같이 세 가지로 들었다.

첫째, 일정한 공동의 주의와 정책이 없었던 점이다. 거두절미한 '한국독립' '타도일본'의 정강만 있었을 뿐, 일정한 철학적 기초(인생관·사회관)에 입각한 주의와 정책이 제출되거나 공동으로 규정되어본 적이 없었다는 것이다. 이 조건이 충족되지 않는 한에서는 아무리 절실한 필요에 의한 것이고 아무리 다수가 참여한다 하더라도 일시적 필요에 의한 연합적 집단에 불과하게 되고 만다.

둘째, '인물적 중심세력' '상당한 인물의 단결된 세력'이 없었던 점이다. 당파 대립이라든지 이념적 분열 등 대당조직에 저해되는 요소들을 무력화시킬 수 있을 만한 숫자와 질의 인물이 없었다는 것이다.

셋째, 동기와 목적이 불순했던 점이다. 통일조직의 일 분자로서 분투 노력하려는 성의가 아니라 개인 또는 당파 활동의 기초를 획득하려는, 또는 타인과 타단체를 억압하고 견제하려는, 아니면 자기의 사회적 지위를 보호하려는 등등의 동기와 목적에 지배되는 사례가 없지 않았다는 것이다.

요약하면 필자는 주의와 정책의 공동성, 중심 인물과 세력의 존재, 동기와 목적의 순수성,[37] 이 세 가지가 단일당 조직의 필수 요건이라 보고, 그것의 결여로 과거의 유일당운동은 실패했다는 진단을 내린 것이다. 그리하여 필자는 대당조직의 선결 문제 혹은 그 추진방향을 다음과 같이 세 가지로 들었다.

① 우선 자기 소속단체의 사업과 공작을 각자 충실히 실천할 것.

② (섣부른 '통일'보다는—글쓴이) '연합'운동을 통하여 타단체의 주의·정책에 대한 이해와 그 일치를 추구하며, 대당조직 방안을 연구토론함으로써 주의·정책의 접근-일치를 획득할 것.

③ (단체단위가 아니라—글쓴이) 개인단위의 연결에 힘쓸 것. 이는 일정·공동의 주의·정책에 동감하는 개인단위의 대당이, 개개인의 의견교환을 거치지 않고 단체대표의 의사만으로써 다수 단원의 성명을 재등기한 단체단위의 대당보다 그 경륜과 계획을 활발하고 유력하게 펼 수 있기 때문이다.

---

37) 한국독립당이 통일동맹과 같은 단체연합 조직의 운영과 관련해서 가장 큰 우려를 표명했던 것도 ① 연합조직에 참가한 각 단체가 그 조직을 이용하여 자기 세력을 확장하는 문제, ② 참가단체가 연합조직의 영도권을 獲取하려는 문제였다. 이에 관해서는 「혁명단체연합문제」, 『震光』 제1호, 1934. 1, 2~4면 참조.

요컨대 현단계에서는 '통일'을 운위하기보다 먼저 자기 단체의 사업에 충실하면서 단체연합을 통하여 통일대당 조직의 기반을 조성해가는 것이 요구된다는 논지인 것이다. 또한 대당이 결성되는 경우에도 그 방식은 단체결합이 아닌 개인결합의 형식을 취해야 한다는 것이었다.

이는 기존 논고들의 일치된 해석대로 '대당결성의 촉구'라거나 대당조직 문제에 대한 적극적 태도의 표명38)으로 읽히기는 어려운 논리이다. 대당결성 시기상조론으로 해석되는 것이 옳은 것이다. 심지어 1920년대 후반기의 유일당운동에서 주요 쟁점이자 난항 요인의 하나였던 단체/개인본위론의 대립에서 좌파가 취했던 입론을 이제는 거꾸로 한독당이 내세우는 역설까지 보이고 있다.

그러면 이러한 입장 변환 혹은 역설은 어디서 연유하는 것이었을까?

그 이유를 정치적 맥락에서 추출하여, 신당이 창당되면 한독당이 장악하고 있던 바 임시정부의 실권, 상해 중심의 활동 지반, 미주 각 단체의 지지를 동시에 상실하게 될 것이며 현재의 간부진도 자연히 도태될 확률이 높다고 보았기 때문이라고39) 해석할 수도 있다. 독립운동진영 내의 주도권 향배에 초점을 맞춘 이러한 분석은 다분히 상투적이기는 하나 부분적으로는 설득력이 없는 것도 아니다.

그러나 그것이 전부라고 할 수는 없었다. 1920년대 유일당촉성운동의 경험에 대한 극도의 부정적인 평가와도 관련이 깊은 것이었다. 과거의 통일운동에 대한 부정적 인식은 "단결통일을 위한 매회의 집회와 매회의 대운동이 있은 후에는 그 전보다 오히려 더 격심한 파당적 대립관계가 혹은 공연한 투쟁의 형식으로서 혹은 비밀한 음모적 작용으로서 발생되지 않았던가"40) 하고 환멸감어린 반문을 하는 데서 역력히 드러난다.

이러한 부정적 인식에서 한독당은 진작에 "순정한 개인본위로써 전민족적 결합인 대당을 주비 계획하여 조성할 것"과 함께 "(당분간은―글쓴이) 기성 각 우의단체를 연결하여 협의제의 기관을 성립시킬 것"을 전선통일운동의

---

38) 노경채, 「한국독립당의 결성과 그 변천 (1930~1945)」, 『역사와 현실』 창간호, 1989, 214면; 조범래, 앞의 글, 405면; 한시준, 앞의 글, 631면; 한상도, 앞의 글, 929면.

39) 김정명 편, 앞의 책, 515면; 『고등경찰보』 제5호, 81면; 『사상휘보』 제5호, 1935, 88면.

40) 「대당조직문제」, 『震光』 제4호, 1면.

방책으로 정해놓았던 것이다.[41] 전자의 방책은 1931년부터 안창호의 피체 이전까지 비밀리에 진행된 대독립당조직 주비위원회의 활동과 운영 방식에서, 그리고 후자의 방책은 안창호의 피체 이후 이유필이 전선통일운동의 새 주역의 일원이 되어 한국대일전선통일동맹의 결성을 추진할 때에 확정된 것이라고 하겠다. 통일동맹이 결성된 후에도 한독당은 통일동맹의 지위를 협의 기관으로 한정시킬 것을 전제한 위에서 자기 당의 '표현단체'쯤으로 여기고[42] 있었다.

그것을 전자의 방책과 관련지워보면, 통일동맹 가맹단체들의 소속원 가운데 삼균주의를 바탕으로 한 한독당의 '신민주주의' 이념에 공명·동조하는 운동자만을 가려내어 개인적으로 입당시킴으로써 당의 이념적 순수성을 보전함과 아울러 당세도 확장해가고, 종국에는 최유력 단체의 위치에서 타단체와의 대등통합이 아닌 흡수통합의 방법으로 대독립당을 결성한다는 것, 이것이 한독당 지도부가 그리고 있던 통일운동=대당조직운동의 구도였던 것으로 추정된다. 즉 대당조직의 선결요건이라 하는 '공동의 주의·정책'과 '중심적 인물세력'은 각각 삼균주의(신민주주의)와 한독당이라고 상정하고 있었던 것이다. 그러면서도 대당조직 과정과 작업은 단시일에 완료될 수 있는 것이 아니라 상당한 시일을 요할 것으로 전망하고 있었던 것 같다. 그런데 느닷없이 '대동단결체 조성안'이 돌출하여 위와 같은 구상의 현실화를 가로막는 장애물이 되고 있는 셈이었다.

그러나 신당결성론에 대한 당내 의견들이 한결같이 소극적이고 부정적인 방향으로만 흐른 것은 아니었다. 혁명단체대표대회 개최 예정일에 임박해 1935년 2월 15일부터 3일간 항주에서 열린 한독당 제7차 정기대표대회에서는 이 문제를 놓고 의견이 양분되는 양상이 벌어졌다. 즉 ① 조성될 대동단결체, 즉 신당을 대독립당으로 인정하고, 임시의정원과 임시정부의 존폐는 신당의 뜻에 따라 처리하자는 논자와, ② 단체연합에 의해 조직되는 당은 결코 통일대당으로 볼 수 없다, 한독당은 임시정부 지지 결의를 하고 신당이 결성될지라도 임시정부를 공동지지하게끔 하자는 논자의 두 파로 갈린 것이다.[43] 김두봉 구익균 이광제 강창제 유진동 등이 ①의 입장, 곧 신당결성 찬

41) 「韓國獨立黨前任理事長宋秉祚의 聲明書」, 『사상정세시찰보고집』 제2집, 62면 참조.

42) 국사편찬위원회 편, 『한국독립운동사 자료 3』, 396면 참조.

성론자였고, 송병조 조소앙 박창세 김붕준 조완구 차리석 등이 ②의 입장, 곧 신당결성 반대론자였다. 그리고 양기탁 김사집 박경순 문일민 김홍서 등이 중립을 취하였다.[44] 기존 당론에 배치되게 찬성론자와 중립론자가 부쩍 늘어난 것은 단일신당 결성론이 대세를 얻어가고 있다는 것[45]을 보여주는 것일 수 있었다.

격론 끝에 한독당 간부진은, 통일동맹 집행부에 신당조직안을 제출하되 '정부 지지' 조항을 덧붙임과 동시에 신당의 명칭은 '한국독립당'이어야 한다는 것을 확언해 적기로[46] 절충을 보았다. 그러면서도 혁명단체대표대회에는 불참하는 것으로 결론을 내렸다. 시기상조론에서 불관방임론(不關放任論)으로 입장이 약간 바뀐 것이다. 어떻든 2월 20일 개최 예정이던 혁명단체대표대회는 한독당의 불참의사 통보로 유산되고 말았다. 그러나 결국은 한독당도 5월 하순의 임시대표대회에서 '신당 참여'를 공식 당론으로 정하는 극적인 입장 선회를 보이게 되고, 마침내는 민족혁명당 창당에 동참하여 자진 해체하게 된다.


## 2. 김구

1932년 6월 이후로 한국독립당 및 임시정부와의 관계가 소원해진 채 독자 행보를 취하고 있던 김구[47]는 신당결성 문제를 둘러싼 논란과 사세에 한동

---

43) 『사상정세시찰보고집』 제2집, 63면.
44) 같은 책, 32면.
45) 대회 석상에서 김두봉은 임시정부 해소와 대동단결체 組成이 통일동맹 집행위원 대부분의 의사임을 보고하였다. 그러나 혁명단체대표대회에서는 임시정부 문제를 일절 토론하지 않도록 하고, 신당이 성립하면 임시정부를 해소하지도 지지하지도 않은 채 그저 사무를 정지시킨다는 쪽으로 의견이 모아지고 있음도 덧붙였다(같은 책, 54면).
46) 같은 책, 56면.
47) 일경의 검거망을 벗어나 은신한 것만은 아니고 고립된 면도 있음을 부인할 수 없던 김구의 독자 행보는 1932년 5월 29일의 '杭州事件'이 결정적 계기가 된 것이었다. 윤봉길 의거 직후 임시정부 재직자 거의 전원은 상해를 탈출하여 항주로 가서 辦公處를 개설하였다. 그런데 5월 초 이래 중국 朝野의 각계 인사들이 임시정부, 대한교민단, 안창호 및 윤봉길 가족에게 전달해주기를 의뢰하며 보내온 의연금을 각각 김구 이유필 김철 조소앙이 보고도 하지 않은 채 움켜쥐고 있거나 횡령했다는 풍문이 떠돌아 상호 불

안 관망하는 듯한 태도를 보였다. 그러다가 1935년 6월에 이르러 한독당의
신당 참여가 확정되면서 창당 준비작업이 본격화하자 김구는 반대-불참 의
사를 공개적으로 표명하기 시작했다. 신당 창당 추진세력은 그를 동참시키기
위하여 윤기섭을 설득 사절로 보내기도 하였으나 김구는 불참 의사를 굽히지
않았다. ① 임시정부는 절대 해체할 수 없을 뿐만 아니라, ② 과거 통일운동
이 실패한 전례로 보아 신당의 장래를 낙관하기 어려우며, ③ 김원봉은 공산
주의 이념을 품고 있고 국제공산당과도 관련을 맺고 있으니 그와 대오를 같
이하기 싫다는 것이 그 이유였다.[48]

김구가 통일신당 참여를 거부한 데는 한인애국단과 한국특무대 독립군 등
의 휘하세력 성장과 장개석의 특별한 지원에 힘입어 독자적인 정치적 기반을
구축하게 된 것이 그 배경을 이루었다고[49] 볼 수도 있다. 그러나 동일한 조
건에서도 의열단은 신당 결성을 적극 추진한 점으로 보면, 그것만으로 설명
되기에는 부족한 점이 있다. 아마도 그 심층적인 이유는, 통일운동의 추이가
재중 독립운동진영의 세력판도를 김원봉과 이청천 두 사람에게 유리하게끔
재편시키는 방향으로 진행되고 있었다는 데 찾아야 할지도 모른다. 의열단이
주축을 이루고 신한독립당 일부와 조선혁명당의 관내재류 부분이 합세하는
형국으로 새로운 세력연합이 형성되어 그들이 앞장서 신당 결성을 제창하고

---

신 분위기가 팽배한 가운데 분쟁까지 벌어졌다. 이에 분개한 김구는 軍務長職 사퇴 의
사를 표하고 이동녕과 함께 가흥(嘉興)으로 떠나버렸다. 그런데 그 직후인 5월 21일자
의 中國紙『時事新報』에 난데없이 안창호와 흥사단을 비방하는 내용의 익명 기사가 실
리더니 김구가 그 배후라는 설이 분분해졌다. 격분한 김구는 투고자로 추정된 金晳(당
시 상해한인청년당 이사장)과 그의 숙부인 金澈에게 진의를 따지도록 수하의 金東宇를
항주로 보냈는데, 거기서 이유필계의 박창세와 김동우가 김철을 구타하고 그가 보관하
고 있던 의연금을 몰수해버리는 불상사가 발생하였다. 이를 일컬어 흔히 '항주사건' 또
는 '임시정부 판공처 피습사건'이라 한다. 이 사건은 급기야 국무위원 총사퇴로 비화하
였고, 임시정부와 한국독립당은 상해파(이유필 중심), 항주파(김철 조소앙 중심), 가흥
파(김구 중심)로 삼분된 가운데 김구는 조소앙, 김철과 매우 불편한 관계에 놓이게 되
었다(국회도서관 편, 앞의 책, 739~40면, 744~45면; 독립운동사편찬위원회, 『독립운동
사 제4권: 임시정부사』, 1969, 617~19면). 또한 이 사건의 여파로 1933년 1월의 한국독
립당 정기대회에서 김구의 측근들이 이사직에서 해임되어 김구의 당내 입지는 크게 위
축되었으며 임시정부와도 소원한 관계가 되어버렸다.
48)『고등경찰보』제4호, 81면;『사상정세시찰보고집』제2집, 9면 참조.
49) 한상도, 앞의 글, 932면.

그 과정을 주도해가는 것을 김구는 몹시 못마땅하게 여겼으리라는 것이다.

또한 거기에는 의열단의 운동이념과 정치노선이 극좌 편향과 국제주의에 매몰된 것으로 단정하고 그 세력의 급부상은 매우 우려되는 현상이라고 본[50] 반공 민족지상주의적 사고도 적지 않게 상승작용을 하였을 것이다. 그러나 김구 자신이 1년 전쯤에 의열단의 조선혁명간부학교를 방문하여 생도들을 격려하고 그 가운데 일부 인원을 자신이 운영하는 낙양군관학교 한인특별반의 입교생으로 파견해주도록 김원봉에게 요청한 사실이 있음을 상기해보면, 의열단 또는 김원봉에 대한 그의 불신과 의구심은 어떤 연유에서였든 부풀려진 측면이 다분히 있었던 것 같다.

## 3. 신한독립당

신한독립당은 1933년 11월에 북경을 거쳐 남경으로 남하해온 만주 한국독립당의 간부·청년당원 40여 명과 한국혁명당과의 합체에 의해[51] 1934년 2월 25일[52]에 창립되었다. 최초 간부진은 한국혁명당 출신의 윤기섭 연병호 성주식 신익희와 한국독립당의 홍진 김원식 이청천 조경한[53]으로 구성되었으며, 위원장에는 홍진이 선임되었다.

---

50) 나중에 가서 김구는 그러한 심경을 다음과 같은 우회적인 표현을 빌어 술회하였다. "요새 일부 청년들이 제 정신을 잃고 러시아를 조국으로 삼고 레닌을 國父로 삼아서, 어제까지 민족혁명은 두 번 피 흘릴 운동이니 대번에 사회주의혁명을 한다고 떠들던 자들이 레닌의 말 한마디에 돌연히 민족혁명이야말로 그들의 진면목인 것처럼 들고 나오지 않는가. … 내가 청년 제군에게 바라는 것은 자기를 잊지 말란 말이다. 우리의 역사적 이상, 우리의 민족성, 우리의 환경에 맞는 나라를 생각하라는 것이다. 밤낮 저를 잃고 남만 높여서 남의 발뒤꿈치를 따르는 것으로 장한 체를 말라는 것이다. 제 뇌로, 제 정신으로 생각하란 말이다."(김구, 『白凡逸誌』, 서문당 1973, 276면).
51) 한국혁명당의 윤기섭 성주식 김홍일 등은 일찍이 신흥무관학교 교관을 역임하거나 만주지역에서의 초기 항일무장투쟁에 참여했던 경험을 만주 한국독립당의 간부진과 공유하고 있었다. 게다가 남하한 한국독립당 인사들이 정착한 남경은 마침 한국혁명당의 본거지여서 상호 접촉이 용이했으며, 국민당으로부터의 지원 획득에도 국민정부에 재직중인 한국혁명당 당원들의 조력을 기대할 수 있었다.
52) 김정명 편, 앞의 책, 517면.
53) 조경한, 『백강회고록: 국외편』, 한국종교협의회 1979, 218면.

한국혁명당은 창당 초부터 상해 한국독립당과 원만하지 못한 사이였고 조
직세나 활동54) 면에서 열세에 놓여 있다는 정치역학상의 이유로, 의열단과
연대-제휴해서 한 목소리를 낼 소지가 컸다고 할 수 있다. 그러나 연병호나
민병길(閔丙吉)처럼, 의열단은 공산주의 이념을 신봉하는 단체라고 믿어 제
휴를 달가워하지 않는 당원도 꽤 있었다. 그러므로 통일동맹 내에서라도 두
단체가 얼마만큼 보조를 같이하고 연대했을지는 미지수다. 그런 한편으로 만
주 한국독립당은 양반-지주 가문 출신의 한학 이수자들이 중심세력을 이루
고 있었고,55) 만주지역의 공산주의자들과 대립하고 격돌했던 경험56)까지 있
었으므로, 이념적으로 보수-반공의 성향이 강한 편이었다. 이 점은 신당 결
성과정에서 만주한독당 출신 신한독립당 당원들의 대(對)의열단 태도에 그대
로 반영되어 나온다.

통일대당 결성 문제에 대한 당내 의견은 찬성-추진론과 반대-불가론이
호각세를 이루었다. 실세에 속했던 홍진 윤기섭 이청천 등이 찬성론자57)인
반면, 연병호 조경한 민병길 등은 극구 반대했다. '적색단체'인 의열단과의
합작-통합은 결코 수용할 수 없다는 것이 반대 이유였다. 그러나 찬성파의
설득이 주효하여, 마침내 반대론자들도 신당 결성에 조건부로 참여하기로 합
의하였다. 일단 신당에 참여하고 나서 '적색도당'을 도태시켜 신당을 순수 민
족주의세력의 결합체로 만들어가는 데 힘을 모으기로 한다는 것이었다.58)

54) 안재환의 진술에 의하면, 한국혁명당의 활동은 기관지『革命公論』을 발간하고 격주로
    당 본부에서 班會를 열어 국제정세와 기타 시사문제를 보고하고 독립운동 추진 방침을
    협의하는 정도였다(『사상휘보』제19호, 1939, 281면).
55) 박환, 「재만 한국독립당에 대한 일고찰」,『한국사연구』59, 1987, 140면.
56) 이에 관해서는 신숙,『나의 一生』, 일신사, 1963, 93~95면과 장세윤, 「한국독립군의 항
    일무장투쟁 연구」,『한국독립운동사연구』제3집, 1989, 326면, 365~67면 참조.
57) 이청천의 태도는 다소 모호하게 나타나는데, 일제 정보자료에는 그가 '김원봉 일파의
    공산주의 이데올로기를 혐오'하여 신당 결성에 반대하는 입장에 선 것으로 되어 있다
    (『사상정세시찰보고집』제2집, 32면). 그러나 조경한의 회고에 의하면, 이청천은 의열단
    과의 합작이 성사되게끔 협조해줄 것을 조경한에게 강청하곤 했다고 한다(조경한, 앞의
    책, 220면). 낙양군관학교 한인특별반 운영을 김구가 專斷한다 해서 두 사람 사이에 불
    화와 갈등이 빚어졌던 점을 감안할 때, 아마도 이청천은 김원봉과 같은 배를 타는 것이
    별로 내키지는 않았으나 김구를 견제할 필요가 있다는 생각에서 신당 결성 쪽으로 마
    음이 기운 것이 아닌가 추측된다.
58) 이러한 합의는 '우익진영 각당' 주요 간부들 사이의 비밀협정에 의하여 문서로 작성

다만 민병길과 만주 한국독립당 출신의 일부 청년당원들은 끝내 신당 참여를 거부하여 탈당하였으며, 그들은 대부분 김구의 휘하로 들어갔다.

이처럼 우여곡절을 겪은 끝에 신한독립당은 당론을 확정짓고 통일대당 결성에 의열단과 보조를 같이하게 되었다. 그리하여 통일동맹 집행부의 요구대로 통합신당의 주의·강령·정책·규약의 초안을 작성해 1935년 1월에 통보하였다. 그 내용은 아래와 같은데,59) 당명(黨名)만 제외하고는 신한독립당의 당의(黨義)·당강(黨綱)·당략(黨略)·당장(黨章)60)의 복사판이라고 해도 좋을 내용이었다.

> 주의: 민족주의에 터한 정권·생계·문화의 독립 및 민주적 신건설을 완성하여 전세계 인류의 평등 행복을 촉진함.
> 강령(표현축약─글쓴이): ① 중앙집권제의 민주공화국 건설 ② 일원제(一院制) 설립 ③ 토지와 대생산기관 국유 ④ 국민의 일체 경제적 활동의 통제와 재산 사유의 제한으로써 생활 평형 확보 ⑤ 민족적 고유문화의 발양, 국민의 기본교육과 전문인재 양성의 국가 부담 ⑥ 국민의 노동·학습·언론·결사·집회·파업·혼인의 자유 보장, 병역·납세·취직·수학(受學)의 의무 여행(勵行).
> 정책(표현축약─글쓴이): ① 민족적 혁명의식 배양 ② 대내외 선전 확대 ③ 무력행동과 대중투쟁 병행 ④ 전민족적 혁명역량 집결 ⑤ 무산대중의 일상 이익투쟁 유도·지지 ⑥ 제국주의 일본(내)의 혁명과 동란 촉성 ⑦ 세계 각 민족혁명세력과의 연합전선 구성 ⑧ 일제 타도를 위해서는 각국의 여하한 세력과도 연락.
> 규약(발췌─글쓴이): ⑤ 신조직체의 직제는 민주중앙집권의 간부협의제로 함.

이로써 보면, 신한독립당은 민족주의에 기초한 민주공화국 건설을 창당 이념으로 삼고 있었는데, 신당의 이념도 그 틀 속에서 설정되기를 강력히 원했던 것이라 할 수 있다. 그러면서도 신국가의 경제체제는 토지와 대생산기관

---

되기까지 했다고 한다(조경한, 앞의 책, 221면).
59) 국사편찬위원회 편, 『한국독립운동사 자료 3』, 482~83; 국회도서관 편, 앞의 책, 856~58면.
60) 이것들은 국회도서관 편, 앞의 책, 876~81면에 수록되어 있다.

의 국유, 통제경제 체제 및 사유제한의 원칙에서 재구성되어야 한다고 보았
고, 독립운동 과정에서도 무산대중의 일상적 이익투쟁을 유도하고 지지한다
는 전술을 채택하였다. 그 점에서 신한독립당의 지도부는 자기의 계급적 기
반에 얽매이지 않는 대승적 시야로써 민족통합을 추구해가겠다는 의지를 표
출하고 있었다고 말할 수 있다.


## 제3절   의열단의 통일운동 주도와 당조직론


### 1. 의열단의 통일대당 결성운동 주도

통일대당의 결성을 가장 강력하게 주창하고 앞장서서 추진한 단체는 바로
의열단이었다. 통일동맹 성립 당시만 하더라도 한독당의 위세에 눌려 주도권
을 승인해주어야만 하는 위치에 있었으나, 그로부터 2년 뒤인 1934년에 이르
러서는 동맹 안팎으로 발언권을 높여가면서 통일운동의 흐름을 주도하게 되
었다. 그러기에 일제 관헌도 이 무렵에는 '동맹의 중심기둥'을 의열단으로 지
목하고[61] 있었다.

사세가 이렇게 역전된 데는 여러 요인이 작용하였다. 우선 상해 한국독립
당의 세 약화와 내분, 그로 인한 조직결속력의 이완과 내부 분위기의 불안정
이 상대적으로 의열단의 조직세를 돋보이게 만들었다. 그에 더해 의열단은
김원봉의 확고한 지도력과 중국국민당의 전폭적인 지원에 힘입어 새 근거지
인 남경을 중심으로 탄탄한 정치적 기반을 구축해내고 있었다.[62] 조선혁명간

---

61) 『사상정세시찰보고집』 제2집, 30면.
62) 의열단은 중국군 안에도 비록 초급장교 수준이기는 하지만 서서히 자기 세력을 심어
   가고 있었다. 1934년 6월 현재로 의열단 관계자 가운데 일제 첩보기관에 파악되고 있던
   중국군 복무자는 다음과 같았다(국회도서관 편, 앞의 책, 827면).
   이집중: 남경 某부대 上尉 連長.          김종: 南昌 제3군 教導師 제3단 제2영 장교.
   권준: 남경 某부대 連長.                김빈: 某군관학교 교관.
   노을룡: 남경 중앙군관학교 교육총대 제4대 교관.   김정우: 남경 某부대 上尉.

부학교를 운영하여 80여 명의 졸업생 단원을 배출시킨 점도 의열단의 위세를 크게 높여주었다.

게다가 중국국민당의 자금 지원과 관련하여, 창구 단일화를 주장하면서 지원대상과 지급액에까지 일일이 개입하여 좌지우지하려는 모습을 보이고 있던 김구의 처사가 여러 단체와 인사들의 반감을 유발하게 된 데서 의열단은 반사적 이득을 보았다. 의열단도 김구파의 중상(中傷)으로 중국측으로부터의 지원금이 삭감되는 곤경에 처한 적이 있거니와[63] 신한독립당이 의열단과 점차 근친관계를 맺게 된 것에도 그런 요인이 일부 작용하였다. 조소앙 등의 한독당 인사들마저도 일단은 김구의 전횡을 제어하고 김구 세력을 견제해야 할 필요성에서 애초의 방침을 바꾸어 신당 결성에 참여한 것으로 관측되고 있을[64] 정도였다.

관내 한인 운동계에서의 새로운 유력 인물군의 면면도 의열단에게는 매우 유리한 방향으로 짜여지고 있었다. 안창호의 뒤를 잇는 통일운동의 새 지도자로 부각되면서 신망을 얻고 있던 김규식,[65] 거중조정의 능력이 남달랐던 조선혁명당의 최동오,[66] 한국독립당 몫의 통일동맹 상무위원으로서 남경에 상주하고 있던 김두봉[67] 등이 그들이었다. 또한 신한독립당 간부인 김상덕과 김원식도 암암리에 의열단 지원세력의 일익을 맡았다고 볼 만한 근거가

―――――――――
이춘암: 남경 헌병사령부 上尉.　　　　박효삼: 남경 某부대 上尉 連長.

63) 『사상정세시찰보고집』 제2집, 7면; 구익균, 앞의 책, 121면 참조.

64) 『사상정세시찰보고집』 제2집, 10면 참조.

65) 김규식은 1933년 8월에 방미활동을 마치고 상해로 돌아왔는데, 그 직후인 9월의 조선혁명간부학교 제2기 입학식에 의열단 중앙집행위원 자격으로 참석한 것으로 일제 관헌 자료에는 기록되어 있다(조선총독부 경무국, 『軍官學校事件ノ眞相』, 1934, 187면; 「義烈團經營の南京軍官學校の全貌」, 『사상휘보』 제4호, 135면). 또한 그가 의열단에 가입한 것은 中山大學 교수로 재직중이던 1927년 4월경이었다고도 한다(『고등경찰보』 제6호, 312면). 김규식이 의열단에 가입했고 중앙집행위원이었다는 것은 신빙성이 의심되는 부정확한 정보인 것으로 판단되나, 간부학교 입학식에 참석했을 개연성은 매우 높다. 어떤 경위로든 그는 1932년 이후로 김원봉과 매우 친밀한 관계를 맺게 되었고 그래서 김원봉의 고문에 준하는 대우를 받고 있었던 것으로 여겨진다.

66) 그는 일찍이 1920년대 중반에 의열단 단원이었던 적이 있다(朝鮮軍司令部, 『不逞鮮人ニ關スル基礎的研究』, 1924, 38면).

67) 그는 남경에서 김원봉과 자주 만나 국내정세를 분석하고 아시아혁명의 진로를 토론하곤 하는 가운데(구익균, 앞의 책, 117면) 의열단의 주의주장을 지지하는 입장이 되고 있었다.

있다.[68]

통일동맹 제2차 대표대회에서 '대동단결체 조성안'과 임정 폐지안을 발의한 단체는 의열단인 것으로 일제 첩보자료에는 기술되어 있다.[69] 그러나 실제로는 의열단만의 단독제안이었기보다는 김규식 최동오 김두봉 윤기섭 등[70] 단외 지원세력과의 공감대 형성 또는 사전 협의에 의한 공동제안이었을 가능성이 높다. 설령 의열단의 단독제안이었다고 할지라도, 그것은 위에 지적한 요인들에 힘입어 의열단이 얻게 된 자신감에 기반한 것이었을 터이다.

대동단결체 조직론에 대한 통일동맹 내외의 지지도가 점차 높아져감에 따라 더욱 자신감을 얻은 데다가 대세에 가속도를 붙이려는 의도에서인지, 2월 말에 개최된 통일동맹 제3차 대표대회에는 김원봉이 단의 대표로 참석하였다. 통일대당 결성운동의 최일선에 직접 뛰어든 것이다. 또한 김구를 찾아가서는, 통일운동에 적극 참여하는 점을 보더라도 자기를 공산주의자라 할 수는 없지 않으냐는 의미의 변설까지 해가며[71] 신당 참여를 극력 권유하였다. 그러나 김구는 자기가 경제적으로 더 유리한 입장에 있을뿐더러 혁명운동의 본령은 역량집중보다 투쟁에 있다면서[72] 끝내 참여를 거부하였다.

그러면 왜 의열단은 단체통합에 의한 단일당 결성에 그토록 적극적이었고 주도역을 자임하기까지 했던 것일까?

이에 관해 일제 관헌의 정보자료와 그것을 원용한 기존 논의들에서 흔히

---

68) 제6장 주 40번, 71번 참조.

69) 『사상정세시찰보고집』 제2집, 31면.

70) 이들 4인은 모두 대회에 참석한 단체대표 12인에 포함되고 있었고(국사편찬위원회 편, 『한국독립운동사 자료 3』, 476~77면), 의열단 대표 3인(한일래 윤세주 이춘암이었을 것으로 추정된다)과 합하면 과반수를 이루었다. 또한 이들 4명 전원과 윤세주는 6인 상무위원회의 일원이기도 했다.

71) 이 부분에 해당하는 『백범일지』의 서술은 다음과 같이 되어 있다. "김원봉이 내게 특별히 만나기를 청하므로 어느날 秦淮에서 만났더니, 그는 자기도 통일운동에 참가하겠은즉 나더러도 참가하라는 것이었다. 그가 이 운동에 참가하는 동기는 통일이 목적인 것보다도 중국인에게 김원봉은 공산당이라는 혐의를 면하기 위함이라 하기로 (하략)" (서문당판, 280면). 그러나 김원봉 스스로가 "공산당이라는 혐의를 면하기 위해 통일운동에 참가하고 있다"는 식으로 말했다고는 믿지 않는다. 오히려 본문에서의 필자의 해석과 같은 취지로 한 말을 김구가 비꼬아 표현한 것이라고 생각된다.

72) 국회도서관 편, 앞의 책, 865면 참조.

지적되어온 점은 의열단의 권력의지라고 할 수 있는 측면이었다. 즉 단일신당을 조직하여 그 주도권을 장악함으로써 민족전선에서 지도적 위치에 서고자 했다는 것이다. 예컨대,

> 의열단은 진작부터 품어온 공산주의 이데올로기로 혁명운동의 지도정신을 삼아, 스스로 혁명운동의 절대적 지도자가 되려는 저의를 가지고서, 이 기회(대동단결론이 제기되고 있는 기회—인용자)에 단일신당을 결성하여 김구 일파의 세력을 꺾음에 더하여 신당의 지도권을 장악한다는 일석이조의 의도하에 대동단결의 주장에 깊이 공명하고 솔선하여 그의 지지를 표명함과 함께 1919년 이래 혁명운동의 통제('억제'가 아니라 '지휘'의 의미—인용자)에 임해온 … 임시정부 폐지설을 창도했다[73]

는 해석이 그것이다. 그런가 하면 조선혁명간부학교 졸업생들을 국내외 각지로 파견하여 혁명운동을 전개하는 데 있어 그 효과를 극대화하기 위해서는 기존의 여러 단체와의 연계투쟁이 이루어져야만 했다는 점이 의열단으로 하여금 신당결성에 적극적으로 나서게 했다는 분석도 있다. 즉,

> 의열단이 신당 결성에 노력해온 진의는 김구파에 대항하기 위해서일 뿐만 아니라, 다수의 청년투사(군교 졸업생)를 옹(擁)하여 그를 선만(鮮滿) 각지로 파견함에 있어서 각종 혁명공작 진행을 위해서는 구 혁명세력, 즉 기설(既設)의 각종 민족단체와 완전한 연계를 하지 않고서는 종래와 마찬가지로 희생자를 냄으로써만 효과를 올리게 됨에서 각 혁명단체와의 합체에 노력[74]

했다는 것이다. 그러나 그같은 분석은 통일대당 결성운동의 목적과 의의를 단지 권력투쟁의 차원으로 절하시켜버리려는 의도나(전자), 주종을 전도시켜 일면적 의의로써 전체적 의의를 덮어버리는 협애한 시각의(후자) 소산일 뿐이다.

통일대당 결성 문제에 의열단이 적극적이고도 진지한 태도로 임한 것은 지도부의 확고한 정세 전망과 독자적으로 수립해놓은 민족혁명운동 전략[75]

73)『사상정세시찰보고집』제2집, 30~31면.
74) 같은 책, 8면.

이 그 바탕이 된 위에, 1920년대 이래 민족전선의 분열이 초래한 폐해와 중국의 국공분열이 가져온 고통과 좌절을 의열단 스스로가 체험하고 목격한 데서 얻게 된 전술적 식견이 크게 작용했기 때문이라고 보아야 한다. 다시 말해 일제의 중국침략에 기인한 동아시아 정치정세의 급변과 주변 강대국간 전쟁 발발의 징후에 대한 예리한 통찰에 더하여, 민족전선의 일대 결속에 의해서만이 일제타도-민족혁명의 과업을 완수할 수 있으며 지금이야말로 그 절호의 기회라는 인식에서, 남경으로의 본거 이전시부터 민족전선 통일의 과제에 앞장서 투신하려 했던 것이다.

의열단이 한때 엠엘파의 급진노선에 동조하고 '아래로부터의 전선통일'('대중적-전투적 협동전선')론으로 완전 경도한 적이 있음은 부인할 수 없는 사실이다. 그리고 국제주의의 회오리바람이 운동전선의 분리를 재촉하고 있던 1929년 봄에는 신편(新編) 지도부가 북경으로 본거를 이전하여 무산자전위동맹으로 단체명을 바꿔가면서 1931년 말까지 레닌주의정치학교를 설립, 운영하고 그 졸업생들을 국내로 밀파하여 대중조직 건설운동을 전개하게끔 했던 전력도 있다.76)

그러나 한가지 분명한 것은 그러한 활동조차도 실은 국내투쟁 본위론과 민중조직화론이라는 그 나름의 운동론을 실천에 옮기고자 한 데서 취해진 독자적 행보의 의미가 컸지, 코민테른이나 중공당의 지휘·지령에 종속 또는 연계되어 이루어진 일은 결코 아니었다는 것이다. 굳이 엠엘파 노선의 영향을 꼬집어 말한다면, 프롤레타리아국제주의로 위장된 대국추수주의는 버리고 가열찬 전투성과 대중본위의 운동노선만을 합리적 핵심으로 걸러내 수용한 것이라 할 수 있다. 따라서 의열단의 '좌경성'은 분명히 민족주의 테두리 내의 것이었지, 탈민족주의적 방향의 교조적 국제주의 추수와는 거리가 먼 것이었다.

의열단이 남경으로 본거를 이전하고 국민당과 합작하면서 대일전선통일동맹에 참여한 것은 '국내'와 '대중'만을 지나치게 중시하고 집착했던 과거 2,3년간의 노선 행보에 오류와 한계가 있었다고 인정하고 반성하게 되었다는 것을 뜻한다. 그것은 만주사변 발발의 정세에 대응해나갈 국외운동의 의의와,

75) 이 책의 제6장 제3절 참조.
76) 제5장 제6절 참조.

대중조직 건설운동의 성과가 기대에 못 미친 데서 체득하게 된 바 폭넓고도 강고한 운동 지휘부 구성의 필요성, 즉 '위로부터의 전선통일'의 중요성을 재인식하게 되었음도 의미한다.

이리하여 1934,5년 당시 의열단의 운동전략과 노선은 국내운동(조직)과 국외운동(조직) 간의 긴밀한 연계, 그리고 상층부·저변부 두 수준에서의 전선통일운동의 병행이라는 양면조화의 방향으로 재조정된 것이었다. 조선혁명간부학교 졸업생 단원들의 특파활동을 통한 국내와 만주, 관내 3각연계라는 민족혁명기지 구축운동의 내용[77]이 그 점을 웅변해주고 있었다. 또한 인적 자원의 급속한 확충에 의해 신장된 단의 조직세는 조공계열 정통좌파를 대체할 '비정통' 좌파의 대표적 단체로서의 위상을 강화시켜주는 것이었다. 이러한 입지에서 의열단은 통일대당 결성을 적극 추동해간 것이다.


## 2. 의열단의 혁명당 조직론

통일대당 결성운동을 주도해간 사실과 무관하지 않게, 의열단은 조선혁명간부학교 2기(1933. 9~1934. 4) 때부터 교과과정에 '당조직론' 과목을 개설하여 예비 단원들에게 혁명적 통일당 설립의 필요성과 그 운영 기법을 교수하고, 장정(章程) 개정을 통하여 당조직의 기술적 지침을 제시하면서 치밀한 준비를 해나갔다. 의열단의 당조직론은 「혁명당으로서의 본단(本團)의 조직의의」라는 왕현지(王現之=李英俊)의 강의안 요지[78]를 통해 파악해볼 수 있다. 이 문서는 대외공개를 전제로 하거나 그럴 경우를 상정한 선전용 문서가 아니라 어디까지나 내부교육용 문서였다는 점에서, 의열단의 본의를 살필 수 있는 몇 안 되는 자료 가운데 하나가 된다.

강의안의 서두에서 왕현지는 조선혁명이 민중 일반의 이해에 입각해 수행되어야 한다고 천명하였다. 이는 그 자체로 당조직체였던 의열단이나 향후 결성될 통일대당이 모두 민중 일반의 이해를 대표하는 혁명당이어야 한다는 것이다.

---

77) 제6장 제4절 참조.
78) 조선총독부 경무국, 앞의 책, 471~81면.

그러면 혁명당은 어떠한 실천적 의의를 지닌 조직인가? 이에 대해 왕현지는 아래와 같이 다섯 가지를 들어 설명하였다.

첫째, 혁명당은 '민중의 전위'로서의 의의를 갖는다. 당은 직접 민중의 선두에 서서 그들을 지도하고 훈련함으로써만 임무를 다할 수 있으며 활발한 운동을 전개할 수 있다. 이는 레닌주의적 전위당 개념을 그대로 수용한 규정이었다고 하겠다.

둘째, 혁명당은 '민족부대'로서의 의의를 갖는다. 당은 민족을 떠나서는 존재할 수 없고, 민족을 기초로 민족에 의해 조직되어야만 하며, 민족 최선의 분자로 구성되는 것이다. 의열단이 상정한 바의 혁명당은 이처럼 어느 일 계급의 부대가 아님은 물론, 강요된 일국일당주의 원칙이 낳는 민족혼성의 국제부대도 아닌 순수한 민족부대로 규정하고 있었다. 이는 의열단 자체도 향후 조직될 통일대당도 계급전선이나 국제적 반제전선이 아닌 민족전선의 대표조직이어야 한다는 것을 명확히 한 것이다.

셋째, 혁명당은 '민족부대 최고형태'로서의 의의를 갖는다. 당은 민족을 조직하는 부대이며, 민족을 지도하고 훈련시키는 사령부임과 동시에 민중의 학교이다. 당은 청년동맹·노동조합·농민조합·부인동맹 등을 외곽단체로 두고 항시 명확한 정책을 제시하여 최고 지도기관으로서 행동할 것이 요청된다. 여기서는 의열단이 전개해왔고 계속 전개중이던 대중조직 건설운동의 목표가 무엇이었으며, 대중조직과 당(또는 의열단)과의 관계는 어떤 형태의 것으로 설정되었는지를 엿볼 수 있다.

넷째, 혁명당은 '정권획득의 무기'로서의 의의를 갖는다. 당은 정권획득을 최후의 목적으로 하여 투쟁하는 무기인 것으로 규정된다. 여기서는 민족혁명의 완수와 더불어 전개될 신국가 건설 과정에서 혁명당은 어떤 지위에서 어떤 역할을 하게 될 것인지가 석명되고 있다.

다섯째, 혁명당은 '파벌투쟁을 제거'하는 의의를 갖는다. 파벌은 혁명운동의 제일가는 금물로, 파벌을 정복함에 의하여 당은 당으로 존재할 수가 있다. 무엇보다도 이는 파벌투쟁으로 얼룩졌던 조선공산당의 과거 역사와 그것이 낳은 갖가지 과오에 대한 냉엄한 비판의 의미를 띠는 진술이다.

이러한 의의를 갖는 혁명당의 조직원리로 강의안은 민주와 집권의 통일을 제시하였다. 민주만 강조하면 공화적이거나 개인적이 되어버리고 집권만 강조하면 전제적이 되어버려서 민족적 혁명당의 의의를 상실하고 그 기능을 다할 수 없다. 그래서 민주집중제가 혁명당의 조직원리여야 하는 것이다. 민주집중제는 소수에 대한 다수의, 하급에 대한 상급의, 개인에 대한 전체의 권위와 통제력에 기대어 혁명당 활동의 기민성과 효율성을 극대화시켜줄 것이었다.

이러한 조직원리에 의해 혁명당은 결의기관과 집행기관을 따로 설치한다. 중앙·도·군·지부 단위의 대표대회가 결의기관이 되고, 중앙·도·군·지부 단위의 집행위원회와 최하부 기초단위인 기조(基組)가 집행기관이 된다. 또한 군 단위까지의 각 집행위원회에는 상무위원회를 설치하고, 지부에는 상무위원과 서기 1명씩을 두어 상무위원회의 역할을 대행시키며, 기조에서는 조장 1명이 총괄처리한다. 아울러 집행기관을 감찰하기 위하여 중앙과 도에 검사위원회를 설치하고, 군에는 검사위원을 한 명만 두며, 지부에서는 부원 전체가 검사위원 역할을 맡도록 한다. 지부는 민중에 대한 당의 선전기관임과 동시에 당의 투쟁공구가 되는데, 지부원은 사상의 정치화, 행동의 기율화, 생활의 집체화, 연구의 계통화를 위해 부단히 노력해야만 한다.

혁명당은 규율을 생명으로 한다. 당은 엄정한 군대식 규율을 갖추고 있어야만 제대로 임무를 수행할 수 있으며, 당원 개개인이 규율에 절대 복종해야만 운동이 활발히 전개될 수 있다. 따라서 당원은 당의 일체 결의와 규율에 복종하여야 함은 물론, 당의 일체 비밀을 엄수할 의무가 있다. 1개월 이상 당무활동을 하지 않거나 당의 규율에 무단불복하는 자, 당의 비밀을 누설한 자는 제명하거나 처치하도록 한 것을 보더라도 요구되는 규율 준수의 강도가 어느정도였는지를 짐작할 수 있다.

한가지 주목할 만한 것은, '민족적 혁명당'이 '완전하고도 진실한 혁명'을 위하여 부단히 제거해가야 할 '적'의 범주에 일본제국주의 기관과 봉건세력, 낭만파와 무정부주의자 외에 '민족주의자'와 '사회민주주의자'까지도 포함시킨 점이다. 낭만파와 무정부주의자를 배격한 것은 상명하복과 집체우선주의 기풍을 요구하는 혁명운동 조직에서는 개인자유 풍조를 용납할 수 없다는 뜻이었을 것으로 이해된다. 그러면 민족주의자와 사회민주주의자를 배척한다는 것79)은 무슨 뜻이었는가?

79) 이른바 민족주의자와 사회민주주의자의 혁명적 역할을 제한적으로만 인정한 것은 2기

이는 6차대회 이후로 코민테른의 공식 방침이 되어왔고 1930년대 초반에 공산주의자들의 신조처럼 되어온, 민족부르즈와지 및 사회민주주의자 타격론의 영향을 의열단도 상당 정도 받고 있었음을 말해준다. 그러나 1934년 이후로는, 민족전선으로의 결집 및 전선통일 운동이 괄목할 만한 진전을 보이게 되었음이 웅변해 주다시피, 그와 같은 교조적 논리의 입지는 극히 좁아지고 있었다. 그러한 점에서 위의 혁명당 조직론은 전선분리기에서 전선통일기로의 과도기적 언술에 해당하였고, 그로 인해 그 안에는 민족혁명 지향과 사회주의혁명 지향의 문구들이 제대로 정돈되지 않은 채 뒤섞여 있다. 그런 가운데도 현단계 혁명당의 의의와 성격을 계급부대나 국제부대가 아닌 민족부대로 명확히 규정해놓은 점은 의열단이 민족혁명을 당면 과제로 설정하고 있었음을 확언할 수 있는 증표가 된다.

1930년대 전반기 국내의 혁명적 노동조합운동, 혁명적 농민조합운동, 학생운동 등의 사회운동에서는 민족문제보다 계급문제를 앞세우는 계급해방론이 매력적인 구호로 내세워지고, 민족주의보다 국제주의가 중심지향으로 부각되는 경향이 있었다. 이것은 일본이나 독일, 이탈리아 등 파시즘 체제의 국가들이 국수주의적 · 제국주의적 민족이론을 내세워 침략전쟁을 도발하는 것에 대항하여 국제주의적 반제 · 반전운동의 열기가 세계적으로 고조되고 있었다는 점에서 이해 못할 바는 아니었다.[80]

그러나 국제주의가 맹목적이고 형식적인 논리로 흐를 때, 진정한 국제협력 · 국제연대의 길로부터 일탈하여 대국추수주의의 예속의 길로 빠져들 위험성이 높았다. 그것은 중국에서 '일국일당 원칙'이라는 명분 아래 프롤레타리아국제주의가 악용되면서 한인 혁명운동 대오의 역량 분산과 희생이 강요되고 있던[81] 상황에서는 더욱 경계해야 할 바였다.[82] 의열단의 당 조직론은

---

생을 상대로 한 김원봉의 강의 요지문이라고 하는 「조선정세와 본단의 임무」, 이영준의 강의안인 「세계정세」에서도 마찬가지였다. 앞의 제6장 제3절 참조.

80) 조동걸, 「1930년대 국내 독립운동」, 『한국민족주의의 발전과 독립운동사연구』, 지식산업사 1993, 300~301면.

81) 이 점을 의식했기에 김산(=장지락)은 '강물 속의 소금'이라는 비유적 표현을 반복해서 썼을 것이다. 이회성, 「중국혁명과 김산의 생애」, 『사회와 사상』, 1988년 9월호, 210면; 李恢成 外 編, 『"ありらんの歌" 覺書』, 1991, 윤해동 외 역, 『아리랑 그후』, 동녘 1993, 43면 참조.

82) 이러한 관점에서 1930년대 이후의 이른바 '동아시아 프롤레타리아국제주의' 이념의 성

그러한 반성을 기초로 하여 자기 자신은 물론, 앞으로 결성될 통일대당의 지위를 '민족부대'로 못박은 점에서 돋보인다. 그것은 식민지시기의 계급문제는 우선적으로 민족혁명을 토대로 해서 풀어간다는[83] 전략과 상통하는 것이었다.

일제 관헌자료에 수록되어 있는 「의열단 제4차 수정장정」[84]은 위의 당 조직론을 의열단 조직에 적용하여 세부 조직지침과 단원 행동준칙을 규정해놓은 것이었다. 이에 따르면 단원이 되기 위해선 먼저 정단원 2인 이상의 소개가 필요했고, 다음으로 지부회의와 중앙집행위원회의 승인을 받은 후 3개월의 후보단원 기간을 거쳐야만 했다(2조). 단원이 3명 이상 되면 지부를 두어 서기 1인을 선출하며, 지부원 수가 과다하면 약간의 기조를 분설한다(3조). 전단(全團) 대표대회에서 중앙집행위원 5인을 선출하며, 중집위에서 선출된 총서기 1인이 단무를 총리한다(5조). 단원은 중집위의 허가 없이는 정치조직체에 일절 가입할 수 없으며, 이미 정치조직체에 가입해 있는 자는 탈퇴해야 한다(19조). 또한 단원은 다음과 같은 태도와 방침 아래 행동할 것이 요구되었다.

① 사상의 정치화: 문인 및 서생(書生) 등의 정치혐오 사상에 반대.
② 행동의 규율화: 무정부주의적 개인자유 경향에 반대하고 기율 엄수.
③ 연구의 계통화: 낭만적 색채 및 학원파(學院[園]派) 경향에 반대.
④ 생활의 집작화(集作化): 개인주의에 반대.
⑤ 단을 신임하는 심리를 스스로 가질 것: 일체의 주관적 견해에 반대.
⑥ 혁명적 인생관의 양성: 혁명의 직업가(직업적 혁명가)가 되어, 일체의 낭만적 혁명사상 및 행동에 반대.

요컨대 단원은 개인주의적·자유주의적 경향을 완전히 불식하고 집단규범과 조직규율을 절대 준수하며, 개개인의 주관적 견해를 탈피하여 체계적인 사고 습관과 혁명적 인생관 및 정치관을 배양함으로써, 직업적 혁명가로 거듭날 것이 요구되고 있었던 것이다. 심지어 모든 단원은 독서내용(서명 혹은

립과 그 전개 양상에 대한 비판적 고찰이 필요하다. 이에 관해서는 梶村秀樹, 「朝鮮からみた現代東アジア」, 『朝鮮史の構造と思想』, 東京: 研文出版 1982, 244~82면이 참고된다.
83) 조동걸, 앞의 글, 311면.
84) 『사상정세시찰보고집』 제2집, 189~216면.

신문·잡지명과 페이지 수), 통신 상대와 내용, 동지에 대한 비판 및 그 이유가 포함된 생활보고표를 매주 제출하게끔 되어 있을 정도였다.

이처럼 1930년대의 의열단 조직 자체나 의열단 지도부가 결성하고자 했던 통일대당은 운동자들의 자유결합이나 대중적 정치조직이 아니라 철의 규율이 준수되는 비밀 전위조직이었다. 의열단이 그러한 운동조직을 바람직한 것으로 보게 된 것에는 두 가지 이유가 있었다고 말할 수 있다.

하나는 일제의 통제체계에 적절히 대응해야 할 필요성이었다. 일제는 국내와 중국본토, 만주 각처에서 경찰·헌병·사법기관 등의 공식 통제기구를 완전 가동시킨 위에 밀정과 영사관의 외교원까지 동원하여 독립운동의 전열을 분열시키고 파괴·분쇄하기 위해 총력을 기울이고 있었다. 그러므로 일제의 분열·파괴 공작과 거기에 활용되는 주밀한 첩보·검거망에 맞서 독립운동의 지도역량을 보전해야 할 필요에서, 엄정한 규율과 비밀 엄수를 특징으로 하는 전위적 혁명당 조직을 독립운동 조직의 모델로 삼게 된 것이다.

다른 하나의 이유는 의열단이 민족독립을 객관적 정세발전의 자연적 귀결로가 아니라 치밀한 전략·전술에 의거해서 목적의식적으로 수행되는 혁명운동에 의하여 쟁취될 것으로 보았다는 데 있다. 그와같은 전략·전술 구도에서는 광범위한 대중적 역량의 동원과 결집이 필수적이었다. 그러나 그것이 원칙도 정형도 없이 자연발생적으로 이루어질 것으로 기대하지는 않았다. 대중의 역량을 조직하고 실질적인 전투력으로 전환시키기 위해서는 부단한 선전·교육·지도 활동이 전제되어야만 했다. 그 역할은 결국 잘 훈련되고 조직화된 선진 운동자들이 담당해야 하는 것이었는데, 그러기 위해서는 운동자들 자체를 일사불란한 지휘통솔 체계와 일관된 지도노선으로 결속시켜야만 했다.

이러한 맥락에서 중앙집권적 혁명당의 존재 혹은 그 결성의 필요성이 제기되었던 것이며, 대중을 지도하는 위치에 설 당원들은 잘 훈련되고 튼튼하게 정신무장된 전위분자여야만 했다. 의열단의 또는 통일대당의 구성원들이 엄정한 기율과 집단주의적 규범의 테두리 내에서 행동해야 한다는 요구는 그로부터 나온 것이었다. 달리 말하면 의열단의 혁명당 조직론은 민족혁명운동 전선에서의 상층부와 하층부, 전위와 대중, 지도역량과 전투역량의 구별을 분명히 내포하고 있었으며, 적어도 당 결성 운동기에는 전자 쪽에 무게를 더 두고 있었다.

의열단에 버금가는 적극적 자세로 통일대당 결성 문제에 임하고 있던 신한독립당도 나름대로 당조직의 기본 지침을 마련해놓고 있었다.[85] 그 골격은 의열단의 것과 큰 차이가 없음이 확인되나, 구체적 내용에서는 의열단의 것이 더 정세(精細)할 뿐만 아니라 오직 의열단만이 혁명당 조직의 이론적 틀까지 제시하고 있었다. 따라서 민족혁명당을 창당할 때 그 조직운용 규정과 세칙들을 마련하는 데 의열단의 것을 거의 그대로 차용하게 된 것[86]은 너무도 당연한 것이었다.


## 제4절  통일대당의 창건과 그 의의


### 1. 민족혁명당의 창립과 의열단의 해체

1935년으로 들어서자 재중국 독립운동진영에서는 통일대당 창건 문제가 최대의 현안으로 부각되었고 대세는 창당으로 기울어갔다.[87] '통일'의 대의가 발하는 호소력이 점차 높아짐에 따라 단일당 결성 찬성론이 반대론을 압도한 것이다. 다만 한국독립당이 시기상조론 내지 불관방임론의 당론을 고수하여 혁명단체 대표대회에 불참함으로써 대회가 유산되고 만 것이 걸림돌이라면 걸림돌이 되고 있었다. 이에 김두봉과 이광제를 비롯한 당내의 신당결

---

85) 국회도서관 편, 앞의 책, 877~81면의 「신한독립당 黨章」 참조.
86) 예컨대 민족혁명당의 '區黨部의 조직과 진행계획'(『사상정세시찰보고집』 제2집, 37면)이라는 조직방침서는 의열단의 것을 그대로 옮겨놓은 것이었다.
87) 당시의 국내 언론도 "지금까지 공산주의파와 민족주의파의 반목항쟁" 때문에 "좌절된 상태에 있어 온" "말썽 많던 전선통일운동" 내지 "단일대당 조직운동"의 진전 소식을 전하면서 그것이 "비상한 주목"을 끌고 있음을 지적하였다. 그러면서 이 운동의 계기와 성격을 "조선인 적색운동단체와 좌익민족주의 운동단체 간의 타협" "공산파와 좌익민족주의 단체의 합작"이라고 평하였다(『조선일보』 1935년 3월 2일자). 여기서 '적색운동단체'나 '공산파'라 한 것은 주로 의열단을 겨냥해서 쓴 것으로, 일제 관헌의 시각이 여과되지 않은 채 그대로 투영된 것으로 보인다.

성 찬성론자들이 반대론자와 중립파에 대한 설득에 나섰다. 그 결과, 한국독
립당은 5월 하순의 임시대표대회에서 몇몇 간부의 완강한 반대[88]를 물리치
고 '신당 참여'를 결의하여 극적인 당론 변경을 보게 되었다.[89] 이로써 신당
결성에 필요한 몇가지 예비 절차가 급속도로 이행되면서 각 단체 대표들의
대좌와 구체적 협의의 장도 마련되었다.

6월 20일에 남경에서는 한국대일전선통일동맹의 9개 가맹단체 대표 18명
이 참석한 가운데 '민족혁명의 전선 통일을 위한'[90] 혁명단체대표대회 예비
회의가 열렸다.[91] 먼저 신당 참여여부와 참여형식에 대한 각 단체의 입장 확
인이 있었는데, 의열단과 한국독립당, 신한독립당, 조선혁명당, 대한독립당
등 5개 단체 대표가 '해체합일'에 동의한 반면, 뉴욕 대한인교민단 대표는 비
준 조건부의 신당 합류를, 재미 대한인국민회 총회와 하와이 대한인국민회
대표는 기존 조직의 유지와 개인별 입당을 자기 단체의 공식 입장으로 전하
였으며, 하와이 대한인동지회는 확실한 입장표명을 유보하였다.[92] 이에 따라
앞의 5개 단체 대표 14명은 전권대표 자격으로, 뒤의 4개 단체 대표 4명은
결의권 없는 상권대표(商權代表) 자격으로 협의에 임하였다. 이어서 무조건
해체합일에 동의한 5개 단체 대표 5명으로 축소위원회가 구성되어, 각 단체
에서 만들어온 신당의 강령·규약 초안들을 교차 심의하고 신당의 조직절차
·명칭·당의·당강·정책·당장을 기초하였다.[93] 이 초안은 6월 29일에 개최

---

88) 끝까지 반대론을 고수한 간부는 송병조 차리석 조완구 이동녕 이시영 김붕준이었다.
  "통일이란 미명하에 공산주의인 김원봉 일파의 權謀가 내포해 있으니, 공산주의자들과
  통일 운운하는 것은 결국 그들에게 기만·이용만 당할 것이라"는 이유에서였다(金學奎,
  「白波 자서전」,『한국독립운동사연구』제2집, 1988, 595면).
89) 송병조 차리석 조완구는 이 결의 직전에 탈당하여 김구와의 재결합 방도를 모색하였
  다.
90) 「한국혁명단체대표대회선언」,『사상정세시찰보고집』제2집, 67면.
91) 민족혁명당 창당 과정에 관한 이하의 서술은 별도 주기가 없는 한 「昭和十年以降にお
  ける中華民國在留不逞鮮人團體의 情況」,『사상정세시찰보고집』제2집, 32~33면;「民族
  革命黨創立經過에 關する新韓獨立黨의 通告」, 같은 책, 83면;「滿洲事變을 契機とする國
  外民族運動의 戰線統一問題」,『고등경찰보』제5호, 81~84면에 의거하여 정리한 것이다.
92) 「한국혁명단체대표대회선언」,『사상정세시찰보고집』제2집, 67면. 그러나 위의 「民族
  革命黨創立經過에 關する新韓獨立黨의 通告」에는 하와이 대한인동지회가 '해체합일 반
  대'의 입장을 표명한 것으로 되어 있다.
93)『사상정세시찰보고집』제2집, 11~12면에는 '강령·규약 등을 선정한 규칙제정위원'이

된 대표대회 본회의에서 의결되었고, 닷새 뒤인 7월 4일에 개최된 대통일당 창립 대표대회로 이첩되어 재의결되었다.

창립대회의 주최측이 된 5개 단체의 대표 13명은 앞서 축소위원회가 작성한 초안에 의거해서 신당의 이념 및 조직틀을, 즉 당명·당의, 17개 조의 당강, 6개 조의 당책, 36개 조의 당장, 중앙집행위원회 및 검사위원회의 최초 정위원과 후보위원 명단 등을 확정지었다. 그리고 이튿날인 7월 5일에 결당식을 거행하여 창당선언('민족혁명당 창립대회 선언')을 발포함으로써 마침내 통일대당은 정식으로 발족하게 되었다.

민족혁명당이 창립됨과 동시에 한국대일전선통일동맹은 해체되고, 신당 참여 5개 단체는 공동으로 발전적 해소를 선언하였다. 해소 단체의 소속원들은 개인별 등기절차를 거쳐 입당하도록 하였으며, 단체별 정액수입(주로 중국 국민당 및 국민정부로부터의 보조금)과 비품, 추진중인 사업까지 고스란히 신당에 인계토록 하였다. 완전한 조직통일을 기하기 위한 조처였다.

이에 따라 의열단도 독립단체로서의 존재와 명칭이 민족혁명당의 한 부분으로 용해되면서, 만 16년 가까이 의열단의 이름으로 수행되어온 활동이 공식적으로 마감되었다. 그러나 단일당으로의 조직통일이 이루어졌다고는 하지만 하루아침에 이전 조직의 연고가 청산되고 그 맥이 단절될 수는 없었다. 미리 말하자면, 의열단 계보의 당원들은 비공식적인 경로에 의해 의열단 조직의 맥을 거의 그대로 유지하면서[94] 암암리에 당내 최대 계파를 이루어 예전 못지않은 성세를 과시하게 된다. 그리하여 1937년에 이르면 민족혁명당이 마치 의열단의 확대조직과도 같은 모습으로 변해버린 것을 발견하게 된다.[95]

---

김규식 김원봉 조소앙 3인이었던 것으로 명기되어 있다.

94) 조선혁명간부학교 3기생 출신 당원이던 安二熙이 일경에 투항한 뒤 진술한 바에 의하면, "민족혁명당 결성과 동시에 의열단은 표면 해산하였으나 내부적으로는 의연히 구 의열단이 존재하며 당원에 대한 지휘·명령 따위도 그 계보 내에서는 직접 전달한다"는 것이었다(국회도서관 편, 앞의 책, 864면).

95) 이에 관해서는 아래 제5절에서 상술할 것이다.

## 2. 민족혁명당 창립의 의의와 그 조직위상

1930년대 전반기의 일련의 정세변화로부터 민족운동의 새로운 방향 설정과 방법 취택이 요청되고 있었음에 비추어볼 때, 또한 1920년대 이래의 민족전선 통일운동이라는 맥락과 민족운동조직 발전의 추이를 상고해볼 때 민족혁명당의 창건은 다음과 같이 몇가지의 뚜렷한 의의를 지니게 되었다.

첫째, 민족혁명당의 창건은 국외 민족운동진영이 1930년대 초·중엽의 세계정세의 전변(轉變)을 예의 주시하면서 취한 능동적 대응의 주요 표지를 이루었다.

창당 주도세력은 일본 독일 이탈리아 등 군국-파시스트국가들의 무력도발로 국제연맹·군축회의 등의 평화담보기구와 각종의 부전조약(不戰條約)이 유명무실해지고 국제적인 세력균형이 깨져가는 정세를 진작부터 예의주시하고 있었다. 아울러 그들이 판단할 때 일제는 만주침략과 화북침공, 태평양 방면에서의 영·미와의 각축, 소련과 긴장관계로 돌입 등 막무가내로 펴온 대외팽창정책의 결과 스스로 파멸의 길로 들어서고 있었다.[96] 이러한 정세 추이는 조국독립전쟁 발동의 절호의 기회가 될 중일·소일·미일전쟁과 제2차 세계대전의 발발이 필연적임을 말해줄 뿐만 아니라 그 개전 시점이 임박했음도 예고하는 것이었다. 그러기에 대일결전의 총지휘부 역할을 담당할 '정치적 중심조직'의 시급한 확립이 요구된 것이었다.

창당 주도세력이 볼 때 임시정부는 위와 같은 정세급변 상황에 민활하게 대처할 만한 기동력도, 좌익진영 운동자들까지도 두루 포용하여 합일시킬 만한 용력(容力)도 상실한 채, 지도력 부재의 상태임을 드러내며 무실무력한 존재가 되고 있을 뿐이었다. 임시정부를 전면 개편하거나 다른 형태의 민족대표기구를 설립해야만 한다는 주장의 연장선상에서 대당결성론이 발의됨과 동시에 임시정부의 존폐 문제가 정식으로 거론되고 해체론이 제기된 것이나 현임 국무위원 7명 중에 5명이나 민족혁명당 창당에 참여한 것[97]은 다 그러한 맥락에서였다.

---

96) 「한국민족혁명당 창립대표대회 선언」, 『사상정세시찰보고집』 제2집, 76면 참조.
97) 그 5명은 김규식 양기탁 유동열 조소앙 최동오였다(김구, 앞의 책, 280면).

그러나 한국독립당 간부진 일부와 김구 계열의 운동자들이 임시정부의 권위와 위상은 결코 부정될 수 없다고 하며 해체 불가 입장을 고수하므로, 창당 추진세력은 결국 임시정부는 존치시키되 헌법을 개정하기로 결의하는 선에서[98] 논란을 마무리지었다. 한국독립당을 신당 참여로 유도하기 위한 명분 제공의 목적과 함께, 혹시라도 김구 계열 세력이 '임정 보위' 명목으로 신당과 대립함으로써 민족운동전선이 다시 분열되는 사태를 미연에 방지하자는 뜻도 담겨 있었다.[99] 어쨌든 민족혁명당은 정식 등기된 당원만도 약 680명에 이를[100] 정도의 유력강대한 조직체로 출범하여, 향후 민족운동의 실질적인 구심점을 이룰 것임을 예고해주고 있었다.

둘째, 민족혁명당의 창립은 1923년 국민대표회의의 결렬 이후로 민족운동자 일반의 숙원이었던 반일민족전선 통일의 과제에 정확히 부응하는 것으로, 1920년대 후반기의 민족유일당운동의 맥을 이으면서 1930년대 들어 재개된 전선통일운동의 성공적인 종료를 알리는 결산적 성과였다. 거기서 신간회운동과 유일당촉성운동의 성패 경험은 소중한 교훈이 되었고, 결국은 당적 조직과 민족혁명 이념을 골간으로 하는 민족운동의 통일적 구심체가 형성된 것이다. 그리고 이러한 성과의 획득은 민족운동의 좌우익 전선 각각이 드러냈던 결점과 한계를 냉엄하게 자성·비판하고 극복하려는 강렬한 의지로 뒷받침된 것이었다.

의열단을 비롯한 적극 결당론자들이 볼 때 각지 민족주의 단체들로 구성된 우익전선은 "각자 주장의 고집, 공작의 불통일, 군웅할거식 분산과 단체간 분쟁, 지방색적 분쟁" 등의 경향을 고질적인 결점으로 내보여왔다. 좌익전선

---

98) 『사상정세시찰보고집』 제2집, 14면의 민족혁명당 창립대회 결의사항 참조. 이때의 헌법개정 결의는 1927년 3월에 개정된 헌법의 제49조에, "헌법의 개정도 同種의 당('광복운동자가 대단결한 당'—인용자)이 완성될 때에는 그 당에서 한다"라고 규정되었음에 근거한 것이었다.

99) 그후 민족혁명당이 임시정부의 조직·행로·운명에 대해서 일체 관여하지 않겠다는 '不關主義' 입장으로 재선회한 것은 김구가 신당불참-臨政奉戴派와 함께 1935년 11월 항주에서 한국국민당을 창건하여 임정 보위세력의 결속을 기하기 시작한 때부터인 것으로 추정된다.

100) 682명(金尙德, 「朝鮮民族革命黨創立經過及其略史」, 국사편찬위원회 편, 『한국독립운동사 자료 3』, 499면), 혹은 676명(申基彦, 「朝鮮民族革命的歷史」, 추헌수 편, 앞의 책, 238면)이었던 것으로 보고된 바 있다.

역시 여러 갈래의 분파로 나뉘어 분파 내 알력과 분파간 대립 투쟁을 반복해 왔는데, 이는 '조선혁명의 특수한 독자적 방략'을 이해하지 못한 채 '무조건 직수입의 좌경소아병'의 굴레에 얽매여 맹목적인 '헤게모니 전취의 습벽'을 버리지 못했기 때문이었다.101) 이러한 결점과 폐단 그리고 과거 전선통일운 동의 미숙성까지 극복한 위에서 '만인공명' '만인공부(萬人共赴)'의 대통합이 추구된 데서 민족혁명당의 창립은 가능했던 것이다.

그러면 창당 주도세력이 과거의 운동경험으로부터 얻은 교훈은 무엇이었 는가? 간추려서 지적하면, "일본제국주의 분쇄는 민족적 역량으로가 아니면 성공할 수 없고, 역량 확보는 단결에 의하지 않고서는 성취될 수 없다", 민족 적 단결을 위해서는 "세계 대세의 발전 추이와 조선민족의 특수 지위를 명확 히 분석하여 민족적 생존 노선을 부단히 제시하고 선전"하여야만 한다, 그것 은 "철과 같은 규율에 대한 복종의 의사와 자강불식의 창조적 책임감을 가지 고 새로운 혁명조류를 전민족에 만들어 내놓음"과 같다, 그러기 위해서는 "공허한 애국주의·강개주의 등의 간판운동과 기계적 공식주의의 결의지상 운동(決議至上運動)을 청산"하고 "과학적 이론으로 무장한 강력한 중심적 지 도당을 건설"해야 한다102)는 것이었다.

이 교훈은 창당의 의의에도 접맥되지만 당의 노선 설정에도 그대로 투영 되어, 조선혁명의 특수성과 일반성의 조화·통일이 향후 운동의 기본 지침이 되었다. 특수성이란 조선혁명의 으뜸가는 성질은 민족혁명이며 그것은 광범 위한 민족적 단결에 기초할 때만 성공할 수 있음을 말하는 것이었다. 그리고 일반성이란 민족사회 내부의 억압과 불평등 요소를 제거하여 민족성원 각개 의 자유와 평등을 보장해주는 방향의 변혁이어야 함을 말하는 것이었다.

그러면서도 반제투쟁의 민족혁명 단계에서는 교조적 국제주의와 결합한 계급분리주의 노선보다 민족주의 노선이 더 현실성있고 강력한 무기가 될 것 임을 선도적으로 재확인시켜준 것이 민족혁명당 창건의 또다른 의의였다. 1920년대 말 한때 '정통좌파'와 함께 국제주의 노선으로 경도했던 의열단이 경위야 어떻든 민족주의 노선으로 재선회하여 전선통일운동을 주도한 결과

---

101) 李立平,「本黨創立の歷史的意義」,『사상정세시찰보고집』제3집, 349~50면. 이 논설 은 원래 민족혁명당 기관지인 『民族革命』제3호(1936. 7. 1)에 실렸던 것이다.
102) 같은 글, 350~51면.

로 민족혁명당이 결성되었다는 사실 자체가 의미심장한 것이었다. 또한 민족
혁명당이 창당된 직후, 코민테른 7차대회에서 반제민족통일전선 결성의 당위
성을 공인하는 결의가 나오고 중공당이 제2차 국공합작을 제의하는 '8·1 선
언'을 발포한 것도 단순한 우연의 일치가 아니라 필연적 사세에 따른 것이었
다. 그것은 민족문제를 중심으로 사고해야만 국제주의도 올바른 의미를 얻게
된다는 뒤늦은 깨달음이 일반화했음을 말해준다.

　민족혁명당이 성립시에 안고 있던 한계는, 일제의 군국파시즘적 탄압 아래
놓여 있던 국내 상황 때문에 결속과 통일의 범위가 해외지역으로 국한되었고
대중적 기반이 취약하다는 점이었다. 그러나 적어도 해외지역에서만큼은 중
국 관내 및 만주지역의 독립운동당들과 미주의 한인단체들을 모두 참여 또는
지지세력으로 확보했던 점에서, 민족혁명당은 1919년의 통합임시정부가 유
일하게 체현한 바 있는 범지역적 민족연합전선체를 재현시킨 것이라 할 만했
다.

　민족혁명당이 "좌우익 두 세력이 명실공히 합작한 통일전선으로 성립"[103]
했다고 볼 때의 '좌우익'이란 정확히 말해 '민족주의 좌익과 우익' 또는 '중도
적 좌익과 우익'이었다. 중국 관내지역의 한인 좌파 중에서도 상해를 주무대
로 활동하던 조공재건운동 계열의 급진 좌익세력은 이미 쇠미할 대로 쇠미해
져서 실체를 찾기가 어려울 정도였고, 그나마 잔존한 극소 규모의 지하조직
이나 개인 단위의 움직임도 중공당의 지휘와 통제를 벗어나지 못하고 있었
다. 만주지역의 한인 공산주의자들도 중공당 휘하의 항일연군 대오에 편입되
어 유격전활동을 펴는 가운데 관내 운동세력과는 아무런 연결점 없이 독자적
으로 움직이고 있었다. 더욱이 1933년 이후로는 '반민생단(反民生團) 투쟁'이
가해오는 정치적·심리적 압박에 짓눌려 '민족'을 운위하거나 '조선혁명'을 추
구할 엄두는 전혀 내지 못하고 있었다.[104]

---

103) 강만길, 앞의 책, 64면.
104) '민생단'은 1932년 2월에 일제가 동만(간도)지방에서 한인 민족개량주의자, 변절·투
　　항자, 반공주의자들을 규합하여 조직한 친일 주구단체였다. 다시 말해 한중연합 항일투
　　쟁 대오의 파괴를 획책한 일제의 '파쟁을 이용한 분열공작'의 첨병이었다. 그러므로 항
　　일운동 조직에 민생단 분자가 침투해 들어올 가능성을 예의 경계하고 만일 침투자가
　　있다면 색출해서 제거할 필요성이 당연히 제기되었고, 그것이 곧 '반민생단 투쟁'으로
　　전개된 것이다. 그러나 불행히도 이 투쟁은 민족배타주의와 극좌편향 노선을 정당화하

따라서 해외 한인 좌파세력 전부를 창당 대열에 합류시킬 단계는 아직 못
되었고 가능하지도 않았다. 다만 '민족전선'의 통일 작업에 동참할 태세와 역
량을 갖추고 있던 의열단만이 좌익민족주의세력을 대표하는 위치에서 적극
참여할 수가 있었던 것이다. 문제는 우파 쪽에도 있었는데, 순정(純正) 우익
의 입장을 견지하고 있던 김구 계열이 전혀 호응하지 않았다는 점이었다. 따
라서 전선통일운동의 관점에서 볼 때 민족혁명당이 안고 있는 후속 과제는
통일의 완성, 바로 그것이었다.


## 제5절   민족혁명당 내에서 의열단계의 위치와 행로


### 1. 민족혁명당의 창당이념 및 운동노선과 의열단

1926년의 조직개편시에 의열단이 '조선민족혁명당'으로 개명하려 한 바
있음을 상기해보면, 신당의 당명이 '민족혁명당'으로 결정된 것은 의열단의
제안에 의한 것이었음이 거의 확실시된다. 그러나 최초 제안자가 어느쪽이었
든지 간에 이 명칭은 창당 참여세력 전체가 흔쾌히 동의할 수 있는 것이었다.

---

는 수단으로 악용되어, 1936년 4월까지의 만 4년 사이에 560여 명의 한인 공산주의자들
이 '적의 첩자'라는 누명을 쓰고 중공당 조직에 의해 처형되는 사태를 낳고 말았다. 심
지어 출신성분이나 운동경력을 따져서 부농·중농 출신이거나 지식계층 출신 또는 민족
주의운동 경력자들은 툭하면 이 그물의 희생물이 되곤 하였다. 한인 공산주의자들이 민
족혁명의 과제를 제기하는 경우에도 프롤레타리아국제주의에 반하는 민족주의가 고개
를 쳐든다고 하여 무자비한 규제가 가해졌다. 이러한 상황에서 '민족통일전선' 형성의
요구가 제대로 관철되기 어려웠음은 불문가지이다. '반민생단 투쟁'의 전개과정과 그것
이 빚은 과오에 대해서는 이재화, 『한국현대민족해방운동사: 항일무장투쟁사 편』, 백산
서당 1988, 223~38면과 신주백, 「1932~36년 시기 간도지역에서 전개된 '반「민생단」투
쟁' 연구」, 『成大史林』 제9집, 1993이 유용하며, 이 문제에 대해 중국 조선족 학계가 근
래 취하고 있는 입장은 현룡순·리정문·허룡구 편, 『조선족백년사화』 제2집, 潘陽
1985, 419~30면과 박창욱·강만길 대담, 「중국 연변(延邊), 민족해방운동사 연구의 고
민과 과제」, 『역사비평』 1993년 겨울호, 269~70면을 통해서 엿볼 수 있다. 박창욱의 전
언에 의하면, "혁명대오 내에는 민생단이 한 명도 없었다"는 결론을 얻었다고 한다.

그들의 결속을 가능하게 한 공통의 집합표상은 '민족'이었으며 동시에 민족운동의 방략과 목표를 대부분 '혁명'의 구도로 그려왔기[105] 때문이다. 요컨대 '민족혁명'은 그들 운동이념의 최대공약수 혹은 공통분모를 이루어왔으며, 결당 이후에도 합심협력해서 수행해야 할 실천적 과제의 간명한 표지 개념이 되었던 것이다.[106]

창립대회 선언문을 통하여 민족혁명당이 포고한 '혁명원칙'은 다음의 세 가지였다.[107]

① 적 일본 침탈세력을 박멸하고 민족의 자주독립을 완성할 것.
② 봉건제도 및 일체 반혁명세력을 숙청하여 진정한 민주공화국을 건설할 것.
③ 소수인이 다수인을 박삭(剝削)하는 경제제도를 소멸시키고 민족 각개의 생활상 평등의 경제조직을 건립할 것.

구문과 표현법으로 볼 때, 이 원칙은 의열단 강령[108]의 첫 3개 조항과 조선혁명당 당강의 첫 3개 조항[109]을 원용한 것이었다. 3개 항의 원칙은 각각

---

105) 이 점은 의열단 강령 외에, 한국독립당 黨義, 조선혁명당 창당선언, 신한독립당 黨略 등에서도 확인 가능하다.

106) 당명 결정 과정에서 약간의 의견상충이 있었으나, 그것도 冠詞에 관한 것이었을 뿐, '민족혁명'이라는 本體詞에 대해서는 쉽게 의견이 합치했음이 확인된다. 즉 의열단과 조선혁명당에서는 '조선민족혁명당'을, 한국독립당·신한독립당·대한독립당에서는 '한국민족혁명당'을 제안했는데, 절충안으로 국내 및 일본 민중을 상대로 해서는 '조선민족혁명당'으로, 해외 동포 및 중국 관민을 상대로 해서는 '한국민족혁명당'으로, 해외 각국을 상대로 해서는 'Korean Revolution Association'으로, 내부적으로는 '민족혁명당'으로 부르자는 얘기도 나왔으나, 김두봉의 제의에 따라 '민족혁명당'을 정식 명칭으로 삼기로 했다(이에 관해서는 『고등경찰보』 제5호, 83면; 『사상정세시찰보고집』 제2집, 33면; 김학규, 앞의 글, 593면을 같이 볼 것). 黨章에도 "본당의 명칭은 민족혁명당이라 한다"고 명기되어 있다. 그후 1937년 1월의 제2차 전당대회에서 '조선민족혁명당'으로 개칭하기로 결의되며, 1943년에 작성된 문서에는 당명의 英字 표기가 'Korean National Revolutionary Party'로(추헌수 편, 앞의 책, 222면) 되어 있다.

107) 『사상정세시찰보고집』 제2집, 80면.

108) 이 책의 제4장 제4절 1항 참조.

109) 조선혁명당 당강은 일제 관헌문서에 실려 있는 것이(「新派秘第342號, 朝鮮革命軍ノ 狀況ニ關スル件」, 1937. 6. 19, 771면) 최근에 발굴 공개되었는데, 그 내용구조가 의열단

민족주의와 민주주의, 사회주의 지향을 대변하면서 삼위일체의 구조로 결합하여 창당 이념을 구성하게 되었다.

위의 원칙을 실천행동의 지표로 구체화하여 제시한 17개 조의 당강110)도 의열단 강령 및 조선혁명당 당강을 골간으로 하고 한국독립당 및 신한독립당 당강 중의 한두 조항을 삽입하여 보완하는 가운데 약간의 어구 수정을 가한 것이었다. 당강의 첫 3개 조항은 '혁명원칙' 3개 항을 표현만 약간 다듬어 옮겨놓은 것이었다. 독립 후에 수립할 민족자주정권은 국민의 참정권 및 기본적 자유권의 완전 보장(제6·7조)을 전제한 위에 '민주집권' 체제를 취할 것으로 규정되었다(제2조). 그리고 신국가의 경제체제는 토지 국유화 후 농민에게의 분급(제9조), 대생산기관 및 독점기업의 국영(제10조), 국가계획하의 국민경제활동의 통제(제11조), 누진세제 실시(제13조)를 얼개로 하여 수립될 것으로 규정되었다. 이는 '국민생활상 평등의 제도를 확립'(제3조)하기 위한 사회주의적 경제조직 원리의 도입을 명시한 것이다. 또한 사회정책 부분에서는 남녀평등(제8조), 노농운동의 자유 보장(제12조), 의무교육 실시(제14조), 공공보호기관 설치(제15조)를 명기하였다.111)

---

강령과 거의 같다는 점이 흥미롭다. 신주백, 「만주지역 한인의 민족운동 연구(1925~40)」, 1996, 187면에 전문 15개 조가 번역 수록되어 있고, 曹文奇, 『압록강변의 항일명장 양세봉』, 瀋陽: 遼寧人民出版社 1990, 99~100면에는 17개 항으로 제시되어 있다(장세윤, 「재만 조선혁명당의 민족운동 연구」, 독립기념관 한국독립운동사연구소 제112회 월례연구발표회[1996. 5. 30] 발표문 참조). 후자의 것에서 제3·4조와 제12·13조로 분리되어 있는 내용이 전자의 것에서는 각각 앞 조의 일부 내용이 잘려나간 채 제3조와 제12조로 중첩 기술되고 있는 것을 보면 원래는 17개 조였던 것 같다. 이 점을 참작하면서 첫 3개 조만을 인용해보면 다음과 같다.
  1. 仇敵 일본의 침략세력을 박멸하고 우리 민족의 자주독립을 완성한다.
  2. 봉건세력 및 일체 반혁명세력을 肅正하여 민주집권제의 정권을 수립한다.
  3. 소수인이 다수인을 박삭하는 경제제도를 소멸시키고 국민 생활의 평등한 제도를 건립한다.
110) 일본어 역문이 『사상휘보』 제5호, 98~99면과 『사상정세시찰보고집』 제2집, 88~89면에, 그것의 우리말 역문이 독립운동사편찬위원회, 『독립운동사』 제4권, 736~37면과 강만길, 앞의 책, 365~66면에 각각 수록되어 있다.
111) 민족혁명당 당강의 이러한 조항들은 1930년대 후반 이후 중국지역에서 속출하는 한인 정당단체들(한국국민당과 화북조선독립동맹까지 포함해서)의 강령에 대부분 채용-전승되어 갔다. 그만큼 민족혁명당 당강은 이 시기 민족운동 진영의 통일전선 구축을 이념적 차원에서 뒷받침해줄 수 있는 것이었음과 동시에, 독립 후에 수립할 신민족국가

이상의 혁명원칙과 강령은 '조선혁명의 두 개의 근본적 방법 문제'에 대하여 민족혁명당 창당세력이 나름대로 내린 해답이기도 하였다. 그 하나는 "어떻게 하면 조선민족이 일본제국주의의 노예정치로부터 해방되어 자주적으로 발전할 수 있을까?" 하는 문제이고, 다른 하나는 "어떻게 하면 그 자주적 발전이 민족 전체의 평등한 행복과 세계 인류의 평등한 행복에 부합할 수 있을까?" 하는 문제였다. 그런데 이 문제에 해답을 내리는 것은 "조선혁명의 파괴와 건설 양 방면의 구체적 투쟁방침을 결정하는 지도원리"를 제시하는 것과 통하는 일이었다.112)

그 문제를 혁명적 방식으로, 즉 파괴할 것은 철저히 파괴한 후에 건설에 임하는 방식으로 해결하고자 하는 것이 의열단의 입장이었으며, 그 입장은 민족혁명당의 혁명원칙 및 강령의 주요 부분들에 스며들었다. 반면에 민족 내 문제에 관해서는 해결 방식을 언급하지 않고 신국가 '건설'의 목표와 미래상만을 부각시키려 한 것이 조선혁명당과 한국독립당의 입장이었던 것으로 보이는데, 그 입장은 다음과 같이 민족혁명당의 당의에 그대로 투영되었다.

　　본당은 혁명적 수단으로 구적(仇敵) 일본 침탈세력을 박멸하여 5천년 독립 자주해온 국토와 주권을 회복하고, 정치·경제·교육의 평등에 기초를 둔 진정한 민주공화국을 건설하여 국민 전체의 생활평등을 확보하며, 나아가 세계 인류의 평등과 행복을 촉진함.113)

이 당의는 내용으로나 문구로나 조선혁명당 당의114)를 거의 그대로 옮긴 것으로, 한국독립당 당의115)와도 상당 부분 일치하는 것이었다. 다만 신국가

───────────

상의 모델이 될 수 있는 것이었다.

112) 「本黨の基本綱領と現段階の中心任務」(필자 미상), 『民族革命』 제3호(1936. 7. 1); 『사상정세시찰보고집』 제3집, 332면에 일본어로 譯載; 강만길, 앞의 책, 382~96면에 우리말로 再譯載.

113) 『사상정세시찰보고집』 제2집, 88면.

114) "본당은 혁명적 수단으로 仇敵 일본의 침략세력을 박멸하여 4천년 독립해온 국토와 주권을 회복하고 진정한 민주공화국을 건설하며, 국민 전체의 생활상 평등을 확보하고 세계 인류의 평등과 행복을 촉진한다"(신주백, 앞의 글, 187면에서 재인용).

115) "… 本黨은 혁명적 수단으로 원수 일본의 모든 침탈세력을 박멸하여 국토와 주권을 완전히 광복하고 정치·경제·교육의 균등을 기초로 하는 신민주국을 건설함으로써, 안

의 성격이 조선혁명당 당의와 신한독립당 당강에서는 '민주공화국'으로, 한국
독립당 당의에서는 '신민주국'으로, 의열단 강령에서는 '진정한 민주국'으로
규정되어 있었는데, 신당의 당의에서는 그것들을 조합하여 '진정한 민주공화
국'으로 표현했다. 또한 이 당의를 앞의 '혁명원칙'과 대비시켜 보면, 민족 내
부의 '숙청' '소멸'(② ③항)을 언명하지 않은 대신 국민평등을 정치·경제·교
육 세 수준에서 구현한다는 삼균주의 원리를 명시하고 당의 임무를 '세계 인
류' 차원에까지 확대해서 규정한 것이 다른 점이다. 그래서 당의로만 보면 민
족혁명당은 민족 내부의 문제에 관해서는 사뭇 평화적인 해결을 모색하는 듯
이 비칠 수도 있었다.

　그러나 민족혁명당의 궁극적인 진로는 '조선혁명의 완성'[116]이어야 하고
그 '완성'은 민족혁명과 민주주의혁명의 결합에 의해서만 가능하다는 것이
의열단계의 분명한 입장이었다. 민족혁명은 "일본제국주의의 통치를 전복하
고 자기 민족의 자주정권을 자기 국토에 건립함"을 말하는데, 민족자주정권
은 구왕조식 전제정권이어서는 안되므로 "봉건유제를 완전 숙청하여 인민자
유정권을 건립하는 민주주의혁명"이 동시에 수행되어야 했다. 그러기에 그들
이 전망하는 조선혁명의 성질은 "밖으로 이족통치를 전복하고 안으로 봉건
유제를 숙청하여 민족독립·민권자유·민생행복의 신조선 건설을 원칙으로
삼는 (반제·반봉건적)[117] 민족민주혁명"일 수밖에 없는 것이었다.[118]

　이처럼 의열단계의 입장에서 민족혁명당의 혁명운동 노선은 '식민지 반봉
건사회'[119]라는 조선의 특수한 사회성격이 정확히 인식된 위에서 민족해방과
사회변혁이라는 양대 과제가 유기적으로 결합한 구조의 것이어야 했다. 그러
나 그것은 민족문제의 해결과 사회체제의 일대 변혁이 '세계혁명'의 한 고리

---

　으로는 국민 각개의 균등생활을 확보하며 밖으로는 족과 족, 국과 국의 평등을 실현하
　고 나아가 세계일가의 진로로 향함." 국사편찬위원회 편, 『한국독립운동사 자료 3』, 396
　면; 『사상휘보』 제7호, 23면.
116) 김원봉이 쓴 표현으로, 『고등경찰보』 제5호, 86면에서 인용함.
117) 尹澄宇, 「朝鮮革命與朝鮮民族革命黨」, 국사편찬위원회 편, 『한국독립운동사 자료 3』,
　504면.
118) 이 문단에서의 인용구들은 「朝鮮民族革命黨第六屆全黨代表大會宣言」(1941. 12. 10),
　추헌수 편, 앞의 책, 209면에서 따온 것이다.
119) 윤정우, 앞의 글, 504면에 따르면, 성립 당시부터 민족혁명당은 조선사회를 식민지 반
　봉건사회로 규정하고 있었다.

로서만, 그리고 '계급혁명'의 방식으로만 완수될 수 있다는 논리나 신념과는 분명 거리를 둔 것이었다. 오히려 1920년대 중반 이후 여러 갈래로 제기되어 온  민족운동론들——민족해방운동론·민족혁명론·부르즈와민주주의혁명론·신민주국건설론 등——가운데서 1930년대 중엽 당시의 정세 상황에 유효 적합한 합리적 핵심들만 추려내어 창조적으로 재구성한 것이었다.

결국 그것은 '민족(주의) 대 계급(주의)'이라고 하는 기계적 이분법과 상투적 양자택일론의 굴레를 벗어나고, 몰주체적 교조주의와 유아독존적 주관주의의 함정도 피해가는 묘법이 되고 있는 셈이었다. 그 점은 의열단계의 당내 이론가들이 한편으로는 "사회주의이론의 공식을 조선의 식민지적 특수정세에 직역 수입하여 민족해방운동을 계급혁명·계급투쟁에 예속 내지 해소시키려 하는" '공산주의 좌경유치병' 혹은 좌익 교조주의와, 다른 한편으로는 "세계사적 법칙의 공통성을 거부함으로써 민족의 진로를 과학적 법칙하에 수립하지 못하고 주관적 관념 영역에 갇혀 있는" '우경낙오사상' 혹은 우익 특수주의 양자 모두를 한 목소리로 비판한 데서도[120] 충분히 입증된다.

이러한 의미에서, 창립 초기에 창당 주도자들이 민족운동을 매우 중시하는 발언을 하고 당의 혁명노선의 요체이자 선결과제는 민족혁명임을 역설한 것은 시사하는 바가 크다. 예컨대 김원봉은 "한국혁명의 완성은 민족운동을 기본으로 해야 한다"고 못박아 말했으며,[121] 김두봉도 다음과 같이 갈파하였다.

한국혁명에 대해서는 산업 또는 사회제도 등의 혁명을 운위하는 자가 있으나 먼저 민족혁명을 제1로 한다. 한민족은 모름지기 일본제국주의의 발굽으로부터 완전히 이탈하여 영구적이고도 완전한 독립을 회복함을 긴급선결문제로 해야만 한다.[122]

---

120) 石生(=石正=윤세주), 「우리 운동의 새로운 출발과 민족혁명당의 창립」, 『民族革命』 창간호, 1936. 1. 20면(『사상정세시찰보고집』 제3집, 53~55면에 일본어로 역재)와, 櫓(=陳義櫓=이영준), 「우리 운동의 통일문제에 관하여」, 『民族革命』 제3호(『사상정세시찰보고집』 제3집, 357면, 362면) 참조.
121) 「朝鮮の獨立を目的とする'韓國民族革命黨'組織の經過」, 『사상휘보』 제5호(1935. 12), 96면.
122) 같은 곳.

이런 맥락에서 민족혁명당은 '민족혁명의 사령부'[123]요 민족혁명운동의 '정치적 중심조직'[124]이 될 것임을 자임한 것이다.

요컨대 민족혁명당의 이념적 지향은 비타협적 절대독립 투쟁을 추구해온 '혁명적 민족주의'의 바탕 위에 민족사의 앞길을 진보적인 방향으로 열어가려는 의지가 부가된 것이었다. 창당세력 가운데 그러한 지향을 가장 오랜 기간에 걸쳐 가장 줄기차게 양성(釀成)하고 실천한 당사자가 바로 의열단이었다.

민족혁명당이 채택한 민족혁명 전략은 "국내 혁명대중 중심의 내외의 전 민족적 혁명전선 결성"에 기초한 조직적 무장항쟁[125]과 '전민폭동(全民暴動)'의 결합, 즉 독립전쟁과 대중봉기의 결합이었다. 창당 초에 결정된 '군사정책'[126]의 골자는, 만주지역의 기존 무장대오——조선혁명군과 한국독립군을 가리킨다——를 집단군제의 '민족혁명군'으로 확대·강화하여 독립전쟁을 위한 무력기반으로 삼고, 제2차 세계대전 발발의 기회에 대대적인 국내 진입작전을 펴서 독립전쟁을 승리로 이끈다는 것이었다. 아울러 대중투쟁 전술을 강조하고 대중조직의 육성에도 역점을 두고자 하였다.[127] '혁명운동의 군중적 기초'를 다지면서 대중적 역량의 총동원 준비를 해둠으로써 대일결전기에는 곧장 후방의 민중무장조직 내지 유격조직으로 전환시킬 수가 있고, 그래야만 군사행동도 성과를 거둘 수 있다고 보았기 때문이다. 무장투쟁과 대중투쟁의 결합이라는 이러한 전략기조 역시 당의 모조직(母組織)들 가운데서도 특히 의열단으로부터 물려받은 것이었다.

이상 논술한 내용을 종합해볼 때, 민족혁명의 창당이념과 운동노선은 의열단과 한국독립당의 것을 단순접합시킨 것이기보다 전자의 입장에서 후자

---

123) 「[5黨團]解消宣言」, 『사상정세시찰보고집』 제2집, 74면.
124) 「本黨の基本綱領と現段階の中心任務」, 같은 책, 393면.
125) 민족혁명당 「정책」의 으뜸 조항은 "국내의 혁명대중을 중심으로 내외의 전국민적 혁명전선을 결성한다", 두번째 조항은 "국내의 무장부대를 조직하여 총동원을 준비한다", 네번째 조항은 "국외의 무장부대를 확대 강화한다"로 되어 있었다(같은 책, 89면).
126) 같은 책, 144면 참조.
127) 예컨대 김원봉은, "국내에서의 조직 계획을 진행시키려면 먼저 국내의 청년층을 획득하여 그 조직의 핵심세력이 되게 하고, 다수 청년당원을 국내로 잠입시켜 농촌·공장·학교·어장 등의 각처에 一郡一人씩 배치하지 않으면 안된다"고 하였다(『고등경찰보』 제5호, 86면).

를 견인하여 중도좌파 노선을 민족운동의 중심 노선으로 확립하려 한 노력의
결과로서 정립된 것으로 이해된다. 여기서 '중도'라 함은 '좌우의 중간'이 아
니라 '비(非)극단' '유연성'을 뜻하며, '중도좌파'는 '중간파 중의 좌파'라기보
다 '좌익 비극단파'에 해당한다.[128] 다시 말해 '중도좌파'는 '극좌파'와 대비됨
과 동시에 '중간파'와도 구별되는 범주로서, '공·농·소자산계급'에 계급적 기
초를 두고[129] 프롤레타리아독재가 아닌 계급연합의 민주변혁을 추구하여, 민
족통일전선의 조직기초를 다지고 좌우대립을 극복하려는 현실주의적 노선의
담지자인 것이었다.

이 노선은 일면 사회주의적 체제 건설의 구상을 함축하고 있으나 쏘비에
뜨공산주의 체제를 지향한 것은 결코 아니었다. 그 점에서 독일 사회민주당
의 사회민주주의 노선과 흡사한 것으로 간주될 수도 있다. 그러나 급속한 사
회변혁 과정에서 대중의 집단의지 관철을 위한 폭력적 갈등의 가능성을 배제
하지 않은 것으로 보이며, 따라서 평화주의적 계급화해를 추구한 것도 아니
라는 점에서는 서구식 사회민주주의와 일정한 편차를 보인다. 그것은 서구
자본주의사회와는 성격이 판이한 식민지 반봉건사회의 모순구조에 대한 정
확한 인식과 반제국주의 투쟁 경험이 함께 농축되는 가운데 창안된 독특한
변혁노선이었던 것으로 자리매김될 수 있다.

그런데도 이 노선은 자칫 공산주의자 집단의 얄팍한 정치책략으로 오해받
기 쉬웠고, 실제로 민족혁명당은 종종 '본질적으로는 공산주의당' 또는 '민족
주의를 가장한 공산주의당'으로 추단(推斷) 또는 매도되기도 하였다. 그러나
그러한 추단이나 단정은 중도좌익 노선마저도 부정적으로 인식하거나 그 파
급효과를 위험시한 데서 파생된 '색깔' 시비에 가까운 것이었다.

---

128) 좌파와 우파를 딱 부러지게 구분할 수 있는 절대적 기준이나 지표를 찾기는 어렵다.
일반적인 차원에서는 계급적 관점의 견지 여부, 상황에 따라서는 그러한 관점의 상대적
강도를 하나의 기준으로 삼아볼 수 있다. 그러나 이 기준에 따라 일단 '좌파'로 분류된
다 할지라도, 계급투쟁과 계급혁명을 불가피한 역사과정으로 보는가의 여부, 프롤레타
리아국제주의 원칙을 수용하는가의 여부, 우파와의 공생공존이 가능하다고 보는가 또
는 부르즈와적 요소는 절멸시켜야만 한다고 믿는가의 여부 등에 따라 다시 '급진'과 '중
도', 또는 '강경'과 '온건'의 두 하위범주가 분화해 나온다고 보아야 한다.
129) 「朝鮮民族革命黨第七次代表大會=改組代表大會宣言」(1943. 2. 20), 국사편찬위원회
편, 『한국독립운동사 자료 3』, 492면; 윤징우, 앞의 글, 503~504면; 王通, 「朝鮮民族革命
黨的性質問題」, 같은 책, 511~12면 참조.

민족혁명당의 변혁노선을 공산주의운동 노선으로 몰아붙이는 재단적 논법과 왜곡된 시각은 주로 의열단의 좌파친화적 성향과 운동사적 이력을 빌미로 하여 제조되고 유포되었다. 그러한 면에서는 김구 계열도 일단의 책임을 져야 했지만, 특히 통일대당의 세 확대를 극력 저지해야만 할 입장이던 일제 관헌당국이 민족혁명당의 내분을 촉발하고 중국측과 이간시키려는 의도에서 주로 사용한 수법이었다. 반면에 민족혁명당 조직계보와 내부사정에 정통한 중국측 관계자들은 민족혁명당이 본질상 공산주의가 아니라 민족주의 혹은 '중간성적(中間性的) 혁명당파'에 속한다고 평가하고 있었다.[130] 김원봉을 비롯한 민족혁명당 지도부가 가장 탐탁지 않게 여기면서 배격하려 한 것이 관념적 급진성이 낳은 극좌 편향이었다는 점에서도, 민족혁명당을 '급진좌파'나 '공산주의당'으로 규정짓는 것은 어불성설이었다고 할 것이다.


## 2. 민족혁명당의 체제 재편과 의열단계의 행로

돌이켜보면 북경시절(1929~1931) 의열단의 전선통일전략은 확실히 국내 중심적이며 기층('아래로부터의') 중심적이었다. 그 전략의 실천은 레닌주의정치학교 졸업생들의 국내 밀파를 통한 대중조직 건설운동으로써 시도되었으나 성공을 거두었다고 보기는 어려웠다. 더욱이 이 당시 의열단이 취한 논리와 행동은 해외지역에서의 상층부('위로부터의') 전선통일운동 즉 유일당촉성운동의 진전을 저해하는 결과를 낳았다. 그후 9·18 사변의 발발, 남경으로의 본거 이전과 국민당의 지원 획득, 한국대일전선통일동맹의 성립 등의 주객관적 계기에 의해 의열단은 해외운동의 특수한 의의와 상층부 전선통일의 중요성을 재인식하게 되었으며, 본거는 해외에 두고 있으면서 국내 중심, 기층부 중심으로만 사고해온 것에 오류가 있었음을 인정하게 되었다. 가장 바람직한 것은 국내운동과 해외운동의 긴밀한 연계와 통일, 상층부와 기층부 두 수준에서의 통일운동의 병행이었다.
그러한 반성에 입각하여 이루어진 전략 조정은 조선혁명간부학교 졸업생

---

130) 中國 外交部 情報司,「韓國黨派之調査與分析」, 추헌수 편, 앞의 책, 73면; 潘公昭,「今日的韓國」, 같은 책, 84면 참조.

단원들을 통하여 국내와 만주 현지의 대중조직 건설을 계속 시도하는 한편, 독립운동의 정치적 중심지가 되고 있던 관내지역에서는 상층부 통일운동을 적극 추동하는 양면조화의 전술로 나타났다. 그러나 이번에도 국내지역-기층부의 통일운동은 뚜렷한 성과를 거두지 못하였고, 그 대신에 해외지역 정당·단체들의 통합에 의한 통일대당 결성을 주도하여 민족혁명당의 산파역이 될 수 있었다.

해외에서일망정 하나의 유력강대한 정치적 구심체가 결성되었으므로 국내운동까지 포함한 전체 민족운동의 지휘부 지위는 민족혁명당으로 귀속된다는 인식이 당내외로 확산되어갔다. 그것은 당의 운영을 주도하는 세력이 전체 운동의 실질적 지도세력이 될 것임을 의미하는 것이기도 했다. 창당 이후로 민족혁명당 조직의 주도권을 둘러싸고 치열한 각축전이 벌어지게 된 배경도 그것이었다.

당내 역학관계는 창당 초부터 의열단계가 상대적 우위를 점하는 양상을 보이고 있었다. 정식 등기된 당원의 숫자 면131)에서 뿐만 아니라 지도부 구성의 내역에서도 그러했다. 제1기 중앙집행위원 15명은 한국독립당계와 신한독립당계가 각 4명, 의열단계와 조선혁명당계가 각 3명, 대한독립당계 1명으로 구성되었으나,132) 실행부서인 7개 부(部)의 부장직은 한국독립당과 의

---

131) 일제 첩보자료에 의하면 민족혁명당 결성과 동시에 자진 해소한 5개 단체가 당에 인계한 인적 자원의 규모는 도합 2,200여 명에 이르렀다. 그 내역은, 조선혁명당원 1,000여 명(거의 대부분이 남만주 일대에 在住), 신한독립당이 북만주의 前한국독립당원을 포함한 당원 600여 명과 군관학교 재학생 및 졸업자 50여 명, 의열단이 군관학교 재학생 및 졸업자 100여 명과 단원 200여 명, 미주 대한독립당원 200명 가량, 한국독립당원 70여 명이었다(『고등경찰보』 제5호, 84~85면; 『사상정세시찰보고집』 제2집, 38~39면). 그러나 엄격히 따지면 이 '인계'된 인원은 상당 정도의 虛數를 포함한 것이었다. 조선혁명당과 신한독립당의 재만 당원 숫자는 당시로서는 거의 확인 불능인지라 과장된 수치였을지도 모르고, 확인된다 하더라도 그들 모두를 민족혁명당원으로 지칭하기에는 무리가 따를 것이었다. 그래서 정식으로 등기된 당원 670여 명을 기준으로 그 구성 내역을 어림잡아보면 의열단·대한독립당·한국독립당 계열은 각각 위의 숫자에 근사했을 듯하고, 나머지 100명 정도가 신한독립당과 조선혁명당 계열 당원의 實數였을 것으로 추정된다. 그런데 대한독립당 계열 당원도 전원 미주 교포들이었음을 감안하면 중국지역 및 국내에서 실제 항일운동에 종사하고 있으면서 언제라도 소집·동원에 응할 수 있는 인원으로는 의열단계가 가장 다수를 이루면서 최유력한 조직성분을 이루고 있었던 것으로 결론지어진다.

132) 각 단체별로 3명씩 배분하되 현지충원 불능의 대한독립당 몫 2명은 한국독립당과 신

열단에 각 2명, 다른 3개 당에 1명씩 배당된 가운데 핵심 실권직책인 서기장
과 조직부장을 각각 김원봉과 김두봉이 분점했다.[133] 양인은 진작부터 의기
상통하는 사이가 되어[134] 창당의 핵심주역으로 활약했으며, 김두봉은 한국독
립당 소속이면서도 정치적으로는 의열단과 같은 입장을 취해온 터였다. 이러
한 사실들은 통상적인 당무에서만이 아니라 당의 장래 진로 전반에도 의열단
계의 뜻이 강력하게 반영될 것임을 예감케 하기에 충분했다.

　조소앙을 비롯한 중견 당원 6명이 민족혁명당이 창건된 지 석달 만에 탈
당하여 한국독립당의 재건을 선언한 것은 대체로 그 때문이었다. 그들 자신
은 국가관·민족관을 포함한 이념의 상위, 구체적으로는 신국가건설 노선의
상위성을 탈당의 이유로 내세웠다. 그들은 "광복 후에 일종의 특수한 재혁명
을 일으켜서 계급적 혈전을 조장하려는 암산"을 용인하지 못하겠고, "혁명의

　　한독립당에 1명씩 할애한 것으로 여겨진다. 15인 위원의 명단은 다음과 같다(『사상정세
　　시찰보고집』 제2집, 33~35면; 자료에는 가명으로 표기된 경우가 많으나 편의상 본명
　　혹은 자주 쓰이는 異名으로 바꿔 적었다).
　　　한국독립당: 김두봉 조소앙(9월에 탈당하자 의열단의 申岳으로 교체) 이광제 최석순.
　　　신한독립당: 윤기섭 이청천 신익희 李貫一.
　　　의열단: 김원봉 윤세주 이영준.
　　　조선혁명당: 최동오 김학규 金活石(자료에는 "본명: 김상덕?, 별명: 김활석, 구소속단
　　체: 신한독립당"으로 되어 있는데, 재만 조선혁명군 총사령인 김활석이 남경 소재의 정
　　당 간부로 선임된 까닭을 이해하지 못한 정보보고자가 그를 김상덕과 같은 인물인 것
　　으로 오판한 듯하다. 그러나 "재만 무장단체에 소속된 당원에게도 중앙집행위원직이 할
　　애되었다"는 당내 보고가 있었음(「民族革命黨の創立經過に關する新韓獨立黨の通告」,
　　『사상정세시찰보고집』 제2집, 85면)을 보더라도, 김활석이 위원으로 선임된 것은 사실
　　이었던 것으로 판단된다).
　　　대한독립당: 김규식.
133) 각부 부장 및 부원 명단은 다음과 같았다(『사상정세시찰보고집』 제2집, 36~37면,
　　160면).
　　　서기장 김원봉, 부원 김상덕 윤세주 외 1명.
　　　조직부장 김두봉, 부원 최석순 김학규 安一淸(=조경한).
　　　선전부장 최동오, 부원 신익희 성주식.
　　　군사부장 이청천, 부원 金昌煥 윤기섭 성주식.
　　　국민부장 조소앙(9월에 탈당하자 김학규로 교체), 부원 신익희.
　　　훈련부장 김규식(신병으로 사임하고 10월 하순에 윤세주로 교체), 부원 3명.
　　　조사부장 이영준, 부원 3명.
134) 구익균의 증언에 따르면(앞의 책, 116면) 이 당시 김두봉은 "무정부주의적인 사상경
　　향을 가진 민주사회주의자로서 김원봉씨와 사상을 같이하고 있었다."

미명하에 무모한 파괴만을 주창"하는 "무산계급독재정치 노선"에 승복할 수 없다고 단언했다.[135] 또한 "민족주의의 독립운동은 사회주의자의 국제관(국가관?─인용자)과는 판이한 감정과 이론을 가지고 있어서, 민족의 경제문제만을 중심삼아 국가를 말살하고 주권을 포기하며 자기 민족의 과정을 무시하는 공산주의자와는 일층 빙탄불상용의 혈분적(血分的) 상반성을 지닌다"[136]고 하였다. 그래서 그들은 '민족중심 국가본위' 원칙을 고수하고, "폭력으로 폭력을 뒤엎는(暴易暴)" '구민주주의'가 아니라 삼균주의 원칙에 기반한 '신민주주의' 노선을 발전시킴과 함께, "건설 문제에까지 데모크라시를 적용하여" "국가 광복과 동시에 일차방정식적 신건설을 수행함으로써 이중혁명의 위험을 방지"[137]하려 한다는 것이었다.

탈당자들의 이러한 논변은 민족혁명당 내에 이중혁명을 추구하면서 광복 후에 건설할 신국가의 성격을 프롤레타리아독재형 국가로 상정하는 분자들이 있다는 뜻인데, 그것은 의열단계와 그 동조세력을 지칭하는 것임이 분명했다. 그래서 한독당재건파는 '주의'가 상반되는 그들을 등지고 과감하게 탈당한다는 것이다. 나아가 탈당자들은 단일당 형태의 통일전선 성립의 가능성과 의의를 아예 부정하기까지 하였다. 즉,

　　원칙상 상호 배치되는 것을 상호 양해된 것으로 보면서 일시 대적전선을 확대과장한다는 공동정책이나 자기중심의 진로를 획득키 위한 동상이몽적 상호 이용의 천박한 소견만으로는 백발백불중의 결과로 '너는 속이고 나는 즐긴다[爾詐我虞]'는 환극(幻劇)을 산출할 따름으로, 국내의 신간회와 국외의 촉성회(식─인용자)의 합동이 곧 이와같은 환극이었다[138]

는 것이며, 따라서

　　신간회와 촉성회의 실패는 '주의상반 불합류'의 공리(公理)를 나타내주는

135) 한국독립당 임시당무위원회, 「告黨員同志」(1935. 10. 5), 『사상정세시찰보고집』 제2집, 167면.
136) 같은 글, 165면.
137) 같은 글, 166면, 168~69면, 175면.
138) 같은 글, 165면.

것으로, 민족적 총단결 혹은 복수단체의 임시적 합작은 가능한 여지가 있으나, 제대로 된 정당이라 말해지는 단일당은 가능하지 않다[139)

는 것이었다.

결국 한독당재건파는 시기상조론에서 한발 더 나아가, 단일당 형태의 통일전선체 결성은 원천적으로 불가능하다는 주의상반론을 들고 나온 것이다. 그들이 수용할 수 있는 것은 오직 한국대일전선통일동맹과 같은 '임시적 합작' 기구뿐인 셈이었다. 그러나 민족혁명당이 이미 성립해 있다는 사실만은 부정할 수 없었으므로 민족혁명당의 당의와 정강은 대부분 한국독립당의 것을 채용한 것이라고 강변하고, 민족혁명당이 당의를 신앙하는 정도와 재건한국독립당의 발전에 공정한 태도를 취하는 한에서만 '우의(友誼)'단체로 여기겠다고 한발 물러서기도 하였다.[140) 한독당재건파의 이러한 행동과 태도에 대해 양기탁은 "정치적 이상이 달라서 분열하는 것이 아니라 열악한 사리(私利)에 의하여 이합하는 열성(劣性) 분파"[141)의 '음계(陰計)'[142)라고 질타하였다.

광복 후 민족 내 문제의 해결을 혁명적 방식으로 할 것이냐의 여부를 두고 의열단계와 한독당계의 입장이 갈렸던 것은 사실이다. 그 점을 가리켜 조소앙은 '피가 다르다[血分]'는 표현을 썼다. 그렇다고 해서 의열단계가 마치 계급혁명과 프롤레타리아독재를 추구하는 공산주의자 집단인 것처럼 논술한 것은 침소봉대의 흑백논리라는 비판을 면하기 어려웠다. 그렇기 때문에도 한독당재건파의 탈당은 당내 의열단계의 부상에 대한 비의열단계의[143) 소외감과 불만이 극명하게 표출된 사례라 할 수 있었다.

어쨌든 간에 재건한국독립당과 한국국민당의 성립으로 재중 독립운동진영의 정치지형은 민혁 대 반(反)민혁의 형세로 굳어져갔다. 그런 가운데 1937

---

139) 같은 글, 174면.

140) 같은 글, 178면.

141) 민족혁명당 중앙집행위원회, 「趙鏞殷(一名素昂)等六名反黨事件を剖劈宣布す」, 『사상정세시찰보고집』 제2집, 281면.

142) 梁起鐸, 「趙素昻(鏞殷)等六人の反黨事件に關して一般同志に告ぐるの書」, 『사상정세시찰보고집』 제2집, 181면.

143) 한독당계 6인의 탈당에 뒤이어 신한독립당계의 홍진·조성환·민병길 등도 민혁당을 탈당하고 재건한독당에 참가하였다(김정명 편, 앞의 책, 570면).

년 초까지 진행된 당체제 정비 과정에서 의열단계는 서서히 당내 기간조직을 장악해갔다. 군사부(부장 이청천) 이외의 여타 실행부서들(당무부·조직부·선전부 등)과 별동조직인 특무대의 요원 및 책임자는 거의가 원(原)의열단원 및 친(親)의열단계 당원으로 충원되었으며, 남경구부(南京區部)와 그를 관할하는 화중지부(華中支部)에도 조선혁명간부학교 출신 당원들이 다수 배치되었다.144) 그에 따라 김원봉의 영향력이 점차 커져 주요 당무를 그가 전관(專管)하는 양상까지 나타났다.

이처럼 의열단계의 일방적인 득세와 독주에 가까운 행보는 자연히 이청천 중심의 비의열단계 일부의 불만을 증폭시키는 결과를 낳았다.145) 거기에는 김원봉과 이청천 간의 주도권 경쟁에서 김원봉이 일찌감치 기선을 제압했음에 대한 반발감도 다분히 섞여 있었다. 1937년 1월에 개최된 제2차 전당대회에서는 김원봉이 총서기로 선출되어 명실공히 실권자의 지위를 굳히게 되었으며 그의 뜻에 따라 당명이 조선민족혁명당으로 변경되었다.146)

내연하던 대결의식147)은 마침내 상대편을 당에서 축출하려는 기도로까지 이어졌다. 먼저 이청천파가 3월 말에 '한국민족혁명당' 비상대회를 개최하여148) 김원봉파의 '난당(亂黨) 사실'을 격렬히 비난하고, '호당(護黨)' '청당(淸黨)'을 명분으로 김원봉파 37명149)의 축출을 주장하여 선제공격을 가했다. 이에 김원봉파도 지체없이 자파 중심의 간부회의를 소집하여, 이청천 양기탁 유동열 최동오 등 11명을 제명하기로 결의함으로써 그에 맞섰다. 결과적으로 이청천파가 당에서 축출되는 것으로 사태는 일단락지어졌는데,150) 한국독립당계의 김두봉과 최석순, 신한독립당계의 윤기섭 신익희 성주식 김상

---

144) 국회도서관 편, 앞의 책, 872면, 876면;『사상정세시찰보고집』제3집, 6면 참조.
145) 국회도서관 편, 앞의 책, 873면 참조.
146) 김정명 편, 앞의 책, 601면.
147) 이청천은 중국측으로부터의 자금 지원을 김원봉을 경유하지 않고 직접 수령하기 위해 장개석에게 김원봉이 공산주의자라고 密報하였는데, 이 中傷文이 남경 중앙군관학교 교육처장 張治中의 손을 거쳐 김원봉에게로 회부된 일도 있었다(국회도서관 편, 앞의 책, 865면).
148) '한국민족혁명당'이라는 명칭은 조선민족혁명당으로 당명이 개정된 데 맞대응하는 의미로 붙여진 것으로 보인다.
149) 조경한, 앞의 책, 225면.
150) 김정명 편, 앞의 책, 602~603면 참조.

덕 등은 김원봉의 막역한 조력자나 비판적 지지자로서 그대로 당에 남았다.

출당된 반김원봉파는 4월 하순에 한국민족혁명당을 '조선혁명당'으로 개칭하는 형식으로 신당을 출범시키고, 자기 당이야말로 민족혁명당의 적통을 잇는 당이라 주장하며 그 창당 시점을 1935년으로 소급시켜 기산하였다. 그러면서 그들은 의열단이 "공산주의라는 사치관념으로 무장한 반혁명 도당"이었는데 본색을 감추기 위한 속임수로 민족혁명당에 혼입해서는 '반민족주의 사당(私黨)'을 이루고 민족혁명의 전열을 파괴했다고 규탄[151]하는 한편, 재건 조선혁명당은 '순민족주의 생수(生粹)의 혁명자'로 구성된 정당임을 강조하였다.[152]

결과적으로 한독당재건파의 탈당에서 김원봉파와 이청천파의 일대 격돌을 거쳐 후자의 출당으로 이어진 당내 정쟁과 분열은 당의 위상 및 성격과 관련하여 크게 두 가지 의미를 띠게 되었다.

먼저 전체론적 관점에서 통일전선의 견실한 유지와 확대·발전에 우선적 가치를 부여해보면, 그 분열로 민족혁명당의 통일전선체적 성격은 크게 손상되고 '단일대당'적 지위가 크게 실추되었음이 분명했다. 그것은 민족혁명당에서 아직은 '민주집중'의 조직원리가 제대로 정착하지 못했음을 말해주는 것일 수도 있었다. 상이한 계파간에도 연대의식이 충분히 공유될 만큼 민주적이지 못했고, 당내 주도권 경쟁이 대립과 갈등으로까지 비화하는 것을 막을 수 있을 만큼 집권적이지를 못했다는 것이다.

각도를 약간 달리해서 보면 그것은 참여세력들이 단일당 형태의 통일전선체를 설립하고 운영해본 경험이 전무한 상태에서 불가불 빚어지게 된 시행착오일 수도 있었다. 흔히 있을 수 있는바, 이상과 현실 또는 관념과 실제 간의 괴리가 의외로 크게 나타난 것일 뿐이라는 것이다. 그렇다면 위와 같은 결과에서도 얻을 바가 전혀 없는 것은 아니었다. '전선통일'을 위한 조직통합 작업이 그렇게 쉬운 일은 아닌 반면에 그 와해의 계기는 도처에 널려 있음을 체득했고, 차후에 재통일운동이 전개된다면 이념적 마찰의 최소화와 조직 이

151) 조선혁명당 중앙집행위원회, 「조선혁명당 선언」, 국사편찬위원회 편, 『한국독립운동사 자료 3』, 467면. 김구도 민족혁명당의 분열 원인을 "의열단 분자가 민족운동의 가면을 쓰고 속으로는 공산주의를 실행하기 때문이었다"고 서술하였다(『백범일지』, 서문당판, 282면).
152) 김정명 편, 앞의 책, 603면.

질성의 극복을 위한 장치를 미리 마련해놓는 것이 필요하다는 사실을 확인할
수 있었기 때문이다.

다음으로 의열단계의 입장에서 보면, 지난 2년 동안에 진행된 민족혁명당
의 체제정비 및 조직재편 과정은 의열단의 확대조직화와 거의 궤를 같이하는
것이었다. 김원봉의 탁월한 정치적 역량이 발휘되는 것에 힘입어 의열단계가
당의 주축세력을 이루게 되었으며, 당조직의 저변을 이룬 소장층 중심의 일
반 당원들도 대부분 그의 영향권 안으로 포섭되었기 때문이다. 이 사실은 의
열단의 혁명운동 노선과 조직계보의 맥이 더욱 탄탄한 기반을 확보하고 내실
을 다지면서 계승됨을 의미하는 것이므로, 의열단계로서는 득의의 성과에 해
당하였다. 물론 민족혁명당을 전적으로 의열단의 후신이나 복제조직인 것처
럼 말할 수는 없었다. 그러나 민족혁명당이라는 실체가 형성될 때 조직원리
와 조직체제 면에서 가장 뚜렷한 모델이 된 것은 의열단이었고, 조직성분과
조직기풍 면에서도 결과적으로는 의열단의 유산이 가장 짙게 투입되고 가장
깊이 침전된 것이 엄연한 사실이었다.

그러면 의열단계 중심의 당이 된 조선민족혁명당은 그러한 두 가지 차원
의 의미를 어떻게 정리하고 어떤 과제를 재설정했을 것인가?

무엇보다도 그들은 민족혁명당의 체제정비와 조선민족혁명당으로의 조직
재편 결과를 전체 민족운동진영의 세력판도 재편과 같은 의미로, 다시 말해
민족전선 내에서의 좌파의 위상 재정립이라는 의미로 받아들였을 것이다. 그
러고는 지난 2년간의 시행착오적 경험과 그로부터 얻은 교훈을 바탕으로 전
선통일운동을 재개함으로써 시험적·초보적인 수준을 넘어선 본격적이고도
명실상부한 통일민족전선의 구축을 새로운 과제로 설정했을 것임이 틀림없
다. 여기서 '본격적' '명실상부'라는 표현을 쓰는 이유는, 1937년 중반경에 재
중 민족운동진영에는 이전보다 훨씬 분명한 형태의 세력양립 구도가 성립하
고 있었기 때문이다.

이 구도의 한쪽 축은, 이념적으로는 중도적 우익 성향이나 정치적으로는
강경반공 노선을 고수하는 '반김원봉 반민혁' 입장의 한국국민당·한국독립당
·조선혁명당 3당으로 구성되고 있었다. 다른 한쪽 축을 이룬 것이 조선민족
혁명당이었는데, 당내 일각에서는 진보적 분자를 끌어들이기 위한 문호개방
방침153)에 따라 1935년 말 이후 입당한 최창익(崔昌益) 등의 공산주의운동

경력자154)와 일군의 청년 맑스주의자들155)이 급진노선 그룹을 형성해가고 있었다.156)

이러한 상황에서 중일전쟁이 발발하자 우익 3당은 통합을 위한 정지작업을 겸하여 미주지역의 6개 한인단체까지 포함하는 연합체 조직으로서 1937년 8월에 한국광복운동단체연합회를 결성하였다. 그러자 3개월 뒤인 11월에는 조선민족혁명당도, 김성숙 장지락 박건웅 등이 1935년 12월 상해에서 조직한 조선민족해방운동자동맹, 류자명 정화암 등 무정부주의자들의 조직인 조선혁명자연맹과의 3자 연대로 조선민족전선연맹을 결성하여 그에 맞섰다.

양대 연합체 조직의 병립으로 정치적 세력양립의 구도는 더욱 선명해졌다. 그러나 그것이 막 바로 '민족 대 공산'이라는 이념적 분립과 동일시될 수 있는 것은 아니었다. 조선혁명자연맹의 무정부주의자들은 반자(反資)와 동시에

---

153) 민족혁명당 조직부에서 작성한 「區黨部의 조직과 진행계획」(『사상정세시찰보고집』 제2집, 114면)에 보면 '외부선동 및 활동 원칙'의 하나로 "비교적 진보적인 분자를 획득하여 당이 고립에 빠지지 않도록 한다"는 조항이 있다.

154) 국내에서 형기를 마치고 출옥한 뒤 1935년 말에(『新天地』 1946년 3월호, 242~44면) 남경으로 탈출해 온 최창익 許貞淑 韓斌 3인은 원래 조공 재건을 목표로 활동하려 했으나 駐中 소련대사가 냉담한 반응을 보이자 코민테른의 반제민족통일전선론을 좇아 민족혁명당에 입당하였다(鐸木昌之, 「잊혀진 공산주의자들」, 이정식·한홍구 편, 『항전별곡』, 거름 1986, 60면; 林隱, 『북한 김일성왕조 비사』, 한국양서 1982, 140면).

155) 일제 첩보자료에는 '혁명동지회'로 별칭되어 나오는 비밀결사 10월회의 金學武 金昌滿 李相朝 文正一 張志民(=石成才) 李維民 鄭鳳翰 金容燮 王子仁 李義興 陳東明 등 20여 명 회원을 말한다(『사상정세시찰보고집』 제9집, 113~18면; 林隱, 앞의 책, 141면). 10월회는 원래 1932년 북경에서 조선족 청년들에 의해 조직된 맑스-레닌주의 혁명이론 연구단체임과 동시에 중공당의 외곽조직이었는데, 민족주의자 청년들을 '각성'시키고 조직을 확대할 목적으로 남경으로 이동하여 활동했다(현룡순, 「조선의용군」, 이정식·한홍구 편, 앞의 책, 300면; 문정일, 「중국전선에서 싸운 조선의용군의 항일전쟁」, 『역사비평』 1990년 가을호, 372~73면). 그들 대부분은 처음에는 김구 휘하의 조직에 들어가 있었으나 공산주의자라는 이유로 安恭根에 의해 축출당하자(김찬정, 「'아리랑'이 들려온다」, 『역사비평』, 1990년 봄호, 149면의 문정일 증언) 개인별로 민족혁명당에 입당하였다. 일제 첩보자료에는 혁명동지회의 '首領'인 김학무가 1936년 5월에 민족혁명당에 입당한 것으로 되어 있으며(『사상정세시찰보고집』 제3집, 456면), 다른 회원들의 입당도 그 무렵에 같이 이루어졌다고 보아야 할 것이다.

156) 입당한 10월회 회원들은 최창익을 지도자로 삼아 당내 급진파를 형성하는데(추헌수 편, 앞의 책, 78면), 이 그룹은 1938년 5월의 제3차 임시전당대회 때부터 김원봉 등 기존 지도부와 노선갈등을 빚게 된다.

반공의 입장을 견지해왔음에서 중간파에 속했으며, 조선민족해방운동자동맹에도 공산주의자만 아니라 무정부주의자와 민족주의자들이 같이 참여하고 있었기[157] 때문이다. 오히려 그 지도부 구성원의 면면으로 보건대 조선민족전선연맹은, 1920년대 말 이후로 각자 자기 길을 걸어온 옛 의열단의 중심인물들이 재결속함에 의해 '의열단의 복원'이라는 의미가 짙은[158] 중간-좌파 연합전선체의 성격을 띠게 되었다.

그러나 중일전쟁의 전황 악화라는 긴박한 정세 속에서 여하한 분열과 원심작용도 더이상 방임되거나 용인될 수는 없었다. 민족전선 대오의 단결과 전열 다지기가 불가피하고도 시급한 과제로 다시 제기된 것이다. 각각 민족전선 내의 좌익과 우익의 위치를 점했다고 볼 수 있는 양대 민족운동세력이 내부 전열정비와 자체 결속력 제고를 기하고 난 뒤인 1938년 5월에 김구와 김원봉이 대립과 분열을 청산하고 공동의 정치노선하에 서로 협력할 것을 결의하는 공동선언을 발표하고, 곧이어 '민족주의 단일당'의 결성을 목표로 한 제2차의 통일운동이 재개된 것은 그러한 배경에서였다.

---

157) 님 웨일즈, 조우화 역, 『아리랑』, 동녘 1984, 284면 참조.
158) 조동걸, 「중국 관내지방에서 전개된 한국독립운동」, 『한국독립운동사연구』 제7집, 1993, 460면.

# 제 8 장

# 결 론

　일제의 식민지 강압통치하에서 한국민족은 크게 보아 두 가지의 역사적
과제에 직면해 있었다. 우선은 제국주의 침략강점세력을 타도 또는 구축하여
압제로부터의 해방을 기함과 아울러 독립자주의 민족국가를 재건립함이 절
대적인 과제가 되고 있었다. 그런데 그 민족국가의 형태는 세계사적 조류에
비추어보더라도 복벽의 왕조국가가 아니라 근대 국민국가여야 했다. 따라서
민족사회의 반봉건적 유제와 식민주의자들이 이식시킨 왜곡된 근대성을 타
파하고 청산하여 진정한 의미의 근대성을 구현시킴과 동시에 의해 새로운 통
합구조를 창출하는 것이 또하나의 큰 과제가 되고 있었다.
　그리하여 식민지시기 한국민족운동의 지향점은 완전독립의 달성과 근대체
제의 확립에 두어져야 했는데, 이 양대 과제의 해결에는 필연적으로 식민지-
반봉건 사회체제의 파괴와 변혁이 수반되지 않을 수 없었다. 이로부터 식민
지시기 민족운동의 본류는 독립운동/해방운동/파괴-변혁운동/신체제건립운
동이라는 복합적 면모와 함께 사회운동의 성질도 내보이는 일종의 혁명운동
으로 위치지워졌다. 따라서 식민지 한국의 혁명운동으로서의 민족운동, 즉
민족혁명운동의 역사적 의미는 위와 같은 복합적 성격을 충분히 고려한 위에
서 규정되어야 하는 것이었다. 다시 말해 민족혁명은 단순히 사회혁명의 전
단계이거나 그것에 대립하는 범주로 볼 수는 없었다는 것이다.
　민족혁명운동의 본격적인 전개는 3·1 운동 직후, 국내외 민족운동의 분산

적인 흐름과 그 조직계열들이 통합 임시정부의 성립으로 한데 모아지면서 시작되었다. 그러나 각기 선호하는 운동방략의 차이로 인해 임시정부 참여세력이 분열됨과 더불어 민족혁명운동의 전개 양상은 다변화해갔으며, 그에 따라 운동의 기저이념과 조직도 다시 여러 갈래로 분화하는 모습을 보였다. 그러한 맥락에서 1920년대 초 이후 민족혁명운동의 다면적 지향과 다선적(多線的) 진전 경로를 한몸으로 두루 포섭하고 체현하면서 점차 그 운동조직의 구심점처럼 된 단체가 의열단이었다. 그래서 본서에서는 의열단의 조직생애사, 다시 말해 그 조직 변천과 운동 행로를 상세히 고찰하고 그 사상적 기반을 분석하는 한편, 그에 의해 식민지시기 민족혁명운동의 전반적인 발전동태와 구조도 해명해보고자 하였다.

이제 앞의 6개 장에서 폈던 논의를 정리할 단계에 이르렀으므로, 의열단의 민족운동(이하 '의열단운동')의 전사(全史)를 세 시기로 구획하여 이념·조직·활동상의 시기별 특징점을 가려내어 요약하고, 식민지시기 민족운동의 전체 지평에서 그것이 점했던 위치와 의의를 제시하는 것으로 결론을 맺고자 한다.


## 1. 의열단운동의 전체 궤적

의열단운동은, 비무장-비폭력의 만세시위로 전개된 3·1 운동이 큰 희생에도 불구하고 민족독립을 즉각 달성하지는 못한 데서, 조직적인 무장투쟁과 폭력수단의 총동원만이 독립 쟁취의 유일 방도요 최고 전략이 된다는 믿음이 확산되고 있던 상황을 배경으로 시발하였다. 그 상황에서, 일찍이 중국 동북의 지린 방면으로 망명해 있던 일군의 독립운동자들이 만주지역에서의 독립군 무장투쟁과 내외호응의 짝을 이룰 국내 작탄투쟁의 추동을 구상하였고, 그 구상을 실행에 옮길 선도적 행동대로 1919년 11월에 의열단이 창립된 것이다. 창립단원은 형제의 의를 맺은 20대 초중반의 청년 13명이었고, 그보다 약간 웃연배의 후견-지도역 그룹 4명을 합하면 최초 조직원은 17명이었다.

의열단의 최초 행동노선으로 설정된 결사적 폭렬투쟁('암살파괴운동')은 1910년대 후반에 국내 대한광복회에 의해 전개된 '의협투쟁'의 전통을 발전적으로 계승한 것이었다. 이 노선의 실천은, 1920년 여름의 국내 적기관 일제공격 거사의 추진을 필두로, 부산경찰서 투탄폭파(1920. 9), 밀양경찰서 투탄(1920. 12), 조선총독부 청사 진입 투탄(1921. 9), 상해에서의 육군대장 다나까 저격(1922. 3), 제2차 국내 적기관 총공격 추진(1923. 3), 일본 왕궁 정문 투탄(1924. 1) 등, 대소 규모의 잇따른 투탄·총격거사로 나타났다. 1인 단독 투탄거사는 모두 실행에 성공하였으나 파괴력은 크지 못하였고, 적어도 10명 이상의 인원이 투입되는 큰 규모의 거사 계획은 두 번 다 실행이 좌절되었다. 국내 거사를 국외에서 준비하고 추진할 수밖에 없는 사정에서 일제의 주밀한 첩보망과 방비공작을 돌파하기가 어려웠기 때문이다.

하지만 파괴력의 크기나 성패 여부를 떠나서 거사의 추진 및 실행 사실만으로도 일제 식민지 통치에 대한 대중적 저항의지와 일인 관리층 및 친일분자들에 대한 적개심을 고취시킨 효과는 매우 컸다. 실제로는 아무 관련이 없으면서도 의열단원임을 자칭하면서 각지에서 속출한 무명투사들의 모방거사 기도와 실행 사례들이 그 점을 웅변해준다. 그러므로 의열단의 초기 폭렬투쟁 거사들은 외견상 실패한 경우에도 간접적인 영향이라는 측면에서 큰 의의를 찾을 수 있었다.

맹렬과감한 활동상이 낳은 충격과 공명 효과에 의하여 의열단은 독립운동 진영 내부의 여러 조직계열로부터도 각별히 주목받는 단체가 되었다. 가장 뚜렷한 징표는 상해·이르꾸쯔끄 양파 고려공산당을 포함한 전투적 민족운동 단체와 세력들이 의열단을 제휴 상대로 삼거나 적극적으로 인적·물적 지원을 제공하는 것으로 나타났다. 그 결과, 의열단은 1922년경부터 공화주의와 무정부주의 그리고 사회주의 각 계열 출신 독립운동자들의 자유연합적 혼성 조직체처럼 되었으며 단원 수가 약 150명에 이를 정도로 조직세가 급신장하여 재중국 민족운동계의 유력단체의 하나로 부상하였다.

1923년 1월 「조선혁명선언」의 발포를 계기로 의열단은 단순히 대일폭렬 투쟁 단체임을 넘어서, '혁명'의 이념 아래 그 이론과 방략을 정립하고 자기 위상과 정체성을 '혁명단체'로 잡게 되었다. 「선언」의 내용 골자는 혁명적 민족주의 계열의 절대독립론과 무정부주의 계열의 민중사회 건설론 및 폭력혁명론의 결합으로 구성되어, '민중직접혁명'의 방식으로 독립자주·자유평등의 '이상적 조선'을 건설할 것을 이념적 지표로 제시하였는데, 그것은 곧바로 의열단의 민족혁명론의 핵심을 이루게 되었다.

「선언」 발포 이후로 의열단 지도부는 민중총봉기(무정부주의의 용어로는 '폭동')를 민족혁명의 으뜸전략으로 삼고, 1923년 가을부터 1년여에 걸쳐 토오꾜오와 서울 그리고 만철(滿鐵) 일대에서의 대규모 투탄공격 거사를 동시다발적으로 실행할 것을 추진하였다. 1회 1처 식의 분산적 거사를 시·공간적으로 집중시켜 그 성과를 극대화시키면서 대중적 항일봉기를 격발—시동시키고자 한 것이다. 그러나 결과적으로 그 기획은 성공하지 못하였다. 단내에서는 상해파 고려공산당계 조직들 및 코민테른과의 관계 설정 문제를 둘러싸고 빚어진 의견대립과 갈등이, 밖으로는 자금 조달의 난항과 일제 군경의 감시망 및 저지공작이 실패의 주요 원인이었다.

그 여파는 상해파 계열 사회주의자 단원들의 대거 탈단, 독립운동의 전략·전술 및 조직노선을 쟁점으로 한 상해파와의 논전에서의 패배, 그에 따른 조직세의 급락과 재정 궁핍으로 이어졌다. 이에 김원봉 외 일부 창립 단원 중심의 단 지도부는 김성숙 등 비(非)상해파 사회주의자 단원들의 충언을 받아들여 지난 1,2년 사이 국내외의 운동정세가 급변했음을 직시하는 가운데 기왕의 단의 운동노선·조직노선의 적부성을 냉정하게 점검하고 성찰하였다. 거기서 그들은 식민지 통치의 제도화 정도와 민족사회 내부의 계층분화 및 지도노선의 분열상 등에 비추어 폭렬투쟁은 실행 가능성도 기대효력도 크게 떨어졌음을 인정하게 되었고, 결국은 폭렬거사 및 폭동촉발 노선의 폐기와 무정부주의적 조직요소의 소거를 통해 조직위기를 타개하고자 했다.

그후 의열단운동의 재정향 및 재도약의 계기는 중국 국민혁명운동에 동참하는 데서 주어졌다. 중국 국민혁명의 성공이 적어도 만주 일원에서의 일제 세력 구축으로 이어질 것이라고 판단한 의열단은 1925년 8월 국민혁명운동의 책원지인 광주로 본거를 옮기고 단원 다수가 황포군관학교에 입교하였다. 거기서 의열단은 향후 운동의 진로를 군사조직에 의한 대일무장투쟁의 추동으로 재조정하고, 중국혁명운동에 대한 지원—참가를 통하여 자체의 군사적 역량을 증강시킬 것을 당면의 활동과제로 삼았다. 다수의 의열단원들이 혁명군의 일원으로 북벌전(1926. 7~1927. 4)에 종군한 것은 그 맥락에서 이루어진 일이었다.

그와 더불어 의열단은 광주와 무한에 집결해 있던 400명 가량의 한인 운동자들을 조직화하고 결속시키는 일을 주도했는데, 그 결과 단조직의 규모와 위세가 대폭 확대되었다. 그 연장선에서 의열단은 1926년 말에 혁명당 체제로 조직을 개편하여 대중적 기반을 확충하고자 하였으며, 20개 조의 강령을 제정함으로써 반봉건 민주변혁 이념을 구체화하고 그 실천 방안을 보강시켰다. 이러한 일련의 과정은 특히 민족주의와 사회주의의 접목을 시도한 것이라는 점에서 뜻깊은 것이었고, 여기서 일차 확립된 조직틀과 이념적 기조는 1935년 단의 자진해체시까지 거의 그대로 유지되었다.

대일무장투쟁의 추동이라는 의열단의 포부와 그것을 위해 2년 가까이 쏟아부은 노력은 국공합작의 파탄과 좌우익 대결 국면의 엄습(1927. 7)으로 아무 실효도 없이 수포로 돌아가고 말았다. 게다가 다수 단원들이 복합적인 이유와 경위에 의해 광주봉기(1927. 12)에 참가했다가 희생되는 바람에, 국민혁명운동 참가의 최종적인 결과는 인적 자원의 막대한 손실과 조직세의 급격한 퇴세로 나타나게 되었다. 혁명운동은 확고한 대중적 기반 위에서 추진될 때만 최후의 승리를 기약할 수 있으며, 우익진영은 결정적인 국면에서 혁명운동의 전열로부터 이탈할 뿐 아니라 배반까지 한다는 체험적 교훈을 얻은 것이 소득이라면 소득이었다.

광주 시절을 마감하고 상해로 귀환한 이후로 의열단 지도부는 통일 조선공산당('3차 조공')의 주축세력이던 엠엘파의 해외조직으로 성립한 재중국한인청년동맹 상해지부와 긴밀한 제휴관계를 맺고 조직세의 회복에 주력하였다. 1928년 가을부터 두 운동조직은 '노농대중에 기초한 실질적·전투적 협동전선의 결성'을 주창하기 시작했는데, 그 논리구조는 엠엘파의 '프롤레타리아헤게모니 전취론' '민족개량주의 타도론' '우파 고립화론'과 맥을 같이하는 것이었다. 이러한 급진강경 노선은 1926년부터 진행되고 있던 유일당촉성운동──민족혁명운동 좌우익 진영의 협력만 아니라 조직통일까지도 목표한──의 진전에 제동을 거는 격이 되었다. 그 결과, 안창호를 중심으로 한 중도우파 집단의 끈질긴 노력에도 불구하고 유일당운동은 부진을 면치 못하다 일시 중단되는 형국을 보이게 되었다.

그러나 다른 한편으로 의열단은 1929년 하반기부터 좌익진영에 불어닥친 국제주의 선풍과 그것을 빙자한 '쏘비에뜨 방호론'에 뇌동하지는 않았다. 조공 계열의 운동조직들과는 달리 중국공산당과도 의도적으로 거리를 두어 아무런 관계도 맺지 않은 상태에서 독자적으로 국내 대중투쟁의 기초조직 건설

운동을 전개코자 하였다. 그것은 노농대중이야말로 민족혁명운동의 가장 거
대한 조직역량을 이룰 것이므로 그들을 실질적인 운동조직으로 편입시켜서
상비적 동원 체제를 다져놓아야 한다는 문제의식, 아울러 대중투쟁을 중심축
으로 하여 국내투쟁이 활성화해야만 한다는 문제의식에 기초한 것이었다. 단
의 분열을 감수하면서까지 의열단의 지도부가 1929년 봄에 북경으로 본거를
옮기고 레닌주의정치학교를 설립, 운영한 본의는 거기에 있었다고 할 수 있
다.[1] 대략 1928년 이후로 의열단의 조직위상은 완전히 좌익계열로 전이했으
며 1929년에서 1931년 사이의 약 3년 동안이 의열단 운동사를 통틀어 가장
급진적인 노선과 논리가 표방된 때였는데, 그 배경과 의도가 정확히 이해되
어야 하는 것이다.

　1931년의 9·18 사변과 1932년의 1·28 사변 발발은 의열단운동의 정치지
형이 다시금 변전하고 그 운동전략이 재조정되는 계기를 이루었다. 일제의
중국침략 본격화로 한중대일공동전선 결성의 여건이 성숙했다고 판단한 의
열단은 정치적 명분에 사로잡히기보다 과감히 운동의 진전을 꾀하기로 하여
남경으로 본거를 옮기고 중국국민당에 접근했다. 그 효과는 즉각 나타나, 국
민당은 연합항일공작의 추진을 조건부로 의열단이 운영 주체가 되는 조선혁
명간부학교의 설립을 전폭적으로 지원했다. 그에 힘입어 의열단은 1932년 가
을 이래 만 3년간 3기에 걸쳐 120여 명의 청년투사들을 양성해낼 수 있었다.

　간부학교 졸업생들은 의열단의 신입단원으로서 국내와 만주지역 그리고
관내지역에 골고루 파견되고 배치되어 민족혁명운동의 조직기반을 확대·강
화해가는 역할을 맡았다. 독립전쟁 발동시 대일 유격전의 수행과 민중총봉기
의 유도를 주된 목표로 한 이들의 지하활동은 국내 독립운동조직의 성장과
전열 정비에 큰 자극제가 되었다. 또한 중국관내에서 활동한 졸업생 단원들
은 후에 민족혁명당과 조선의용대·조선의용군, 한국광복군 등의 일원으로
활동하면서 중견 간부로 성장하여 1930년대 후반과 1940년대 전반기 해외
민족운동의 역량 증강에 특출한 기여를 하게 되었다.

---

1) 의열단이 레닌 사후 만 5년이 지난 시점에 굳이 '레닌주의'를 표방한 것은 당시 한창
　맹위를 떨치기 시작한 스탈린주의의 극좌 쏘비에뜨중심 노선, 그리고 그것과 직결된 교
　조적 국제주의 풍조에 반기를 드는 의미가 있었던 것이라고 보아야 한다. 다시 말해 의
　열단에게 있어서 '레닌주의'란 좌파적 정체성을 지켜가면서도 식민지의 특수한 현실을
　직시하여 민족혁명 노선을 고수한다는 의미를 지닌 것이었다.

의열단의 이러한 일련의 활동과 인력·전술 운용은, 제2차 세계대전의 발발이 즉 민족혁명전쟁 발동 기회의 도래가 필연적임을 통찰하고 있을 정도의 예리한 정세인식, 민족운동전선 내부의 정치지형 변화와 국내외 혁명역량의 분포 상태에 대한 폭넓은 전망, 그것을 최대로 활용하고 동원하려는 장대한 전략·전술 구도, 민족독립과 사회변혁을 연속 수행의 과제로 설정하면서 의열단 나름으로 정립해낸 '조선혁명' 이론, 이러한 여러 요소들이 종합된 민족혁명운동론에 입각해서 이루어지고 있었다. 결과적으로, 이 시기에 전개된 의열단의 민족혁명운동의 이론과 실천적 성과들은 1940년대에 가서 구축되는 좌우합작 체제의 해외 민족혁명운동의 큰 틀 속으로 수렴되면서 그 주요 초석을 이루게 된다.

1930년대 전반기에는 해외의 민족운동전선 내부에서 비극단파 중심의 좌우익 전선통일운동도 활발히 전개되었는데, 그것은 성공의 문턱에서 일시 중단되고 만 1920년대의 유일당운동을 계승하면서 대일전선통일동맹 조직을 디딤돌로 하여 재개된 것이었다. 이에 의열단은 1920년대 말에 범했던 전술적 오류를 자성하고 그동안의 정세변화로부터 새롭게 제기된 요구에 부응하는 의미에서 전선통일운동에 참여하여 통일대당의 결성을 적극 추진하였고, 마침내는 그 운동의 주역으로 나서게 되었다.

의열단은 결성되어야 할 통일적 혁명당의 성격을 '민중의 전위'임과 동시에 '민족부대'라고 명시적으로 규정하였다. 대중정당이 아니라 대중을 조직하고 지도하고 동원하는 책임을 맡을 전위당의 확립이 시급히 요청되는데, 그러나 그 전위당은 계급혁명의 발동과 수행을 위한 '계급부대'도 아니요, 코민테른 지휘하의 '세계혁명' 전선에 편입될 국제부대도 아닌, 독자적으로 민족혁명운동을 전개하면서 그에 헌신할 구심조직이어야 함을 재확인한 것이다.

통일대당 결성운동은 1935년 7월에 5개 민족주의 정당의 해체합일에 의하여 민족혁명이 창립됨으로써 가시적 성과를 보게 되었다. 민족혁명당은 해외 민족운동의 통일전선체이면서 민족주의 좌우파세력의 결속체로 성립한 것인데, 거기서 의열단은 '좌파'를 대표했다. 신당으로 해소됨과 더불어 '의열단'의 16년 운동사의 행로는 일단 종료되었다.

창당 후의 초기 체제정비 과정에서 우파세력의 핵심부분 일부는 당권 장악에 자신감을 잃고 탈당하거나 주도권 경쟁에서 패퇴하자 분당하였다. 그

결과 민족혁명당은 '의열단계' 중심의 민족주의 좌익전선의 구심적 조직체가
되었다. 그래서 의열단의 혁명운동노선과 조직계보의 맥은 민족혁명당 조직
을 통하여 더욱 탄탄한 기반을 확보하고 내실을 기하면서 계승되어 가게 되
었다. 그러한 위치에서 민족혁명당의 의열단계 성원들은 반일독립운동전선
에서의 노선·조직·행동 통일을 기하기 위한 좌우익 통일전선의 재결성을 준
비해갔다.


## 2. 의열단 운동사의 시기별 특징

의열단운동의 전체 궤적 또는 조직생애사는 1925년 광주로의 본거 이전과
1929년 북경으로의 재이전을 분기점으로 해서 크게 세 마디로 나누어진다.
시간적 경과를 기준삼아 보면 전기(1919~25), 중기(1926~29), 후기(1930~
35)의 세 단계를 거쳐간 것이다.

조직형태 및 조직특질과 주요 활동내역으로 볼 때, 전기는 소집단 비밀결
사로 출범하여 투탄·총격거사에 의한 암살·파괴활동에 주력하는 한편으로
1923년경부터는 여러 조직계열 운동자들의 자유연합체처럼 되어 민중의 자
발적인 반일봉기를 촉발하는 데 활동의 중점을 둔 시기였다. 암살과 파괴 그
리고 폭동을 독립운동 또는 민족혁명의 방략으로 채택한 점에서 이 시기는
한데 묶어 '대일폭렬투쟁기'로 명명할 수 있다.

광주 시절과 제2차 상해 시절이 대략 절반씩을 점하는 중기는, 반(半)공개
적 혁명당 체제로 조직을 개편하여 전열을 재정비하는 한편 민족운동자 집단
의 결속을 추구함과 아울러 민족혁명운동의 대중적 기반 확보의 가능성을 다
각도로 탐색해본 시기였다. 그리하여 안팎으로 민족혁명전선의 조직화 및 강
화에 주력한 것으로 평가될 수 있을 이 시기는 조직체제 전환에 의한 '혁명
전선 정비기'에 해당하였다. 마지막으로 후기는, 여러 수준의 방계조직을 거
느리는 대중정당으로의 성장을 염두에 두면서도 일단은 민주집중제를 운영
원리로 하는 전위당의 조직틀을 견지한 위에서 청년 민족간부의 양성과 국내
외의 민중 조직화에 진력한 시기로서, '민족혁명운동 본격화기'로 명명할 수
있다.[2]

의열단 조직의 이러한 변천 과정과 그 방향은 1920,30년대 민족혁명운동의 조직발전 양식을 대표하면서 하나의 범례를 이루기에 족한 것이었다. 그 발전 경로는 세 가지의 상이하면서도 상관된 요구들, 즉 ① 일제의 엄혹주밀한 통제체계와의 대결 ② 민족운동자 집단 수준에서의 세력 결집과 통일전선 형성 ③ 대중적 투쟁역량의 동원 극대화라는 복합적 요구에 부응하는 것이었다고 해석된다. 다른 측면에서 보면, 그 발전 경로는 일체의 봉건유제 철폐와 근대국가 건설이라는 변혁적 정치과정을 주도해갈 근대적 정치결사의 성립·정착과 맥을 잇는 것이기도 했다.

운동의 궁극적 목표 또는 이념적 지향이라는 측면에서도 전기와 중·후기 사이에는 의미있는 변화와 차이점이 발견된다. 전기에는 무정부주의적 자유사회 이념을 구현해줄 무정형(無定形)의 민족공동체가 그 자체로 추구되었음에 반하여, 중기 이후로는 인민(민중)민주주의적 정치체제와 사회주의적 경제체제를 골간으로 하는 자주독립의 국민국가가 명시적인 미래상으로 그려지고 있었다.

운동방략 면에서는, 전기에는 비조직 대중의 자발적 봉기를 낙관적으로 기대하면서 무정부주의적 '직접행동' 방법에 전적으로 의존하고 있었다. 그러나 중기에 들어서면 국내 민족운동과 사회운동의 지형 및 내부 역학관계의 재편 추세, 중국 국민혁명운동의 성공적인 전개 상황 등에 자극받아 그 동인 또는 배경적 요인들을 헤아려봄으로써, 운동방법에 관해서도 보다 폭넓고 조직적인 사고를 하게 된다. 그 결과는 곧바로 운동 전략 및 전술상의 근본적인 변화로 나타났다. 즉 만주지역 무장독립운동 단체들의 활동과 중국의 북벌전을 경험적 모델로 한 무장투쟁 전술을 한쪽 날개로 삼고, 민족혁명운동의 좌익진영(사회주의 민족운동진영)이 강조한 데다가 중국의 반제 국민운동 과정에서도 시현된 바 있는 대중투쟁 전술을 다른 한쪽 날개로 삼는, 양익배합적 전략을 새로 채택한 것이다.

따지고 보면 전자의 전술은 일찍이 신민회가 정립한 독립전쟁 전략으로

---

2) 앞서 조동걸 교수가 의열단의 全史를 의협투쟁기(1919~26), 체제전환기(1926~30), 혁명운동기(1930~35)로 구획해서 이해하자는 견해를 제출한 바 있다(조동걸, 「중국 관내 지방에서 전개된 한국독립운동」, 『한국독립운동사연구』 제7집, 1993, 460면). 글쓴이의 구획은 각 시기에 대한 명명에서 표현이 약간 상이할 뿐 기본적으로는 그와 견해를 같이하는 것이다.

수렴될 성질의 것으로서, 장기적으로는 군대조직의 육성을 통한 정규 군사작전의 전개를 지향하는 것이었다. 그리고 후자의 전술은 노농계급 중심의 대중적 역량을 조직화하고 언제라도 동원될 수 있는 태세를 갖추도록 하여 민족운동의 하부구조를 튼튼히 다지려는 포석이었다. 요컨대 중기 국면 이후의 의열단의 운동방략은 대일전에서의 민족역량 총동원을 기본 구도로 하여 짜여진 것이었다. 그러기에 후기에 들어 의열단이 재정립한 전략·전술 방침에서도 총독부 관리층만을 제외한 모든 계급·계층이 민족혁명을 주도하거나 거기에 가담할 행동주체로 상정된 것이다. 물론 핵심주체의 지위는 민족성원의 절대다수를 점하고 있으면서도 일제와 반봉건적 지주에 의해 최소한의 생존권마저 항시 위협받고 있던 노농대중에게 부여되었다.

종합적으로 볼 때, 의열단운동의 중·후기 국면에서는 무정부주의적 조직·방략 요소가 거의 소거되고 자유주의적 이념 요소가 상대적으로 약화된 대신, 사회주의적 이념지향과 조직특질 그리고 전술방침의 내재화 경향이 강화되었음을 알 수 있다.

### 3. 의열단운동에서 '구조와 행동의 변증법'

의열단운동의 입지를 이루었던 구조적·상황적 맥락은 다음과 같이 여러 수준에 걸친 복잡다단한 것이었다.

① 제국주의적—식민주의적 정치·경제 질서의 이면에 균열의 징후가 서서히 나타나면서 세계대전의 발발을 예고하고 있던 세계체제의 내부 동태.

② 식민지 한국의 민중과 민족운동진영 일반에 대한 일제의 엄혹한 억압—통제 체계와 교묘한 민족분열화(divide-and-rule) 정책.

③ 동아시아 각국 민족운동의 형세와 진로에 심대한 영향을 미치게 된 중국 국민혁명운동과 국공관계의 추이.

④ 국제 공산주의운동의 확산과 쏘비에뜨체제의 안보를 동시에 꾀함으로써, 식민지·반식민지 민족혁명운동 전선의 통일 유인과 분열 원인으로 번갈아 작용한 바 식민지 민족운동에 대한 코민테른의 정책.

⑤ 민족운동진영 내부의 타협—개량론과 비타협—혁명론의 첨예한 대립.

⑥ 민족혁명운동 전선 내부의 좌우익 진영 분화와 그것의 여러 파장.

이러한 요소들이 식민지 한국의 민족운동의 구체적 지형과 그때그때의 운동 기상도를 결정짓는 주요 변수들이던 가운데 의열단은 그 속에 내던져진 미미한 작인(作因, agency) 하나에 불과했을 수도 있다. 그러나 실상 의열단 스스로는 그 변수들 각각 및 그것들 간의 얼키고설킨 상호작용과 그 결과들에 적극적으로 대응하면서, 때로는 그것들을 운동의 자원으로 변용시키기도 하면서 부단히 자기 운동의 발전을 꾀해갔다. 그러한 주체적 대응의 측면은 다음과 같은 몇가지 증표들을 통해서 어느정도 가늠해볼 수 있다.

① 국제정세와 국제관계의 흐름에 대한 다각도의 분석과 예리한 통찰.

② 일제 관헌의 방대한 첩보·검거망과의 정면대결 불사와 분쇄 시도, 때로는 지혜로운 우회.

③ 독립전쟁 발동의 예비절차로서 중국 국민혁명운동(북벌전)에의 직접 참가, 그러나 중국혁명이 아닌 조선혁명 중심주의 원칙하의 대(對)국공 태도.

④ 재정적 수원(受援)의 시도와 반제혁명운동에서의 국제적 연대 이상의 대(對)코민테른 복속 거부.

⑤ 일관된 비타협-혁명주의 노선 고수.

⑥ 좌우익진영 쌍방과의 폭넓고도 개방적인 관계 설정.

이것은 행동의 제약 요인이기도 하지만 추동 자원도 된다는 '구조의 양면성' 가운데 후자의 측면을 최대로 활용하면서 마치 '구조와 행동의 변증법'을 체현해간 것과도 같은 모습, 바로 그것이었다.

그러나 의열단운동의 행로는 전체적으로 보아 쾌조의 직행이라기보다는 신고(辛苦)와 간난(艱難)의 지뢰밭을 헤쳐간 파행의 경로에 더 가까운 것이었다. 고양과 약진에 못지않게 고립과 위축, 크고작은 실패와 시행착오, 좌절과 패퇴의 경험도 수없이 맛보아야 했다. 특히 운동자금의 만성적인 부족과 결핍이 의열단운동의 순조로운 진전을 가로막은 주요 걸림돌 가운데 하나였다. 의열단의 대외관계망이 종잡기 힘들 정도로 다변적이고 광역화되었던 것, 단내 일부의 완강한 반대에도 불구하고 암살파괴운동을 종결짓고 광주로 본거 이전을 단행한 것, 남경으로 본거를 옮기면서 반공세력의 보루인 중국 국민당과 남의사(藍衣社=삼민주의역행사)의 지원을 요청했던 것도 심각한 재정궁핍을 해결하려는 노력과 무관하지 않았다.

그런데도 의열단은 객관적 조건의 불리를 주체적 역량의 발휘로 극복해 가는 전범을 보여주었다. 그 가운데 특히 주목되는 측면은, ① 정세 변화에 기민하게 대응하는 순발력 ② 행동반경 및 활동범위의 광역성 ③ 조직연결 망(연대 제휴 합작 연락 협의 공조 등)의 다변성 ④ 여러 계열의 운동세력 및 단체들에 대한 탄력있는 대응 ⑤ 능란한 조직자원 동원 및 활용력 등이었다. 이와 관련해서 의열단이 다른 조직이나 단체들과 맺은 상호작용 관계의 심도와 지속성은 대체로 그들이 제공해줄 수 있는 상징적·물질적 자원의 규모와 그에 부가되는 위세 또는 영향력 수준에 비례해서 조절되었던 것으로 보인다. 그리하여 운동자원의 확보와 조직 역량의 확충을 위해서라면 이념노선과 정치노선의 경계에 별로 구애받지 않고 개방적이고도 다변적인 관계망을 형성하곤 했던 점이 의열단운동의 또다른 특징점을 이루었다. 그러나 대일타협주의와 민족개량주의진영과는 철저히 절연하고 있었다는 점도 반드시 지적되어야만 한다.

의열단의 조직연결망 범위 속에는, 임시정부와 반(反)임정 그룹, 상해파 및 이르꾸쯔끄파, 고려공산당, 조선공산당 화요파와 엠엘파, 중국국민당과 코민테른 등, 상이할 뿐만 아니라 상충하기도 하는 성향·성격·계보의 단체나 세력들이 포함되어 있었다. 그것은 의열단이 시종일관 민족혁명론을 자기 운동의 이론적 기초요 실천적 지침으로 삼고 있었기에 가능한 일이었다. 공산당 조직이나 혁명적 사회주의자 진영에서는 민족혁명론을 그 자체 독립적인 이념으로보다 식민지 공산주의운동의 전략요소로 수용하고 있었음이, 바꿔 말하면 식민지판 '부르즈와민주주의혁명'론 정도로 간주하고 있었음이 부인할 수 없는 사실이다. 그런데도 식민지 현실에서 제국주의 타도가 당면의 공동목표가 되고 있었기 때문에 민족혁명은 민족주의와 공산주의 두 계열 운동의 유일한 합류점이요 양자연합의 불가결한 고리를 이루었던 것이다.


## 4. 의열단운동의 민족운동사적 의의

의열단운동은 실로 1920, 30년대 민족운동의 흐름 속에서 민족독립과 사회변혁 과제의 수행을 균형있게 추구한, 민족혁명운동의 대표적 사례였다. 그만큼 의열단운동은 한국 근대 민족혁명운동의 조직·이념 발전의 전형을 체현함과 동시에 발전의 중요한 추동인자가 되었던 것이다. 한국 근대 민족운동의 전체 지평에서 의열단운동이 지니는 구체적 의의는 그러한 각도에서 추출해볼 수가 있다.

먼저 조직 발전의 측면에 주목해보면, 1920년대 중반 이후로 한국민족의 반일운동전선은 대동통일과 민중의 조직화를 절실한 과제로 안게 되었고, 이두 문제의 해결이 민족운동의 질적 고양과 양적 확대의 관건이 되고 있었음에 유의해야 한다. 이 과제에 대응해서 전개된 것이 하나는 유일당 또는 통일대당 결성 형식의 민족운동조직 통일운동이었고, 다른 하나가 노농대중 중심의 민중 조직화운동이었다. 전자가 여러 계기에 의해 다양한 형태로 분화한 단위조직 및 그 계열체들의 재통합을 지향하는 수평적 차원의 움직임이었다면, 후자는 직업적 운동자 집단과 일반 대중과의 결합, 나아가 대중의 잠재적 운동역량을 실체화시켜 민족운동의 민중적 기반을 획득함에 목표를 둔 수직적 차원의 움직임이었다. 자연발생적인 것이 아니라 분명 운동주체의 자각적 노력에 의해 태동한 이 두 움직임은 각기 민족운동의 한 하위범주로 성립하면서 민족운동전선 내 각 행동단위들의 중요한 실천과제로 부각되었다.

의열단은 두 과제 모두를 자기의 것으로 소화하여 능동적으로 대응한, 흔치않은 경우에 해당하였다. 1920년대 유일당촉성운동의 진전 국면에서 적극적인 참여를 보이고 1930년대의 통일대당 결성운동을 주도한 한편, 그 중간에 해외 운동조직으로서는 매우 이례적으로 국내 노농대중조직 건설운동까지 전개한 사실로도 그 점은 충분히 확인된다. 그리고 의열단의 중후기 활동과 그 노선은 일차적으로 그러한 견지에서 평가되는 것이 옳다. 그렇다고 해서 의열단과 대중과의 결합이 만족할 만한 수준으로 이루어진 것은 아니었다. 그것은 의열단 자체의 역량 부족 때문이었다기보다는 해외 운동단체라는 위치, 일제의 민족운동 통제체계, 소요 자원(인원 물자 시간 등)의 절대 부족 등과 같은 객관적 조건에 주로 기인한 것이었다.

다음으로 이념과 사상의 측면에서 보면, 광주 시절 이후로 의열단이 사회주의 이념을 상당 정도 수용했다는 사실이 특히 주목된다. 그러나 한 가지 유의해야 할 점은, 의열단에게 있어서 사회주의는 공산주의운동과 직결되는 전일적(專一的) 이념지표는 아니었고, 단순한 외래사조 추종의 대상은 더더욱 아니었다는 것이다. 의열단의 사회주의 수용은 오히려 민족주의와 민주주의를 대전제 내지 원칙으로 해서 이루어졌음이 독특한 점이다.

의열단의 지도부는 사회주의적 국제주의와 일정한 거리를 유지하면서 그 명분론적 강압을 용인하지 않는 경향을 강하게 내보였다. 당시로서 그 원칙의 수용은 코민테른 및 중공당의 권위와 지령에 대한 전면적 승복으로 귀착될 수밖에 없음을 간파하고 있었기 때문이다. 한때 국제주의 명분을 좇아 광주봉기에 참가했던 단원들 가운데도 일부는 나중에 가서 국제주의가 강요하는 도로(徒勞)와 희생을 감내하는 것이 과연 정당하고 값어치있는 일인가라는 회의 또는 반성의 기미를 종종 드러내 보이곤 하였다.

또한 노농대중 조직화와 대중투쟁 활성화의 문제의식과는 별개로, 의열단은 계급혁명이나 프롤레타리아독재 관념을 수용하지 않았다. 사고의 출발점을 어디까지나 민족에 두고, 제국주의 압제하의 민족성원들의 명운은 오직 민족혁명으로써 타개한다는 입장을 고수하였다. 그 점에서 의열단의 사회주의는 민족주의를 지주(支柱)로 하여 거기에 접목된 것, 또는 민족주의라는 '뿌리'를 튼실하게 해줄 '자양'으로 흡입된 것이라 할 수 있었다.

결과적으로, 중·후기 의열단운동의 이념적 위상은 '민족주의'라고 단언하기에는 부연설명이 필요하고 '사회주의'로 간단히 치부해버리기에는 부족함이 있는, 이성동체화(異性同體化)의 지점에 놓인 것이었다. 그것은 민족주의 편에서 보면 '사회주의적 민족주의', 사회주의 편에서 보면 '민족적 사회주의'로 규정될 수 있을 성질의 것이었다. 이때의 '사회주의'는 민족독립 후 신국가 건설 과정에서의 경제체제의 조직원리를 주로 의미하였지, 계급혁명이라는 사회정치적 과정이나 계급투쟁이라는 변혁방법론의 내포를 띠지는 않았다.

중·후기 의열단의 이와같은 사상적 정향과 그 운동의 이념적 특질은 식민지 민족혁명운동의 역사적 경험을 매개로 해서 민족주의와 사회주의가 맺게 되는 관계의 성격에 대하여 시사하는 바가 크다. 의열단의 경우로써 보면, 두 이념은 결코 평면적 대립항을 이루는 것이 아니었고 분리화의 원심력만을 내보인 것도 아니었다. 오히려 두 이념은 상호 견인과 보완의 경향성을 보이면서 사뭇 친화적인 관계를 맺고 있었음이 확인된다.

이 사실이 의미하는 바를 다음과 같이 정리해볼 수 있다. 독립국가 건설과 사회체제 변혁이 동시적 과제가 되고 있는 한에서 사회주의는 민족주의가 생명력을 갖고서 완전히 개화할 수 있는 계기를 제공하는 한편, 민족주의는 사회주의가 민족성원의 삶 속에 뿌리내릴 수 있는 토양이 된다. 사회주의운동에서 당연시되기 쉬운 국제주의 지향과의 긴장과 마찰을 적절한 수준에서 해소시킬 수 있을 때 민족주의는 사회사상의 한 유형으로서 민족적 사회주의를 생성시킬 수가 있다. 다른 한편으로, 민족주의운동이 민족부르즈와 또는 지배적 엘리뜨층의 지위보전 방편으로 전락하거나 국수주의로 치닫지 않게 하는 제어장치가 됨으로써 사회주의는 민족사회의 집합적 가치의 하나로 사회주의적 민족주의를 조형해낼 수 있다.

이러한 시각에서, 일제하 사회주의운동 속에 또는 사회주의운동자들 가운데는 민족의 생존이 계급의 생존에 우선하므로 민족문제의 해결을 일차적 과제로 삼아야 한다는 민족운동론을 긍정적으로 수용하여 민족혁명운동의 테두리 내로 수합된 부분이 적지 않았음에 주목할 필요가 있다. 그러한 연계에 기초해서 후기로 갈수록 (이른바 '민족주의 좌파'로 통칭되는) 중도우파 세력과 ('진보적 민족주의' 진영으로 일컬어지는) 중도좌파 세력이 민족주의 세력의 양대 보루를 이루어, 조직·이념 두 차원에서의 연대와 통일을 모색하고 그 현실화의 가능성도 높여가고 있었던 것이다.

여기서 의열단의 민족운동과 그 이념은 해외 민족운동진영 내 중도좌파 세력 형성의 주요 원류를 이루었고, 그러한 위치에서 민족주의세력의 중요한 구성부분이 되었다. 나아가 해외 민족운동진영의 신국가 건설 이념을 부단히 진보적 방향으로 견인해가는 역할도 수행한 것이었다. 의열단운동의 가장 큰 역사적 의의는 바로 이러한 점들에 있었다고 할 수 있다. 그뿐만 아니라 다음과 같은 면모를 통해서도 의열단운동은 한국 근대 민족운동의 발전에 중요한 기여를 했다고 보아야 한다.

첫째, 민족혁명 이념을 민족운동의 최고 지표로 제시하고 전파한 점.

둘째, 민족주의와 사회주의 이념/운동간의 융화 가능성을 예시해준 점.

셋째, 민족전선 통일 및 좌우합작의 조직기반을 다지고 선도적으로 추동해간 점.

넷째, 민족국가 건설 및 민주변혁 과정에 기층대중의 역량이 투입되고 대중참여가 이루어져야만 하는 당위성을 널리 인식시키는 한편, 스스로 그 조건을 조성해간 점.

　결론적으로, 의열단운동의 전개 과정과 그 성과들은 민족문제 해결의 행동 준칙으로서 국제주의에 대한 민족주의의 우위를,3) 그리고 자주적 근대화의 노력이 식민지화로 인하여 좌절되어버린 사회에서 민족주의와 민주적 사회주의('사회민주주의') 이념 간의 친화성을 예증해주는 것이었다. 또한 의열단의 경우를 통해서 볼 때, 일제하 민족혁명운동의 경험은 두 이념간의 융합 및 상호 보완의 가능성을 높여준 매개항이었고, 현재 시점에서도 상당 부분 유효성을 가질 역사적 기억으로 남아 있다고 할 수 있다. 아울러 민족주의와 사회주의는 평면적 분리와 대립·배척의 관계로만 고착되는 것처럼 보았던 종래의 일면적 관점은 수정되어야 한다는 점을 강력히 시사하고 있다.

　'의열단'이라는 고유명사의 생멸만을 기준으로 삼아 의열단운동이 1935년에 종결되었다고 말하는 것은 형식논리적인 진술에 지나지 않는다. 민족혁명당이라는 확대조직을 통하여 의열단의 조직 계보와 운동 전통이 계승되고 발전해갔기 때문이다. 오히려 의열단의 민족혁명운동은 1945년 해방 당시까지 면면히 이어졌으며, 나아가 해방 후의 민족자주화운동과 국민국가수립운동으로까지 맥을 잇게 되었다고 보아야 한다. 4반세기에 걸쳐 단일 조직계보로 이어진 그 운동은 하나의 '장정(長征)'이었다고 평가되기에 모자람이 없다.

---

3) 사회주의운동가인 레기 드브레가 국제주의와 민족주의의 관계에 대해 제출한 견해도 이와 유사하다. 그에 의하면 국제주의, 즉 세계적 차원에서의 계급투쟁이 민족적 투쟁을 이해할 수 있게 해주는 이론적 결정인자라고 한다면, 민족적 요소는 행동의 실질적인 결정인자이자 출발점을 이룬다. 따라서 혁명적 정당이 강해지기 위해서는 민족적 당이 되어야 하며, 민족적으로 되는 것은 국제주의에 대한 고집을 버릴 때이다. 그 순간 당은 하나의 분파로 그치지 않고 대중정당으로 전환된다(Anthony D. Smith, 「마르크스주의와 민족문제: 레기 드브레이와의 인터뷰」, 임지현 엮음, 『민족문제와 마르크스주의자들』, 한겨레 1986, 319면).

# 참고문헌

## Ⅰ. 자료

### 1. 신문·자료집·연표

『獨立新聞』, 1920~1925(영인본).

『東亞日報』, 1920~1935(마이크로필름).

『朝鮮日報』, 1920~1935(마이크로필름).

『朝鮮中央日報』, 1935(마이크로필름).


國家報勳處 編, 『獨立有功者功勳錄』 제4·5·7·8권, 1988~1991.

國史編纂委員會 編, 『韓國獨立運動史 資料 3: 臨政篇 Ⅲ』, 1968.

_____, 『韓國獨立運動史 資料 20: 臨政篇 Ⅴ』, 1991.

_____, 『韓國獨立運動史 資料 21: 臨政篇 Ⅵ』, 1992.

國會圖書館 編, 『韓國民族運動史料: 中國篇』, 1976.

_____, 『韓國民族運動史料: 3·1 運動篇 其一』, 1977.

_____, 『韓國民族運動史料: 3·1 運動篇 其三』, 1978.

丹齋申采浩先生紀念事業會 編, 『改訂版 丹齋申采浩全集 下: 別集』, 형설출판사 1977.

島山紀念事業會 編, 『安島山全書』 中, 汎洋社 出版部 1990.

독립운동사편찬위원회 편, 『독립운동사 자료집 제7집: 임시정부사 자료집』, 1973.

_____, 『독립운동사 자료집 제9집: 임시정부사 자료집』, 1975.

_____, 『독립운동사 자료집 제10집: 독립군전투사 자료집』, 1976.

_____, 『독립운동사 자료집 제11집: 의열투쟁사 자료집』, 1976.

_____, 『독립운동사 자료집 제13집: 학생독립운동사 자료집』, 1977.

_____, 『독립운동사 자료집 별집3: 재일본 한국인 민족운동 자료

集』, 1985.

東亞日報社 編, 『開港100年年表·資料集』, 1976.

배성찬 편역, 『식민지시대 사회운동론 연구』, 돌베개 1987.

신주백 편, 『1930년대 민족해방운동론 연구』 Ⅰ·Ⅱ, 새길 1989.

임영태 편, 『植民地時代 韓國社會와 運動』, 사계절 1985.

편집부 편역, 『코민테른과 통일전선: 코민테른 주요문건집』, 백의 1988.

편집부 엮음, 『코민테른 자료선집 3: 통일전선, 민족·식민지문제』, 동녘 1989.

한대희 편역, 『식민지시대 사회운동』, 한울림 1986.


廣東革命歷史博物館 編, 『黃埔軍校史料(1924~1927)』, 廣東人民出版社 1982.

獨立紀念館 韓國獨立運動史硏究所 編, 『光復』, 1987.

─────────────────────────, 『震光·朝鮮民族戰線·朝鮮義勇隊(通訊)』,
    1988.

同學錄籌備委員會 編, 『中央陸軍軍官學校 第十一期 第一總隊 同學錄』, 南京, 1937.

楊昭全 等 編, 『關內地區朝鮮人反日獨立運動資料彙編』 上·下, 瀋陽: 遼寧民族出版社
    1987.

楊昭全 外 編, 『海外의 韓國獨立運動史料(Ⅴ): 中國篇 ①』, 국가보훈처 1992.

──────────, 『海外의 韓國獨立運動史料(Ⅵ): 中國篇 ②』, 국가보훈처 1992.

中國人民政治協商會議 廣東省 廣州市委員會 文史資料研究委員會 編, 『廣州百年大事
    記』 上·下, 廣東人民出版社 1984.

秋憲樹 編, 『資料 韓國獨立運動』 제1·2·3권, 연세대학교출판부 1972.


姜德相 編, 『現代史資料 25: 朝鮮 一』, 東京: みすず書房 1966.

──────, 『現代史資料 27: 朝鮮 三』, 東京: みすず書房 1970.

──────, 『現代史資料 30: 朝鮮 六』, 東京: みすず書房 1980.

姜德相·琴秉洞 編, 『現代史資料 6: 關東大震災卜朝鮮人』, みすず書房 1963.

金正明 編, 『朝鮮獨立運動』, 제2권·제5권, 東京: 原書房 1967.

金正柱 編, 『朝鮮統治史料』 제7권·제8권, 東京: 韓國史料研究所 1971.

金俊燁·金昌順 編, 『韓國共産主義運動史: 資料篇』 Ⅰ·Ⅱ, 고려대학교 아세아문제연
    구소 1979·1980.

梶村秀樹·姜德相 編, 『現代史資料 29: 朝鮮 五』, 東京: みすず書房 1972.

朴慶植 編, 『在日朝鮮人關係資料集成』 제1권, 東京: 三一書房 1975.

_____, 『1930年代 朝鮮革命運動論』(朝鮮問題資料叢書 第7卷), 東京: 三一書房 1982

社會問題資料研究會 編, 『思想情勢視察報告集』 제2·3·9집, 京都: 東洋文化社 1976.

伊藤武雄 外 編, 『現代史資料 31: 滿鐵 1』, 東京: みすず書房 1966.

_____, 『現代史資料 32: 滿鐵 2』, 東京: みすず書房 1966.

日本 外務省, 『朝鮮民族運動史 (未定稿)』 第6卷, 고려서림 영인 1989.

_____, 『日本外務省 特殊調査文書』 41, 고려서림 영인 1990.

_____ 編, 『朝鮮共産黨關係雜件』 1, 고려서림 영인 1991.

在上海日本總領事館 警察部 第2課 編, 『朝鮮民族運動年鑑』, 東文社書店 영인 1946.

朝鮮軍司令部, 『不逞鮮人ニ關スル基礎的研究』, 1924.

朝鮮總督府 警務局, 『高等警察關係年表』, 1929.

_____, 『國外ニ於ケル容疑朝鮮人名簿』, 1934.

_____, 『軍官學校事件ノ眞相』(1934); 韓洪九·李在華 編, 『韓國民族解放運動史資料叢書』 제3권, 京沅文化社 1988 所收.

_____, 『朝鮮の治安狀況: 昭和2年』, 神戶: 不二出版 復刻 1984.

_____, 『朝鮮の治安狀況: 昭和5年 10月』, 神戶: 不二出版 復刻 1984.

_____, 『最近に於ける朝鮮治安狀況: 昭和8年·13年』, 東京: 巖南堂 復刻 1966.

_____, 『最近に於ける朝鮮治安狀況: 昭和11年 5月』, 神戶: 不二出版 復刻 1986.

朝鮮總督府 警務局 圖書課, 『諺文新聞差押記事輯錄 (東亞日報)』 1932.

_____, 『諺文新聞差押記事輯錄 (朝鮮日報)』 1932.

_____, 『諺文新聞差押記事輯錄 (時代日報·中外日報)』, 1932.

朝鮮總督府 警務局 保安課, 『高等警察報』 제1호~제6호, 1933~1936.

朝鮮總督府 慶尙南道警察部, 『高等警察關係摘錄』, 1936.

朝鮮總督府 慶尙北道警察部, 『高等警察要史』, 1934.

朝鮮總督府 高等法院 檢事局 思想部, 『思想彙報』 제1호~제22호, 1934~1940.

_____, 『朝鮮重大思想事件經過表』, 1936.

## 2. 一件 자료

「癸亥와 甲子」, 『開闢』 43호, 1924년 1월호.

申彦俊, 「蔣介石氏의 파시스트運動」, 『新東亞』 1934년 5월호.

義烈團, 「信任狀」, 1923.

義烈團, 「檄」(1924), 『한국독립운동사연구』 제3집, 1989.

義烈團 機密部, 「通文」, 1923.

一記者, 「日本사람이 본 朝鮮의 民族運動과 社會運動」, 『開闢』 1923년 5월호.

在上海 日本總領事館 警察部, 方善柱 역·해설, 「1930年代 上海居住 韓國人의 實態」
　　　(1937), 『新東亞』 1979년 8월호.

조선공산당 중앙집행위원회, 「조선공산당선언」(1926), 『역사비평』 1992년 겨울호.

朝鮮民族革命黨, 『앞길』 제32기, 1943.6.

朝鮮義烈團, 「獨立黨促成運動宣言」(1927), 李鉉淙 編, 『近代民族意識의 脈絡』, 아세
　　　아문화사 1979.

_____, 「三·一 十週宣言: 朝鮮勞農 及 一般 被壓迫搾取大衆 及 그 代表者로서
　　　의 朝鮮革命家에게」(1929), 『建大史學』 제7집, 1989.

최계립·홍파, 「赤旗團 略史」(1965), 국학진흥연구사업추진위원회 편, 『韓國獨立運動
　　　史資料集: 洪範圖篇』, 한국정신문화연구원 1995.


國民革命軍 第1補充師, 「爲援助萬縣被難同胞及韓國獨立運動告民衆」, 1926.

旅粵韓人會, 「爲反抗日本出兵干涉中國敬告中國民衆」, 1926.

中央軍事政治學校, 「中央軍事政治學校援助韓國獨立運動宣言」(1926), 『한국독립운동
　　　사연구』 제3집, 1989.

## 3. 증언·회고·전기·行蹟記·면담록류

干國勳, 「朝鮮義烈團員의 軍事教育(1932-1936): 中國國民黨政府의 韓國獨立運動 支
　　　援의 斷面史」, 『軍史』 제5호, 1982.

권립, 「김산」, 박창욱 주편, 『조선족혁명렬사전』 제2집, 瀋陽: 遼寧民族出版社 1986.

具益均, 「島山先生의 大公主義思想」, 『기러기』, 1980년 6월호.

_____, 「上海에서의 島山」, 『기러기』, 1980년 11월호.

_____, 『회고록: 새 역사의 여명에 서서』, 일월서각 1994.

金光洲, 「上海時節 回想記 上」, 『世代』 1965년 2월호.

金九, 『白凡逸誌』, 서문당 1973.

金相玉·羅錫疇烈士 紀念事業會, 『金相玉·羅錫疇烈士 抗日實錄』, 삼경당 1986.

430

金勝坤, 「證言」, 韓國精神文化研究院 編, 『韓國獨立運動 證言資料集』, 박영사 1986.

金午星, 『指導者群像』 1, 대성출판사 1946.

金在明, 「金星淑先生의 墓碑銘」, 『政經文化』 1985년 10월호.

_____, 「張建相先生, 파란의 歷程」, 『政經文化』 1985년 11월호.

_____, 「義烈團과 金元鳳」, 『月刊京鄕』 1987년 11월호.

_____, 「金元鳳의 苦鬪와 挫折」, 『月刊京鄕』 1987년 12월호.

金贊汀, 「'아리랑'이 들려온다: 혁명가 김산, 그 의문의 죽음을 찾아서」, 『역사비평』
    1990년 봄호.

金昌淑, 「自敍傳」, 心山思想研究會 編, 『金昌淑』, 한길사 1981.

金綴洙, 「유고」, 『역사비평』 1989년 여름호.

金學奎, 「白波 자서전」, 『한국독립운동사연구』 제2집, 1988.

金學鐵, 「항전별곡」, 이정식·한홍구 엮음, 『항전별곡』, 거름 1986.

_____, 『격정시대』 1·2·3, 풀빛 1988.

_____, 『無名小卒』, 풀빛 1989.

金弘壹, 「쏘·滿의 韓國義勇軍」, 『思想界』, 1965년 4월호.

_____, 「中·日戰爭과 臨政」, 『思想界』, 1965년 5월호.

_____, 『大陸의 憤怒: 老兵의 回想記』, 문조사 1972.

南坡朴贊翊傳記刊行委員會, 『南坡 朴贊翊 傳記』, 을유문화사 1989.

류자명, 『나의 회억』, 瀋陽: 遼寧人民出版社 1984.

몽양여운형선생전집발간위원회 편, 『몽양 여운형전집』 제1권, 한울 1991.

문정일, 「중국전선에서 싸운 조선의용군의 항일전쟁」, 『역사비평』 1990년 가을호.

密陽郡, 『미리벌의 얼』, 1983.

박창욱, 「양림」, 박창욱 주편, 『조선족혁명렬사전』 제1집, 심양: 료녕인민출판사
    1983.

_____, 「진광화」, 박창욱 주편, 『조선족혁명렬사전』 제1집, 1983.

朴泰遠, 『若山과 義烈團』, 白楊堂, 1947.

백선기, 『미완의 해방노래: 비운의 혁명가 김산의 생애와 「아리랑」』, 정우사 1993.

徐丙坤, 「민족의 꽃 金昌華씨」, 『新天地』 제1권 2호, 1946.3.

_____, 「白淵 金枓奉主席의 투쟁사」, 『新天地』 제1권 2호, 1946.3.

_____, 「부주석 韓斌씨의 약력」, 『新天地』 제1권 2호, 1946.3.

宵海張建相先生 語錄碑建立會 編, 『宵海張建相先生 資料集』, 우당 1990.

水野直樹, 「조선의 해방을 향한 정열」, 『월간 다리』 1990년 1월호.

申肅, 『나의 一生』, 일신사 1963.

心山思想硏究會 編, 『金昌淑』, 한길사 1981.

심산김창숙선생추모사업회, 『민족정기: 애국지사 심산 김창숙선생의 생애』, 도림시스템 1990.

安炳武, 「上海戰爭에 參戰한 韓國靑年」, 『思想界』, 1965년 1월호.

柳光烈, 「記者 半世紀의 回顧 (11): 일어나는 物産獎勵運動——民族魂을 일깨운 金相玉의 痛死」, 『思想界』, 1965년 5월호.

윤병석・윤경로 엮음, 『안창호 일대기』, 역민사 1995.

尹逸模, 「독립동맹 및 의용군 요인의 약력」, 『新天地』 제1권 2호, 1946.3.

李萬珪, 『呂運亨先生鬪爭史』, 민주문화사 1946.

李命英, 「東滿의 風雲兒 吳成崙」, 『月刊中央』 1973년 7월호.

李淑, 『竹槎回顧錄』, 대구: 회람본, 1993.

李丁奎, 『又觀文存』, 삼화인쇄(주) 출판부 1974.

_____, 『友堂李會榮略傳』, 을유문화사 1985.

이정식 면담, 김학준 편집・해설, 『혁명가들의 항일회상』, 민음사 1988.

李鍾範, 『義烈團 副將 李鍾岩傳 (義烈團 10年史)』, 광복회 1970.

李恢成・님 웨일즈 대담, 「중국혁명과 김산의 생애」, 『사회와 사상』, 1988년 9월호.

李恢成 外 編, 『"アリランの歌" 覺書』, 윤해동 외 역, 『아리랑 그후: 김산과 님 웨일즈』, 동녘 1993.

정설송 편, 『중국인민해방군가의 작곡가 정율성』 1, 형상사 1992.

鄭元澤(洪淳鈺 譯), 『志山外遊日誌』, 탐구당 1983.

鄭華岩, 『어느 아나키스트의 몸으로 쓴 근세사』, 자유문고 1992.

趙擎韓, 『白崗回顧錄: 國外篇』, 한국종교협의회 1979.

중앙일보 현대사연구팀, 『발굴자료로 쓴 한국현대사』, 중앙일보사 1996.

중앙일보사 특별취재반, 「잃어버린 36년: 義烈團 ①~⑥」, 『中央日報』 1983년 9월 26일자~11월 21일자.

池中世 역편, 『조선 사상범 검거 실화집』(1946), 돌베개 복각 1984.

韓國精神文化硏究院 編, 『韓國獨立運動史資料集』, 박영사 1983.

한홍구, 「태항산에 묻힌 혁명가 윤세주(石正): 의열단, 민족혁명당, 조선의용대의 한 주역의 일생」, 『역사비평』 창간호, 1988.

현룡순・리정문・허룡구 편, 『조선족백년사화』 2, 심양: 료녕인민출판사 1985.

Kim San & Nym Wales, *Song of Ariran: The Life Story of a Korean Rebel*

(New York, 1941), 辛在敦 譯, 「아리랑」, 『新天地』 1946년 10월~1948년 1
월호; 조우화 역, 『아리랑』, 동녘 1984.

Nym Wales, *Notes on Korea and the Life of Kim San*(Stanford, 1961), 편집
실 역, 『아리랑 2』, 학민사 1986.


干國勳, 『三民主義力行社與民族復興運動』, 臺北, 1986.

范廷傑, 「蔣委員長培育韓國革命軍事幹部」, 『傳記文學』 제28권 제4기, 臺北, 1976.

全國政協 文史資料研究委員會 編, 『第一次國共合作時期的黃埔軍校』, 北京: 文史資料
出版社 1984.

Nym Wales & Kim San, *Song of Ariran: A Korean Communist in the
Chinese Revolution*, San Francisco: Ramparts Press, 1973.


4. 編述書

國史編纂委員會, 『韓國獨立運動史』 三・四・五, 1968~1970.

金承學, 『韓國獨立史』, 독립문화사, 1966.

金承學・金國堡, 『韓國獨立史』(增補版), 독립동지회 1983.

독립운동사편찬위원회, 『獨立運動史 제4권: 臨時政府史』, 1969.

_____, 『獨立運動史 제5권: 獨立軍戰鬪史 上』, 1973.

_____, 『獨立運動史 제7권: 義烈鬪爭史』, 1979.

朴殷植, 南晚星 譯, 『韓國獨立運動之血史』, 서문당 1976.

李錫台 編, 『社會科學大辭典』, 1948.

蔡根植, 『武裝獨立運動秘史』, 공보처 1949.

崔衡宇, 『海外朝鮮革命運動小史』 제1집, 동방문화사 1955.

韓國無政府主義運動史編纂委員會, 『韓國아나키즘運動史, 前篇: 民族解放鬪爭』, 형설
출판사 1978.

洪永道 編, 『韓國獨立運動史』, 애국동지원호회 1956.


王健民, 『中國共産黨史稿』, 臺北, 1965.

坪江汕二, 『改訂增補 朝鮮民族獨立運動秘史』, 東京: 巖南堂 1966.

## II. 연구서·연구논문·논평문

姜大敏, 「宵海 張建相의 生涯와 民族獨立運動」, 『文化傳統論集』 창간호, 경성대학교 향토문화연구소 1993.

_____, 「一峰 金大池의 抗日獨立運動」, 『釜大史學』 제19집, 1995.

_____, 「박차정의 생애와 민족해방운동」, 『文化傳統論集』 제4집, 1996.

姜東鎭, 『日帝의 韓國侵略政策史』, 한길사 1980.

姜萬吉, 「한국 근대민족주의의 전개과정」, 『韓國民族運動史論』, 한길사 1985.

_____, 「朝鮮民族革命黨 成立의 背景」, 『韓國史研究』 61·62 합호, 1988.

_____, 「朝鮮民族革命黨의 成立과 그 歷史性」, 『한국독립운동사연구』 제4집, 1990.

_____, 『조선민족혁명당과 통일전선』, 화평사 1991.

_____, 「1930년대 중국관내 민족해방운동의 통일전선론」, 『한국사연구』 90, 1995.

姜英心, 「朝鮮國權恢復團의 結成과 活動」, 『한국독립운동사연구』 제4집, 1990.

高峻石, 김영철 역, 『조선공산당과 코민테른』, 공동체 1989.

權大雄, 「朝鮮國權恢復團 研究」, 『嶺南大 民族文化論叢』 제9호, 1988.

_____, 「大東青年團 研究」, 『水邨朴永錫教授華甲紀念 韓民族獨立運動史論叢』, 탐구당 1992.

權熙英, 「제1차 극동노력자대회 및 극동혁명청년대회에서의 한국혁명의 문제」, 『정신문화연구』 40호, 1990.

_____, 「고려공산당연구(1921~22)」, 『韓國史學』 13, 1993.

_____, 「日帝下의 民族運動과 그 思想」, 韓國精神文化研究院 哲學宗教研究室 編, 『韓國思想史大系』 6, 1993.

金敬泰, 「日帝時代의 韓國民族主義와 蘇聯社會主義」, 『韓國史學』 12, 1991.

金基承, 「1920년대 안광천의 방향전환론과 민족해방운동론」, 『역사와 현실』 제6호, 1991.

_____, 「일제하 민족협동전선론자의 식민지 경제현실 인식」, 한국근현대사회연구회 1930년대연구반, 『일제말 조선사회와 민족해방운동』, 일송정 1991.

_____, 『한국근대사회사상사연구』, 신서원 1994.

金邦, 「李東輝 研究」, 『國史館論叢』 제18집 1990.

김성국, 「아나키스트 신채호의 시론적 재인식」, 구승회·김성국 외, 『아나키·환경·

434

공동체』, 모색 1996.

金勝坤, 「朝鮮義烈團의 創立과 鬪爭」, 『軍史』제5호, 1982.

金榮範, 「韓國光復軍 刊行 『光復』의 獨立運動論」, 『한국독립운동사연구』제1집, 1987.

_____, 「朝鮮義勇隊 研究」, 『한국독립운동사연구』제2집, 1988.

_____, 「1930년대 義烈團의 抗日靑年鬪士 養成에 관한 研究」, 『한국독립운동사연구』제3집, 1989.

_____, 「義烈團의 創立과 초기 路線에 대하여」, 『韓國學報』제69집, 1992.

_____, 「1920년대 전반기 의열단의 민족운동과 노선 추이」, 한국사회사연구회논문집 제34집 『한국의 민족문제와 일본제국주의』, 문학과지성사 1992.

_____, 「국공대결기(1928~1935) 중국에서의 한인 민족전선 통일운동 연구」, 한국사회사연구회논문집 제42집 『한말 일제하의 사회사상과 사회운동』, 문학과지성사 1994.

_____, 「民族革命黨의 결성과 그 革命運動路線」, 『爭點 한국近現代史』제4호, 1994.

_____, 「1920년대 후반기의 민족유일당운동에 대한 재검토」, 『한국근현대사연구』제1집, 1994.

_____, 「1920년대 중반 민족혁명운동의 韓-中 連帶와 義烈團」, 『韓國學報』제78집, 1995.

_____, 「식민지 지배체제와 민족독립운동」, 신용하·박명규·김필동 편, 『한국 사회사의 이해』, 문학과지성사 1995.

_____, 「중국관내 한국독립운동 연구의 새 지평과 길트기」, 『한국근현대사연구』제3집, 1995.

_____, 「1930년대 독립운동의 특성」, 독립기념관 한국독립운동사연구소 편, 『한국독립운동의 이해와 평가』, 1995.

_____, 「1920년대 의열투쟁의 전개」, 독립기념관 한국독립운동사연구소 편, 『독립운동사사전, 총론편: 상』, 1996.

金雲泰, 『日本帝國主義의 韓國統治』, 박영사 1988.

金仁植, 「植民地時期 安在鴻의 左翼民族主義運動論」, 『白山學報』제43호, 1994.

金俊燁·金昌順, 『韓國共産主義運動史』, 제1권~제5권, 청계연구소 1986.

김진균, 『사회과학과 민족현실 2』, 한길사 1991.

金昌洙, 「民族運動으로서의 義烈團 활동」, 東亞日報社 編, 『3·1 運動 50週年 紀念論集』, 1969.

_____, 「1920年代 民族運動의 一樣相: 民族運動으로서의 義烈團의 活動 補遺」, 『亞細亞學報』 제12집, 1976.

_____, 「의열단의 창립과 투쟁」, 국사편찬위원회 편, 『한민족독립운동사』 4, 1988.

_____, 「抗日獨立運動史에서의 義烈鬪爭의 性格」, 淑明女大 韓國學硏究所 編, 『抗日獨立運動史에서의 義烈鬪爭』, 1991.

金昌順, 「중국공산당과 좌파 한국독립운동」, 국사편찬위원회 편, 『한민족독립운동사』 6, 1989.

_____, 「레닌정권의 대한인정책」, 국사편찬위원회편, 『한민족독립운동사』 6, 1989.

_____, 「滿洲 抗日聯軍 硏究」, 『國史館論叢』 제11집, 1990.

김형국, 「1920年代 植民地 朝鮮의 社會運動論과 '淸算論'」, 『淸溪史學』 10, 1993.

金炯培, 「申采浩의 無政府主義에 관한 一考察」, 丹齋申采浩先生 紀念事業會 編, 『申采浩의 思想과 民族獨立運動』, 형설출판사 1986.

金喜坤, 「韓國唯一獨立黨促成會에 관한 一考察」, 『韓國學報』 제33집, 1983.

_____, 「獨立運動 政黨의 形成過程」, 『西巖趙恒來敎授華甲紀念韓國史學論叢』, 아세아문화사 1992.

_____, 「1930년대 초 상해지역 한인공산주의자의 동향」, 『國史館論叢』 47집, 1993.

_____, 「李陸史와 義烈團」, 『安東史學』 제1집, 1994.

_____, 『中國關內 韓國獨立運動團體 硏究』, 지식산업사 1995.

羅弦洙, 「國民革命의 財政的 基盤」, 閔斗基 外, 『中國國民革命의 分析的 硏究』, 지식산업사 1985.

_____, 「第1次 國共合作과 北伐」, 서울大學校 東洋史學硏究室 編, 『講座 中國史』 Ⅶ, 지식산업사 1989.

盧景彩, 「국외민족운동의 노선과 이념의 변화과정」, 한국역사연구회・역사문제연구소 공편, 『3・1 민족해방운동연구』, 청년사 1989.

_____, 「한국독립당의 결성과 그 변천(1930~1945)」, 『역사와 현실』 창간호, 한울 1989.

譚譯・王駒・邵宇春, 「9・18事變後 東北義勇軍과 韓國獨立軍의 聯合抗日 述略」, 『國史館論叢』 제44집, 1993.

閔斗基, 「導論: 中國國民革命의 理解의 方向」・「國民革命期의 陳公博(1892~1946)의 革命理論과 政治活動」, 閔斗基 編, 『中國國民革命 指導者의 思想과 行動』, 지식산업사 1988.

_____, 「導論: 中國國民革命運動의 構造的 理解를 위하여」, 閔斗基 外, 『中國國民革

436

　　命運動의 構造分析』, 지식산업사 1990.

朴杰淳, 「3·1運動期 國內秘密結社運動에 대한 試論」, 『한국독립운동사연구』 제2집, 1988.

朴慶植, 『日本帝國主義의 朝鮮支配』, 청아출판사 1986.

朴萬圭, 「三均主義 定立의 民族運動史的 背景 考察」, 『邊太燮敎授華甲記念 史學論叢』, 지식산업사 1985.

_____, 「島山 安昌浩의 大公主義에 대한 一考察」, 『韓國史論』 26집, 1991.

_____, 「도산의 민주국가건설론」, 도산사상연구회 편, 『변혁기의 개혁운동과 도산사상』, 연구사 1993.

朴商台, 「韓國社會科學에서의 民族主義硏究」, 『東亞硏究』 제21집, 서강대학교 동아연구소 1990.

朴成壽, 「義烈團硏究」, 『(韓國學大學院) 論文集』 2, 1987.

朴永錫, 「大韓民國臨時政府와 國民代表會議」, 國史編纂委員會 編, 『韓國史論』 10, 1981.

_____, 「일제의 만주침략과 한인사회의 수난」, 국사편찬위원회 편, 『한민족독립운동사』 4, 1988.

_____, 『在滿韓人獨立運動史硏究』, 일조각 1988.

_____, 「大韓獨立宣言書 硏究」, 『汕耘史學』 제3집, 1989.

_____, 「白冶 金佐鎭將軍 硏究」, 『國史館論叢』 제51집, 1994.

朴鍾隣, 「1920년대 '統一'朝鮮共産黨의 結成過程에 관한 연구」, 연세대학교 석사학위논문 1994.

박찬승, 『한국근대정치사상사연구』, 역사비평사 1992.

_____, 「1910년대 말~1920년대 여운형의 민족해방운동론」, 『역사와 현실』 제6호, 1991.

_____, 「항일운동기 부르주아민족주의 세력의 신국가 건설구상」, 『大東文化硏究』 제27집, 1992.

_____, 「1920년대 중반~1930년대 초 민족주의좌파의 신간회운동론」, 『한국사연구』 80, 1993.

박창욱·강만길 대담, 「중국 연변(延邊), 민족해방운동사 연구의 고민과 과제」, 『역사비평』 1993년 겨울호.

朴玄琛·鄭昌烈 編, 『韓國民族主義論 Ⅲ』, 창작과비평사 1985.

박호성, 『사회주의와 민족주의』, 까치 1989.

_____ 편,『사회민주주의와 민주사회주의: 이론과 현실』, 청람 1991.

朴煊,「在滿 韓國獨立黨에 대한 一考察」,『韓國史硏究』59, 1987.

___,「1920년대 在中韓國人의 無政府主義運動과『奪還』의 刊行」,『韓國學報』제52
집, 1988.

___,『滿洲韓人民族運動史硏究』, 일조각 1991.

___,「南華韓人靑年聯盟의 결성과 그 활동」,『水邨朴永錫敎授華甲紀念 韓民族獨立
運動史論叢』, 탐구당 1992.

방기중,『한국근현대사상사연구: 1930·40년대 백남운의 학문과 정치경제사상』, 역
사비평사 1992.

方善柱,「朴容萬 評傳」,『在美韓人의 獨立運動』, 한림대학교 출판부 1989.

裵京漢,「黃埔軍官學校에 있어서의 國共間의 合作과 對立」, 閔斗基 外,『中國國民革
命의 分析的 硏究』, 지식산업사 1985.

_____,「日本의 滿洲·華北침략에 대한 國民政府의 對應: 이른바 '不抵抗主義'의 이
해를 위한 一試論」,『서울大東洋史學科論集』제11집, 1987.

_____,「蔣介石의 軍權統一過程과 中山艦事件」, 閔斗基 編,『中國國民革命 指導者의
思想과 行動』, 지식산업사 1988.

_____,「南京國民政府의 成立과 그 性格」, 서울大學校 東洋史學硏究室 編,『講座 中
國史』Ⅶ, 지식산업사 1989.

_____,「蔣介石과 4·12政變」,『東洋史學硏究』제38집, 1992.

배동문 엮음,『마르크스주의와 민족문제: 계급운동과 민족운동의 기초이론』, 한울
1986.

白永瑞,「國民革命理論의 思想的 摸索: 5·4期 朱執信의 大衆革命論」, 閔斗基 外,『中
國國民革命의 分析的 硏究』, 지식산업사 1985.

_____,「戴季陶의 國民革命論의 構造的 分析」, 閔斗基 編,『中國國民革命 指導者의
思想과 行動』, 지식산업사 1988.

_____,「第2次 國共合作의 成立過程과 그 意義」, 서울大學校 東洋史學硏究室 編,
『講座 中國史』Ⅶ, 지식산업사 1989.

徐仲錫,「日帝時期·美軍政期의 左右對立과 土地問題」,『한국사연구』67, 1989.

_____,『한국 근·현대의 민족문제 연구』, 지식산업사 1989.

_____,「일제시기 국내 공산주의자들의 혁명노선의 성격」,『아시아문화』제7호,
1991.

宋建鎬,「抗日獨立運動期의 人物 硏究: 金奎植의 一生」,『國史館論叢』제18집, 1990.

宋建鎬·姜萬吉 編, 『韓國民族主義論 Ⅰ』, 창작과비평사 1982.

송우혜, 「'대한독립선언서'(세칭 '무오독립선언서')의 실체: 발표시기의 규명과 내용 분석」, 『역사비평』 창간호, 1988.

水野直樹, 「新幹會運動에 관한 약간의 問題」, 스칼라피노 외, 『新幹會硏究』, 동녘 1983.

_____, 「코민테른의 민족통일전선론과 신간회운동」, 『역사비평』 1988년 봄호.

申奎浩, 「對臨政 '레닌'資金事件의 顚末」, 『月刊中央』 8월호, 1976.

辛勝夏, 「민국초 군벌과 한국독립운동」, 국사편찬위원회 편, 『한민족독립운동사』 6, 1989.

愼鏞廈, 『朴殷植의 社會思想研究』, 서울대학교 출판부 1982.

_____, 「申采浩의 光復會 通告文과 告示文」(解題), 『韓國學報』 제32집, 1983.

_____, 『申采浩의 社會思想 研究』, 한길사 1984.

_____, 「申采浩의 '朝鮮革命宣言' 論攷」, 愼鏞廈 編, 『革命論』, 문학과지성사 1984.

_____, 「民族形成의 理論」, 신용하 편, 『민족이론』, 문학과지성사 1985.

_____, 『韓國民族獨立運動史研究』, 을유문화, 1985.

_____, 「申采浩의 民族獨立運動論의 特徵」, 丹齋申采浩先生 紀念事業會 編, 『申采浩의 思想과 民族獨立運動』, 형설출판사 1986.

_____, 『韓國近代民族主義의 形成과 展開』, 서울대출판부 1987.

_____, 『韓國近代民族運動史研究』, 일조각 1988.

_____, 「大韓光復會」, 한국일보社 編, 『再發掘 韓國獨立運動史·Ⅲ』, 한국일보사 1989.

_____, 「大韓(北路)軍政署 獨立軍의 研究」, 『한국독립운동사연구』 제2집, 1989.

_____, 『韓國現代史와 民族問題』, 문학과지성사 1990.

_____, 「신간회의 창립과 민족운동과 해소」, 국사편찬위원회 편, 『한민족독립운동사』 8, 1990.

_____, 「한국독립운동의 역사적 의의와 평가」, 국사편찬위원회 편, 『한민족독립운동사』 10, 1991.

_____, 『東學과 甲午農民戰爭研究』, 일조각 1993.

_____, 「韓國 國內 民族獨立運動의 特徵」, 『한국독립운동사연구』 제7집, 1993.

_____, 「尹奉吉의 農民運動과 民族獨立運動」, 『韓國學報』 81집, 1995.

申一澈, 「申采浩의 無政府主義思想」, 『韓國思想』 15호, 1977.

_____, 『申采浩의 歷史思想 研究』, 고려대학교 출판부 1981.

辛珠柏,「조선공산당 재건운동의 조직방침」, 한국역사연구회 1930년대연구반,『일제하 사회주의운동사』, 한길사 1991.

_____,「1926~28년 시기 간도지역 한인 사회주의자들의 반일독립운동론」,『한국사연구』78호, 1992.

_____,「1932~36年 時期 間島地域에서 展開된 '反「民生團」鬪爭' 研究」,『成大史林』제9집, 1993.

_____,「滿洲地域 韓人의 民族運動 研究(1925-1940)」, 성균관대학교 박사학위논문 1996.

심지연,『잊혀진 革命家의 肖像: 金枓奉研究』, 인간사랑 1993.

楊昭全,『中國에 있어서의 韓國獨立運動史』, 한국정신문화연구원 1996.

梁好民,「韓國民族主義와 社會主義」, 梁好民 外,『韓國民族主義의 理念』, 아세아정책연구원 1977.

역사문제연구소 민족해방운동사 연구반,『민족해방운동사: 쟁점과 과제』, 역사비평사 1990.

廉仁鎬,「後期 義烈團의 國內 大衆運動(1926~1935)」,『李元淳教授 停年紀念 歷史學論叢』, 교학사 1991.

_____,「上海時期 義烈團(1922-1925)의 活動과 路線」,『擇窩許善道先生 停年紀念 韓國史學論叢』, 일조각 1992.

_____,『김원봉 연구: 의열단, 민족혁명당 40년사』, 창작과비평사 1993.

吳世昌,「在滿韓人의 抗日獨立運動史 研究」, 성균관대학교 박사학위 논문 1988.

吳章煥,「1920年代 在中國韓人無政府主義運動」,『國史館論叢』제25집, 1991.

우동수,「조선공산당 재건운동과 코민테른」, 한국역사연구회 1930년대연구반,『일제하 사회주의운동사』, 한길사 1991.

尹炳奭,「亡命鬱憤, 國境 넘어 '抗日基地'」, 한국일보社 編,『再發掘 韓國獨立運動史·Ⅰ』, 한국일보사 1987.

_____,「獨立運動의 方略과 理念」,『韓國史와 歷史意識』, 인하대학교 출판부 1989.

_____,『國外韓人社會와 民族運動』, 일조각 1990.

_____,「1932年 '上海義擧' 前後의 國際情勢와 韓國獨立運動의 動向」,『西巖趙恒來教授華甲紀念 韓國史學論叢』, 아세아문화사 1992.

尹錫水,「조선공산당 2차 재건과정에 대한 비판적 검토」,『碧史李佑成教授 定年退職紀念論叢, 民族史의 展開와 그 文化』下, 창작과비평사 1990.

尹世哲,「胡漢民과 清黨: 參與過程과 理念的 基礎」, 閔斗基 編,『中國國民革命 指導者

440

　　의 思想과 行動』, 지식산업사 1988.

李康勳, 『大韓民國臨時政府史』, 서문당 1975.

李均永, 「朝鮮民興會와 新幹會를 둘러싼 諸論議의 檢討」, 歷史學會 編, 『韓國近代民
　　族主義運動史硏究』, 일조각 1987.

＿＿＿, 「김철수 연구」, 『역사비평』 1988년 겨울호.

＿＿＿, 「新幹會硏究」, 한양대학교 박사학위논문 1990.

＿＿＿, 「조선공산주의운동과 코민테른」, 『韓國史學』 12, 1991.

＿＿＿, 「코민테른 제6회 대회와 식민지 조선의 민족문제」, 『역사와 현실』 제7호,
　　1992.

李基東, 「黃埔軍官學校 출신 韓國人將校들」, 『新東亞』 1987년 8월호.

李命英, 「日帝의 滿洲侵略과 反滿抗日運動: 朝鮮革命軍을 중심으로 하여」, 『成大論文
　　集』 제18집, 1973.

＿＿＿, 『在滿韓人共産主義運動硏究』, 성균관대학교 출판부 1975.

李明花, 「興士團遠東臨時委員部와 島山 安昌浩의 民族運動」, 『한국독립운동사연구』
　　제8집, 1994.

李炳柱, 「中國國民黨 左·右派의 革命觀 比較」, 閔斗基 外, 『中國國民革命의 分析的
　　硏究』, 지식산업사 1985.

＿＿＿, 「第1次 國共合作期의 甘乃光의 활동과 革命認識」, 閔斗基 編, 『中國國民革命
　　指導者의 思想과 行動』, 지식산업사 1988.

李世平, 『中國現代政治思想史』(崔輪洙·趙賢淑 譯), 한길사 1988.

李延馥, 「南坡 朴贊翊 硏究」, 『國史館論叢』 제18집, 1990.

李佑成, 「心山의 民族獨立運動」, 心山思想硏究會 編, 『心山 金昌淑의 思想과 行動』,
　　성균관대 대동문화연구원 1986.

이재화, 『한국근현대민족해방운동사: 항일무장투쟁사 편』, 백산서당 1988.

이종률, 『민족혁명론』, 들샘 1989.

이종민, 「당재건운동의 개시(1929~1931년)」, 한국역사연구회 1930년대연구반, 『일
　　제하 사회주의운동사』, 1991.

이준식, 「사회운동이론과 조직론」, 『현상과 인식』 12권 1호, 1988.

＿＿＿, 「일제 침략기 농민운동의 이념과 조직: 함경남도 평지대의 경우」, 연세대학
　　교 박사학위논문 1991.

李賢周, 「新幹會에 참여한 社會主義者들의 運動論」, 『한국민족운동사연구』 4, 1989.

李炫熙, 『臨政과 李東寧硏究』, 일조각 1989.

_____, 『趙東祜 抗日鬪爭史』, 청아출판사 1992.

_____, 「大韓民國臨時政府와 李裕弼 硏究」, 『國史館論叢』 제47집, 1993.

林京錫, 「일제하 공산주의자들의 국가건설론」, 『大東文化硏究』 제27집, 1992.

_____, 「高麗共産黨 硏究」, 성균관대학교 박사학위논문 1993.

林隱, 『北韓 金日成王朝 秘史』, 한국양서 1982.

임지현 엮음, 『민족문제와 마르크스주의자들』, 한겨레 1986.

林玄鎭, 『제3세계 연구: 종속, 발전 및 민주화』, 서울대학교 출판부 1993.

임현진·공유식·김병국, 「한국에서의 민족국가 형성 및 전개의 동학에 관한 비교사
    적 연구」, 『성곡논총』 제27집 3권, 1996.

장상수, 「일제하 1920년대의 민족문제 논쟁」, 한국사회사연구회논문집 제1집 『한국
    의 근대국가형성과 민족문제』, 문학과지성사 1986.

張錫興, 「1920년대 초 國內 秘密結社의 성격」, 『한국독립운동사연구』 제7집, 1993.

張世胤, 「韓國獨立軍의 抗日武裝鬪爭 硏究」, 『한국독립운동사연구』 제3집, 1989.

_____, 「朝鮮革命軍 硏究」, 『한국독립운동사연구』 제4집, 1990.

_____, 「在滿 朝鮮革命黨의 成立과 주요구성원의 성격」, 『한국독립운동사연구』 제10
    집, 1996.

田寅甲, 「5·30運動과 上海總工會」, 『東洋史學硏究』 제38집, 1992.

鄭用大, 『大韓民國臨時政府外交史』, 한국정신문화연구원 1992.

鄭晉錫, 「上海版 獨立新聞에 관한 연구」, 『汕耘史學』 제4집, 1990.

趙東杰, 『日帝下 韓國農民運動史』, 한길사 1978.

_____, 『韓國民族主義의 성립과 獨立運動史硏究』, 지식산업사 1989.

_____, 『韓國近代史의 試鍊과 反省』, 지식산업사 1989.

_____, 「<日帝時代의 韓國民族主義와 蘇聯社會主義>(金敬泰)에 대한 論評」, 『韓國
    史學』 12, 1991.

_____, 『韓國民族主義의 발전과 獨立運動史硏究』, 지식산업사 1993.

_____, 「중국 關內地方에서 전개된 韓國獨立運動」, 『한국독립운동사연구』 제7집,
    1993.

_____, 「민족운동가로서의 도산」, 도산사상연구회 편, 『변혁기의 개혁운동과 도산사
    상』, 연구사 1993.

_____·李均永·崔章集, 「<解放前後時期 國家建設論의 展開> 綜合討論」, 『大東文
    化硏究』 제27집, 1992.

趙凡來, 「國民府의 結成과 活動」, 『한국독립운동사연구』 제2집, 1988.

442

_____, 「上海 韓國獨立黨의 組織變遷과 活動에 대하여」, 『한국독립운동사연구』 제3
집, 1989.

_____, 「韓國國民黨 硏究」, 『한국독립운동사연구』 제4집, 1990.

_____, 「丙寅義勇隊 硏究」, 『한국독립운동사연구』 제7집, 1993.

趙芝薰, 「韓國民族運動史」, 高麗大學校 民族文化硏究所 編, 『韓國文化史大系 Ⅰ: 民
族·國家史』, 1964.

趙澈行, 「국민대표회(1921~1923) 연구」, 『史叢』 제44집, 1995.

趙恒來, 「大韓獨立宣言書 發表時期의 經緯」, 『水邨朴永錫敎授 華甲紀念 韓民族獨立
運動史論叢』, 탐구당 1992.

지복영, 『역사의 수레를 끌고 밀며: 항일 무장독립운동과 백산 지청천장군』, 문학과
지성사 1995.

지수걸, 『일제하 농민조합운동 연구: 1930년대 혁명적 농민조합운동』, 역사비평사
1993.

陳德奎, 『현대민족주의의 이론구조』, 지식산업사 1983.

_____, 「韓國 民族運動에서의 코민테른의 影響에 대한 考察」, 『한국독립운동사연구』
제2집, 1988.

_____, 「植民地時代의 民族主義에 대하여」, 『韓國史學』 11, 1990.

崔圭鎭, 「통일전선의 개념과 운용방식」, 『阜村 申延澈敎授 停年退任紀念 史學論叢』,
일월서각 1995.

崔鳳春, 「中山大學과 1920년대 조선인의 혁명운동」, 『史學硏究』 48호, 1994.

崔洪奎, 「申采浩의 民族主義思想: 生涯와 思想』, 단재신채호선생 기념사업회 1983.

崔洪俊, 「1930년대 江陵地域 朝鮮共産黨再建運動 硏究」, 『北岳史論』 3, 1993.

秋憲樹, 「일제하 국내외 정당활동」, 韓國史學會 編, 『韓國現代史의 諸問題』 Ⅱ, 을유
문화사 1987.

_____, 「조선혁명당과 한국독립당의 활동」, 국사편찬위원회 편, 『한민족독립운동사』
4, 1988.

_____, 「중국 국민당정부와 한국독립운동」, 국사편찬위원회 편, 『한민족독립운동사』
6, 1989.

鐸木昌之, 「잊혀진 공산주의자들: 화북조선독립동맹을 중심으로」, 이정식·한홍구
편, 『항전별곡』, 거름 1986.

韓相禱, 「金九의 韓人軍官學校(1934~35) 運營과 그 入校生」, 『韓國史研究』 58집,
1987.

_____, 「金元鳳의 朝鮮革命軍事政治幹部學校 運營(1932~35)과 그 入校生」, 『韓國學報』 제57집, 1989.

_____, 「金元鳳의 生涯와 抗日歷程」, 『國史館論叢』 18, 1990.

_____, 「韓國對日戰線統一同盟과 民族協同戰線運動」, 『尹炳奭敎授 華甲紀念 韓國近代史論叢』, 지식산업사 1990.

_____, 「1920년대 義烈團의 노선 재정비 과정: 金元鳳의 활동을 중심으로」, 尹炳奭 外, 『獨立運動史의 諸問題』, 범우사 1992.

_____, 「中國軍閥政權 軍事學校와 韓國獨立運動」, 『水邨朴永錫敎授 華甲紀念 韓民族獨立運動史論叢』, 탐구당 1992.

_____, 『韓國獨立運動과 中國軍官學校』, 문학과지성사 1994.

韓詩俊, 「'上海韓國獨立黨' 硏究」, 『龍巖車文燮敎授 華甲紀念 史學論叢』, 신서원 1989.

_____, 「'重慶韓國獨立黨'의 成立背景 및 過程」, 『尹炳奭敎授 華甲紀念 韓國近代史論叢』, 지식산업사 1990.

_____, 「朝鮮民族革命黨의 성립과 변천과정」, 『白山朴成壽敎授華甲紀念論叢 한국독립운동사의 인식』, 1992.

_____, 『韓國光復軍硏究』, 일조각 1993.

向靑, 『共産國際和中國革命關係史稿』, 임상범 역, 『코민테른과 中國革命 關係史』, 고려원 1992.

현룡순, 「풍랑 속에서」, 현룡순·리정문·허룡구 편, 『조선족백년사화』 1, 심양: 료녕인민출판사 1985.

_____, 「조선의용군」, 이정식·한홍구 엮음, 『항전별곡』, 거름 1986.

_____, 「의렬단의 반일운동」, 중국조선민족발자취총서 편집위원회 편, 『봉화』, 북경민족출판사 1989.

胡春惠, 『韓國獨立運動在中國』, 辛勝夏 譯, 『中國안의 韓國獨立運動』, 단국대학교 출판부 1978.

_____, 「尹奉吉 義擧가 韓國獨立運動 및 中國社會에 미친 影響」, 매헌윤봉길의사 기념사업회 편, 『韓國獨立運動과 尹奉吉義士』, 1992.

黃龍國, 「'朝鮮革命軍' 歷史에 대하여」, 『國史館論叢』 제15집, 1990.

黃敏湖, 「滿洲地域 民族唯一黨運動에 관한 硏究」, 『崇實史學』 5, 1988.

_____, 「1930年 在滿韓人社會主義者들과 中國共産黨의 合同에 관한 연구」, 『歷史學報』 제141집, 1994.

姫田光義 外, 편집부 역, 『中國 近現代史』, 일월서각 1984.


姜德相, 「國民代表會議と呂運亨」, 『季刊 三千里』 48호, 1986.
_____, 「中國國民革命と呂運亨」, 『季刊 三千里』 49호, 1987.
吉野耕作, 「民族理論の展開と課題」, 『社會學評論』 第37卷 第4號, 1987.
鹿嶋節子, 「金元鳳の思想と行動」, むくげの會 編, 『朝鮮1930年代研究』, 東京: 三一書
　　房 1982.
梶村秀樹, 『朝鮮史の構造と思想』, 東京: 研文出版 1982.
水野直樹, 「辯護士布施辰治と朝鮮」, 『季刊 三千里』 34호, 1983.
_____, 「黃埔軍官學校と朝鮮の民族解放運動」, 『朝鮮民族運動史研究』 No.6, 1989.
_____, 「呂運亨と中國國民革命: 中國國民黨二全大會における演說をめぐって」, 『朝
　　鮮民族運動史研究』 No.8, 1992.
_____, 「民族運動史上の人物: 李鏞」, 『朝鮮民族運動史研究』 No.8, 1992.


Davis, Horace. *Toward a Marxist Theory of Nationalism*, 田溶憲 譯, 『마르크
　　스주의와 민족주의』, 박영사 1985.
Gellner, Ernest. *Nations and Nationalism*, 이재석 역, 『민족과 민족주의』, 예하
　　1988.
Guérin, Daniel. *Anarchism*, 하기락 역, 『현대 아나키즘』, 신명 1993.
Goodway, David (ed.). *For Anarchism: History, Theory, and Practice*,
　　London: RKP, 1989.
Gross, Feliks. *The Revolutionary Party*, 신석호 역, 『黨組織論』, 녹두 1984.
Lee, Chong-sik, *Chinise Communism and Soviet Interest: 1922-1945*, 허원
　　역, 『만주혁명운동과 통일전선』, 사계절 1989.
Scalapino, Robert A. & Chong-sik Lee, *Communism in Korea: The
　　Movement*, 한홍구 옮김, 『한국공산주의운동사 1』, 돌베개 1986.
Suh, Dae-sook. *The Korean Communist Movement: 1918-1948*, Princeton:
　　Princeton University Press, 1967.
Woodcock, George. *Anarchism: A History of Libertarian Ideas and
　　Movements*, 河岐洛 譯, 『아나키즘: 思想篇』, 형설출판사 1978.
Woodcock, George. *Anarchism: A History of Libertarian Ideas and
　　Movements*, 崔甲龍 譯, 『아나키즘: 運動篇』, 형설출판사 1994.

# 찾아보기

창비신서 · 156

한국 근대민족운동과 의열단

ⓒ 김영범 1997

초판 인쇄 / 1997년 11월 1일
초판 발행 / 1997년 11월 5일

지은이 / 김영범
펴낸이 / 김윤수
펴낸곳 / (주)창작과비평사

주소 / 121-070 서울 마포구 용강동 50-1
전화 / 718-0541 · 0542(영업)
        718-0543 · 0544(편집)
        716-7876 · 7877(독자관리)
팩스 / 713-2403 703-3843
천리안 · 하이텔 · 나우누리 ID / Changbi
지로번호 / 3002568
대체구좌 / 010041-31-0518274
등록 / 1986. 8. 5. 제10-145호
인쇄 / 백산인쇄

ISBN 89-364-1156-X 03910
* 책값은 뒤표지에 표시되어 있습니다.